KB055357

외환위기와 그 후의 한국 경제

외환위기와 그 후의 한국 경제

이제민 지음

한울
아카데미

서문

"한국전쟁 이후 최대 국난"이라는 1997년 외환위기가 일어난 지 20년이 지났다. 당시 외환위기는 대다수 한국인에게 충격이었다. 필자도 충격을 받았다. 명색이 경제학자이면서 미리 예측은 못하고 사후적으로 충격을 받았던 것이다. 전 세계 경제학자 대다수가 그랬으니 별수 없었다고 하고 넘어갈 수는 물론 없다. 위기의 당사자인 한국의 경제학자로서 그 정도밖에 되지 못했다는 데 대해서 변명의 여지가 없는 것이다.

굳이 변명을 하라면 필자의 연구 분야가 장기적 경제발전이었기 때문에 외환위기의 원인이 되는 분야를 집중적으로 들여다보지는 않았다는 것이다. 거기에다 외환위기 전 한국 경제의 불안한 모습을 어느 정도 보기는 했다. 1995년 일인당 국민소득이 1만 달러가 된 것을 가지고 축제를 벌이다시피 하고, OECD에 가입하면서 우리도 선진국이 되었다고 자랑할 때 그래서는 안 된다는 생각을 했던 것이다. 그런 취지로 글도 쓰고 했지만 외환위기의 원인을 직접 지적하지는 못 했고, 물론 의사 결정에도 아무런 영향을 미치지 못했다.

외환위기가 일어나고 난 다음 한국 조야(朝野)가 대처하는 모습을 보면서 필자는 그것이 적절한지 생각하지 않을 수 없었다. 정부는 IMF의 조치에 대해 "오히려 잘 됐으니 이참에 개혁하자"는 식으로 대응하고, 언론이나 시민단체, 대다수 학자도 거기에 동조하고 있었다. 그러나 장기적 발전 문제를 보아온 필자의 느낌으로는 그런 대응은 문제가 있어 보였다. 거기에다 국내에서와 달리 해외 일각에서는 IMF의 조치에 대해 강하게 비판하고 있었다.

필자 나름대로 부지런히 들여다본 결과 곧 국내의 다수 의견이 잘못되었다고 생각하게 되었다. 이 과정에서 필자가 알게 된 것은 경제학 내의 분야에 따라 외환위기를 이해하는 방식이 매우 다르다는 것이었다. 금융의 관점과 노동의 관점이 다르고 거시경제적 관점이 달랐다. 주류 경제학자와 여타 사회과학자들 사이에서도 큰 차이가 있었다. 그런 차이는 어제오늘의 일이 아니었지만, 한국의 외환위기를 보는 데 있어서도 여지없이 드러났던 것이다.

따라서 필자는 한 관점에서 아무리 잘 설명해도 한계가 있기 때문에 "종합"적 접근이 필요하다고 생각하게 되었다. 그런 인식 위에 과거 장기적 발전을 보던 관점과 결합해서 외환위기의 성격과 결과를 필자 나름대로 해석하려 해왔다. 그 결과물을 논문으로 학술지에 발표하고 기회가 있으면 언론 기고 같은 방식으로 이야기해 왔다. 그러나 더 포괄적이고 체계적인 서술을 하려면 책을 써야 했다. 될 수 있으면 빨리 써야겠다고 생각했지만, 시간을 잘 사용하지 못하는 필자의 성벽(性癖) 때문에 지금까지 오게 되었다.

이 책의 원래 제목은 "한국의 외환위기: 그 성격과 결과"다. 그러나 책을 쓰면서 외환위기의 성격을 밝히는 것이 물론 중요하지만, 지난 20년간의 한국 경제의 성과를 평가하는 것이 더욱 중요하다고 생각해 제목을 현재와 같이 바꾸었다.[1]

이 책의 본론은 제2장부터 제6장까지인데, 각 장은 그 장의 내용에 대한 소개로 시작하고 있다. 소개를 하다 보면 내용 자체를 일부 요약해서 제시하는 경우도 있다. 그런 경우 바로 이해가 안 될 수도 있는데, 조금 인내심을 가지고 읽으면 이해할 수 있을 것이다. 이 책은 될 수 있으면 말로 설명하고 수식

---

1 이 책은 2013년도 정부(교육부)의 재원으로 한국연구재단의 지원을 받아 수행된 연구이다(No.2013S1A6A4017911). 지원 당시 연구 제목은 "한국의 외환위기: 그 성격과 결과"였으나, 연구가 진행되면서 "외환위기와 그 후의 한국 경제"로 바뀌었다.

은 최소화하려고 노력했다. 수식은 두 개가 나오는데, 매우 간단하기 때문에 조금만 들여다보면 쉽게 이해할 수 있는 것들이다. 통계의 경우 논리 전개에 중요하다고 생각되는 것만 제시했다. 다만 간명하게 표현하기 위해 될 수 있으면 표보다 그림으로 제시하고, 그림의 배경이 되는 자료는 대부분 책 끝에 부표로 실었다. 통계는 대체로 출처를 밝혔지만, 매우 통상적으로 사용하는 통계는 출처를 따로 밝히지 않은 경우도 있다.

인용 문헌의 경우 논리에 비추어 필요하다고 생각될 경우 그 페이지까지 밝히고 어떤 것은 그냥 제목만 밝혔다. 제목만 밝힌 것 중에 책도 있는데, 그것은 그 책이 여러 군데서 같은 취지의 설명을 하고 있는 경우다. 그리고 보편적으로 알려진 아이디어를 제공한 문헌은 그 제목을 언급하지 않은 경우도 있다. 본문에 나오는 한국인 이름의 경우 문장의 맥락으로 보아 근무처와 직위 등을 명시할 필요가 있다고 생각될 경우에만 그렇게 했다. 외국인 이름은 한글로 번역한 이름을 적었는데, 철자만 보아서는 발음을 알 수 없는 경우가 있기 때문에 그런 쪽으로 실수가 있더라도 양해해 주시기 바란다.

이 책을 쓰는 과정에서 많은 분의 도움을 받았다. 다만 이 책에는 필자가 30여 년간 연구한 내용이 담겨 있기 때문에 누구에게서 어떤 도움을 받았다고 밝히기는 어렵다. 필자가 각종 세미나 등에서 발표하고 그 뒤에 학술지에 게재하는 과정에서 논평과 심사를 해 주신 분들에게 이 자리를 빌려 감사드린다. 그리고 그동안 연구에 도움을 준 필자의 조교들에게도 감사한다. 물론 평소에 마음의 평안을 주고 이 책을 쓰는 데도 도움을 준 가족에게도 감사한다. 마지막으로 이 책을 출판하기로 결정해 준 한울엠플러스(주)에 감사드린다.

2018년 7월 서울 여의도에서

이제민

차례

서문 5

제1장 서론 / 11
아직도 미진한 설명 12
관점에 따라 달라지는 해석 16
이 책의 구성 20

제2장 외환위기 전의 한국 경제 / 25
제1절 고도성장의 원인 27
제2절 제1차 고도성장과 1979년 위기 46
제3절 안정화, 자유화, 민주화 63
제4절 위기의 조건? 80

제3장 외환위기의 성격 / 103
제1절 외환위기의 원인 104
제2절 외환위기의 해결 과정 125
제3절 한국의 대응 146
제4절 개혁과 그 문제점 162

제4장 경제성장률 하락 / 177
제1절 외환위기와 경제성장률 하락 179
제2절 벤처기업, 가계대출과 연구개발 195
제3절 국제투자와 경제성장 216
제4절 대침체와 한국 경제 231

제5장 경제의 안정성과 국제투자 / 251
제1절 저성장-저위험 체제 254
제2절 국제투자와 위험 분담 268
제3절 2008년 위기 285
제4절 저성장-고위험 체제? 301

제6장 소득분배의 악화와 노동문제 / 317
제1절 소득분배의 악화와 그 원인 319
제2절 구조조정과 소득분배 악화 333
제3절 일자리 문제와 노동시장의 이중구조 351
제4절 노동소득과 자본소득 368

제7장 결론 / 389
아직도 미진한 설명? 389
관점에 따라 달라지는 해석? 396
정책적 함의 403
자유무역 제국주의? 409
세계질서의 변동과 한국 415

참고문헌 435
찾아보기 456

표·그림 차례

표 2-1 세계 주요국 경제의 성장 국면(1990년 불변가격, 구매력평가 기준) 34
표 2-2 보조금의 국제 비교 72
표 4-1 경제성장률과 일인당 GDP 증가율 180
표 4-2 총요소생산성 증가율과 요소투입 증가율 186
표 5-1 국제투자에서의 순차익과 국내총생산의 상관계수 284
표 6-1 지니계수 320
부표 1 경상수지, 외채, 외환보유액, 실질실효환율 422
부표 2 기업경상이익률, 차입금평균이자율, 부채비율(제조업) 424
부표 3 투자율과 저축률 426
부표 4 일반은행 원화대출 비중 428
부표 5 외국인 직접투자와 한국기업 해외직접투자(GDP에 대한 비율) 429
부표 6 순국제투자포지션 변동, 국제투자에서의 순차익(GDP에 대한 비율) 431
부표 7 노동소득분배율 433

그림 2-1 경상수지와 순외채(GDP에 대한 비율) 69
그림 2-2 기업이윤율과 차입금평균이자율 93
그림 3-1 외환보유액, 단기외채, 경상지급(GDP에 대한 비율) 114
그림 3-2 "재벌 탄압 웬 말이냐? IMF 각성하라!" 157
그림 4-1 총투자율 188
그림 4-2 일반은행의 원화대출 비중 202
그림 4-3 외국인 직접투자(GDP에 대한 비율) 218
그림 4-4 국제수지표상의 직접투자(GDP에 대한 비율) 221
그림 4-5 경상수지와 순국제투자포지션 변동(GDP에 대한 비율) 226
그림 5-1 실질실효환율 263
그림 5-2 국제투자에서의 순차익: 미국과 한국(GDP에 대한 비율) 275
그림 5-3 국제투자에서의 순차익: 투자 형태별(GDP에 대한 비율) 304
그림 6-1 고용률 352
그림 6-2 노동소득분배율 370
그림 6-3 총저축률의 구성 379

제1장

서론

이 책의 목적은 1997년에 일어난 한국 외환위기의 성격과 그 후의 한국 경제의 성과를 살펴보는 것이다. 1997년 외환위기는 당시 "한국전쟁 이후 최대 국난"이라고 불린 데서 알 수 있듯이 그 자체가 큰 사건이었을 뿐 아니라, 그 때 이루어진 체제 변화가 그 후 한국 경제의 모습을 규정하고 있다고 해도 과언이 아니다. 지난 20여 년 동안의 한국 경제에 대해서는 외환위기를 떠나서 논할 수 없다.

그런 문제에 대해 연구가 이루어지지 않은 것은 물론 아니다. 1997년 외환위기 직후 그 성격에 대해 무수한 연구가 이루어졌고, 그 후에도 숫자는 크게 줄었지만 연구는 이어졌다. 외환위기 후 한국 경제의 성과에 대한 연구도 많이 이루어졌다. 여기서 다 열거할 수는 없지만, 지난 20년 동안 한국 경제에 대한 연구로서 조금이라도 긴 기간을 다루는 연구는 1997년 외환위기를 언급하고 그 후의 성과에 대해 논하고 있다. 그러나 그럼에도 불구하고 기존 연구에는 더 밝혀야 할 문제가 남아 있다고 생각한다.

아직도 미진한 설명

우선 외환위기의 성격이 제대로 밝혀졌다고 볼 수 없다. 그 이유는 무엇보다 외환위기의 원인에 대한 분석에서 합의가 없기 때문이다. 1997년에 한국을 비롯한 동아시아에서 외환위기가 발발했을 때 나타났던 전 세계적 의견 대립, 즉 국내 경제구조가 원인인가, 단기자본 이동이라는 외부 요인이 원인인가라는 의견 대립이 아직 해소되었다고 볼 수 없다. 위기의 원인에 대해 합의가 없으니, 그 해결 과정과 그 후 이루어진 개혁에 대해서도 당연히 합의가 없다.

외환위기가 일어난 지 20년이 더 지난 후에도 이런 문제가 미해결로 남아 있는 데는 현대 세계 경제학계의 특성이 작용했다고 볼 수 있다. 미국을 중심으로 하는 현대 경제학은 어떤 주제이든 관심이 고조되었을 때 집중적으로 연구가 이루어지고 그다음 곧 잊어버리는 경향이 있다. 학자들은 당장 관심이 고조되는 주제로 논문을 쓰는 것이 성공하는 방법이다. 반면 한번 관심사에서 멀어지기 시작하면 급격히 연구가 줄어든다. 동아시아 외환위기의 경우에도 위기가 일어난 직후 수년간 무수한 연구가 이루어졌다가 급격히 줄어드는 패턴을 따랐다. 그런 과정에서 동아시아 외환위기의 성격에 대한 견해를 두고 지속적 검증과 확인을 하는 과정이 없었던 것이다.

물론 그런 세계 경제학계의 추세만이 이유는 아니다. 따지고 보면 외국의 학자들이 한국의 외환위기에 대해 지속적으로 관심을 가질 이유가 없다. 그런 문제는 당사자인 한국의 학자들이 더 철저하게 구명해야 할 과제다. 그런 점에서 한국은 문제가 있었다. 우선 외환위기가 일어났을 당시 국내에서 그 성격에 대해 활발한 토론과 그 과정에서 필연적으로 나올 수 있는 의견 대립, 그리고 그것을 해소하려는 노력이 얼마나 있었는지 의문이다. 한국 바깥에서는 여러 견해가 나오고 학자들 간에 심한 의견 대립을 보이고 있었지만, 국내에서는 그런 일이 없었던 것이다.

그 뒤 국내에서도 연구가 이루어졌지만 외환위기의 성격에 대해 아직 합의가 있다고 볼 수 없다. 정부는 외환위기에 대한 백서를 낸 적이 없기 때문에 정부의 공식 입장이 어떤 것인지 알 수 없다. 같이 동아시아 외환위기를 당한 태국 정부는 백서를 냈지만 한국 정부는 내지 않았다. 외환위기 당시의 정책 담당자의 저술은 있지만, 정부의 공식적 견해를 담고 있는 것은 아니다. 한국 외환위기의 성격에 대한 고찰은 개별 연구자에게 맡겨진 상태인데, 이들 연구는 공개적 토론의 장을 통해 서로에 대한 지속적 검증과 확인을 제대로 해 왔다고 보기 어렵다.

외환위기 후 한국 경제의 성과에 대해 말하자면 지난 20년 동안 한국 경제의 실상이 알려져 있기 때문에 쉽게 평가할 수 있을 것으로 보인다. 그러나 실제로는 성과에 대한 평가도 제대로 이루어졌다고 보기 어렵다. 위기 후의 성과에 대한 해석은 되어 있지 않거나, 되었더라도 경제학자들 간에 합의가 없는 경우가 많다.

우선 무엇보다 중요한 성과 지표인 경제성장에 대한 해석이 다르다. 외환위기 후 경제성장률은 분명히 떨어졌다. 국내총생산(GDP) 증가율은 외환위기 후 1998년부터 2017년까지 20년 동안 연평균 4.0%였는데, 이것은 위기 전 20년간인 1978년부터 1997년까지의 연평균 증가율 8.6%에 비해 반 토막 난 것이다. 그러나 그런 성장률 하락에 대한 해석은 학자들 간에 서로 달라서, 위기 전의 "과잉성장"이 정상화되었다는 견해와 위기 후 "과소성장"이 일어나고 있다는 견해로 갈린다(한진희·신석하, 2007).

외환위기 전 과잉성장이 일어났다는 대표적 견해로는 배리 아이컨그린(Barry Eichengreen) 등에 의한 연구가 있다(Eichengreen et al., 2012). 이 연구는 외환위기 전 수년간 한국의 투자율이 40% 가까이 올라간 것을 지적하고 그것이 과잉투자였다고 주장한다. 외환위기 전 그런 과잉투자에 의한 과잉성장이 일어났기 때문에 위기 후 그것이 조정되면서 자연스럽게 성장률이 떨어졌다는 것이다. 이들의 주장은 계량 분석에 근거해서 제시되었기 때문에 주류 경제학자들 사이에서 설득력 있는 다수 견해로 자리 잡은 것으로 보인다. 한편 과소성장이 일어나고 있다는 주장은 외환위기 전 한국의 경제체제가 지속 불가능하지 않았고, 위기 후 가계대출이 증가한 것 등을 과소성장이 일어나고 있는 근거로 들고 있다(예컨대 Crotty and Lee, 2005). 이 주장은 분석적 내용이 상대적으로 약하다. 그러나 실제로 외환위기 후 성장률 하락을 과잉성장의 자연스러운 조정으로 볼 수 있는지는 더 따져볼 문제다.

한편 경제성장률 하락이 자연스럽게 조정된 것이라 하더라도 더 고려해 볼 사항이 있다. 경제성장은 국내총생산(GDP) 증가율로 측정하는데, GDP는 한국인에게 돌아오는 소득을 정확하게 잡아내지 못한다. 외환위기 후 그런 문제가 확대되었는데, 그것은 주로 국제투자의 효과 때문이다. 외환위기를 계기로 외국인의 대한(對韓) 투자가 크게 늘었다. 국제통화기금(IMF)과 미국의 요구에 따라 급격한 구조 개혁이 이루어지고 자본시장이 전면 개방되면서 한국 자산이 대거 외국인 소유로 넘어갔던 것이다. 그것은 수년 뒤 "반(反)외자 정서"와 "국부 유출" 논란을 일으켰다. 이에 대해 경제학자들은 대체로 포퓰리스트적이고 비과학적 행태로 간주하는 경향이 있지만, 실제로 그것이 근거가 전혀 없는지는 따져볼 문제다. 무엇보다 외환위기 이후 한국이 경상수지 흑자를 지속적으로 내고 있지만 그만큼 순대외자산이 쌓이지 않고 있다. 외환위기가 시작된 1997년 4사분기부터 2018년 1사분기까지 경상수지 흑자는 합계 7466억 달러에 달하지만, 같은 기간에 한국의 해외에 대한 채권과 외국에 대한 채무의 차이인 순국제투자포지션(net international investment position), 즉 순대외자산은 3549억 달러 느는 데 그쳤다. 그 차액은 3900억 달러를 넘는 어마어마한 돈인데, 국민계정에 잡히지는 않지만 한국의 국민소득이 준 것과 같다(자세한 것은 제4장과 제6장에서 설명한다). 외환위기 후 경제성장을 볼 때는 GDP 증가율로 측정한 경제성장률뿐 아니라 그런 효과도 감안해야 하는 것이다.

순대외자산이 경상수지 흑자만큼 늘지 않는 현상에 대해 경제학자들이 내세우는 전형적 설명은 그것이 외국인 투자자가 "위험을 분담한" 결과라는 것이다(Obstfeld, 2012; Gourinchas and Rey, 2013). 외국인 투자자가 위험을 분담해 줄 경우 한국 경제의 성과는 향상될 수 있다. 그것은 경제성장률을 올릴 수도 있고 경제의 안정성을 올릴 수도 있다. 외환위기 후 경제성장률이 떨어진 것이 분명한 만큼, 위험 분담의 이익이 나타난다면 경제의 안정성을 올린 데서 찾아야 할 것이다. 즉, 경제학자들이 내세우는 설명이 타당하다면 한국이 외국인 투자자와 위험을 분담해서 경제의 또 하나 중요한 성과 지표인 "안정성"을 확보하는 대가로 그런 소득 감소를 감내하고 있는 것이다. 그러나 이것이 얼마나 맞는 설명인지는 따져볼 일이다.

경제의 성과 중 또 하나 중요한 측면은 소득분배다. 외환위기 후 소득분배가 악화되어서 그것이 큰 사회문제가 되고 있다. 한국의 소득분배는 통계가 부실해서 연구에 따라 불평등도가 다르게 나오지만, 외환위기 후 소득분배가 크게 악화되었다는 데 대해서는 모든 연구 결과가 일치한다. 외환위기 전후를 비교할 수 있는 통계로서 통계청이 1990년 치부터 소급 계산해서 공표하고 있는 2인 이상 도시가구 대상 통계에서는 시장소득으로 본 지니계수가 1997년의 0.264에서 1998년에 0.293, 1999년에 0.298로 치솟았다. 그렇게 외환위기 직후 크게 악화된 소득분배는 그 후 개선과 악화를 겪었지만 위기 전 수준으로 돌아가지 못했다. 위기 전 한국 경제는 "형평을 수반한 성장(growth with equity)"을 한 것으로 간주되었지만, 위기 후 그런 모습이 일변했다고 볼 수 있다.

이것과 무관하지 않은 것이 일자리 문제다. 외환위기 전 한국은 고도성장으로 일자리를 대거 만들었고, 그것이 소득분배가 평등하게 유지된 중요한 이유였다. 그러나 외환위기 후 한국은 일자리 부족 사태를 겪고 있다. 실업률은 위기 직후의 고율에서 내려오기는 했지만 위기 전보다 높고, 지속적으로 상승하던 고용률은 멈추어 서다시피 했다. 거기에다 비정규직 고용이 대거 늘어나서 일자리의 질을 악화시키고 소득분배를 악화시켰다. 소득분배나 노동의 관점에서 보면 외환위기 후 한국 경제의 성과가 나빠졌다는 데 대해 별 이견

(異見)이 없다. 다만 그것이 외환위기의 성격과 어떻게 연결되는지는 분명히 밝혀졌다고 볼 수 없다.

관점에 따라 달라지는 해석

외환위기의 성격과 결과가 제대로 구명이 안 되고, 되더라도 그에 대해 합의가 없는 것은 그것을 보는 관점이 다르다는 데서도 연유한다. 우선 경제학 내에서 분야에 따라 위기의 성격과 결과에 대한 해석이 다르다. 예컨대 금융의 관점에서 보면 외환위기 전 한국 기업과 금융기관은 심각한 문제를 가지고 있었는데, 외환위기 후 이루어진 개혁을 통해 그런 병폐가 개혁되었다는 것이 전형적인 평가라 할 수 있다. 물론 금융의 관점에서 보아도 모든 견해가 일치하는 것은 아니고 외환위기 후 개혁을 매우 긍정적으로 보는 견해(예컨대 Lim and Hahm, 2006)와 다소 유보적인 견해(예컨대 김인준·이창용, 2008) 등 여러 가지가 있지만, 전반적으로 긍정적인 평가를 한다고 보아도 별 무리가 없을 것이다. 반면 노동의 입장에서 보면 외환위기는 "금융이 일으켜 놓고 부담은 노동이 져야 하는"(Freeman and Kim, 2012: 2) 사건이다. 외환위기는 일어난 지 15년이 지난 후에도 "아직 끝났다고 할 수 없는 사건"이다(Keum, 2012: 21). 따라서 노동의 관점에서는 외환위기의 성격에 대해 문제를 제기하는 것이 당연해 보인다(예컨대 전병유, 2010).

학자들 간의 견해 차이는 금융과 노동 간에 국한된 것이 아니다. 금융의 관점과 거시경제학적 관점 간에도 차이가 있을 수 있다. 금융경제학, 특히 기업금융(corporate finance)의 관점에서 볼 때 기업과 금융기관의 성과를 판단하는 데 있어서 으뜸 기준은 "기업가치" 내지 "주주가치"다. 즉, 주가가 성과의 일차적 기준이다. 그런 관점에서 보면 외환위기 후 구조 개혁과 자본시장 개방으로 주가가 올라갔는데, 이것은 당연히 바람직한 현상이다. 그러나 그 과정에서 대거 외국인 손으로 넘어간 한국 주식의 주가가 올라간 것이 경상수지 흑자만큼 순대외자산이 쌓이지 않는 한 원인이 되었을 가능성이 크다. 거시경제적으로 보면 그런 주가 상승은 한국의 국민소득을 줄이는 효과가 있다.

이것은 외환위기 이후 관심사로 떠오른 "재벌 대 외자"의 문제와 직결된다. 재벌은 1997년 외환위기를 일으킨 주범으로 지목받았고, 그 후 구조 개혁의 핵심 대상이 되었다. 그렇게 재벌 개혁이 이루어졌지만, 그것은 시작에 불과한 것이었다. 특히 재벌의 거버넌스 개혁이 그랬다. 그 뒤 추가적인 개혁도 별로 이루어지지 않아서 한국 재벌기업의 거버넌스 상태는 여전히 국제적 기준에 턱없이 미달하고 있다. 그런 한편 외환위기 후 외자는 한국 재벌기업에 대한 소유를 크게 늘리고 제도적으로 가능해진 적대적 인수합병 등에서 영향력을 행사할 수 있게 되었다. 그런 구도에서 외자는 재벌의 거버넌스 문제를 개선해서 기업가치를 올리는 역할을 할 수 있다. 그러나 그렇게 해서 외자가 거둔 이익은 "국부 유출" 논란을 일으켰다. 이것은 "국민 정서"만의 문제가 아니라, 실제로 외자가 거둔 이익은 한국의 국민소득 감소인 것이다. 그런 구도에서 일각에서는 재벌을 개혁하면 외자만 이익이라는 주장이 나오곤 했다. 이 주장은 엄밀한 분석으로 뒷받침되는 경우가 많지 않아 보인다. 그러나 그 반대로 재벌 개혁을 위해 외자의 역할을 긍정적으로 보아야 한다고 주장하는 학자들도 외자가 거두는 이익이 국민소득 감소라는 점을 고려하고 있는지는 의문이다.

한편 재벌과 외자는 기업 거버넌스라는 점에서는 서로 이익이 충돌하지만, 이해관계가 일치하는 영역도 있다. 무엇보다 외자도 자본이라는 점에서 "자본 대 노동"의 관계에서 재벌과 이해관계를 공유한다. 외환위기 후 비정규직 노동자가 대거 늘었는데, 재벌과 외자는 그런 비정규직을 쓰는 구조에서 같이 이익을 보고 있는 셈이다. 거기에다 외환위기 이후 재벌기업과 중소기업 간의 하청 관계가 늘었는데, 외자는 재벌기업 주식을 많이 소유하고 있기 때문에 재벌과 외자는 하청 중소기업과의 관계에서도 이해가 일치한다. 그 외에도 외자는 재벌이 시장지배력과 정경유착을 통해 초과이윤을 거두는 데 대해서도 이해를 공유한다. 그런 현상이 외환위기 후 소득분배의 불평등이 확대된 것과 무관하지 않을 것이다.

이렇게 다른 관점에서 볼 때 나타나는 차이점과 공통점을 모두 고려해야 외환위기의 성격과 그 후 한국 경제의 모습을 제대로 파악할 수 있다. 그리고 물론 관점은 경제학 내에서 분야에 따라서만 달라지는 것이 아니다. 외환위기의 성격과 결과에 대해 연구가 미진하고 합의가 없는 또 하나 이유는 그것을 보는 데 있어서 한편으로 "주류 경제학자"들과 다른 한편으로 "정치경제학자"들을 포함한 여타 사회과학자들 간에 접근법의 차이가 있기 때문이다. 주류 경제학자들은 주로 수치를 놓고 이론적·실증적 분석을 하는 데 반해, 여타 사회과학자들은 "신자유주의(neoliberalism)" 같은 거대 개념을 동원하는 경향이 있다. 이것은 전 세계적 현상이다. 둘 사이에 큰 강이 있다는 것은 근자에 국제통화기금(IMF) 소속 경제학자가 "신자유주의"라는 용어를 쓴 사실이 주요 뉴스가 되는 현실에서 알 수 있다.[1] 국내에서도 이런 경향은 마찬가지여서 주류 경제학자들이 신자유주의 같은 개념을 쓰는 경우는 별로 없는 반면, 여타 사회과학자들은 "밥 먹듯이" 쓰고 있다고 해도 과언이 아니다. 이에 대해서는 여기서 굳이 예를 들 필요가 없다고 생각된다.

주류 경제학자들과 여타 사회과학자들 사이에 이런 거리가 생긴 이유는 무엇인가? 영국의 유력 경제 전문지 ≪파이낸셜 타임스(Financial Times)≫(2016년 5월 26일 자) 같은 데서 말하는 것처럼 신자유주의라는 용어에 "좌파적 편의(偏倚)"가 있기 때문인가? 그렇다면 주류 경제학자들은 여타 사회과학자들에 비해 "우파"인가? 필자가 보기에는 그런 거리는 좌우의 문제가 아니라 기본

1 IMF 경제학자의 원문은 http://www.imf.org/external/pubs/ft/fandd/2016/06/ostry.htm. 그에 대한 언론 보도는 ≪파이낸셜 타임스(Financial Times)≫, 2016년 5월 26일 자, 6월 13일 자와 ≪포춘(Fortune)≫, 2016년 6월 3일 자(http://fortune.com/2016/06/03/imf-neoliberalism-failing) 참조.

적으로 경제학에서의 이론과 역사 간의 관계에서 유래하는 것이다. 신자유주의는 역사적 현상이기 때문이다. 주류 경제학자들이 신자유주의 같은 문제를 잘 다루지 않게 된 것은 19세기 말부터 20세기 초에 신고전파 경제학, 즉 현대의 주류 경제학이 역사를 "잊어버림으로써" 시작되었다고 볼 수 있다(Hodgson, 2001). 물론 주류 경제학 내에서 경제사도 발전했지만, 점차 경제성장사, 계량경제사 등 신고전파 경제학의 이론을 적용하는 접근으로 가면서 신자유주의 같은 개념을 다루는 경우는 드물게 되었다. 이런 점에서 주류 경제학과 여타 사회과학 간에는 거리가 있을 수밖에 없다.

이것은 외환위기를 보는 데 있어서만 나타나는 현상이 아니다. 그 전 한국을 비롯한 동아시아의 경제 "기적"을 논하는 데 있어서도 그랬고 지금도 그렇다. 대표적인 것이 "신중상주의(neomercantilism)" 같은 개념이다. 주류 경제학자들은 그런 개념을 잘 안 쓰는 반면 다른 사회과학자들은 많이 썼고 지금도 쓰고 있다.[2] 즉, 한국의 경제 기적과 외환위기를 설명하는 데 있어서 모두 주류 경제학자들과 여타 사회과학자들 간에 거리가 있는 것이다. 그런 거리를 메워야 경제 기적과 외환위기 모두 더 정확하게 이해할 수 있을 것이다.

이 책은 이런 문제점을 고려하면서 외환위기의 성격과 그 후의 한국 경제의 성과를 살펴본다. 그러기 위해 기존 문헌들을 살펴보고 그에 나타나는 견해의 차이를 분석하고 정리한 뒤 필자 나름대로 의견을 제시한다. 이 과정에서 금융이나 노동 등 경제학의 분야에 따라 다른 견해를 "종합"하고 그에 따른 결론을 내린다. 그것은 현대 경제학이 분야 간에 전혀 다른 패러다임을 쓰는 것이 아니기 때문에 가능할 것으로 기대한다. 주류 경제학자들과 여타 사회과학자들 간의 차이 문제도 신고전파의 창시자 앨프리드 마셜(Alfred Marshall)이 독일 역사학파의 영향을 받은 것을 상기하지 않더라도, 현대 경제학에서 사실상 세계 표준을 정하고 있는 미국 경제학회에서 발간하는 ≪경제문헌지

2 http://www.oxfordreference.com/search?q=Neomercantilism+in+East+Asia 참조.

(Journal of Economic Literature)≫의 분류 기준을 한 번만 들여다보면 주류 경제학과 여타 사회과학 간의 관계가 서로 배치하는 것이 아니라는 것을 알 수 있다. 거기에는 경제와 다른 영역과의 상호작용을 다루는 분야가 많이 포함되어 있다.

이 책의 구성

서론을 포함한 이 책의 구성은 다음과 같다.

제1장 서론
제2장 외환위기 전의 한국 경제
제3장 외환위기의 성격
제4장 경제성장률 하락
제5장 경제의 안정성과 국제투자
제6장 소득분배의 악화와 노동문제
제7장 결론

제2장은 외환위기 전 한국 경제를 살펴본다. 그렇게 하는 이유는 우선 외환위기의 성격을 알려면 그 전 한국 경제의 모습을 이해해야 하기 때문이다. 즉, 외환위기 전 한국이 어떻게 경제 "기적"을 이룰 수 있었으며, 그 속에 외환위기로 가는 요인이 잠재해 있었는가를 살펴볼 필요가 있는 것이다. 외환위기 전 한국 경제를 살펴보는 또 하나 이유는 외환위기 후 한국 경제의 성과를 평가하기 위해서는 그 전의 성과를 이해하고 둘을 비교하는 것이 중요하기 때문이다. 외환위기 전의 한국 경제를 살펴보는 데는 이론적 분석뿐 아니라 역사적 관점에서 1960~1970년대의 경제체제와 1980년대 이후의 개혁에 대해

신중상주의나 신자유주의 같은 개념을 적용할 수 있는지를 검토한다.

제3장은 외환위기의 성격, 즉 그 원인과 해결 과정, 그리고 그 후 이루어진 개혁에 대해 살펴본다. 외환위기가 국내 경제구조 때문에 일어났다는 주장과 단기자본 이동 때문에 일어났다는 주장을 살펴보고 그것을 정리해 결론을 내린 다음, IMF와 미국이 주도한 외환위기의 해결 과정이 어떻게 진행되었는지를 살펴본다. 특히 그 해결 과정은 그 원인과 서로 일관성이 있는 것이었는지, 그렇지 않았다면 그 이유는 무엇인지에 대해 살펴본다. 나아가서 외환위기의 해결책에 대한 한국의 대응을 살펴본 뒤, 그 후 이루어진 구조 개혁의 내용을 검토하고 평가한다. 그렇게 외환위기의 성격을 밝히는 과정에서 이론적 분석뿐 아니라 신자유주의 같은 역사적 개념에 의거한 해석도 시도할 것이다.

제4장부터 제6장까지 세 개 장은 외환위기 후 한국 경제의 성과를 살펴본다. 각 장의 제목을 "경제성장률 하락(제4장)", "경제의 안정성과 국제투자(제5장)", "소득분배의 악화와 노동문제(제6장)"라고 붙인 것은 앞에서 살펴본 외환위기 후 한국 경제의 성과에 대한 해석을 둘러싼 논점에 비추어서 그렇게 한 것이다. 즉, 이 세 장은 경제성장률은 떨어졌지만 그에 대한 해석이 다르고, 국제투자에서 국민소득을 줄이는 결과가 나오고 있는데 그것이 안정성 확보와 교환한 것이라는 해석이 지배적이고, 소득분배와 노동문제가 악화되었는데 그것이 외환위기의 성격과 어떤 관련이 있는가 등의 논점들을 다루는 것이다.

경제의 대표적 성과 지표는 성장·안정·분배다. 성장은 두말할 필요가 없지만, 경기변동의 정도나 위기의 빈도 등 안정성도 중요한 성과 지표다. 그리고 성과의 또 하나 지표는 물론 분배다. 이 책도 그들 세 지표에 따라 외환위기 후 한국 경제의 성과를 평가하지만, 바로 성장·안정·분배로 나누지 않고 논점에 따라 수정해서 나눈다. 성장은 따로 한 장에서 다루고, 그다음 안정성과 국제투자를 묶어서 한 장을 구성한다. 국제투자를 중요 주제로 다루는 것은 그것이 논란의 대상이 되었을 뿐 아니라, 외환위기의 성격과 결과를 보는 데 있어서 핵심적 분석 대상이기 때문이다(그 구체적 내용은 본문에서 밝혀질 것이다). 국제투자는 국민소득에 영향을 미치기 때문에 성장에서도 다루지만, 안정성과 관련된 측면이 큰 만큼 안정성을 다루면서 집중적으로 살펴본다. 국제투자가 자본 이동의 변덕성 때문에 외환위기가 재발할 가능성과 결부되어 있다는 점도 안정성과 같이 다루는 이유이다. 분배는 다른 문제와도 관련이 있지만 노동문제와 매우 밀접하게 관련되어 있기 때문에 둘을 같이 다루기로 한다. 노동문제에는 비정규직 노동자가 대거 늘어난 것도 포함되는데, 그것은 분배 문제뿐 아니라 고용 불안정을 통해 안정 문제와 관련이 있다는 것도 고려할 것이다.

물론 외환위기 후 경제의 성과를 분석하는 데 있어서 외환위기 이외의 요인도 고려해야 한다. 우선 외환위기 전부터 있던 조건이 그 후의 성과에 영향을 미쳤을 수 있다. 세계화의 진전과 신흥공업국, 특히 한국과 지리적·문화적으로 가까운 중국의 등장, 정보통신산업의 발전과 같은 기술 패러다임의 변화, 인구의 노령화, 서비스경제화 등이 모두 외환위기 전부터 있던 조건이다. 그리고 외환위기 후 20년이 지나는 사이에 발생한 요인들도 물론 경제의 성과에 영향을 미쳤을 것이다. 그런 요인으로는 무엇보다 2008년에 일어난 글로벌 금융위기와 그 이후 세계적으로 진행된 "대침체(The Great Recession)"가 있다. 그런 요인들은 그 자체로서만이 아니라, 외환위기의 결과 및 그 전부터 있던 요인과 상호작용해서 경제의 성과를 결정했을 것이다. 나아가서 이 모든 문제에 대해 정부를 비롯한 경제주체들이 얼마나 잘 대처했는지가 경제의 성과에 영향을 미쳤을 것이다. 외환위기 후 이루어졌던 개혁 자체도 20여 년이 흐르면서 변한 것이 많다. 그중에는 바람직한 개혁이 후퇴한 것도 있고, 잘못된 개혁이 교정된 것도 있다. 외환위기 후 한국 경제의 성과를 보는 데는 이런 것들을 감안해야 한다. 물론 이 책은 그렇게 하기 위해 노력할 것이다. 다만 이들 요인을 그 자체로서 모두 살펴볼 수는 없고 외환위기와 관련된 측면을 중심으로 살펴볼 것이다. 즉, 이들 문제를 다루는 데 있어서도 외환위기의 결과 달라진 점에 대해 초점을 맞출 수밖에 없는 것이다.

제4장은 외환위기 후의 경제성장률 하락에 대해 살펴본다. 먼저 경제가 발전하고 외환위기 전의 과잉투자가 해소되면서 성장률이 떨어졌다는 견해를 검토한 뒤, 외환위기 후 구조 개혁으로 과거의 투자 메커니즘을 해체하면서 그것을 대체할 메커니즘을 만들지 못했기 때문에 성장률이 떨어졌다는 것을 밝힌다. 그다음 외환위기 후 경제성장에 영향을 미친 요인으로서 벤처기업 육성, 가계대출 증가, 연구개발체제 변화, 외국인 직접투자 유치 등에 대해 살펴본다. 그리고 경상수지 흑자가 순대외자산 증가로 이어지지 못함으로써 국민소득이 감소하는 데 대해서도 분석한다. 나아가서 2008년 글로벌 금융위기 이후의 대침체와 한국의 경제성장 문제에 대해 살펴본다.

제5장은 경제의 안정성과 국제투자 문제를 다룬다. 먼저 외환위기 후 구조 개혁으로 성장률은 떨어졌지만 기업과 금융의 건전성을 확보하고 경상수지 흑자를 지속적으로 냄으로써 경제의 안정성이 올라간 데 대해 살펴본다. 그다음 경상수지 흑자가 순대외자산 증가로 이어지지 못해서 국민소득이 감소하는 것이 외국인이 위험을 분담해서 경제의 안정성이 올라간 결과인지 분석한다. 나아가서 2008년에 외환위기가 재발한 데 대해 그 원인과 해결 과정을 중심으로 살펴본 뒤, 결국 외환위기 후 경제성장률이 떨어짐과 동시에 경제의 불안정성도 올라갔을 가능성이 크다는 것을 밝힌다.

제6장은 소득분배와 노동문제를 살펴본다. 먼저 외환위기 후 소득분배가 악화되었다는 데 대해 살펴보고 그 원인에 대해 논한 다음, 소득분배가 악화된 일차적 원인으로서 외환위기 후의 구조조정에서 중산층 근로자들이 대거 해고된 데 대해 살펴본다. 그다음 성장률 하락에 따라 일자리 창출 능력이 감소하고, 비정규직 노동자와 중소기업 종사자의 비중이 올라감에 따라 노동시장의 이중구조가 심화된 데 대해 살펴보고, 그에 대한 해결책들을 검토한다. 나아가서 노동소득분배율이 하락한 데 대해 살펴보고, 그것이 소득분배를 악화시키는 메커니즘과 재벌, 외자, 및 노동 간의 관계에 대해 가지고 있는 함의

를 살펴본다.

제7장은 결론이다. 먼저 제2장부터 제6장까지의 논의를 요약하고, 그것이 기존 연구에서 미진했던 설명을 명백히 했는지에 대해 언급한다. 그리고 경제학 분야 간의 관점에 따른 해석의 차이와 주류 경제학과 여타 사회과학 간의 접근 방법의 차이에 대한 논점을 정리한다. 그다음 제2장부터 제6장까지의 분석에서 얻을 수 있는 정책적 함의에 대해 논한다. 나아가서 외환위기의 성격과 결과에 비추어서 한국이 당면하고 있는 세계질서의 성격에 대해 논하고, 앞으로 세계질서의 변동 속에서 한국이 당면할 문제에 대해 역사적 관점에서 살펴본다.

제2장

외환위기 전의 한국 경제

"성장 과정이라는 것은 언제나 스스로를 제한하는 효과를 낳기 때문에 결코 순전히 스스로 지속될 수는 없다. 이런 의미에서 경제성장은 언제나 투쟁이다."

_ 사이먼 쿠즈네츠(Simon Kuznets)

이 장은 외환위기 전 한국 경제를 살펴본다. 외환위기의 성격을 알려면 그 전 한국 경제의 모습을 이해해야 하고, 외환위기 후 한국 경제의 성과를 평가하기 위해서는 그 전의 성과를 파악할 필요가 있기 때문이다.

외환위기 전 한국 경제를 살펴보는 것은 한국 경제발전의 역사적 배경과 고도성장이 시작된 메커니즘을 이해하는 데서 시작한다. 그렇게 멀리 거슬러 올라가는 것은 외환위기 전 한국 경제를 제대로 알고 나아가서 외환위기의 성격을 이해하기 위해서는 그렇게 할 필요가 있다고 생각되기 때문이다. 그다음 고도성장이 시작된 이후의 경제발전 패턴을 살펴본다. 한국은 고도성장이 시작되고 난 후에도 경제성장이 마냥 순조롭게 진행된 것이 아니었다. 한국의 고도성장 과정에서는 크고 작은 위기가 반복적으로 나타났다. 이것은 어떤 면에서는 불가피한 것이었다. 경제성장에 위기가 수반하는 것은 보편적 현상이기 때문이다. 경제성장이라는 것이 한번 시작되면 저절로 지속되는 것이 아니라 각종 위기가 일어나서 중단되기 일쑤다. 그렇게 성장과 위기가 반복되는 과정이 잘못되면 성장 엔진 자체가 멈추어서 장기 침체에 빠질 수 있다.

제2차 세계대전 이후 경험을 보면 수많은 개도국이 상당 기간 성장을 하다가 장기 침체로 빠져드는 것을 볼 수 있다. 이것은 성장의 "지속" 문제다. 많은 개도국이 성장을 시작하기보다 지속하기가 더 어려운 것이 현실이다. 성장이 지속되지 못한 경우로서 세계적으로 가장 잘 알려진 경우는 아르헨티나일 것이다. 그러나 아르헨티나 말고도 그런 나라는 많다. 구소련 같은 나라도 그런 경우라 할 수 있다. 경제발전론 문헌에서는 이런 현상을 "중진국 함정(middle-income trap)"이라고 부른다.

그런 구도에서 한국은 독특한 모습을 보이고 있다. 한국은 중진국 함정은 피한 것으로 생각된다. 그러나 한국은 고도성장을 하면서 위기도 잦은 나라였다. 배리 아이컨그린 등에 의하면 한국은 지금까지 성장률은 세계에서 수위를 다투지만 위기의 빈도는 전 세계에서 상위에 속하는 나라다(Eichengreen et al., 2012: Chapter 7). 한국은 위기를 자주 겪으면서도 성장을 지속할 수 있었다. 한국 경제발전의 패턴을 요약하면 "위기로 점철된 지속 성장"이라고 할 수 있을 것이다.

당연히 이 책에서 주제로 다루는 1997년의 외환위기도 한국이 처음 맞는 위기는 아니었다. 그 전에도 여러 번 위기가 있었다. 그 전에 있었던 많은 위기 중에서 두드러지는 것은 1979년에 일어난 위기다. 그 위기가 정점에 달했던 1980년에 한국 경제는 1954년 이후 처음으로 마이너스 성장률을 기록했다. 그 위기는 1982년까지 계속되어서 회복되는 데 1997년 외환위기보다 더 오랜 기간이 걸렸다. 1979년의 위기는 그 후 광범위한 개혁이 이루어지고 그 결과 대규모의 정책 및 체제 전환이 있었다는 점에서도 1997년의 위기와 비슷하다. 1979년 위기는 그 전에 두 자릿수로 오르던 물가를 안정시키고 정부가 미시적으로 개입하는 경제체제를 자유화하는 계기가 되었던 것이다. 그 후 1987년에 민주화가 이루어짐에 따라 또 다른 변화를 겪었다. 한국은 그런 과정을 거치면서도 고도성장을 했지만, 1997년에 다시 위기를 맞게 되었다.

이 장은 다음 순서로 진행한다. 제1절에서는 한국 경제발전의 역사적 배경을 간단히 살펴보고, 그 후 1960년대 중반 이후 고도성장이 이루어진 원인을 살펴본다. 제2절에서는 1960년대 중반부터 1979년까지의 고도성장의 모습을 설명하고 그것이 1979년 위기로 귀결된 과정에 대해 살펴본다. 제3절에서는 1980년대부터 시행된 안정화·자유화·민주화 과정에서 한국 경제가 어떻게 변모했는가를 살펴본다. 마지막으로 제4절에서는 1980년대부터 진행된 안정화·자유화·민주화의 과정에서 한국 경제가 위기로 갈 수밖에 없는 원인이 잠복해 있었는지 살펴보고, 그것이 "신자유주의"와 어떻게 관련되었는가에 대해 살펴본다.

제1절 고도성장의 원인

1997년 외환위기가 일어나기 전까지 한국의 경제발전은 "기적"으로 불리었다. 기적이라는 용어는 다른 어느 사회과학자들보다도 스스로를 더 "과학"적이라고 자부하는 경제학자들이 몹시 쓰기 싫어하는 용어다. 그러나 일부 경제학자들이 한국을 비롯한 동아시아 국가의 경제발전에 대해 기적이라는 용어를 쓰기 시작하더니, 1993년 세계은행이 『동아시아의 기적(East Asian Miracle)』이라는 책을 내면서 경제학자들 사이에서 보편적으로 쓰이는 용어가 되었다. 그 책의 주된 분석 대상은 단연 한국이었다. 한국이 그 책의 주된 분석 대상이 된 이유는 간단했다. 한국 경제가 그 책에서 다룬 다른 동아시아 국가들에 비해 규모가 컸기 때문이다. 일본은 그 책에서 다루지 않았고, 중국의 경제발전은 당시에는 아직 크게 주목을 받지 못하고 있다. 다른 분석 대상국인 대만, 홍콩, 싱가포르, 태국, 말레이시아 등은 한국에 비해서 경제 규모가 작았다. 그렇게 해서 한국은 20세기 동아시아에서 일어난 경제 기적의 주역이 되었다.

역사적 배경

한국의 경제 기적은 역사적으로 이해해야 한다. 한국이 그렇게 고도성장을 할 수 있었던 바탕에는 우선 그 전에 한국이 선진국에 비해 뒤떨어진 개도국이었다는 사실이 자리 잡고 있다. 뒤떨어진 정도가 컸기 때문에 그에 따른 격차가 급격히 줄어드는 과정에서 기적적 성장이 일어난 것이다. 역사적 연구에 따르면 중국을 중심으로 하는 동아시아가 한때 세계에서 가장 선진 지역이었고 한국도 그 일원이었다. 따라서 한국이 1960년대에 고도성장을 시작하기 이전에 선진국에 뒤떨어진 개도국이었다는 것은 역사의 어느 시점에서 동아시아 경제의 발전 수준이 다른 지역과 비교해서 역전되었기 때문이다. 역전되었다 하더라도 모든 지역에 대해 그랬던 것은 아니고 유럽에 비해 뒤떨어졌던 것이다. 그 바탕에는 "유럽의 발흥"이라는 현상이 놓여 있다. 즉, 오늘날 동아시아 기적은 그 전 역사의 어느 시점에서 에릭 존스(Eric Jones)가 이야기한 것처럼 "유럽의 기적"이 있었던 결과인 것이다(Jones, 1987).

동아시아가 언제부터 어떻게 유럽에 뒤떨어지게 되었는지는 논쟁의 대상이다(예컨대 Landes, 1998; Morris, 2011). 여기서 그런 논란을 다룰 수는 없다. 그러나 오랜 동안 관료사회였던 중국이나 한국이 근세에 와서 봉건제의 유산 위에서 "부국강병"을 내용으로 하는 중상주의 정책을 추진했던 유럽에 뒤처졌다는 것은 부인할 수 없을 것이다. 유럽은 그런 역사적 조건을 바탕으로 다른 지역에 앞서서 산업혁명을 수행할 수 있었다. 유럽 국가들 중에서도 산업혁명을 처음 수행한 나라는 영국이다. 영국은 근대 초기 중상주의체제에서 근대 후기에 자유주의체제로 이행했고, 그 과정에서 산업혁명이 일어났다. 그 결과 19세기에는 자유방임적 시장경제 형태로 자본주의 경제체제가 성립했다.

영국에서 처음 일어난 산업혁명은 19세기에 프랑스, 독일 같은 유럽 대륙 국가와 미국으로 확산되었다. 그 과정에서 무역, 자본 이동, 이민을 통해 경제

통합, 즉 "세계화"가 진행되었다. 유럽과 미국에서의 산업혁명과 그에 수반하는 세계화는 당연히 여타 지역에 영향을 미치게 되었다. 그것은 "서세동점(西勢東漸)"으로 나타났다. 서세동점은 중상주의 시대부터 시작되었지만 구미의 산업혁명으로 여타 지역과의 격차가 더 벌어짐에 따라 강화될 수밖에 없었다. 구미 국가들은 처음에는 포함외교(gunboat diplomacy)로, 나중에는 식민지화를 통해 다른 지역을 세계자본주의체제로 편입시켰다. 당시 세계화는 구미의 선진국들 사이에서는 자유로운 관계를 통해 달성되었지만, 다른 지역의 국가들에 대해서는 강제적 성격을 띠고 있었던 것이다.

동아시아는 서세동점의 영향을 제일 마지막으로 받은 지역이다. 19세기 중엽 이후 구미 열강이 포함외교로 동아시아에 나타났을 때 한국, 중국, 일본이 어떻게 그에 대응했는지를 여기서 논할 수는 없다, 한국은 대응에 실패했고 그 결과 열강의 각축장이 되었다가, 그 자신도 처음에 구미의 포함외교 대상이었던 일본의 식민지가 되었다.

유럽을 중심으로 한 세계자본주의체제는 1914년 일어난 제1차 세계대전을 계기로 큰 위기를 맞게 되었다. 1814년 나폴레옹 전쟁이라 불리는 유럽의 대전이 끝난 이후 유럽은 100년에 걸쳐 큰 전쟁이나 혼란 없이 평화가 유지되었지만, 제1차 세계대전으로 그런 평화가 깨진 것이다. 제1차 세계대전은 그 자체가 큰 위기였을 뿐 아니라 국제분업체계의 혼란, 통화체제(국제금본위제)의 붕괴를 가져왔다. 세계경제를 이끌어갈 리더십도 붕괴했다. 그 전에는 영국이 리더 역할을 했지만 영국은 이제 그런 능력이 없는 반면, 전후 세계 최대 부국으로 떠오른 미국은 그런 역할을 맡을 의사가 없었던 것이다(Kindleberger, 1973). 거기에다 제1차 세계대전 후유증이 다 수습되기도 전에 1929년에 대공황이 터졌다. 대공황은 그 자체가 대규모 위기를 조성했을 뿐 아니라, 제1차 세계대전의 후유증과 맞물려 보호무역과 환율 인상, 블록경제 형성 등 국가 간의 "인근 궁핍화 정책(beggar-thy-neighbor policy)"으로 이어졌다.

전쟁과 공황은 그 전부터 있어왔던 사회적 갈등을 증폭시켰다. 제1차 세계대전의 결과 러시아에서는 혁명이 일어나고 서유럽에서도 사회주의 세력이 성장했다. 그런 한편 그에 맞서는 파시즘 세력이 대두했다. 이렇게 자본주의 체제는 국내외적으로 대규모 위기에 직면하게 되었고, 그것은 제2차 세계대전을 일으키는 한 요인이 되었다. 제2차 세계대전도 물론 그 자체로서 큰 위기 상황을 조성했다.

이 과정에서 세계화는 중단되었다. 구미 선진국 간에 중단되었을 뿐 아니라 변방에 있는 개도국의 경우도 마찬가지였다. 당시 독립국이었던 라틴아메리카 국가들은 1930년대 대공황으로 미국으로의 수출 길이 막히자 과거에 수입하던 공산품을 국내 생산하는 "수입대체공업화(import-substituting industrialization)"를 시작했다. 아시아와 아프리카에서도 전쟁과 공황으로 세계화는 중단되었다. 그러나 식민주의가 해체되지는 않았다. 제1차 세계대전 후 승전한 열강들이 패전 제국의 식민지를 재분할했을 뿐이다. 식민지 체제는 그렇게 변모를 겪으면서 이어졌지만 지속될 수는 없는 것이어서 제2차 세계대전 이후에는 붕괴될 수밖에 없었다. 이런 흐름 속에서 한국도 분단된 상태이긴 하지만 독립국가가 되었다.

제2차 세계대전 이후 과거 식민지였던 나라들이 정치적으로 독립함에 따라 이들 나라가 경제적으로도 과거 식민 모국인 선진국과 같은 모습으로 바뀔 수 있을 것인지가 지대한 관심사로 떠올랐다. 그렇게 해서 "경제발전론"이라는 학문 분야가 새롭게 등장했다(Bell, 1989). 이들 신생 독립국의 경제발전 경로는 온갖 우여곡절을 겪었다. 이런저런 나라가 한때 성공적 경제발전을 해서 주목을 받곤 했다. 그러나 결국 한국이나 대만 등 동아시아의 경제발전이 다른 개도국의 성과를 압도하게 되었다. 그렇게 해서 동아시아의 경제 "기적"이라는 개념이 나오게 된 것이다.

동아시아 경제 기적은 어떻게 설명하는가? 지금까지 "유교의 영향" 같은 전통 사회의 특징으로부터 일제 강점기의 유산, 해방 후의 농지 개혁과 교육 수준의 향상 등 수많은 설명이 나왔다. 여기서 그런 설명들을 모두 살펴볼 수는 없다. 여기서는 주류 경제학자들과 여타 사회과학자들 사이에 가장 많이 논의되었고, 외환위기의 성격을 이해하는 문제와도 관련이 있는 두 가지 설명에 대해 살펴보고자 한다. 하나는 "수출 지향적 공업화(export-oriented industrialization)" 정책으로의 전환이고, 다른 하나는 경제성장을 위해 적극적으로 개입하는 정부의 등장이다.

수출 지향적 공업화

수출 지향적 공업화 정책으로의 전환이 고도성장의 원인이 되었다는 것은 일찍부터 주목을 받아서 세계 주류 경제학계의 다수설이 되었다(예컨대 Keesing, 1967; Krueger, 1997; Bhagwati, 2004: Chapters 5~12). 수출 지향적 공업화가 한국이나 대만의 고도성장의 원인으로 지목된 것은 그것이 당시 다른 대다수 개도국이 취한 정책과 두드러지게 차이가 나는 측면이었기 때문이다. 그 차이는 간단한 것이었지만, 그것이 가진 의미는 컸다.

당시 대다수 개도국이 택하고 있던 정책은 1930년대 라틴아메리카에서 시작된 수입대체공업화였다. 그 첫째 단계는 과거에 수입에 의존하던 최종소비재를 보호와 규제, 보조금을 통해 국내에서 생산하는 것이다. 한국도 1950년대에 미국 원조를 받아서 소비재를 중심으로 수입대체공업화를 수행했다. 그것은 한국 정부가 나름대로 노력한 결과였다. 당시 동아시아에서의 미국의 일차적 목표는 일본 경제의 부흥이었기 때문에 미국은 한국이 일본에 농수산물이나 광산물 같은 일차산업 제품을 수출하고 일본으로부터 제조업 제품을 수입하는 관계를 만들고자 했다. 이승만 정부는 그런 일본과의 수직적 분업 관계가 형성되는 데 대해 강하게 저항했는데, 그 결과 원조 자금 일부를 수입대체공업화에 투입할 수 있었던 것이다(Woo, 1991: Chapter 3).

이런 "제1차 수입대체"까지는 한국이나 대만 같은 동아시아 국가들과 여타 개도국 간에 별로 다른 점이 없었다. 한국이나 대만이 여타 개도국과 달라진 것은 그다음 단계부터다. 대다수 개도국은 소비재를 중심으로 하는 "제1차 수입대체"가 끝나고 난 뒤 소비재 산업에 필요한 생산재를 다시 국내 생산하는 "제2차 수입대체"로 나아갔다. 이것은 세계경제와의 "통합"을 줄이는 방식이다. 그에 반해 수출 지향적 공업화는 생산재 수입대체로 본격적으로 나아가기 전에 제1차 수입대체에서 건설된 공산품을 수출하는 것이다. 소비재산업은 국내 수요를 충족할 뿐 아니라 수출도 하기 때문에 그에 따라 생산재 수입이 늘어나게 된다. 따라서 수출의존도뿐 아니라 수입의존도도 늘어나서 세계경제와의 통합이 강화된다.

수입대체공업화의 문제는 잘 알려져 있다. 생산재를 국산화하더라도 모두 자급할 수는 없다. 생산재 생산에도 그에 필요한 생산재는 수입을 해야 하는데 수출 능력을 키워 놓지 않았기 때문에 외화가 부족한 사태가 빈번히 일어난다. 외화가 부족하면 성장이 중단되기 때문에 성장이 단속적(斷續的, stop-go) 패턴을 보이게 된다. 국내 기업은 국제경쟁에 노출되지 않고 국내시장도 좁아 규모의 경제를 달성할 수 없다. 그런 상태에서는 보호 및 규제에 따른 관료주의와 기업의 지대추구 행위(rent-seeking activity)가 만연하게 된다. 반면 수출지향적 공업화에서는 수출로 얻은 외화로 자본재를 원활하게 수입할 수 있어서 성장을 지속할 수 있다. 국내시장이 좁은 데서 오는 문제와 보호 및 규제에 따른 관료주의, 기업의 지대추구 행위 등 문제도 상대적으로 적다.

지금 보기에는 수입대체공업화는 실패할 수밖에 없는 정책이다. 그러나 1950~1960년대, 심지어 1970~1980년대까지도 대다수 개도국이 그런 정책을 추구했다. 그 이유에 대한 명시적 설명은 예상 외로 드물다. 그러나 필자는 그 근본 원인은 역사적인 데 있다고 생각한다. 대다수 개도국이 수입대체공업화에 집착한 역사적 이유는 두 가지다. 하나는 20세기 전반기 세계자본주의의 위기로부터 얻은 경험이다. 그런 점에서 대표적인 선례가 대공황 이후 라틴아메리카 제국이 수입대체공업화를 추진한 것이었다. 이들 나라는 제2차 세계대전 후에도 개도국이 공산품을 수출하기는 쉽지 않다고 인식한 데다, 이미 추진해 오던 수입대체공업화의 관성이나 기득권에서 벗어나기가 쉽지 않았을 것이다.

또 하나는 식민 지배의 경험이다. 신생 독립국 입장에서 과거 세계경제와의 통합은 결국 식민지가 되는 것을 의미했다. 따라서 이들 나라는 정치적 독립을 넘어 "경제적 독립"을 성취하기 위해 선진국과 적극적으로 통합하는 것을 꺼렸다. 이러한 모습은 두 후진 대국 중국과 인도의 경우에서 잘 드러난다. 중국은 강력한 민족주의적 공산정권이 수립되어 세계자본주의체제로부터 완전히 이탈했다. 인도는 초대 수상 자와할랄 네루(Javāharlāl Nehrū)와 그 딸 인디라 간디(Indira Gandhi)의 지도하에서 경제적 독립을 위해 세계경제와의 통합을 줄이고자 했다(Bhagwati and Panagariya, 2013: Chapter 1). 식민주의의 경험은 중국보다 인도가 더 오랜 기간 수입대체공업화에 집착한 것도 설명해 준다. 인도는 중국보다 식민주의에 시달린 역사가 훨씬 길었던 것이다.

대다수 개도국이 수입대체공업화에 집착하게 된 역사적 조건 두 가지는 20세기 후반 들어서 일변했다. 20세기 전반에 위기로 점철되었던 세계경제는 20세기 후반에 와서 일찍이 볼 수 없었던 호황으로 바뀌었고, 식민지체제는 확실히 붕괴했던 것이다.

세계자본주의경제는 20세기 후반에 예상을 깨고 일찍이 보지 못한 호황을 맞았다. 특히 1950년부터 1973년대 초까지는 "자본주의의 황금기(golden era of capitalism)"라고 불릴 정도로 고도성장을 했다(Marglin and Shor, 1992; Maddison, 1982). 1974년 이후 선진국 경제성장은 감속되었지만, 여전히 자본주의 황금기 이전 시기에 비해 대체로 높은 성장률을 보이고 있다.

〈표 2-1〉은 앵거스 매디슨(Angus Maddison)이라는 경제사학자이면서 경제발전론 연구자가 만든 통계에 근거해서 1870년부터 2007년까지의 국내총생산(GDP)과 일인당 GDP 증가율을 작성한 것이다.[1] 선정된 대상 국가들은 한

1 http://www.ggdc.net/maddison.

〈표 2-1〉 세계 주요국 경제의 성장 국면(1990년 불변가격, 구매력평가 기준) (단위: %)

국가	GDP	1870~1913	1913~1950	1950~1973	1973~1993	1993~2007
미국	GDP	3.9	2.8	3.9	2.8	3.1
	일인당 GDP	1.8	1.6	2.5	1.8	2.0
서유럽	GDP	2.1	1.2	4.8	2.1	2.4
	일인당 GDP	1.3	0.8	4.1	1.8	2.1
일본	GDP	2.4	2.2	9.3	3.4	1.3
	일인당 GDP	1.5	0.9	8.1	2.7	1.2
중국	GDP	0.6	0.0	4.9	6.7	8.3
	일인당 GDP	0.1	-0.6	2.8	5.2	7.4
인도	GDP	1.0	0.0	3.5	4.7	7.0
	일인당 GDP	0.5	-0.2	1.4	2.5	5.1
한국	GDP	1.0	1.8	7.6	8.1	5.3
	일인당 GDP	0.9	0.0	5.3	6.6	4.6
세계	GDP	2.1	1.8	4.9	3.0	4.0
	일인당 GDP	1.3	0.9	2.9	1.2	2.6

주: 서유럽은 남유럽을 포함한 30개국임.
자료: http://www.ggdc.net/maddison.

국의 입장에서 중요하다고 생각되는 국가들이다. 여기서 GDP 수치는 1990년 미국에서의 구매력을 기준으로 구매력평가(purchasing power parity) 불변가격으로 계산한 것이다. 그런 기준으로 먼 과거까지 거슬러 올라가는 것이 얼마나 정확할지에 대해서는 논란이 있을 수 있다. 그러나 그런 문제에도 불구하고 대강의 추세를 살펴볼 수는 있을 것이다.

GDP와 일인당 GDP 증가율은 기간을 나누어서 제시했는데, 그 기준은 자료가 있는지 여부와 함께 세계자본주의 경제의 발전 국면을 고려해 설정했다. 매디슨은 세계적으로 국민계정 자료가 제대로 갖춰지지 않은 1950년대 이전 시기에 대해서는 일부 연도를 잡아서 추정하고 있다. 그 연도는 서유럽 중심으로 AD1년, 1000년, 1820년, 1870년, 1913년 등으로 정해졌다. 여기서는 1870년과 1913년을 기준 연도로 선택했다. 1870년을 선택한 이유는 1870년에 대해 많은 나라의 자료가 갖춰져 있기 때문이다. 1913년은 제1차 세계대전이 일어나기 직전 연도이다. 따라서 1870년부터 1913년까지 기간은 세계자본주의경제가 제1차 세계대전을 계기로 대규모 위기로 빠져들기 전까지 기간이다.

1950년부터는 대다수 국가의 국민계정 자료가 있는데 〈표 2-1〉에서는 1950년, 1973년, 1993년, 2007년을 기준 연도로 설정했다. 1950년은 서유럽이 제2차 세계대전으로부터 회복하고 고도성장을 시작한 연도다. 1973년은 유럽과 미국 기준으로 자본주의 황금기가 끝나는 연도이다. 1993년과 2007년을 설정한 것은 아래 제4절에서 설명하는 것처럼 두 연도 사이에 "제2의 자본주의 황금기"가 있었다고 생각해 볼 수 있기 때문이다.

여기서 GDP 증가율과 일인당 GDP 증가율 중 어느 쪽이 경제성장을 더 정확하게 대표하는가 하는 문제가 있다. 한국의 수출 지향적 공업화의 조건을 제공한다는 입장에서 보면 시장의 확대가 중요하기 때문에 GDP 증가율이 더 적절한 수치다. 반면 경제제도나 정책 등 경제성장을 위한 조건이 얼마나 잘 갖춰졌는가를 나타내는 것은 일인당 GDP 증가율이다. 시장의 확대라는 관점에서 보아도 일인당 GDP 증가율이 높으면 구조조정이 용이하기 때문에 더 나은 조건을 제공할 수 있다. 그런 이유로 여기서는 둘 다 고려하기로 한다.

〈표 2-1〉에서 1950년부터 1973년까지가 미국, 서유럽, 일본 등 선진국이 자본주의 황금기였다는 것을 확인할 수 있다. 이 기간에 선진국들은 그 전 위기의 시대인 1913~1950년과 비교가 안 되는 성장률을 보였다. 이 기간을 1870~1913년과 비교하더라도 미국의 GDP 증가율이 같다는 것을 제외하고는 모두 GDP 증가율이나 일인당 GDP 증가율이 높았다. 그 후 20여 년간인 1973~1993년은 경제성장률은 떨어졌지만, 과거 위기의 시대인 1913~1950년에 비해 GDP 증가율이나 일인당 GDP 증가율 중 하나는 확실히 높았다. 1973~1993년을 1870~1913년과 비교하면 미국의 경우 GDP 증가율은 낮지만 일인당 GDP 증가율은 같고, 서유럽은 GDP 증가율은 같지만 일인당 GDP

증가율이 더 높다. 일본은 GDP와 일인당 GDP 증가율이 모두 높다.

선진국 경제가 20세기 후반 들어 성장률이 올라간 원인을 여기서 길게 논할 수는 없다. 거기에는 국내적 요인도 있지만 세계적 차원의 요인도 있었다. 파시즘 국가들이 민주화되어서 민주주의적 자본주의체제의 일원이 되었다. 거기에다 위기의 시대에 혼란을 빚었던 국제 무역과 통화·금융 질서가 회복되었다. 자유무역을 원칙으로 관세 및 무역에 관한 일반협정(GATT)이 맺어지고, 통화 쪽에서는 고정환율로 경쟁적 평가절하를 방지하는 한편, 단기자본 이동 규제를 내용으로 하는 브레턴우즈(Bretton Woods)체제가 성립했다.

그렇게 된 바탕에는 미국이 자본주의 세계의 리더십을 확고하게 발휘하게 되었다는 사정이 놓여 있다. 미국은 제2차 세계대전 후 새로운 헤게모니(hegemony) 국가로서 그 하위 동맹국화한 서유럽 국가들과 일본에 대해 세계 질서 유지라는 "공공재"를 제공하는 한편, 이들 국가의 경제 회복과 성장을 지원했다. 이런 구도에서 세계경제의 통합, 즉 세계화가 다시 진행되었다. 이 세계화는 19세기에 진행된 세계화가 제1차 세계대전 이후의 위기의 시대에 중단되었다가 다시 시작되었기 때문에 "제2차 세계화"라 할 수 있다. 이렇게 제1차 세계화가 진행되다가 위기의 시대에 중단되고 다시 제2차 세계화가 진행되는 것은 무역 의존도의 추세에 그대로 나타난다. 근자에 매디슨 통계와 일관성이 있도록 작성된 무역 통계를 보면, 1870년부터 제1차 세계대전까지 세계경제의 무역 의존도(수출과 수입의 합계의 GDP에 대한 비율)가 상승하다가 위기의 시기에 떨어진 뒤 다시 상승했다(Klasing et al., 2014). 즉, 제1차 세계대전 전까지는 무역 증가율이 경제성장률보다 높다가 위기의 시대에 무역 증가율이 경제성장률보다 낮은 수준으로 떨어졌지만, 20세기 후반 들어 다시 무역 증가율이 경제성장률을 상회하게 되었던 것이다.

그런 제2차 세계화의 흐름을 타고 서유럽 국가들과 일본이 미국을 "따라잡기(catch-up)" 성장을 한 것이 자본주의 황금기가 전개된 핵심적 이유다. 그런 구도에서 먼저 독일이 "라인강의 기적"을 이루었고, 프랑스나 이탈리아 같은 유럽 국가들도 과거의 기준에 비하면 기적이라 불릴 만한 고도성장을 했다. 이런 모습은 일본에서 가장 두드러져서 전후 일본은 역사상 처음으로 10년 이상 두 자릿수 경제성장이 가능하다는 것을 보여주었다.

그러나 서유럽과 일본은 제2차 세계대전 이전부터 선진국이었기 때문에 개도국의 경제발전 문제와는 별개라고 생각할 수 있다. 여기서 결정적으로 중요한 것은 식민지체제가 확실히 붕괴했다는 사실이다. 과거에는 개도국이 선진국과 경제적으로 통합한다는 것은 결국 식민지가 된다는 것을 의미했지만, 이제 그 둘 간의 등치관계가 사라진 것이다. 이런 점에서 제1차 세계화와 제2차 세계화는 결정적으로 차이가 있다.

과거 식민주의를 대체한 것은 미국의 헤게모니다. 개도국의 입장에서 미국의 헤게모니는 여러 모습을 띠고 나타나지만 과거의 식민주의와는 분명히 다르다. 21세기 들어 미국의 일부 지식인들은 19세기 "공화국"일 때의 정신이 사라지고 "제국"의 정신이 지배하고 있다고 개탄하곤 했다(예컨대 Johnson, 2005). 이분들이 간과하고 있는 것은 미국이 19세기 말부터 20세기 초에 제국주의 국가였다는 사실이다. 미국은 건국 후 100년 이상 공화국이었지만 19세기 말 유럽 국가들의 제국주의에 후발자로 가담했다. 그때 카츠라-태프트 밀약(桂-Taft Agreement) 같은 영토 분할 조약을 맺고 필리핀을 식민지로 만들기도 했다. 그러나 제2차 세계대전 이후 미국의 헤게모니가 영토를 탐하거나 식민지를 만드는 제국주의는 분명히 아니다. 미국은 그 영향권 밖으로 나가는 개도국에 대해서는 전쟁, 암살, 쿠데타 조종 등으로 개입했지만, 그것이 영토적 야심과 결부된 적은 없었다. 물론 영토적 야심은 아니더라도 경제적 이익을 위해 그런 식으로 개입하는 경우는 있었다. 그러나 그런 개입은 주로 남미나 중동에서 이루어졌다(예컨대 Perkins, 2005). 동아시아에서는 경제적 이익을 위해 그런 식으로 개입하는 경우는 없었다.

오히려 제2차 세계대전 후 수십 년간 미국의 헤게모니는 "시혜적(benevolent)" 모습을 보였다. 그렇게 된 데는 미국과 개도국이 경제발전 수준에서 엄청난 격차가 있는 데다, 냉전이 중요한 요인으로 작용했다. 미국은 냉전 수행을 위해 개도국에 대규모 원조를 주는 한편 무역을 통해 개도국의 경제발전을 돕는다는 전략을 택하게 되었다(Cumings, 1987; Woo, 1991: Chapter 4). 무역을 통한 성장을 위해서는 미국이 자국 시장을 열어주어야 했고, 거기에는 공산품 시장도 포함되어 있었다. 과거에는 선진국과 개도국 간의 분업은 공산품과 1차 산품 간의 분업이었는데, 이제 개도국이 공산품을 수출하는 길이 열린 것이다. 그것은 미국이 이미 GATT체제하에서 유럽과 일본에게 공산품 시장을 열어주었기 때문에 당연한 일이기도 했다. 이렇게 해서 제2차 세계대전 후에 개도국에게 전례 없는 수출 지향적 공업화의 기회가 열렸던 것이다. 그러나 대다수 개도국들은 수입대체공업화에 몰두해서 이러한 조건을 제대로 인지하고 활용하지 못했다. 개도국 중 오직 한국과 대만, 홍콩, 싱가포르만이 이러한 기회를 빨리 활용할 수 있었다.

한국이 수출 지향적 공업화 정책을 채택한 시점에 대해서는 1960년대 중반에 그런 정책으로 전환했다는 것이 세계적 정설이다. 그러나 좀 더 자세히 살펴보면 그런 정책 전환은 1950년대 후반에 이미 이루어졌다는 것을 알 수 있다(최상오, 2003). 그때 이미 수출에 대해 공식 환율보다 훨씬 높은 환율을 적용하고 수출업자에게 수입이 제한되어 있는 중간재를 일부 자유롭게 수입할수 있게 해 줌으로써 유인을 제공했던 것이다. 그런 조건이 마련되자 수입대체공업화로 건설되었던 면직물 등 공산품이 국내시장이 포화 상태에 이르면서 수출되기 시작했다. 그렇게 해서 1960년에 이르면 1950년대 등락을 거듭하던 수출이 전년 대비 66% 늘고 공산품 수출은 173% 늘었다.[2] 그런 추세는 1961년 이후에도 이어졌다. 이러한 성과는 전 세계적으로 한국이 수출 지향적 공업화 정책으로 전환한 계기가 되었다고 알려진 1964년의 환율 재조정보다 시기적으로 훨씬 앞선 것이었다.

2 이 수치는 Hong(1976: 151~157)에 제시된 자료에서 필자가 계산한 것이다.

여기서 유의할 점은 한국이 냉전에서의 미국과의 특수한 관계 때문에 대미 수출에서 특혜를 받은 것은 아니라는 사실이다. 그것은 당시 GATT에 구현된 무차별 원칙 때문에 불가능했다. 다만, 한국이 미국 원조에 대한 의존도가 특히 심했기 때문에 원조가 줄어드는 데 대비해야 하는 입장이었다는 것이 중요했을 것이다. 이웃 일본이 노동 집약적 제조업 제품을 미국 시장에 수출하는 것을 본 경험도 영향을 미쳤을 것이다. 이처럼 한국은 여러 가지 여건이 겹쳐 수출 지향적 공업화 정책으로 전환하게 되었는데, 그것은 세계경제의 새로운 여건에 잘 적응하는 셈이 되었던 것이다.

정부의 역할

1960년대 들어 고도성장이 시작된 또 하나의 요인으로 거론되는 것은 적극적 역할을 하는 정부의 등장이다. 이런 견해를 가진 학자들은 5·16 군사쿠데타 이후 실행 능력을 갖춘 박정희 정부가 들어서서 경제성장에 최우선순위를 둔 것이 한국의 경제 기적이 시작된 계기가 되었다고 본다. 이런 주장은 르로이 존스(Leroy Jones)와 사공일 같은 주류 경제학자들의 연구에서 시작해서 세계적으로 주류 경제학자들보다는 정치경제학자나 정치학자, 사회학자 등 여타 사회과학자들의 주장으로 이어졌다(Jones and Sakong, 1980; Amsden, 1989; Wade, 1990). 그러나 조지프 스티글리츠(Joseph Stiglitz)나 대니 로드릭(Dani Rodrik) 같은 일부 세계적 주류 경제학자들도 동아시아 기적의 원인으로 정부의 적극적 역할을 지적했다(Stiglitz, 1996; Rodrik, 1995).

역사적으로 경제발전 초기에 정부 개입이 필요하다고 볼 근거가 있다. 근대 초 영국 등 선진국의 중상주의 정책은 강력한 국가 개입으로 자국 산업을 발전시키기 위한 것이었다. 17세기 영국의 항해조례(Navigation Act)는 당시 해운업에서 앞서 있던 홀란드를 견제하려 한 것이라는 것은 잘 알려진 사실이다. 덜 잘 알려진 사실로는 18세기 면직물 공업 발전에서 "옥양목법(Calico

Act)"이 한 역할이다. 영국은 18세기 초 인도에서 수입되는 수공업 면직물 제품인 옥양목이 자국 모직물산업과 마직물산업에 위협이 되자 옥양목 수입을 규제하는 법을 제정해서 시행했는데, 옥양목법의 보호 효과 덕분에 국내 면직물공업이 발전해서 산업혁명을 주도하게 되었던 것이다(Cameron and Neal, 2003: 177).

유럽 대륙국가의 경우 19세기와 20세기 초에 걸친 발전 패턴에 대한 연구로서 고전으로 남아 있는 알렉산더 거쉔크론(Alexander Gerschenkron)의 연구에 의하면 후발국일수록 경제발전 초기에 국가가 더 적극적 역할을 할 수밖에 없다(Gerschenkron, 1962). 그의 명제는 그 뒤 후속 연구에서 다소 수정이 필요하다고 간주되고 있지만 대강의 틀은 맞는 것으로 평가된다(Sylla and Toniolo, 1992; 이제민, 1999). 경제발전 초기에 정부의 역할이 중요했던 것은 자본주의가 "순수배양적" 형태로 이식되었다는 미국에서도 마찬가지다. 미국 건국 직후 성립한 경제정책의 체계는 초대 재무부장관이던 알렉산더 해밀턴(Alexander Hamilton)이 설계했기 때문에 해밀턴체제라고 불리는데, 그것은 영국의 중상주의를 모방한 것이었다. 그 후 그런 체제의 지속을 바라는 북부의 상공업자와 자유무역을 원하는 남부의 대농장주인 플랜터들 간의 갈등이 남북전쟁이 일어나는 데 적어도 하나의 요인으로 작용했다(김종현, 1984: 제6장).

제2차 세계대전 후 독립한 신생 개도국들은 정부 개입의 필요성을 더 절실하게 느끼고 있었다. 이들 국가는 과거 포함외교로 개항을 강요당함으로써 구미 선진국과 1차 산업 대 제조업 간의 분업을 강요당한 경험이 있었고, 식민지 지배를 받으면서 식민 모국의 필요에 따라 경제구조가 결정되는 경험을 했다. 수입대체공업화는 무엇보다 그런 역사적 경험에 대한 반감으로 추진된 것이었다. 한편 수출 지향적 공업화라 하더라도 성장을 지속하기 위해서는 산업구조의 전환이 필요했고, 그를 위해서는 정부가 개입할 필요가 있다고 볼 수 있었다. 단순노동 집약적 제품에 의거해서 수출 지향적 공업화를 시작했기 때문에 성장을 지속하기 위해서는 더 고부가가치산업으로의 구조 전환을 해야 했던 것이다.

당시 정부가 그런 목적으로 개입하는 것은 국제적으로 용인되었다. 미국을 비롯한 선진국은 제2차 세계대전 이후 1980년대 중반경까지 자신의 시장을 개방하면서 개도국에게 정부가 개입하는 비대칭적 관계를 허용했다. 그것은 GATT체제하에서 "유치산업(infant industry) 육성"이라는 명목으로 제도화되었다(Hudec, 1987: Chapters 1~4). 유치산업이란 지금은 국제경쟁력이 없지만 일정 기간 보호·육성하면 국제경쟁력을 가질 수 있는 산업을 말한다.

그러한 역사적 경험을 떠나 "이론"적으로 보면 경제발전 초기에 정부가 개입할 근거는 있는 것인가? 여기서 문제가 되는 것은 물론 보편적으로 인정된 정부의 역할, 즉 국방이나 치안, 그리고 경제적 측면에서 교통, 통신 등 공공재를 원활하게 공급하고 교육을 통해 인력을 공급하는 역할보다 훨씬 광범위한 정부 개입이다. 그런 개입의 이론적 근거는 물론 "시장의 실패"다. 그 내용은 이렇다. 경제발전은 제조업과 근대적 서비스업을 중심으로 일어나는데, 개도국에서 그들 산업은 새로운 산업이다. 이들 산업에서 생산이 시작되려면 기업이 이들 산업에 투자를 해야 하는데, 시장기구에만 맡겨 놓으면 투자가 제대로 이루어지지 않을 것이라고 생각할 이유가 여럿 있다.[3]

첫째, 개도국에는 현재 및 장래의 비용과 수입을 정확하게 계산할 수 있는 기업가적 능력 자체가 민간에 결여되어 있을 수 있다. 그러한 능력이 있더라도 장래의 이윤에 대한 불확실성이 커서 민간기업이 투자의 위험을 감당할 수 없을 수도 있고, 민간기업은 장래의 이윤을 사회적 할인율보다 더 높은 비율로 할인할 가능성이 있다(Corden, 1974: Chapter 9).

둘째, 금융시장의 실패가 있다. 기업가들이 새로운 경제활동에 대한 정보를 가지고 있다고 하더라도 그것을 금융기관에 전달해서 자금을 얻기가 어려운 것이다. 금융시장은 정보의 비대칭성이 강하고 은행은 정보처리 능력이

---

3 이상의 설명은 Stiglitz(1996)와 Rodrik(1995)에 요약되어 있다.

그 영업 능력의 핵심이다. 그러나 선진국 은행도 그런 능력이 충분한지 의심스러운데 개도국 은행이 그런 능력을 갖추기는 매우 어렵다. 그냥 두면 은행은 제조업이나 근대적 서비스업이 아니라 부동산을 담보로 가계대출에 집중하는 손쉬운 영업에 집중하는 것이 일반적 패턴이다. 그것은 거품을 일으켜 경제성장보다는 위기를 일으키는 경향이 있다(Studwell, 2013: Part 3).

셋째, 문제는 "외부효과(externality)"다. 어떤 산업에서 생산을 처음 시작하는 기업은 종업원을 교육하고 각종 정보를 창출하는데, 이런 것들은 그대로 두면 다른 기업이 무상으로 이용할 수 있게 된다. 즉, 생산을 시작하는 기업이 자신의 재산권을 보장받지 못하는 것이다. 정부가 개입해서 그런 효과에 대한 재산권을 보장해 주지 않으면 투자가 이루어지기 어렵다.

넷째, "코디네이션 실패(coordination failure)"다. 투자는 외부효과를 통한 상호 보완적 성격 때문에 따로 이루어지는 것보다 한꺼번에 이루어져야 효과적이다(Murphy et.al., 1989). 제조업의 경우 조립하는 기업, 부품을 공급하는 기업, 제품을 판매하는 기업이 같이 설립되어야 생산이 효과적으로 이루어질 수 있다. 물론 부품을 해외로부터 수입할 수 있고 제품 판매는 외국 기업을 이용할 수 있다. 이것이 수출 지향적 공업화가 세계경제와의 통합을 통해서 고도성장을 한 메커니즘이다. 그러나 수출 지향적 공업화하에서도 현실적으로 수입할 수 없는 중간재나 자본재가 많이 있고, 서비스는 수입이 극히 어렵다. 그런 것들을 동시에 보완적으로 투입될 수 있게 하기 위해서는 정부가 동시적인 투자를 계획·조정함으로써 외부효과를 "내부화"할 필요가 있다.

1960년대 박정희 정부가 경제에 적극적으로 개입하기 시작했을 때 그런 이론적 근거를 알고서 그에 맞추어 정책을 시행했다고 보기는 어렵다. 그러나 정부가 경제성장률을 올리기 위해 쓴 정책들은 결과적으로 그런 시장의 실패를 극복하는 데 도움이 되었을 것이다. 정부는 경제성장률을 올리기 위해 재정, 금융 등 사실상 모든 정책을 동원했다. 재정정책에서는 각종 조세감면제도를 통해 수출과 투자, 국내 생산을 장려했다. 수입보다 국내 생산을 장려하기 위해서는 관세와 수입제한 조치를 동원했다. 그러면서 수출을 위한 생산재는 제한 없이 수입할 수 있게 해 주었다. 재정정책보다 더 중요한 역할을 한 것이 금융정책이다. 박정희 정부는 은행을 국유화해서 금융을 장악하고 대출 금리를 시장균형금리보다 낮게 책정해서 그것을 투자·수출·국내 생산을 촉진하는 수단으로 삼았다. 이런 정책은 "금융 억압(financial repression)"이라는 이름을 얻었는데 금융 억압은 1950년대부터 있던 정책으로서 박정희 정부는 이를 대폭 강화했던 것이다.

그런 구도에서 공식적으로 정책금융이 따로 있었지만 실제로는 모든 금융이 정책금융이나 마찬가지였다. 은행은 시장경제 원리하에서 경제주체의 신용을 판단하여 대출하는 주체가 아니라 사실상 정부의 지시를 따르는 창구 역할을 하게 되고, 중앙은행도 독립성을 상실하고 정부의 지시를 따라 통화를 공급하는 주체가 되었다. 더욱이 1960~1970년대 한국은 외자 도입에 크게 의존했는데, 당시 민간 기업이나 금융기관이 스스로의 신용으로 해외에서 차입하는 것은 불가능했기 때문에 정부가 보증을 서야 했다. 따라서 당연히 정부는 외자를 도입해서 배분하는 데도 개입했다(이상 Cho and Kim, 1997 참조).

시장 금리보다 낮은 금리로 대출해 주고 외자를 도입하게 해 주는 것은 대출을 받는 경제주체에게 보조금을 준다는 것을 의미했다. 기업은 그런 보조금을 얻기 위해 대규모 차입을 하게 되어 부채비율이 올라갔다. 기업은 더 많은 보조금을 얻기 위해 단기적 이윤보다 기업 규모를 확대하는 외형 성장을 추구하게 되었다. 그런 기업의 "저이윤-고부채" 경영 행태는 투자를 활발하게 만들어서 고도성장을 달성하는 기반으로 작동했다(이에 대해서는 제4절에서 다시 살펴본다).

부채비율이 상승했기 때문에 정부가 금융을 장악한 효과는 더욱 커졌다. 정부가 단기간에 금융지원 여부를 결정할 수 있었기 때문에 성과가 나쁘다고 간주하는 기업으로부터 단기간에 이를 회수할 수 있어서 정부가 정한 목표를 달성하는 강력한 수단이 될 수 있었다. 그런 한편 은행 대출을 받지 못한 경우

경제주체들은 비공식 금융시장, 즉 사채시장에서 자금을 조달해야 했다. 사채시장 규모가 커지고 사채시장 금리는 당연히 정부가 개입하지 않았을 때보다 높았다.

정부는 교육을 통해 산업에 필요한 인력을 공급했다. 그것은 공식 학교 교육만이 아니라 기능공 양성 등 맞춤형 인력 공급도 포함했다. 그리고 기업들이 다른 기업으로부터 기능공을 스카우트하는 것을 금지함으로써 기업이 인력을 훈련한 비용이 외부효과로 바깥으로 빠져나가는 것을 막았다. 또한 정부는 공단을 조성하고 여러 기업을 동시에 입주하게 하거나 조기 입주자에게 부지를 헐값에 제공했다. 이것은 코디네이션 실패 문제를 해결하려 한 것이라고 볼 수 있다(이상 Kim and Kim, 1997: 16~32 참조).

주지하는 바와 같이 이러한 정부 개입은 "정부의 실패"를 유발한다. 대부분의 개도국에서 정부의 개입이 의도한 성과를 내지 못하는 것은 시장의 실패가 없어서가 아니라 정부의 실패가 심각하게 나타나기 때문이다. 한국에서도 정부의 실패가 만만치 않게 나타났다. "정경유착", "관치금융", "지대추구" 등 경제학자들과 언론에 회자(膾炙)된 용어들이 그것을 말해 주고 있다. 특히 금융억압으로 기업의 저이윤-고부채 경영 행태를 유발한 것은 그런 부정적 측면과 밀접한 관련이 있으면서 반복적으로 위기를 일으키는 요인으로 작용했다.

정경유착, 관치금융, 지대추구 같은 현상은 개도국에 공통적으로 나타나는 정부의 실패 양상이다. 한국의 경우 다른 개도국과 차이가 있다면 정부의 실패를 완화하는 요인들이 있었다는 것이다. 정부가 경제에 적극적으로 개입했기 때문에 정경유착과 관치금융이 심하게 나타났지만, 정부는 그것이 단순한 지대추구 행위로 귀착하지 않고 생산적 기업 활동으로 가도록 했다. 그렇게 할 수 있었던 것은 정부가 기업에게 보조금과 보호를 그냥 주지 않고 그것이 목적에 맞게 쓰였는지 확인하고 다음 지원을 결정했기 때문이다. 1960~1970년대 한국 정부는 그런 실행 능력이 있었다(이제민, 1983; Amsden, 1989; World Bank, 1993: Chapter 6). 한국 정부가 그런 실행 능력이 있었던 데는 수출 지향적 공업화 정책을 추진했다는 것도 작용했다. 정부는 수출을 기업이 효율적이고 생산적인 활동을 하는가에 대한 기준으로 사용하곤 했다. 수출을 하려면 세계시장이 부과하는 규율을 충족시켜야 했기 때문에 수출을 성과의 기준으로 삼는 것은 객관성이 있었다. 성과를 판단하는 데 객관적 기준이 있으면 실행이 더 효과적으로 될 수 있다.

이런 점에서 보면 정부의 역할이 고도성장에 중요한 역할을 했다는 주장이 수출 지향적 공업화가 고도성장의 요인이 되었다는 주장과 배치되는 것은 아니다. 수출 지향적 공업화 정책을 택하지 않고 생산만 늘릴 경우는 바로 수입대체공업화가 되어버린다. 정부가 실행력이 아무리 강해도 수입대체공업화는 실패할 수밖에 없다는 것은 구소련이나 북한 같은 예에서 잘 드러난다. 한편 수출 지향적 공업화 정책이 마련되어 있더라도 투자가 활발하게 일어나서 생산이 증가하지 않으면 수출은 지속적으로 늘어나지 않는다. 투자를 늘리지 못하면서 수출만 하면 그에 따라 생산물의 판매 시장만 바뀔 뿐 국내 생산이 늘어나지 않는 것이다. 실제로 많은 개도국에서 수출이 제대로 늘지 못하는 것은 투자를 통해 생산 능력을 늘리지 못하기 때문이다(Rodrik, 1995).

실제로 한국의 공산품 수출이 늘기 시작한 과정을 분석해 보면 생산능력이 수출의 기반이라는 것을 알 수 있다. 1950년대 한국이 공산품 수출을 하지 못한 것은 수출에 대한 유인이 부족했기 때문이 아니라 생산능력이 부족했기 때문이다. 그러다가 생산이 늘어난 면직물 같은 산업이 국내 수요가 포만 상태에 이르자 수출하기 시작한 것이다. 그렇게 해서 1960년에 이르면 공산품 수출이 전년 대비 173% 늘었다는 것은 앞에서 언급했다. 1961년 이후에 수출이 지속적으로 늘어난 것도 수출에 대한 유인이 올라갔기 때문이 아니다. 1960년대에 수출 유인이 올라가지 않았다는 것은 실증적으로 확인할 수 있다. 수출 유인을 축약적으로 표현하는 지표는 "실질실효환율(real effective exchange rate)", 즉 명목환율에 보조금을 더하고 교역 상대국과의 상대적 물가 상승률을 조정한 환율이다. 한국의 실질실효환율은 1959년 이후 1960년대 중반까지 올라가지 않았다(Krueger, 1997: 301). 그런데도 1960년대에 수출이 지속적으로 늘어난 것은 국내 생산능력이 늘었기 때문이라고 볼 수 있는 것이다. 여기에다 수출은 고도성장이 시작된 1963년에 GDP의 4.8%에 불과해서 유효수요라는 점에서도 경제성장을 끌고 갈 힘이 없었다는 것도 중요한 고려사항이다.[4] 1960년대 고도성장이 시작된 것은 제조업뿐 아니라 사회간접자본, 농·어업 등 모든 부문에서 투자가 활발하게 일어났기 때문이다. 이렇게 보면 1960년대 한국의 고도성장이 시작된 것은 1950년대 말에 수출 지향적 공업화의 조건이 이미 마련되어 있는 상태에서 박정희 정부가 들어서서 적극적으로 생산을 늘리는 정책, 즉 투자를 촉진하는 정책을 편 결과라고 볼 수 있다.

제2절 제1차 고도성장과 1979년 위기

수출 지향적 공업화의 조건이 이미 마련되어 있는 상태에서 적극적으로 투자를 촉진하는 정책을 편 결과 투자가 빠르게 증가하기 시작했다. 그것은 투자율 상승으로 나타났다. 투자의 GDP에 대한 비율인 투자율은 1960년대에 급상승해서 그 상승 기조는 1970년대까지 이어졌다. 총투자율은 1960년 9.7%에서 1970년 25.7%, 1979년 38.0%로 상승했다. 투자율이 올라간 이유는 기업의 입장에서 투자가 수익이 나는 일이 되었기 때문이다. 한국 같은 개도국에서는 기업이 생산에 필요한 기술을 스스로 개발할 필요 없이 이미 선진국에서 개발해 놓은 것을 수입하거나 모방하면 된다. 그것은 투자를 하면 더 많은 수익을 낼 수 있다는 것을 의미한다. 그럼에도 대다수 개도국에서 기업

4 이 글에서 여러 경제통계수치를 인용하는데 특별히 그 자료 출처를 밝힐 필요가 없다고 생각되는 보편적 통계 수치는 자료 출처를 명시하지 않았다. 이들 보편적 수치는 한국은행경제통계시스템(ecos.kok.or.kr), 통계청 국가통계포털(kosis.kr), 통계청국가지표체계(www.index.go.kr) 등에서 구했다.

이 투자를 적극적으로 하지 않는 이유는 그런 잠재적 기회를 살릴 수 있는 조건이 마련되지 못했기 때문인데, 한국은 그런 조건이 갖춰진 것이다

물론 수입 기술이나 모방 기술이라고 해서 그냥 습득되는 것은 아니고 그것을 흡수할 능력이 있어야 한다. 기술 흡수는 기술 그 자체를 이해하는 것뿐 아니라 생산을 하면서 얻는 경험 내지 학습과 결합되면서 이루어지는 것이다. 따라서 기업가의 입장에서 투자를 하려면 그런 능력이 있는 노동력 공급이 필수적이다. 한국은 그런 노동력이 풍부했다. 농촌으로부터의 이농 인력과 이미 도시에 들어와 있었지만 반실업 상태에 있는 인력이 풍부했는데, 그 인력은 매우 근면하고 교육받은 인력이었다. 그런 구도에서 기업가는 외국에서 수입한 자본재를 들여와서 국내 노동력과 결합하면 수익을 많이 낼 수 있었다. 수익은 반드시 기업의 장부상 이익률로 나타나지 않는 경우도 많았지만, 그렇더라도 기업가의 입장에서 이익을 누릴 수 있다는 것은 마찬가지였다.

그렇게 해서 한국은 고도성장을 할 수 있게 되었다. 문제는 그렇게 시작된 고도성장을 지속하는 것이었다. 성장은 시작하기보다 지속하기가 더 어렵다는 것은 앞에서 지적했다. 그것은 1960~1970년대 한국도 마찬가지였다. 한국은 1963년에 고도성장이 시작되어서 비교적 장기간인 17년 동안 고도성장을 하다가 1979년에 대규모 위기를 맞게 되었다. 그렇게 된 데는 한편으로 고도성장을 했지만 그 과정에서 위기를 불러올 수 있는 요인이 만들어졌기 때문이다. 그렇게 고도성장을 하면서 위기를 불러올 수 있는 요인은 세 가지 정도로 나누어볼 수 있다. 첫째는 거시경제의 관리다. 성장 자체가 거시경제적 현상이고, 역시 거시경제 현상인 물가상승과 국제수지가 위기를 일으킬 수 있다. 둘째는 산업정책과 재벌체제다. 한국은 단순노동 집약적인 제조업 제품을 수출하면서 고도성장을 시작했지만, 성장을 지속하기 위해서는 산업구조의 전환이 필수적이었다. 산업구조 전환을 위해 산업정책을 시행했고, 그 과정에서 재벌체제가 완성되었다. 그러나 산업정책과 재벌체제의 완성은 그 속에 위기를 일으키는 요인을 내포하고 있었다. 셋째는 사회적 갈등의 관리다. 경제발전 과

정은 도시화, 계급구조의 변동, 새로운 생활양식에 따른 심리적 적응, 가족 및 사회관계의 변화 등 급속한 변화를 수반하는데, 그 과정에서 일어나는 사회적 갈등을 잘 관리하지 못하면 위기가 일어날 수 있다. 이 시기 한국도 물론 예외가 아니어서 사회적 갈등을 잘 관리하지 못함으로써 위기가 일어날 가능성이 있었다. 이하에서는 이 세 가지 문제에 대해 차례로 살펴보기로 한다.[5]

성장, 물가와 국제수지

한국 경제는 1963년부터 1979년까지 17년 동안 연평균 10.6%(일인당 GDP는 8.4%) 성장했다. 그렇게 고도성장이 이루어진 것은 고투자를 통해 고성장을 하는 체제가 한번 성립하면 "자기 충족적 기대(self-fulfilling expectation)"를 통해 지속되는 경향이 있기 때문이다. 고투자는 고성장을 가져오고, 고성장이 일어나면 기업은 매출액 증가를 기대해서 투자를 활발하게 하고, 그 투자는 생산(공급) 능력을 늘려서 경제를 성장시킴과 동시에 총수요를 창출해서 기업은 다시 매출액 증가를 기대하게 되는 "선순환 체계"가 형성되는 것이다. 이렇게 투자가 증가하고 그에 따라 자본이 축적되었다. 자본축적 속도는 인구가 늘어나는 속도보다 훨씬 빨랐기 때문에 일인당 생산은 급속히 늘어났던 것이다.[6]

그러나 그렇게 고도성장이 이루어지는 속에서도 위기를 일으키는 요인이 잠재해 있었다. 그것은 물가와 국제수지였다. 한국은 1950년대 말에 한 자릿수로 수습되었던 소비자물가 상승률이 1960년대 초 약간 불안해졌지만 한 자

5 이 세 가지 문제는 '중진국 함정'을 가져오는 원인을 한국의 경우에 맞추어 정리한 것이다. 그에 대한 문헌으로는 Rodrik(1999), Aiyar et al.(2013), Im et al.(2013), Berg et al.(2012), Eichengreen at al.(2012, 2013), Felipe(2012), Jankowska et al.(2012), Paus(2012), Benhabib and Rustichini (1996), Hausman et al.(2005) 등 참조.

6 여기서 경제성장률을 궁극적으로 결정하는 것은 투자가 아니라 기술 진보라는 반론이 있을 수 있는데, 이에 대해서는 제4절에서 살펴본다.

릿수에 머물고 있었다. 그러던 것이 1963년에 20.7%, 1964년에 29.5%로 올라갔다. 그렇게 올라간 물가 상승률은 떨어지지 않아서 1963년부터 1979년까지 17년간 소비자물가 상승률은 평균 15.4%에 달했다. 이것은 선진국만이 아니라 어지간한 개도국에 비해서도 더 높은 상승률이었다.

소비자물가 상승률이 1963년 이후 두 자릿수로 올라간 것은 1962년의 흉작 같은 외생적 원인도 있었지만 기본적으로 정부의 정책 실패가 원인이었다. 5·16 쿠데타 이후 군사정부는 1962년에 급작스러운 화폐개혁을 실시해서 금융자산을 기피하고 실물자산을 선호하는 경향을 부추겼다. 더 장기적으로는 1962년 금융을 정부에 종속시키면서 중앙은행의 독립성을 약화시킨 것이 중요한 요인이다. 그리고 1950년대에는 미국이 한국에 원조를 주면서 안정정책을 강력히 주문했지만, 1960년대 들어 미국의 무상원조가 줄어들면서 원조당국의 발언권이 약화된 것도 안정 기조가 흐트러진 원인이었다(Mason et al., 1980: Chapter 4). 그렇게 일단 올라간 물가 상승률은 쉽게 떨어지지 않았다. 물가 상승률을 떨어뜨리려면 적어도 2~3년간은 성장률 하락이 불가피했다. 그러나 당시 박정희 정부는 성장률 하락을 무릅쓰고 물가를 안정시킬 의사가 없었다.

물가 상승은 국제수지 문제와 결합해 위기를 일으킬 가능성이 있었다. 1950년대 한국은 수출보다 수입이 월등히 많았지만 그 차이를 대규모 무상원조를 받아서 메웠다. 경상수지(이전수지 포함)는 1950년대 말과 1960년대 초에 흑자를 기록했다. 그러나 그 후 무상원조는 줄어들고 투자가 늘면서 경상수지가 대규모 적자를 내게 되었다. 그 적자는 외자 도입으로 메워야 했다. 당시 한국은 외국인 직접투자를 도입하기 위해 노력했고 일부 실적도 있었지만, 외국인 직접투자는 미미한 비중을 차지하는 데 그쳤다. 그것은 한국의 경제나 안보 상황 등으로 보아 한국이 외국인 투자자에게 별로 매력이 있는 투자처가 아니었기 때문일 것이다. 거기에다 한국은 능력 있는 기업가들이 있었고, 이들은 경영권을 외국인이 맡는 직접투자보다는 자본만 외국에서 조달하는 방식을 선호했다. 따라서 경상수지 적자를 메우는 외자 도입은 대부분 해외차입 형태를 띠게 되었다. 당시 한국의 기업이나 은행 등 민간 부문은 스스로의 신용으로 차입하는 것이 불가능했기 때문에 정부나 공공기관이 직접 나서서 빌리거나 정부가 기업이나 은행에 보증을 해줌으로써 빌렸다.

만성적 경상수지 적자를 해외차입으로 메웠기 때문에 대외부채, 즉 외채가 누적되었다. 당시 한국은 추세로 보아 수출이 수입보다 더 빨리 늘었기 때문에 장기적으로 결국 외채를 갚을 능력이 있었다. 그것은 한국이 도입한 외자를 주로 투자 목적에 사용했고 그 투자가 성장, 그것도 수출 능력을 올리는 쪽으로 이루어졌기 때문이다. 이것은 다른 개도국에서 도입한 외자가 외화 도피나 소비를 뒷받침하는 데 쓰이거나 투자에 쓰여도 수출 능력을 올리지 못하는 데 쓰인 것과는 달랐다. 그런 구도에서 당시 한국의 경제성장률이 외채의 실질이자율을 훨씬 웃돌았기 때문에 장기적으로 외채를 갚을 능력은 있었던 것이다. 그러나 그런 장기적 상환 능력이 있음에도 외채가 쌓임으로써 중·단기적으로 위기가 일어날 가능성이 있었다.

수출이 수입보다 더 빨리 증가할 수 있었던 이유는 무엇인가? 무엇보다 수출과 수입에 적용되는 실질실효환율을 적절하게 유지했기 때문이다. 그러나 당시 한국이 실질실효환율을 유지하는 방식은 같은 시기 성공적인 경제성장을 한 독일을 포함한 유럽 국가들, 일본, 대만 등 동아시아 국가들과 달랐다. 당시 세계경제는 브레턴우즈체제로서 각국은 미국 달러에 대해 자국 통화의 환율을 고정하는 것이 원칙이었다. 그 체제하에서 성공적인 경제성장을 한 독일을 포함한 유럽 국가들과 일본, 대만 등은 환율을 자국 물가 수준에 비해 높게 설정한 후 물가 상승률을 낮게 유지함으로써 미국 달러에 대한 실질실효환율을 높게 유지했다. 그 결과 높은 성장률을 기록하면서도 명목환율을 올릴 필요는 없었고, 경상수지는 흑자가 나거나 적자가 나더라도 규모가 크지 않았다. 현재 중국도 브레턴우즈체제가 붕괴했음에도 비슷한 모습을 보이고 있다(Dooley et al., 2003).

한국은 이들 나라와 다른 모습을 보였다. 그렇게 된 가장 큰 이유는 높은 물가 상승률이다. 물가 상승률이 높았기 때문에 경상수지 악화를 막기 위해 수출 보조금, 수출진흥 확대 회의, 수출 할당제, 수입 관세와 수량 제한 등 갖가지 미시적 방법으로 수출을 촉진하고 수입을 제한했다. 즉, 이때 한국은 높은 물가 상승률 때문에 정부의 "수평적 개입"의 대표적 수단인 자국 통화의 저평가 정책, 즉 고환율 정책을 시행하지 못하고 정부가 특정 산업이나 기업에 보조금을 주거나 수입으로부터 보호하는 "수직적 개입"에 강하게 의존했던 것이다. 그러나 그런 수직적 개입 수단을 쓰더라도 결국 명목환율을 올려서 실질실효환율을 유지해야 했다. 한국은 실제로 이 기간에 수차례 환율을 올렸다. 그러나 이처럼 환율을 올리는 것은 브레턴우즈체제하에서 IMF의 허락을 받아야 하는 일이었을 뿐 아니라 위기로 이어지기 쉬웠다.

그런 구도에서 1970년대 초에 위기가 일어났다. 한국은 1970년대 초 경상수지가 악화되자 IMF와 협의를 통해 명목환율을 올렸다. 그러나 환율이 올라가자 1960년대에 외자를 도입했던 기업들이 진 외채의 원화 표시 가액이 올라가 그 기업들의 재무구조가 크게 악화되었다. 그것은 앞에서 설명한 기업의 저이윤-고부채 경영 행태와 결부되어 경제를 위기로 몰아넣었다. 정부는 1972년 8월 3일 긴급조치를 발동해서 당시 기업금융에서 큰 비중을 차지하고 있던 사채를 동결하고 그 금리를 대폭 인하함과 동시에 은행대출금의 이자도 감면해 주었다. 그렇게 함으로써 위기를 벗어나 고도성장을 계속할 수 있었다.

8·3 조치 때 정부는 채권자들에게 이자율을 인하하면서 물가 상승률을 3%로 유지하겠다고 약속했다. 그 후 1973년에는 온갖 행정력을 동원해서 소비자물가 상승률을 3.2%에 맞추었으나, 소비자물가는 1974년에 24.3%, 1975년에 25.3% 상승했고, 그 후로도 소비자물가 상승률은 두 자릿수로 유지되었다. 그렇게 된 것은 1973년부터 전면적인 중화학공업화 정책을 추진하면서 거시경제 정책을 더욱 확장적으로 운영한 데다, 1973년 말 제1차 석유파동으로 유가가 크게 올라서 공급 쪽에서 물가 상승 요인이 만들어졌기 때문이다.

정부는 중화학공업화를 위해 조세 감면을 대규모로 시행했는데 그것은 재정 적자로 이어졌다. 재정 적자는 당시 자본시장이 발달되지 못한 상태에서 중앙은행이 국공채를 인수하는 방식으로 메웠기 때문에 바로 본원통화의 증발로 이어졌고, 그것은 물가를 상승시키는 요인이 되었다. 선별 육성 대상이 된 산업에 각종 정책금융을 제공했는데, 그것 역시 중앙은행의 발권력으로 뒷받침했기 때문에 통화 증발의 원인이 되었다.

높은 물가 상승률은 국제경쟁력에 위협이 되었다. 정부는 그 문제를 해결하기 위해 환율을 올렸다. 환율은 1974년 12월에 1달러당 399원에서 484원으로 21.3% 인상되었다. 환율을 인상하고 그 후 국제유가가 안정됨에 따라 1976년과 1977년에는 경상수지가 개선되었다. 경상수지 적자는 1974년에 GDP의 10.4%, 1975년에 GDP의 8.7%를 기록한 뒤 1976년 GDP의 1.1%로 대폭 줄어들었고, 1977년에는 매우 소규모지만 흑자가 났다. 그러나 환율은 1974년 말 1달러당 484원에 고정된 뒤 두 자릿수 물가 상승에도 불구하고 올라가지 않았다. 그 결과 실질실효환율은 1975년부터 1979년까지 4년 사이에 12.2% 떨어졌다. 경상수지는 1978년에 다시 적자로 돌아서고 1979년에는 GDP의 6.5%로 확대되었다(〈부표 1〉 참조).

1960년대 경상수지 적자가 나기 시작한 뒤 1977년 한 해를 제외하고 계속 경상수지 적자가 났기 때문에 외채가 쌓이게 되었다. 외채가 쌓임에 따라 1970년대 중반 이후 차입 조건이 나빠져서 상대적으로 고금리이면서 상환기간이 짧은 단기외채를 들여올 수밖에 없었다(재무부·한국산업은행, 1993: 184~185). 이것은 한국이 비록 장기적으로 외채의 상환 능력이 있다고 하더라도 중·단기적으로 한국의 외채상환 능력에 대해 채권자들이 의구심을 갖게 되었다는 것을 의미한다. 단기외채가 늘었기 때문에 유동성 부족으로 외환위기가 일어날 가능성도 올라갔다. 그럴 가능성은 나중에 현실이 되었다(이에 대해서는 다음 절에서 다시 살펴본다). 그러나 외환위기가 현실화하기 전에 1979년에 성장률이 급락하는 위기가 일어났다.

1979년에 경제성장률이 급락한 데 대한 엄밀한 분석은 의외로 찾기가 쉽지 않다. 그러나 안정화정책과 제2차 석유파동이 겹쳐서 성장률이 급격히 떨어졌을 가능성이 크다. 물가 상승의 폐해가 누적되자 박정희 정부는 1978년 말 드디어 거시경제정책 기조를 물가 안정 쪽으로 바꾸기로 결정하고, 1979년 4월 17일에 "경제 안정화 종합시책"을 발표하기에 이른다. 그것은 경제정책의 일대 전환이었다. 그러나 그런 안정정책은 같은 시기에 일어난 제2차 석유파동과 겹쳐서 경제성장률이 급락하는 결과를 가져왔다. 이것은 분기별 경제성장률에 나타난다. 전 분기 대비 경제성장률(계절조정 GDP 증가율)은 1978년 4사분기 4.8%, 1979년 1사분기 4.7%에서 1979년 2사분기에 0.6%로 급락한 뒤 3사분기에는 -2.7%로 떨어졌다. -2.7% 성장률은 분기별 성장률 통계가 작성된 1960년 이후 가장 낮은 수치였다. 그러한 성장률 하락은 경제성장에 유신체제의 정당성을 구하고 있던 박정희 정권에게 심각한 위협이 될 수밖에 없었을 것이다. 그것은 박정희 정권이 몰락하는 데 기여했다. 경제성장률 급락이 10·26 사태의 직접적 원인이거나 주요인은 아니더라도 10·26이 일어나는 데 전혀 영향이 없었다고 볼 수는 없기 때문이다. 10·26 사태도 있고 해서 1979년 4사분기에는 경제가 또다시 -1.5% 성장했는데, 2개 분기에 걸쳐서 연속으로 마이너스 성장을 한 것은 역시 분기별 성장률 통계가 작성된 1960년 이후 처음 있는 일이었다. 1963년부터 시작된 고도성장은 1979년에 이르러 그렇게 위기로 끝나고 있었다.

산업정책과 재벌체제

1960~1970년대 경제성장의 지속 문제와 관련해 또 하나 고려해야 할 사항은 산업정책이다. 이 시기 한국은 산업정책을 시행했는데, 그것은 경제성장을 지속하기 위한 것이었다. 개도국이 경제성장을 지속하기 위해서는 산업구조의 전환이 필수적이다. 우선 원자재 같은 1차 산업에 특화하는 경우 원자재

가격이 오르면 경제가 성장했다가 원자재 가격이 내리면 침체하는 식의 패턴이 반복되어서 성장을 지속하기 어렵다. 한국은 원자재를 수출하지는 않았지만, 1960년대의 수출품을 보면 산업구조 전환의 필요성은 자명(自明)했다. 즉, 의복, 신발, 완구, 가발, 합판, 면직물 같은 단순노동 집약적 제품에 의거해서 수출 지향적 공업화를 시작했지만, 성장을 지속하기 위해서는 더 고부가가치 산업으로의 구조 전환을 해야 했던 것이다. 그것은 1960년대부터 중화학공업을 육성하는 것으로 나타났는데, 그 결정판은 1973년부터 시행된 전면적 중화학공업화 정책이었다.

산업정책의 이론적 근거는 앞에서 살펴본 시장의 실패에서 찾을 수 있다. 더 고부가가치 산업으로 들어가는 과정에서 외부효과나 정보의 불완전성, 코디네이션 실패 등의 문제가 발생한다. 이 문제를 해결하기 위해 정부가 택한 정책도 앞에서 살펴본 것과 같은 시장의 실패를 교정하기 위한 정책들이었다.

한국의 산업정책은 정부의 역할과 관련해 세계적으로 논란의 대상이 되어 왔다. 많은 개도국이 고부가가치 산업 육성을 목적으로 산업정책을 썼지만 대다수가 형편없는 결과를 가져왔는데, 한국은 그것보다 훨씬 나은 모습을 보였기 때문이다. 그 이유는 다음 두 가지로 정리할 수 있다.

첫째 한국의 산업정책은 수출 지향적 공업화의 일환으로 이루어졌다. 한국의 산업정책은 다음 단계 수출산업을 육성한다는 관점에서 이루어졌기 때문에 장래에 비교우위를 획득할 가능성을 중심으로 산업을 선별했다. 이것은 수입대체공업화 전략하에서 국내 소비재산업에서 오는 수요를 근거로 다음 단계의 생산재 산업을 육성하는 것과는 달랐다.

한국의 산업정책이 대다수 개도국과 차이가 나게 된 또 하나 이유는 한국 정부가 보조금을 주거나 보호를 제공하면서 그 성과를 확인했다는 것이다. 즉, 위에서 설명한 정부의 실패를 줄이는 조치가 산업정책의 경우에도 해당되었다. 보호나 보조금에 힘입어 국내 생산이 시작되었지만 아직 국제경쟁력을 확보하지 못한 유치산업의 제품을 수출할 수 있었던 것도 정부의 실패를 완화하는 한 원인이 되었다. 많은 중화학공업이 아직 유치산업 상태에서 수출 보조금에 힘입어 수출을 했던 것이다. 수출은 국제시장에서 얻을 수 있는 경험과 학습을 통해 생산성을 올리는 효과가 있었다(Westphal, 1990).

여기서 주목할 것은 1960~1970년대 산업정책이 재벌체제가 완성되는 과정과 병행했다는 것이다. 재벌은 1950년대부터 형성되어 있었다. 그러다가 이 시기 산업정책과 맞물리면서 재벌체제가 완성되었던 것이다. 한국 재벌은 흔히 다른 나라에는 없는 고유한 현상으로 인식되곤 하지만, 재벌처럼 가족이 지배하는 비관련 다각화 기업그룹, 즉 "문어발식" 기업그룹이 나타나는 것은 개도국 공통의 현상이다. 이러한 현상은 개도국에서 기업의 "범용 능력(generic capability)"이 중요하다는 것으로 설명된다(Amsden and Hikino, 1994; Kim et al., 2004). 개도국처럼 시장이 불완전한 상태에서 새로운 고부가가치 산업에 진입하는 데는 그 산업에 특유한 지식이나 기술 등을 보유하는 것보다 기존 산업에서 기업을 경영하면서 얻은 범용적인 기술, 경험, 노하우 등이 더 유리하게 작용한다는 것이다. 그런 이유로 기존의 산업에서 영업하고 있는 기업이 새로운 고부가가치산업에 진입하게 되고 그에 따라 다각화가 일어난다.

그런 범용 능력을 갖춘 다각화 기업은 제1절에서 살펴본 시장의 실패를 극복하는 능력이 다른 기업보다 더 낫다. 규모 확장과 다각화를 통해 "내부 금융" 능력을 갖추게 되면 금융시장의 정보의 비대칭성을 더 잘 극복할 수 있다. 같은 기업그룹에 속하는 기업끼리는 정보의 비대칭성 문제가 덜하기 때문에, 기업이 투자 기회에 대한 정보가 있지만 금융기관에 전달하지 못해서 생기는 과소투자 문제를 해결할 수 있는 것이다. 범용 능력을 갖춘 다각화 기업은 생산과정에서 발생하는 외부효과에 대처하는 능력도 더 있다. 그런 기업은 규모가 크고 성장 가능성이 높은 데다 다각화에 따른 안정성을 누릴 수 있기 때문에 종업원에게 종신고용을 보장할 수 있다. 종신고용을 보장하면 종업원의 훈련이나 지식 습득에 따른 이익이 외부효과로서 다른 기업에 가지 않고 기업그룹 내부에서 누릴 수 있게 된다. 그만큼 종업원의 훈련이나 지식 습득에 따른 비용을 부담할 이유가 있고 거기에 더 많은 투자를 하게 되는 것이다.

한국에서 재벌의 그런 범용 능력과 정부의 산업정책은 다양하게 상호작용했다. 삼성 재벌이 전자산업에 진출한 것은 스스로 그런 범용 능력을 활용하기 위해 정부 일각에서의 반대와 여론의 반대를 무릅쓰고 로비력을 발휘하여 이루어진 것이다(김인영, 1998). 다른 한편으로는 정부가 육성 대상 산업을 선별하고 거기에 진입할 기업을 지정한 다음 집중적으로 지원하는 방식을 택했다. 그런 과정에서 현대 재벌의 조선산업 진출처럼 정부가 적극 권유를 하거나 "위장된 위협"을 가하기도 했다(Jones and Sakong, 1980: 119~120). 전체적으로 보아서는 정부가 진입을 주도한 경우가 더 많았던 것으로 생각된다. 정부는 집중 육성할 산업을 지정하고 소수의 기업만 진입하도록 조치했는데, 그것은 외부효과에 대처하고 규모의 경제를 달성하기 위해서도 필요했다. 진입을 할 기업가는 기존 기업가 중에서 골랐기 때문에 정부의 산업정책과 기업의 다각화가 맞물리게 되었고, 그것이 재벌체제가 완성되는 기반을 제공했다.

그 결과 경제 전체에서 차지하는 재벌의 비중이 단기간에 급상승했다. 특히 1973년부터 시행한 전면적 중화학공업화 정책을 거치면서 전체 경제에서 차지하는 재벌의 비중이 배가(倍加)되었다. 사공일에 의하면 상위 5대 재벌의 부가가치가 GDP에서 차지하는 비중이 1973년 3.5%에서 1978년 8.1%로 불과 5년 사이에 배 이상 올라갔다. 10대 재벌은 5.1%에서 10.9%로 올라갔고, 관찰 대상을 20대 재벌이나 46대 재벌로 확대해도 비중이 증가한 것은 마찬가지다. 같은 기간에 계열사 수도 비슷하게 늘어났다(사공일, 1980).

새로운 산업에 진출하는 재벌 계열사의 자본금은 기존 계열사들의 출자로 조달되었기 때문에 그것은 일종의 "가공자본"이었다. 그렇게 해서 자본금을 만든 뒤 계열사의 지불보증을 통해서 은행으로부터 대규모 차입을 했다. 은행 이외의 금융기관은 재벌 자신이 소유할 수 있었는데, 그런 계열 금융기관으로부터도 자금을 조달했다. 그리고 계열사 간의 내부 거래를 통해 자금을 이전받거나 인력을 지원받기도 했다. 이렇게 동원한 자금을 대규모로 투자해서 규모의 경제를 달성했던 것이다. 그렇게 함으로써 새로 진출하는 산업에서 투자가 왕성하게 일어났고, 한국 경제는 성장을 지속할 수 있었다.

재벌체제는 부정적 측면을 수반했다. 정경유착, 경제력 집중, 내부 거래를 통한 탈세와 총수 일가의 기업 이익 편취, 중소기업 죽이기 등이 다반사로 일어났다. 이런 행태는 물론 경제 정의라는 점에서 심각한 문제였지만, 그런 행태가 당장 위기를 일으켜 성장을 저해하는 요인으로 작용하지는 않았다. 그런 한편 재벌의 행태가 당장 위기를 일으키는 요인으로 작용할 가능성도 있었다. 재벌의 비중이 올라감으로써 기업이 이윤보다는 성장을 강조하는 저이윤-고부채 경영 행태가 강화되었기 때문이다.

재벌이 저이윤-고부채 경영 행태를 보이는 것은 "대마불사" 문제로 알려져 있다. 재벌의 규모가 어느 정도 넘어가면 그 재벌이 도산할 경우 경제 전체에 미치는 영향이 너무 크기 때문에 정부는 계속 자금을 지원할 수밖에 없고, 재벌은 그것을 알기 때문에 계속 수익을 못 내는 투자를 한다는 것이다. 대마불사 현상은 실제로 존재하는가? 이 문제에 대해서 외환위기 후 일부 학자들이 그것은 사실이 아니라는 주장을 제기했다. 이들은 한국의 경제성장 과정에서 몇 손가락 안에 드는 재벌이 빈번하게 도산했다는 것을 지적하고 대마불사라는 현상은 잘못된 인식이라고 주장한다(Eatwell and Taylor, 2000: 46~49; Shin and Chang, 2003: Chapter 3). 이것은 맞는 주장이다. 재벌의 규모가 커지면 도산 확률이 낮아지는 것은 사실이지만, 저이윤-고부채 구도가 어느 한도를 넘어서면 도산할 수밖에 없는 일이다.

재벌 도산은 퇴출로 이어졌는데, 퇴출이 이루어진 것은 기업 자체가 아니라 그 소유주와 경영진이었다. 반면 기업 자체는 회생 절차를 거쳐 영업을 재개했다. 재벌기업이 회생 절차를 밟는 사이에는 투자가 어려워져서 경제성장에 부정적 영향을 미치기 마련이다. 그러나 개별 재벌의 도산이 경제 전체에 미치는 영향은 제한적이었다. 따라서 개별 재벌이 "간헐적으로" 도산하면 경제 성장에 큰 지장은 없었다. 반면 여러 재벌이 동시에 도산하고 그 결과 금융시스템이 정상 작동을 할 수 없는 상태가 되면 위기가 일어나고 성장은 타격을 받게 된다. 그럴 경우에는 정부가 개입했다. 1970년대 초에는 정부가 8·3 조치를 통해서 위기를 해소하고 성장을 계속할 수 있었다. 당시에는 아직 재벌체제가 완성된 상태는 아니었지만 그때 재벌기업이 사채 동결과 공금리 감면으로 큰 이익을 본 것은 사실이다.

8·3 조치는 많은 부채를 지면서 이윤을 못 내는 투자를 해도 정부가 구제해 준다는 나쁜 인식을 기업에 심어주었다. 그런 조건에다 1973년부터 정부가 강력한 중화학공업화 정책을 추진하는 과정에서 재벌기업의 저이윤-고부채 구도가 더욱 심화되었다. 중화학공업화를 거치면서 재벌의 비중이 배가되었기 때문에 여러 재벌이 동시에 도산할 경우 경제 전체에 미칠 충격은 훨씬 커지게 되었다. 이러한 미시적 문제들이 위에서 설명한 거시경제지표 악화와 결부되면서 1979년에 위기가 일어나게 되었다. 거기에다 1979년 10월 박정희 대통령이 암살되는 정변이 겹치면서 위기는 증폭되었다.

형평을 수반하는 성장?

성장이 지속될 수 있는가를 결정하는 또 하나의 요인으로서 사회적 갈등을 얼마나 잘 관리하느냐 하는 문제가 있다. 경제발전 과정은 도시화, 계급구조의 변동, 새로운 생활양식에 따른 심리적 적응, 가족 및 사회관계의 변화 등 급속한 변화를 수반한다. 그 과정에서 일어나는 사회적 갈등을 얼마나 잘 관리하는가에 따라 경제성장을 지속할 수 있느냐가 영향을 받게 되는 것이다. 여러 개도국이 상당 기간 성장을 하다가 중진국 함정으로 떨어진 데는 그런 사회적 갈등을 잘못 관리한 것이 원인이 된 경우가 많다.

한국은 이러한 사회적 갈등을 관리한다는 점에서 다른 개도국에 비해 강력한 이점이 있었다. 1940~1950년대에 이루어진 농지 개혁으로 농촌 내부의 지주와 소작농 간의 갈등이 기본적으로 해결되었기 때문이다. 물론 급속한 산업화로 도농 격차가 확대되는 것은 농촌의 박탈감을 증가시켰다. 정부는 새마을운동 같은 것으로 도농 격차를 줄이려 했지만, 한계가 있을 수밖에 없었다. 그러나 도농 격차에 따른 갈등은 그 심도에 있어서 여느 개도국에서 보는 농지 소유를 둘러싼 농촌 내에서의 갈등에 비할 수 없는 것이었다.

도시에서의 사회적 갈등에 대해서는 우선 성장 자체가 해법을 제공했다. 한국의 경제정책은 성장 우선 정책으로서 분배나 복지정책은 매우 빈약했다. 그러나 성장이 일자리를 대거 만듦으로써 사회적 갈등을 줄였던 것이다. 1960년대 초 한국은 심각한 사회적 위기를 겪고 있었다. 그것을 극적으로 보여준 것은 4·19와 5·16 같은 정변이었지만, 그 바탕에는 경제적 요인, 무엇보다 일자리 문제가 놓여 있었다. 특히 해방 이후 교육 수준이 급상승했는데, 교육받은 젊은 인력이 일자리를 찾지 못하는 사태가 벌어졌던 것이다. 당시 대학이 "우골탑"으로 불리게 된 것이 그것을 요약해서 말해 준다. "소 팔아 대학 보낸" 아들이 일자리를 얻지 못한 현실이 그런 용어를 낳았던 것이다.

여기서 유의할 것은 교육이 경제성장을 뒷받침하는 매우 중요한 조건이기는 하지만 교육 수준 상승 자체만으로는 고도성장을 일으키는 요인이 될 수 없다는 것이다. 교육받은 인력이 일자리가 없으면 정치가 불안정해져서 성장에는 오히려 마이너스 효과를 미칠 수 있다. 이것은 지금 중동이나 아프리카에서 보고 있는 현상이다. 그런 일이 일어나지 않으려면 성장으로 일자리를 만드는 것이 필수적이다. 1960년대 한국은 성장으로 일자리를 만듦으로써 교육의 성과를 실현시키고 그것이 다시 성장을 뒷받침하는 구도로 가게 되었던 것이다. 소 팔아 아들 대학 보낸 농민이 결국 "본전"을 찾은 것이 1960~1970년대 한국의 모습이다. 이것은 대학 교육을 받지 않은 인력도 마찬가지였다. 도시 비공식 부문에서 잠재실업 상태에 있던 인력과 농촌에서 생산성을 제대로 발휘하지 못하고 잠재실업 상태에 있던 노동력이 대거 빠져나와서 도시 지역의 제조업과 사회간접자본 내지 근대적 서비스산업에 취업했던 것이다.

일자리가 만들어짐으로써 실업률이 떨어졌다. 실업률은 처음 통계가 만들어진 1963년에 8.1%였는데 10년 뒤인 1973년에는 4.0%로 떨어졌다. 도시 지역 실업률은 더 많이 떨어져서 1963년 16.3%에서 1973년에는 6.8%로 떨어졌다. 이런 실업률 통계는 일자리 증가를 과소평가하고 있을 가능성이 크다. 실업률 통계가 일주일에 1시간이라도 일하는 것을 기준으로 취업과 실업을 정의하고 있기 때문이다. 1963년에 일주일에 몇 시간 일해서 취업자로 규정되다가 1973년에는 그것보다 훨씬 장시간 일하는 위치로 바뀐 노동자가 많았을 것이다.

이러한 일자리 창출은 국민 대다수가 빈곤에서 탈출하는 것을 도와주었다. 나아가서 고도성장에 따른 노동의 수요 증가가 공급 증가보다 빨랐기 때문에 실질임금이 올라갔다. 개도국은 경제발전 초기에 농촌에 잠재실업 상태의 노동자가 다수 있고, 그것은 도시의 기업에게 무한탄력적 노동 공급의 원천이 될 수 있다(Lewis, 1954). 그러나 이농이 지속되어 그런 인력이 고갈되면 임금은 오르게 된다(Fei and Ranis, 1961).

한국은 실업률이 떨어짐과 동시에 실질임금도 급속히 올랐다. 데이비드 린다우어(David Lindauer)는 1960년대 중반부터 1980년대 중반까지 고성장 중진국들의 통계를 분석해본 결과 한국이 제조업에서의 일자리 창출과 실질임금 상승에서 가장 좋은 성과를 거두었다고 한다(Lindauer, 1997). 이 시기는 1980년대 초 불황기를 포함하고 있기 때문에 1979년까지만 본다면 그런 성과는 더욱 두드러질 것이다.

고도성장은 소득분배에도 유리하게 작용한 것으로 생각된다. 한국의 소득분배는 통계가 부정확하다. 아직까지도 어떤 자료를 쓰는가에 따라 분배의 양상은 매우 다르게 나타난다(이에 대해서는 제6장에서 다시 논한다). 1960~1970년대는 소득 분배에 대해 논하는 것 자체가 금기시되는 경향이 있었다. 그러나 일각에서 연구는 이루어졌는데, 주학중 등의 연구에 의하면 한국의 소득분배는 다른 개도국들에 비해 평등하게 나온다(주학중, 1979, 1982). 그것이 국제적으로 인용되면서 세계은행을 비롯한 외부 관찰자들이 동아시아 경제발전을 "형평을 수반하는 성장(growth with equity)"으로 규정했다(World Bank, 1993:

Chapter 1).

아마도 세계적으로 보아 한국의 경제발전을 형평을 수반한 성장이라고 묘사하는 것이 크게 틀리지는 않을 것이다. 그것은 한국이 일자리를 지속적으로 만들었기 때문이다. 이것은 다른 개도국과 비교할 때 분명히 드러난다. 우선 개도국 중 소득분배가 가장 불평등한 나라는 왕족 등 특권층이 부를 독점하는 산유국 같은 원자재 수출국이다. 다음으로 수입대체공업화 정책을 추진하는 나라에서도 심한 불평등 구도가 형성된다. 보호와 보조를 받는 일부 독점 대기업에 근무하는 소수의 노동자들이 있는 반면, 그에 끼지 못하는 농촌의 잠재 실업자와 도시의 빈민이 다수 존재하는 구도가 만들어지는 것이다. 그에 비해 한국은 수출 지향적 공업화로 일자리를 대거 만들어냄으로써 그런 문제가 훨씬 적었다. 노동 공급이 늘어나는 속도가 교육 수준에 따라 다른 점도 소득분배를 평등하게 만드는 요인으로 작용했다. 일자리가 지속적으로 만들어져서 노동에 대한 수요가 전방위로 증가하는 한편, 교육받은 고급 인력은 급속히 증가하는 데 반해 단순 노동력은 도시 실업자가 흡수되고 이농이 점차 감소하면서 그만큼 빨리 늘지 않았다. 따라서 둘 간의 임금 격차가 줄어들었던 것이다(Fields and Yoo, 2000).

그런 한편 부정적인 면도 있었다. 노사관계는 권위주의적이었고 아직 고용주가 근대적 계약관계로서의 노사관계라는 개념을 갖지 못하고 전통 사회의 가부장적 가치관에서 벗어나지 못하는 경우가 많았다. 교육받은 관리자층과 교육받지 못한 노동자층 간의 갈등도 있었다. 사회 전반에 "공돌이", "공순이" 같은 용어에서 나타나는 블루칼라 노동자들에 대한 멸시와 함께 노동 현장에서 욕설, 구타 등 인간적 모욕을 가하는 경우가 빈번했다.

그런 행태를 제어할 수 있는 것은 노동조합이지만 정부는 독립적 노동조합 활동에 대해 억압적이었다. 정부는 노사관계에 직접 개입했다. 그것도 노사관계를 공안 차원에서 다루어서 경찰과 중앙정보부가 직접 개입했다. 이것은 당시 초대 노동청장 10명 중 7명이 경찰간부 출신이라는 점에서 잘 드러난다(이

정우, 2002: 381). 그것은 기업이 스스로 협조적 노사관계를 구축하려고 노력하기보다 정부의 억압에 기대어 노사문제를 해결하려는 경향을 낳았을 뿐 아니라, 노사관계가 정치화되는 결과를 가져왔다. 한국의 그런 모습은 당시 같은 수출 지향적 공업화를 추진한 다른 동아시아 국가들과도 달랐다. 홍콩, 싱가포르는 물론 한국보다 더 심한 권위주의 정치체제였던 대만도 정부가 노사관계에 직접적으로 개입하는 정도는 한국보다 훨씬 덜했던 것이다(Fields, 1994).

또 하나 문제는 "부"의 분배였다. 소득분배, 특히 노동소득 분배는 평등했지만 부의 분배는 그렇지 못했다. 부의 분배는 처음에는 광복 후 일본인이 떠나고 농지 개혁과 전쟁에 의한 파괴를 겪으면서 평등한 구도가 형성되었지만, 경제성장이 진행되면서 불평등이 확대되었다. 우선 재벌체제가 확립됨에 따라 부의 불평등이 확대되었다. 더 중요한 것은 부동산 투기였다. 부동산 투기는 동아시아 경제발전에 나타난 공통 현상으로서, 전쟁으로 인한 극심한 파괴를 겪은 데다 급속한 도시화와 사회간접자본 건설과 관련되어 광범위하게 일어났다. 거기에다 이 시기 한국은 물가 상승률이 두 자릿수인 데서 보는 것처럼 통화정책을 방만하게 운영했기 때문에 부동산 투기는 더욱 심했다.

부동산 투기에 따른 이익이 분배되는 과정도 불평등하고 불공정했다. 재벌과 고위 관료는 정부의 사회간접자본 건설, 도시개발 등과 관련해 일반인이 접근할 수 없는 정보를 얻을 수 있었다. 금융 억압하에서 자금도 재벌이나 고위 관료에게 유리하게 배분되었다. 그렇게 이루어진 부동산 투기는 도시 주거비 인상과 표리관계로 진행되어서 서민은 "해마다 오르는 전셋값"에 허리가 휠 지경이었다. 물론 그것까지 감안하더라도 실질임금은 올랐지만, 상대적 박탈감은 사회적 갈등의 원인이 될 수밖에 없었다.

이 시기 분배의 그다음 문제는 정부에 의한 재분배가 매우 적었다는 것이다. 조세제도도 그렇지만, 두드러지는 것은 정부의 사회정책이었다. 당시 한국은 재정에서 사회적 지출의 비중은 교육을 제외하고는 개도국 평균보다 못한 상황이었다(Adelman, 1997). 사회보장제도는 어려움에 처한 사람을 돕기보다는 재정에 부담을 안 주기 위해 보험료 부담 능력을 기준으로 설계되었다. 연금제도가 공무원, 군인, 사립학교 교원 순서로 도입된 것은 그런 이유였다. 의료보험은 1977년에 가서 제한적으로 도입되었다.

이 기간 한국 경제는 고도성장으로 많은 한국인에게 짧은 기간에 빈곤에서 벗어날 기회를 제공하면서도 고통을 수반하는 과정이었다고 할 수 있다. 그런 고통은 성장의 지속을 위협했다. 예를 들어 1978년 전국 지가가 평균 49%(대도시 지역은 79%) 오른 것이 사회 통합에 유리하게 작용하지는 않았을 것이다.[7] 노사관계가 억압적이었던 결과 1979년 들어 YH 여공 사건이 일어나고 그것이 10·26 사변으로 이어지는 원인 중 하나가 되었다.

제3절 안정화, 자유화, 민주화

1979년에 시작된 위기는 1980년대 초까지 이어졌다. 한국은 그 위기를 극복하는 과정에서 경제체제가 크게 바뀌었다. 그 이유는 무엇보다 1970년대의 경제체제는 지속될 수 없는 것이어서 개혁이 불가피했기 때문이다. 바뀐 내용은 거시경제적으로 물가를 안정시키고 경상수지를 개선하는 정책 변화, 미시적으로 정부 개입을 줄이고 자유화하는 개혁, 그리고 1987년에 이루어진 민주화에 따른 변화로 요약할 수 있다. 이런 과정을 거치면서 한국은 다시 고도성장을 할 수 있었다. 한국 경제는 1980년부터 1997년까지 18년간 연평균 8.5%(일인당 GDP는 7.4%) 성장했다. 한국이 다른 개도국들과 달리 성장을 지속할 수 있었던 것을 이해하려면 이 시기의 경제성장을 이해하는 것이 중요하다. 그러나 이 시기의 성장은 결국 1997년 외환위기로 끝나게 되었다. 이 절에서는 한국이 1979년에 시작된 위기를 극복하고 다시 고도성장을 하게 되는

7 자료는 한국감정원 부동산통계정보(www.r-one.co.kr)임.

과정을 안정화, 자유화, 민주화의 순으로 살펴보고, 다음 제4절에서는 그 과정에 1997년 위기의 원인이 놓여 있었는지를 살펴보기로 한다.

물가 안정과 제2차 고도성장

1979년 한국 경제의 성장률이 급락하고 거기에다 10·26 사변까지 겹쳐서 위기 상황이 조성된 데 대해서는 제2절에서 설명했다. 거기에다 그해 가을부터 시작된 세계경제의 불황이 위기를 심화시켰다. 1980년에는 농산물 작황 부진까지 겹쳐서 경제성장률이 1954년 이후 처음으로 마이너스로 떨어졌다. 1979년 가을부터 시작된 세계경제의 불황은 주로 1970년대 인플레이션에 시달리던 미국이 강력한 통화 긴축을 시행했기 때문이다. 그에 따라 미국의 금리가 오르고 세계 금리도 따라서 올랐다. 한국은 세계 경기 악화로 수출이 타격을 받음과 동시에, 외채가 쌓인 상태에서 경상수지 적자를 차입으로 메워야 했기 때문에 차입 금리가 올라 경상수지는 더 악화되었다. 그와 함께 제2차 석유파동으로 유가가 크게 올라 경상수지를 악화시키고 물가를 올리는 요인이 되었다.

1980년 등장한 전두환 정부는 물가 안정에 주력하여 긴축 정책을 실시했다. 일단 수출 지원과 산업정책을 위해 확장적으로 운영하던 재정을 긴축했는데, 재정 적자는 바로 통화 증발을 의미했으므로, 재정 긴축은 통화 긴축을 의미했다. 통화정책도 각종 정책금융이 결국 중앙은행의 통화 증발로 지원되고 있었기 때문에 정책금융에 의한 지원을 줄임으로써 통화 긴축을 가져왔다. 이러한 정책과 표리를 이루는 것이 전두환식 "소득 정책(incomes policy)"이었다. 전두환 정부는 각종 이해 당사자에게 재정 및 금융을 통한 보조금을 줄임과 동시에 공무원 봉급 인상 자제, 민간 부문 임금 인상 자제, 기업의 판매가격 인상 자제와 함께 인플레이션의 해악에 대한 경제교육 확대 등으로 협조를 요청하고 동의를 구해나갔다(Nam, 1984). 그러나 그 바탕에는 1980년 봄 일시

활성화된 노동운동을 다시 억압하는 등 폭력에 바탕을 둔 위협이 있었음은 물론이다.

한편 1980년 1월 전두환 정부가 들어오기 전에 이미 1975년 이래 두 자릿수 물가 상승에도 불구하고 달러당 484원에 묶여 있던 환율을 달러당 580원으로 올려 경상수지를 개선하려고 했다. 그 후 전두환 정부하에서도 수차례에 걸쳐서 환율을 올렸다. 환율 인상은 기업의 평균생산비를 올려서 물가에 압박을 가했지만, 전두환 정부의 소득 정책이 그 효과를 상쇄할 수 있었을 것이다.

긴축과 환율 인상은 경상수지 개선에 도움이 되었지만 그렇다고 당장 외채 문제가 해결되는 것은 아니었다. 이미 1970년대 중반부터 외채의 구성이 악화되어서 단기외채가 늘어났다는 것은 제2절에서 언급했다. 외채 사정은 1979년부터 시작된 위기를 겪으면서 급속히 악화되었다. 경상수지 적자가 늘어서 외채 규모가 크게 늘었을 뿐 아니라 외채 구성에 있어서도 단기외채의 비중이 올라갔다. 1982년에는 순외채는 GDP의 36.4%, 총외채는 GDP의 47.7%에 이르게 되었다. 그런 한편 단기외채의 상환을 지원할 수 있는 외환보유액은 단기외채의 56.2%에 불과했다(〈부표 1〉 참조). 그대로 있으면 상환이 임박한 외채를 갚을 수 없어서 외환위기를 맞을 상황이었다. 그런 상황을 타개하기 위해 전두환 정부는 당시 새로이 전개되고 있는 냉전에서 "안보 무임승차"를 거론하면서 일본에 자금 지원을 요청했다. 이때 한국은 냉전의 맹주였던 미국의 레이건(Reagan) 정부와의 밀접한 관계를 이용했다. 결국 한국은 미국의 협조하에 일본으로부터 한일경제협력자금 40억 달러 제공을 약속받아 그것을 보증으로 삼아 해외차입을 함으로써 외환위기를 막을 수 있었다(강만수, 2005 참조; 이에 대해서는 제3장 제2절에서 다시 살펴본다).

이런 과정을 거쳐서 물가는 안정되고 경상수지 적자도 줄었다. 소비자물가 상승률은 1983년에 이르면 3.4%까지 떨어지고 1984년부터 1987년까지 4년 동안 3% 이하로 유지되었다. 그런 한편 1980년부터 환율을 계속 올렸기 때문에 실질실효환율은 올라갔다. 실질실효환율은 1979년부터 1985년까지 17.5% 올라갔다(〈부표 1〉 참조). 그 결과 물가 안정 속에서 경상수지 적자가 줄어드는 가운데 1983년에는 1년간이었지만 경제성장률이 다시 두 자릿수를 기록하게 되었다. 그렇게 된 데는 국내적 요인뿐 아니라 해외 요인도 작용했다. 한국이 위기 극복과 안정정책을 추구하는 사이에 미국 등 선진국 경제가 인플레이션 진정에 성공하고 다시 성장하기 시작했던 것이다.

해외 요인은 1985년 말에 더욱 유리한 쪽으로 급변했다. 환율, 금리, 유가 조건이 갑자기 1979년과 정반대로 바뀌었던 것이다. 1985년 가을 선진 7개국 재무장관의 플라자(Plaza) 회의에서 미국이 1979년 이후 인플레이션을 잡기 위해 택했던 고금리 정책을 중단하고 달러의 가치를 다른 통화, 특히 엔화에 대해 낮추기로 합의했다. 그 결과 달러에 연계되어 있던 원화의 대(對)엔화 환율이 급격히 올라갔다. 당시 한국 수출품의 주 경쟁 대상은 일본 제품이었기 때문에 엔화에 대한 원화의 환율 상승은 세계시장에서 한국 제품의 경쟁력 상승으로 이어졌다. 이것은 실질실효환율 추세에서 드러난다. 한국의 실질실효환율은 1985년부터 1987년까지 단 2년 동안 21.7% 올라갔다. 여기에다 1985년 말경에는 1979년 제2차 석유파동을 가져왔던 유가가 급격히 떨어졌다.

그 결과 1986년부터 1988년까지 경제성장률이 3년 연속 두 자릿수를 기록하는 "3저호황"이 전개되었다. 수출경쟁력 향상으로 인한 수출 증가는 바로 성장으로 이어지고 국제유가 하락은 소비와 투자 지출을 늘림으로써 성장률을 올렸다. 그런 한편 유가 하락은 물가 안정에 도움이 되고 경상수지 흑자에 기여했다. 세계 금리가 하락한 것도 채무국인 한국의 경상수지를 개선시키는 효과가 있었다. 경상수지가 흑자가 났다는 것은 저축률이 투자율을 따라잡아서 상회하게 되었다는 것을 의미한다. 이 시기에 와서 총저축률이 총투자율을 크게 상회하게 된 것이다. 총저축률은 1988년 41.7%로 정점을 찍었다. 이처럼 3저호황 시기 대규모 경상수지 흑자가 남으로써 한국은 그때까지 20년 이상에 걸쳐서 누적된 외채를 일거에 청산할 수 있었다. 순외채는 1985년

GDP의 35.5%에 달했으나 1989년에는 1.2%에 불과한 수준으로 떨어졌다(〈부표 1〉 참조).

3저호황은 오래 계속되지 않았다. 당시 한국은 이미 중진국에 진입한 상태에서 두 자릿수 성장을 계속할 수는 없었기 때문에 성장률이 떨어지는 것은 당연했다. 그러나 성장률이 떨어지는 것으로 끝나지 않고 물가와 국제수지에 문제가 생겼다. 소비자물가 상승률이 다시 선진국의 소비자물가 상승률보다 높은 수준으로 올라가고 경상수지가 적자로 돌아섰던 것이다. 그렇게 된 것은 무엇보다 3저호황 시기 대규모 경상수지 흑자가 난 결과 통화가 증발되었기 때문이다. 통화 증발은 물가 상승률을 올리고 그것이 다시 경상수지 적자를 가져왔다.

당시 정부는 그런 결과가 나타나지 않도록 여러 조치를 취했다. 우선 수출 지원을 축소하고 수입 제한을 완화함으로써 무역수지 흑자를 줄이려고 했다. 무역 외 거래에서도 기업의 해외 활동 경비에 대한 규제를 완화하고 해외여행 및 유학 경비 지불을 자유화하는 등 흑자를 줄이는 조치를 취했다. 자본거래에서도 정부투자기관으로 하여금 외채를 조기 상환하게 하는 한편, 한국인의 해외투자를 촉진하고 외국인 투자 유입을 제한하는 조치를 취했다. 그러나 이런 조치에도 불구하고 경상수지와 순자본 유입을 합친 종합수지는 대규모 플러스여서 한국은행의 순대외자산이 크게 늘어나는 것을 막을 수 없었다. 한국은행의 순대외자산이 늘어난다는 것은 그만큼 본원통화 공급이 늘어난다는 것을 의미했다. 정부는 다른 쪽에서 본원통화 공급을 줄임으로써 순대외자산 증가의 효과를 상쇄하는 조치, 즉 "불태화(sterilization)" 조치를 취했다. 그 방법은 한국은행의 시중은행에 대한 여신을 축소하고 통화안정증권을 발행해서 본원통화를 환수하는 것이었다. 그러나 한국은행의 시중은행에 대한 여신은 여전히 중소기업 금융 등 경직성 여신의 비중이 컸기 때문에 줄이기가 쉽지 않았다. 통화안정증권도 당시 채권금리가 자유화되지 않은 데다 자본시장 규모가 작은 상황에서 시장 원리에 의거해서 팔 수는 없었다. 따라서 정부는 통화안정증권을 은행과 비은행금융기관에 강제로 인수시키는 방법을 통해 본원통화를 회수했다(한국경제60년사 편찬위원회, 2010: 124~125).

이런 조치들은 그 나름대로 효과를 거두었지만 결국 통화 팽창을 막지 못했다. 1979년부터 시작된 긴축 정책에 따라 1985년에 1.7%까지 떨어졌던 본원통화 증가율은 1986년에 16.2%로 올라갔고, 1987년에는 48.9%로 올라갔다. 총통화(M2) 증가율도 비슷하게 올라갔다. 그런 한편 민주화 이후 노동조합이 활성화됨에 따라 비용 인상 요인이 발생했다. 노동조합이 활성화되었을 뿐 아니라 다른 측면에서도 민주화에 따라 각종 욕구가 분출했다. 그 결과 전두환 정부에서 억압을 기본 조건으로 해서 실행했던 "소득 정책"이 일부 역전될 수밖에 없었다. 그렇게 한편으로 통화 증가율이 올라가고 다른 한편으로 전두환식 소득 정책이 역전되면서 물가 상승률이 올라가게 되었던 것이다. 1984년부터 1987년까지 4년 동안 3% 이하로 유지되던 소비자물가 상승률은 1988년에 7.1%로 올라갔다. 1989년에는 5.7%로 떨어졌지만 1990년에는 다시 8.6%로 올라갔다. 그 후 외환위기 전까지 소비자물가 상승률은 1960~1970년대의 두 자릿수 상승률로 되돌아가지는 않았지만, 한 해도 1984년부터 1987년까지 달성했던 3% 이하 수준으로 돌아가지 못했다. 그것은 물론 선진국형 물가안정 기조가 정착되지 못했다는 것을 의미한다.

경상수지가 적자로 돌아선 것은 그렇게 물가가 불안해지면서 환율이 급속히 내려갔기 때문이다. 플라자 회담 때 일본에 대해 환율을 내리라고 압력을 가했던 미국이 이제 한국의 원화 환율이 너무 높다고 환율을 내리라고 압력을 가했다. 한국 정부도 그에 호응해서 환율을 급속히 내리는 바람에, 1986년에 달러당 평균 881.3원이던 환율이 1989년에 평균 671.4원까지 내려갔다. 환율은 크게 떨어지는 한편 물가 상승률은 올라갔기 때문에 실질실효환율이 급속히 떨어져서 1989년에는 1985년 수준을 밑돌게 되었다(〈부표 1〉 참조). 경상수지는 1990년에 다시 적자로 돌아섰다. 그 후 1993년을 제외하고는 1997년까지 경상수지는 매년 적자를 기록했다.

〈그림 2-1〉 경상수지와 순외채(GDP에 대한 비율) (단위: %)

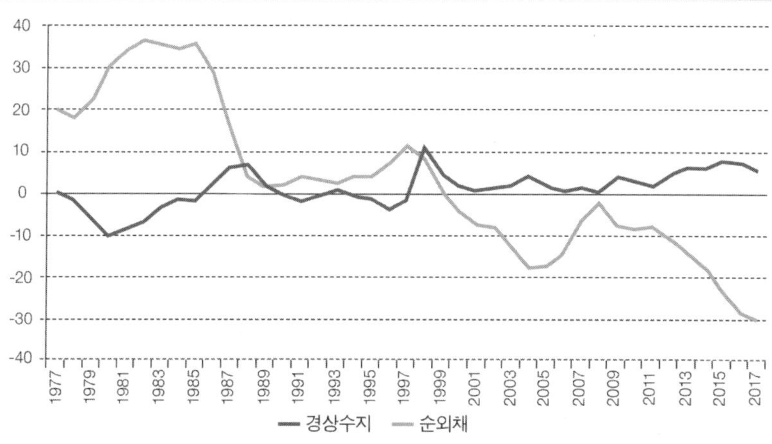

자료: 〈부표 1〉.

그러나 경상수지가 적자로 돌아선 것 자체가 성장을 지속 불가능하게 하는 조건은 아니었다. 경상수지 적자 규모도 늘어난 생산 능력, 즉 GDP에 비해 크지 않았고, 그 결과 쌓이게 된 외채도 GDP에 대한 비율로 보면 1970년대부터 3저호황 이전까지 시기에 비하면 훨씬 작았다. 〈그림 2-1〉은 경상수지와 순외채를 GDP에 대한 비율로 나타내고 있다. 1994년 이전 외채 통계 수치는 신빙성이 떨어진다. 1997년 외환위기 후 과거 통계를 믿을 수 없다고 보고 통계를 새로 정비했기 때문이다. 따라서 앞에 인용한 외채 수치와 〈그림 2-1〉의 바탕이 된 외채 수치(모두 〈부표 1〉에 나와 있음) 모두 엄격하게 보면 문제가 있다. 그러나 대강의 추세를 아는 데는 지장이 없을 것이다.

〈그림 2-1〉은 비록 1990년대에 경상수지가 적자 기조로 돌아서기는 했지만 그 GDP에 대한 규모가 작고, 순외채의 GDP에 대한 비율도 3저호황 이전과는 비교가 안 되게 낮아졌다는 것을 확인해 주고 있다. 거기에다 한국 경제는 여전히 고성장을 하고 있었고, 성장률이 차입금의 실질금리를 훨씬 웃돌았기 때문에 한국이 장기적으로 외채를 갚을 능력이 있다는 것은 의심의 여지가

없었다. 또한 당시 브레턴우즈체제가 붕괴한 상태에서 국제적 규범이 변동환율로 바뀌었기 때문에 경상수지를 개선해야겠다고 마음먹으면 비록 미국의 압력이 있다 하더라도 물가 상승률에 맞추어 환율을 조정하기도 더 쉬웠다.

자유화

이 시기 안정정책과 함께 자유화가 이루어졌다. 그것은 불가피한 정책 전환이었다. 1960~1970년대의 정부와 민간 부문과의 관계는 지속 불가능했다. 당시에는 정부가 기업이 거두는 성과에 대한 최후의 판단 주체였고, 정부는 그 성과에 근거해서 기업을 지원하는 데 주로 금융을 사용했다. 기업의 성과를 판단하는 데 있어서 수출처럼 자동적으로 기준이 정해지는 것도 있었지만, 정부가 재량으로 판단하는 경우도 많았다. 그러나 경제성장에 따라 경제의 규모가 커지면 경제를 정부의 중앙통제 기능으로 운영하는 것이 불가능해지고 가격기구를 이용한 "분권적" 의사결정이 불가피해진다.

역사적으로 보아 경제발전 초기에 정부가 개입했더라도 경제가 성장하면서 자유화가 진행되는 것은 공통된 패턴이다. 18~19세기 영국 같은 나라에서 중상주의를 벗어나 자유화를 한 것이 그런 대표적 경우였다. 그것은 경제이론에도 반영되어서 애덤 스미스(Adam Smith) 이래 주류 경제학자들이 보이고자 했던 시장기구의 성격의 핵심은 바로 이러한 분권적 의사결정을 가능하게 해 준다는 것이다(송현호, 1992: 제10장). 제1절에서 언급한 것처럼 19세기 유럽 대륙의 산업화 패턴에 대한 고전적 연구자인 거쉔크론에 의하면, 후발국의 산업화는 초기에 국가가 주도적 역할을 할 수밖에 없지만, 그 후 어느 단계가 되면 시장이 주도적 역할을 하는 체제로 이행하게 마련이다(Gerschenkron, 1962).

한국은 바로 그런 이유로 1980년대 들어 자유화가 시작되었다. 거기에다 1980년대 중반부터 미국이 자유화와 개방 압력을 가하기 시작했다. 미국은 이제 한국 같은 나라가 한편으로 미국 시장에 수출하면서 다른 한편으로 자국 산업을 보호하고 보조금을 제공하는 비대칭적 관계를 용인하지 않게 된 것이다.

자유화는 안정화와 표리관계로 진행되었다. 1970년대 재정정책과 통화정책이 정부가 특정 산업이나 기업에 보조금을 주는 미시적 개입을 뒷받침하고 있었고 그것이 인플레이션을 일으키는 요인이 되고 있었는데, 인플레이션을 수습하는 과정에서 그런 보조금을 줄였던 것이다. 민주화 이후 보조금이 다시 늘어났지만, 그 규모가 과거로 돌아가지는 않았다. 금융 억압도 완화되어 은행은 민영화되고 시간이 걸리기는 했지만 금리 자유화가 진행되었다.

제조업에 대한 정부의 지원은 1986년 공업발전법 제정 이후에는 특정 산업을 선별 육성하는 것이 아니라 수출, 연구개발, 중소기업 지원 등 "기능"적으로 지원하는 방식으로 바뀌었다. 특정 산업으로의 진입 제한은 공식적으로는(내용상으로는 반드시 그렇지 않았지만) 철폐한다고 선언했다. 실제로 1990년대 초반에 이르면 한국의 보조금 수준은 주요 선진국에 비해 높지 않은 수준으로 내려갔다. 〈표 2-2〉는 한국에서 1990년대 초반 총보조금의 국민총생산(GNP)에 대한 비율과 제조업에 대한 보조금의 제조업부가가치에 대한 비율을 보여주고 있다. 비교를 위해 1980년대 말 주요 선진국의 비율도 함께 보여준다. 한국은 미국이나 일본, 영국 같은 나라에 비해서는 더 많은 보조금을 주는 편이지만, 유럽 국가들에 비해서는 오히려 적게 주고 있었다. 한국의 보조금이 상대적으로 적은 이유는 그 형태가 주로 현금 지불이나 조세 감면이 아니라 정책금융과 일반금융의 금리 차이이기 때문이다. 따라서 1990년대에 금리 자유화가 진행되고 있었기 때문에 보조금은 더 줄어들었을 것이다.

그런 한편 관세를 점차 낮추어서 1996년에는 제조업에 대한 평균실효관세율은 8% 정도로 선진국보다 조금 높은 수준으로 내려갔다. 비관세장벽 중에는 일부 철폐되지 않고 남아 있는 것이 있었지만, 비관세장벽이 줄어든 것도 의심의 여지없는 사실이다.

한국은 이렇게 자유화를 하는 과정에서 성장률이 떨어지지 않았다. 따라서

〈표 2-2〉 보조금의 국제 비교 (단위: %)

국가	GNP 대비 총보조금	제조업부가가치 대비 제조업 보조금
한국	1.84	2.8
미국	0.5	
일본	1.0	
영국	1.1	2.0
프랑스	1.8	3.5
독일	2.4	2.5
이탈리아	2.9	6.0
벨기에		4.1
네덜란드		3.1
룩셈부르크	4.0	2.6
덴마크		2.1
아일랜드		4.9
스페인		3.6
포르투갈		5.3
그리스		14.6
EU 평균		3.5
OECD 평균		2.5

주: 한국은 1990년대 초, 외국은 1980년대 말에 대한 수치임.
자료: 손상호 외(1994)에서 발췌.

자유화는 성공적이었다. 얼핏 생각할 때 자유화로 보조금을 줄이고 보호율을 낮추면 아직 국제경쟁력이 없는 산업, 특히 1970년대 산업정책으로 육성했던 중화학공업이 타격을 받아 성장률이 떨어졌을 가능성이 있다. 그러나 실제로는 그렇게 되지 않았다. 그렇게 되지 않은 이유는 이렇게 추측할 수 있다. 우선 1970년대에 정부 개입이 과도했기 때문에 그런 과도한 개입을 줄이는 것이 긍정적 효과를 가져왔을 것이다. 그리고 자유화와 개방은 정부가 재량권을 가지고 점진적 방법으로 시행함으로써 산업에 큰 충격을 주지 않도록 했다. 개방의 경우 "개방 예시제"를 시행했다. 그것은 기존 산업의 생산 기반을 허무는 것이 아니라 시장 규율을 도입하는 정책이었다. 기업들은 강화되는 시장 규율에 적응해서 생산성을 올리게 되었다.

충격을 줄이는 데는 일부 비관세장벽을 남겨둔 것도 실질적 효과가 있었다고 생각된다. "수입선 다변화 정책" 같은 것이 그것이다. 수입선 다변화 정책은 1977년부터 일본과의 무역 불균형이 너무 심하다는 것을 근거로 자동차, 전자, 기계 등에 대해 실시했는데, 그것은 일본이 워낙 세계적 경쟁력이 있는 이들 산업을 즉각 개방을 할 경우 국내시장을 내줄 수밖에 없다는 이유로 시행한 것이었다. 시장을 개방하면서 그런 조치를 폐지하지 않은 것은 개방 예시제와 함께 개방의 충격을 줄여주는 역할을 했을 것이다.

한편 국내시장이 보호 및 규제 상태에 있더라도 그 규모가 확대됨에 따라 기업 간의 유효경쟁이 가능하게 되어 생산성 증가에 기여했다. 국내시장은 과점업체들이 분점하고 있는 경우가 많아서 가격은 명시적·묵시적으로 담합하는 경우가 많았지만, 신제품 도입이나 광고 등에서는 경쟁이 이루어졌다. 이런 현상은 고도성장기 일본에서 두드러졌는데, 한국에서도 비슷한 상황이 전개되었다(Hadley, 1970; 小宮隆太郎 외, 1984: 238~239; Amsden and Singh, 1994).

거기에다 명목 환율이 올라가고 물가가 안정됨에 따라 실질실효환율이 올라갔다. 실질실효환율은 이 시기에 처음 물가 안정과 환율 인상에 따라 올라갔다가 1988년 이후 물가 상승과 환율 인하로 다시 떨어졌다는 것은 위에서 살펴보았다. 그러나 실질실효환율은 평균으로 보아 1960~1970년대보다 올라갔다. 1980년부터 1997년 18년간 평균은 1964년에서 1997년까지의 16년간 평균에 비해 21.3% 높았다(〈부표 1〉 참조). 실질실효환율이 올라간 것은 교역재인 제조업에 대해 수출 보조금을 줄이면서 국내시장 보호 정도를 낮추는 것을 상쇄해 주는 효과가 있었다. 이것은 "수직적" 정부 개입을 "수평적" 개입으로 바꾼 것으로서, 바람직한 정책 변경이라 할 수 있다.

한편 기능적 지원도 기업의 국제경쟁력을 올리는 데 기여했다. 기능적 지원으로서 가장 두드러진 것은 연구개발에 대한 지원이었다. 1960~1970년대 한국은 수출에서 바이어가 제공하는 노하우와 자본재 수입에서 수출업자가 제공하는 자본재 유지 및 수리 기술을 습득하거나, 일본에서 한물간 기술을 들여와서 저임금과 결합하는 방식으로 기술 능력을 확보했다. 중화학공업화를 추진하면서 선진국에서 기술을 도입했지만 선진국에서 얻을 수 있는 기술은 한계가 있었고, 기술을 얻더라도 그런 기술을 소화하려면 스스로의 연구개발 능력이 있어야 했다. 1970년대에는 그런 기반을 충분히 마련하지 않은 상태에서 산업정책에 의거해 생산량만 늘리다 보니 생산비가 높을 수밖에 없었다. 그러나 기업은 임금이 급격히 오르는 상황에서 경쟁력을 확보하기 위해서는 연구개발 능력을 올려야 한다는 것을 알고 있었고, 그에 맞추어 경영 전략을 바꾸고 있었다. 그것이 정부의 연구개발 지원과 맞물려서 연구개발 활동이 크게 늘어난 것이다. 그 결과 1979년 GDP의 0.54%에 불과하던 연구개발비가 1997년에는 GDP의 2.30%로 상승했다.[8]

이 과정에서 "두뇌 유출"이 대규모로 역전되었다. 선진국, 특히 미국으로 유학했던 학생들 대다수가 박사학위 또는 그 이상의 경력을 쌓은 뒤 대거 돌아왔던 것이다. 개도국의 두뇌 유출이 경제성장의 심각한 장애 요인이라는 것은 잘 알려진 사실이다. 경제성장의 핵심은 결국 인재가 모여서 서로 시너지 효과를 내면서 한 단계 높은 균형을 만들어내는 데 있다는 것을 생각하면, 두뇌 유출을 되돌리는 것이야말로 경제성장의 핵심이라고 할 수 있다. 한국은 1980년대에 와서 그런 중요한 과제를 해결했던 것이다.[9]

이런 일련의 과정, 즉 점진적 개방과 자유화를 통한 시장 규율의 도입, 실질실효환율의 상승, 연구개발 능력의 강화 등을 통해 1960~1970년대 산업정책으로 육성했던 중화학공업이 국제경쟁력을 획득해 갔다. 즉, 처음에는 유치산업으로 육성한 산업들이 성숙하는 모습을 보였던 것이다. 1960~1970년대 한국의 산업정책이 다른 개도국에서와는 다른 모습을 보였다는 것은 앞에서도 언급했다. 그러나 당시에는 아직 산업정책으로써 국내 생산을 개시하게 하는 과정이었고, 국제경쟁력을 확보하지는 못하는 그야말로 유치산업 단계였다. 산업정책이 성공하는가는 그런 유치산업이 성숙하고 성장해서 성인산업으로 될 수 있는가 하는 것이었다. 한국은 1990년대 중반에 들어서 과거 산업정책으로 육성한 고부가가치산업이 성인산업으로 진화하는 데 성공했다 (Lee, 1997; Lee, 2011).

---

8 자료 출처는 국가통계포털(kosis.kr).

9 이상 연구개발 및 두뇌 유출 역전에 대해서는 Kim(1997)과 Kim and Seong(1997) 참조.

한국에서 산업정책으로 육성한 유치산업이 성숙하고 성장했다는 사실과 동전의 양면을 이루는 것은 단기간에 한국의 일부 재벌기업이 반도체, 자동차, 철강, 조선, 석유화학, 기계 등 중간 내지 중·상위 기술산업에서 세계적인 유효 경쟁자로 등장하게 되었다는 사실이다. 한국은 1960~1970년대 산업정책을 시행하고 그 과정에서 재벌체제를 확립한 뒤, 1980년대부터 자유화와 연구개발의 확대 등을 통해 선진국 대기업과 정면 경쟁할 수 있는 자국의 대기업 육성에 성공했다. 한국은 자신의 상표와 자신의 기술력을 근거로 선진국 대기업과 경쟁할 수 있는 대기업의 육성이라는 점에서 산업화 역사상 일본 다음으로, 개도국으로서는 처음으로 성공했던 것이다.

종합해본다면 1990년대 중반에 이르러 국내외에서 한국은 여전히 정부가 경제에 강력하게 개입하는 나라라고 간주하고 있었지만, 한국 경제의 실상은 1960~1970년대와는 매우 다른 모습을 띠고 있었던 것이다. 한국은 그런 전환을 겪으면서 성장을 계속하고 있었다.

민주화

한국은 1987년 3저호황의 도중에 정치가 민주화되었다. 한국의 민주화와 경제성장의 관계는 여전히 잘 연구되어 있다고 보기 어렵다. 그러나 세계적으로 경제성장과 민주정치 간의 관계에 대해 이루어진 연구에서 일차적 시사점을 찾을 수 있을 것이다. 세계적으로 보아 지난 20여 년간 경제발전과 민주정치에 대한 계량 연구가 많이 이루어졌는데, 그중에 가장 설득력 있는 결과는 민주정치와 경제성장 간에는 "2차함수" 관계가 있다는 것이다(Seim and Parente 2013). 권위주의 정치는 성장률이 매우 높은 개도국과 성장률이 가장 낮은 개도국에서 나타나고 민주정치는 그 중간에서 나타난다는 것이다. 그 이유는 자명하다. 민주정치는 다수 국민의 의사를 반영해야 하다는 공통점이 있기 때문에 그 경제적 성과도 비슷하게 나타난다. 반면 권위주의 정부는 독재

자가 개인적 선호와 사정에 따라 통치하기 때문에 그 결과가 나라 간에 다르게 나타날 수밖에 없다. 권위주의 정치가 매우 낮은 경제성장률로 이어지는 것은 실제로 사하라사막 남쪽 아프리카의 여러 나라나 북한 같은 곳에서 발견된다. 한편 민주화 이전 한국은 그 반대편에 있는 경우로서 권위주의 정부가 경제성장을 위해 적극적으로 노력하고 그 결과 고도성장을 이룬 나라였다.

이런 관점에서 보면 권위주의 정치하에서 고도성장을 한 한국의 경우 민주화 이후에 성장률이 떨어지리라고 예상할 수 있다. 그러나 실제로는 그렇게 되지 않았다. 랜트 프리쳇(Lant Prichett)과 로렌스 서머스(Lawrence Summers)의 연구에 의하면 한국은 세계에서 유일하게 민주화를 하면서 경제성장률이 올라간 나라다(Prichett and Summers, 2014). 물가와 국제수지를 본다면 민주화 이후 물가 상승률이 올라가고 경상수지 흑자가 줄었지만 그렇게 심한 정도는 아니었다. 그것도 3저호황 당시 환율과 총수요 관리를 잘못한 것도 원인이었기 때문에 민주화가 큰 책임이 있다고 볼 수 없다.

한국이 민주화를 하면서 성장이나 다른 거시경제 지표로 보아 경제가 연착륙할 수 있었던 이유에 대해서는 지금까지 연구가 제대로 이루어지지 않았다. 추측하기에 1987년경 한국은 민주화를 성공적으로 이룰 수 있는 조건이 마련되었을 것이다. 우선 경제발전과 민주화에 대한 고전적 연구인 시모어 립셋(Seymour Lipset) 같은 학자의 주장에 비추어 볼 때 그렇게 볼 수 있다(Lipset, 1959). 경제성장에 따라 교육받은 중산층이 두텁게 형성되고 그 중산층이 개인적 자유와 인권, 관용 같은 민주주의적 가치를 추구하게 되었다.

립셋 같은 학자의 연구 이후 정치학자와 경제학자들은 경제발전과 민주화에 대한 연구를 계속해 왔는데, 그중에서 "게임이론"을 원용하는 연구 역시 1980년대 중반경 한국이 민주화할 수 있는 조건이 형성되었다는 것을 시사해 준다. 이들 연구의 핵심은 부유한 엘리트층이 생각하기에 한편으로 혁명이 일어날 가능성이 있으면서 다른 한편으로 서민층이 민주정치를 이용해 급격한 재산권 변동이나 대규모 재분배 정책을 요구할 가능성이 낮은 경우에 민주화가 되기 쉽다는 것이다. 그런 경우에 엘리트층은 민주화를 막는 데 비용을 쓰기보다 민주화를 수용하는 것이 낫다고 생각한다(Acemoglu and Robinson, 2005).

이런 논리는 1980년대 중반 한국에 어느 정도 맞는다고 생각된다. 한편으로 "주사파"가 나오는 등 체제 위기가 진행되고 있었고, 다른 한편으로 중산층이 두텁게 형성되어 있어서 엘리트층이 민주화 이후 급격한 재산권의 변동이나 과세에 따른 재분배가 일어나지 않을 것이라고 기대할 근거가 있었다. 이런 설명에는 한국의 엘리트층이나 중산층을 어떻게 정의해야 하는지와 같은 더 구명해야 할 과제가 남아 있다. 그러나 대표적인 엘리트층인 재벌을 보면 민주화로 그 이익이 크게 침해 당하지는 않을 것이라고 기대했을 가능성이 높다. 거기에는 재벌기업의 종업원을 포함해서 두텁게 형성된 중산층이 기존 재산권의 구도를 급격히 바꾸는 데 동의하지 않을 것이라는 믿음이 작용했을 것이다.

그렇게 해서 민주화가 될 수 있었던 것이고, 민주화 이후 현실은 그런 기대와 맞아 떨어졌다. 그리고 그랬기 때문에 민주화를 하면서 성장이나 다른 거시경제 지표로 보아 경제가 연착륙할 수 있었다고 생각된다. 실제로 민주화 이후 재벌의 이익이 침해당하지는 않았다. 이것을 단적으로 나타내는 것이 경제력 집중 지표다. 민주화 이후 재벌의 경제력 집중에 대해 많은 논의가 있었지만, 실제로는 경제력 집중이 오히려 심화되었다. 최승노에 의하면 1985년 4대 재벌 — 현대, 삼성, LG, 대우 — 의 부가가치는 국민총생산(GNP)의 6.1%였으나, 1995년 9.3%로 올라갔다. 10재 재벌을 보면 1985년 8.8%에서 1995년 12.9%로 올라갔다(최승노, 1996: 41).

그렇다고 정치 민주화가 "경제 민주화"에 아무런 역할을 못한 것은 아니다. 그것은 노동 부문에서 가장 두드러지게 나타났다. 한국 역사상 처음으로 독자적인 노동조합이 활성화된 것이다. 그렇게 된 이유는 이전 체제가 지속될 수 없었기 때문일 것이다. 노동자들의 실질임금은 1980년대 불황기에 임금이 조정된 후 고도성장이 재개됨에 따라 다시 올라갔다. 그러면서 노동조합에 대한 탄압은 박정희 정부보다 전두환 정부하에서 더 심해져 노동자들에게는 "당근과 채찍"이 모두 주어진 셈이었다. 그러나 노동자들이 노동 현장에서 인간적 모욕을 당하고 사회 전체적으로도 집단적 목소리를 낼 수 있는 통로가 없는 체제는 지속되기 어려웠다. 무엇보다 박정희-전두환 정권하에서 정부가 억압을 통해서 기업이 스스로 해결해야 할 노사관계 문제를 떠맡다시피 했는데, 정치가 민주화되면서 그런 관행은 지속될 수 없었다.

억압을 통해 노사관계를 도맡다시피 했던 정부가 갑자기 철수하니 노동운동이 폭발적 양상을 띠면서 나타났다. 정부가 노동조합 결성을 누르고 있던 재벌기업에서도 노동조합이 다수 결성되었다. 그러나 1987년 6.29 선언 직후의 노동관계법 개정에도 불구하고 노동조합의 권리는 아직도 세계 표준에 미달했다. 전국 단위 복수노동조합 불인정, 노동조합 활동에 있어서 전국 단위 노동조합을 포함한 제3자 개입 제한, 교원과 공무원의 노동조합 설립 제한, 노동조합의 정치 활동 금지 등 제한이 남아 있었던 것이다. 그런 한편 노동자의 개별적 보호는 강화되었다. 민주화 이전 노동자들이 노동조합을 통해 집단적 목소리를 내는 것은 심하게 통제되었지만, 근로기준법을 통한 노동자의 개별적 보호는 상대적으로 강했는데, 그것이 민주화 이후에 더 강화되었던 것이다. 근로기준법은 과거 권위주의 정치하에서 사문화되는 수가 많았지만, 민주화 이후 유효하게 바뀌는 경우가 늘어났다. 거기에다 민주화 이후 근로자의 해고가 더 어려운 쪽으로 법이 바뀌었다. 사용자 측에서는 이런 조건을 완화하라는 요구를 하게 되었다(이상 이철수·유범상, 2000).

그런 한편 사회보장제도가 확대되었다. 한국은 1960~1970년대에 개도국 기준으로 보아도 빈약한 복지제도하에서 고도성장을 했다. 그러나 도시화와 핵가족화가 진행되는 속에서 사회보장제도를 갖추는 것도 불가피해서 실제로 외환위기 전까지 4대보험 — 산재보험, 의료보험, 국민연금, 고용보험 — 체제의 얼개를 갖추었다. 이것이 민주화와 어떤 관계에 있는지 인과관계는 분명하지 않다. 한국은 1960~1970년대에도 복지가 미약한 상태에서부터 점진적으로 확대가 이루어졌다. 1980년대 복지 확대도 처음 권위주의 정권하에서 시행되었지만, 권위주의 정부 자신이 정권 유지를 위한 필요성을 느껴서 그렇게 한 것인지, 민주화 요구 때문에 그렇게 된 것인지는 분명하지 않다. 다만 민주화와 그 이후 과정에서 복지제도가 강화된 것은 사실이다.

민주화 이후 한국의 복지 확대가 포퓰리즘적 성격이 있었는가? 그렇게 보는 주장이 있다. 예컨대 모종린과 배리 와인거스트(Barry Weingast)는 노태우 정부 시절의 주택 200만호 건설 정책을 서민의 주택난을 정부가 나서서 해결해 주는 복지정책으로서 포퓰리즘적 성격을 갖고 있다고 보았다(Mo and Weingast, 2013: Chapter 6). 이들은 그런 정책이 1997년 외환위기의 원인이 되었다고 주장한다. 그러나 이런 주장은 설득력이 없다. 노태우 정부의 주택 200만호 건설 정책은 경제 전체로 보아 수요와 공급을 맞추려는 정책이라는 성격이 강했다. 1979년부터 전두환 정부 말까지 인플레이션을 잡기 위해 긴축을 하느라 주택 투자가 부진했다. 1980년부터 1987년까지 8년 동안 주택(주거용 건물) 투자는 평균 6.5% 증가하는 데 그쳤다. 그것은 주택 공급 부족을 초래했고, 주택 공급 부족이 3저호황 이후 풀린 유동성과 결부되어 부동산 투기가 재발했다. 그에 대해 노태우 정부는 한편으로 토지 공개념 등에 의거한 각종 규제를 도입해서 부동산 투기를 잡는 한편, 주택 공급을 늘려서 해결하려고 했던 것이다. 주택 투자는 1988년부터 1991년까지 4년간 평균 28.5% 증가했다.

물론 주택 공급을 늘리는 정책에는 정부가 보조하는 서민 주택 건설도 포함되어 있었다. 그러나 주택 건설 자체를 포퓰리즘 정책이라고 부를 수는 없다. 주택 건설 정책은 서민뿐 아니라 중산층을 포함한 모든 계층을 위해 수요와 공급을 맞추려는 정책이었다. 그리고 무엇보다 주택 건설 정책을 시행하는 과정에서 재정 적자가 나지 않았다. 포퓰리즘 정책의 일반적 패턴은 정치가가 대중의 인기를 얻기 위해 재정에서 대규모 적자를 내고 그것을 통화 증발로 뒷받침하는 것이다(Dornbusch and Edwards, 1990). 당시 한국은 주택 건설 정책을 수행하면서 재정의 균형을 유지했다. 그리고 주택 건설 정책은 1991

년을 고비로 집값이 꺾이면서 정책과제로서의 중요성이 약화되었다. 주택 투자는 1992년부터 1997년까지 6년 동안은 평균 2.6% 늘어나는 데 그쳤다. 주택 투자가 1997년 외환위기의 원인이 되었다는 주장은 시기적으로 맞지 않는 것이다. 따라서 주택 200만호 건설 같은 정책이 포퓰리즘 정책으로서 성장의 지속을 불가능하게 했다는 주장은 근거가 없다. 그것은 주택난에서 오는 사회적 갈등을 해결하려는 조치로서 오히려 성장을 지속시키는 데 필요한 과정이었다고 볼 수 있다.

한편 순수한 의미에서 복지 지출이라 할 수 있는 "보건 및 사회보호"에 대한 정부 지출은 선진국에 비해 어림도 없이 낮은 수준이었다. 보건 및 사회보호에 대한 지출은 1997년에 이르러도 GDP의 4.2%에 불과했다. 그것은 한국의 사회보험이 제도적으로 아직 선진국에 비해 미비하고 성숙하지 않아 그 수혜자가 적은 것이 결정적 이유였다. 단, 연금의 경우 그 설계에 문제가 있었던 것이 사실이다. 앞으로 경제성장이 감속되리라는 점과 인구가 노령화되리라는 것을 제대로 감안하지 않았기 때문에 혜택을 받는 노년층에게 인심을 쓰는 한편 청장년 근로자층에게 부담을 그만큼 지우지 않아서 지속이 불가능한 구도였던 것이다. 그렇다고 그것이 대규모 우발채무를 가져와서 재정 건전성을 위협하는 정도라고 할 수는 없었다(이 문제는 제3장 제1절에서 다시 언급한다).

제4절 위기의 조건?

1980~1990년대 한국 경제는 안정화·자유화·민주화를 겪으면서 성장을 지속할 수 있었다. 소득 분배도 통계에 따라 다르지만, 여전히 평등해서 형평을 수반한 성장을 지속했던 것이다. 그러나 이 시기의 성장은 결국 1997년 외환위기로 끝나게 되었다. 따라서 이 시기 경제성장 속에 위기의 원인이 어디에 잠재해 있었는지를 보는 것이 중요한 과제가 된다. 이 절에서는 이런 문제를

살펴보기로 한다.

한국 외환위기의 원인에 대해서는 국내 경제구조가 원인이라는 견해와 단기자본 이동이 원인이라는 견해가 대립해 있다는 것은 제1장에서 설명했다. 이것을 구명하는 작업은 제3장으로 미루고, 여기에서는 국내 경제구조와 관련된 것이건 단기자본 이동과 관련된 것이건, 위기를 일으키는 조건이 되었을 가능성이 있는 것들에 대해 살펴보기로 한다. 이러한 조건에 대해서는 거시경제적인 설명과 미시경제적인 설명이 있다.

과잉투자?

위기를 일으키는 조건에 대한 거시경제적인 설명 중에서 먼저 살펴볼 필요가 있는 것은 한국의 경제성장이 요소투입에 의해 이루어졌다는 주장이다. 이 주장은 동아시아 국가들의 고도성장이 구소련식으로 총요소생산성 증가 없이 노동이나 자본 같은 생산요소 투입 증가에 의해 이루어졌다는 것으로서 세계적 주목을 받았다. 이 주장은 폴 크루그먼(Paul Krugman)이 제기해서 그 뒤 알윈 영(Alwyn Young) 같은 사람이 실증연구로 뒷받침했다(Krugman, 1994; Young, 1995). 총요소생산성 증가율이란 총생산 증가율에서 생산요소인 노동과 자본 등 생산요소의 투입 증가율을 가중평균해서 뺌으로써 얻는 "잔여분"으로, 주로 기술 진보를 나타내고 있다. 로버트 솔로(Robert Solow) 이래의 현대 경제성장이론에 따르면 장기적으로 일인당 생산의 증가는 요소투입 증가보다 기술 진보를 통해 이루어진다. 실증적으로 보아도 요소투입 증가보다는 총요소생산성 증가가 세계 각국의 경제성장률 차이를 설명한다(Solow, 1956; Easterly, 2001). 이런 관점에서 보면 총요소생산성 증가율 없이 요소투입에 의존하는 성장은 지속될 수 없다.

요소투입에만 의존하는 성장이 지속될 수 없다는 것은 직관적으로 보아도 자명하다. 예컨대 건설공사에서 노동자가 삽을 써서 노동한다고 치자. 그럴 경우 한 노동자가 삽 한 자루로 노동할 때보다 두 자루, 세 자루로 노동하면 총생산은 늘어나지만 한계생산성이 떨어진다. 그렇게 삽을 늘려가면 삽의 한계생산성이 0로 떨어져서 더 이상 일인당 생산이 늘 수 없게 된다. 일인당 생산을 더 늘리려면 삽의 수를 늘리는 것이 아니라 기계를 들여와야 한다. 즉, 삽 대신 포클레인을 들여와야 하는 것이다. 삽 대신 포클레인을 쓸 수 있게 되는 것은 물로 기술 진보의 결과다. 그러나 포클레인을 들여오더라도 포클레인 제조 기술 자체가 발전하지 못해서 포클레인이 옛날 연식에 머물러 있다면 포클레인을 도입하는 데 따른 생산성 증가는 일회성으로 끝날 뿐이다. 일인당 생산이 지속적으로 증가하기 위해서는 포클레인 제조 기술 자체가 계속 진보해서 더 업그레이드된 포클레인이 투입되어야 한다.

이런 주장을 펴는 경제학자들에 의하면 구소련은 바로 포클레인 제조 기술 자체가 발전하지 못하고 옛날 연식에 머물러 있어서 생산성이 지속적으로 증가하지 못한 경우다. 구소련은 1930년대부터 1960년대까지 요소투입을 증가시킴으로써 고도성장을 했지만 그런 성장은 결국 한계를 드러낼 수밖에 없었다. 이들 경제학자들에 따르면 한국을 비롯한 동아시아 국가도 그와 비슷하다는 것이다. 이런 주장은 1997년 동아시아 외환위기가 일어남으로써 더욱 영향력을 갖게 되었다. 그러나 요소투입에 의거한 성장이 "외환"위기의 원인이 될 수는 없다(외환위기의 원인에 대해서는 제3장 제1절에서 살펴볼 것이다). 이에 대해서는 크루그먼 자신이 경제발전단계가 다른 한국과 인도네시아 같은 나라가 몇 달 간격으로 외환위기를 겪었다는 점을 지적함으로써 묵시적으로 인정했다(Krugman, 2008: Chapter 4).

한편 외환위기와는 별개로 성장이 요소투입에 의해서만 이루어졌다면 그것이 지속될 수 없다는 것은 자명하기 때문에, 이 주장에 대한 검증이 필요한 것은 사실이다. 동아시아의 경제성장이 요소투입에 의해서만 이루어졌다는 주장에 대한 대표적 반론은 조지프 스티글리츠와 자그디쉬 바그와티(Jagdish Bhagwati)가 제시했다. 이들은 실제로 측정된 총요소생산성 증가율을 근거로 성장의 지속 가능성을 판단할 수 없다고 한다. 설령 총요소생산성 증가율이 영(0)으로 측정된다 하더라도 그에 근거해서 구소련식 성장과 같다고 볼 수 없다는 것이다. 그 기본적인 이유는 한국을 포함한 동아시아 국가들의 경제 성장은 구소련과는 달리 요소투입에서 선진국에서 수입한 자본재가 큰 비중을 차지한다는 것이다(Stiglitz, 2001: 512; Bhagwati, 2004: Chapter 13).

이 문제를 앞에서 든 삽과 포클레인 사례로 돌아가서 설명하면 이렇게 된다. 구소련은 삽을 포클레인으로 바꾸는 데는 성공했지만 포클레인 제조 기술 자체가 발전하지 못하고 옛날 연식에 머물러 있어서 생산성이 지속적으로 증가하지 못한 경우다. 그러나 동아시아 국가들은 선진국에서 수입한 포클레인을 사용했다. 선진국에서 수입한 포클레인은 선진국에서의 기술 진보를 "체화(embody)"한 자본재다. 선진국에서 기술 진보가 지속적으로 일어나기 때문에 포클레인은 연식이 지속적으로 개량되고 그에 따라 생산성도 올라간다. 그런 한편 신기술을 체화한 포클레인은 생산성이 올라가는 만큼 가격도 올라갈 수밖에 없다. 따라서 경제성장의 요인 측정에서 잔여분으로서 총요소생산성 증가율이 낮게 나타나게 되는 것이다. 그러나 그렇게 해서 이루어지는 성장은 기술 진보의 결과를 반영하고 있기 때문에 지속 가능하다.

그다음 이런 문제와 별개로 실제로 측정된 한국의 총요소생산성 증가율이 위기 전에 0에 가까울 정도로 낮았는가 하는 문제가 있다. 한국에서는 총요소생산성 증가율을 측정하려는 시도를 꾸준히 해 왔다. 그런 계산 결과를 국제적으로 비교해 보면 한국의 총요소생산성 증가율은 플러스일 뿐 아니라 다른 나라에 비해 낮지 않은 수준이다(한진희·신석하, 2007; Eichengreen et al., 2012: Chapter 2). 이것은 한국의 경제성장이 요소투입에만 의거해 이루어져서 지속 불가능했다고 보는 견해에 대한 중요한 반증이다.

결국 외환위기 전 한국이 총요소생산성 증가율이 낮아서 성장이 지속 불가능했다는 주장은 근거가 없는 것이다. 한편 그것보다 더 설득력 있는 거시경제적 설명은 제1장에서 언급한 것처럼 1997년 외환위기 전에 투자율이 추세적으로 떨어져야 하는데 실제로는 떨어지지 않아서 "과잉투자"에 의한 "과잉성장"이 일어났다는 견해다. 예컨대 배리 아이컨그린 등의 연구자들은 한국의 경제성장 추세에 대한 계량적 연구를 통해 1990년대에 성장이 둔화하는 것이 자연적 추세였는데, 그런 추세를 거슬러서 인위적으로 성장률을 높게 유지하는 과잉투자가 이루어졌다고 주장한다(Eichengreen et al., 2012). 실제로 1990~1996년까지 총투자율은 39.2%로서 1980년대 평균 33.6%보다 더 올라갔다(〈부표 3〉 참조). 특히 1993년부터 당시 김영삼 정부는 노태우 정부 말기 일시 긴축적으로 운영했던 거시경제정책을 다시 확장적으로 운영했는데, 그것이 과잉투자를 가져왔다고 생각해 볼 수 있다.

문제는 과잉투자를 어떻게 정의하는가 하는 것이다. 과잉투자라면 그로 인해 성장이 적어도 단기적으로 지속 불가능해져야 한다. 그렇게 만드는 거시경제지표로서는 물가와 국제수지가 있다. 1979년에 시작되었던 위기에서도 그런 요인이 문제였다. 그러나 1990년대 중반의 한국은 1970년대 후반의 한국과 매우 달랐다. 물가 상승률을 본다면 1990년대 중반의 물가 상승률이 비록 선진국 물가 상승률 정도까지 안정되지는 못했고, 1980년대 중반 일시적으로 달성했던 물가 상승률 수준보다는 높았다. 그러나 그렇다고 이 시기 소비자물가 상승률이 1980년대 말이나 1990년대 초에 비해 올라간 것은 아니었다. 국제수지를 보면, 제3절에서 살펴본 것처럼 경상수지가 적자로 반전되었지만 그 때문에 성장이 지속 불가능한 것은 아니었다.

한편 1990년대 들어 한국의 투자율이 올라갈 이유가 있었다고 볼 수 있다. 당시 세계경제가 호황으로 가고 있었기 때문이다. IT 기술 보급에 따른 미국의 호황과 더불어 신흥공업국, 특히 중국의 등장으로 세계경제 성장률이 올라가는 상황이었다. 그중에서 신흥공업국의 등장으로 인한 호황은 지속될 가능성이 컸다. 그것은 세계사적인 흐름이었다. 당시 상황은 "제2의 자본주의 황금기"가 도래하는 시점이었다고 볼 수 있다. "자본주의 황금기"에 대해서는 제1절에서 설명했다. 1973년경 자본주의 황금기가 끝난 뒤 세계경제 성장률이 떨어졌다. 한국과 대만, 동남아시아 국가 등은 이 시기에도 고도성장을 이어갔지만 이들 나라의 경제 규모가 세계경제에서 차지하는 비중이 작아서 세계경제 성장률을 끌어올릴 힘은 없었다. 그러나 1980년대 이후 중국의 체제전환, 구소련과 동구의 공산체제 붕괴, 인도를 위시한 제3세계 개도국의 세계자본주의로의 통합 등이 이루어지면서 이들 신흥공업국의 "따라잡기" 성장 구도가 만들어졌다. 이것은 마치 1950년대부터 1970년대 초까지 유럽과 일본이 미국을 따라잡으면서 자본주의 황금기가 전개된 것과 비슷한 구도였다. 1990년대에 오면 이들 신흥공업국의 비중이 커지면서 세계경제 성장률을 끌어올렸고, 이는 2008년 글로벌 금융위기가 일어날 때까지 이어졌다.

제2의 자본주의 황금기가 언제 시작되었다고 정확하게 규정하기는 어렵다. 매디슨에 의하면 구매력평가 GDP로 본 세계경제 성장률은 1993년 2.2%에서 1994년 3.5%로 올라간 뒤 1994년부터 2007년까지 14년간 연평균 4.0%를 기록했다. 일인당 GDP 증가율은 1993년 0.7%에서 1994년 2.0%로 올라간 뒤 1994년부터 2007년까지 14년간 연평균 2.6%를 기록했다. 앞의 〈표 2-1〉에서 1994년 이후를 새로운 국면으로 정의해서 통계를 제시한 것은 이런 근거에서였다. 한국의 입장에서는 이렇게 세계경제 성장률이 올라갔다는 사실뿐 아니라, 신흥공업국 중에서 가장 규모가 크고 성장률이 높은 중국이 바로 옆에 있었다는 사실이 중요한 기회로 작용했다. 한국은 중국 등 신흥공업국 시장을 이용하는 데 있어서 유리한 조건으로 1970년대부터 육성해온 중화학공업의 기반이 있었다. 이들 산업은 완전히 첨단산업은 아니었지만, 아직 한국이 상당 기간 국제경쟁력을 유지할 수 있는 산업이었다. 이런 산업을 중심으로 대규모 투자 붐이 일어났던 것이다. 그렇게 해서 외환위기 직전 기간인 1993년부터 1996년까지 4년 동안 설비투자가 연평균 13.6%씩 늘었다. 이 기간에 건설투자는 연평균 8.7% 늘었다. 건설투자는 순수 내수용으로 늘어난 공급이 과잉투자의 원인이 될 가능성이 높지만, 설비투자의 결과물은 수출이 가능하다는 점에서 차이가 있다.

1990년대 한국 기업들이 제2의 자본주의 황금기를 기대하고 주로 설비투자를 늘렸다면 그것은 과잉투자라고 볼 수 없다. 그런 투자 때문에 경상수지 적자가 나게 되었다고 하더라도 그 규모가 작아서 위기의 원인이 될 수 없었다. 그리고 사후적으로 보아도 제2의 자본주의 황금기를 기대하고 설비투자를 늘린 것이 과잉투자가 아닌 것으로 드러났다. 한국은 1998년 이후 10여 년간 대규모 유휴설비가 나타난 적이 없었다. 오히려 그때 투자해 놓은 산업의 제품을 수출하면서 결국 외환위기를 벗어날 수 있었던 것이다.

과잉투자 때문에 외환위기가 일어났다고 볼 수는 없다. 문제는 투자 자체가 과잉이었다기보다 그 투자를 지지하는 재원이 단기외채였다는 것이었다. 경상수지 적자 규모가 크지 않더라도 경상수지 적자를 단기외채로 메우게 되면 외환위기의 가능성은 커진다. 한국은 중화학공업화 과정과 그 후유증을 수습하는 과정에서 단기외채를 도입했고, 그 때문에 1980년대 초 외환위기가 일어날 뻔 했지만 일본으로부터의 차입에 의거해서 겨우 넘긴 데 대해서는 제3절에서 언급했다. 그러나 그 후에도 단기외채 문제는 남아 있었다. 1980년대 후반 "3저호황"을 겪으면서 순외채 규모는 크게 줄고 총외채 규모도 줄었지만, 단기외채는 총외채가 줄어드는 정도만큼 줄지 않아서 단기외채의 비중이 올라갔다. 그런 추세는 1990년대에도 계속되었다(이에 대해서는 제3장 제1절에서 좀 더 자세히 살펴본다).

그런 구도에서 한국이 단기외채의 위험을 전혀 모르고 있었다고 할 수는 없다. 그것은 한국이 자본시장 개방에 조심스러운 모습을 보인 데서 드러난다. 한국은 1980년대 3저호황을 겪고 난 후 경상거래 제한을 대폭 줄이고 1990년대 들어 자본시장을 개방하기 시작했다. 미국 등 선진국은 더 빨리, 더 대규모로 자본시장을 개방하라고 줄곧 강한 압력을 가하고 있었다. 그럼에도 한국은 자본시장 개방에 매우 점진적 방식을 택하고 있었다.

여기에서 예외는 경제협력개발기구(OECD) 가입이었다. 한국이 OECD에 가입하면 회원국에 자본시장을 개방해야 했는데, 그것이 국내 경제 사정에 맞는 것이었는지는 매우 의심스러웠다. 당시 한국의 금리는 두 자리 숫자였는데, 선진국의 금리가 한 자릿수였고, 이웃 일본은 이미 정책금리가 제로에 도달하고 있는 상태였다. 그렇게 금리 차이가 나는 상황에서 자본시장을 개방할 경우 자본의 급격한 유입을 일으켜 경상수지가 악화되고 그러다가 자본이 갑자기 유출되면 외환위기를 불러올 위험이 있었다. 이런 가능성을 감안해서 그랬는지 모르지만, 실제로 한국은 OECD에 가입하면서 자본시장 개방에 대해 소극적으로 임했다. 가입 당시 이행하기로 한 자본시장 개방은 "포지티브 리스트"에 의거해서 제한적으로 시행하기로 했던 것이다(Sakong and Koh, 2010: 52). 당장은 외환위기가 일어날 가능성에 대해 안전장치를 마련해서 자본시장 개방 의무에서 면제를 받은 셈이었다.

기업과 금융의 부실

이처럼 거시경제적으로 과잉투자를 정의하기는 어렵다. 한편 위기 전 한국 경제의 미시경제적 구조를 보면 과잉투자라고 볼 이유가 있었다. 1960~1970년대부터 있었던 기업경영 행태, 특히 재벌기업이 단기적 이윤을 무시한 채 차입에 의존해서 성장 위주의 경영을 하는 행태가 지속되었을 뿐 아니라 오히려 심해졌던 것이다.

이것은 자유화 과정에서 큰 한계가 있었다는 것을 뜻한다. 자유화는 기업-금융-정부를 관통하는 새로운 분권화된 시스템을 만드는 과제였다. 1960~1970년대에 이들 경제주체 간의 관계는 정부가 기업을 그 성과에 따라 지원하고 금융은 정부가 그런 목적으로 사용하는 수단으로 되어 있는 구도였다. 정부가 기업의 성과를 판단하고 그에 따라 자금을 배분했기 때문에 정부가 최종 규율자 역할을 했다. 자유화의 목표는 그런 구도를 바꾸어 시장이 최종 규율자 역할을 하는 쪽으로 바꾸는 것이었다.

그 핵심은 금융을 시장 원리에 따라 운영하는 것이었다. 실제로 한국은 자유화 과정에서 은행을 민영화한 뒤 정책금융을 줄이고 1990년대 들어 금리를 자유화했다. 은행은 영업베이스에서 스스로 기업의 투자 능력을 심사하고 대출이 이루어진 후에도 기업 경영을 감독해서 기업이 이윤을 내서 부채를 상환할 능력을 유지하고 있는지 점검해야 할 것이었다. 그러기 위해서는 스스로의 정보처리 능력과 위험관리 능력 등을 개발해야 했다. 그러나 은행은 그렇게 하지 못했다. 우선 그런 능력을 개발하는 것이 쉬운 일이 아니었다. 은행 입장에서는 그런 어려운 일을 하기보다 재벌기업에게 계열사 간 지불보증을 받고 대출하는 것이 쉬운 방법이었다. 그것은 안전한 방법이기도 했다. 대마불사가 반드시 성립하는 것은 아니었지만, 재벌기업이 일반 기업보다 도산 확률이 낮은 것은 분명했기 때문이다.

은행이 그런 행태를 보인 데는 명목적으로는 민영화되었지만, 책임 있는 경영 주체가 확립되지 못하고 정부의 강력한 영향력하에 있었다는 것도 한 요인으로 작용했다. 정부는 은행의 경영 주체를 확립해야 한다는 데는 동의했지만, 관료들 스스로의 기득권을 저해하는 자유화 조치는 제대로 시행하려 하지 않았다. 그런 구도에서 은행 입장에서도 정부의 통제는 곧 보호를 의미하기 때문에 기업의 부실과 도산에 따라서 망한 경험이 없었고 앞으로도 망하지 않을 것이라는 믿음이 있었을 것이다.

한편 자유화는 금융감독 같은 정부의 새로운 역할을 필요로 한다. 은행이 자율적으로 경영하되 그 경영이 부실해져서 경제시스템을 위기로 몰고 가서는 안 되기 때문에 감독 기능을 강화해야 하는 것이다. 그러나 그렇게 하는 것은 쉽지 않았다. 당시 은행 감독권은 한국은행이 갖고 있고 비은행금융기관 감독권은 재정경제원이 갖고 있었는데, 재정경제원이 은행 감독권까지 가지려고 끊임없이 시도하고, 한국은행은 그에 대항하는 구도가 만들어졌던 것이다.

기업-금융-정부를 관통하는 시스템을 만드는 것은 선진국에서도 금융위기가 빈발하는 데서 보는 것처럼 극히 어려운 과제이고, 한국은 개도국으로서 제대로 된 시스템을 구축하는 데까지는 갈 길이 먼 상태였다. 거기에다 한국은 더 직접적인 걸림돌이 있었다. 은행이 1970년대부터 물려받은 대규모 부실채권 문제가 그것이다. 1970년대 산업정책은 기업의 저이윤-고부채 구도를 강화함으로써 기업의 부실을 심화시켰다는 것은 앞에서 설명했다. 그것은 물론 은행의 부실채권이 대규모로 발생했다는 것을 의미했다. 대규모 부실채권을 안고 있는 은행들이 그 자체의 자본력으로 보아서는 부실기업을 스스로 퇴출시킬 능력이 없었기 때문에 정부가 직접 나서서 해결해야 했다. 그러나 정부는 부실채권 문제를 본격적으로 나서서 해결하지 않았다.

정부가 부실채권 문제를 본격적으로 해결하지 않은 이유는 재벌의 개별적인 도산이 경제 전체에 미치는 영향은 제한적이었기 때문이라고 생각된다. 개별 재벌이 "간헐적"으로 도산하면 경제성장에 큰 지장은 없었다. 반면 여러 재벌이 동시에 도산하고 금융시스템이 정상 작동을 할 수 없는 상태가 되면 성장은 타격을 받게 된다. 그럴 경우에는 1970년대 초 8·3 조치에서처럼 정부가 개입한 것은 앞에서 언급했다. 1970년대 중반 중화학공업화도 그런 위기를 조성했기 때문에 1980년대에 전두환 정부가 개입해서 대규모 구조조정을 했다. 그러나 전두환 정부도 부실채권 문제를 대강 수습하는 정도에 그쳤다(Sakong, 1993: 75~79). 구조조정으로 부실채권이 어느 정도 해소되면서 고도성장이 재개되었기 때문이다. 즉, 한국은 1980년대 전반 구조조정을 한 후 "개별 재벌이 간헐적으로 도산하면서 고도성장을 하는" 체제로 돌아간 것이다. 고도성장이 재개되었기 때문에 구조조정을 완수해서 부실채권을 제거할 유인이 약해졌다. 구조조정을 완수하려 하면 성장률이 낮아질 터인데, 정부가 그것을 감내하면서 부실채권 문제를 해결할 유인이 없었던 것이다. 임기가 정해지지 않았던 군사독재 정부였던 전두환 정부도 그랬는데, 민주화 이후에는 경제가 성장하는 속에서 부실채권 문제를 해결하는 것은 더욱 기대하기 어려웠다.

여기에 민주화 이후 재벌기업에서 노동조합이 활성화됨으로써 이윤을 삭감하는 효과가 겹쳤다. 재벌기업의 노동조합은 민주화 이후 획득한 권리에 의거해서 높은 임금 인상률과 복지 혜택 등을 얻어냈다. 노동경제학의 설명에 따르면 대기업에서 노동조합이 활성화되면 기업의 이윤율을 낮추게 된다. 노동조합이 대기업이 누리는 초과이윤을 공유하려 하기 때문이다. 시장 지배력이 없어서 "정상이윤"만 얻고 있는 기업의 이윤율을 낮추면 바로 기업의 퇴출로 이어지고 그에 따라 노동조합원도 직장을 잃게 된다. 노동조합은 종업원의 일자리를 보전하는 것이 임금을 올리는 것만큼이나 중요한 목표이기 때문에 시장 지배력이 없는 기업의 이윤율을 낮추지는 않는다. 반면 시장 지배력이 있는 대기업은 초과이윤을 누리고 있기 때문에 퇴출 위협이 적어서 노동조합은 그 초과이윤을 공유하려 한다(Freeman and Medoff, 1984: Chapter 12). 한국의 노동조합은 민주화 이후에도 근로3권이 제대로 보장되지 않았지만, 개별 기업에서 이윤을 삭감할 수 있는 힘은 있었다고 생각된다.

한국의 재벌기업이 시장 지배력이 있었고 노동조합이 그것을 공유하려 했던 것은 틀림없다. 그러나 외환위기 전 재벌기업은 저이윤-고부채 경영 행태로 이윤율이 높은 것이 아니라 낮아서 문제였다. 그렇게 기업이 이윤을 내지 못하는 구도에서도 노동조합이 이윤율을 낮출 수 있는가? 이것은 "시장 규율" 문제로 설명할 수 있다. 시장 지배력이 강한 기업은 시장이 부여하는 규율이 약하기 때문에 노동조합이 이윤율을 낮춘다. 그런데 시장 규율은 생산물 시장에서 시장지배력이 있는가에 따라서 결정되는 것만은 아니다. 기업의 퇴출을 결정하는 데는 금융시장의 규율이 어떻게 작동하는지가 더 중요하다. 즉, 기업이 빚을 못 갚으면 바로 퇴출시키는 메커니즘이 있는지가 관건인 것이다.

기업이 빚을 못 갚으면 바로 퇴출시키는 메커니즘이 있는 상태에서는 부채는 금융 규율을 강화하는 효과가 있다. 부채비율이 높은데 이윤율이 낮으면 기업이 퇴출될 위험이 높다. 그럴 경우 노동조합이 기업이윤을 삭감하면 기업의 퇴출 위험이 올라가기 때문에 노동조합이 이윤율을 낮추기 어렵다. 그러나 외환위기 전 한국에서는 재벌기업에 대한 부채의 규율 기능이 약했다. 부채비율이 높은 상태에서 이윤을 제대로 내지 못하고 있더라도 금융기관이 계속 자금을 공급하는 구도였던 것이다. 그런 구도에서는 부채비율이 높고 이윤율이 이미 낮더라도 노동조합은 이윤을 삭감하게 된다. 필자는 이 문제에 대해 실증 분석을 해 보았는데, 활용하는 자료에 따라 다른 결과가 나와서 뚜렷한 결론을 내기는 어렵다(이제민, 2006, 2010; Lee, 2012, 2014). 그러나 민주화 이후 노동조합의 영향력 증가가 그 전부터 있어왔던 기업의 저이윤-고부채 경영 행태와 결합된 측면이 있는 것은 사실일 것이다. 즉, 노동조합이 부실채권을 생산하는 구도를 만들지는 않았지만, 이미 있는 그런 구도에 편승해서 그것을 악화시켰을 가능성은 있는 것이다.

그렇게 부실채권 문제가 해결되지 못함으로써 금융위기가 일어날 가능성이 커지고 있었다. 그런 구도는 통계적으로 확인이 가능하다. 위기 전 한국 경제체제의 장점을 강조하는 견해에 따르면 부채비율이 높은 것은 한국만이 아니라 일부 유럽 국가와 1970년대까지의 일본 등도 마찬가지였고, 한국의 이윤율도 국제적으로 비교해서 낮지 않았다고 한다(Shin and Chang, 2003: Chapter 3; 정연승, 2004). 외환위기 전 한국 기업의 부채비율이 국제적으로 보아 반드시 높지 않았고 이윤율도 낮지 않았던 것은 사실이다. 문제는 한국은 기업의 이윤율이 차입비용보다 낮은 상태가 지속되었다는 것이다. 정상적 시장경제하에서는 불확실성을 수반하는 투자의 결과인 기업의 이윤율이 차입금평균이자율보다 높은 것이 당연하다. 그렇지 못하다는 것은 기업들이 부실채권을 만들어내고 있다는 것을 의미한다.

이것을 통계적으로 확인하기 위해 기업의 이윤율과 차입비용을 대표하는 지표들을 비교해 볼 수 있다. 기업의 이윤율을 대표하는 지표로는 한국은행 기업경영분석에서 기업경상이익률, 기업세전순이익률 등으로 정의한 비율을 쓰기로 한다. 이 비율은 경상이익에다 금융비용을 더한 금액을 총자산으로 나눈 것으로서, 자금 원천에 관계없이 기업이 투자한 총자본이 얼마나 효율적으로 운용되었는가를 나타내는 지표다. 즉, 자본의 입장에서 기업 경영을 얼마나 잘했는가를 나타내는 지표인 것이다. 이 비율은 기업경영분석에서 이름을 바꾸면서 약간씩의 세부 조정이 있지만 실제 내용은 대동소이하다. 이하에서는 이 비율을 "기업이윤율"이라고 부르기로 한다. 한편 차입비용을 대표하는 지표로는 차입금평균이자율을 쓰기로 한다. 이 비율은 회사채, 금융기관 차입금 및 사채(私債) 등 이자가 붙는 부채에 대한 금융비용의 비율이다. 기업이 빌린 돈에는 외상매입금처럼 이자가 붙지 않는 경우도 있지만, 이 비율은 그런 돈을 제외하고 계산한 것이다. 차입금평균이자율은 기업에게 있어 자본의 평균기회비용이라고 할 수 있다.

장기적으로 보아 기업이윤율이 차입금평균이자율보다 높아야 부실채권을 만들지 않을 것이다. 물론 이렇게 기업이윤율과 차입금평균이자율을 비교하는 데는 물가 상승률을 고려해야 한다. 물가 상승으로 기업이 소유한 자산의 가치가 오르는데 그에 대해 금융기관이 구상권을 행사할 수 있으면 부실채권이 생성되는 것을 피할 수 있다. 그중에서 토지는 대출에서 가장 중요한 담보용으로 쓰이는데, 외환위기 전 한국은 지가가 계속 오르는 추세였기 때문에 그것이 부실채권 생성을 방지하는 효과가 있었다(정균화, 2004). 기업이윤율의 계산에는 실제로 지가 상승이 충분히 고려되어 있지 않다. 기업이 자산 재평가를 매년 하는 것이 아니고, 자산을 처분하기 전까지는 그 차익이 순이익에 계상되지 않기 때문이다. 따라서 여기에서는 기업이 보유한 토지의 가액에다 전국평균 지가상승률을 곱해서 기업이 한 해에 거두는 토지의 시세 차익을 계산한다. 그다음 토지의 시세 차익에다 경상이익과 금융비용을 더한 금액을 총자산 가액으로 나눈 "지가조정기업이윤율"을 계산해 보기로 한다. 〈그림 2-2〉는 제조업에서 기업이윤율, 지가조정기업이윤율, 차입금평균이자율을 보여준다.

한국은 1960년대 후반에 이미 기업이윤율이 차입금평균이자율보다 낮은 구도가 만들어져 있었다. 그러면서 부채비율은 1960년대 후반에 급속히 올라가서 1970년대에는 300%를 초과했다(〈부표 2〉 참조). 그것은 부실채권 때문에 항상 위기의 가능성이 잠재해 있는 구도가 만들어졌다는 것을 의미한다. 위기가 실제로 일어나는지는 기업이윤율이 차입금평균이자율보다 낮은 상태가

〈그림 2-2〉 기업이윤율과 차입금평균이자율 (단위: %)

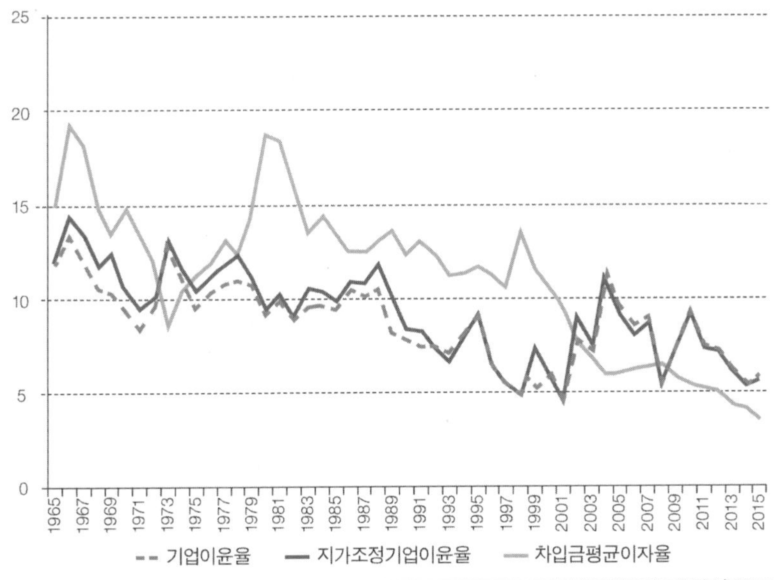

자료: 〈부표 2〉.

상당 기간 지속되어서 부실채권 규모가 커지는가에 달려 있었다. 물론 경기 변동이나 외부적 요인도 그런 요인과 같이 작용했다. 바로 그런 구도에서 1970년대 초반 기업이 대규모로 부실화하자 8·3 조치를 시행했다. 그에 힘입어 1973년과 1974년에 기업이윤율이 차입금평균이자율을 상회하게 되었다. 그러나 곧 전면적 중화학공업화 정책이 시행되고 재벌체제가 확립되는 과정에서 둘의 관계는 다시 역전되었고, 1979년에 시작된 위기를 맞아 기업이윤율이 차입금평균이자율을 크게 밑돌게 되었다. 그러다가 1980년대 전두환 정부의 구조조정이 효과를 냄에 따라 둘 간의 격차가 줄기 시작하고 3저호황 때 더욱 줄었다. 그러나 3저호황이 끝나면서 다시 격차가 벌어지기 시작해서 1997년까지 상당한 격차가 지속되었다.

지가조정기업이윤율을 보면 기업이윤율보다 높은 연도가 대다수였지만 여전히 차입금평균이자율을 밑돌았다. 지가조정기업이윤율이 차입금평균이자율에 근접한 것은 1970년대 후반과 3저호황 때였는데, 그때에도 지가조정기업이윤율이 차입금평균이자율보다 낮았다. 여기에는 물론 더 고려할 사항이 있을 수 있다. 기업이 보유한 토지의 가격 상승률은 기업이 가계보다 부동산 투기를 더 잘한다는 점에서 전국평균 지가상승률보다 높을 가능성이 있다. 그리고 토지 이외에도 건물 등 담보로 잡을 수 있는 고정자산도 있을 것이다. 그런 요인들이 얼마나 중요한지는 알 수 없는 일이다. 그러나 아마도 그런 요인들이 부실채권 발생을 막지는 못했을 것이다. 토지 이외의 자산이 담보 역할을 할 수 있는 정도는 토지보다 훨씬 못하기 때문이다.

여기에서 고려해야 할 사항은 1990년대에 들어서 저이윤-고부채 구도는 재벌기업이 보통기업보다 훨씬 심했다는 것이다(Joh, 2003; Krueger and Yoo, 2001). 즉, 기업부채의 대부분을 차지하는 재벌기업이 보통 기업보다 더 부실했다는 것이다. 대다수 재벌은 항상 도산 위험에 처해 있는 셈이었고 그에 따른 부실채권 문제는 항상 존재하고 있었다. 그런 구도에서 재벌기업을 중심으로 투자율이 올라간 것은 "과다차입에 의한 과잉투자"라 할 수 있다. 과잉투자에 의거해서 이루어진 성장은 과잉성장이다. 그런 구도는 언젠가는 대규모 위기를 일으키도록 되어 있었다.

신자유주의 문제

1990년대 들어 외환위기가 일어나는 조건이 형성되었는지를 보는 데 있어 짚고 넘어가야 할 문제로 신자유주의가 있다. 한국의 외환위기는 신자유주의와 어떤 관계에 있는가? 이 문제에 대한 구체적 분석은 제3장에서 하기로 하고, 여기서는 외환위기의 배경이 될 수 있는 조건으로서 신자유주의가 제3절에서 살펴본 1980년대 이후 한국 경제의 전환 과정과 어떤 관계를 갖고 있는지에 대해 살펴보고자 한다.

제1장에서 언급한 것처럼 신자유주의는 주류 경제학자들과 여타 사회과학자들 간에 큰 거리가 나타나는 주제다. 그런 거리를 좁히려면 역사적 관점에서 보는 것이 필수적이다. 역사적 관점에서 볼 때 한국에서 신자유주의는 어떤 의미를 갖는가? 이 문제를 이해하기 위해서는 세계와 한국에서 경제체제가 어떻게 변해 왔는가를 살펴보는 것이 도움이 된다. 여기서는 먼저 구미 선진국에서 경제체제가 어떻게 변해 왔는지를 살펴보고, 그에 비추어 한국의 경제체제가 변화하는 과정에 대해 살펴볼 것이다.

제1절에서 언급한 것처럼 영국을 비롯한 서유럽에서는 중세 봉건제의 유산 위에서 근대 초 중상주의 경제체제가 성립했다가 18~19세기에 자유주의로 바뀌었다. 그러다가 20세기 들어 자유방임적 경제체제를 수정하는 "수정자본주의"가 대세가 되었다. 특히 제1차 세계대전 이후의 위기 상황은 수정자본주의체제가 성립하는 중요한 계기가 되었다. 그렇게 성립한 수정자본주의체제는 전후 "자본주의 황금기"를 거치면서 확립되었다. 케인스식 거시경제정책이 도입되어 경기변동을 완화시키려 노력했고, 그 결과 실제로 경기변동이 약화되었다. 이 기간에는 20세기 전반기 자본주의의 위기 속에서 올라간 노동자들의 발언권과 민주정치가 결합해서 19세기부터 가장 큰 사회적 갈등의 원인이 되어왔던 노동운동이 체제 내로 정착하고 노동조합이 제도권 정치의 일익을 담당하게 되었다. 시민적 자유와 민권이 신장되고 사회보장제도가 실시되어 복지국가가 정착했다. 이러한 개혁과 함께 미국의 뉴딜정책으로 대표되는 소득 재분배 정책과 제2차 세계대전 중의 임금통제, 그리고 사회보장제도의 도입으로 소득분배가 획기적으로 개선되었다. 유럽 국가들은 파시즘 세력의 몰락과 민주화로 정치가 안정되고 냉전으로 동유럽과 맞댄 상태에서 미국보다 더 강력한 복지국가가 성립했다. 그 외에 규제가 광범위하게 도입되고, 일부 중요 산업에서 민간기업의 공기업화가 이루어졌다.

신자유주의는 요약해서 말하면 수정자본주의체제를 되돌려서 19세기의 자유방임적 자본주의로 복귀시키려는 사상적 조류이면서 정책의 체계다. 그것은 1970년대 이후부터 미국과 영국을 중심으로 세력을 갖게 되었다. 신자유주의가 대두한 데는 우선 수정자본주의체제가 문제를 드러냈기 때문이다. 통화정책을 방만하게 운영한 결과 1970년대에는 인플레이션이 큰 사회문제가 되었다. 주택 임대료 규제 등 각종 규제가 일반 대중의 생활에 불편을 가져왔다. 사회보장제도는 서민층을 게으르게 만들고 재정을 불건전하게 만든다고 생각되었다. 노동조합의 집단이기주의적 행동도 개혁의 대상으로 인식되었다.[10] 그런 인식 위에서 미국의 레이건 정부와 영국의 대처 정부 때부터 신자유주의 경제정책이 본격적으로 시행되었다. 인플레이션을 수습하고, 노동조합을 무력화하고, 사회보장제도를 약화시키고, 기업 및 금융기관에 대한 각종 규제를 철폐했다. 영국에서는 공기업화했던 기업의 민영화도 추가되었다.

여기서 자유주의의 개념 자체에 대해 정리하고 넘어갈 필요가 있다. 자유주의는 18세기부터 19세기까지 국가 간섭을 최소화하자는 자유방임 사상이었다. 그러나 19세기 중엽의 가장 중요한 경제학자이면서 철학자였던 존 스튜어트 밀(John Stuart Mill) 이래로 자유주의는 불필요한 정부 간섭을 줄이면서도 소득분배나 노동문제 등 사회적 문제를 해결하기 위해서는 정부 개입이 불가피하다는 쪽으로 바뀌기 시작했다(Blaug, 1996: Chapter 6; 이근식, 1999: 제2장). 그 과정은 우여곡절을 겪기는 했지만, 결국 20세기 들어 자유주의는 "국가로부터의 자유"뿐 아니라 "국가에 의한 자유"도 중요한 구성 요소로 포함하게 되었다. 그 과정에서 자유에 대한 재해석이 이루어졌다. 국가 권력으로부터의 자유인 신체의 자유나 표현의 자유는 물론 중요하다. 그러나 자유방임에 맡겨 두었을 때 구매력이 전혀 없어서 가게에 상품이 넘쳐나는데도 사지 못하는 사람, 글을 못 배워서 신문이나 간판을 읽지 못하는 사람, 건강하게 태어났

10 이 문제에 대한 문헌은 수없이 많다. 경제학적 분석으로 대표적인 것은 Feldstein(1981)을 들 수 있다. 물론 마틴 펠드스타인(Martin Feldstein)을 비롯한 그 책의 필자들은 주류 경제학자들로서 "신자유주의" 같은 용어는 전혀 쓰지 않고 있다.

으면서도 의료 혜택을 받지 못해서 불구가 된 사람이 다수 나타나게 되는데, 이들이 자유롭다고 볼 수는 없다는 쪽으로 바뀌게 된 것이다. 이러한 주장은 아마르티아 센(Amartya Sen) 같은 학자가 내놓아서 주목을 받았다(Sen, 2001). 그러나 실제로 그런 견해는 20세기 중반 수정자본주의가 성립하는 시점에서 이미 확립된 것이었다(차기벽, 2013: 215~256).

따라서 자유주의는 수정자본주의체제가 성립할 때 사회민주주의와 함께 그 사상적 기반이 되었다. 이렇게 변화한 자유주의는 "진보적 자유주의" 또는 "사회적 자유주의" 등 이름이 붙었지만, 형용사를 제외하고 그냥 "자유주의(liberalism)"로 부르기도 한다. 단 한국에서는 자유주의라는 개념이 많은 혼선을 빚어와서 그런 뜻이 잘 전달되지 않기 때문에, 일부 지식인들 사이에서 번역하지 않고 그냥 "리버럴리즘(liberalism)" 같은 용어로 쓰이고 있다고 생각된다. 이 책에서도 역시 혼선을 피하기 위해 미국과 영국에서의 20세기 자유주의를 리버럴리즘이라고 부르기로 한다. 그리고 미국과 영국 중에서도 리버럴리즘의 성격이 두드러지는 것은 미국이기 때문에 미국에 초점을 맞추어 살펴보기로 한다.

미국에서 리버럴리즘은 진보적 사상이다. 유럽 대륙의 경우 미국의 리버럴리즘과 비슷한 사상은 사회민주주의다. 리버럴리즘은 개인주의적이라는 점에서 사회민주주의와 다르지만, 실제 정책에서는 둘은 구분이 안 되는 경우가 많다. 따라서 미국에서 리버럴리즘에 대립하는 사상은 "보수주의(conservatism)"다. 보수주의는 그 내용과 맥락에 따라 여러 갈래가 있지만 경제적으로 보면 19세기식 자유방임을 주장하는 사상이 주류다. 이렇게 보면 신자유주의는 리버럴리즘에 대항하는 "새로운 보수주의"다. 수정자본주의를 되돌려서 19세기의 자유방임적 자본주의로 복귀시키려는 움직임인 것이다.

경제학에서 리버럴리즘과 신자유주의는 어떤 관계에 있는가? 주류 경제학자들이 그런 용어를 좀처럼 쓰지 않는다는 것은 제1장에서 언급했다. 그런 경향은 20세기 후반 이후 세계 경제학의 중심지가 된 미국에서 특히 심하다. 그러나 미국 내에서 경제학의 분석 내용을 들여다보면 대체로 이렇게 볼 수 있다. 1970년대 신자유주의가 세력을 얻기 시작한 후 리버럴리즘 측의 경제학 이론과 많은 절충이 이루어졌다. 예컨대 물가 상승률을 2~3% 수준에서 유지해야 한다는 데 대해서는 대다수 경제학자가 동의하게 되었다. 지속적인 재정 적자를 내거나 임대료나 항공산업 같은 것을 심하게 규제하는 것이 바람직하지 않다는 데 대해서도 큰 이견(異見)이 없게 되었다.

그렇다고 해서 리버럴리즘과 신자유주의가 모든 영역에서 의견이 일치한 것은 아니다. 그 차이는 여러 분야에서 남아 있다. 당연히 리버럴리즘을 고수하고 있는 경제학자들은 신자유주의를 비판해 왔다. 이들은 신자유주의자들이 거론하는 수정자본주의의 문제점은 많은 부분이 과장되거나 왜곡되었다고 본다. 이들이 보기에 신자유주의 경제정책은 1980년대 이후 경제의 심한 불안정성과 소득분배의 불평등을 가져왔는데, 그것은 수정자본주의의 문제점과 비교할 수 없을 정도로 심각한 것들이다. 이들은 신자유주의는 단순히 경제 이론이나 정책 문제가 아니고, 수정자본주의하에서 이익을 침해당했던 부유한 엘리트층이 그 이익을 되찾으려고 하는 정치적 움직임이라고 본다. 그래서 앨버트 허쉬만(Albert Hirschman) 같은 정치경제학자는 신자유주의자들의 주장을 "반동의 수사(rhetoric of reaction)"라고 불렀다(Hirschman, 1991). 폴 크루그먼이나 조지프 스티글리츠 같은 주류 경제학자들도 기본적으로 허쉬만과 같은 주장을 하고 있다(Krugman, 2009; Stiglitz, 2012). 이들은 신자유주의라는 용어를 명시적으로 쓰지는 않고 있는데, 그 주장의 내용을 들여다보면 이런 해석이 불가피하다.

한국에서 신자유주의는 어떤 의미를 갖는가? 우선 문제가 되는 것은 1980년대 이후 경제정책의 전환 과정을 신자유주의적이라고 볼 수 있는가 하는 것이다. 이 문제에 답하기 위해서는 한국 경제체제의 변천 과정을 앞으로 거슬러 올라가서 살펴보아야 한다. 제1절에서 언급한 것처럼 한국은 오랜 관료사회의 전통 위에서 19세기 서세동점의 추세에 잘 적응하지 못하고 식민지가 되었다. 그 뒤 혼란과 침체를 겪다가 1960년대에 고도성장을 시작했다. 개항기부터 고도성장 이전까지 한국의 경제체제를 어떻게 이름 붙여야 하는지 여기서 논할 수 없다. 다만 1960~1970년대 한국의 경제체제에 대해서는 제1장에서 언급한 것처럼 "신중상주의"라고 불러도 좋을 것이다. 물론 논자에 따라서는 한국이 수출 지향적 공업화 정책으로 세계경제와 통합했다는 점에서 신중상주의라고 부르는 데 이의(異義)를 제기할 수 있을 것이다. 즉, 1960~1970년대 한국은 다른 개도국에 비해 "자유주의"적 성격이 강했다고 볼 수 있다. 실제로 한국이 수출 지향적 공업화를 통해 성공했다고 보는 대다수 학자들이 그것을 시장경제의 성과라는 관점에서 보아왔다. 다만 이들 학자 대다수가 주류 경제학자로서 시장경제의 장점을 주장하는 것이 자유주의적이라는 역사적 개념을 갖고 있지 않을 뿐이다.

1960~1970년대 한국이 세계경제와의 통합을 추진했다는 점에서 다른 개도국에 비해 자유주의적이었던 것은 사실이다. 그러나 정부가 수출 촉진과 산업정책으로 개입했다는 점에서 중상주의적이었다. 중상주의는 자국 제품을 해외에 더 많이 팔고 그런 목적을 위해 산업구조를 고도화하는 것을 목표로 한다(Magnusson, 1994). 그런 점에서 보면 1960~1970년대 한국이 동시대의 대다수 개도국보다 더 중상주의적이었다. 수입대체공업화를 추진한 동시대의 대다수 개도국들은 수출을 늘리는 데 관심이 적었다는 점에서 한국보다 덜 중상주의적이었다.

그러면 1960~1970년대 한국의 경제체제를 "신"중상주의라고 보는 것은 적합한가? 아마도 적합할 것이다. 그것은 세계적으로 신중상주의라는 개념을 그렇게 쓰고 있기 때문이다. 중상주의는 근대 초 서유럽에서 나타났던 체제다. 그 뒤 어느 때 어느 곳에서나 근대 초 서유럽과 비슷한 체제가 나타나면 신중상주의라고 불러왔다. 1960년대 이후 한국을 비롯한 동아시아 국가들이 세계경제와 통합하면서도 국가 개입에 의한 경제성장을 한 데 대해서도 신중상주의라는 이름이 붙었다.[11] 당시 동아시아 국가들의 신중상주의 정책은 선진국의 수정자본주의 경제체제하에서 용인되었다.

그렇다면 한국에서 1980년대부터 이루어진 자유화 정책은 "신자유주의"라고 볼 수 있는가? 필자 생각에 이것은 미국과 영국 이외 나라에 대해서 신자유주의라는 개념을 어떻게 정의하는가에 달려 있다. 미국과 영국 이외 나라에 대해 신자유주의라는 개념은 아직 보편적으로 정의되어 있지 못하다. 그런 상태에서 자주 목격하는 것은 신자유주의를 정의하는 데 신중상주의를 정의하는 것과 같은 방식을 쓰는 경우다. 18~19세기 영국을 비롯한 서유럽에서 자유주의가 있었고, 그 뒤 어느 시대, 어느 나라에서든 국가가 광범위하게 개입했던 체제에서 자유화가 이루어지면 그것을 "신"자유주의라고 부르는 것이다. 예컨대 앨런 피콕(Alan T. Peacock)과 한스 빌게로트(Hans Willgerodt)는 제2차 세계대전 이후 독일에서 이루어진 자유화를 신자유주의라고 부르고 있다(Peacock and Willgerodt, 1989). 지금은 독일이 서유럽의 일원이지만 근대 초에 중상주의체제가 성립하지 못하고 뒤이은 자유주의도 경험하지 못했다. 1871년 제국이 건국되면서 신중상주의라 부를 만한 체제가 성립했다가 제1차 세계대전 이후 격심한 혼란과 나치스 지배를 겪었다. 그러다가 제2차 세계대전 이후 "사회적 시장경제"를 도입하면서 본격적으로 자유화가 이루어졌던 것이다. 마찬가지로 데이비드 하비(David Harvey)는 1980년대 중국의 개혁·개방도 신자유주의라고 부르고 있다(Harvey, 2005: Chapter 5). 중국의 자유화는 미국과 영국에서 신자유주의가 출현한 것과 같은 시기에 이루어져서 더욱 신자유주의라고 볼 여지가 있어 보인다. 이에 대해 하비는 순전히 우연으로 시기가 일치했을 뿐이라는 것을 인정한다.

그러나 신자유주의를 정의하는 데 신중상주의를 정의하는 것처럼 시대와

---

11 이에 대해서는 제1장에서 신중상주의를 언급한 곳을 참조할 것. 그 외에 신중상주의를 그런 식으로 사용하는 문헌은 수없이 많다. 이것은 예컨대 '구글 학술검색'에서 'neomercatilism'을 검색해 보면 쉽게 알 수 있다.

나라를 가리지 않는 것이 얼마나 보편적인지는 분명하지 않다. 더욱이 그렇게 하는 것이 한 나라가 어떤 시기에 당면하는 현실을 이해하는 데 적절한 방법인지도 분명하지 않다.

한국에서 1980년대부터 이루어진 자유화 정책을 신자유주의라고 볼 수 있는지 여부는 물론 신자유주의를 어떻게 정의하는가에 달려 있다. 신자유주의를 신중상주의처럼 시대와 나라를 가리지 않고 정의할 경우 1980년대부터 시작된 한국의 자유화는 신자유주의로 부를 수 있다. 한국의 자유화는 시기적으로도 미국과 영국의 신자유주의로의 전환과 일치한다. 그런 이유로 이 문제에 대한 포괄적 연구를 한 지주형(2011: 제4장)은 한국 신자유주의의 기원을 1980년대의 자유화로 본다. 그러나 신자유주의를 그렇게 이해하는 것이 보편적인지, 그리고 그렇게 하는 것이 1980년대 한국 경제의 현실을 이해하는 데 적절한 방법인지는 별개의 문제다.

필자는 신자유주의가 1970년대 이후 미국과 영국을 중심으로 나타난 사상적 조류이며 정책의 체계라고 좁혀서 보는 것이 합리적이라고 생각한다. 신자유주의를 그렇게 좁혀서 정의할 때 그것이 한국에 대해 갖는 의미는 무엇인가? 필자는 이렇게 보는 것이 옳다고 생각한다. 미국이 헤게모니 국가로서 세계질서를 좌우하고 있기 때문에 미국의 신자유주의가 한국이 처한 국제적 환경을 결정하게 된다. 헤게모니 국가인 미국 국내에서 신자유주의가 대두함에 따라 한국의 환경인 세계질서도 신자유주의적으로 바뀌어갔던 것이다. 신자유주의로의 환경 변화는 미국의 개방 요구로 나타났다. 미국은 처음 생산물시장 개방, 즉 무역 자유화를 요구하고 뒤이어 자본시장 개방을 요구했다. 제3장에서 살펴보겠지만, 미국의 그러한 요구는 결국 외환위기를 일으키는 조건으로 작용했다.

한편 1980년대부터 한국이 추구한 자유화는 역사적으로 볼 때 1980년대 미국이나 영국의 신자유주의로의 전환보다 훨씬 앞선 시기에 이루어진 전환과 닮았다고 볼 수 있다. 과거 서유럽 국가들이 중상주의에서 자유주의로 이행하는 과정과 닮은 것이다. 과거 서유럽 국가들에서 나타났던 중상주의체제와 마찬가지로 한국의 "신"중상주의도 어떤 형태로든 상대적으로 더 자유주의적 모습으로 바뀔 수밖에 없었다. 경제적 자유화가 정치적 자유화와 병행했다는 점도 비슷하다.

그렇게 해서 1980년대 이후 한국은 미국의 주도로 만들어진 신자유주의적 환경하에서 한국 스스로의 필요에 따라 자유주의적 개혁을 하고 있었던 것이다. 그런 자유주의적 개혁은 어느 시대 어느 나라에서나 쉽지 않은 것이 현실이다. 그것이 어려운 것은 무엇보다 17세기부터 19세기까지 혁명과 내전으로 점철된 서유럽의 역사가 말해 주고 있다. 한국에서도 오랜 관료사회의 유산위에 더해진 신중상주의체제의 특징인 정경유착, 관치금융, 재벌체제의 문제를 개혁하는 것은 어려웠다.

거기에다 한국의 1980년대 이후의 변모 과정은 단순히 그런 자유주의적 이행만을 내용으로 하고 있는 것은 아니었다. 한편으로 자유화하면서 다른 한편으로 자본주의 시장경제의 "수정"도 같이 이루어졌다. 그 핵심은 노동조합의 활성화와 사회보장제도의 도입이다. 서유럽에서 19세기에 자유주의가 성립하고 난 뒤 20세기에 가서야 본격적으로 도입된 그런 변화가 한국에서는 훨씬 더 짧은 기간에 일어났던 것이다. 그런 변화는 노동조합의 무력화나 사회보장제도의 약화를 내용으로 하는 미국과 영국의 신자유주의 추세와 시기적으로는 일치했지만, 내용은 정반대였다. 그것은 자본주의를 수정한다는 점에서 미국에서의 20세기 리버럴리즘과 닮은 점이 있었다. 그런 한편 미국의 리버럴리즘과 차이도 있었는데 그것은 물론 역사적으로 물려받은 조건이 달랐기 때문이다. 20세기 미국의 리버럴리즘은 국가로부터의 자유는 이미 확립되어 있었기 때문에 국가에 의한 자유를 위해 자본주의를 수정하는 쪽에 중점이 주어졌다. 반면 한국은 국가로부터의 자유도 겨우 시작하는 단계였기 때문에 상대적으로 중점이 주어지는 곳이 다를 수밖에 없었다. 1997년 외환위기는 그런 구도에서 일어났다.

제3장

외환위기의 성격

"정말이지, 나는 이 위기가 위장된 축복이 될 것이라고 믿는다."

_ 미쉘 캉드쉬(Michel Camdessus)

이 장은 1997년 외환위기의 성격, 즉 외환위기의 원인과 해결 과정, 그리고 그 후 이루어진 개혁에 대해 살펴본다.

제1장에서 밝힌 것처럼 외환위기의 원인에 대해서는 아직 합의된 설명이 없다. 제2장에서는 1980년대 이후 안정화·자유화·민주화 과정에서 외환위기의 조건으로 작용할 수 있는 요인이 있었는가를 살펴보았지만 위기의 원인을 직접 분석하지는 않았다. 이 장에서는 제2장의 분석에서 출발해서 외환위기의 원인과 발발 과정을 체계적으로 정리해서 분석해 볼 것이다.

그다음 외환위기의 해결 과정에 대해서 살펴본다. 역시 외환위기의 해결 과정에 대한 설명에서도 아직 합의가 없는데, 이 장에서는 외환위기의 원인에 대한 분석에 근거해서 지금까지 나온 여러 견해를 종합함으로써 그 과정을 체계적으로 설명해 볼 것이다. 이 과정에서 특히 IMF와 미국이 주도한 외환위기의 해결 과정이 그 원인과 서로 일관성이 있는 것이었는지, 그렇지 않았다면 그 이유는 무엇인지에 대해 살펴본다.

외환위기의 해결 과정을 살펴본 다음에는 IMF와 미국이 위기의 해결 과정에서 요구한 조건에 대해 한국이 대응한 모습에 대해 살펴본다. 구체적으로는 외환위기의 해결책이 그 원인과 부합하지 않는 것이었는데도 한국이 그것을 전면적으로 받아들였다는 것을 밝히고, 그 이유가 무엇이었는지 살펴본다.

그다음 외환위기 후 시행된 개혁의 내용을 검토하고 평가한다. 한국 경제의 오래된 구조적 문제와 외환위기의 원인 및 해결 과정에 비추어서 외환위기 후 개혁의 구도를 어떻게 해석할 것인가를 살펴본 뒤, 그러한 국내적 개혁과 자본시장 개방을 둘러싸고 제기될 수 있는 문제점에 대해 살펴본다.

이 장은 이상에서 설명한 바에 따라 진행한다. 제1절에서는 외환위기의 원인과 그것이 일어나는 과정에 대해 분석하고, 제2절은 외환위기가 해결되는 과정을 살펴본다. 제3절은 외환위기의 해결 과정에서 미국과 IMF의 요구에 대한 한국의 대응을 살펴보고, 제4절은 위기 후 이루어진 개혁과 그 문제점에 대해 살펴본다.

제1절 외환위기의 원인

제2장에서 살펴본 바에 의하면, 거시경제적으로는 위기가 일어날 사유가 없었고, 미시경제적으로는 기업의 저이윤-고부채 경영 행태가 만성적으로 부실채권을 낳아서 언젠가는 금융위기가 일어날 수밖에 없는 구도였다. 1997년 한국의 위기는 바로 그런 미시경제적 요인 때문에 시작되었다. 그러나 그렇게 만성적으로 부실채권을 낳는 구도가 위기의 바탕이 되었지만, 위기가 일어난 직접적 요인은 달리 있었다. 그런 부실채권이 생성되는 구도 위에 "유동성 위기"가 더해졌던 것이다. 유동성 위기가 더해진 이유는 김영삼 정부의 재벌 정책에 있었다. 김영삼 정부는 경제력 집중을 억제한다는 목적으로 재벌기업의 출자총액 제한을 강화하고 은행대출에서 상호지불보증 한도도 축소했다. 그러자 재벌은 규제가 적은 제2금융권에서 대거 차입하기 시작했다(최두열,

2006). 제2금융권은 이미 정부 규제를 덜 받고 있었고 재벌 소유 금융기관이 많았는데, 재벌은 로비를 통해 규제를 줄여나갔다. 규제가 적은 덕분에 1990년대 중반에 이르면 제2금융권의 대출 규모는 은행의 규모를 압도하게 되었다. 그런 식으로 정부의 은행대출 규제에도 불구하고 재벌의 경제력 집중은 계속되면서 제2금융권 대출이 늘어나는 구도가 만들어졌던 것이다.

재벌기업들은 제2금융권으로부터 단기 상업어음 발행으로 장기투자 자금을 조달했다. 한편 지배주주가 없었던 은행들은 재벌의 로비 능력을 따라갈 수 없었는데, 수신 경쟁에서 제2금융권에 밀리게 되자 신탁계정을 통한 수신 확대를 요구했고 정부는 그것을 들어주었다. 은행들은 신탁계정을 통해 확보한 자금으로 기업이 발행한 상업어음을 매입했다(Cho, 2003). 이렇게 해서 기업이 단기차입금으로 장기투자를 하는 만기 불일치(term mismatch) 구도가 대규모로 만들어졌다. 그것은 유동성 위기를 일으킬 가능성이 컸다. 이미 부실채권 때문에 기업의 부채 상환 능력(solvency) 문제가 심각했는데, 거기에 유동성(liquidity) 문제가 더해진 것이다.

결국 1997년 들어 재벌이 연쇄도산했다. 한보로부터 시작해서 11월 IMF로 가기 전까지 8개 재벌(그중 6개는 30대 재벌)이 도산했다. 정부는 부도유예협약으로 연쇄도산을 막으려 했지만, 그것이 오히려 역효과를 불러왔다. 금융기관들이 부도유예협약이 발표되기 전에 서둘러서 자금을 인출하려 했기 때문이다. 정부는 부도유예협약 이외의 조치는 더 취하지 않았다. 그렇게 한 데 대해 당시 재정경제원 장관이던 강경식은 시장경제 원칙을 지키기 위한 것이었다고 설명하고 있다(강경식 1999: 209). 그러나 정부가 재벌의 연쇄도산을 막으려 했다 하더라도 가능했을지는 알 수 없는 일이다.

재벌이 그렇게 대규모로 도산한 것은 처음 있는 일이었다. 그로 인해 한국은 대규모 금융위기가 불가피해졌다. 당분간 성장을 다소 희생해서라도 부실채권 문제를 해결해야 하는 국면으로 들어가게 되었던 것이다. 그 과정은 정치가 민주화되어 있는 상태에서 1980년대 구조조정보다는 더 투명하고 공개적으로 진행될 것이었기 때문에 도산 기업은 대주주 지분이 소각되고 대주주가 경영권을 잃을 것이 확실했다.

그러나 한국은 국내 금융위기를 수습하기 전에 외환위기로 끌려들어가게 되었다. 즉, 1997년 한국은 국내 금융위기와 외환위기가 동시에 일어나는 "쌍둥이 위기(twin crisis)"를 맞게 되었던 것이다. 과거 한국은 국내 금융위기는 일어난 적이 있지만 외환위기와 같이 일어나지는 않았기 때문에 쌍둥이 위기는 처음 있는 일이었다.

외환위기는 어떻게 해서 일어나게 되었나? 당시 한국 기업과 금융기관은 국내뿐 아니라 해외에서도 빚을 지고 있었기 때문에 국내 금융위기가 자연스럽게 외환위기로 나아갔다고 볼 여지가 있다. 그랬다면 국내 경제구조가 외환위기의 원인이라고 볼 수 있을 것이다. 그러나 외환위기는 개별 기업이나 금융기관이 아니라 나라 전체가 끌려들어가는 사건이다. 1997년 한국 외환위기도 바로 민간에서 진 외채 때문에 나라 전체가 끌려 들어가서 일어난 사건이었다.

여기서 유의할 점은 나라 전체의 관점에서 볼 때 국내 금융위기와 외환위기는 둘 다 부채 문제 때문에 일어나더라도 그 해결 방법이라는 관점에서 보면 전혀 다르다는 것이다. 국내 금융위기는 자국 통화로 표시한 부채 때문에 일어나기 때문에 기업과 금융기관이 대거 도산하더라도 중앙은행의 최종 대부자 역할과 정부의 공적 자금 투입을 통해서 한국 스스로 해결할 수 있다. 반면 외환위기는 외화로 표시한 부채를 갚지 못해서 일어나는 것이기 때문에 한국 스스로 해결할 수 없다. 이것은 한국만이 아니라 국제시장에서 자국 통화 표시로 기채를 할 수 없는 나라들의 공통된 사정이다.

따라서 외환위기는 국내 경제구조 때문이 아니라 외채 때문에 일어난다. 그것도 만기가 짧게 돌아오는 단기외채를 갚지 못하는 것이 외환위기의 원인이다. 이것은 1997년 한국을 비롯한 동아시아 국가도 마찬가지였다. 동아시아 국가 중 아무리 부실한 기업과 금융, 불투명하고 부패한 정부를 가진 나라라도 단기외채가 적은 나라는 외환위기가 일어나지 않았다. 반면 아무리 건전한 기업과 금융기관, 투명한 시스템을 가진 나라라도 단기외채가 많으면 외환위기를 피할 수 없었다(Steil and Lithan, 2006: 104). 실제로 1990년대 중반 중국은 아직 과거의 사회주의체제로부터의 이행이 다 이루어지지 않아서 국영기업과 금융기관 부실이 한국보다 더 심했다. 그랬음에도 불구하고 중국은 단기외채가 적었기 때문에 외환위기를 비켜갈 수 있었다. 범위를 동아시아 바깥으로 넓혀 보아도 기업과 금융기관 부실이라는 구조적 문제는 개도국의 공통된 현상이지만 모든 개도국에서 외환위기가 일어나는 것은 아니다.

단기외채와 외환보유액

1997년 한국은 어떻게 해서 단기외채를 대규모로 진 상태가 되었나? 제2장에서 한국이 이미 1970년대 중반에 단기외채가 늘어나기 시작했고, 그 결과 1980년대 초에 단기외채를 갚지 못해서 외환위기가 일어날 뻔 했지만 일본으로부터의 차입에 의거해서 겨우 넘겼다는 것을 살펴보았다. 1980년대 후반 3저호황을 겪으면서 순외채 규모는 크게 줄고 총외채 규모도 줄었지만, 상대적으로 단기외채의 비중이 올라갔다. 그런 상태에서 한국은 1996년 OECD에 가입했는데, 자본시장 개방은 포지티브 리스트에 의거해서 제한적으로 시행하기로 함으로써 당장 외환위기가 일어날 가능성에 대해 안전장치를 마련했다.

문제는 그러는 한편으로 자본시장에서 "뒷문"이 열리는 상황이 전개되었다는 점이다. 정부(처음에는 재무부, 1994년 12월부터는 재정경제원)가 1993년부터 "예외적"으로 은행들에게 무역신용이나 은행 간 차입을 통한 단기외채 도입을 허용함으로써 자본시장 개방에서 가장 우선순위가 높아야 할 직접투자, 그것도 그린필드 투자도 다 개방하지 않은 상태에서 대규모로 단기외채를 지는 사태가 벌어진 것이다. 일단 문이 열리자 은행들은 금리가 낮은 일본 등으로부터 대규모 차입을 했다(Wang 2001; 함준호, 2007).[1] 그렇게 유입된 단기외채는 환율을 낮추고 경상수지 적자를 확대시켰다. 이것은 달리 말하면 그렇게 이루어진 단기자본 유입이 제2장 제4절에서 살펴본 김영삼 정부의 확장적 거시경제 정책에 따라 늘어난 투자 중 국내 저축으로 메우지 못하는 부분을 메워주었다는 것을 의미한다. 즉, 당시 한국의 투자 자체를 거시경제학적으로 보아 과잉투자라고 보기는 어렵지만, 그에 따른 경상수지 적자를 단기외채 도입으로 메웠다는 것이 큰 문제였다.

1996년에 이르러 경상수지 적자가 심상치 않게 확대되자 그에 대해 논란이 일어났다. 재계에서는 수출 경쟁력을 올리기 위해 환율을 올려야 한다고 주장했다(≪매일경제신문≫, 1996.3.26). 그러나 정부의 견해는 달랐다. 당시 재정경제원장관이었던 나웅배는 경상수지 적자가 확대되는 원인은 환율 하락이 아니라, 수출 구조가 반도체 등 일부 품목에 편중되어 있는 것이라고 주장했다. 따라서 경상수지 적자를 줄이기 위해 필요한 것은 단기적 환율 인상이 아니라 수출 품목을 다변화하는 장기적 정책이라고 했다. 그러면서 환율은 시장에 맡겨야지 정부가 개입할 문제가 아니라고 했다(≪조선일보≫, 1996.5.26).

실제로 1996년 경상수지 적자가 GDP의 4%까지 확대된 데는 1996년 엔저로 인한 반도체 시장의 부정적 충격의 영향이 컸다. 수출 구조가 반도체 등 일부 품목에 편중되어 있는 것이 경상수지 적자가 확대된 원인이라고 볼 여지가 있었던 것이다. 당시 많은 민간의 경제 전문가들도 그런 정부의 견해와 같은 생각을 가지고 있었다. 예컨대 서울대 교수 정운찬은 한국이 1970년대부터 추진한 산업정책과 재벌 중심 경제체제가 당시의 경상수지 적자를 낳았다고 주장했다. 재벌들이 모두 비관련 다각화 정책을 편 결과 반도체 같은 산업에 중복투자를 하는 바람에 경제 전체로 보면 일부 품목에 생산구조가 집중되

1 여기서 은행은 제2금융권으로부터 전환한 종합금융회사(merchant bank)를 포함한다. 이에 대해서는 아래에서 설명한다.

는 역다각화 현상을 낳았다. 한국이 대기업 선두 주자 몇 개 사를 앞세워 반도체, 자동차, 철강, 석유화학 등 불과 몇 가지 주종 수출 품목에서 승부를 거는 식의 수출 및 산업정책을 택한 결과, 반도체 시장에서의 충격이 경상수지 적자를 가져왔다. 정운찬은 따라서 경상수지 적자 문제를 해결하기 위해서는 그런 식의 수출 및 산업정책을 바꾸어야 한다고 주장했다(≪한겨레신문≫, 1996.5.28).

이러한 정부 당국자와 경제학자의 인식은 한국이 경제발전의 방향을 바꾸어야 한다는 것을 지적한 점에서는 옳은 것이었다. 실제로 그런 이유에서 1996년 코스닥 시장이 출범하고 1997년 들어 외환위기가 일어나기 전에 벤처기업 육성에 관한 특별조치법이 제정되었다. 그러나 그런 장기적 구조 개혁 문제와 단기적 변동 문제는 다른 것이다. 수출 구조가 일부 품목에 집중되어 있다는 것은 경상수지가 큰 폭으로 변동하는 원인은 된다. 주종 수출품의 수출이 잘 될 때는 대규모 경상수지 흑자가 나고 수출이 잘 안 될 때는 대규모 경상수지 적자가 나는 것이다. 그러나 당시 한국은 주종 수출품의 성과와 무관하게 경상수지 적자가 나고 있었다. 그것은 1995년에 반도체산업이 일본의 엔고로 "노다지"를 만나다시피 했지만 경상수지는 GDP의 1.8% 적자가 난 데서 알 수 있다.

따라서 당시 경상수지 적자의 원인을 자본 유입에 따른 환율 하락에서 찾지 못하고 생산 및 수출 구조에서 찾는 것은 문제가 있었다. 당시 정부 당국자는 한국 자본시장의 뒷문이 열린 상태라는 것을 모르고 있었다. 정부는 빨리 뒷문이 열렸다는 것을 인지하고 그에 대해 조치를 취해야 했다. 그 첫 단계는 자본 유입 때문에 환율이 내려가고 그에 따라 경상수지가 악화되고 있다는 것을 인식하는 것이었다. 그런데도 정부는 경상수지 악화의 원인을 수출 구조에서 찾았던 것이다. 거기에다 OECD 가입이라는 제약조건이 있었다. 정부는 환율을 올리기 위해 자본 유입을 제한하는 것은 OECD에 가입하기로 결정한 상태에서 원칙적으로 할 수 없는 일이라고 생각했다(≪매일경제신문≫, 1996.5.16).

정부는 경상수지 적자가 확대되고 있는 상태에서 예정대로 외국인 주식 소유 한도를 늘리는 등 자본시장을 추가로 개방했다. 외국인 주식투자는 은행의 단기외채만큼 외환위기의 직접적 원인이 될 가능성은 낮았지만, 자본시장 개방에 대한 분위기가 그렇게 흘러가서는 은행이 단기외채를 지고 있는 것이 문제라는 것을 인식하고 그에 대한 대책을 세울 수 없었다.

그러는 한편 정부는 자본 유출을 장려했다. 환율이 내려가서 경상수지 적자가 확대되는 것을 방치할 수는 없었기 때문이다(한국은행, 1997: 112). 정부가 은행의 단기외채 도입을 그대로 둔 채 자본 유출을 장려하자 은행들은 해외차입을 더욱 늘려서 해외에서 바로 투자하게 되었다. 그렇게 빌린 돈으로 투자한 것 중 일부가 동남아시아로 갔다가 1997년 동남아시아 위기에서 부실자산이 되었다.

정부가 환율이 내려가는 것을 막기 위해 자본 유입을 제한하려고 하지 않은 중요한 이유가 OECD 가입이었다는 것은 OECD 가입이 외환위기의 한 원인이었다는 것을 의미한다. 한국은 OECD에 가입하면서 자본시장을 제한적으로만 개방하기로 약속했다. 따라서 OECD 가입이 외환위기의 직접적 요인이 되었다고 볼 수는 없지만, 결국 그것이 발목을 잡은 것이다. OECD 가입과 무관하게 뒷문을 통해 자본시장이 열려서 단기외채가 늘어나고 있을 때 바로 OECD 가입 때문에 자본 유입을 제한하지 않고 방치하거나 자본 유출을 촉진함으로써 해결하려고 했던 것이다.

그렇게 은행들이 단기외채를 진 상태에서 자금 흐름이 갑자기 역전된다면 그 상환이 어려울 것이었다. 아닌 게 아니라 1997년 여름 일본의 은행들이 갑자기 자금을 회수하기 시작하면서 바로 그런 사태가 일어났다. 그것이 한국을 비롯한 동아시아 외환위기를 촉발시킨 직접적 원인이다. 동아시아 외환위기는 당시 흔히 추측했던 것처럼 미국이나 유럽에 본거지를 둔 헤지펀드나 뮤추얼펀드 같은 투기자본이 갑자기 자금을 빼 나감으로써 일어난 것이 아니고, 일본의 은행들이 무역신용이나 은행 간 대출로 빌려주었던 단기자금을 갑자기 회수함으로써 일어났던 것이다(Kaminsky and Reinhart, 2001; King, 2001; Willet et al., 2004).

일본 은행들이 갑자기 자금을 회수한 이유는 무엇인가? 일단 재벌의 대규모 도산으로 한국의 은행이 부실하다는 것을 깨달았기 때문이라고 생각해 볼 수 있을 것이다. 그랬다면 외환위기가 국내 경제구조 때문에 일어났다고 볼 수 있다. 그러나 이 가설은 일본 은행들이 자금을 빌려줄 때 한국의 은행들이 부실하다는 사실을 몰랐었다는 가정을 해야 한다. 당시 한국의 은행 부실은 한국의 국내 경제구조를 조금만 이해하고 있어도 알 수 있는 일이었기 때문에 그런 가설은 설득력이 없다. 거기에다 한국의 재벌 도산은 모든 나라의 채권 은행들이 다 보고 있었는데, 유독 일본 은행들이 앞서서 자금을 회수한 것도 그러한 가설과 맞지 않는다. 그리고 무엇보다 일본 은행들은 한국에서뿐 아니라 다른 동아시아 국가들, 그리고 일본 국내에서도 자금을 회수하고 있었다.

따라서 일본 은행들이 재벌의 대규모 도산 때문에 갑자기 자금을 회수했다고 볼 수는 없다. 그것보다 더 설득력 있는 설명은 1997년 일본 은행들이 자국 내에서 위기를 맞았기 때문이라는 것이다. 대형 보험사의 도산 등 자국의 국내 금융위기가 일어나자 일본의 은행들은 국제결제은행(BIS)이 정한 자기자본비율을 맞추기 위해 자금을 회수했던 것이다(King, 2001; 강만수, 2005: 15장).

한국의 은행들은 그런 갑작스러운 자금 회수를 감당할 능력이 없었다. 그러나 그 때문에 바로 외환위기가 일어난 것은 아니다. 그것은 한국 정부가 1997년 8월 25일 은행의 외채에 대해 지불보증을 했기 때문이다. 이것은 매우 중요한 고려 사항이다. 정부가 지불보증을 했다는 것은 외환위기가 일어나는지를 결정하는 요인이 완전히 바뀌었다는 것을 의미하기 때문이다. 정부의 지불보증은 민간의 외채를 정부의 외채로 바꾸는 일이었고, 그것이 효과가 있느냐에 따라 외환위기가 일어나는지 결정될 것이었다. 개인·기업·국가 간의 모든 대차관계에서 채무자가 직접 빚을 갚지 못할 때 제3자가 나서서 지불보증을 하면 채권자는 보증자가 빚을 대신 갚아줄 수 있는지를 볼 것이다. 따라서 1997년 한국에서도 정부가 지불보증을 한 후로는 은행의 외채 상환 능력이 아니라 정부가 은행의 외채를 "대신 갚아줄 능력"이 있는지 여부가 외환위기가 일어나는지를 결정하는 요인이 되었다. 물론 정부가 은행의 외채를 대신 갚아줄 능력이 없었기 때문에 외환위기가 일어났던 것이다. 한국 정부는 왜 은행의 외채를 대신 갚아줄 능력이 없었는가? 그렇게 된 이유는 세 가지 정도를 생각할 수 있다.

첫째는 거시경제 상태다. 거시경제 지표가 나쁘면 정부의 보증을 믿을 수 없게 된다. 정부의 보증 능력은 정부가 지배할 수 있는 한 나라의 자원의 양에 의해 결정되는데, 거시경제 상태가 나쁘면 그 지배할 수 있는 자원의 양도 작다. 그렇게 재원이 제한될 경우 정부 보증으로 채권자들을 설득할 수 없다. 이것이 가장 분명하게 드러나는 것은 나라 전체의 순외채 규모가 국내 생산능력, 즉 GDP의 규모에 비해 너무 크고 경상수지 적자가 대규모로 나고 있는 경우다. 한국의 경우 이런 문제는 없었다는 것은 〈그림 2-1〉로 돌아가서 확인할 수 있다. 비록 은행들이 해외에서 빌려 현지에서 다시 빌려주거나 투자한 결과 정부도 외채 규모를 완전히 파악하지 못하고 있었지만, 그 때문에 순외채 규모 자체가 감당할 수 없는 수준이었을 가능성은 별로 없다. 외환위기 이후 나온 수많은 연구 중에서 압도적 다수는 외환위기 전 한국의 GDP 대비 순외채나 경상수지 같은 거시경제 지표는 건전했다고 본다. 예컨대 당시 미국 재무부 차관(Deputy Secretary)으로서 한국의 외환위기가 국내 경제구조 때문에 일어났다고 주장한 대표적 논자인 로렌스 서머스도 한국의 외환위기는 거시경제적 요인에 의해 일어난 것은 아니라고 했다(*Financial Times*, 1998.2.20).

두 번째 가능성은 재정의 건전성 여부다. 거시경제 지표는 건전하다고 하더라도 정부가 과거에 재정 적자를 많이 내서 국가 채무가 쌓여 있거나 당해 연도에도 재정 적자를 많이 내고 있으면 정부의 지불보증이 채권자를 설득할 수 없다. 일부 학자들은 당시 겉보기와 달리 한국 재정 상태가 건전하지 않았다고 주장한다. 한국의 재정 상태는 당장 나타난 국가 채무만 보면 1997년 GDP의 11.4%로서 매우 낮았지만, 공기업이나 기금 등에 잠재한 우발채무를 고려하면 건전하지 않았고, 그것 때문에 외환위기가 일어났다는 것이다(Burnside et al., 2001; Corsetti and Mackowiak, 2005). 이 주장은 제2장 제3절에서 언급한 것처럼 연금들이 지속 불가능한 구도였다는 점을 감안하면 일리가 있다. 그러나 그 후의 연구는 통합재정수지가 재정 적자를 과소평가하고 있는 것은 사실이지만, 1980년대와 1990년대에 이르러 그 괴리 정도가 크지 않은 데다 줄어들고 있었다는 것을 보여주고 있다(Lee, Rhee and Sung, 2006). 더욱이 2008년 10월 글로벌 금융위기 때 한국 정부가 역시 은행의 외채에 대해 지불보증을 했는데, 당시 한국은 1997년보다 국가 채무가 훨씬 많고 우발채무도 1997년보다 훨씬 늘어나 있었는데도 정부의 보증이 효과가 있어서 외환위기가 일어나지 않았다. 이런 점에서 정부의 우발채무가 1997년 외환위기의 원인이었다는 주장은 설득력이 없다.

세 번째 가능성은 정부의 유동성, 즉 외환보유액이다. 정부의 재정 상태가 건전하더라도 당장 보유하고 있는 외환이 모자라면 채권자는 그 지불보증을 믿지 못하게 된다. 이것이 바로 1997년 정부의 지불보증이 효과를 발휘하지 못하게 된 원인이었다. 당시 정부의 외환보유액은 단기외채에 비해 턱없이 부족했다. 1997년 9월 말 현재 한국의 외환보유액은 단기외채의 40.9%에 불과했다. 외환위기를 방지하기 위해서는 외환보유액을 단기외채보다 더 많게 유지해야 한다는 것은 귀도티-그린스펀 규칙(Guidotti-Greenspan rule)으로 알려져 있다. 이 규칙은 자본시장이 열려 있을 경우를 대상으로 한 규칙이다(Rodrik, 2006). 현실적으로 단기자본시장이 열려 있을 때는 귀도티-그린스펀 규칙에 맞추어 외환을 보유하는 것도 충분하지 않다. 한국은 그 사실을 2008년 글로벌 금융위기 때 경험했다(이에 대해서는 제5장에서 설명한다). 따라서 1997년 당시 단기자본시장이 열려 있는 상태에서 단기외채보다 외환보유액을 적게 가지고 있었다는 것은 외환위기를 막기 어려웠다는 것을 의미한다.

한국은 왜 그렇게 단기외채에 비해 적은 외환을 보유했는가? 우선 귀도티-그린스펀 규칙 자체가 당시에 알려져 있는 규칙이 아니었다. 당시 알려져 있

〈그림 3-1〉 외환보유액, 단기외채, 경상지급(GDP에 대한 비율) (단위: %)

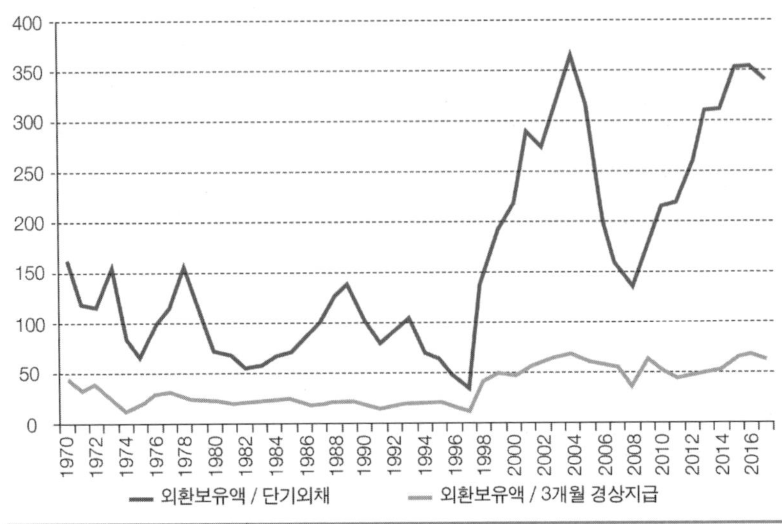

자료: 〈부표 1〉.

던 규칙은 약 3개월 치 경상지급 — 즉 재화 및 용역의 수입과 요소소득 지불, 이전지급을 합한 금액 — 에 해당하는 외환보유액을 유지하는 것이었다. 한국의 경우에도 외환위기 전에 정책 당국자들이 약 3개월 치 경상지급액만큼 외환보유액을 유지하면 된다는 인식을 갖고 있었다(강만수, 2005: 384). 문제는 이 규칙이 단기자본시장이 닫혀 있던 브레턴우즈체제하에서 통용된 규칙이었다는 것이다(Rodrik, 2006). 단기자본시장이 열려 있는 경우에는 단기외채에 비해 외환보유액을 얼마나 가지고 있는지가 훨씬 더 중요하다. 거기에다 한국은 추가적인 문제가 있었다. 이미 1970년대 중반에 단기외채가 늘어나기 시작했기 때문이다. 당시 민간의 자본거래를 자유화하지는 않았지만 정부 보증으로 단기외채를 도입하는 것을 허용했다. 즉, 한국은 아직 브레턴우즈체제가 존속하고 있던 시기에 이미 3개월 치 경상지급에 해당하는 외환보유액을 유지한다는 규칙을 적용할 수 있는지 의심스러운 상태가 되었던 것이다.

〈그림 3-1〉은 1970년부터 2017년까지 각 연도별 경상지급에 대한 외환보

유액의 비율과 단기외채에 대한 외환보유액의 비율을 보여주고 있다. 이 그림의 바탕이 되는 통계(〈부표 1〉)는 문제가 있다. 단기외채 자료에 일관성이 없기 때문이다. 이 문제에 대해서는 이미 제2장 제3절에서 언급했다. 정부는 외환위기 후 외채 통계를 재정비해서 현재는 1994년 이후 수치만 제공하고 있다. 따라서 1994년 이전 외채 자료는 신빙성이 떨어진다. 그러나 아마도 그 자료를 써도 대강의 추세를 판단하는 데는 큰 문제가 없을 것이다. 1994년 이후에는 은행들이 해외에서 빌린 외채 규모를 파악하기 어려워서 통계를 재정비하지 않았으면 큰 오차가 났겠지만, 그 전에는 그런 행태가 일반화되어 있지 않았기 때문에 외채 규모 파악에 그리 큰 오차가 나지 않았을 것이라고 추측할 수 있다.

〈그림 3-1〉에서 보는 것처럼 외환보유액의 경상지급에 대한 비율은 1970년대부터 1990년대 중반에 이르기까지 3개월 치 경상지급, 즉 연경상지급의 25% 선을 유지해야 한다는 규칙에서 크게 벗어나지 않았다. 한편 단기외채에 대한 외환보유액의 비율을 보면 이미 1974년부터 1976년까지 100% 이하로 떨어져서 귀도티-그린스펀 규칙을 충족시키지 못하는 상태가 되었다. 그런 상태는 1980년대 초에 다시 나타나서 1982년 말에 56.2%까지 떨어졌다. 그 후 사정이 조금 개선되고 3저호황기에 더욱 나아졌었지만 1990년대 들어 다시 악화되었다. 1993년에는 단기외채에 대한 외환보유액의 비율이 100% 이상으로 올라가서 일시적으로 개선되었다. 그러나 1993년에 은행의 단기외채 도입을 허용하면서 단기외채에 대한 외환보유액의 비율은 다시 급속도로 떨어지기 시작했다. 1995년 말에는 63.7%, 1996년 말에는 47.3%로 떨어졌다가 1997년 9월 말에는 40.9%로 떨어졌던 것이다.[2]

외환위기 직전 단기외채에 대한 외환보유액의 비율이 급격히 떨어진 것은

2 각 연도 통계는 〈부표 1〉 참조. 1997년 9월 말, 즉 3사분기 말 통계는 한국은행경제시스템(http://www.ecos.bok.or.kr) 참조.

단기외채가 늘어난 때문이기도 했지만 외환보유액이 줄었기 때문이다. 경상수지 적자가 지속되는데 그것이 자본 순유입으로 보전되지 않게 되자 정부는 1996년 7월부터 1997년 10월까지 보유외환을 약 122억 달러 썼다. 이때 정부가 보유외환을 쓴 이유는 아직 완전히 규명되지 않았다. 일각에서는 당시 정부가 국민소득 1만 달러 유지를 위해 인위적으로 환율을 낮게 유지하느라 보유외환을 썼다는 설이 나오기도 했지만, 기록이 없기 때문에 확인할 방법은 없다.

거기에다 정부가 보유외환을 은행에 빌려주기까지 했다. 그 결과 가용 외환보유액은 더욱 줄어들었다. 그것이 외환위기의 원인으로 지적되기도 했지만 은행에 보유외환을 빌려준 것은 불가피한 조치였던 측면도 있다. 평상시에 빌려 주는 것은 잘못이었지만, 단기외채 상환 요구를 받고 있는 상황에서 빌려주는 것은 불가피했던 것이다. 안 빌려주었으면 은행이 국제거래를 못하게 되었을 것이고 그것은 금융시장을 마비시켜서 바로 그때부터 사실상 외환위기가 시작되었을 것이다. 그런 이유로 2008년 위기 때도 한국은행이 은행들에게 외환을 빌려주었다(이에 대해서는 제5장에서 다시 설명한다). 기본적으로 정책 당국이 당시 단기외채에 비해 더 많은 외환을 보유해야 한다는 인식을 갖고 그에 따라 지속적인 관심을 갖지 않는 상태에서 외환위기를 방지하기는 어려웠다.

지금까지 살펴본 국내 금융위기로 시작해서 외환위기로 이어지는 과정을 정리하면 이렇게 된다. 개인이든 기업이든 국가든 빚 갚을 능력을 결정하는 요인은 상환 능력(solvency)과 유동성(liquidity) 문제로 나누어볼 수 있다. 상환 능력은 궁극적으로 빚을 갚을 수 있는 능력이다. 채무에 비해 자산이 얼마나 있는지 현재와 앞으로의 저축 능력은 얼마나 있는지가 그런 능력을 결정한다. 유동성은 당장 빚을 갚을 수 있는 능력이다. 유동성은 빚 상환하는 데 필요한 금융자산, 즉 현금이 얼마나 있는가에 따라 결정된다.

1997년 한국에서 기업과 금융기관은 상환 능력과 유동성 모두에서 문제가 있었다. 기업이 저이윤-고부채 경영으로 부실채권을 만들었고 금융기관은 그것을 방치했다. 거기에다 기업이 제2금융권으로부터 상업어음 발행으로 단기차입을 하고 그것을 재원으로 장기투자를 했기 때문에 유동성 문제까지 겹쳤다. 그러나 이런 기업과 금융기관의 상환 능력 문제와 유동성 문제는 모두 국내 금융위기의 원인이었지 외환위기의 원인은 아니었다. 은행이 단기외채를 지고 있었지만, 그에 대해 정부가 지불보증을 한 후에는 정부의 상환 능력과 유동성이 외환위기를 결정하는 요인이 되었기 때문이다. 당시 한국 정부는 보증한 외채에 대한 상환 능력은 충분했다. 반면 정부는 그 지불보증을 믿게 할 만큼 유동성, 즉 보유외환이 없었다. 즉, 외환위기 전 기업 및 금융기관은 부채의 상환 능력이 없는 데다 유동성이 부족했고, 정부는 상환 능력에는 문제가 없고 다만 유동성이 부족한 상태였다. 그러나 외환위기는 바로 그 정부의 유동성 부족 때문에 일어났던 것이다.

이렇게 보면 외환위기의 성격을 규정하는 또 하나의 논점, 즉 외환위기가 미시경제적인 현상인가, 거시경제적인 현상인가라는 문제도 다시 생각해 볼 수 있다. 위에서 언급한 것처럼 외환위기 전 한국의 거시경제 지표에는 문제가 없었다. 따라서 한국의 외환위기는 미시경제적 원인에 의해서 일어났다는 견해가 강력히 제기되었다. 세계적으로는 바로 앞에서 언급한 로렌스 서머스 같은 사람이 대표적으로 그런 주장을 했고(*Financial Times*, 1998.2.20), 국내에서도 같은 주장이 제기되었다(예컨대 Chung, 2000, 2004). 그러나 1997년 한국의 외환위기는 기업과 금융의 부실이라는 미시경제적 요인이 아니라 외채 규모에 비해 정부의 외환보유액이 부족하다는 거시경제적 요인 때문에 일어난 것이었다. 단, 라틴아메리카 국가 등 대다수 개도국의 외환위기는 외채의 상환 능력 부족이라는 거시경제적 문제가 원인인 반면, 한국의 외환위기는 정부의 유동성 부족이라는 거시경제적 문제가 원인이었던 것이다.

자본시장 개방의 정치경제학

이상의 분석으로 한국의 외환위기는 국내 경제구조가 아니라 단기자본 이동이라는 외부적 요인에 의해 일어났다는 것을 알 수 있다. 한국이 잘못한 것은 단기자본시장을 열면서 그런 외부적 요인에 대처할 만큼 외환보유액을 쌓지 못했다는 것이다. 그러나 이에 대해 단기자본시장을 열게 된 것이 바로 국내 경제구조 때문이라는 주장이 제기되었다. 단기자본 이동이 외환위기의 원인이기는 하지만, 자본시장을 개방하게 된 것, 그중에서도 단기자본시장을 먼저 개방하게 된 것 자체가 바로 국내 경제구조의 필연적 결과였다는 주장이 나온 것이다.

이런 견해의 대표 격인 정덕구와 아이컨그린(Chung and Eichengreen, 2004)은 이렇게 설명한다. 한국의 경제성장은 총요소생산성 증가 없이 요소투입에 의거하는 성장이었는데, 경제성장에 따라 노동보다 자본의 양이 상대적으로 늘어나면서 자본의 수익률이 하락했다. 자본의 수익률이 하락하자 기업, 특히 재벌기업은 저금리(低金利)로 빌릴 수 있는 해외차입을 계속 요구했고, 그 결과 자본시장이 개방되었다. 따라서 자본시장 개방은 위기의 원인이 아니라 결과다. 이들은 자본시장 개방이 은행의 단기차입을 통해 이루어져서 뒷문이 열리게 된 것도 국내 경제구조 때문이라고 주장한다. 당시 정부가 은행을 통제해서 자원 배분을 주도하고 기업은 거기에 같이 얽혀 있었기 때문에 다른 경로를 통한 자본시장 개방보다 은행을 통한 개방이 먼저 이루어질 수밖에 없었다는 것이다.

이런 주장을 어떻게 평가할 것인가? 우선 한국이 총요소생산성 증가 없는 성장을 했다는 주장이 틀렸다는 것은 제2장 제4절에서 설명했다. 그리고 자본의 수익률이 떨어짐에 따라 기업이 저금리로 빌릴 수 있는 해외차입을 시도했다는 설명도 잘못된 것이다. 이 설명은 고도성장의 초기 국면에서는 자본의 수익률이 금리보다 높았는데 시간이 감에 따라 자본의 수익률이 떨어지는 추세가 있었고, 그에 따라 기업이 계속 수지를 맞추기 위해 금리가 낮은 해외자금원을 찾게 되었다는 논리다. 그러나 이 논리는 현실과 부합하지 않는다. 이것은 제2장 제4절에서 살펴본 기업이윤율과 차입금평균이자율과의 관계로 돌아가서 확인해 볼 수 있다. 즉, 〈그림 2-2〉에 요약된 기업이윤율을 자본수익률로, 차입금평균이자율을 금리로 보고 분석할 수 있는 것이다. 〈그림 2-2〉에서 보는 것처럼 1960년대 후반부터 1997년 외환위기까지 기업이윤율이 떨어지는 추세에 있었던 것은 사실이다. 그러나 고도성장의 초기에 기업이윤율이 차입금평균이자율보다 높아서 기업이 수지를 맞추고 있었던 것은 아니다. 이미 1960년대 후반에 기업이윤율이 차입금평균이자율보다 낮은 구도가 만들어져 있었다. 그것은 물론 제2장에서 설명한 기업의 저이윤-고부채 경영 행태 때문이다. 여기서 기업경영분석에 나타나는 기업이윤율과 차입금평균이자율이 거시경제적으로 본 자본의 수익률 및 금리와 각각 얼마나 잘 일치하는지에 대해서는 논란의 여지가 있다. 그러나 기업이 수지를 맞추는지를 분석하는 데는 거시경제적으로 본 자본의 수익률 및 금리를 분석하는 것보다 기업경영분석에 나타나는 기업이윤율과 차입금평균이자율을 분석하는 것이 더 낫다고 볼 수 있다.

자본의 수익률이 떨어짐에 따라 기업이 계속 수지를 맞추기 위해 금리가 낮은 해외 자금원을 찾게 되었다는 정덕구와 아이컨그린의 논리가 잘못된 또 하나의 이유는 기업의 입장에서 볼 때 자본의 수익률이 높건 낮건 금리가 낮은 해외 자본시장에서 차입하고 싶어 하는 것이 당연하다는 것이다. 한국 기업은 자본의 수익률이 높았던 1960~1970년대부터 낮은 금리로 해외차입을 하고 싶어 했다. 실제로 기업은 1990년대에 비해 국내 저축이 부족했던 1960~1970년대에 상대적으로 해외차입을 더 많이 했다. 다만 당시에는 기업이 스스로의 신용으로 해외 자본시장에서 빌릴 능력이 없었기 때문에 정부의 지불보증을 통해 빌렸다. 반면 1990년대에 이르면 재벌기업은 해외에서 스스로의 신용으로 자금을 빌릴 수 있었기 때문에 낮은 금리의 해외차입을 끊임없이 시도했다. 반면 정부는 기업이나 은행이 해외차입을 할 경우 그것이 환율을 낮추고 통화 관리를 어렵게 해서 경상수지와 물가에 영향을 줄 것이기 때문에 규제를 할 수밖에 없었다. 그러다가 그 규제에 뒷문이 열리면서 은행의 단기외채가 늘어나서 외환위기가 일어났던 것이다. 자본시장 개방은 위기의 결과가 아니라 원인이다.

그러면 당시 정부가 은행을 통제해서 자원 배분을 주도하고 기업은 거기에 같이 얽혀 있었기 때문에 은행을 통한 단기자본시장 개방이 먼저 이루어졌다는 주장은 어떻게 평가할 수 있는가? 이것은 정덕구와 아이컨그린만의 주장이 아니다. 한국에서 은행을 통한 자본시장 개방이 먼저 이루어진 데 대해서는 마틴 울프(Martin Wolf, 2004)도 비슷한 주장을 하고 있다. 울프는 단기자본 이동의 변덕이 가져오는 문제를 논하고 그것이 동아시아 외환위기의 원인이었다는 것을 인정한 다음, 그런 국제적 환경이 있더라도 각국의 국내 경제체제에 따라 그에 감염되는 정도가 달라지는데, 한국이 특히 잘 감염되는 구도였다고 주장한다. 은행의 단기외채 형태로 먼저 자본시장을 개방한 것은 은행을 경제정책에 이용해온 국내 경제구조 때문이었다는 것이다(Wolf, 2004: chapter 13).

이 주장은 일리가 있다. 이 주장은 바로 개방의 순서가 잘못되어서 외환위기가 일어났다는 주장이다. 자유화와 개방 과정에서 순서가 잘못된 것이 외환위기의 원인인 것은 틀림없는 사실이다. 은행의 해외차입을 허용하기 전에 먼저 외국인 직접투자, 특히 그린필드 투자를 자유화했어야 했을 것이다. 외국인 직접투자를 도입하고 재벌의 저이윤-고부채 경영 행태를 제어하는 쪽으로 갔으면 같은 투자율을 유지하면서도 외환위기의 위험도 줄이고 외국인직접투자가 가져다주는 신기술이나 경영 노하우를 학습하는 이익도 얻을 수 있었을 것이다. 외국인 직접투자 다음 순서는 장기 차입과 해외 주식 발행을 통한 자금 조달을 허용하는 것이었다. 그러나 현실적으로는 순서가 지켜지지 않고 뒷문이 열린 것이다.

정부가 은행을 통한 자본시장 개방을 추진하게 되는 과정을 보면 이렇다. 1990년대 중반 정부는 자유화와 "세계화" 드라이브하에서 금융기관의 해외영업에 대한 규제를 대폭 완화했다. 1994~1996년 중 24개의 투자금융회사가 종합금융회사(merchant bank)로 전환되면서 해외 영업을 할 수 있게 되었다. 은행들도 28개의 해외 지점을 열면서 해외 영업이 확대되었다. 종합금융회사와 은행의 해외 영업활동에는 단기차입도 포함되어 있었다.

정부는 그런 식의 규제 완화가 국내 경제의 안정성에는 별다른 영향을 미치지 않으면서 은행의 국제경쟁력을 길러줄 것으로 믿었다. 정부가 은행 중심의 자본시장 개방이 국내 경제의 안정성에 별다른 영향을 미치지 않으리라고 믿은 데 대한 유력한 설명은 이렇다. 정부는 자신의 통제하에 있는 은행을 통해 자본시장을 개방함으로써 외자 유입이 물가나 경상수지에 미치는 영향을 최소화할 수 있다고 생각했다. 정부가 그렇게 생각한 데는 은행에 대한 여신 통제와 통화안정증권 강제 배정 등을 통해 해외 부문에서의 본원통화 증발 효과를 불태화해온 경험이 있다는 점이 작용했다(한국경제60년사 편찬위원회, 2010: 50).[3]

당시 은행은 명목적으로는 민영화되었지만, 책임 있는 경영 주체가 확립되지 못하고 정부의 통제하에 있었다는 것은 제2장 제4절에서 설명했다. 한편 종합금융회사는 지배주주가 있는 민간기업으로서 재벌 계열사인 경우가 많았기 때문에 경영 자체가 정부의 통제하에 있지는 않았다. 그러나 규제 등 여러 통로로 정부의 영향을 받을 수밖에 없었다. 과거 정부가 불태화를 위해 통화안정증권을 발행할 때 종합금융회사의 전신인 투자금융회사에도 강제 배정을 한 적이 있었다.

이렇게 보면 정부가 은행을 통제했던 것이 은행을 통한 자본시장 개방이 먼저 이루어진 원인이라고 할 수 있다. 그러나 이 설명에는 더 고려할 사항이 있다. 은행이 불태화의 유용한 통로였기 때문에 은행이 외자를 우선적으로 도입할 수 있도록 허용했다는 것은 과거의 경험과 맞지 않는다. 과거에 은행은

---

3 이 주장은 김중수와 신인석이 KDI 워킹페이퍼(2003-03)에서 했다고 한다. 그러나 필자는 KDI 홈페이지에서 그 워킹페이퍼를 찾을 수 없었다.

스스로의 외자 도입으로 통화가 느는 것과 무관하게 불태화의 통로로 쓰였었다. 예컨대 제2장 제3절에서 살펴본 것처럼 정부는 경상수지 흑자로 통화관리가 어려웠던 3저호황 시기에도 은행에 대한 여신 통제와 통화안정증권 강제 배정으로 불태화를 하려고 했던 것이다. 따라서 1990년대 중반 정부가 먼저 직접투자나 기업의 장기차입 등으로 외자를 도입하고 그 효과를 은행이나 종합금융회사를 통해 불태화하려고 했더라도 이상한 일이 아니었을 것이다.

한편 불태화의 부담을 안아야 하는 은행에게 외자 도입의 우선권을 주려 했다면 그것은 "공정"한 처사라고 볼 수 있다. 당시 국내외 금리차로 해외차입에 따르는 이익이 매우 컸기 때문에 불태화 과정에서 비용을 치르는 은행에게 그런 금리차에 따른 이익을 배분하는 것이 공정했다고 볼 수 있는 것이다. 그리고 불태화를 근거로 은행이나 종합금융회사의 외자 도입을 허용한다면 단기차입을 우선적으로 허용하는 것이 합리적이었다. 단기외채는 상환기한이 짧아서 통화량이 늘어나는 효과 역시 단기에 그치기 때문이다. 거기에다 국내외 금리차가 큰 상태에서 특정 경제주체에게 장기차입을 허용하는 것은 한꺼번에 너무 많은 이득을 안겨주게 되는 것이라고 볼 수도 있었다.

그러나 물론 현실은 정부의 생각대로 되지 않았다. 단기외채 도입은 계속 늘어갔고, 정부는 단기외채뿐 아니라 장기외채 도입까지 허용할 경우 그것이 가져오는 거시경제적 영향이 커질 것을 우려해서 장기외채 도입은 계속 규제했다. 그리고 정부의 결정이 정책적 고려만으로 이루어졌는지도 물론 알 수 없다. 정책적 고려보다 지대추구나 로비 등의 결과로 정부의 결정이 이루어졌을 가능성이 있는 것이다. 1990년대 중반에 이르면 조세 감면이나 정책금융의 비중이 줄어들고 금리가 자유화되어서 기업에 대한 정부의 보조금이 별로 많지 않은 상태가 되었다는 것은 제2장 제3절에서 살펴보았다. 그런 한편 국내외 금리차가 매우 컸기 때문에 해외차입에 따른 이익은 막대했다. 따라서 1990년대 중반에는 정부가 통제하는 최대의 지대는 해외차입으로부터 얻을 수 있는 이익이었다. 당연히 해외차입은 기업이나 금융기관의 입장에서

로비를 할 유인이 가장 큰 곳이었다. 로비에 성공하는가는 물론 로비 능력에 달려 있다. 그때나 지금이나 로비 능력이 가장 센 주체는 재벌이다.

이런 점에서 은행과 종합금융회사는 달랐다. 종합금융회사는 재벌 계열사인 경우가 많았기 때문에 은행보다 로비 능력이 더 있었다. 1994~1996년 사이에 24개의 투자금융회사가 종합금융회사로 전환되면서 해외 영업활동을 할 수 있게 된 것 자체가 로비의 결과일 가능성이 있다. 종합금융회사의 해외차입과 외화대출이 가능해지자 은행들이 종합금융회사와 경쟁을 벌이면서 규제 완화를 요구했다. 이에 대해 정부는 은행의 장기부채의 최소 비율을 60%에서 40%로 낮춰주었는데, 그것은 은행이 단기외화차입을 늘리는 데 유리한 여건을 제공했다(Cho, 2003: 89~90).

그런 과정은 위에서 살펴본 은행의 신탁계정 수신고가 늘어나는 과정과 비슷하다. 즉, 재벌이 지배하는 제2금융권이 로비를 통해 규제를 완화하고 은행은 제2금융권과의 경쟁을 위해 규제 완화를 요구해서 관철시키는 구도가 국내 금융뿐 아니라 해외차입과 외화대출에서도 만들어졌던 것이다. 그런 한편 해외차입에서 단기차입이 먼저 허용된 데는 정부 공무원의 이해관계가 반영되었을 가능성이 있다. 공무원 입장에서는 장기차입보다 단기차입을 허용하는 것이 자신의 권한을 더 자주 행사할 수 있다는 이점이 있었을 것이다. 다만 이런 가능성은 정부가 일인당국민소득 1만 달러 유지를 위해 보유외환을 썼을 가능성처럼 기록이 없기 때문에 추측을 해 볼 수 있을 뿐이다.

종합금융회사와 은행의 해외차입과 외화대출은 "만기 불일치(term mismatch)"를 일으키고 있었다. 해외차입은 단기로 한 반면 외화대출은 중·장기로 했기 때문이다. 그런 만기 불일치 문제는 개별금융기관뿐 아니라 경제 전체 차원에서도 심각한 문제가 되고 있었지만 정부는 감독을 제대로 하지 않고 있었다. 당시 한국은행 소속이던 은행감독원은 1997년 6월에 가서야 은행의 외화유동성 비율에 대한 지침을 도입했다. 비은행금융기관에 대한 감독권을 가지고 있는 재정경제원은 아예 아무런 지침을 도입하지 않았다. 비은행금융기관에 대해서는 외화 유동성 비율뿐 아니라 자기자본 비율과 같은 기본적 규제장치도 마련되어 있지 않았다. 그렇게 제도가 미비한 속에서도 몇몇 비은행금융기관은 불법행위를 저지른 것으로 외환위기 이후 드러났다(한국경제60년사 편찬위원회, 2010: 50).

이렇게 보면 정부가 은행을 통제해서 자원 배분을 주도하고 기업이 거기에 같이 얽혀 있었기 때문에 은행을 통한 단기자본 시장 개방이 먼저 이루어졌다고 볼 수 있다. 다만 그렇게 된 데는 반드시 정부 관료의 권한 챙기기만은 아니고 공정성에 대한 고려 등도 같이 작용했을 가능성이 있다. 은행보다는 종금사 등을 소유한 재벌이 더 문제의 근원이었다고 볼 수도 있다. 그러나 중요한 것은 국내 경제구조 때문에 은행을 통한 단기자본 시장 개방이 먼저 이루어졌다고 하더라도 한국이 1997년 외환위기에 당면하게 된 원인이 달라지는 것은 아니라는 점이다. 한국은 그런 과거의 유산을 청산하지 못한 결과 외채의 상환 능력(solvency)이 없는 상태에 이른 것이 아니라 단기적으로 외환보유액이 부족한 유동성 문제에 당면하게 되었을 뿐이다.

물론 외환보유액을 충분히 늘려 놓았으면 유동성 문제는 일어나지 않았을 것이다. 그러나 경상수지 흑자 기조가 정착하지 못한 상태에서 외환보유액을 많이 쌓는 것은 불가능했다. 이런 점에서 한국은 제2차 세계대전 후 고도성장을 한 독일이나 일본, 대만, 그리고 현재의 중국 등과 달랐다. 이들 국가는 경상수지가 일단 흑자로 돌아서고 난 뒤에는 흑자 기조가 정착되어서 외환보유액을 대규모로 쌓았다. 그러면서 단기자본시장 개방은 자국 통화의 국제화 등 여러 조건을 보아가면서 시행했다. 한국은 그렇게 하지 못했던 것이다.

그러나 이 문제에 대해서도 달리 생각할 수 있다. 1990년대 경상수지가 흑자로 정착되지 못한 것은 투자율이 올라갔기 때문이다. 그것을 거시경제적으로 과잉투자라고 보기 어렵다는 것은 제2장 제4절에서 설명했다. 과잉투자를 한 것이 아니라면, GDP의 40%에 가까운 투자를 하면서 그것을 국내 저축으로만 메우는 것이 소비수준 유지라는 점에서 보아서 적정한 선택이라고 볼 수 없다. 현대 주류 경제학에서 말하는 "동태적 최적화(dynamic optimization)"라는 점에서 보면 당시 한국이 경상수지 적자가 나는 것은 당연했다고 볼 수 있다. 즉, 자금을 빌려 투자함으로써 소비수준을 유지하고 그 결과 장래에 늘어난 생산으로 빚을 갚는 것이 합리적 선택이었던 것이다.

문제는 경상수지 적자가 났다는 것이 아니라 그것을 단기외채로 메웠다는 것, 그리고 나아가서 단기외채를 지면서 해외투자까지 한 것이었다. 그렇게 된 것은 외환보유액에 비해 단기외채가 늘어나는 데 대해 점검하고 그것이 가져올 위험에 대처하는 장치가 마련되어 있지 못했기 때문이다. 그러나 여기서 한 가지 의문이 나오게 된다. 앞에서 살펴본 것처럼 한국은 1997년 이전에도 그런 장치가 제대로 되어 있지 않았지만 외환위기가 일어나지 않았다. 그런데 1997년에는 위기가 일어났던 것이다. 이 문제를 푸는 것이 1997년 외환위기의 성격을 이해하는 핵심이라고 할 수 있다.

제2절 외환위기의 해결 과정

1997년 한국이 유동성 위기를 맞게 된 것은 단기외채에 비해 외환보유액이 너무 적었기 때문이다. 그러나 당시 한국 정부가 외환보유액을 적게 가지고 있었다고 해서 바로 외환위기가 일어나도록 되어 있지는 않았다. 그것은 일본이 한국의 외환위기가 일어나지 않도록 적극 협조할 용의가 있었기 때문이다.

당시 한국의 재정경제원 장관이던 강경식에 의하면 한국은 우선 일본 정부에 일본 은행들이 한국에서 자금을 회수하지 않도록 "행정지도"를 해달라고 부탁했다고 한다. 8월 28일 강경식이 대장성 장관 미쓰즈카 히로시(三塚博)를 만났을 때 행정지도를 부탁했고, 사태가 훨씬 악화된 11월 10일에도 재정경제원 엄낙용 차관보를 보내서 행정지도를 부탁해 보라고 지시했다(강경식,

1999: 273). 그러나 당시 일본의 은행들이 BIS 비율을 맞추느라 무자비하게 자금 회수에 나선 결과 수많은 일본 중소기업이 흑자도산으로 몰리게 된 데다, 일본 검찰이 금융기관과 대장성의 유착관계를 수사 중이었기 때문에 대장성이 한국을 배려할 사정이 못 되었다고 한다(강경식, 1999: 305~307). 그런 상태에서 일본이 행정지도를 하기는 어려웠을 것이다. 그러나 행정지도를 할 사정이 못 된다고 해서 다른 방법이 없는 것은 아니었다. 일본 정부는 행정지도는 어려웠지만, 위기를 당한 나라들에게 빌려 줄 수 있는 유동성은 충분했다. 일본 정부는 이를 바탕으로 사태를 수습하기 위해 적극적으로 나섰다.

아시아 통화기금

일본은 한국 등 동아시아 국가들이 외환위기 가능성에 직면한 것은 유동성, 즉 외환보유액 부족 때문이라고 정확하게 진단하고, 이들 나라가 외환위기로 끌려들어가는 것을 막는 것이 국익에 부합한다고 판단했다. 그런 판단 위에 양자 간에 유동성을 공급해 주는 것과 국제기구를 설립할 것을 저울질하다가 1997년 9월 아시아통화기금(Asian Monetary Fund: AMF) 설립을 제안했다. 당시 일본의 AMF 제안에 대해 그 진정성에 의문을 표하는 견해도 있지만, 그것은 단순한 생색내기용 수사(修辭)는 아니었다. 일본은 출연금 1000억 달러라는 구체적 안을 만들어 9월 21일 홍콩 G7-IMF 연차회의에서 제안했던 것이다. 일본이 AMF를 단순한 수사로 제의한 것이 아니었다는 것은 AMF를 다룬 여러 연구가 지적하고 있다(예컨대 Higgott, 1998: 341; Liptcy, 2003: 94).

그러나 AMF는 설립될 수 없었다. 그 이유는 동아시아 내에서 일본의 영향력이 커지는 것을 달갑지 않게 생각했던 중국의 반대 등도 있었지만, 압도적 장애 요인은 미국의 강경한 반대였다. 미국은 일본이 AMF를 공식적으로 제안하기도 전에 정보를 입수하고는 제동을 걸기 시작했다. 일본이 AMF를 9월 14일 제안하기로 결정했을 때 당시 미국 재무부 차관이던 로렌스 서머스가

AMF 구상의 주역이었던 대장성 차관 사카키바라 에이스케(榊原英資)에게 일본 시간으로 밤 12시에 전화를 걸어 2시간 동안 거친 말투로 격렬하게 비난했다(Bluestein, 2001: 162; 榊原英資, 2000: 185). 그렇게 미국의 반대가 분명했지만 일본은 AMF를 제안해서 두 달 가까이 버티다가 결국 포기했다.

당시 AMF에 대한 일본의 태도로 볼 때 미국의 반대가 없었더라면 일본의 양자 간 지원, 즉 일본이 바로 한국에게 외화를 빌려주는 것도 가능했을 것이다. 한국은 11월 IMF에 가기 직전에 두 번에 걸쳐 일본에 도움을 요청했다. 한 번은 11월 10일 강경식이 재정경제원 차관보 엄낙용을 보내 요청했고, 두 번째는 강경식의 후임자인 임창렬이 19일 전 경제부총리 이승윤을 보내서 도움을 요청했던 것이다. 그때 일본의 답은 변함없이 "미국과의 합의 때문에 도와주는 것이 불가능하다"는 것이었다(강경식, 1999: 306; 강만수, 2005: 448~449). 이것은 뒤집어 보면 미국의 반대만 없었으면 양자 간에 외화를 빌려줄 수도 있었다는 말이다. 실제로 일본은 양자 간에 유동성을 제공하는 것보다 다자간 기구를 설립해서 유동성을 제공하는 것이 미국의 반대가 덜할 것이라고 생각하고 AMF를 제안했던 것이다(Lee, 2006: 356).

미국 재무부가 AMF나 양자 간 유동성 제공에 대해 반대한 근거는 두 가지였다. 하나는 이미 IMF가 있는데 추가로 AMF를 만들 필요가 없다는 것이었다. 다른 하나는 일본은 유동성을 제공하는 데 엄격한 조건을 붙이지 않을 것인데, 그럴 경우 "도덕적 해이 척결"이 불가능하다는 것이었다(Lipscy, 2003: 96; Kawai, 2005: 38). 이 두 논거는 모두 문제가 있었다.

추가로 기구를 만들 필요가 없다는 주장은 우선 외환위기라는 것이 전염성이 강해서 빨리 해결할수록 좋다는 사실과 맞지 않는다. 외환위기가 전염성이 강하다는 것을 생각하면 1997년 동아시아에서 일본이 나서는 것은 당연한 일이었다. 일본은 동아시아 국가들과 무역뿐 아니라 많은 자산과 부채로 얽혀 있었기 때문에 이들 나라가 외환위기로 끌려 들어갈 경우 자국이 타격을 받을 가능성이 컸다. 1994년 멕시코 외환위기 때 미국의 은행과 기업이 얽혀 있었기 때문에 미국 정부가 나서서 해결한 선례도 있었다.

더 큰 문제는 IMF가 최종 대부자(lender of last resort)라는 사실과 맞지 않는다는 점이다. 최종 대부자는 마지막에 나서는 곳이다. 채권자가 일본의 은행들이고 채무자는 한국을 비롯한 동아시아 은행들인 상태에서 당사자인 동아시아 국가들이 자기들끼리 문제를 해결하려고 하는데 최종 대부자가 나서야 할 이유는 없는 것이다. 이것은 2010년 이후 그리스 외채위기를 보면 알 수 있다. 그리스는 유로 표시로 부채를 졌기 때문에 외환위기는 아니지만 외채위기라는 점은 마찬가지다. 그 채권자는 독일이나 프랑스 은행이기 때문에 독일과 프랑스 정부가 나서서 해결하려고 하는 것이 당연하다. IMF도 간여를 하지만 독일이나 프랑스 정부의 역할을 배제하는 것은 물론 아니다. 거기에다 1997년 당시의 한국 경제는 2010년의 그리스 경제와는 비교가 안 되게 건전했다. 그리스는 채무의 상환 능력 자체가 의심스러웠지만 한국은 유동성이 부족했을 뿐이었기 때문에 일본의 지원으로 충분했을 가능성이 컸다.

미국 재무부가 IMF가 바로 나서야 한다고 주장한 것은 미국 국내 사정으로 보아도 이상한 일이었다. 미국 의회가 IMF의 구제금융에 대해서 미국 납세자의 부담으로 돌아갈지 모른다는 이유로 문제 삼기 때문이다. 그런 이유로 IMF 구제금융을 마련하는 것은 미국 행정부의 입장에서 정치적으로 부담스러운 일이다. 그런 부담을 안으면서 동아시아 국가들을 IMF로 끌고 간 것은 이상하다고 할 수밖에 없다.

한편 도덕적 해이 척결론은 조건을 붙이지 않고 구제금융을 주면 채무자가 무책임한 행태를 고치지 않을 것이기 때문에 외환위기 재발 위험이 있다는 것이었다. 외환위기 재발을 방지하기 위해서는 엄격한 조건을 붙여서 유동성을 제공해야 한다는 것이었다. 이 논리도 문제가 있었다. 우선 공정성 문제다. 미국 재무부는 채권자의 도덕적 해이에 대해서는 일체 말이 없었다. 외환위기 전 한국의 은행들은 빚을 지면 그 상환 능력이 없는 상태였다. 그런데도 외국 은행이 한국 은행에 자금을 빌려준 이유는 무엇인가? 우선 한국 은행들의 재무 상태를 제대로 살펴보지 않고 한국 경제가 좋기 때문에 그냥 괜찮으려니 하고 빌려주었을 가능성이 있다. 그랬다면 그것은 도덕적 해이를 넘어 영업의 기본이 안 되어 있었다는 이야기다. 당시 한국의 은행 재무제표는 쉽게 구할 수 있는 실정이었고, 〈그림 2-2〉에 나타난 것과 같은 기업의 부실은 누구나 쉽게 알 수 있는 상태였다. 따라서 외국 은행들이 한국 은행들의 부실을 모르고 빌려주었을 가능성은 별로 없다. 그렇다면 한국의 은행에 돈을 빌려준 외국 은행들이 한국 기업이 부실하고 따라서 한국의 은행도 부실하다는 것을 알고서도 빌려주었다는 이야기다. 그렇게 한 이유는 무엇인가? 은행이 빌린 돈을 갚지 못할 경우 한국 정부가 대신 갚아줄 것이라고 믿었기 때문이다(Dooley and Shin, 2000). 이것은 명백한 도덕적 해이다. 그런데도 미국이 그것을 전혀 문제 삼지 않은 것은 불공정했다.

공정성 문제는 바로 외환위기 재발 방지 문제와 직접적 관련이 있다. 채권자에 대해서도 도덕적 해이에 대해 책임을 물어야 앞으로 함부로 자금을 빌려주지 않을 것이었다. 즉, 채무자뿐 아니라 채권자의 행태도 고치지 않고서는 장래 외환위기를 막을 수 없다고 믿을 이유가 있었던 것이다. 그런데도 채권자의 도덕적 해이를 전혀 문제 삼지 않은 것은 명백한 이중 기준이었다.

이러한 이중 기준은 모든 외환위기 때 미국이나 IMF가 취하는 공통적 입장이기 때문에 당시 동아시아 외환위기가 특히 예외라 할 수는 없다. 그러나 한국의 경우 외환위기를 맞은 대다수 개도국에 비해 도덕적 해이 척결이 명분이 되기는 더 어려웠다. 대다수 개도국에서 외환위기가 일어나는 것은 대규모 재정 적자와 경상수지 적자 같은 거시적 요인 때문이다. 거시경제적으로 무책임한 정책을 펴서 스스로 생산하는 이상으로 소비하다가 뒷감당할 수 없는 상태가 되어서 외환위기가 일어나는 것이다. 그런 도덕적 해이에 대해 책임을 묻는다는 것은 일리 있는 주장이다. 반면 1997년 당시 한국은 재정 상태나 경상 수지 등에 있어서는 전혀 문제가 없었다.

물론 일부 한국인은 도덕적 해이를 저질렀다. 기업과 금융, 정부를 잇는 라인에서 도덕적 해이 때문에 부실채권이 대량 발생했고 그것이 금융위기를 일으키고 있었다. 그리고 은행이 단기외채를 지는 과정에서도 도덕적 해이가 없었다고 할 수 없었다. 그러나 논리적으로 그런 행태에 대해 책임을 물을 위치에 있는 것은 한국 정부였다. 정부가 은행의 외채에 지불보증을 해서 은행의 외채를 떠안게 되었고, 그 때문에 국민 세금이 들어갈 가능성이 커졌다면 정부가 채무자인 은행에 대해 책임을 물으면 되고 은행은 빌려간 기업에 대해 책임을 물으면 되는 것이었다. 거기에다 과다차입을 했던 재벌들은 이미 대규모로 도산하고 있었다. 한국은 기업이 도산할 경우 대주주가 주식 지분과 경영권을 잃게 되고 전문경영인들도 대다수 직장을 잃게 된다. 이들은 도덕적 해이에 대한 징벌을 받게 되어 있었고, 그것은 도산하지 않은 다른 재벌들에게도 "교훈"을 줄 것이었다.

미국이 내세운 도덕적 해이 척결론이 믿을 수 없다는 것은 2008년 위기 때 적나라하게 드러났다. 2008년 위기 직후 미국 정부가 월가에 대해 취한 조치는 1997년 동아시아에 대한 조치와 너무 달랐다. 월가의 명백한 도덕적 해이에 대해서 아무런 책임을 묻지 않고 그냥 수천억 달러를 제공했던 것이다. 월가의 금융회사들은 그 와중에서 보너스 잔치를 벌였다. 그렇게 해서 미국은 자신이 1997년 동아시아에서 척결하겠다고 팔을 걷고 나섰던 "패거리 자본주의(crony capitalism)"가 미국 자체에도 있다는 것을 11년 만에 전 세계에 공표한 셈이 되었다.

이러한 미국 정부와 월가의 유착 행위는 미국 국내에서 경제학자들의 격렬한 비판을 불러왔다. 예컨대 IMF 부총재를 지낸 바 있는 사이먼 존슨(Simon Johnson)은 그런 행태를 "소리 없는 쿠데타(The Quiet Coup)"로 규정했다. 1997년 동아시아 외환위기 당시 세계은행 부총재였던 조지프 스티글리츠는 한 걸음 더 나아가서 그러한 행태에 대해 "거대한 강도질(The Great American Robbery)"이라고 비난했다(Johnson, 2009; Stiglitz, 2010: Chapter 5).

당시 미국 정부와 월가의 관계는 1997년 한국 정부의 은행에 대한 관계와 같은 것이어서, 직접 월가의 도덕적 해이를 징벌해야 하는 입장에 있었다. 그런 점에서 미국 정부가 1997년 동아시아에 대해 취한 조치와 2008년 월가에 대해 보여준 행동은 단순한 "이중 기준(double standard)"을 넘어서 "파렴치의 극"이라 할 수 있다. 미국 정부의 그런 행태는 이미 부시 행정부 때 나타났지만, 2009년 들어선 오바마 행정부에서도 그대로 이어졌다. 여기서 더욱 놀라운 것은 오바마 행정부가 들어오고 난 후 그런 조치를 계속한 주역들은 1997년 동아시아 외환위기를 다룬 바로 그 사람들이었다는 사실이다.

월가-미국 재무부-IMF 복합체

미국 재무부의 저지로 일본으로부터의 도움이 무산된 후 한국은 IMF에 갈 수밖에 없었다. 12월 3일 IMF는 그 당시까지 최대 규모인 총 583억 5000만 달러 규모의 구제금융 안을 마련했다. 그 내용은 IMF 지원금 210억 달러, IBRD 지원금 100억 달러, ADB 50억 달러, 13개 국가의 2선 자금 233억 5000만 달러로 구성되어 있었다. 그러나 그것으로 외환위기를 해결할 수 없었다. 우선 IMF가 제공하기로 한 자금이 제때에 제공되지 않았다. IMF는 자금 제공에 엄격한 조건을 달면서 그것을 확인한 후 순차적으로 자금을 제공했는데, 위기 상황에서 조건이 달린 자금은 효과가 없었다. 거기에다 제2선 방어를 위해 선진국들이 제공하기로 한 자금은 당장 제공될 수 있는 것이 아니었다. 그중 미국 몫은 제공 여부 자체가 불분명했다. 미국은 자신이 제공하기로 한 금액을 "실제로는 제공할 필요가 없게 될 것이라는 기대"를 하고 자금 제공을 약속했기 때문에, 실제로 자신이 자금을 제공할 필요가 생기게 될 경우 약속한 자금을 낼 것인지가 불분명했던 것이다. 반면 채권 은행들 입장에서는 한국 정부가 상환 기한이 임박한 외채에 비해 당장 쓸 수 있는 외환보유액이 얼마인지가 주 관심사였다. 조건 달린 돈과 제공 여부가 불분명한 구제금융으로는 채권자들에게 자금을 빼가지 마라고 설득할 수 없었다(Radelet and Sachs,

1998: 66; Blustein, 2001: 178~180).

결국 미국은 한국의 유동성 부족 사태를 일본이 나서서 수습하겠다는 것을 저지해서 한국이 IMF로 가게 만든 뒤, IMF 구제금융에서는 자금 제공에 조건을 붙이고, 제2선 방어용으로 미국 자신이 제공하기로 한 자금은 실제로 제공하지 않아도 될 것이라고 기대하면서 제공 약속을 하는 등, 매우 무책임한 태도를 보인 셈이다. 그런 식으로는 위기를 수습할 수 없었다. 그러는 사이 한국이 국가 부도를 낼 경우 세계경제에 미칠 영향은 엄청날 것으로 예상되었기 때문에 미국도 문제 해결에 적극적으로 나설 수밖에 없었다.

한국의 외환위기는 IMF 구제금융이 아니라 채권의 "만기 연장(bail-in)" 방식을 통해서 해결되었다. IMF의 통상적인 구제금융 방식은 외환위기에 처한 나라에 유동성을 제공하고 채권자가 빚을 받아서 나가는 것을 보장(bailout)함으로써 채권자가 경쟁적으로 자금을 빼가는 것을 막는 조치다. 반면 만기 연장은 채권은행들이 경쟁적으로 자금을 빼가지 않고 외채의 상환 기한을 늦춰주는 것이다. 그것은 물론 채권은행들의 집단행동을 조직하는 조치가 있어야 가능하다. 그런 집단행동을 조직할 수 있는 주체는 국내 금융위기에 있어서건 국제적 외환위기에 있어서건 정부인 경우가 대다수다. 세계적으로는 결국 미국 정부밖에 없는 것이 현실이고, 실제로 미국 정부가 나서서 채권은행에 만기 연장을 설득했던 것이다.

한국의 경우 이 해결 방식은 IMF 내의 저명한 화폐경제학자인 마이컬 무사(Michael Mussa)가 아이디어를 냈다고 한다(Blustein, 2001: 175~177). 그런 조건 위에서 한국은 미국 정부에 IMF가 요구한 조건에서 더 나아간 "IMF-플러스" 안을 약속하고 채무의 만기 연장을 위해 노력해 주겠다는 약속을 끌어낼 수 있었다(Bluestein, 2001: 191~205). IMF-플러스 안은 11월 19일 새로 취임한 한국 재정경제원 장관 임창렬이 위탁한 경제순회대사였던 김기환이 12월 19일 미국 재무부와 협상을 하기 전에 스스로 고안한 것이었다. 당시 미국 정부도 한국의 외환위기를 해결해야 하는 입장이었기 때문에 그 제안을 받아들여

1997년 크리스마스 전날 채권은행들에게 상환 기한을 연기하라고 설득했던 것이다. 세계 주요 은행 최고경영자들과 미국 정부 고위관리들이 그해 크리스마스 휴가를 망쳐가면서 전화를 주고받은 결과 만기 연장에 합의할 수 있었다. 그렇게 할 수 있었던 것은 채권자가 세계적인 주요 은행으로서 수가 많지 않았기 때문이다. 그런 점에서 한국은 운이 좋았다고 할 수 있다(Roubini and Setser, 2004: 151~153). 그렇게 채권 만기 연장에 성공함과 동시에 IMF는 구제금융 제공 과정에서 먼저 조건 이행을 확인하지 않기로 함으로써 한국은 외환위기를 해결할 수 있었다

채권 만기 연장을 통한 외환위기 해결 방식은 실제로는 마이컬 무사가 새로 낸 아이디어가 아니고 바로 몇 달 전부터 한국과 일본 간에 얘기가 되었던 "행정지도"였다. 행정지도는 미국의 관행과는 잘 맞지 않는 것이었지만, 12월 말경에 미국은 한국이 국가 부도로 갈 경우 그것이 세계 경제에 미칠 파장에 대해 걱정하지 않을 수 없었다. 행정지도는 그에 따르는 은행의 입장에서는 더 급히 쓸 곳이 있어서 돈을 빼야 하는데도 만기를 연장해 주는 것이기 때문에 채권자에게도 부담을 지우는 것이다. 그래서 한국에 이 방안이 시행된 후 그것이 앞으로 외환위기를 해결하는 데 유효하고 공정한 방법이라는 주장도 나왔다(Eatwell and Taylor, 2000: 232).

그러나 여기서 분명히 하고 넘어가야 할 점은 처음부터 미국이 동아시아 사태에 개입하지 않았으면 미국이 스스로의 관행과 맞지 않는다고 생각하는 행정지도를 할 필요도 없었을 것이라는 점이다. 거기에다 한국의 입장에서 볼 경우 일본이 행정지도를 하거나 유동성을 제공하는 것과 미국이 행정지도를 하는 것은 엄청난 차이가 있었다. 미국은 행정지도를 약속하면서 IMF가 요구했던 조건을 철회하지 않았다. 거기에다 한국은 미국에게 그런 조건에서 한층 더 나아간 IMF-플러스 개혁을 약속하고 행정지도를 끌어낼 수 있었다. 그 조건은 단기적 해결책으로서 고금리 정책과 함께 광범위한 구조 개혁과 자본시장 완전 개방이었다. 물론 일본은 행정지도에 그런 조건을 붙이지 않았

을 것이다. 그리고 일본이 양자 간에 외화를 빌려주었더라도 그런 조건을 붙이지 않았을 것이다. 결국 미국은 그냥 두면 동아시아 내에서 해결될 유동성 부족 사태를 IMF로 가게 해서 사실상 외환위기를 "일으킨" 뒤, 자신의 요구사항을 철저히 관철시키고 해결해 준 셈이다. 병 주고 약 주면서 약값을 많이 받아낸 꼴이다.

이런 미국의 행동을 어떻게 설명하는가? 그 전에 지속적으로 요구해도 한국이 제대로 들어주지 않았던 자본시장 개방이나 경제구조 개혁 요구를 관철시키는 데 한국의 유동성 부족 사태를 이용하자는 것이었다. 이 과정에서 처음부터 기획된 "음모"가 있었다고 볼 수는 없지만 한국이 자본시장 개방 과정에서 실책을 저지름으로써 어려움에 처했을 때 기회를 잡은 것이다(Robertson, 2007).

이런 미국의 목표는 당시 한국 외환위기를 처리했던 고위 당국자들의 언행에서도 드러난다. 예컨대 1997년 12월 초 한국이 IMF와 협상을 타결한 뒤 당시 IMF의 수석 부총재인 스탠리 피셔(Stanley Fisher)가 한국 언론과의 인터뷰에서 이야기한 것을 보면 미국과 IMF 고위층의 목표가 무엇이었는지 짐작할 수 있다. MIT 교수를 하다가 당시 IMF의 수석 부총재를 하고 있던 피셔는 동아시아 외환위기에 대해 국내 경제구조가 그 원인이라고 주장한 대표적 학자였다(Fisher, 1998). 그래서인지 피셔는 한국이 IMF가 요구한 국내 경제구조 개혁 조건은 엄격히 지켜야 한다고 말했다. 그러면서 피셔는 "한국은 국제 자본시장과 충분히 통합되지 못한 상황에서 그 혜택만을 누리려 했던 것이 비극이었다"고 말하고, "혜택을 누리기 위해서는 자본시장의 개방이 필요하다"고 덧붙였다(≪조선일보≫, 1997.12.6).

여기서 한국이 "혜택만을 누리려 했다"는 것을 어떻게 해석해야 하는가? 모든 거래는 국내적이건 국제적이건 본질적으로 당사자들이 모두 이익을 볼 수 있다는 것이 현대 경제학의 기본 명제다. 다만 그렇게 되기 위해서는 여러 가지 조건이 구비되어야 한다. 그중에서도 자본거래, 특히 국제적인 자본거래는 당사자들이 모두 이익을 보기 위해서는 다른 상품 거래보다 더 갖추어야 할 조건이 까다롭다. 그래서 자본 자유화에 대해서는 생산물 시장 개방에 대해서 보다 반대하거나 유보적인 학자들이 더 많다.

그리고 조건이 잘 만족된 상태에서 서로 이익을 보는 거래가 이루어질 수 있다고 하더라도 그 거래의 이익을 어떻게 나누는가는 별개의 문제다. 그에 대해 공정한 방법은 국제적인 규범을 정해서 그것을 지키는 것이다. 따라서 한국이 일방적 혜택을 본다고 말하려면 그런 국제적 규범이 있는데 그것을 안 지킴으로써 부당한 이익을 얻었어야 한다. 그러나 당시 자본시장 개방에 대한 국제적 규범은 없었다. 물론 굳이 명시적 규정을 하지 않아도 누구나 인정하는 규범은 있었을 것이다. 이미 이루어진 외국인 투자에 대해 소유권을 보장하지 않고 국유화를 하거나 빌린 돈에 대해 이자나 원본을 제대로 갚지 않는 것 등이 그런 것이다. 그러나 한국은 그런 일을 한 적이 한 번도 없었다.

한국이 IMF 회원국이었기 때문에 경상거래를 자유화하고 나면 자본거래도 자유화해야 한다는 원칙은 있었다. 그러나 구체적으로 어떤 순서를 거쳐 어떤 속도로 해야 하는가에 대해 정해진 규범은 없었다. 즉, 국제무역처럼 한국이 위반했을 경우 미국이 WTO에 제소할 수 있는 것 같은 시스템은 없었던 것이다. 한국이 OECD에 가입하는 과정에서 OECD에서 부과하는 자본 자유화 조치 규정을 전면적으로 받아들이지 않고 유예를 받았지만, 그것이 국제적 규범을 어긴 것은 아니었다.

이렇게 보면 피셔의 말은 결국 자본시장의 전면적 개방이 국제적 규범이 되어야 한다는 미국의 일방적 "의지"를 반영한 것이라고 볼 수밖에 없다. 즉, 미국이 1980년대 중반부터 무역 쪽에서 시행했던 일방주의가 이번에는 자본시장 개방에 적용된 결과라고 볼 수 있다. 이것은 공정성이나 합리성이 아니라 힘의 논리다. 피셔의 말은 결국 한국이 그런 힘의 논리를 빨리 깨닫고 그에 적응했어야 하는데 그렇지 못한 것이 비극이었다는 이야기다.

미국 정부가 자본시장 개방을 요구하는 이유는 무엇인가? 그 문제에 대해

관찰과 생각을 해온 학자들은 그러한 행동의 바탕에 월가(Wall Street)와 얽힌 이해관계가 있다고 본다. 미국 정부 중에서 그런 문제를 담당하는 재무부는 월가와 밀접한 관계에 있고, IMF는 사실상 미국 재무부가 통제하면서 그 방침을 세계적으로 관철시키는 집행자라는 것이다. 그렇게 "월가-미국 재무부-IMF 복합체(Wall Street-Treasury-IMF Complex)"라고 부를 수 있는 이익집단이 형성되어서 그런 행동이 나온다는 것이다. 이하에서는 이 집단을 "복합체"로 약칭하기로 한다.

이런 주장을 가장 강력하게 편 학자는 아마도 로버트 웨이드(Robert Wade) 같은 정치경제학자일 것이다(Wade, 1998). 그런 한편 조지프 스티글리츠 같은 대표적 주류 경제학자도 같은 주장을 했다. 스티글리츠는 세계화에 반대하지 않지만 그것이 작동하게 하려면 지금 같은 시스템으로는 안 된다고 줄곧 주장해 왔다(Stiglitz, 2002, 2006). 한편 스티글리츠와는 다른 입장이지만 복합체의 존재를 인식하고 그 행태에 대해 문제를 제기한 경제학자 중에는 자그디쉬 바그와티 같은 저명한 주류 경제학자도 있다. 바그와티는 무역에 대해서는 선진국과 후진국 모두 일관되게 자유무역의 이익을 주장하고, 특히 동아시아 국가들에 대해서는 자유무역이 고도성장의 원인이라고 끊임없이 주장해 왔던 경제학자다. 그런 점에서는 스티글리츠와 다르다. 그러나 바그와티는 자본시장 개방은 전혀 별개 문제로서 그것이 개도국에 도움이 된다는 증거가 없는데, 그럼에도 단기자본시장을 개방하라고 하는 것은 복합체의 이해관계 때문이라고 주장한다(Bhagwati, 1998; Bhagwati, 2004: 204~206).

복합체의 존재는 1997년 동아시아 외환위기에 이어 2008년 글로벌 금융위기 때 미국 정부가 취한 태도에서 명백하게 확인되었다. 미국이 1997년과 2008년에 취한 조치의 이중 기준, 나아가서 파렴치를 일관성 있게 설명하려면 이런 복합체의 존재를 상정할 수밖에 없다. 1997년 한국의 경우에는 이 복합체가 부분적 균열을 드러내기도 했다. 미국은 1997년 가을 일본이 동아시아 내에서 위기를 해결하겠다는 것을 저지해서 한국을 IMF로 보내는 데는 성공했지만, 한국에 파견된 IMF 구제금융 팀의 일부 언행으로 보아 이들이 자신의 의도대로 행동할 것인지에 대해 의구심을 품게 되었다. 그래서 미국은 이들이 서울로 간 일주일 뒤 재무부 외무차관보(Undersecretary of International Affairs)를 서울로 급파하여 IMF 구제금융 팀을 직접 지휘·감독했던 것이다. 이것은 아마도 세계 외환위기 역사상 유례가 없는 일이었다고 생각되는데, 당시 IMF 내부에서는 "미국이 이번 사태를 순전히 자국의 이익을 위해 이용하고 있다"는 불평이 만연해 있었다고 한다(Blustein, 2001: 143).

신자유주의와 세계자본주의체제

이러한 일련의 과정을 더 심도 있게 이해하기 위해서는 역사적 관점에서 볼 필요가 있다. 제2장에서 본 것처럼 한국이 1960년대에 고도성장을 시작한 것은 수출 지향적 공업화를 통해 당시 세계자본주의의 유리한 추세에 잘 편승했다는 데 힘입은 바 컸다. 반면 "한국전쟁 이후 최대 국난"이라는 1997년 외환위기는 30여 년 사이에 세계자본주의의 구도가 바뀐 데 대해 한국이 잘 적응하지 못해 일어난 사건이라고 할 수 있다.

구도가 바뀐 첫째 요인은 신자유주의의 등장이다. 제2장 말미에서 살펴본 것처럼 1970년대부터 미국 내에서 신자유주의가 등장하고 그것이 세계자본주의체제의 성격을 규정하게 되면서 한국은 신자유주의적 환경에 놓이게 되었다. 신자유주의적 환경은 미국의 개방 요구로 나타났다. 미국은 처음 생산물 시장 개방, 즉 무역 자유화를 요구하고 뒤이어 자본시장 개방을 요구했다.

그중 무역 자유화가 꼭 신자유주의적인지는 논란의 여지가 있다. 제2차 세계대전 후 GATT체제가 성립했을 때 미국 등 선진국의 수정자본주의 시대에도 자유무역은 세계적 규범이었다. 다만 미국은 한동안 유럽 국가들과 일본에 비대칭적 관계, 즉 미국은 시장을 개방하면서 이들 나라에는 보호와 보조금을 허용하는 관계를 허용했는데, 그것은 그들 나라의 경제가 회복할 때까지 일시적으로 취한 조치였다. 따라서 1980년대 중반부터의 개방 요구는 원래의 상호주의 원칙으로 되돌리려는 것이었다(Bhagwati and Irwin, 1987).

그런 반면 개도국에 대한 조치는 그렇게 볼 수 없다. 미국은 개도국에 대해서도 비대칭적 관계를 허용했었는데 이제는 비대칭성을 허용하는 정도가 크게 약화되었다. 최빈국을 제외한 개도국에는 상호주의가 적용된 것이다. 이것은 신자유주의적이라고 볼 수 있다. 상호주의로 되돌리는 것은 경제가 회복되어서 경쟁력이 대등해지는 것을 전제로 하는 것인데, 개도국에까지 대칭성을 요구하는 것은 과거와는 원칙이 달라졌다는 것을 의미한다. 달라진 원칙은 한국에 적용되었다. 한국은 1980년대 중반 아직 유럽이나 일본만큼 경제발전을 하지 못한 상태에서 비대칭적 관계를 더 이상 누리지 못하고 자유화를 해야 하는 부담을 안게 되었다. 거기에다 미국은 자유화를 요구하는 과정에서 일방주의로 강요하는 모습을 보였다. 다만 제2장 제3절에서 살펴본 것처럼 미국의 그러한 무역 자유화 압력이 한국의 경제성장을 지연시키는 효과는 그리 크지 않았다.

한편 미국의 자본시장 개방 요구는 분명히 신자유주의적인 것이었다. 그리고 그것은 한국에 큰 영향을 끼치게 되었는데, 그것은 바로 외환위기가 일어나는 조건이 되었기 때문이다. 미국의 자본시장 개방 요구가 신자유주의적이었던 것은 미국 국내에서의 신자유주의 대두가 자본시장 개방 요구로 이어졌기 때문이다. 1970년대 이후 미국 국내에서 신자유주의적 추세의 일환으로서 금융이 규제에서 풀리고 월가를 중심으로 하는 강력한 금융자본이 대두한 것이 세계적인 자본시장 개방 요구로 이어지게 되었던 것이다.

1970년대 이후 금융이 규제에서 풀리게 된 것은 상당한 근거가 있었다. 1960~1970년대 미국과 영국에서 확장적 거시경제 정책의 결과 인플레이션이 심화되는 속에서 금융 규제는 일반 국민의 경제생활에 불편을 가져왔다. 미국에서는 예컨대 "이자 상한법(Regulation Q)" 같은 것이 금융시장의 정상적 작동을 막아서 불편을 불러왔다. 영국에서는 더 심한 불편이 나타났다. 예컨대

1960년대 영국에서는 누구든 매우 소량의 금액만 외국에 가지고 나갈 수 있었는데, 그것은 영국 정부가 노동조합의 압력하에서 완전고용을 유지하기 위해 인플레이션을 일으키고 그것이 환율에 미치는 영향을 막으려고 자본 유출에 대한 통제를 강화한 결과였다. 그런 인플레이션은 중산층의 금융자산의 가치를 갉아먹어서 중산층을 몰락시키는 결과를 가져왔다(Wolf, 2004: 284). 프랑스도 1980년대 사회당 정부 초기에 비슷한 경험을 했다.

이런 구도에서 미국과 영국을 중심으로 금융이 규제에서 풀리게 되었다. 수정자본주의체제하에서는 카지노화한 금융시장이 대공황의 주범이라는 인식이 지배해서 금융을 강하게 규제했지만, 신자유주의는 시장의 자율규제 능력을 믿고 그것을 되돌렸던 것이다.[4] 그런 움직임은 대공황 이후 저하되었던 경제 전체에서의 금융의 비중이 올라가는 결과를 가져왔다. 월가를 중심으로 하는 강력한 금융자본이 대두하고 사회 전체의 "금융화"가 진행되었다(Dore, 2008; Wray, 2009).

그런 과정은 당연히 세계경제체제에도 영향을 미치게 되었다. 자본주의 황금기의 국제통화금융체제였던 브레턴우즈체제에서는 선진국도 국내적으로 금융을 강하게 규제하는 추세의 연장선상에서 국제적으로도 자본 통제를 원칙으로 했다. 그러나 브레턴우즈체제는 1970년대에 붕괴하고 그 뒤 미국은 다른 나라, 특히 개도국의 자본시장 개방을 적극 추진했다. 그것은 미국 헤게모니의 새로운 성격과 결부되었다. 미국은 달러의 금 태환을 정지한 상태에서 자본시장 개방을 그 헤게모니를 관철시키는 새로운 전략으로 삼았던 것이다. 그것은 미국의 헤게모니가 시혜적 성격에서 벗어나는 계기가 되었다. 처음 미국의 그런 변화에 의구심을 갖고 있던 유럽 국가들, 특히 사회당이 집권하고 있던 유럽 국가들도 결국 다른 대안이 없다고 보고 1980년대 중반 이후

4 이런 사정에 대해서는 Razan and Zingales(2003) 참조. 역시 이들은 주류 경제학자들로서 신자유주의 같은 용어는 쓰지 않고 있다.

미국과 동의하고 협조하게 되었다.[5] 그렇게 해서 월가와 미국 재무부만이 아니라 세계의 금융 중심지와 선진국 정부기관들도 같은 이해관계와 사고방식을 갖게 되었던 것이다.

한국은 제2장 말미에서 살펴본 것처럼 1980년대부터 신자유주의적 세계자본주의체제라는 환경하에서 자유주의적 개혁과 자본주의를 수정하는 개혁을 동시에 추진하고 있었다. 제1절에서 살펴본 바에 의하면 그런 구도에서 자유주의적 개혁 과정을 잘못 관리하는 바람에 외환위기가 일어났다고 할 수 있다. 즉, 자본시장 개방에서 순서를 안 지켰기 때문에 유동성 부족 사태를 맞게 되었고 그것이 외환위기로 이어졌던 것이다. 그러면 외환위기는 신자유주의적 "환경"과는 어떤 관계가 있는가? 앞에서 살펴본 것처럼 미국이 자본시장을 개방하라고 지속적으로 요구했지만 그에 따른 자본시장 개방이 외환위기의 직접적 원인은 아니었다. 한국이 OECD에 가입한 것도 미국이 요구한 것이 아니었다.

거기에다 외환위기의 직접적 원인도 신자유주의라고 볼 수 없었다. 외환위기의 직접적 원인은 통상적 자본거래라 할 수 있는 무역신용이나 은행 간 차입을 통해 들어왔던 일본계 은행 자금이 빠져나간 것이지, 신자유주의적 거래라고 인식되는 헤지펀드나 뮤추얼펀드 자금이 빠져나간 것은 아니었다. 따라서 한국이 1997년 여름 유동성 위기를 맞게 된 것은 신자유주의적 환경과 관계가 없었다. 그러나 그 유동성 위기를 해결하는 과정에서는 사정이 달랐다. 세계자본주의체제가 신자유주의체제로 바뀐 것이 결정적이었던 것이다. 그런 구도에서 일본의 AMF 제안이나 양자 간 유동성 제공은 받아들여질 수 없었다.

여기에 냉전의 종식이라는 정치적 조건이 작용했다. 이것은 1997년을

5 이런 사정에 대해서는 Helleiner(1994: Chapters 5~7), Helleiner(2010), Rajan and Zingales(2003: 263), Konings(2008), Abdelal(2006) 등을 볼 것.

1980년대 초와 비교해 보면 극명(克明)하게 드러난다. 제2장 제3절에서 언급한 것처럼 한국은 1980년대 초 외환위기에 직면했지만 일본에게서 40억 달러를 빌려서 해결할 수 있었다. 그 과정은 이랬다. 전두환 정부는 1981년 4월 일본 스즈키 젠코(鈴木善幸) 내각에게 "안보 분담금"을 내라고 요구했다. 그 근거는 일본의 "안보 무임승차론"이었다. 한국이 동북아 안보를 위해 최전방에서 힘쓰고 있는데, 일본이 무임승차하고 있으니 분담금을 내야 한다는 것이었다. 요구한 금액은 100억 달러였다. 전두환 정부가 그렇게 요구한 것은 믿는 구석이 있었기 때문이다. 전두환 정부는 당시 구소련과 새로운 냉전을 수행하고 있던 레이건 정부와 밀착하고 있었다. 레이건이 대통령으로 취임한 후 처음으로 초청한 국가원수가 전두환이었다는 것이 그것을 말해 준다. 레이건 정부는 한국이 냉전의 최전방 국가라는 사실을 강조하는 전두환 정부의 주장에 동조했다. 그러나 일본 스즈키 내각은 내켜 하지 않았기 때문에 차관 공여 교섭은 교착 상태에 놓여 있었는데, 1982년 11월 나카소네 야스히로(中曾根康弘) 내각이 출범하면서 급진전되었다. 나카소네는 미국 방문 이전에 한국을 방문하기로 결정하고 측근인 세지마 류조(瀨島龍三)에게 전두환 정부와 비밀 교섭을 하라고 부탁했다. 그 결과 1983년 1월 11일 전두환-나카소네 정상회담에서 40억 달러 차관을 공여하기로 합의했다(박철희, 2015: 203~204). 한국은 그것을 보증으로 삼아 해외차입을 함으로써 외환위기를 피할 수 있었다.

한국이 미국의 레이건 정부와 밀착함으로써 외환위기를 피한 과정은 한국의 군사독재 정권과 미국의 보수 정권 간에 궁합이 잘 맞는 구도를 보여주는 사례로서, 한국의 민주화를 지지하는 학자들에게서 냉소적 평가를 받았다(Eckert et al., 1990: 393; Woo, 1991: 182~187). 한국의 민족주의라는 관점에서 보아도 일본이 차관을 제공하는 과정은 몹시 찜찜한 구석이 있었다. 나카소네 야스히로는 당시까지의 일본 수상 중에서 가장 우익이었고, 그의 측근으로 비밀 교섭을 담당했던 세지마 류조는 일본제국 육군사관학교 출신으로 전후 일본의 대표적 우익 인사였다. 그러나 그런 문제들이 어떤 정치적 의미가 있었는지와는 별개로 1980년대 초 한국이 일본의 도움으로 당장의 외환위기를 피할 수 있었던 것은 사실이다.

이렇게 1980대 초 한국은 미국과의 밀착 관계를 이용해서 처음에 내켜 하지 않았던 일본의 도움을 받아 외환위기를 피할 수 있었다. 반면 1997년에는 일본이 적극적으로 나서서 수습하려고 했는데 미국이 그것을 강력하게 저지했던 것이다. 이처럼 15년여 만에 한·미·일 관계에서 정반대 현상이 나타난 데는 김영삼 정부의 외교 실패라는 요인도 있었지만, 냉전의 존재 여부가 결정적 요인이었을 것이다. 냉전의 존재 여부라는 정치 논리는 경제 논리를 압도했다. 1997년 당시 한국 경제의 상태는 1980년대 초와 비교가 안 되게 좋았지만 외환위기가 일어나는지 여부에 있어서는 결과가 정반대였던 것이다.

여기서 드디어 앞에서 제기한 핵심적 물음에 대한 답이 나온다. 한국은 1979년부터 1980년대 초에 걸쳐 국내 금융위기가 일어날 때에도 단기외채 문제가 있었다. 그런데 그때는 외환위기가 일어나지 않았다. 그에 반해 1997년에는 국내 금융위기뿐 아니라 외환위기가 일어나서 "쌍둥이 위기"가 되었다. 그렇게 15년여 사이에 사태가 다르게 전개된 바탕에는 냉전의 종식이라는 조건이 결정적 요인으로 자리 잡고 있었던 것이다.

물론 냉전이 끝났다고 해서 정치적 문제를 전혀 무시할 수는 없었다. 이것은 미국 정부 내에서도 부처 간 의견이 달랐던 데서 드러난다. 당시 월가의 이익을 중심으로 행동한 재무부와 달리 국무부나 국방부는 여전히 북한의 존재와 남한 내의 반미의식을 의식할 수밖에 없었다. 이들은 재무부의 행태를 비난했다(Steil and Litan, 2006: 84~88). 미국 정부가 부처 간 협조가 잘 안 이루어지고 혼선을 빚는 경우가 많은 것은 사실이다. 그러나 한국의 외환위기 당시 국무부나 국방부의 의견 차이가 어떤 영향을 미쳤는지는 분명하지 않다.

그러면 자본시장 개방이 아니고 통상이나 직접투자에 관심이 있는 상무부나 무역대표부는 어땠는가? 이들 기관의 행동은 상대적으로 주목을 덜 받았다. 그러나 1997년 외환위기 당시 미국이 그런 식으로 행동한 것은 자본시장 개방만이 아니라 통상 문제 때문이기도 했다. 이것은 당시 미국 무역대표부(US Trade Representative) 위원장이던 미키 캔터(Mickey Kantor)가 한 말에서 드러난다. 캔터는 영국의 ≪더 타임스(The Times)≫와의 인터뷰(1997.12.5)에서 동아시아 국가들이 겪고 있는 어려움은 서방 국가에 그 통상 이익을 관철시킬 수 있는 황금과 같은 기회를 제공하고 있다고 주장하고, 미국과 유럽은 이들 국가가 IMF의 도움을 청하게 된 상황에서 IMF를 "성벽 파쇄기(battering ram)"로 써야 한다고 주장했다(Weisbrot, 2016: 349).

실제로 한국이 통상문제에서 미국 정부와 업계의 심기를 불편하게 만든 것이 미국 정부가 그렇게 행동한 하나의 원인이 되었을 수 있다. 당시 미국은 한국 자동차 시장의 개방이 추가로 이루어지지 않자 슈퍼301조를 발동하는 등 강경한 태도를 보이고 있었다. 그런 한편 한국 자동차업체가 미국 기업을 제치고 제3국의 국영 자동차기업을 인수하거나 국산차 프로젝트를 수주했다. 미국이 한국산 컬러텔레비전과 반도체에 대해 반덤핑 조치를 취하자 한국 정부가 그것을 WTO에 제소했는데, 그런 것도 미국을 자극했을 수 있다(정덕구, 2008: 38). 이런 현상들을 보면서 미국 정부가 한국이 자국시장은 열지 않으면서 재벌을 앞세워 세계시장을 "교란"하는 행태를 보이고 있는데, 그것을 길들여야 한다고 생각했을 수 있는 것이다(Crotty and Lee, 2009: 157). 당시 재벌의 그런 행태의 주역이었던 대우의 김우중 회장도 비슷한 주장을 한 적이 있다(신장섭, 2014: 143).

미국 정부가 부처 간 입장 차이가 있다고 하더라도 동아시아 외환위기 같은 큰 사건에서 범정부 차원의 결정이 없었으리라고 생각하기는 어렵다. 이 문제는 결국 백악관에서 처리할 사안이었을 터인데, 이와 관련해서 클린턴이 11월 초 일본 수상에게 공식 서한을 보내 금융위기로 어려움을 겪는 나라가 생기더라도 양국 간 해결 방식을 취하지 말고 IMF를 통해 지원해야 한다고 못을 박았다는 것을 주목할 필요가 있다(강경식, 1999: 306; 정덕구, 2008: 37). 그 외에 국무부나 국방부가 재무부와 다른 의견을 낸 것도 백악관 회의에서였고,

12월 재무부가 IMF-플러스 제안을 받아들인 후 한국에 IMF의 구제금융을 조건을 붙이지 않고 조기 지원하고 채권은행을 설득하기로 결정한 것도 백악관의 국가안보회의에서였다(지주형, 2011: 203). 이런 것들을 감안하면 한국의 외환위기에 대해서는 미국이 범정부 차원에서 합의하고 정책을 추진했음이 틀림없다.

미국 정부의 정책은 냉전 후 세계질서 재편이라는 더 넓은 구도와도 관련이 있었다. 냉전이 끝난 상황에서 미국은 자본시장 개방만이 아니라 한국 등 동아시아 국가의 국내 경제체제에 대한 구상도 했을 가능성이 크다. 외환위기에 처한 나라에 IMF나 미국을 비롯한 서방 국가가 도움을 줄 때 국내 경제구조를 개혁하라고 요구한 것은 냉전에서 패한 구(舊)동구권 국가의 경제체제를 바꿀 때부터 시작된 것이었다(김인준, 2013: 99).

거기에다 미국은 경제적으로 가장 역동적인 아시아-태평양 지역에서 미국을 배제하고 독자적 세력을 구축하려는 움직임이나 지역 단위 국제경제기구가 나오는 것을 경계했다. 당시 중국은 아직 경제적으로 힘이 미약한 상태에서 미국은 일본 중심으로 동아시아 경제가 독자적 세력으로 편성되는 것을 막아야 할 입장에 있었다. 더 근본적으로는 국제정치적 요인이 자리 잡고 있었다. 냉전 이후 세계는 바뀌었고, 미국 헤게모니의 성격이 변했지만, 미국이 동아시아에서 헤게모니를 행사하는 구도는 바뀌지 않았다. 제2차 세계대전 이후 동아시아에서 미국 헤게모니를 관철하는 주축인 미·일동맹의 구도는 일본이 이니셔티브를 쥐고 행동하거나 미국의 뜻을 거슬러서 행동해서는 안 된다는 것이었다. 미국은 1997년 9월 일본이 자신과 미리 협의하지 않고 AMF를 제안한 것을 패전 후 처음으로 그런 규칙을 깨는 일로 간주했던 것이다(Blustein, 2001: 166; Lee, 2006).

이런 점에서 일본의 행태는 흥미롭다. 일본은 AMF를 제안함으로써 그런 미국의 헤게모니가 지배하는 세계자본주의체제를 일부 수정해 보려고 했지만, 역부족으로 판명되자 물러났던 것이다. 그런 다음 일본의 행태는 철저하게 기회주의적으로 바뀌었다. 일본은 이미 한국과 합의해 놓고 있었던 10억 달러 통화스왑(currency swap) 협정도 이행하지 않았다. 나아가서 일본은 자신의 IMF 내 영향력을 이용하여 IMF로 하여금 당시 한국의 산업정책의 중요한 예외 조치였던 "수입선 다변화 정책"의 폐지를 요구하게 했던 것이다(Kapur, 1998: 123).

결국 한국의 외환위기는 이런 식으로 세계자본주의체제가 바뀐 데 대해 한국이 제대로 적응하지 못해 일어난 것이다. 적응을 잘못한 내용은 분명하다. 우선 자본시장 개방에서 뒷문이 열린 것이 잘못이었고, 뒷문이 열렸더라도 외환보유액이 충분했으면 외환위기가 안 일어났을 것이다. 그런 점에서 한국이 1990년대 경상수지 적자를 낸 것이 원인이었다고 할 수 있다. 그러나 이런 것은 사후적으로 안 것이고 사전적으로 알기는 어려웠다. 그런 현실에서 칼자루를 쥔 헤게모니 국가 미국이 기회를 노리다가 실수를 이용하겠다고 나오면 견딜 수 있는 나라가 몇이나 될지는 알 수 없는 일이다.

한국인의 입장에서 적응을 잘하지 못한 것은 경제적 논리나 규범이라는 관점에서 보아 그랬던 것이 아니다. 경제적 논리나 규범이 아니라 힘이 지배하는 세계에서 현실주의적으로 대미 외교를 잘하고 그 요구를 적절히 들어주면서 자신의 국익을 도모하는 방식을 택해야 했는데, 그렇게 하지 못했던 것이다. 즉, "월가에 먹을 것을 좀 던져 주었어야 했는데, 너무 움켜잡고 있었던 것"이 위기의 근본이었다고 볼 수 있는 것이다.[6] 그런 면에서 보면 OECD 가입이 또 다른 면에서 외환위기의 원인이 되었을 가능성이 있다. 한국은 OECD에 가입하면서도 자본시장 개방 계획을 제대로 안 냄으로써 월가와 미국 정부의 "약을 올렸을" 가능성을 배제할 수 없는 것이다.

그런 한편 한국 정부가 의식적이건 무의식적이건 과거처럼 한국이 어려움에 처했을 때 미국이 도와줄 것이라는 생각이 있었고, 그에 따라 단기외채에

6 이 말은 필자가 외환위기 당시 고위 정책 당국자였던 분으로부터 사석에서 들은 말이다.

대한 경계심이 약하고 외환보유액을 쌓는 데 대한 관심이 느슨했을 수도 있다. 외환위기 당시 재정경제원 차관이던 강만수는 실제로 그랬을 가능성이 전혀 없지 않았다는 것을 시사하고 있다(강만수, 2005: 386~388). 만약 그랬다면 1997년 한국은 정말로 세상이 바뀌었다는 것을 제때 깨닫지 못한 결과 재난을 맞은 셈이 된다.

제3절 한국의 대응

그러면 당시 미국과 IMF의 요구에 대한 한국의 대응은 어땠는가? 한국이 어떻게 대응했는가는 지금은 잘 알려진 사실(史實)이 되었다. 그러나 그 대응에 대한 평가는 아직 잘 되어 있지 못하다. 그것은 무엇보다 위기의 원인과 해결 과정에 대한 해석에서 합의가 없기 때문일 것이다. 여기서는 위에서 살펴본 외환위기의 원인과 해결 과정에 대한 해석에 비추어 한국의 대응에 대해 평가해 보기로 한다.

한국의 대응책을 평가하는 데는 우선 정부가 8월 25일 민간 부문 외채에 대해 지불보증을 한 것이 적절했는가 하는 문제가 있다. 당시 한국의 단기외채는 주로 은행 간 차입이었기 때문에 민간 부분의 대차관계의 결과였다. 정부가 지불보증을 하지 않고 "시장의 원칙"에 맡겼으면 국가 부도를 걱정할 필요는 없었을 것이라고 생각할 수 있다(예컨대 이헌창, 2016: 645~646). 그러나 이것은 별로 설득력이 없다. 중요 은행 대다수가 물려 있는 상태에서 정부가 지불보증을 하지 않을 경우 국제 금융거래가 마비되어서 외환위기가 일어나는 것과 마찬가지 결과가 나왔을 것이기 때문이다. 당시 정부가 가진 외환보유액이 단기외채 규모에 비해 턱없이 미달했다고 하더라도 시도도 안 해 보고 바로 그런 사태가 일어나는 것을 방치하는 것보다 지불보증을 통해 막으려고 한 것이 잘못된 선택이었다고 보기는 어렵다.

거기에다 외채 문제를 은행끼리 협상해서 풀라고 버려두었으면 그 과정은 훨씬 더 복잡하고 오래 끌었을 것이고, 그 결과 금융시스템이 마비되어서 위기는 더 길어졌을 것이다. 그런 점에서 보면 비록 사전적으로 알고 그랬다고는 할 수 없지만, 지불보증을 한 것은 위기를 빨리 해결하는 데 도움이 되었다. 개별 채무자에게 맡기지 않고 정부가 빚을 떠안음으로써 한국 측 협상 당사자가 정부 하나로 줄었고, 한국 정부가 미국 정부와 협상해서 미국 정부가 채권 은행들을 설득했기 때문에 12월 24일 만기 연장이 가능했던 것이다 (Eichengreen, 1999: 63).

또 하나 논점은 위기를 해결하는 데 있어서 시기를 둘러싼 문제다. 1997년은 김영삼 정권이 임기 말년을 맞으면서 대통령 선거 때문에 경제 문제가 정치화되어서 국내 금융위기의 해결책이 늦추어진 데다, 외환위기가 공론화되는 것도 미루어지고 IMF로 가는 것도 너무 늦게 결정하는 바람에 국제사회의 신뢰를 잃어서 나쁜 조건을 감수하고 외환위기를 해결할 수밖에 없었을 가능성이 있는 것이다. 그러나 제1절과 제2절에서 살펴본 바에 따르면 이 문제는 별 논점이 될 수 없다. 재벌 도산과 국내 경제구조 개혁을 둘러싼 갈등은 국내 금융위기와 외환위기가 별개라는 것을 감안하면 외환위기가 일어난 요인은 아니다. 외환위기의 원인은 정부의 유동성 부족이었는데, 그 문제를 해결하기 위해 IMF에 일찍 갔더라면 나았을 것이라는 가정도 큰 의미는 없다. 1997년 가을 미국은 유동성 부족을 기회로 잡아 한국을 IMF로 끌고 가려 하고 있었고, 한국은 안 가려고 발버둥을 쳤을 뿐이다. 아마도 일찍 IMF에 갔어도 조건은 별로 바뀌지 않았을 것이다. 그것은 당시 미국과 그 영향력하의 IMF가 경제적 합리성이 아니라 힘의 논리에 근거해서 행동하고 있었기 때문이다. 그 힘의 논리의 바탕에는 복합체의 이해관계를 비롯한 미국의 국익을 관철시키려는 목적이 있었다.

물론 그런 현실을 인정한 위에서 보아도 한국의 대응책에는 문제가 있었다. 처음 일본의 도움을 받으려고 노력한 것은 당연했지만 11월 중순에 두 번이나 일본에 도와 달라고 한 것은 적절하지 못했다. 당시 이미 한국 등 동아시아 외환위기가 증폭되어서 일본의 도움으로 해결할 단계는 지났을 가능성이 큰 데다, 미국과 일본 사이에 합의가 이루어진 줄도 모르고 그렇게 한 것은 정보의 부족, 경제외교의 미숙이라고 할 수밖에 없다. 11월 중순에 이르면 경제적 합리성과 무관하게 미국의 의사를 거역하면 자본 흐름을 되돌릴 수 없는 상황이었다. 미국은 나름대로 한국의 국가 부도가 미칠 세계적 파장이 엄청날 것이라는 것을 깨달았기 때문에 한국의 외환위기 해결에 본격적으로 나서지 않을 수 없는 사정이었다. 다만 미국이 구제금융에 조건을 붙인다는 데에는 변함이 없었다. 미국의 행태는 병 주고 약 주는 것이었지만, 한국의 입장에서는 이미 병을 얻은 상태에서 죽지 않으려면 아무리 비싸더라도 약을 사 먹지 않을 수 없는 사정으로 몰렸던 것이다.

이것은 당연히 또 하나의 논점으로 이어진다. 힘의 논리에 근거한 미국의 요구를 한국이 그냥 받아들이는 것이 맞았는가? 힘이 약하더라도 "죽기를 각오하고" 싸우면 살 길이 있지 않았겠는가? 좀 더 현실적으로 보아 병은 들었지만 죽을 각오로 버티면 약값을 낮출 수 있었을지는 모를 일이었다. 그러나 한국은 적어도 공개적으로는 아무런 이론(異論)을 제기하지 않고 IMF-플러스를 전면적으로 받아들였다.

대안 부재?

한국이 그렇게 대응한 이유는 무엇인가? 이에 대한 정확한 답을 찾기는 아마도 불가능할 것이다. 그러나 그동안 나온 문헌을 종합해 보면 대체적인 윤곽을 알 수는 있다.

우선 외환위기가 일어날 당시 한국 정부가 그 원인을 정확히 파악하고, 그에 맞추어 행동했는지 의문이다. 무엇보다 국내 경제체제 때문에 외환위기가 일어난 것은 아니라는 것을 분명히 인식했어야 하는데, 당시 정책 당국자들이 쓴 책들에서는 그런 모습이 나타나지 않는다. 이들은 국내 경제구조가 외환위기의 원인이기 때문에 국내 경제구조를 개혁하면 외환위기를 막을 수 있을 것이라고 인식하고 있었다. 구조 개혁에는 시장경제 원칙을 지키기 위해 재벌 도산을 허용하는 것, 금융개혁법을 통과시키는 것 등이 포함되어 있었다.

당시 한국은 일본의 은행들이 한국의 은행에 빌려주었던 단기자금을 자국내 금융위기 때문에 빼가고 있었고, 은행의 외채에 대해 정부가 지불보증을 했는데도 외환보유액이 적어서 채권자가 믿지 못하는 상황이었기 때문에 다른 외자도 함께 빠져나가는 상황이었다. 그런 이유로 빠져나가는 외자를 중·장기적 목표인 국내 경제구조 개혁으로써 되돌리기는 극히 어려웠다. 국내 경제구조를 개혁하면 주식투자 자금 같은 것이 몰려와서 그런 유출을 상쇄할 가능성도 생각할 수 있겠지만 아마도 거의 가능성이 없었을 것이다. 오히려 단기외채 문제를 해결하지 못하면 이미 들어와 있는 주식투자 자금도 빠져나갈 가능성이 컸다.

기본적으로 국내 경제구조가 외환위기의 원인이라는 주장은 미국이 한국을 IMF로 끌고 가려고 내세운 억지 논리였다. 한국의 정책 당국자들이 그것을 인지하지 못하고 미국의 그런 주장에 동조하는 셈이 되어서는 정확한 해결책이 나오기 어려웠다. 물론 한국의 정책 당국자가 외환보유액 부족으로 인한 문제를 인지하고 그것을 해결하려고 노력했지만, 거기에 모든 역량을 집중하는 것과는 차이가 있었을 것이다.

그다음 문제는 물론 한국이 그렇게 역량을 집중했으면 IMF-플러스를 받아들이는 것 외에 대안이 있었겠는가 하는 것이다. 그 대안은 "벼랑 끝 버티기"로 미국과 IMF에 맞서는 것이다. 그 방법은 미국이 그냥 두면 동아시아 내에서 해결될 수 있는 문제에 개입하는 데 대해 항의하고, 나아가서 미국과 IMF의 요구를 거절하는 것이었다. 당시 한국 정부가 그런 선택을 고려했다는 기록은 없다. 그것은 무엇보다 미국과 "강약이 부동(不同)"인 상태에서 대안이 없다고 보았기 때문이었을 것이다. 국가 부도의 위험을 무릅쓰고 미국 및 IMF

와 벼랑 끝 버티기를 하는 게임이 길어지면 한국의 불황도 길어지고 장차 세계자본시장에 복귀하는 것도 어려워질 것이었다. 그런 것이 당시 세계은행 부총재였던 스티글리츠 같은 학자에게 "한국의 공직자들이 겁을 먹어서 할 말도 못했다"고 비쳤을 수 있다(Stiglitz, 2002: 42).

이런 문제는 결국 정치 문제로 귀결된다. 국가 부도의 위험 같은 부담을 지면서 미국과 IMF를 상대로 벼랑 끝 버티기를 하는 것은 국제정치적 문제다. 나아가서 그것은 일본이 제2차 세계대전 이후 만들어진 동맹관계하에서 "정상적 행동의 규범"을 깨는 데 동조하는 국제정치적 문제로 귀착하는 것이었다. 일본이 결국 힘의 불균형을 깨닫고 물러선 것도 그런 이유였다. 그러나 한국은 "당사자"였기 때문에 일본과는 사정이 달랐다. 더 버티는 것을 생각해야 할 이유가 있었고, 그랬더라면 더 나은 조건을 얻을 수 있었을지는 여전히 물음으로 남는다.

한국이 IMF-플러스에 대응하는 데는 국내정치도 중요한 역할을 했다. 이것은 물론 한국만 그랬던 것이 아니다. 외환위기를 맞은 국가가 IMF의 요구에 대응하는 문제는 국제정치뿐 아니라 국내정치와 연계될 수밖에 없다. 특히 개도국에서 외환위기가 일어나서 IMF가 개입했을 때 그것이 국내정치에서 격렬한 갈등 요인이 되는 것은 불가피하다. 실제로 많은 개도국에서 IMF가 요구한 긴축 프로그램이 서민들의 생활고로 이어지면 폭동이 일어나곤 했다. "IMF 폭동"은 브라질, 아르헨티나, 볼리비아, 콜롬비아, 코스타리카, 나이지리아, 잠비아 등 세계 곳곳에서 일어났다. 이런 폭동에는 정치적 선동이 따르기 마련이다. 예컨대 2000년 에콰도르에서는 IMF의 긴축 프로그램이 서민들의 생활을 압박하자 시위와 총파업, 폭동이 줄을 이었다. 그해 6월 총파업이 일어나자 정부는 군대를 보내 시위를 진압하려 했는데, 그 진압군 지휘자는 정부 말을 듣지 않고 시위자들과 동조했다. 그리고는 쿠데타를 시도했다가 실패해서 군에서 해임되었다. 그러나 그 군 지휘자는 2002년에 대통령 선거에 출마해 당선되었다. 그랬지만 그도 결국 IMF의 요구를 들어주는 정책을 펴다가 2005년 대통령직에서 쫓겨났다(이상 Easterly, 2006: 217~218). 이런 일은 꼭 개도국에만 있는 일이 아니다. 최근 그리스에서도 비슷한 일이 있었다. 그리스의 위기는 유로를 쓰고 있기 때문에 외환위기는 아니지만 외채위기라는 점에서는 마찬가지다. 그리스는 앞에서 예를 든 나라처럼 폭동이 일어나지는 않았지만 정권이 교체되는 과정을 보면 선동이 없었다고 볼 수는 없다.

IMF 폭동이나 그에 수반하는 정치인들의 선동이 명분이나 근거가 없는 것은 아니다. 다만 명분이나 근거가 있어도 제한적이라는 한계가 있다. 그 이유는 이렇다. 대다수 개도국이나 그리스 같은 나라의 외채 위기는 재정 적자와 경상수지 적자 같은 거시경제적 요인으로 일어난다. 이들 나라는 상환 능력에 대해 충분히 고려하지 않고 외채를 졌기 때문에 정부, 그리고 전체 국민이 도덕적 해이를 범한 셈이다. 물론 국민이라도 다 같은 국민이 아니고 외국에서 빌린 돈으로 흥청망청 쓰는 과정에서 이익은 주로 권력층과 부유층이 챙겼을 가능성이 크다. 그러나 서민을 포함한 국민 대다수도 어떤 형태로든지 조금이라도 이익을 얻었을 가능성이 있다. 따라서 IMF가 그런 도덕적 해이에 대해 책임을 묻기 위해 긴축 정책을 요구하는 것이 근거가 없는 것은 아니라고 할 수 있다. 한편 이들 나라에서 긴축 정책에 항의하는 것도 근거가 있다. 외채 문제는 채권자와 채무자가 같이 있기 마련인데, IMF는 언제나 채권자 편을 들기 때문이다. 거기에다 외채를 지는 과정에서 이익은 부유층이나 권력 있는 사람이 챙기고 긴축의 부담은 서민이 져야 한다면 국내적으로 공정성 문제도 발생한다.

이처럼 대다수 개도국이나 그리스 같은 나라에서 IMF 폭동이나 그에 수반하는 정치인의 선동은 양면성이 있다. 반면 1997년 당시 한국은 폭동이 일어나거나 선동이 있더라도 그런 양면성이 없는 상황이었다. 당시 한국은 외채 상환 능력 자체는 전혀 문제가 없었고, 유동성이 부족했을 뿐이다. 그 부족한 유동성도 동아시아 내부의 일로서 미국이 개입하지 않고 그냥 놓아두면 해결될 것이었는데, 미국이 개입해서 문제를 일으키고 있었던 것이다. 미국이 개입의 근거로서 제시하는 주장은 논리적으로 맞지 않았고, 더 들여다보면 그 바탕에는 복합체의 이해관계를 비롯한 미국의 국익이 자리 잡고 있었다. 즉, 한국의 경우에는 폭동이 일어나거나 선동하는 자가 나와도 미국과 IMF가 할 말이 없는 상태였다.

한국의 영향력 있는 사람 중 누군가가 그런 점을 지적하면서 대중을 선동했으면 어떤 결과가 나왔을지는 아무도 모른다. 당시 한국은 아직 광주 항쟁의 여진이 남아 있었고 민주화 과정에서 형성된 반미 감정이 만만치 않은 상태였다. 미국 국무부와 국방부가 염려했던 것도 그런 문제였을 것이다. 미국은 1997년 경제적으로 보아 외환위기가 전염성이 강한데도 불구하고 동아시아 내에서 해결되는 것을 그대로 두지 않고 개입하는 위험한 짓을 했을 뿐 아니라 한국의 국내정치 상황으로 보아도 위험한 짓을 하고 있었던 셈이다.

그런 위험이 현실화하지 않은 데 대해 지금까지 자세한 설명이 나온 것은 없다. 그러나 그렇게 위험이 현실화되지 않은 이유 중 하나로 우선 한국의 정책 당국자들의 태도를 들 수 있을 것이다. 당시 한국의 정책 당국자들이 사태의 본질을 정확하게 파악하지 못했다는 것은 앞에서 언급했다. 그러나 사태의 본질을 파악한 사람들이 일부 있었다 하더라도 그것을 공개적으로 이야기하는 것을 꺼려했을 가능성이 있다. 실제로 당시 한국의 어떤 고위공직자는 "미국 재무부가 한 짓을 일반 대중에게 그대로 공개할 경우 반미 감정에 기름을 부어 걷잡을 수 없는 사태가 일어날 것이 뻔하기 때문에 그렇게 하지 못한다"고 말했다고 한다(Steil and Lithan, 2006: 86).

그러나 미국과 IMF의 요구에 반대하고 그런 명분으로 국민을 선동하는 것과 같은 결정은 고위공직자 수준에서 결정되는 것이 아니라 결국 정치 지도자에게 달린 일이다. 즉, 미국과 IMF의 요구가 부당함을 국민에게 알리고 그 힘을 모아 대항하는 과정에서 리더십을 발휘하고 선동도 할 수 있는 사람은 관료가 아니라 정치인, 그것도 전국적 정치 지도자다. 그런 점에서 보면 당시 대통령 김영삼은 자신의 책임에 한계를 지우기 위해서라도 강한 목소리를 냈어야 했을 것 같은데 그렇게 하지 않았다. 그 이유는 알 수 없다. 아마도 그런 결정은 남이 해줄 수 없고 스스로 해야 하는 것이었을 터인데, 경제 문제를 파악할 능력이 없었던 김영삼이 그렇게 할 수 있었을지는 의문이다.

그런 일을 할 가능성은 경제에 대한 파악 능력이 더 있고, 정치적으로 포퓰리스트로 평가되고 있던 김대중이 더 컸다. 당시 한국은 대통령 선거가 진행되고 있었고, 김대중은 유력한 후보였다. 김대중은 실제로 대선 과정에서 처음에 IMF와 재협상하겠다는 주장을 내세웠다. 그러나 김대중의 그런 발언은 다른 후보 진영과 언론으로부터 현실성 없는 무책임한 발언이라고 집중타를 맞았다. 재협상 발언이 국제금융시장에서 한국의 신인도를 낮추어서 위기 해결을 어렵게 한다는 지적도 받았다(≪경향신문≫, 1997.12.12). 그 후 김대중은 입장을 불분명하게 바꾸었다가 당선 후에는 IMF-플러스를 전폭 지지하는 쪽으로 선회했다.

개혁의 정치경제학

IMF-플러스는 미국 쪽에서 요구한 것이 아니고, 한국 재정경제원의 경제순회대사였던 김기환이 12월 19일 미국 재무부 차관이었던 로렌스 서머스와 협상을 하기 전에 스스로 고안한 것이었다. 김기환은 미국을 설득하기 위해서 그렇게 하는 것이 불가피하다고 생각했겠지만, 그가 자유화와 개방을 줄곧 강력히 주장해온 경제학자였다는 것을 생각하면 그런 아이디어를 낸 것은 이상한 일이 아니었다. 그는 그렇게 하는 것이 한국에 이익이 된다고 생각했을 가능성이 크다. 그런 생각에 대해 김대중도 동의했던 것이다. 실제로 김기환은 서머스를 만나기 직전 대통령에 당선된 김대중 후보 진영의 전폭적 지지를 확인하고 IMF-플러스 제안을 했다(Blustein, 2001: 191~192).

김대중은 어떻게 IMF-플러스를 전폭적으로 지지하게 되었는가? 그에 대한 답은 그의 생각이 30년 가까이 정치 활동을 하는 동안 바뀌었다는 데 있었다.

김대중이 1971년 대선에 임하여 쓴 책인 『대중경제』에는 반(反)외자적 입장이 나타나 있다(김대중, 1971: 2장). 그러나 1985년 미국 망명 중에 영어로 쓴 책인 『대중 참여 경제(Mass Participatory Economy)』에서는 정경유착과 관치금융, 재벌체제를 개혁하기 위한 자유화의 중요성과 함께 그런 목적을 달성하는 데 외자의 긍정적 역할을 강조하고 있다(Kim, 1985: Chapter 4).

그렇다 하더라도 김대중에게 IMF-플러스 개혁에서 걸림돌은 있었다. 그것은 노동문제였다. 김대중은 상대적으로 진보적으로 인식되어 노동계의 지지를 받고 있었다. 이에 대해 IMF-플러스 안을 들고 김대중이 당선된 후 처음으로 만난 인사였던 당시 미국 재무부 외무차관보 데이비드 립턴(David Lipton, 바로 IMF 구제금융 팀을 감독하러 왔던 사람임)은 자신이 폴란드에서 공산체제가 붕괴한 후 개혁에 참여한 경험을 이야기하면서, 레흐 바웬사(Lech Walesa) 같이 노동계와 연계되어 있는 민주 투사가 위기의 와중에서 정권을 잡은 뒤 단기적 고통을 감수하면서 개혁을 함으로써 처음에는 실업이 늘었지만, 결국 일자리가 많이 생겨서 노동자들에게 더 좋은 결과가 나왔다고 설명했다. 그에 대해 김대중은 그의 첫째 우선순위는 한국 경제에 필요한 조정을 하는 것이고, 그 과정에서 모두들 고통을 분담하는 데 있어서 일자리 안전은 2차적 고려 사항이라고 답했다. 그렇게 김대중이 IMF-플러스 안을 받아들인 후 미국이 행정지도로 채권은행들에게 만기 연장을 설득하고 IMF 구제금융에 조건을 안 붙임으로써 한국은 외환위기를 해결할 수 있었다(Blustein, 2001: 218). 그 후 김대중은 12월 26일 나이스 IMF 단장과의 면담에서 외환위기가 한국 경제의 체질 개선을 통한 선진국 진입의 기회라는 데 의견을 같이 하고, IMF의 요구는 한국 경제의 개혁 기회라는 것을 강조했다(≪서울신문≫, 1997.12.27).

김대중이 그렇게 생각한 것은 근거가 있었다. 제2장에서 살펴본 것처럼 외환위기 전 한국은 안정화·자유화·민주화 과정에서 성과도 있었지만 해결되지 않은 과제도 많았다. 1997년만 해도 금융개혁법이나 노동개혁법이 무산된 것이 그런 문제를 보여주고 있다고 인식할 여지가 있었다. 그러던 차에 IMF

와 미국이 자신이 하려고 했던 것과 비슷한 개혁을 하라고 요구했던 것이다. 그와 함께 IMF 구조 개혁은 경제와 사회 전체의 거버넌스 개혁, 각종 정보의 투명화, 법치의 확대 등을 요구했는데, 이런 것들은 그 자체로서 모두 바람직하고 언젠가는 시행해야 할 과제였다. 전 세계적 경험을 볼 때 그런 개혁이 바람직한 결과를 가져오리라고 기대할 근거가 있었다. 로버트 배로(Robert Barro) 이후 세계적으로 이루어진 실증 연구에 의하면 IMF가 요구한 경제 및 사회 전체의 거버넌스 개혁, 각종 정보의 투명화, 법치의 확대 등은 경제성장에 유리하게 작용한다(Barro, 1991; Perkins et al., 2012: Chapter 3). 자본시장 개방도 성장에 유리하게 작용할 것으로 기대되었다. 자본시장 개방은 위험 분담과 함께 국내외 자원을 가장 효율적인 곳에 투입함으로써 경제성장에 유리하게 작용할 수 있다. 나아가서 자본시장 개방은 제도나 거버넌스를 향상시켜 생산성 증가율을 올림으로써 성장률을 올릴 수 있다(Kose et al., 2009; Mishkin, 2009; Obstfeld, 2009).

당시 IMF 총재였던 미셸 캉드쉬(Michel Camdessus)가 한국의 외환위기는 "위장된 축복"이 될 것이라고 말한 것은 아마도 그런 이유에서였을 것이다. 캉드쉬의 그런 견해는 김대중에 의해 추인되었다. 김대중은 ≪뉴욕타임스(New York Times 1999. 2.18)≫와의 인터뷰에서 외환위기가 한국 경제에 필수적인 변화를 가져오고 있기 때문에 "축복"으로 기억될 것이라고 캉드쉬와 같은 의견을 피력했던 것이다(Crotty and Lee, 2001: 188).

결국 김대중 정부는 IMF-플러스를 그 전에 스스로 하려고 했던 개혁을 시행하는 추진력으로 활용해 보자는 생각에서 전면적으로 받아들였다고 생각된다. 이것은 반드시 김대중 정부의 생각만은 아니었다. 당시 대다수 정치가, 공무원, 경제학자가 비슷한 생각을 갖고 있었다. 외환위기 직후 김대중 정부의 재정경제부 초대 장관으로서 외환위기 수습의 실무를 지휘했던 이규성은 그것이 정부의 견해일 뿐 아니라 민간의 여론이었다고 말하고 있다. 이규성은 ≪조선일보≫ 사설(1997.11.25)을 인용하면서 IMF 구제금융 사태를 "일시적 금융위기의 해결로서가 아니라 우리 경제의 새로운 지향과 발전 전략으로 재무장하는 선택의 여지가 없는 당위적 전환점으로 삼아야 한다는 데 국민적 공감대가 형성되어 나갔다"라고 말하고 있다(이규성, 2006:129). 당시 ≪조선일보≫뿐 아니라 ≪한겨레신문≫도 비슷한 견해를 갖고 있었다. ≪한겨레신문≫은 "경제 '신탁통치'를 활용하자"라는 제목으로 중앙대 교수였던 안국신의 특별 기고를 게재했다. 이 칼럼은 IMF의 구조조정 요구가 우리 학계가 진작부터 주장해온 것이므로 IMF의 요구를 적극 수용해야 한다고 주장했다(≪한겨레신문≫, 1997.11.25). 대다수 이슈에서 사사건건 의견이 달랐다고 해도 과언이 아닌 두 신문이 IMF가 요구한 경제 개혁을 지지하는 데 있어서는 의견이 일치했던 것이다.

그런 여론을 형성하는 데는 1987년 민주화 이후부터 활동하고 있었지만 김대중 정부가 집권하면서 위상이 올라간 시민단체가 두드러진 역할을 했다. 이들은 국내 경제구조 개혁의 필요성을 절감하고 있던 터에 IMF 개혁안이 나오자 그것을 강력하게 지지했다. 개혁안 중에서도 재벌 개혁은 시민단체가 IMF와 공유할 수 있는 핵심 개혁과제였다. 시민단체는 민주화 이후 처음 금융실명제와 부동산 투기대책 등을 주로 추진했는데, 1990년대 중반에는 이들 문제는 어느 정도 해결이 되고 있었다. 반면 재벌 문제는 전혀 해결이 안 된 상태였다. 그런 상태에서 IMF가 재벌 개혁을 핵심 과제로 내세웠던 것이다.

IMF가 개혁을 요구한 한국의 패거리 자본주의의 내용에는 정경유착, 관치금융, 재벌체제가 모두 포함되어 있었다. 당시 한국은 1980년 이후 자유화로 정부가 경제에 직접 개입하는 정도는 이미 상당히 약화되어 있었던 반면, 재벌의 경제력 집중은 더 심해지고 재벌기업의 거버넌스나 금융 규율 문제는 오히려 더 악화되고 있었다. 따라서 IMF의 개혁 요구는 그 내용을 들여다보면 재벌 개혁이 핵심이었다. 그것은 IMF가 내세우는 외환위기의 원인에 비추어 보아 당연한 것이었다. 외환위기가 국내 경제구조 때문에 일어났다고 본다면 그 원인을 제거하기 위해서는 재벌을 개혁해야 할 것이었다.

〈그림 3-2〉 "재벌 탄압 웬 말이냐? IMF 각성하라!"

자료: ≪한겨레신문≫, 1997.12.4.

이렇게 해서 당시 한국의 대다수 경제학자, 언론인, 시민단체 등 "여론 주도층"이 IMF의 개혁안을 강력히 지지했다. 그런 한국 여론 주도층의 모습은 바깥 세계의 상황과는 매우 달랐다. 한국 바깥에서는 많은 경제학자들이 동아시아 외환위기의 원인은 순전히 유동성 문제인데 미국과 IMF가 잘못하고 있다고 목소리를 냈다. 그것은 경제학자들의 이념적 스펙트럼과 무관했다. 예컨대 조지프 스티글리츠와 마틴 펠드스타인(Martin Feldstein)은 당시 미국에서 진보파와 보수파의 대표적 학자로, 거의 모든 분야에서 의견이 달랐다는 점에서 한국의 ≪조선일보≫와 ≪한겨레신문≫ 정도 되었을 것이다. 그러나 동아시아 외환위기에 대한 미국과 IMF의 조치에 대해서는 둘 다 적극적으로 비판했다.[7]

필자는 당시 한국의 여론 주도층이 IMF의 주장과 동조하는 경향을 축약해서 나타낸 것으로서 〈그림 3-2〉에 제시된 만평을 들고 싶다. 이 만평은 한국이 IMF와 구제금융 협정을 체결한 다음 날인 1997년 12월 4일 ≪한겨레신문≫에 실린 장봉군 화백의 작품이다. 당시 언론에 수많은 글이 실리고 그 중에는 만평도 있었지만, 필자는 장봉군 화백의 이 만평이 한국인 여론 주도층의 의견을 매우 잘 나타내고 있다고 생각한다. 이 만평은 IMF가 재벌 개혁을 핵심 과제로 삼은 데 대해 한국의 여론 주도층이 적극 동조했다는 것을 알려주고 있다.

정부와 여론 주도층의 견해 때문이었는지 모르지만, 일반 국민도 IMF와 동조했다. 1998년과 1999년 한국인 일반을 상대로 한 서베이에 의하면, 한국인들은 경제 사정이 나빠진 데 대해 IMF가 부과한 조건 탓으로 보지 않고, 그런 조건의 시행을 거부하는 것이 자신들의 경제 문제를 해결하는 유효한 방법이라고 생각하지 않았다. 그 대신 대다수 한국인은 자신의 패거리 자본주의를 가장 강력하게 비난했으며, 오작동하는 경제시스템을 고치는 것이 자기들의 경제 문제를 해결하는 데 유효한 방법이라고 생각하고 그것을 지지했다(Hayo and Shin, 2002).

여기에는 한국인의 기억 속에 1960년대 수출 지향적 공업화의 성공 이후 세계화는 이익이 된다는 관념이 강하게 자리 잡고 있었다는 것도 작용했을 것이다. 특히 한국인은 미국과의 관계에서 손해를 본 기억이 없었다. 과거 미국의 원조를 대규모로 받은 것은 물론이고 수출 지향적 공업화 정책으로 전환하는 데도 미국의 권고가 작용한 데다 처음에 미국이 가장 중요한 수출시장이 되어주었다. 1980년대 이후 미국이 가한 개방 압력과 국내 경제 자유화 압력도 일방주의 때문에 반감을 불러오기도 했지만, 기득권층의 반발을 제어하는

7 스티글리츠의 견해에 대해서는 위에서 언급한 Stiglitz(2002) 참조. 펠드스타인에 대해서는 Feldstein(1998) 참조.

하나의 메커니즘으로 작용해서 자유화를 촉진하는 측면이 있었다.

IMF가 한국의 국내 경제정책에 간섭한 것도 새로운 일이 아니었다. IMF는 1965년부터 1987년까지 서울에 상설 사무국을 두고 한국의 경제정책을 감시하는 역할을 했다. IMF는 필요하면 자금을 공급하는 존재였을 뿐 아니라 한국 정부 내에서 거시경제정책의 틀과 금융 규율에 대한 토론을 활성화하는 역할을 했다. 한국 정부는 그러한 토론을 정치인이나 기업인들로부터 정부의 경제정책에 대한 지지를 얻어내는 데 이용했다. 경제기획원이나 재무부는 IMF와의 토의를 바탕으로 이해관계가 다른 여타 경제부처의 주장을 꺾기도 했다. 정부는 IMF와의 토의를 대중에게 고통스러운 구조조정 프로그램을 "파는" 데 유용하게 써 먹었다(Sakong, 1993: 134~135).

이런 구도에서 한국은 IMF의 "신탁통치"를 이용해 개혁한다는 논리가 성립할 여지가 있었다. 그렇게 해서 한국과 미국의 관심사가 맞아떨어져서 공식적 항의나 갈등 없이 IMF-플러스를 전적으로 수용했던 것이다. 당시 한국이 IMF의 신탁통치를 이용해 개혁하려 한 것은 다른 나라의 예를 보아도 근거가 있어 보였다. 맨슈어 올슨(Mancur Olson) 같은 정치경제학자에 따르면 국내의 이익집단이 강고할 경우 외세에 의한 패전이나 점령이 새로운 개혁의 전기가 되어 한 나라의 정치 및 경제시스템이 "회춘(rejuvenation)"하는 경우를 볼 수 있다(Olson, 1982). 그런 대표적 예는 제2차 세계대전 후의 일본과 독일이다. 제2차 세계대전 이후 1980년대까지 일본과 독일은 탁월한 경제적 성과를 이룬 반면 미국과 영국은 정체했다. 올슨은 그 이유를 일본과 독일은 패전과 연합군 점령을 통해서 기존 이익집단이 해체되거나 약화된 반면, 미국이나 영국 같은 나라는 그런 과정을 거치지 않고 이익집단이 온존되었다는 데서 찾았다. 이와 비슷한 아이디어는 일본에도 있다. 쯔루 시케토(都留重人) 같은 경제학자는 일본이 태평양전쟁에서 "창의적 패전(Creative Defeat)"을 한 결과로 전후 고도성장을 이룰 수 있었다고 주장했다(Tsuru, 1996). 한국에 대해 같은 논리를 명시적으로 제시한 사람은 없었지만, 외환위기의 해결 과정에서 한국의 조야

(朝野)가 IMF-플러스를 전폭적으로 받아들인 것은 그와 비슷한 기대를 했기 때문이라고 생각된다.

한국 조야의 그런 시도는 "신자유주의"적 요구를 이용해서 "자유주의"적 개혁을 하려고 했던 것이라고 볼 수 있다. 제2장 말미와 제2절에서 살펴본 바에 따르면 한국의 외환위기는 신자유주의적 환경에서 자유주의적 개혁을 하다가 일어난 사건이라고 할 수 있다. 한국은 그렇게 해서 일어난 외환위기를 자유주의적 개혁의 계기로 활용하고자 한 것이다. 미국의 요구는 신자유주의적 배경에서 나왔지만, 그것은 한국이 스스로 하려 했던 자유주의적 개혁과 비슷한 내용을 많이 담고 있었기 때문이다. 미국과 IMF는 신중상주의체제의 유산인 정경유착, 관치금융, 재벌체제를 청산하고 시장경제를 건설하라고 요구했던 것이다.

신중상주의의 유산을 청산하는 데는 재벌 개혁이 핵심이었다. 1997년 당시 한국은 아직 신중상주의체제의 유산을 다 청산하지는 못했지만 그중에서도 재벌체제가 가장 큰 문제였다는 것은 위에서 언급했다. 여기서 짚고 넘어가야 할 것은 재벌이라는 경제기구의 성격이다. 재벌은 신중상주의적 경제기구다. 재벌은 정경유착, 관치금융 등 정부 개입에 의한 경제발전과 떼려야 뗄 수 없는 관계에 있다. 특히 재벌체제가 완성되는 과정은 제2장 제2절에서 살펴본 것처럼 산업정책과 밀접한 관계가 있었다.

재벌이 신중상주의적 경제기구라는 것은 다른 나라의 역사를 되돌아봄으로써도 알 수 있다. 지금은 선진국이 된 나라의 과거 산업화 과정에서도 신중상주의 경제정책이 시행되었고, 그 과정에서 한국의 재벌과 비슷한 대기업 조직이 나타났던 것이다. 그 대표적 사례는 19세기 독일이다. 독일은 1871년 제국이 성립한 뒤 각종 보호와 보조금으로 공업을 육성했는데, 그것은 신중상주의적 정책이었다. 당시 독일은 중상주의 사상이 지배했다. 그것은 독일제국의 주류 경제사상이었던 역사학파의 대표적 학자인 구스타프 슈몰러(Gustav von Schmolller)가 중상주의를 "국가 형성(state building)"의 정책체계로서 옹호했던 데서 잘 드러난다(Schmoller, 1910). 중상주의 정책으로 공업을 육성하는 과정에서 정부와 유착한 대기업이 형성되었다. 독일은 그런 대기업들이 카르텔을 형성해 독점행위를 하는 데 대해서도 매우 관대했다. 경우에 따라서는 카르텔에 대해 관대한 데 그치지 않고 카르텔 자체를 법으로 보호했다. 1897년에는 펄프산업의 카르텔이 협약을 어긴 기업에 대해 소송을 걸었을 때 대법원이 카르텔 편을 들어주는 판결을 했던 것이다(Schwartz, 1957).

19세기 말과 20세기 초 일본에서도 사정이 비슷했다. 일본은 1868년 메이지유신(明治維新)에 성공한 후 근대적 산업 육성을 위해 정부가 강력하게 개입했는데, 그것은 부국강병을 목표로 한 중상주의 정책이었다. 일본은 근대적 산업에서 정부가 국영기업으로 육성했던 대기업들을 대규모로 민간에 불하하면서 자이바쓰(zaibatsu)가 형성되었다(Smith, 1955). 자이바쓰는 한자로 바로 재벌(財閥)과 같이 쓴다. 한국의 재벌이라는 용어도 아마도 일본 자이바쓰의 한자음에서 유래했을 것이다. 이런 점에서 한국의 재벌은 신중상주의적 기구라고 보아도 무방할 것이다.

1997년 당시 한국이 신자유주의적 요구를 이용해서 신중상주의의 유산을 극복하려 한 것은 자유주의적인 개혁이었다. 개혁안이 그런 맥락에서 나왔기 때문에 그 내용에는 신자유주의와 다른 점도 있었다. 신자유주의는 공정거래와 금융감독 같은 시장경제 작동에 필요한 규제까지 철폐하는 경향이 있지만, IMF는 그런 규제는 강화하라고 요구했다. 또 다른 점은 사회적 약자를 보호하기 위해 자본주의를 수정하는 것과 관련된 것이다. 신자유주의는 노동조합을 무력화하고 사회보장제도를 약화시키는 것을 내용으로 한다. IMF가 요구한 노동 개혁, 즉 "노동시장 유연화" 요구는 노동에 불리한 조치였기 때문에 신자유주의적이었다고 볼 수 있다. 그러나 노동시장 유연화 조치는 당시 민주화 이후에도 노동조합의 활동을 제약하고 있던 제한을 푸는 것과 "바꾸는" 형식으로 이루어졌기 때문에 일방적으로 신자유주의적이라고 볼 수는 없다(이에 대해서는 제6장에서 다시 살펴본다). 그와 함께 개혁안에는 사회보장제도를 확대하는 안도 들어 있었다. 그것은 위기가 가져오는 불안에 대처하기 위한 단기 처방의 성격이 강했지만 신자유주의적이라고 볼 수는 없는 것이었다.

당시 한국 정부가 미국과 IMF의 요구를 적극적으로 받아들인 이유가 그것을 이용해서 노동조합의 권한을 강화하고 사회보장제도를 강화하려고 했기 때문이라고 보기는 어렵다. 정경유착, 관치금융, 재벌체제 등 신중상주의의 유산을 청산한다는 자유주의적 동기가 압도적이었다고 보아야 할 것이다. 그런 점에서 한국의 대응은 신자유주의적 배경에서 나온 요구를 자유주의적 개혁을 위해 사용하려 한 것이라고 볼 수 있는 것이다.

제4절 개혁과 그 문제점

IMF와 미국은 한국에 고금리 정책, 국내 경제구조 개혁, 전면적 시장 개방이라는 세 가지 요구를 했다. 한국은 그것보다 더 나아간 IMF-플러스를 미국에 제안하고 시행했다. 그 목적은 두 가지였다. 하나는 당장 외환위기를 해소하는 것이고 다른 하나는 국내 경제구조를 개혁하는 것이었다.

IMF가 요구한 고금리 정책이 외환위기 해결 방안으로 적절했는지는 논란이 되었다. 무엇보다 고금리 정책은 한국 기업의 부채비율이 높은 상태에서 심한 불황을 가져올 것이었다. 그러면 외국인 투자자의 한국 경제에 대한 기대가 나빠져서 자본 흐름을 되돌리기 어려울 가능성이 있었다. 그러나 앞에서 본 것처럼 당시 한국의 외환위기가 단기외채에 비해 정부의 외환보유액이 부족하여 일어난 유동성 위기라는 것을 감안하면, 자본의 흐름을 되돌리기 위해서 고금리 정책을 펴야 한다고 생각할 여지가 있었다. 1997년 12월 24일 미국 정부가 행정지도를 함으로써 중요 채권은행은 만기 연장에 합의했지만, 다른 자금은 언제 나갈지 알 수 없었고, 한국인들도 그에 동조해서 자금을 대거 내보내려고 할 수 있었다. 그런 움직임에 대처하기 위해 미국이 행정지도 이후 조건을 안 붙이고 열어준 IMF 구제금융이 있었지만 재원이 한정되어 있었다. 사후적으로 이루어진 실증 연구는 고금리 정책이 자본의 흐름을 되돌렸는가에 대해 여러 가지 다른 결과를 보여주고 있는데, 긍정적 효과가 있었다는 쪽이 다소 우세하다(예컨대 Cho, 2004: 101).

구조 개혁은 당장 외환위기를 해소하는 데 필요했는가? 당시에는 국내 경제구조가 외환위기의 원인이었고, 국내 경제구조를 근본적으로 고치지 않으면 외환위기 자체의 극복이 불가능하다는 생각이 지배했다. 그러나 국내 경제구조가 외환위기의 원인은 아니었다. 위기의 해결책으로 구조 개혁을 하는 것은 어려운 장기적 문제를 해결하지 않으면 외환위기를 해소할 수 없다는 인상을 주어 오히려 자본 유출을 가속시킬 가능성이 있었다. 한편 위기로 인해 한국의 자산 가격이 폭락한 상태에서 구조 개혁으로 장래에 자산 가격이 오르리라고 기대하면 외국 자본이 돌아올 것이라고 기대할 수 있었다. 물론 한국의 입장에서 현실적인 문제도 있었다. IMF와 미국이 구조 개혁을 강력히 요구하고 한국이 그에 대해 플러스를 약속했다는 사실만으로 한국이 그 약속을 지키지 않으면 자본 흐름을 되돌리기 어려운 상황이었다.

한국의 외환위기는 역설적 과정을 통해 해소되었다. 기업의 부채비율이 높은 상태에서 고금리 정책과 급속한 구조 개혁을 시행한 결과 한국 경제는 극심한 불황을 겪었다. 1998년 한국 경제는 -5.5% 성장했다. 한국은 수입 의존도가 높았기 때문에 그런 불황은 급격한 수입 감소로 이어져 1998년에 401억 달러 "불황형 경상수지 흑자"가 났다(Cho and Rhee, 1999: 349~350). 그것은 GDP의 10.7%에 달하는 규모였다. 그런 한편 자본수지도 개선되었다. 1998년 외국인 직접투자 유입액은 60억 달러, 외국인 포트폴리오 투자 유입액은 7억 7000만 달러였다. 이렇게 유입이 늘어난 데는 자본시장을 전면 개방한 것이 도움이 되었을 것이다. 물론 외국인 투자 유입은 경상수지 개선에 비해서 규모가 훨씬 작았다. 그렇게 경상수지 흑자가 주종이 되고 외국인 투자 유입 효과가 일부 더해져 외환보유액이 증가하고 그 결과 유동성 위기가 해소되었던 것이다.

그런 식으로 외환시장 쪽에서의 문제가 해결되자 한국은 바로 고금리 정책을 되돌리고 확장적 재정정책을 써서 경기를 살릴 수 있었다. 1999년에는 경기가 회복되었다. 그러면서 외환위기 때 치솟았던 환율이 내려갔지만 위기 전보다는 높게 유지되어서 경상수지가 216억 달러 흑자가 났다. 거기에 외국인 직접투자가 107억 달러, 포트폴리오 투자가 79억 달러 유입되어서 유동성 사정은 더욱 호전되었다.

개혁의 구도

외환위기가 해소되는 과정을 보면 국내 경제구조가 외환위기의 원인이라는 주장은 틀린 것이 분명했다. 국내 경제구조를 근본적으로 개혁하지 않으면 외환위기 자체의 극복이 불가능하다는 생각도 틀린 것이었다. 구조 개혁은 시간이 오래 걸리는 것이었고, 실제로 〈그림 2-2〉로 돌아가서 확인할 수 있는 것처럼 1998년과 1999년에 기업이윤율이 차입금평균이자율을 크게 밑돌아서 기업 부실이 악화되었다. 그럼에도 불구하고 1999년에 경제가 바로 회복되었던 것이다. 수출이 일부 품목에 집중되어 있는 구조적 문제가 위기 전 경상수지 적자의 원인이라는 생각도 틀린 것으로 드러났다. 그러나 이런 사실과 관계없이 구조 개혁은 계속되었다. 그것은 구조 개혁이 IMF와 미국과의 약속이기 때문이었을 뿐 아니라 한국이 스스로 그것을 하려고 했기 때문이다.

김대중 정부는 구조 개혁의 대상으로 기업, 금융, 공공 부문, 노동의 4대 부문을 선정했다. 그 4대 부문은 사실상 전체 경제를 망라한 것이었다. 개혁은 강력한 추진력을 얻을 수 있었다. 이미 8개 재벌이 도산해서 강력한 시장 규율이 작동하고 있는 상태에서 외환위기라는 긴급한 상황이 겹친 데다 IMF가 요구하고 안에서 한국의 조야(朝野)가 호응했기 때문이다. 외환위기 발발 후 10개 이상의 재벌이 추가 도산한 것도 위기를 심화시켜서 개혁에 유리하게 작용했다. 거기에다 개혁을 하지 않으면 당장 외환위기를 극복할 수 없거나 외환위기가 다시 일어날 수 있다는 관념이 지배한 것도 개혁 동력으로 작용했다. 그렇게 해서 광범위한 개혁이 단기간에 급격히 이루어졌던 것이다.

개혁은 국내 금융위기를 일으킨 원인을 제거한다는 것뿐 아니라 위기의 원인과 무관하지만 바람직한 변화를 추구한다는 목표를 가지고 시행되었다. 과거 개혁 과제로 떠올랐지만 해결이 지지부진했던 것을 이 기회에 해결하고 나아가서 경제체제를 근본적으로 바꾸자는 목표를 가지고 시행되었던 것이다. IMF와 미국의 요구에 경제·사회 전체의 거버넌스 개혁, 각종 정보의 투명화, 법치의 확대 등 그 자체로서 바람직한 개혁안들이 있었다는 것도 그렇게 한 이유였다. 요약하면 그것은 "자유주의"적 개혁을 "포괄적"으로 시도한 것이었다.

4대 부문 개혁 중에서 국내 금융위기를 일으킨 원인을 제거한다는 목표에 맞춘 개혁은 바로 제2장에서 설명한 자유화의 한계를 극복하는 것이 그 내용이었다. 그것은 무엇보다 기업-금융-정부를 잇는 선에서 부실채권이 생성되는 구도를 고치는 것이었다. 그런 구도는 1960~1970년대까지 거슬러 올라간다. 1960~1970년대에는 정부가 목표를 정하고 그 목표 달성을 위해 기업에 유인을 제공했는데, 그 유인체계에서 가장 중요한 역할을 한 것이 금융이었다. 그것은 정부가 금융을 이용해 기업에 규율을 가하는 체제로서 정상적인 시장경제와는 다른 규율체계였다. 정상적 시장경제에서는 금융기관이 자금을 빌려준 기업에 대해 스스로 규율을 가한다. 정부가 금융을 이용해서 기업에 규율을 가하는 체제는 고도성장을 가능하게 했지만 기업이 이윤보다 성장 위주 경영을 하게 해서 부실채권을 생성하게 만드는 경향이 있었다. 거기에다 경제 규모가 커지면서 정부가 직접 규율 기능을 하는 체제는 지속될 수가 없었기 때문에 자유화가 불가피했다. 1980년 이후 자유화 시기에는 정상적 시장경제의 규율체제를 도입하려 했지만 실패했다. 우선 금융기관이 독립적인 경영 주체를 세우지 못했다. 더 근본적으로는 정부가 기존의 대규모 부실채권 문제를 해결해 주지 못했기 때문에 기업이 이윤보다 성장 위주 경영을 하고 정부와 금융은 그것을 방조하는 행태가 지속되었다.

IMF-플러스 개혁에서는 그런 문제를 해결하고 정상적 시장경제의 규율체제를 확실하게 도입하고자 했다. 그러기 위해 우선 정부가 나서서 부실채권 문제를 해결했다. 그것은 구조 개혁 문제를 떠나 당장 필요한 일이었다. 재벌을 비롯한 기업이 대규모로 도산하고 있었기 때문에 정부 개입이 불가피했던 것이다. 그런 점에서 정부 개입은 과거 8·3 조치 때나 1980년대 구조조정 때와 다를 바 없었다. 그러나 이번에는 정부가 과거의 위기 때보다 훨씬 더 본격적으로 개입했다. 과거처럼 위기를 적당히 수습하고 성장이 재개되면 부실채권을 안고 가는 구도로 돌아가지 않으려고 한 것이다.

정부는 부실채권 문제를 해결하기 위해 도산 기업 퇴출과 함께 살아남은 기업, 특히 재벌기업에 부채비율을 1999년 말까지 200% 이하로 줄이라고 요구하는 방법과 같이 부채비율을 급격하게 낮추고 이윤율을 올리도록 요구했다. 그 과정에서 대규모의 자산 매각과 근로자의 퇴직이 이루어졌다. 그와 함께 정부는 금융기관을 구조조정 했다. 공적 자금 1백 수십조를 조성해서 부실채권 매입, 예금 대지급, 자본금 확충 등에 사용함으로써 금융기관의 재무 건전성을 확보했다. 그 과정에서 금융기관 셋 중 하나가 사라지고, 금융기관 종사 근로자도 비슷한 비율로 퇴출되었다.

부실채권 문제는 물론 기존의 부실채권을 터는 것만으로 해결될 일은 아니었다. 앞으로 부실채권이 만들어지지 않게 시스템을 개혁하는 것이 더 중요했다. 그러기 위해서는 기업-금융-정부를 잇는 새로운 거버넌스 구조를 만드는 개혁이 필요했다. 구체적으로 정부는 기업이 이윤을 생각하지 않고 부채에 의존해서 성장 일변도로 경영하고 금융기관은 그것을 방치하는 행태를 교정하려 했다.

기업 개혁의 경우 재벌기업들의 계열사 간 상호지불보증이 저이윤-고부채 경영의 중요 근거라고 생각되었기 때문에 상호지불보증을 해소했다. 그와 함께 기업 거버넌스를 개혁했다. 기업 거버넌스 개혁은 부실채권을 생성하는 구도를 개혁하는 데 도움이 될 것으로 기대되었다. 기업 거버넌스 문제의 핵심은 투명성인데, 투명성을 올려야 부실채권이 만들어지는지 알 수 있다. 재벌기업이 계열사 간 출자와 대차관계로 얽혀 있는 상태에서 투명성을 올리기 위해 결합재무제표를 작성하게 하고 회계 기준 및 공시제도를 강화했다.

기업 거버넌스 개혁에는 물론 재벌 총수 및 경영자들이 주주의 권리를 함부로 침해하는 것을 견제하는 조치가 포함되었다. 주주의 경영자에 대한 소송 요건을 완화하고, 이사회와 감사위원회의 권한을 강화하고 사외이사 제도를 도입했다. 그렇게 주주 권리를 강화하는 것은 단기 이윤을 무시한 채 장기적 성장만을 추구하는 재벌 총수의 행태를 견제해서 부실채권이 만성적으로 생산되는 것을 막는 효과가 있을 것이었다. 그리고 물론 주주 권리를 더 잘 보호하는 것은 그 자체로서 중요한 개혁이었다.

금융 개혁은 우선 은행이 정부로부터 독립된 경영 주체를 세워서 시장경제의 원리에 따라 영업하게 하는 것이었다. 이것은 물론 쉬운 일이 아니었다. 그 전에도 은행은 민영화되어 있었지만 정부는 비공식적인 방법으로 은행을 통제할 수 있었기 때문에 그런 고리를 끊는다는 것은 매우 어려웠다. 그러나 어느 정도 효과가 있는 조치가 취해진 것은 사실이다. 금융기관 자체의 기업 거버넌스를 개혁해서 이사회와 감사위원회의 권한을 강화하고 사외이사제도를 도입했다. 경영의 투명성을 제고하고 책임경영체제를 확립하기 위해 금융기관의 회계 및 공시제도를 강화했다.

금융 개혁의 다음 과제는 은행이 기업에 대출할 때 그 상환 능력을 심사하고 대출 후에는 기업이 투자와 영업활동을 어떻게 하는가 점검하는 시스템을 만드는 것이었다. 은행의 자산건전성 분류 기준을 강화하고, 차주의 미래채무상환 능력까지 감안하는 자산건전성 분류 기준인 FLC(Forward Looking Criteria) 제도를 도입했다. 정부는 은행에 위험관리(risk-management)의 중요성에 대해 주지시키고 위험관리 능력을 키울 것을 요구했다.

비은행금융기관은 재벌의 대규모 도산을 가져옴으로써 국내 금융위기에 가장 큰 책임이 있는 주체였다. 거기에다 많은 비은행금융기관은 재벌 계열사로서 같은 재벌 소속 계열사에 대출한 자금에 대해 규율 기능을 하기 어려운 상황이었다. IMF-플러스 개혁은 비은행금융기관을 재벌 소유로부터 떼어내지 못했다. 그러나 주주의 경영자에 대한 소송 요건을 완화하고, 이사회와 감사위원회의 권한을 강화하는 동시에 사외이사 제도 도입 같은 기업 거버넌스 개혁이 비은행금융기관에도 적용되었다. 회계 기준 강화와 공시제도의 강화 등도 같이 적용되었다.

그런 한편 공공 부문 개혁의 일환으로서 금융기관에 대한 건전성 규제, 즉 금융감독이 강화되었다. 이제 정부의 역할은 과거처럼 금융기관의 경영에 사전적으로 간여하는 것이 아니라 그 부실화나 도산이 경제 전체의 위기를 조성하는 것을 막기 위해 사후적 규제로서의 감독을 하는 쪽으로 바뀌었다. 그런 목적으로 한국은행에서 은행감독원을 떼어내고 재정경제원 산하에서 제2금융권 감독 기능을 하던 기관을 떼어내서 통합 금융감독원과 금융감독위원회를 만들었다.

개혁은 위기의 원인과 관계없는 분야까지 확대되었다. 이것은 공공 부문 개혁에서 잘 드러난다. 공공 부문 개혁 중 위기의 원인을 직접 겨냥한 것은 금융 관련 부처 개혁이었고 다른 것들은 기껏해야 간접적인 관계밖에 없었다. 그럼에도 불구하고 공공 부문에 대해서도 포괄적 개혁이 이루어졌다. 그것은 위기를 기회로 위기 전 한국 경제의 잘못된 관행을 근본적으로 고쳐야 한다는 생각에서 나온 것이었다. 공공 부문 개혁은 "패거리 자본주의"의 원천인 관치와 정경유착을 극복하기 위한 포괄적 노력의 일환으로 간주되었다.

정부는 공공 부문 조직 및 인력의 경영 혁신과 공기업 민영화로 생산성을 제고하고 예산을 절감하려 했다. 그렇게 함으로써 여타 부문의 개혁을 선도하고 압박하려고 했다(이종선, 2002: 33~34). 그 결과 정부의 다운사이징이 이루어지고 공무원 채용 방식도 고시나 기타 임용시험을 통한 채용보다 중간 수준에서 민간인을 채용할 여지를 늘렸다. 일부 공무원에 대해 성과급을 도입하거나 공무원 업무를 하청 주기도 했다. 그와 함께 공기업이 대거 민영화되었다. 공기업은 위기 전에 이미 민영화되고 있었지만 위기 후 민영화가 가속되었다. 그리고 민영화되지 않은 공기업은 다운사이징 등 강력한 경영 혁신 노력이 전개되었다. 그러면서 정부는 대규모 규제 철폐 드라이브를 걸어서 적어도 양적으로는 많은 규제를 철폐했다.

노동 개혁도 위기의 원인과 어떻게 관련되는지 분명하지 않다. 노동문제가 국내 금융위기의 원인이 되었다면 그것은 제2장 제4절에서 언급한 재벌기업 노동조합의 행태를 들 수 있을 것이다. 재벌기업의 노동조합이 금융시장의 규율이 제대로 작동 안 하는 구도에 편승해서 이윤을 삭감함으로써 부실채권 생성에 기여했을 가능성이 있는 것이다. 그러나 정부는 그런 근거를 제시한 적이 없다. 다만 대규모 위기에 당면해서 기업과 금융기관의 구조조정이 필요하고 그러기 위해서는 노동 개혁이 불가피하다고 했을 뿐이다. 특히 외자를 돌아오게 하기 위해서는 노동 개혁이 불가피하다고 주장했다. 거기에다 정부는 위기 전부터 문제가 되어 오던 노동 개혁 문제를 이 기회에 해결하려고 했다.

그런 맥락에서 정부는 정리해고를 더 쉽게 하는 쪽으로 근로기준법을 바꾸었다. 나아가서 노동시장 유연성을 올리기 위해 비정규직 고용을 쉽게 만드는 쪽으로 법을 개정했다. 이런 조치들은 자유화와 민주화 과정에서 사용자 측이 요구해 왔던 것이었다. 개혁은 그런 사용자 측이 요구하는 조치를 노동자 측이 요구하는 조치와 교환하는 방식으로 이루어졌다. 민주화 이후에도 노동조합의 활동을 제약하고 있던 정치활동 금지, 공무원 및 교원의 노동조합 결성 금지, 파업에서의 제3자 개입 금지 등 제한을 풀었던 것이다. 그와 함께 개혁안에는 구조조정에 따른 해고와 불황에 따른 빈곤에 대처하기 위해 사회보장제도를 확대하는 안도 들어 있었다.

개혁과 개방의 문제점

이러한 개혁을 어떻게 평가할 것인가? 우선 개혁이 위기의 원인에 맞춘 것이었는지가 평가의 기준이 될 것이다. 위기의 원인을 제거하기 위한 개혁은 당장 위기를 수습하는 데 필요할 뿐 아니라 앞으로 위기가 재발하지 않게 하기 위해 필요한 것이었다. 반면 위기의 원인과 관계없는 개혁은 위기를 계기로 "숙제"를 해결하겠다는 포괄적 개혁이었기 때문에 논란의 여지가 더 클 수밖에 없다.

위기의 원인에 맞추어 개혁을 했는지의 관점에서 평가한다면 IMF 신탁통치하에서 이루어진 개혁은 원천적 한계가 있었다. 그것은 외환위기의 원인에 맞추어 개혁한 것이 아니었다. 외환위기의 원인은 자본시장 개방 과정에서 뒷문이 열린 것이었다. 그에 대한 적절한 처리는 뒷문을 닫고 자본시장 개방 순서를 재검토하는 것이었다. 그러나 실제로는 모든 자본거래를 전면적으로 자유화했다. 물론 당장 외환위기를 극복하기 위해서는 자본시장 개방이 필요하다고 볼 수 있었다. 그러나 중·장기적으로 자본시장 전면 개방을 요구한 것은 분명히 잘못된 것이었다. 단기자본 이동이 외환위기를 일으켰는데 바로 그 단기자본 이동을 자유화한 것이다. 물론 자본 이동과 관련해서 긍정적 개혁도 있었다. 외채에 대한 통계도 재정비되어서 상세하게 공개되고 외환보유액에 대해서도 투명성이 확대되었다. 그러나 그것이 자본시장의 전면 개방에 따른 문제를 얼마나 완화시켜 줄지는 불분명했다.

한편 기업, 금융 및 공공 부문 개혁에 자본시장 개방에 대비하는 개혁이 들어 있었다. 기업과 금융기관에 위험관리 능력을 올릴 것을 요구하고 정부의 금융감독 능력을 개선했다. 1997년 외환위기의 궁극적 원인은 정부의 유동성 부족이었지만, 그 출발은 민간 부문인 은행이 위험에 대한 감각 없이 단기외채를 진 것이었다. 따라서 은행 같은 민간 부문이 그런 행태를 지양하고 금융당국은 그런 일이 일어나지 않게 감독하는 것이 중요했다. 즉, 다시 민간의 외채에 대해 정부가 지불보증을 함으로써 외환위기에 대처하는 일이 일어나지 않게 하는 것이 중요했던 것이다.

그러나 금융기관, 기업, 가계 등 경제주체의 위험관리 능력과 금융 당국의 감독 능력을 갖추는 것은 2008년 글로벌 금융위기에서 보는 것처럼 최선진국에서도 어렵다. 거기에다 한국 같은 신흥시장국은 자국 통화로 채무를 질 수 없기 때문에 그 해결 방안이라는 점에서 외환위기와 국내 금융위기는 성격이 다르다. 그런 구도에서 자본시장을 열어 놓으면 지금까지 몰랐던 원인으로 외환위기가 일어나곤 한다. 즉, 외환위기의 원인은 사전적으로 알기보다 사후적으로 알게 되는 경우가 대부분이다. 그렇게 사전적으로 원인을 알 수 없기 때문에 외환위기를 막기 위해 갖추어야 할 조건은 그 리스트가 한없이 길어진다(Rodrik and Subramanian, 2009).

IMF-플러스 개혁은 이런 문제는 그대로 두고 국내 경제구조 개혁에 초점을 맞추었다. 국내 경제구조 개혁 중에서 기업과 금융에서 부실채권이 생성되는 구도를 개혁하려 한 것은 적절한 것이었다. 그러나 그런 개혁도 그 구체적 실행 방안에 대해서는 논란의 여지가 있다. 기업 구조조정 과정에서 대규모의 자산이 매각되고 수많은 근로자가 정리해고 되었다. 금융 구조조정 과정에서도 금융기관 셋 중 하나가 사라지고, 금융기관 종사자도 셋 중 하나가 직장을 잃었다. 그렇게 직장을 잃은 근로자는 사회보장제도도 제대로 안 갖춰진 상태에서 실업자가 되거나 생소한 노동시장으로 내몰릴 것이었다. 따라서 당연히 구조 개혁의 다른 대안은 없었는지에 대해 문제를 제기할 수 있다. 즉, 기업과 금융 개혁이 불가피했더라도 노동 개혁을 그런 식으로 했어야 하는지는 의문인 것이다.

그런 문제는 위기의 원인과 관계가 없는 개혁에서 더 두드러졌다. 공공 부문 개혁이 그런 경우다. 공공 부문은 일부를 제외하고는 위기의 원인과 관계가 없었다. 그런데도 공공 부문에서도 대규모 해고가 이루어졌다. 그렇게 된 데는 정부가 구조조정의 모범을 보이고 위기를 계기로 그 전에 숙제라고 간주되었던 것을 포괄적으로 처리하려고 했기 때문이다. 그러나 민간 부문에서 대규모 정리해고가 이루어지는 상황에서 공공 부문에서마저 대규모 해고를 한 것이 잘한 일이었는지는 논란거리가 될 수밖에 없다.

IMF-플러스 개혁에는 그 자체로서 경제·사회 전체의 거버넌스 개혁, 각종 정보의 투명화, 법치의 확대 등 바람직한 내용들이 포함되어 있었다. 실제로 개혁의 결과 그런 방향으로 여러 제도적 장치가 도입된 위에 국내 경제주체들의 인식이 과거와 다르게 투명성을 강조하고 관행을 따르기보다 법을 지키는 쪽으로 바뀌었다. 그런 변화는 선진국의 제도와 관행으로 수렴하는 것이기 때문에 한국이 궁극적으로 추구해야 할 것이었다. 나아가 그런 관점에서 보면 개혁은 오히려 미진한 측면이 많았다. 특히 재벌 개혁은 초보적인 수준에 머물러서 많은 추후 개혁 과제를 남기고 있었다. 그러나 제도나 정책, 관행은 수단일 뿐 그 자체가 경제의 성과 지표인 것은 아니다. 제1장에서 논한 것처럼 경제의 성과는 그런 제도나 정책, 관행이 아니라 그 결과로 나타나는 경제성장, 안정성, 분배 등으로 판단해야 한다. 일자리 문제도 그중 하나다.

제3절에서 언급한 것처럼 선진적인 제도나 관행을 도입하는 것은 이론적으로는 그런 성과를 올릴 수 있다. 그러나 구조 개혁이 실제로 경제의 성과를 향상시키는지는 현지의 사정에 얼마나 맞추고 개혁의 순서를 어떻게 정하는가에 따라 달라진다. 경제발전 과정에서 제도 개혁을 해나가는 데는 현재 최선진국에서 잘 작동하는 "최선"의 제도를 패키지로 도입하는 것보다는 현지 사정을 고려하고 개혁의 순서를 지키는 "차선의 제도(second-best institution)"를 선택하는 것이 더 낫다. 기존의 제도와 새로 도입하는 제도 간의 보완성을 고려해 순서를 지키고 개혁의 페이스를 조절하는 것이 중요한 것이다(Rodrik, 2007).

외환위기 후 한국의 개혁은 그런 관점에서 보면 문제가 있었다. 그것은 기존의 제도와 새로 도입하는 제도 간의 보완성을 고려해서 순서를 지키고 개혁의 페이스를 조절하는 것이 아니라 "충격요법(shock therapy)"을 쓰는 것과 같은 것이었다(Stiglitz, 2002: 73). 잘못되면 차선의 제도라는 점에서 그 전보다 못한 구도로 갈 가능성이 컸던 것이다. 무엇보다 그런 가능성에 대해 숙고하거나 천착할 시간과 기회 없이 개혁이 즉각 시행되었다는 문제가 있었다. 그 이유는 우선 미국과 IMF가 시간을 주지 않았다는 것이고, 다른 하나는 한국의 대응 방식이었다. 즉, 당시 한국의 조야(朝野)에서는 개혁을 위한 "전략적" 사고방식에 가려서 개혁의 의미에 대해 깊이 따져보지 않는 분위기가 형성되었던 것이다. 개혁이 사실상 경제 전체에 걸친 광범위한 것이었는데도, 그에 대해 깊이 생각해 보지 않고 그냥 시행한 셈이 되었다. 외환위기 전 한국은 미국으로부터 개방 압력도 받고 IMF와 협의도 했지만, 기본적으로 한국 자신이 스스로의 제도와 정책에 대해 판단하고 결정했다. 세계자본주의와 통합했지만 그 속에서 재량권은 유지했던 것이다. 반면 IMF-플러스 개혁은 그러한 재량권을 포기하고 미국이 요구하는 제도를 즉각 패키지로 도입하는 것을 의미했다.

이 문제는 자본시장 개방과 국내적 개혁 간의 관계에서 두드러졌다. 자본시장을 전면 개방한 뒤 외환위기를 방지하는 것이 극히 어렵다는 것은 위에서 언급했다. 이것은 IMF도 부인한 적이 없다. IMF가 역사상 자본시장 개방을 가장 강력하게 추진했던 것은 바로 동아시아 외환위기가 일어난 1997년경이었는데, 그때에도 IMF는 자본시장 개방에는 충족되어야 할 전제조건이 있다는 것을 인정했다(Ocampo et al., 2008: 28). 이런 관점에서 보면 IMF가 1997년 외환위기를 겪은 한국에 자본시장을 전면적으로 개방하라고 요구한 것은 모순이었다. 외환위기가 자체가 바로 그런 전제조건이 미비해서 일어났기 때문이다.

이처럼 논리적으로 맞지 않는 요구가 나온 것은 그 바탕에 복합체의 이해관계가 놓여 있었기 때문이다. 그리고 이것은 외환위기의 결과가 단순히 국내적인 경제정책, 체제, 관행의 변화로 끝나지 않는다는 것을 의미했다. 외환위기는 한국의 자산이 대규모로 외국인에게 넘어가는 계기가 되었다. 한국의 외환위기는 월가를 비롯한 외자에 극히 유리한 조건을 제공했다. 외환위기가 시작될 때의 불안정성, 위기 후 시행된 고금리 정책과 급속한 구조조정으로 한국의 자산 가격이 폭락했을 뿐 아니라, 자본시장이 전면 개방되어서 외국인이 한국 자산을 사들이는 데 대한 제한이 모두 사라졌다. 외환위기로 인해 한국은 자산을 외자에 대규모로 "투매(fire sale)"할 수밖에 없는 사정에 몰린 것이다. 1997~1998년에 한국을 비롯해 외환위기를 맞은 동아시아 국가에서 대규모 자산 투매가 있었다는 것은 그 후 실증적 연구로 확인되었다(Aguiar and Gopinath, 2005).

외국인에 대한 자산 매각은 불황이 끝난 후에도 계속되었다. 시중은행 두 개를 외자에 팔라는 IMF의 요구를 이행해야 했을 뿐 아니라, 외환위기를 극복하기 위해서는 외자 유치와 "외국인의 신뢰" 확보가 국가적 급선무로 인식되었기 때문이다. 이런 맥락에서 예컨대 정부는 재벌들에게 1999년 말까지 자산 매각으로 끌어들일 외자 조달액을 상세히 제시할 것을 요구했다. 그에 따라 상위 4대 재벌이 1999년 말 구조조정을 보고했을 때는 108억 2000만 달러에 해당하는 자산이 외국인에게 넘어갔다(신장섭·장하준, 2004: 170).

그리고 바로 IMF의 "신탁통치"를 국내 개혁에 이용한다는 논리의 연장선상에서 본다면 외자 유치야말로 개혁의 가장 확실하고 손쉬운 방법이었다. 기업과 금융기관의 외국인 소유 및 경영 비중이 크게 올라간 것이 기업 거버넌스 개혁에 기여할 것으로 기대되었다. 외국인이 소유하고 경영하는 것은 재벌과 관료로부터 진정으로 독립된 경영 주체를 도입하는 것을 의미한다. 외국인이 경영을 인수한 기업과 금융기관은 경영을 더 투명하게 하고 선진 경영기법을 도입할 것으로 기대되었다. 외국인이 직접 경영하지 않으면서 소유하더라도 과거에 비해서는 훨씬 강한 시장 규율이 가해질 수 있다고 생각되었다.

외국인이 국내 자산을 인수하는 동안 국내 자본은 큰 역할을 할 수 없었다. 우선 공적 자금을 더 조성했으면 외국인이 인수하는 것을 줄일 수 있었겠지만 적절한 액수를 적기에 조성하지 못했다. 외국 자본에 대한 또 하나의 대안은 물론 재벌이었다. 재벌은 한국 경제에서 자본이 필요한 영역에서 항상 주도적 역할을 했지만, 이번에는 예외였다. 재벌은 개혁의 주 대상으로서 부채와 자산 규모를 줄이기 위해 자산을 팔아야 하는 입장이었다.

고위험-고수익 투자를 할 수 있는 투자은행 같은 제도도 갖춰져 있지 않았고 위기 후에도 투자은행을 갑자기 육성할 수는 없는 일이었다. 이것은 사모펀드 같은 투자 방법도 마찬가지였다. 외환위기 전 대다수 한국인은 사모펀드가 무엇인지도 몰랐고, 위기 후에도 한국의 토종 사모펀드가 출현하는 데는 시간이 걸릴 수밖에 없었다. 연·기금도 있었지만, 연·기금이 고위험-고수익 사업인 인수합병에 나선 경험이 없었고, 역시 그런 능력을 갑자기 키울 수도 없는 일이었다.

결국 국내 자본은 무능하거나 손이 묶인 상태에서 외국 자본에 일방적인 활동 무대가 주어진 셈이다. 그 결과 2004년이 되면 상장기업의 42%를 외국인이 소유하고 우량기업은 대부분 외국인 지분이 50%를 상회하게 된다. 은행은 정부가 소유하고 있는 한 개를 제외하고는 외국인이 다수 주주가 되었다. 이것은 외국인 소유비율이라는 점에서 세계적으로 최상위 수준이었다. 즉, 외환위기 전까지 한국은 자산의 외국인 소유라는 점에서 세계적으로 최하위 수준이었는데 외환위기를 계기로 몇 년 만에 최상위 수준으로 올라갔던 것이다.

자본시장이 전면적으로 열려 있는 상태에서 외국인이 소유한 국내 자산이 늘어날수록 한국은 그 갑작스러운 철수가 가져올 충격에 대비해서 외환보유액을 늘려갈 수밖에 없었다. 물론 그런 상황에서 한국인도 수익성 있는 대외투자를 한다면 외국인의 국내에서의 투자 수익을 상쇄할 수 있었을 것이다. 그러나 한국 자본이 국내의 위험 자산에 투자할 능력도 없는데 단기간에 해외의 위험 자산에 투자할 능력이 생길 수는 없는 일이었다. 이렇게 해서 외국 자본이 한국에 들어와서 일방적인 활동을 하는 사이에 한국은 주로 외환보유액을 늘려가는 구도가 전개되었다. 그 외환보유액의 구성은 저금리의 미국 재무부 증권(Treasury Bill) 같은 유동성 자산이 주였다. 결국 외국 자본은 국내에서 고위험-고수익 투자를 하는데 한국은 저금리의 미국 재무부 증권 같은 유동성 자산을 외환보유액으로 쌓아가는 형국이 전개된 것이다.

이런 모습에 대한 경제학의 표준적 답은 제1장에서 언급한 것처럼 한국인과 외국인 투자자 간에 위험과 수익을 맞바꾸었다는 것이다. 이것이 얼마나 맞는 설명인지는 외환위기의 결과를 논하면서 살펴볼 것이다.

제4장

경제성장률 하락

"은행의 임무는 일자리를 만드는 중소기업을 지원하는 것이다."

_ 조지프 스티글리츠(Joseph Stiglitz)

이 장에서는 외환위기 후 경제성장률 하락에 대해 살펴본다. 외환위기 후 경제성장률은 분명히 떨어졌다. 그러나 경제성장률이 왜 떨어졌는지에 대한 설명은 아직 잘 되어 있다고 볼 수 없다. 그 설명은 두 가지로 갈린다. 하나는 외환위기 전 한국 경제가 과잉성장을 했기 때문에 그것이 조정되면서 자연스럽게 성장률이 떨어졌다는 주장이다. 다른 하나는 외환위기 전 한국의 경제성장이 지속 불가능하지 않았고, 위기 후 가계대출이 증가했다는 점 등에 근거해서 과소성장이 일어났다고 보는 주장이다.

전자를 대표하는 것은 제1장에서 언급한 아이컨그린 등의 연구이다(Eichengreen et al., 2012). 이들의 주장은 주류 경제학자들 사이에서 설득력 있는 다수 견해로 자리 잡았다고 생각된다. 그러나 실제로 외환위기 후 경제성장률 하락이 과잉성장의 자연스러운 조정인지는 더 따져볼 문제다. 아이컨그린 등의 설명은 총투자율 변동으로 경제성장을 분석하는 거시경제적 설명이다. 그러나 제2장에서 살펴본 것처럼 외환위기 전 과잉투자는 거시경제적으로 정의하기는 어렵다.

외환위기 후의 경제성장률 하락을 설명하는 데는 거시경제적 분석보다는 미시경제적 분석이 더 중요하다. 외환위기 전 과잉투자는 미시경제적으로 기업, 특히 재벌기업의 저이윤-고부채 경영, 즉 "과다차입에 의한 과잉투자"로 정의할 수 있다. 바로 그런 이유로 1997년 국내 금융위기가 일어났고, 외환위기 이후 구조 개혁은 재벌기업의 저이윤-고부채 경영 행태를 청산하는 데 집중했던 것이다. 그 결과 재벌기업이 과다차입에 의한 과잉투자 행태를 중단한다면 그것은 총투자율을 낮추게 된다. 따라서 총투자율이 떨어지지 않으려면 재벌기업이 투자를 줄인 자리를 새로운 형태의 투자가 메워주어야 한다. 실제로 외환위기 후 한국은 새로운 형태의 투자를 촉진해서 재벌기업 투자가 줄어드는 자리를 메우려고 노력했다. 우선 외환위기 직후 벤처기업을 대거 육성했다. 그런 노력이 성공했는지 여부가 외환위기 후 성장률 하락이 과잉성장으로부터의 자연스러운 조정인지 새롭게 나타난 과소성장인지 평가하는 기준이 되어야 한다. 그와 관련해 외환위기 후 가계대출이 급증한 것을 어떻게 보아야 하는지 검토해 볼 필요가 있다. 그리고 연구개발체제를 격상시키려는 노력이 성공적이었는가에 따라 총투자율이 결정되었을 것이기 때문에 그런 문제도 살펴볼 필요가 있다.

외환위기 후 투자 문제와 관련해 또 하나 살펴볼 필요가 있는 것은 국제투자다. 한국은 외환위기 후 줄어드는 재벌 투자를 대체할 주체로 외국인 직접투자를 적극 유치하려 했다. 그 후 들어오는 외국인 직접투자와 나가는 한국기업의 해외직접투자와의 관계가 많은 논란을 빚었다. 그런 한편 국제투자는 외환위기 후 국내총생산(GDP) 증가율로 측정한 경제성장률이 한국인에게 돌아오는 소득을 정확하게 잡아내지 못하는 원인이 되고 있다. 경상수지 흑자를 지속적으로 내고 있지만 그만큼 순대외자산이 쌓이지 않고 있는데, 그 차액은 국민계정에 잡히지는 않지만 국민소득이 줄어든 것이다. 이 문제는 "국부 유출" 논란과 관련이 있다.

물론 외환위기 후 경제성장을 분석하는 데 외환위기 이외의 요인도 고려해야 한다. 외환위기 전부터 있던 조건이 그 후의 경제성장에 영향을 미쳤을 수 있다. 그중에서도 가장 중요한 요인은 서비스산업 발전이다. 서비스는 한국의 생산성이 선진국의 생산성에 크게 미달해서 성장 잠재력이 높은 산업이다. 그러나 서비스산업은 업종별로 규제와 진입장벽, 낮은 생산성, 과당경쟁 등 다양한 이유로 제대로 발전하지 못해 왔다. 서비스산업 발전은 매우 중요한 문제이기는 하지만 그런 요인이 외환위기 전과 후에 별로 다르지 않기 때문에 이 장에서는 다루지 않기로 한다. 한편 외환위기 후 20년이 지나는 사이에 발생한 요인들도 물론 경제성장에 영향을 미쳤다. 그런 요인으로는 무엇보다 2008년에 일어난 글로벌 금융위기와 그 이후 세계적으로 진행된 "대침체(The Great Recession)"가 있다. 글로벌 금융위기는 1997년 동아시아 외환위기와 밀접한 관련이 있고, 대침체는 그 자체로서뿐 아니라, 외환위기의 결과와 상호작용해서 경제성장에 영향을 미쳤다. 따라서 이 장에서는 글로벌 금융위기와 대침체에 대해 살펴보기로 한다.

이 장은 다음과 같이 진행한다. 제1절에서는 외환위기 후 경제성장률이 떨어진 원인을 분석하고, 구조 개혁에 따른 투자 부진이 그 원인이라는 것을 밝힌다. 제2절에서는 새로운 투자 주체로서의 벤처기업 육성 문제와 가계대출 문제를 살펴본 뒤 연구개발체제 격상 문제를 살펴본다. 제3절에서는 외국인 투자와 총투자와의 관계를 살펴본다. 제4절에서는 대침체와 그것이 한국 경제에 미친 영향에 대해 살펴본다.

제1절 외환위기와 경제성장률 하락

경제성장률은 외환위기 이후 분명히 떨어졌다. 국내총생산(GDP) 증가율(2010년 기준)로 측정한 경제성장률은 1998년 -5.5%로 떨어졌다가 1999년 11.3%로 곧 회복되었지만, 그 뒤 장기적으로 떨어졌다. 외환위기 후 경제성

〈표 4-1〉 경제성장률과 일인당 GDP 증가율 (단위: %)

구분	경제성장률	일인당 GDP 증가율
1963~1979년 평균	10.6	8.4
1980~1997년 평균	8.5	7.4
1998~2017년 평균	4.0	3.4
1998~2007년 평균	4.9	4.3
2008~2017년 평균	3.1	2.5

자료: 한국은행 경제통계시스템.

장률은 한국이 1963년 고도성장을 시작한 이래 경험하지 못한 낮은 성장률이다. 제2장에서 살펴본 것처럼 한국은 1963년에 고도성장을 시작한 후 1979년에 시작된 대규모 위기를 겪었고 1980년부터 안정화, 자유화, 민주화를 거치면서 다시 고도성장을 했다. 그러다가 1997년 외환위기를 맞은 뒤 성장률이 떨어진 것이다. 물론 외환위기 후 기간 중에서도 처음 10년과 그 후는 다르다. 한국 경제가 처한 환경이 다르기 때문이다. 처음 10년간은 세계적으로 제2의 자본주의 황금기가 진행되고 있는 시기였던 데 반해, 2008년 글로벌 금융위기 이후에는 대침체가 진행됨으로써 한국도 그 영향을 받지 않을 수 없게 되었다. 〈표 4-1〉은 그렇게 나눈 한국 경제발전의 "국면"에 따라 1963년부터 1979년까지 17년간, 1980년부터 1997년까지 18년간, 1998년부터 2017년까지 20년간의 경제성장률, 즉 GDP의 증가율과 일인당 GDP의 증가율 평균을 제시하고 있다. 그리고 외환위기 후 기간도 대침체가 시작되기 전 기간인 1998년부터 2007년까지 10년과 그 후 10년간을 구분해서 GDP의 증가율과 일인당 GDP의 증가율 평균을 제시하고 있다.

1998년부터 2017년까지 20년을 1980년부터 1997년까지 18년과 비교하면 경제성장률은 8.5%에서 4.0%로, 일인당 GDP 증가율은 7.4%에서 3.4%로 떨어졌다. 1998년부터 2007년까지 평균을 보면 경제성장률은 4.9%, 일인당 GDP 증가율은 4.3%다. 2008년부터 2017년까지 평균은 더 낮아져서 경제성장률은 3.1%, 일인당 GDP 증가율은 2.5%다. 대침체기를 제외하고 보더라도 경제성장률과 일인당 GDP 증가율은 확연하게 떨어졌다. 대침체기의 경제성장률에 대해서는 제4절에서 살펴보기로 하고 여기서는 외환위기의 결과 경제성장률이 떨어진 데 대해 주로 살펴보기로 한다.

경제성장률 하락의 요인

외환위기를 계기로 경제성장률이 떨어진 것을 어떻게 설명하는가? 일단 일인당 GDP가 증가함에 따라 경제성장률은 자연스럽게 떨어질 수밖에 없다고 볼 수 있다. 경제발전 초기에는 고도성장이 가능하지만 선진국과의 격차가 좁혀질수록 성장률이 떨어질 수밖에 없다는 것은 어느 나라에나 공통된 현상이다. 1998년부터 2007년까지의 평균 경제성장률 4.9%와 일인당 GDP 증가율은 4.3%은 그 전 기간에 비해 크게 낮다고 하더라도 그 자체로서는 높은 수치다. 그것은 어떤 선진국도 4%대로 성장하는 경우가 없다는 것을 고려하면 대침체가 없었더라도 더 떨어질 수밖에 없는 수치였다.

그러나 경제성장률이 외환위기 후 급락한 것을 자연적 하락으로 해석할 수는 없다. 외환위기 후 성장률은 일인당 생산 증가에 따른 자연적 하락 추세보다 더 떨어졌다(박원암, 2005). 앞에서 언급한 것처럼 이런 성장률 추가 하락에 대해서는 기본적으로 두 가지 설명이 있다. 하나는 외환위기 전의 과잉성장이 정상화된 결과라는 설명이고, 다른 하나는 외환위기 후 과소성장이 일어나고 있다는 설명이다.

여기서 일단 유의하고 넘어갈 점은 외환위기의 결과 경제성장률이 "올라갔다는" 것을 보여주는 연구는 없다는 것이다. 외환위기 당시 미국과 IMF가 급격한 구조 개혁을 요구하고 한국이 그것을 전면적으로 받아들인 것은 그것이 결국 한국에게 이익이 될 것이라고 기대했기 때문이었고, 그 이익 중 으뜸은 경제성장률 상승이었을 것이다. 당시 미셸 캉드쉬 IMF 총재가 한국의 외환위기가 "위장된 축복이 될 것"이라고 말했을 때 무엇보다 경제성장률 상승을 염두에 두었을 것이다. 그러나 실제로 경제성장률은 하락했다. 이 사실을 캉드쉬 주장과 조화시키려면 외환위기 후 개혁으로 성장 "잠재력"이 올라갔지만, 다른 부정적 요인, 즉 일인당 생산 증가에 따른 성장률의 자연 감소, 외환위기 전의 과잉 성장으로부터의 조정, 외환위기 후 한국의 정책 실패 등의 영향이 더 커서 그 "순효과"가 성장률 하락으로 나타났다는 것을 보여야 한다. 그러나 아직 그랬다는 것을 보인 연구는 없다. 아마도 실제로 그랬을 가능성도 없을 것이다. 이런 점에서 외환위기가 경제성장에 미친 결과는 일차적으로 부정적 평가를 받을 수밖에 없다.

외환위기 전의 과잉성장이 정상화된 결과라는 설명과 외환위기 후 과소성장이 일어나고 있다는 설명 중에서 더 유력한 것은 전자다. 그런 설명을 하는 대표적인 경제학자인 아이컨그린 등은 외환위기 전의 과잉성장이 조정되는 과정이 바로 일인당 생산의 증가에 따라 경제성장률이 자연적으로 떨어지는 과정이라고 주장하고 있다. 이들은 국가 간 계량 분석에 의거해서 "따라잡기 성장(catch-up growth)"을 하던 나라가 어느 수준 이상 일인당 GDP 수준에 이르면 성장률이 떨어지기 마련인데, 그 패턴을 보면 천천히 최선진국의 성장률에 수렴해 가는 것이 아니라 어느 시점에서 갑작스럽게 떨어지는 것이 보편적이라고 한다(Eichengreen et al., 2012: 42).

그런 모습이 두드러지는 나라는 일본이다. 일본은 제2차 세계대전 후 최선진국, 즉 "생산성 주도국"인 미국을 따라잡기 성장을 한 대표적 나라다. 일본은 전쟁의 피해로부터 회복한 1955년부터 1971년까지 연평균 10% 정도로 성장했지만, 1971년을 분기점으로 성장률이 반 토막 났다. 물론 성장률이 갑자기 떨어진 것은 일본에 국한된 이야기가 아니다. 유럽 국가들도 비슷한 시기에 미국을 따라잡는 성장을 하다가 성장률이 급격하게 떨어졌다. 그렇게 1970년대 초 일본에 이어 유럽 국가들의 성장률이 갑자기 떨어짐으로써 1973년경에 "자본주의 황금기"가 끝나게 되었던 것이다.

그렇게 1970년대 초반에 일본이나 유럽 국가들의 성장률이 갑자기 떨어진 데 대해서는 아직까지 명확한 설명이 없다. 자본주의 황금기의 출현과 그것이 끝난 데 대한 통계적 작업을 주도했던 앵거스 매디슨에 따르면 자본주의 황금기가 끝난 것은 1970년대 들어 불리한 "체제 충격(system shock)"이 가해졌기 때문이다(Maddison, 1982). 그러한 체제 충격으로서는 1971년 들어 나타난 브레턴우즈체제의 동요, 보호무역주의의 대두, 그리고 1973년의 제1차 석유파동 등을 들 수 있을 것이다. 나라에 따라서는 국내적으로 악화된 인플레이션이나 재정 적자에 대처해야 하는 문제도 있었다. 그러나 1970년대 초 경제성장률이 떨어진 데 대해서는 생산성 주도국인 미국과 따라잡기 성장을 하고 있던 일본이나 유럽 국가들 간에 체제 충격이 어떻게 다르게 가해졌는지 등 구명해야 할 문제가 많이 남아 있다.

여기서 이런 문제들을 논할 수는 없다. 그러나 한 가지 짚고 넘어가야 할 것은 외환위기 후 한국의 성장률 하락도 체제 충격의 결과일 가능성이 크다는 것이다.아이컨그린 등은 한국과 일본의 성장률 하락에 대해서 서로 다른 요인이 작용했다고 주장하고 있다. 일본의 경우 1973년 제1차 석유파동이 성장률 하락의 주원인이었다고 한다. 이것은 체제 충격이 성장률 하락의 원인이었다는 이야기다. 반면 외환위기 후 한국의 성장률 하락은 외환위기 전 과잉성장이 조정된 결과라고 한다. 그러나 한국의 경우에도 외환위기를 계기로 체제 충격이 가해진 결과 경제성장률이 떨어진 것이라고 생각할 근거는 충분히 있다. 한국의 경우 체제 충격은 외환위기 후 전면적 구조 개혁이라는 형태로 명시적으로 나타났다.

아이컨그린 등은 외환위기 후 경제성장률이 급격하게 떨어진 것이 과잉성장이 조정된 자연스러운 결과라는 것을 보이기 위해 1997년 이전에도 그런 경우가 있었다고 주장한다. 과거에는 오히려 더 심한 과잉성장이 일어나고 뒤이어 그것이 조정되는 과정이 있었다는 것이다. 이들은 한국 자체에 대한 시계열 분석을 통해 1997년 외환위기가 한국의 경제성장 과정에서 가장 두

드러진 단절이 일어난 계기가 아니었다고 주장한다. 1982년부터의 일인당 GDP의 성장 패턴을 분석해 보면 통계적으로 가장 유의한 경제성장률 단절이 있었던 해는 1998년이 아니라 1989년이다(Eichengreen et al., 2012: 38~40). 1989년은 1980년대 후반 3저호황 이후 성장률이 급락했던 해다. 1989년에 와서 3저호황 시기의 과잉성장이 정상화된 것처럼 1998년에도 그 전 시기의 과잉성장이 정상화되었다는 것이다.

그러나 과잉성장이라는 점에서 3저호황과 1990년대 중반을 비교하는 것은 문제가 있다. 과잉성장이라면 성장을 하면서 그것이 지속되지 못하게 만드는 조건이 있어야 한다. 3저호황의 경우 그것을 가져온 "3저"의 조건이 단기적이어서 지속되지 않는다는 것은 분명했다. 당시 한국은 그런 단기적 조건에 힘입어서 두 자릿수 경제성장을 했는데, 이미 중진국 대열에 들어선 상태에서 그런 성장률을 유지할 수 없다는 것도 자명했다. 결국 두 자릿수 성장이 진행되면서 물가 상승 요인이 만들어져서 1980년대 전반에 어렵게 다져 놓았던 안정 기조가 허물어졌다. 그것이 뒤늦은 원화 절상과 맞물려서 1989년에 당시 "총체적 난국"이라고 불리는 양상이 만들어졌던 것이다(김홍기, 1999: 375~376).

1989년에 성장의 단절이 있을 수밖에 없었다는 것은 3저호황 당시 한국의 거시경제 운영정책에 대해 평가를 해 보아도 알 수 있다. 당시 3저의 조건 중 한국이 관리할 수 있는 변수는 환율이었다. 한국은 엔화에 대한 원화 환율을 너무 오래 높은 수준에서 유지했다. 그 결과 대규모 경상수지 흑자가 났는데, 그에 따른 본원통화 증발 효과를 불태화하는 능력이 제대로 갖추어져 있지 않았기 때문에 물가가 불안해지는 것을 막을 수 없었다. 환율을 좀 더 빨리 내려서 일찍부터 성장률을 낮추고 경상수지 흑자를 줄였으면 두 자릿수 성장을 하다가 "총체적 난국"을 맞는 식의 성장의 단절은 피할 수 있었을 것이다.

반면 1990년대 중반 한국 경제는 3저호황 때처럼 성장의 단절을 불러올 요인이 없었다. 제2의 자본주의 황금기는 이제 막 도래하고 있었다. 국내의 거시경제 지표로 보아도 3저호황 때처럼 성장을 위협하는 요인이 만들어지지 않았다. 물가는 여전히 선진국형 안정 기조에 미치지 못하고 있었지만, 3저호황 때처럼 그 전에 다져 놓았던 안정 기조가 허물어지는 것 같은 일은 일어나지 않았다. 경상수지는 적자였지만 GDP에 대한 비율 등으로 보아 성장을 어렵게 하는 요인이 될 수 없었다.

결국 1989년에 성장률 단절이 나타난 것은 그 전의 과잉성장 때문이지만. 1998년에 성장률 단절이 일어난 것은 그 전에 이루어진 과잉성장 때문이라고 볼 수 없는 것이다. 그러면 외환위기 후 성장률이 떨어진 것을 어떻게 설명하는가? 그러기 위해서는 우선 성장률이 떨어진 요인을 분석해 볼 필요가 있다. 경제성장 요인은 요소투입 증가율과 총요소생산성 증가율로 분해해 볼 수 있다. 그렇게 분해해 보는 것은 제2장 제4절에서 살펴본 것처럼 한국의 경제성장이 요소투입 증가에 의거한 것인지 총요소생산성 상승에 힘입은 것인지가 논점이 되어왔기 때문에 더욱 중요하다.

외환위기 후 경제성장률이 떨어진 것이 요소투입 증가율 하락 때문인지 총요소생산성 증가율 하락 때문인지 살펴보기 위해서는 외환위기 전과 후를 비교할 수 있는 자료가 있어야 한다. 이런 점에서 유용한 자료는 김동석 외(2012)와 조태형 외(2012)의 연구가 있다. 두 연구는 요소투입 중 자본투입을 계산하는 데 서로 다른 방법을 사용하고 있다. 김동석 외(2012)는 토지투입의 변동분이 크지 않아서 성장에 대한 기여도가 무시할 만큼 작을 것으로 간주해 분석 대상 기간 중 토지의 투입 규모가 불변인 것으로 가정했다. 조태형 외(2012)는 토지와 재고자산을 제외한 경우(Case I)와 포함시킨 경우(Case II)로 나누어 추정했다. 여기서는 각 가정하에서 추정한 결과를 모두 살펴보기로 한다. 김동석 외(2012)는 요소투입지수와 고정자본투입지수, 노동투입지수도 제공하고 있는데, 이것을 이용해서 외환위기 전 시기와 외환위기 후 시기에 요소투입, 고정자본투입, 노동투입의 증가율이 어떻게 변했는가를 살펴볼 수 있다. 기간을 구분하는 데 있어 외환위기 전 시기로서는 〈표 4-1〉에 나타난 제2

〈표 4-2〉 총요소생산성 증가율과 요소투입 증가율 (단위: %)

총요소생산성 증가율			
기간	1980~1997	1998~2007	1998~2010
김동석 외[1]	4.26	4.21	4.12
조태형 외 Case I[2]	1.07	1.48	1.36
조태형 외 Case II[3]	2.97	2.02	1.86
요소투입 증가율, 김동석 외[1]			
기간	1980~1997	1998~2007	1998~2010
요소투입 증가율	4.22	1.21	0.94
고정자본투입 증가율	10.22	4.19	4.00
노동투입 증가율	3.38	0.72	0.37

주: 1) 재고자산과 토지를 투입물에 포함시키고 토지투입 증가율을 0으로 가정하고 계산.
2) 재고자산과 토지를 투입물에서 제외하고 계산.
3) 재고자산과 토지를 투입물에 포함해서 계산.
자료: 김동석 외(2012: 118); 조태형 외(2012: 19~20).

차 성장 국면인 1980년부터 1997년까지 18년간을 잡기로 한다. 외환위기 후 시기로서는 글로벌 금융위기 전까지 기간인 1998년부터 2007년까지 10년과 기간을 최대로 잡을 수 있는 1998년부터 2010년까지의 13년을 모두 살펴보기로 한다. 〈표 4-2〉는 이렇게 잡은 각 시기에서 총요소생산성, 요소투입, 고정자본투입, 노동투입의 평균 증가율을 보여준다.

총요소생산성 증가율을 보면, 조태형 외(2012)의 Case I에서 외환위기 후가 외환위기 전에 비해 약간 높게 나오지만, 나머지 두 추정에서는 낮게 나온다. 이렇게 추정 방법에 따라 다르게 나타날 만큼 총요소생산성 증가율은 외환위기 전과 후에 크게 달라지지 않았다. 한편 김동석 등이 제공하고 있는 요소투입 증가율을 보면 외환위기 전과 후는 확연하게 차이가 난다. 외환위기 전 기간 18년간 요소투입은 평균 4.22%씩 증가했지만 외환위기 후 10년간은 평균 1.21%, 13년간은 평균 0.94%씩밖에 증가하지 않았다. 요소투입은 자본과 노동의 투입을 가중 평균한 것이다. 고정자본투입을 보면 외환위기 전 18년간 평균 10.22 %씩 증가했지만 외환위기 후 10년간은 4.19%, 13년간은 평균

4.00%씩밖에 증가하지 않았다. 노동투입은 외환위기 전 18년간 평균 3.88%씩 증가했지만 외환위기 후 10년간은 평균 0.72%, 13년간은 평균 0.37%씩밖에 증가하지 않았다.

외환위기 후 경제성장률이 하락한 것은 총요소생산성 증가율이 떨어졌기 때문이 아니라 요소투입 증가율이 떨어졌기 때문이다. 이것은 다른 연구에서도 확인된다(한진희·신석하, 2007). 따라서 외환위기 후 경제성장률 하락을 설명하기 위해서는 요소투입 증가율이 하락한 데 대해 설명해야 한다. 요소투입 중에서 외환위기 전과 후를 비교 분석하는 데는 자본투입이 더 중요하다. 그것은 자본투입이 노동투입에 의해 결정되는 것보다 노동투입이 자본투입에 의해 결정되는 정도가 더 크다고 생각되기 때문이다. 노동투입 증가율은 경제성장에 따라 자연스럽게 떨어진다. 생산가능인구 증가율이 떨어지고 노동시간이 감축됨으로써 노동 공급 증가율이 떨어지기 때문이다. 그렇게 노동공급의 증가율이 떨어지면 기업이 투자를 하기도 어려워진다. 따라서 노동공급 증가율 하락이 자본투입 증가율을 떨어뜨리게 된다. 그러나 외환위기 후 노동투입 증가율 하락이 주로 노동 공급 증가율 하락 때문이라고 생각하기는 어렵다. 제6장에서 살펴볼 것처럼 고용률이 제자리걸음을 하고 있고 일자리 부족이 심각한 문제가 되고 있다는 것은 노동투입 증가율이 떨어진 것이 노동에 대한 수요 증가율이 떨어진 결과라고 볼 여지가 크다. 노동 공급의 증가율이 떨어져서 자본투입 증가율이 떨어진 효과보다는 자본투입 증가율이 떨어진 결과 노동에 대한 수요 증가율이 떨어져서 노동투입 증가율이 떨어진 효과가 컸다고 볼 수 있는 것이다.

자본투입 증가율이 낮은 것은 투자 부진 때문이다. 〈그림 4-1〉은 총투자율, 즉 총자본 형성을 GDP로 나눈 비율을 보여주고 있다. 총자본 형성은 설비투자, 건설투자, 지식재생산물투자, 재고 증감 및 귀중품 순취득으로 구성된다. 총투자율은 1980년부터 1997년까지 18년 동안 연평균 36.0%였지만 1998년부터 2007년까지 10년 동안 평균 31.8%로 떨어졌다. 2008년부

〈그림 4-1〉 총투자율 (단위: %)

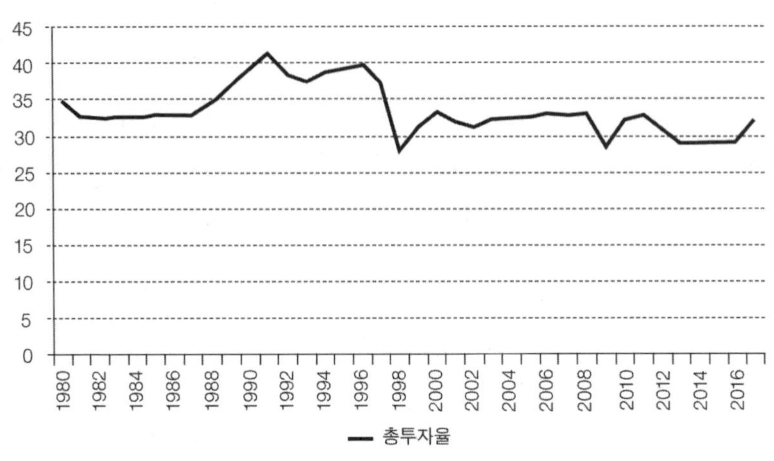

자료: 〈부표 3〉.

터 2017년까지 10년간 평균은 30.5%다. 외환위기 후 한국의 투자율은 여전히 세계적으로 보아 높은 수준이지만, 외환위기 전보다 떨어진 것은 의심의 여지가 없다.

외환위기 후 투자 부진은 투자 증가율(실질)을 보면 더 잘 드러난다. 총투자는 1980년부터 1997년까지 18년간 연평균 9.3% 증가했지만, 외환위기 후 10년간인 1998년부터 2007년까지 연평균 3.9% 증가하는 데 그쳤다. 2008년부터 2017년까지 10년은 연평균 3.6% 증가했다.[1] 각 연도의 투자는 그해 동안의 자본의 "증가분"이다. 따라서 투자 증가율과 자본투입 증가율이 같은 것은 아니다. 그러나 투자 증가율이 떨어지면 결국 자본투입 증가율도 떨어질 수밖에 없다.

외환위기 후 경제성장률이 떨어진 주원인은 투자율이 떨어진 것이다. 외환

1 자료 출처는 한국은행 경제통계시스템.

위기 후 과거의 고투자-고성장 체제와 달리 저투자-저성장 체제가 성립했다. 저투자-저성장 체제는 과거의 고투자-고성장 체제처럼 한번 성립하면 "자기 충족적 기대"를 통해 지속되는 경향이 있다. 과거에는 고투자가 고성장을 가져오고 고성장의 결과 기업은 높은 매출액 증가율을 기대해서 투자를 늘리고, 그렇게 늘어난 투자는 생산능력을 늘려 경제를 고성장하게 하는 것과 동시에 총수요를 늘려서 기업이 매출액 증가율이 높을 것으로 기대한 것이 맞았다는 것을 확인해 주었다. 그러나 외환위기 후에는 저투자가 저성장을 가져오고 저성장의 결과 기업은 낮은 매출액 증가율을 기대해서 투자를 적게 하고, 그 투자는 생산능력을 적게 늘려 경제를 저성장하게 하는 동시에 총수요를 적게 늘려서 기업이 매출액 증가율이 낮을 것으로 기대한 것이 맞았다는 것을 확인해 주게 된다.

구조 개혁과 투자 부진

결국 외환위기 후 경제성장률 하락의 주요인은 투자 부진이다. 따라서 경제성장률 하락을 해석하는 것은 투자율 하락을 어떻게 보는가의 문제다. 이 문제를 설명하는 데 있어서 역시 외환위기 전의 과잉투자가 조정된 것이라고 보는 견해와 외환위기 후 과소투자가 일어나고 있다고 보는 견해가 대립하고 있다. 외환위기 전 과잉투자가 일어났다고 보는 대표적 견해는 역시 아이컨그린 등의 연구다. 이 연구는 그런 과잉투자가 조정되면서 자연스럽게 투자율이 떨어졌고 따라서 성장률도 떨어졌다고 본다. 한편 과소투자가 일어나고 있다는 주장은 위기 후 가계대출이 증가한 것 등을 근거로 들고 있는데, 분석적 내용을 제시하지는 않았다(예컨대 Crotty and Lee, 2005).

외환위기 후 경제성장률 하락 원인을 분석적으로 따져보기 위해서는 외환위기 전 과잉투자가 일어났다가 외환위기 후 그것이 자연스럽게 해소되었는지 살펴볼 필요가 있다. 이에 대해서도 아이컨그린 등은 국가 간 횡단면 자료를 이용한 계량 분석에 의거해서 외환위기 전 한국이 비슷한 경제적 조건에 있는 나라에 비해 투자율이 과도하다가 외환위기 후 그것이 조정되었다고 주장한다. 김태정·이정익(2013)도 비슷한 연구 결과를 제시하고 있다. 외환위기 후 한국의 투자율이 OECD 국가들의 평균적 추세에 따라 떨어졌다는 것이다. 이러한 주장이 의미하는 바는 물론 외환위기 후 투자율 하락이 자연스러운 추세라는 것이다. 그것은 얼마나 설득력이 있는가?

국가 간 계량 분석에 의거해서 경제발전의 패턴을 설명하려는 시도는 일찍부터 있어왔다(예컨대 Chenery and Syrquin, 1975). 그런 연구는 단순한 분석이었지만, 그 기본구도는 근래의 연구와 마찬가지였다. 그런 단순한 연구지만 과거 한국은 세계적으로 관찰되는 일반적 패턴에서 벗어났기 때문에 고도성장을 할 수 있었다고 생각되었다. 가장 두드러진 것이 수출 지향적 공업화로 개도국의 일반적 패턴에서 벗어난 것이다. 1970년대 한국의 공업화 정도와 수출 의존도, 즉 제조업과 수출의 GDP에 대한 비율 같은 지표는 세계적 횡단면 연구에서 비슷한 경제적 조건을 가진 대다수 개도국과 매우 동떨어진 모습을 보였고, 바로 그것이 고도성장의 주요인으로 간주되었던 것이다(Kim and Romer, 1979: Chapter 6).

개도국 단계에서는 다른 개도국과 다른 것이 고도성장의 원인이 되었다는 논리는 설득력이 있다. 개도국은 경제성장을 못 하고 있는 나라인 만큼 이들과 비슷하면 성공적인 성장은 못 하기 마련이다. 한국은 여느 개도국과 달랐기 때문에 고도성장이 가능했던 것이다. 그러면 한국이 선진국에 가까워지면 다른 선진국과 같아져야 성장을 지속할 수 있는가? 여기서 특히 문제가 되는 것은 물론 투자율이다. 즉, 선진국에 가까워지면 다른 선진국과 투자율이 같아져야 성장을 지속할 수 있는가?

이 문제는 “선진국”을 어떻게 정의하는가에 달려 있다. 최선진국 또는 생산성 주도국인 미국의 일인당 GDP를 따라잡고 난 후의 최선진국들과 선진국 그룹에 속해 있지만 아직 미국을 따라잡지 못한 나라를 구분할 필요가 있는 것이다. 선진국을 전자로 정의할 경우 한국도 선진국의 공통된 패턴에 수렴하는 것이 자연스럽고 그것이 성장을 지속하는 방법이라고 할 수 있다. 반면 아직 최선진국이 되지 못하고 있는 나라의 경우 어느 단계 어느 시점에서 세계적으로 공통된 패턴에 수렴하는 것이 자연스러운지는 더 생각해야 할 문제다.

이 문제의 핵심은 국가 간 계량 분석의 대상에 일본, 이탈리아, 스페인, 그리스 같이 한때 성장을 잘하는 것 같더니 그 후 별로 성공적이지 못한 나라들이 다수 포함되어 있다는 것이다. 한국이 일본, 이탈리아, 스페인, 그리스와 비슷한 조건에서 이들 나라와 비슷한 투자율을 보인다면, 그 나라들이 최선진국이 되지 못한 것처럼 한국도 최선진국이 될 수 없다. 한국이 생산성 주도국 미국을 따라잡는 데 실패한 나라들의 전철을 밟지 않으려면 이들 나라와 같은 조건에 처했을 때보다 투자율이 더 높아야 한다. 실제로 외환위기 전의 추세가 이어졌으면 그랬을 가능성이 있었다. 결국 국가 간 계량 분석이 말해 주고 있는 것은 한국이 외환위기를 계기로 "자연스럽게" 최선진국이 되는 데 실패한 나라들 그룹에 끼게 되었을 가능성이 크다는 것이다.

국가 간 계량 분석에 대해서는 지금까지 경제학자들이 그 한계를 지적해 왔다. 그것은 개별 국가의 구체적 사정에 대한 분석을 대체할 수 없다는 것이다(Brock, and Durlauf, 2001; Rodrik, 2012). 적어도 계량 분석은 구체적 사정에 대한 연구와 보완적으로 사용할 필요가 있다. 한국의 구체적 사정을 보면 거시경제적으로 보아서는 1990년대 과잉투자를 했다고 보기 어렵다는 것은 앞에서 언급했다. 그것은 기본적으로 투자가 제2의 자본주의 황금기가 도래하는 시점에서 상당 기간 국제경쟁력이 있을 것으로 기대되는 제조업의 설비투자 중심으로 증가했기 때문이다. 그때의 투자를 과잉투자였다고 보기 어렵다는 것은 외환위기 후의 상황을 보아도 마찬가지다. 외환위기 후 한국은 대규모 유휴설비가 나타나지 않았다. 오히려 그때의 설비투자는 결국 생산과 수출 능력을 늘려서 외환위기를 극복하는 바탕이 되었다.

한편 외환위기 전 한국의 투자는 거시경제적으로 보아서는 과잉투자였다고 보기 어려웠지만, 미시경제적으로 볼 때에는 과잉투자였다. 그것은 기업, 특히 재벌기업의 저이윤-고부채 경영 행태를 "과다차입에 의한 과잉투자"로 정의할 수 있기 때문이다. 위기 전 한국 기업은 부채비율이 국제 비교로 보아 유럽 국가들에 비해 반드시 높지 않았고 이윤율도 낮지 않았다. 그러나 기업 이윤율이 차입금평균이자율보다 낮아서 부실채권이 만들어지는 구도였다. 그런 구도는 유럽에서는 나타나지 않았다. 그것은 기업의 행태 문제만은 아니었다. 금융기관은 그런 행태를 방조했고 정부도 적절한 조치를 취하지 않았기 때문에 기업-금융-정부가 같이 얽힌 경제체제의 문제였다. 그 체제는 투자와 성장을 촉진하는 데는 유리했지만, 항상 위기의 가능성을 안고 있는 체제였다. 재벌이 부실채권 때문에 간헐적으로 도산하면 작은 위기가 일어나고, 부실채권이 쌓여서 재벌들이 대거 도산하면 대규모 위기가 일어났다.

그러면 거시경제적으로 과잉투자라 볼 수 없고 미시적으로 과잉투자라고 볼 수 있다는 것을 어떻게 일관되게 설명할 수 있는가? 필자 생각에 이 둘을 일관되게 설명하는 방법은 이렇다. 경제 전체로 보면 과잉투자라 할 수 없었지만, 그 투자를 하는 주체는 재벌기업에 과도하게 집중되어 있었다. 그렇게 된 가장 큰 이유는 금융기관으로부터의 차입을 통해 이들 기업에 자금이 집중되었던 것이다. 이들 기업들이 차입에 의거해서 이윤을 충분히 내지 못하는 성장 위주 투자를 했다. 이것은 뒤집어 말하면 중소기업이나 창업기업(startups)은 자금 조달이 어려워서 투자를 제대로 할 수 없었다는 것을 의미한다. 만약 재벌이 부채를 덜 지면서 좀 더 이윤을 내는 경영을 하는 한편 중소기업이나 창업기업에도 자금이 공급되어서 이들 기업이 더 투자를 하는 구도였다면, 거시경제적으로 40% 가까운 투자율이 유지되었더라도 그것을 과잉투자라고 볼 수는 없었을 것이다. 외국인 직접투자를 좀 더 일찍부터 자유화했으면 그런 점에서 역시 도움이 되었을 것이다.

제3장 제4절에서 살펴본 것처럼 외환위기 후 구조 개혁은 그렇게 재벌기업

을 중심으로 과다차입에 의한 과잉투자가 일어나는 구도를 청산하려고 했다. 그러한 노력은 성과를 냈다. 한국 기업의 오랜 저이윤-고부채 경영 행태가 해소된 것이다. 기업은 외환위기 직후 극심한 경기 침체와 대규모 도산 사태를 경험한 데다 정부의 강력한 개혁 드라이브에 직면해서 부채비율을 줄이고 이윤율을 올리기 위해 노력했다. 그 후 기업의 차입비용이 크게 떨어진 것도 저이윤-고부채 경영 행태를 지양하는 데 도움이 되었다. 저이윤-고부채 경영 행태가 해소되었다는 것은 〈그림 2-2〉로 돌아가서 보면 알 수 있다. 기업이윤율과 차입금평균이자율 간의 관계가 외환위기를 계기로 정반대가 되었다. 외환위기 전에는 기업이윤율이 차입금평균이자율보다 낮았지만, 외환위기 후에는 기업이윤율이 차입금평균이자율보다 높게 된 것이다. 이런 현상은 지가조정을 하는지 여부와 무관하다. 그런 한편 부채비율은 급속히 떨어져서 2006년에는 100% 이하가 되었다. 그 뒤 부채비율은 연도에 따라 다소 등락을 보였지만, 외환위기 전과는 비교할 수 없을 정도로 낮아졌다(〈부표 2〉 참조).

그러나 이런 급격한 구조 개혁이 성장률을 떨어뜨리는 "체제 충격"으로 작용했을 가능성이 크다. 그랬을 가능성은 제3장 제4절에서 구조 개혁의 문제점을 논할 때 언급했다. 구조 개혁이 경제의 성과를 향상시키는지는 현지의 사정에 얼마나 맞추고 개혁의 순서를 어떻게 정하는가에 따라 달라진다. 외환위기 후 한국의 개혁은 그런 문제에 대해서 숙고하거나 천착할 시간과 기회 없이 "충격요법"을 쓰는 것과 같이 시행되었다. 그 결과 투자가 부진해졌을 가능성이 있는 것이다. 그렇다면 그것은 외환위기 후 과소투자가 이루어지고 있다는 것을 의미한다.

외환위기 후 구조 개혁이 당장 투자율 하락으로 이어지는 것은 불가피했다. 재벌기업들이 구조조정 과정에서 부채비율을 급격히 낮추기 위해 자산을 늘리지 않은 것은 물론이고 가지고 있던 자산을 대규모로 매각했다. 기업이 부채비율을 낮춘 결과 투자를 줄인 것은 실증 연구로 확인된다(홍기석, 2006). 그렇게 외환위기 전 기업의 저이윤-고부채 구도가 청산되면서 투자율이 떨어진 것은 미시경제적으로 보면 과잉투자가 정상화된 것이라고 볼 수 있다. 그러나 거시경제적으로 보면 그 전에 과잉투자가 이루어졌던 것은 아니었기 때문에 과잉투자가 정상화된 것이라고 볼 수 없다. 이 둘을 어떻게 일관되게 설명하는가? 그 설명은 이렇게 된다. 외환위기 후에 재벌기업이 과다차입에 의한 과잉투자를 중단했다. 그 결과 다른 조건이 일정하다면 거시경제적으로 본 투자율이 떨어질 수밖에 없다. 여기서 다른 조건이 일정하지 않게 되려면 재벌기업이 투자를 줄인 자리를 다른 경제주체의 투자가 메워주어야 한다. 재벌기업이 투자를 줄인 자리를 다른 경제주체의 투자가 메우지 못해서 투자율이 떨어졌다면 거시경제적으로 보아 투자는 자연스럽게 떨어진 것이 아니다.

재벌기업이 투자를 줄인 자리를 채워줄 경제주체는 중소기업이나 창업기업이다. 직접투자를 하고자 하는 외국기업도 그런 주체다. 결국 거시경제적으로 보아 외환위기 후 투자율 하락이 과잉투자가 자연스럽게 조정된 것인지 아닌지는 중소기업이나 창업기업, 외국인 직접투자가 재벌기업이 투자를 줄인 자리를 채워주었는가에 달려 있는 것이다. 실제로 외환위기 후 한국은 창업기업을 육성하고 중소기업을 지원하고 외국인 직접투자를 도입하려고 노력해 왔다. 그 노력이 성공했는지 여부가 거시경제적으로 보아 투자가 자연스럽게 떨어진 것인지를 판단하는 기준이라고 할 수 있다. 그러나 결론부터 말하면 그렇게 되지 못했다. 외환위기 후 구조 개혁이라는 형태로 가해진 체제 충격 때문에 과소투자가 이루어지게 된 것이다. 이하에서는 이 문제에 대해 살펴보고자 한다.

제2절 벤처기업, 가계대출과 연구개발

한국은 외환위기 후 재벌기업을 대체할 투자 주체를 육성하려고 노력해 왔다. 김대중 정부는 벤처기업 육성 정책을 강력하게 추진하고 외국인 직접투자를 유치하기 위해 노력했다. 거기에 더해 후속 정부는 연구개발체제를 업그레이드하려고 노력했다. 외환위기 후 투자가 부진해지자 중점육성산업을 지정하는 산업정책이 다시 도입되었는데, 그 주된 수단은 연구개발을 지원하는 방식이 될 수밖에 없기 때문이다. 따라서 외환위기 후 한국이 얼마나 연구개발체제를 잘 정비해 갔는가가 투자를 결정하는 또 하나의 요인이 되었다. 그런 한편 외환위기 후 가계대출이 급증하면서 중소기업 대출이 위축되는 문제가 제기되었다. 중소기업이 재벌기업을 대신해서 투자를 해줄 수 있는지가 의문시된 것이다. 총투자를 결정하는 이들 요인 중에서 외국인 직접투자 문제는 다음 절에서 살펴보기로 하고, 이 절에서는 벤처기업, 가계대출, 연구개발 문제를 살펴보기로 한다.

벤처기업 육성

외환위기 직후 집권한 김대중 정부는 벤처기업을 적극 육성했다. 벤처기업 육성은 김영삼 정부 때부터 계획하고 있었지만, 김대중 정부하에서 큰 국가적 과제가 되었다. 김대중 정부는 재벌 중심 경제체제를 대체할 새로운 체제의 주역으로 벤처기업을 강조했을 뿐 아니라, 외환위기 후 급증한 실업, 그중에서도 교육받은 청년 실업 문제를 해결하는 데 있어서 벤처기업의 역할에 주목했다. 이미 1997년 대통령선거 기간에 실업 대란을 타개할 주요 정책수단으로 벤처기업 정책을 구상하고, “벤처기업을 육성해 매년 50만 명의 일자리를 만들겠다”는 대선공약을 제시했다(≪국민일보≫, 2002.1.11). 그 후 “장기적으로는 10만 개 벤처기업을 육성”하되, 2002년까지 2만 개의 벤처기업을 육성하여 40만 개의 새로운 일자리를 창출한다는 것과 같이 양적인 정책목표가 설정되어 추진되었다(≪한겨레신문≫, 2002.7.15).

정부가 직접 나서서 벤처기업을 육성하는 것은 과거 산업정책의 유산을 청산하고 시장경제 창달을 내세우는 IMF-플러스 개혁과 모순되어 보인다. 그러나 경제이론적으로 보아 첨단기술 중소기업에 대해서는 정부 지원이 불가피하다는 근거를 제시하는 연구는 많이 있다(예컨대 Mansfield, et al., 1977; Stiglitz and Weiss, 1981; Myers and Majluf, 1984). 정부 지원이 필요하다는 논지는 시장에 맡겨둘 경우 벤처기업에 자금이 과소하게 공급된다는 것이다. OECD(2004: 17~18)는 이러한 시장실패의 원인을 다음과 같이 세 가지로 요약하고 있다. 첫째, 혁신활동에 대한 보수는 매우 불확실하다. 둘째, 기업가가 잠재적인 투자자들에 비해 상품과 생산과정의 특성에 대해 더 많은 정보를 가지고 있다. 셋째, 혁신활동의 결과는 대개 무형적이어서 그것이 상업적으로 성공하기 전까지는 화폐 가치를 산정하기가 힘들다. 즉, 고위험성, 정보의 비대칭성, 높은 무형자산 비중이라는 벤처기업의 특성으로 인해 투자자들이 자금 공급을 기피할 수 있다는 것이다. 또한 벤처기업이 개발한 첨단기술은 타 기업 또는 타 산업에 무상으로 사용할 수 있는 지식을 제공하기 때문에 외부효과가 존재한다. 따라서 기업 가치에 비해 사회적 가치가 크게 되는데, 민간 투자자는 그러한 사회적 가치를 고려하지 않는다.

이러한 요인들은 제2장 제1절에서 살펴본 시장의 실패 요인과 사실상 같은 내용이다. 다만 제2장 제1절에서 논한 것은 경제발전 초기 근대 산업의 기업활동 거의 모두에 적용되는 데 비해, 첨단기술 중소기업에 있어서는 경제가 상당한 발전을 이룬 상태에서도 그런 문제가 있다는 것이다. 이런 이유로 첨단기술 중소기업에 대해서는 어느 나라든 정부가 직간접으로 지원을 하고 있다. 그것은 유럽 같은 벤처 후발국은 물론이고 미국 같은 나라도 마찬가지다. 미국은 실리콘 밸리로 대표되는 자생적 벤처 국가로 간주되고 있지만, 그 내용은 반드시 그렇지 않다(Murray, 2007).

한국은 1986년 "중소기업 창업 지원법"을 제정해 처음으로 기술 집약적 중소기업에 대한 정책을 시행했다. 그러나 실제로 벤처기업 육성에 대해 본격적으로 생각하기 시작한 것은 1990년대 중반이다. 1990년대 정부가 강력히 추진한 정보통신산업이 신장되고, 특히 세계적으로도 아직 도입 단계에 있던 인터넷 기술이 후발성의 이익을 누리면서 급속히 보급됨에 따라 벤처기업을 육성할 기반이 마련되었다. 정보통신산업과 인터넷 기술은 "시스템 기술"이 아니라 "요소 기술"로서 진입장벽이 높지 않았다(성소미, 2001: 18). 비록 모든 벤처기업이 정보통신 산업에 속하는 것은 아니었어도 이런 조건이 정보통신 산업에 속하지 않는 벤처기업의 발전에 유리한 영향을 미칠 수 있었다.

김영삼 정부는 1996년 코스닥시장을 기존 증권시장과 별도로 출범시켰고, 1997년 재벌 중심의 경제체제를 개혁하기 위한 근본적인 처방으로 벤처기업 육성을 하겠다는 방침을 세워서 "벤처기업 육성에 관한 특별조치법"을 제정했다. 김대중 정부는 그것을 바탕으로 자신의 새로운 조치까지 더하여 강력한 벤처기업 육성정책을 폈다. 벤처기업 지원책의 내용은 다음과 같이 요약할 수 있다.

우선 금융 지원으로서 창업자금의 지원, 신용보증상의 우대, 정책자금 우선 지원 등을 했다. 재정에서도 법인세, 소득세, 등록세, 취득세, 재산세 및 종합토지세 등을 감면했다.

인력 공급 지원을 위해 교수 및 연구원의 창업을 보장하고 그들이 벤처기업을 창업하거나 벤처기업의 임원으로 근무하기 위해 휴직할 수 있도록 했다. 그리고 교육공무원이나 정부출연 연구소(국방 분야 제외)의 연구원의 경우 소속 기관장의 허가를 받아 벤처기업의 대표자 또는 임직원을 겸임 또는 겸직할 수 있게 했다. 병역특례와 관련된 지원도 했다. 벤처기업의 입지와 관련해서도 실험실 공장, 도시형 공장, 벤처기업 집적 시설, 벤처기업 전용단지 등 지원 정책을 시행했다. 제도적 지원으로 법인 설립 요건을 완화하고, 산업재산권을 출자할 수 있는 특례를 인정했다. 그 밖에도 유한회사 설립, 주식 교환,

스톡옵션과 관련된 특혜도 제공했다. 마케팅 활동을 지원하고, 박람회나 전시회 참가 등 해외 진출을 지원했다. 특허와 관련해서는 우선심사 신청을 가능하게 했다(이상 정진하, 2005; 장지호, 2005).

한국의 벤처기업은 미국 등 선진국에서의 벤처기업이 아니라, 좀 더 일반적으로 정의한 "첨단기술 중소기업"이다. 미국 등 선진국에서 벤처기업은 벤처캐피털이나 엔젤투자 등 모험자본의 고위험-고수익 투자로 설립한 기업을 의미한다. 반면 한국의 벤처기업들은 그런 기업들뿐 아니라 정책적 판단에 의해 정의된 기업들을 포함하고 있다. 구체적으로 한국의 벤처기업은 정부의 "인증"을 기준으로 해서 법적으로 정의되는 존재다. 그렇게 된 것은 1990년대 중반 당시 벤처기업 육성이 벤처캐피털시장이 활성화되지 않은 상황에서 정부 주도로 첨단기술 중소기업의 창업을 활성화한다는 목표로 시행되었기 때문이다. 정부는 벤처기업확인제도를 통해 지원 대상 기업을 선별하고 그 기업에 실제로 지원을 함과 동시에 금융기관 같은 시장 참여자에게 정부가 선별한 기업이 우량기업이라는 신호를 주려고 했다(김기완, 2011: 16).

김대중 정부가 벤처기업 육성정책을 강력히 추진한 결과 한국은 외환위기를 계기로 1980년대 이후 약화된 정부 개입이 돌아온 셈이 되었다. 1997년경 한국은 민주화되어 있었지만 정부의 힘은 여전히 강했고, 대통령이 강력한 의지를 갖고 추진한 데다 미국과 IMF가 요구한 개혁 방향과도 맞았기 때문에 벤처기업 육성은 강한 추진력을 얻을 수 있었다.

김대중 정부의 벤처기업 육성은 방향은 맞았으나 과도했다. 그런 점에서 1970년대 박정희 정부의 중화학공업화 정책과 비슷한 점이 있다. 벤처기업 육성정책이 과도하게 된 이유는 무엇보다 바로 외환위기 이후 실업 대란을 타개할 주요 정책수단으로 구상했기 때문이다. 벤처기업은 그 속성상 소수집단일 수밖에 없으므로 그 육성을 통해 단기적으로 대규모의 고용 효과를 기대하는 것은 무리다. 이는 벤처기업으로 출발해서 대기업으로 성장하는 기업들이 다수 등장하는 먼 미래에나 가능한 일이다. 그런 조건을 고려하지 않고 단기간에 실업 대란을 해결하는 방안으로 정부가 온갖 방안을 동원해서 급격히 육성하려 한 것은 지속 가능성이라는 점에서 문제가 있었다. 벤처기업 고용 인력은 1998년 약 7만 6000명에서 2001년 36만 5000명까지 급속히 늘었지만, 2002년에는 약 32만 8000명으로 줄었고, 2005년까지 2001년 수준을 회복하지 못했다(손동원 외, 2006: 18).

정부가 적극적으로 개입해서 단기간에 벤처기업을 육성하는 정책은 정부의 실패를 가져왔다. 그것은 과거 1960~1970년대의 정부 개입이 정격유착, 관치금융, 재벌체제 등으로 표현되는 정부의 실패를 수반한 것과 마찬가지였다. 외환위기 후 벤처기업 육성은 1960~1970년대만큼 정부가 광범위하게 개입하지는 않았고, 정치가 민주화되어 있는 상태에서 부패가 개입할 여지도 상대적으로 작았다. 그런 한편 1960~1970년대보다 정부의 실패를 유발할 여지가 오히려 큰 측면도 있었다. 1960~1970년대 정부 개입은 기업의 성과를 판단하는 궁극적 기준으로 수출이라는 객관적 지표가 있는 데다, 중화학공업화의 경우 정부 지원이 소수의 재벌기업에 집중되었기 때문에 정부가 그들 기업의 성과를 판단하기가 쉬웠다. 반면에 벤처기업 육성에는 그런 조건이 없었다. 어떤 기업이 진정한 "벤처기업"으로서의 조건을 갖추고 있는지를 정부를 포함한 외부자가 알기는 어렵다. 따라서 벤처기업 인증을 신청하거나 정책자금에 지원했을 때 부적격자가 선정되고 적격자가 탈락할 수도 있었다. 정부가 벤처기업 육성 정책을 서둘러서 마련했기 때문에 그러한 부적격자가 선정될 가능성이 더 높았다. 그런 조건에서 학연·지연·혈연을 이용해서 금융기관, 경제부처, 사정기관, 정치인 등이 모두 가담한 권력형 부정 사태로서의 벤처 스캔들이 연달아 터졌다. 그런 부패 사건이 정규적인 수사기구로는 수사가 안 되어서 특별검사로 재수사를 해야 하는 상황이 벌어졌다(지종화, 2004). 벤처기업 투자자금을 회수하는 코스닥시장은 과다한 자본 유입으로 1998~2000년까지 대규모 거품을 일으킨 후 그 거품이 붕괴했다.

이런 혼선을 겪은 후 벤처기업 지원제도는 시장을 건전화하는 데 초점을 두게 되었다. 불법·부당한 벤처기업을 가려내기 위해 전문평가기관의 기술·경영 능력 평가를 강화하고 벤처기업 확인 기준을 강화했다(김기완, 2011: 12). 벤처기업 수는 거품이 붕괴한 후 급격히 감소했다가 그 후 다시 꾸준하게 증가했다. 그러나 벤처기업 수의 증가는 벤처캐피털 활성화의 결과라기보다는 기술평가 보증·대출 기업의 벤처 인증 사례가 증가했기 때문이다. 벤처캐피털 투자기업의 경우 2002년부터 신규 확인되는 기업의 규모가 현저히 커져서, 벤처캐피털 투자가 1990년대 말에 비해 안정적인 기업들을 선호하는 방향으로 "보수화"되었다. 그것은 원래 신생 첨단기술 중소기업을 지원한다는 취지와 거리가 생겼다는 것을 의미한다.

이런 식으로 벤처기업 육성은 김대중 정부 초기에 정부 주도로 급격하게 추진하다가 각종 문제를 일으킨 후 그 추진력이 약화되었다. 노무현 정부와 이명박 정부 때는 벤처기업 육성이 정책에서 상대적으로 우선순위를 차지하지 못하게 되었다. 이명박 정부하에서는 정보통신부가 폐지되었다. 박근혜 정부가 다시 벤처기업 육성을 강조했고 현 정부에서도 그렇게 하고 있지만 그 성과가 어떻게 나타날지에 대한 평가는 아직 하기 어렵다. 다만 한국의 벤처기업 육성이 아직도 정부 주도하에 이루어지고 있다는 특징이 있는 것은 사실이다. 벤처기업이 지속적으로 성장하고 투자를 담당하는 역할을 해 주려면 정부 주도에 머물러서는 안 되고 스스로 자생력이 있어야 할 것이다. 첨단기술 중소기업 육성에 정부의 역할이 필요하고 초기에는 더욱 그렇다고 하더라도 정부 주도가 지속되는 것은 곤란한 일이다.

벤처기업 발전에 계속 정부가 주도적 역할을 하는 데는 근본적인 이유가 있다고 생각된다. 그렇게 된 것은 한국 정부나 민간 부문의 "변할 수 있는 능력"이 충분하지 못하기 때문일 것이다. 그리고 그것은 이상한 일이 아니다. 외환위기 후 20여 년이 경과하면서 민간의 역할이 정부 역할을 대체하지 못하는 것은 한국 경제·사회 전체의 성격 때문이다. 벤처기업이 제대로 자라기 위해서는 금융, 교육, 과학·기술 등 국가 전체의 시스템이 변해야 한다. 한국은 이 모든 분야에서 정부가 강력한 영향력을 가지고 있다. 그것은 역사적으로 뿌리 깊은 현상으로 1960년대 정부의 적극적 역할 정도가 아니라 그 전 수백 년 이상 역사를 가진 관료사회 내지 국가 우위 사회의 유산인 것이다. 즉, 관료사회와 신중상주의 체제의 유산을 극복하고 자유주의 체제를 만들어가는 것이 그만큼 어려운 것이다. 이것은 뒤집어 말하면 외환위기 후 구조 개혁과 벤처기업 육성을 결합한 것이 문제가 있었다는 이야기다. 외환위기 후 신자유주의적 요구를 이용해서 자유주의적 개혁을 하려고 했지만 그런 시도가 일격에 자유주의 체제를 만들어낼 수는 없었다. 뿌리 깊은 역사적 조건을 무시한 채 재벌을 급격하게 구조조정하면서 그로 인해 투자가 감소하는 자리를 벤처기업 육성으로 메우는 것은 기대하기 어려운 일이었다.

가계대출 증가

벤처기업이 제 역할을 못한다면 일반 중소기업이 과거 재벌의 투자 역할을 대신해 주면 될 것이다. 따지고 보면 벤처기업은 중소기업의 일부일 뿐이다. 그러나 외환위기 후 중소기업도 재벌이 비운 자리를 메워주지 못했다. 그 가장 두드러진 이유는 가계대출 증가다. 중소기업의 투자가 부진한 원인은 무엇보다 중소기업 금융 문제다. 금융은 외환위기 전이나 후나 중소기업 문제의 핵심이다. 외환위기 후 재벌기업이 투자를 줄인 자리를 중소기업의 투자가 메워주려면 재벌기업에게 몰아주던 자금이 중소기업으로 가게 되었어야 한다. 물론 그렇게 되지 못했기 때문에 투자율이 떨어졌다. 그 이유는 금융기관이 중소기업에 대한 자금 공급을 충분히 늘리지 않고 가계대출에 치중했기 때문이다. 이것은 금융 부문 총자산의 60% 이상을 차지하고 있는 은행의 행태에서 드러난다. 외환위기 후 은행의 중소기업 대출은 상대적으로 부진한 반면 가계대출이 급증했다.

〈그림 4-2〉는 시중은행과 지방은행을 합친 "일반은행"의 원화대출에서 대

〈그림 4-2〉 일반은행의 원화대출 비중

(단위: %)

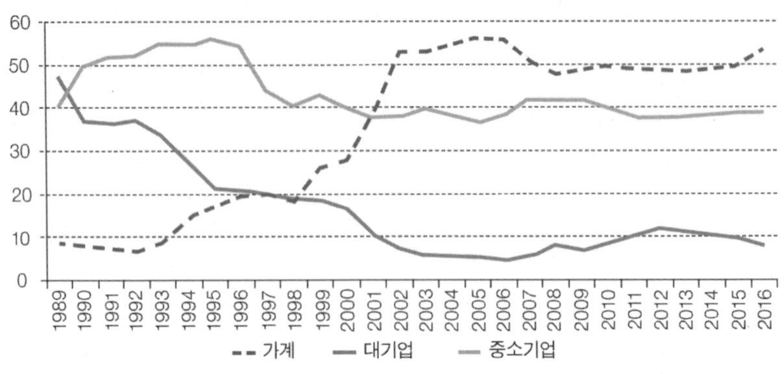

자료: 〈부표 4〉.

기업, 중소기업, 가계의 비중을 보여주고 있다. 외환위기 전부터 대기업 비중은 줄고 있었다. 대기업 비중이 준 것은 아마 정부의 규제가 강화된 데다 대기업이 제2금융권 차입과 직접금융시장 의존도를 올렸기 때문일 것이다. 외환위기 후 대기업 비중은 계속 줄어들다가 2006년 이후 다시 약간 늘어나는 추세로 돌아섰지만 중소기업이나 가계의 비중보다 훨씬 낮다. 한편 중소기업과 가계를 비교하면 외환위기 전 중소기업의 비중이 훨씬 높았지만 외환위기를 계기로 중소기업 비중은 떨어진 반면 가계의 비중은 급증했다. 중소기업의 비중은 1996년 말 54.3%에서 1997년 말 43.9%로 떨어진 후 더 떨어져서 다시는 1997년 수준을 회복하지 못했고, 2016년에는 38.8%에 머물렀다. 한편 가계의 비중은 1997년 20.0%에서 급등해서 2005년에는 56.3%에 달했다가 그 후 다소 떨어졌지만 여전히 높은 수준에 머무르다가 2016년에 51.6%에 달했다(〈부표 4〉 참조).

은행이 중소기업 대출보다 가계대출에 치중하는 이유는 무엇인가? 그것은 은행을 시장경제의 원리에 따라 운영하도록 하면서 가계대출에 대한 제한을 철폐했기 때문이다.

은행을 시장경제의 원리에 따라 운영하도록 한 것은 금융 자유화의 원칙에 따른 것이다. 제2장에서 살펴본 것처럼 한국은 1980년대부터 금융을 자유화했다. 그 주된 내용은 은행이 독자적 경영 주체를 세워서 영업 베이스로 기업에 대출하고, 대출 후에는 사후 관찰해서 필요하면 자금을 회수하고 도산도 시키는 구도를 만드는 것이었다. 그것은 시장경제에서 은행이 수행하는 통상적 역할이다. 그러나 그렇게 하는 데 일차적 걸림돌은 과거로부터 물려받은 부실채권이었다. 제3장 제4절에서 살펴본 것처럼 외환위기 후 정부는 공적자금을 동원해서 은행의 부실채권을 해소한 후, 은행의 독자적 경영 주체를 세워 은행이 시장경제에서 수행하는 통상적 역할을 하는 구도를 만들려고 했다. 그런 목적으로 은행의 거버넌스 체제를 개혁한 뒤 자산건전성 분류 기준과 회계 및 공시제도를 강화하고 위험관리(risk-management) 능력을 올렸다. 은행의 리더십도 바꾸었다. 영업 베이스로 은행을 경영하는 것을 목표로 민간 증권회사나 외국은행 국내 지점에 근무하던 사람들을 최고경영자로 임명했다. 외환위기 후 감독 당국의 건전성 규제가 강화된 것도 은행의 경영 행태를 바꾸는 데 기여했다. 차입자별 신용위험을 강화한 바젤II 및 바젤II를 더 강화한 바젤III의 시행으로 은행은 위험관리에 더욱 주의를 기울이게 되었다. 거기에다 2003년 카드 사태를 거치며 건전성 기준이 강화되었다.

그렇게 함으로써 한국은 은행 경영의 건전성을 확보하는 데 성공했다. 문제는 그런 변화의 결과 중소기업 대출이 아니라 가계대출이 증가했다는 것이다. 따져 보면 그것은 당연한 일이었다. 중소기업 대출이 가계대출보다 어렵기 때문이다. 중소기업 대출이 상대적으로 어려운 이유는 쉽게 짐작할 수 있다. 금융의 핵심은 "정보의 불완전성"을 극복하는 것인데, 중소기업은 재무정보의 신뢰성이 낮은 데다 기술성, 미래 사업성 등 비재무정보의 수집도 어렵다. 은행의 입장에서 중소기업에 대출해 주려면 그런 정보의 불완전성을 극복하는 능력이 있어야 한다. 외환위기 전 한국 은행들은 그런 능력이 매우 부족했는데, 그런 능력이 외환위기 후 개혁으로 일순간에 향상될 수는 없는 일이었다. 기존의 정보처리 능력으로 대출해줄 만한 중소기업을 찾아내는 것도 어렵고 외환위기 후 그런 기업이 갑자기 솟아날 수도 없는 노릇이었다.

은행이 중소기업 대출에서 어려움을 겪는 것은 한국만이 아니다. 선진국에서도 마찬가지다. 따라서 미국이나 영국 같은 금융 선진국에서도 은행의 중소기업 대출은 신용보다는 담보나 보증 위주로 이루어진다. 미국이나 영국 같은 선진국이 그렇다면 한국은 두말할 필요가 없다. 거기에다 중소기업에 대한 대출은 은행과 차입자가 오랜 기간 거래를 하는 "관계 지향적" 금융일 수밖에 없는데, 그런 관계는 외환위기 후 구조조정 과정에서 은행이 대거 폐쇄됨으로써 악화되었을 것이다. 특히 지방은행이 대거 폐쇄된 것이 지방의 중소기업에 큰 타격을 가했으리라고 짐작할 수 있다.

중소기업 대출이 그런 어려움이 있는 반면 가계대출은 상대적으로 쉽다. 가계대출에도 신용대출이 있고, 외환위기 후 한국에서도 신용카드 사태처럼 맹목적으로 가계에 신용대출을 하는 행태가 나타나기도 했다. 그러나 역시 가계대출의 주종을 이루는 것은 주택 같은 부동산을 담보로 하는 대출이다. 그것은 중소기업 대출보다 위험부담이 낮다.

은행의 가계대출이 증가한 데는 외환위기 후 가계대출에 대한 제한을 철폐한 것도 중요한 요인이 되었다. 그 제한은 1950년대부터 있어왔던 것이다. 한국은 1950년대부터 줄곧 은행의 가계대출을 제한하고 기업에 자금을 공급하게 하는 정책을 취했다. 그것은 〈그림 4-2〉에서 볼 수 있는 것처럼 1993년에 이르기까지 가계대출의 비중이 10%에 미달했던 데서 드러난다. 그러다가 1990년대 중반부터 점진적으로 가계대출을 더 허용하는 쪽으로 가고 있었는데, 외환위기 후 즉각 완전히 제한을 철폐하는 쪽으로 바뀐 것이다(서근우, 2011; 김경수, 2015).

거기에 외환위기 이후 저금리 정책에 따른 차입비용 감소와 부동산경기 활성화 대책이 가계부채를 증가시키는 요인으로 작용했다. 김대중 정부는 경기 부양을 위해 아파트 분양가 자율화 및 분양권 전매 허용, 양도세 한시 면제 등의 주택경기 활성화 대책을 시행했다(이정우, 2007). 그 결과 주택 가격과 가계대출이 상승작용을 했다. 주택 가격이 오르리라고 기대하면 가계는 주택담보대출을 더 받으려 하고, 주택담보대출이 늘어나면 주택 가격이 올라가서 담보가치가 상승하면서 다시 가계대출이 늘어났던 것이다.

이렇게 해서 가계대출이 급증하면서 중소기업 대출이 위축되었다. 중소기업 대출이 위축된 것은 물론 중소기업이 투자를 하기 어려워졌다는 것을 의미한다. 그렇게 되어서는 재벌이 투자를 줄인 자리를 중소기업의 투자가 대신할 수 없다. 이 문제는 시간을 좀 더 거슬러 올라가서 이해할 수 있다. 1950년대부터 금융기관의 가계대출을 제한하고 기업에 자금을 몰아주게 한 목적은 물론 기업의 투자를 촉진하려는 것이었다. 그냥 두면 자금은 부동산 담보대출 등을 통해 가계로 흘러가서 거품을 일으키고 소비를 늘릴 위험이 있었기 때문이다. 그렇게 해서 자금을 기업에 몰아준 결과 고도성장을 하는 데 성공했다. 그러나 그렇게 하는 과정에서 재벌기업을 중심으로 "과다차입에 의한 과잉투자" 행태가 나타났다. 외환위기 후에는 그런 행태를 청산하기 위해 재벌과 금융 개혁을 하면서 가계대출에 대한 제한을 완전히 철폐했는데, 그 결과 중소기업 대출이 아니라 가계대출이 늘어난 것이다.

은행대출이 중소기업으로 가지 않고 가계로 간 것은 투자를 부진하게 만드는 한편 가계의 소비를 조장했다. 외환위기 후 가계대출이 급증하는 속에서 가계저축률이 급격히 떨어졌다. 한국의 순가계저축률은 1988년 24.3%를 정점으로 떨어지기 시작해서 1997년 14.5%까지 떨어졌다가 1998년 21.2%로 올라갔지만, 그 뒤 급속도로 떨어져서 2007년 세계에서 가장 낮은 수준인 3.2%에 달했다(〈부표 3〉 참조). 한국의 그런 가계저축률 하락은 주요 국가들 중에서 유례를 찾기 어려울 정도로 가파른 것이다(임진, 2012). 가계저축률이 그렇게 가파르게 떨어진 데는 가계대출 증가가 중요한 역할을 했다

1988년 한국의 가계저축률 24.3%는 세계적으로 보아 매우 높은 수치였다. 그것은 동아시아 국가들의 경제발전 과정에서 나타나는 공통된 현상이다. 처

음 일본의 가계저축률이 높았고, 다음은 한국과 대만, 그리고 지금 중국의 가계저축률이 매우 높다. 이렇게 동아시아에서 가계저축률이 높은 데 대한 설명은 대체로 이렇다. 첫째, 인구 구성이다. 전쟁이나 혼란 이후 태어난 베이비 붐 세대가 생산가능인구가 되고 그 베이비 붐 세대가 과거보다 자녀를 적게 낳음에 따라 생산은 하지 않으면서 소비하는 피부양인구인 노년층과 유년층 인구의 비율이 떨어진 것이다. 둘째, 사회보장제도의 미비다. 동아시아는 고도성장이 일어나는 기간에 사회보장제도가 미비했기 때문에 노후는 스스로 챙겨야 했다. 셋째, 취업자 중 농민 등 자영업자 비중이 높은 것이다. 자영업자는 장래가 불확실하기 때문에 저축을 더 많이 할 수밖에 없다. 넷째, 금융시스템이다. 동아시아 국가들에서는 모두 금융 억압이 시행되어서 금융기관 대출은 기업에 집중되고 가계대출은 엄격한 제한을 받았다. 가계대출이 제한되면 가계는 "유동성 제약(liquidity constraint)"에 걸리게 되어 당장 현금이 없으면 소비를 못 하기 때문에 결국 저축률이 올라간다. 부동산 담보 대출로 거품을 일으키고 그것이 자산 가격 상승을 통해 가계저축률을 떨어뜨릴 가능성도 낮아진다.[2]

외환위기 후 한국에서 가계저축률이 급격하게 떨어진 것을 이들 요인 중에서 어느 것으로 설명할 수 있는가? 우선 인구 구성 변화가 설명 요인이 되기는 어렵다. 외환위기 후 10여 년 동안 생산가능인구 비율은 올라가고 있었다. 인구 구성이 주요인이 될 수 없다는 것은 가계저축률이 2013년부터 다시 올라가서 2015년에 8.1%에 달한 데서도 알 수 있다. 사회보장제도가 확대되기는 했지만, 아직 한국의 사회보장제도는 갈 길이 먼 상태였기 때문에 그것도 가계저축률 하락의 주원인이 되기는 어렵다. 취업자 중 자영업자 비중을 보면, 1996년 27.4%, 1997년 27.8%였다가 1998년 28.2%로 올라간 뒤 떨어져

---

2 일본에 대한 연구는 Horioka(1990), Ito(1992: 268~276) 참조. 그 후 한국, 대만, 중국에 대한 설명도 대동소이하다.

서 2007년에 25.8%에 달했다. 자영업자 비중은 조금 떨어졌을 뿐이다. 결국 외환위기 후 10여 년 동안 가계저축률이 급격히 떨어진 주요인은 가계대출의 급증이라고 볼 수밖에 없다.

이렇게 보면 한국은 외환위기를 계기로 기업이 "과다차입에 의한 과잉투자"를 하는 체제에서 가계가 "과다차입에 의한 과잉소비"를 하는 체제로 넘어갔다고 할 수 있다. 여기서 물론 둘의 경제이론적 의미를 구분할 필요는 있다. 기업의 과잉투자는 미시경제적 현상이고 거시경제적으로는 그렇게 볼 수 없는 것이었다. 반면 가계의 과잉소비는 거시경제적으로도 그렇게 볼 수 있다. 그것은 경제성장률을 떨어뜨릴 수밖에 없는 변화였다.

가계대출은 유동성 제약하에 있는 가계가 현재 필요한 소비를 할 수 있게 해 준다. 과거 가계대출이 제약되어 있는 상황에서 많은 가계가 유동성 제약으로 어려움을 겪었다. 자산이나 장래 소득이 있더라도 당장 현금이 없기 때문에 소비를 포기하거나 사채(私債)를 얻을 수밖에 없었다. 그것은 사회적 후생 감소를 가져왔다. 따라서 한국도 언젠가는 기업대출에 치중하고 가계대출을 제한하는 제도를 철폐해야 했을 것이다. 그것은 사회적 후생을 올릴 것이었다. 〈그림 4-2〉에서 보는 것처럼 실제로 외환위기 전부터 가계대출 비중이 올라가고 있었다.

그러나 한국이 1997년에 가계대출에 대한 제한을 완전 철폐해도 좋은 단계에 도달했는지는 의문이다. 한국은 아직 가계의 유동성 제약을 더 풀어서 후생을 올리는 것보다는 성장이 더 중요한 단계라고 얼마든지 볼 수 있었다. 이 문제는 경제발전 과정에서 제도를 선택하는 문제로 돌아가서 해석할 수 있다. 경제발전 과정에서는 선진국에서 채택하고 있는 최선의 제도보다는 현지 사정에 맞는 차선의 제도를 선택하고 제도를 바꾸는 데 있어 순서를 지키는 것이 중요하다. 1997년 당시 IMF가 권장하고 한국이 동조한 최선의 선진금융제도는 가계대출을 규제하지 않는 것이었다. 반면 한국의 현지 사정에 맞는 차선의 제도는 여전히 가계대출을 규제하는 것이었다. 1997년 당시 한국의 은행은 중소기업에 대한 대출 능력이 미비한 상태였다. 비록 선진국에서도 중소기업에 대해서는 담보 위주 대출이 이루어지고 있지만, 한국 은행들의 중소기업 대출 역량이 더 개선될 여지는 많이 있었다. 당연히 그런 역량을 개선하고 난 뒤 가계대출을 전면 자유화하는 것이 옳은 순서였다. 그랬더라면 은행대출에서 중소기업의 비중이 떨어지고 가계 비중이 급증하는 일은 없었을 것이다.

외환위기 후 시간이 감에 따라 은행이 중소기업보다 가계에 더 많이 대출하는 행태에 대해 비판이 제기되었다. 그에 따라 박근혜 정부는 2014년 은행의 기업 투자 지원 강화를 위한 규제 방안을 구상했다(구자현, 2014). 그러나 그런 정책보다 그 후 두드러진 것은 가계대출의 추가적 증가다. 박근혜 정부의 경제부총리 최경환은 "초이노믹스"로 노무현 정부 때 온갖 방책을 다 써서 가까스로 잡아 놓은 부동산 투기에 대한 규제를 풀어서 경기를 부양했고, 그것은 가계부채가 더 늘어나는 결과를 가져왔다.

연구개발과 두뇌 유출

외환위기 후 투자 부진에 대응해서 취한 또 하나의 조치로서 연구개발체제를 업그레이드하려는 노력을 들 수 있다. 외환위기 후 투자가 부진해지자 중점육성산업을 지정하는 산업정책이 다시 도입되었다. 산업정책은 과거 정부개입의 대표적 예로서 신중상주의 경제체제와 패거리 자본주의의 중요 요소로 간주되었다. 그런 산업정책이 외환위기를 계기로 다시 부활한 것이다. 산업정책은 중점육성산업이 정권에 따라 오락가락했기 때문에 그 실효성이 의심스럽다. 그러나 중점육성산업을 지정하더라도 그 주된 수단은 연구개발을 지원하는 방식이 될 수밖에 없다. WTO체제하에서 다른 보조금에 엄격한 제약이 가해지면서 연구개발 지원은 대폭 허용했기 때문이다. 결국 외환위기 후 한국이 얼마나 연구개발체제를 잘 정비해 갔는가가 투자를 결정하는 한 요인이 되게 되었다.

제2장 제3절에서 살펴본 것처럼 한국은 외환위기 전부터 연구개발체제를 구비하고 있었다. 그 체제는 정부출연 연구소와 민간이 공동으로 주력산업 부문의 기술 문제를 해결하는 체제였다.[3] 이들은 1990년대 초반에 이르기까지 조기 상업화가 가능한 최종 개발 단계의 기술개발에 치중했다. 그런 노력은 성과를 거두어서 한국이 중·상위 기술산업에서 국제경쟁력을 획득해 갔다는 것은 제2장 제3절에서 설명했다. 외환위기 후에도 연구개발 투자는 지속적으로 늘었다. GDP 대비 연구개발비 비율은 외환위기가 일어난 1997년 2.30%에서 1999년 2.07%로 떨어졌지만, 그 후 지속적으로 늘어서 2016년에 GDP의 4.23%에 달했다(국가통계포털). 이것은 세계에서 가장 높은 수준이다. 그리고 그에 맞추어서 연구개발 종사자 수도 인구 대비 세계 최고수준으로 올라갔다.

그런 과정을 거치면서 몇몇 대기업의 연구개발 활동은 세계를 선도하는 수준에 이르렀다. 이런 점에서 외환위기 후 한국은 과거 산업정책을 시행할 때부터 추구했던 목표를 달성한 셈이다. 비록 일부이기는 하지만 재벌기업이 스스로의 연구개발 능력과 상표를 가지고서 세계를 선도하는 다국적기업으로 성장한 것이다. 이것은 한국이 일본 다음으로 이룬 성과이고 다른 개도국은 한국만큼 성공한 예가 없다. 그러나 한국의 연구개발체제는 문제가 있다. 이것은 무엇보다 재벌기업을 비롯한 기업들이 사내유보금을 쌓아놓고 있는 데서 드러난다. 외환위기 전 저이윤-고부채 구도하에서 성장 위주 경영을 하던 기업들은 외환위기 후에는 이윤을 내어서 그 결과를 사내유보금으로 쌓고 있다. 증가하는 불확실성 속에서 기업이 현금 보유 비율을 올리는 것은 세계적 추세다. 그러나 그런 추세는 일본과 한국 기업이 두드러지고 있다. 일본과 한국이 그 사내유보금의 GDP에 대한 비율로 보아 세계에서 1위와 2위라고 한

3 그 사정에 대해서는 Kim(1997)과 Kim and Seong(1997) 참조.

다(*The Economist*, 2014.9.27). 일본은 1980년대 형성된 거품 붕괴로 1990년대 이후 기업의 조심성이 올라가서 사내유보금을 쌓고 있고, 한국은 1997년 외환위기에 대한 기억으로 사내유보금을 쌓고 있다고 볼 수 있다. 그러나 사내유보금을 대규모로 쌓고 있는 더 중요한 이유는 투자 기회가 보이지 않는다는 것이다. 투자 기회가 보이지 않는 것은 연구개발체제가 잘 작동하지 않기 때문이다.

연구개발체제가 잘 작동하지 않고 있는 이유는 무엇인가? 조기 상업화가 가능한 최종 개발에 치중하는 단계에서 다음 단계로 넘어가는 데 실패했기 때문이다. 더 정확하게 말하면 다음 단계로 일부 넘어가기는 했지만, 잘못된 방향으로 넘어갔다. 최종 개발에 집중하는 단계에서 다음 단계로 넘어가는 데는 두 가지 방향이 있다. 하나는 지식 탐구 자체를 강조하는 연구 쪽으로 가는 것이고, 다른 하나는 상용화와 창업으로 이어질 수 있는 고위험-고수익 연구로 가는 것이다. 둘 중에서 투자를 위해 더 유리한 것은 물론 후자의 방향이다. 그것은 획기적인 기술 개발이 성공해서 그것이 상업화되면서 투자가 일어나는 방향이다. 한국은 그런 방향으로 가지 못하고 지식 탐구 자체를 강조하는 쪽으로 간 것이다.

이주호 등(2014)은 그렇게 된 이유를 정부 관료가 연구개발에 대한 통제를 계속하고 있는 데서 찾는다. 아마 그렇게 보는 것이 옳을 것이다. 연구개발은 외부효과가 매우 큰 영역이기 때문에 정부의 역할에 큰 영향을 받을 수밖에 없다. 우선 정부를 포함한 공공 부문이 총연구개발투자의 4분의 1 가량(2016년 23.6%)을 차지하고 있다. 거기에다 정부의 정책이나 개입 방식이 대학이나 기업 같은 주체들의 행태에도 영향을 미친다. 한국에서 정부의 비중은 어느 영역에서나 통계에 잡히는 것보다 더 큰 것이 현실인데, 연구개발이라고 해서 예외가 아니다.

이 문제는 공공 부문 연구개발에서 드러난다. 공공 부문 연구개발사업은 정부의 개입 방식에 따라 세 가지 유형으로 구분할 수 있다. 첫째는 정부출연 연구소에 출연금 등으로 연구비를 총액(lump-sum) 지원하는 방식이다. 둘째는 정부가 프로그램을 기획하여 산·학·연 연구주체들이 응모하는 하향식(top-down) 지원 방식이다. 셋째는 정부가 대학교수, 정부출연 연구소 혹은 기업 연구소의 연구원들에게 연구 주제를 응모하게 해서 동료평가(peer review)를 통해 선정·지원하는 상향식(bottom-up) 지원 방식이다. 이 세 가지 모두에서 관료 통제가 고위험-고수익 연구가 이루어지기 어렵게 하는 요인이 되고 있다.

정부출연 연구소는 과거 최종 개발이 중심이 된 단계에서 기업체와 긴밀히 협력하면서 연구개발을 주도했다. 그러나 정부출연 연구소는 고위험-고수익 연구로 중심을 옮기지 못했다. 그것은 스스로 사업을 기획하고 그에 대한 책임을 지는 체제가 만들어지지 못했기 때문이다. 소수의 관료들이 부처 간 조율이 미흡한 채 연구사업을 발주하고 있어서 연구가 연속성이 없고 파편화되고 있다. 정부출연 연구소의 자율성 문제는 외환위기 이전부터 있어온 것이었는데, 외환위기 후 자율성을 강화하기 위한 노력이 있었지만 큰 성과를 거두지 못했다. 그와 함께 정부가 중점육성산업 같은 대형사업에 집중하고 기업체는 거기에 프로젝트별로 참여하는 방식으로 바뀌면서 과거와 같은 정부출연 연구소와 기업체 간의 긴밀한 연계는 약화되었다.

정부가 기획해서 산·학·연 연구주체들이 응모하는 하향식 지원의 경우 개별 부처가 산하 기획·관리 전문기관을 강하게 통제하면서 개별 부처의 상황과 필요에 따라 사업이 조성되고 있다. 이것은 미국이나 유럽 같은 선진국에서 민간의 창의성 수용을 위해 혁신 공모나 혁신 조달과 같은 새로운 정책을 도입해 시행하고 있는 것과 대비된다. 관료 통제는 단기적 사업 성과에 초점을 맞추어서 고위험-고수익 연구보다는 단기간에 성공이 확실시되는 연구를 지원하는 경향으로 나타난다. 그런 경향은 이들 하향식 연구개발사업의 성공률이 매우 높다는 점에서 확인할 수 있다. 과제별 연구개발 성공률은 (구)지식경제부 지원사업의 경우 2010년 97%, 중소기업청 지원사업의 경우 2008년

93%에 이른다. 반면, 하향식 지원의 사업화 비율은 미국(69%)과 영국(71%)에 비해 현저히 낮은 20~30%대에 머무르고 있다(송치웅 외, 2013: 10).

상향식 지원 방식은 연구자들이 응모한 연구 주제를 동료평가로 선정하기 때문에 관료통제의 문제로부터 비교적 자유로워 보인다. 그러나 상향식 지원의 대부분을 관장하는 한국연구재단은 미국의 NSF(National Science Foundation) 등 선진국의 연구지원기관과 같은 자율성을 가지고 있지 못하다. 한국연구재단의 예산 및 사업 구조 자체가 전문가들의 의사를 반영하기보다는 관료들의 통제가 용이하도록 설계되어 있다.

정부의 이런 행태와 함께 대학의 역할에도 문제가 있다. 최종 개발에 집중하는 체제에서 연구를 중심으로 하는 체제로 옮아가는 데는 대학의 역할이 중요하다. 한국의 대학은 아직 그런 점에서 미흡하다. 한국은 여전히 연구개발비 비중으로 보아 대학이 정부보다 낮다. 세계적으로 보아 2000년대 들어 대학의 연구비 비중이 정부보다 올라가는 추세인데도 불구하고 한국은 여전히 정부가 대학보다 높은 비중을 유지하고 있다. 그런 한편 연구자 수를 보면 대학에 속한 연구자 비율이 정부 부문의 두 배에 달하고 있다. 이것은 일인당 연구비로 보면 대학이 정부에 비해 훨씬 적다는 것을 의미한다(이주호 외, 2013: 29~33).

대학이 변하지 않은 것은 아니다. 1990년대 이후 대학에 대한 정부 지원이 본격화되고 대학 간, 교수 간의 경쟁체제가 구축되면서 논문 수, 특허 수, 기술이전 건수 등과 같이 지표로 쉽게 계량화될 수 있는 성과는 크게 개선되었다. 그러나 대학의 변모는 지식 탐구 자체를 강조하는 쪽으로 이루어져서 고위험-고수익 연구가 이루어지는 쪽으로 가지 못했다. 그렇게 된 데는 무엇보다 정부가 연구비를 지원하면서 대학 간, 교수 간의 경쟁의 규칙으로서 국제학술지 논문 게재를 기준으로 삼아왔다는 사정이 놓여 있다.

국제학술지 논문 게재를 정부 지원의 기준으로 잡는 것은 학계의 폐쇄성과 후진성을 극복하는 데 도움이 되었다. 그러나 그것이 한국의 산업 경쟁력을 올리는 목적과 맞는지는 의문이다. 그냥 양적으로 국제학술지 논문 숫자를 늘리는 것은 물론이고, 세계적 임팩트가 있는 논문을 쓰더라도 그 결과는 공공재가 되기 때문에 한국의 산업 경쟁력을 올리는 것과 직접적인 관계가 없다. 결국 한국의 대학 교수들은 일인당 적은 연구비를 받으면서 한국의 산업발전과는 큰 관계가 없는 국제학술지 논문 게재에 에너지를 쏟고 있는 셈이다.

한편 외환위기 후 더 장기적으로 한국의 연구개발 역량에 영향을 미칠 사건들이 일어났다. 그것은 무엇보다 대학의 이공계가 추락한 데서 나타났다. 우수 학생들은 외환위기 후 이공계를 기피하게 되었다. 이공계 기피 현상에 대해서는 분석이 제대로 된 것이 없지만, 외환위기 후 이공계 인력이 대거 구조조정당한 것과 무관하지 않을 것이다(조현대·정성철, 2001). 나아가서 외환위기 후 큰 불안을 겪은 한국 사회에서 전반적으로 직업의 안정성에 대한 선호가 강화됨에 따라 이공계보다 의학계열이나 법학계열 등이 더 선호된 것은 잘 알려진 사실이다. 이공계 기피 현상은 최근 들어 기업이 인문사회계 학생들에 비해 이공계 학생 수요를 늘림으로써 개선되고 있지만 얼마나 개선될지는 두고 볼 일이다. 아마도 아무리 개선되어도 외환위기 전과 같은 모습으로 돌아가지는 못할 것이다. 결국 외환위기 후 연구개발 지출은 증가하고 연구개발 인원은 늘었지만 연구개발을 수행하는 인적 자원의 질은 크게 떨어진 것이다.

외환위기 후 연구개발의 인적 자원의 질을 악화시키는 요인은 이공계 기피 말고 또 있다. 바로 두뇌 유출의 재개다. 한국은 1950~1970년대까지 두뇌 유출이 일어났지만 1970년대 이후 두뇌 유출이 역전되었다는 데 대해서는 제2장 제3절에서 언급했다. 그러나 외환위기 후 그때 되돌렸던 두뇌 유출이 다시 시작되었다. 두뇌 유출의 대표적 지표로는 스위스 국제경영개발연구원(IMD)이 발표한 두뇌 유출 지수가 있다. 인문사회과학 분야의 인재는 해외 취업 기회가 적기 때문에 이 지수는 사실상 이공계 분야 인재들의 두뇌 유출을 의미한다.[4] 이 지수는 0에 가까울수록 해외에서 근무하는 자국 인재가 많다는 것을 의미한다.

2017년 기준으로 조사 대상 63개국 중 두뇌 유출이 가장 적은 나라는 노르웨이로서 8.36을 기록했다. 그다음 적은 국가로는 스위스(7.61), 네덜란드(7.46), 덴마크(7.28) 등을 들 수 있다. 한국은 3.57로 63개국 중 54위였다. 그런데 여기서 주목할 점은 한국이 1995년에는 7.53으로 4위를 기록했었다는 사실이다. 1996년에는 7.45로서 9위더니 1999년에는 4.28로 38위로서 외환위기를 계기로 그야말로 급전직하로 떨어졌다. 한국은 그 뒤 그렇게 떨어진 지위를 만회하지 못하고 2017년에 54위를 기록한 것이다. 이 자료는 일부 서베이에 의거하기 때문에 주관성이 개재하는 자료다. 서베이에 사용하는 질문에는 두뇌 유출이 "당신 나라 경쟁력에 지장을 주지 않느냐?(does not hinder competitiveness of your country?)" 같은 것도 있다. 그러나 아무리 주관적 요소가 반영되었더라도 이 정도 급격한 변화라면 유의성이 없다고 보기 어렵다. 이것은 외환위기가 두뇌 유출을 되돌리는 추세에 치명타를 가했다는 것을 말해준다.

외환위기를 계기로 두뇌 유출이 급반전된 것을 어떻게 설명하는가? 그 원인에 대한 설명은 아직 나온 적이 없다. 두뇌 유출 자체의 원인에 대한 전형적 설명은 해외 고급 인력이 귀국할 경우 자녀들에 대한 교육 환경이 열악하거나 주택 가격이 너무 비싸다는 것이다. 그러나 그런 설명은 외환위기 전부터 자녀 교육 문제와 주택 문제가 있었다는 점에서 한계가 있다. 외환위기 후 그런 조건이 더 심해졌기 때문이라고 생각할 수는 있겠지만 이 설명 역시 그렇게 급격하게 역전된 것을 설명할 수 없다. 한국 두뇌 유출의 대상국이 주로 미국인데, 미국에서 소득분배의 불평등이 심화되면서 고급 인력의 소득이 올라간 것도 원인이 되었을 것이다. 그 결과 한국이 그에 상응하는 유인을 제공하기

---

4 http://www.imd.org/wcc/world-competitiveness-center-rankings/talent-rankings/

어렵게 되었다. 한국 자체의 교육 수준, 특히 이공계 대학원 교육의 역량이 올라가서 외국에서 유학한 고급 인력을 대체하는 효과도 있었을 것이다. 과거 한국은 박사과정을 주로 미국에 아웃소싱해 왔지만, 외환위기 후 그런 체제에서 탈피해서 신규 박사 배출규모 면에서 세계 10위권에 속하게 되었다(이주호 외, 2013: 90~91). 그러나 그러한 요인도 역시 외환위기를 계기로 두뇌 유출이 급격히 역전된 것을 설명하기에는 역부족이다.

외환위기를 계기로 두뇌 유출이 다시 반전된 것은 구조조정 과정에서 과학·기술자가 대거 해고되고 대학의 이공계가 초토화되다시피 한 것과 무관하지 않을 것이다. 거기에다 외환위기 후 환율 상승으로 국내에서 지급할 수 있는 보수가 미국에서 받을 수 있는 보수를 보상하기 어렵게 된 것도 작용했을 것이다.

물론 외환위기 후 20년이 지나면서도 두뇌 유출이 지속되고 나아가서 더 악화되고 있는 데 대해 외환위기의 결과로만 돌릴 수는 없다. 외환위기 전부터 있던 문제가 외환위기 후에도 해결되지 않고 있는 것도 중요한 요인이다. 자녀 교육 문제와 주택 문제가 바로 그런 요인이다. 그러나 그것보다 더 중요한 것은 국내에서 고급 인력을 유인하고 정착시킬 수 있는 연구 환경이 제대로 갖춰져 있지 않다는 사실일 것이다. 한국으로 돌아와도 연구의 자율성을 보장받을 수 있을지 불확실한 것이 고급 인력을 유치하는 큰 장애 요인인 것이다.[5] 이 문제 역시 근원은 결국 정부의 관료주의라고 할 수 있다.

한편 다른 일각에서는 외국의 우수 인력을 유치하려는 노력도 있고 일부 성과도 있었다. 그러나 한국인이 나간 것을 되돌리지 못하는데, 외국인을 끌어들이는 것은 더욱 어려운 일이다. 아직 한국에 들어오는 외국인 인력의 질이 낮고, 들어오는 원천국도 중국 등 개도국에 치우쳐 있는 실정이다. 외국인 고급 인력을 끌어들이는 것은 한국인 고급 인력 유출을 되돌리는 것보다 훨씬

5 ≪조선일보≫, 2016.8.17 해설 기사 참조.

어려운 일이다.

제3절 국제투자와 경제성장

외환위기 후 경제성장률 하락과 관련해 살펴보아야 할 또 하나 주제는 국제투자다. 국제투자는 외환위기 후 한국 경제를 보는 데 중요한 이슈가 될 수밖에 없다. 미국이 동아시아 내에서 해결될 수 있는 유동성 문제를 IMF로 끌고 간 데는 자본시장 개방이 중요 목표였고, 한국은 개혁을 하기 위해 그것을 적극적으로 받아들였다. 그 결과 구조 개혁이 이루어지면서 한국 자산이 대거 외국인에게 팔렸다는 것은 제3장 제4절에서 설명했다. 따라서 외환위기의 결과 경제의 성과를 보려면 국내적 구조 개혁과 함께 자본시장 개방의 결과를 보아야 한다. 자본시장 개방의 효과는 무엇보다 국제투자에 나타난다. 국제투자는 외환위기 후 경제성장을 보는 데 중요한 고려사항이다.

그 첫째 고려 사항은 외환위기 후 재벌기업의 투자를 대체할 목적으로 외국인 직접투자(이하 "FDI")를 적극 유치하려 했다는 것이다. 그 후로는 FDI 유입이 부진한 반면 한국 기업의 해외직접투자가 늘어남으로써 그것이 국내투자 부진과 관련해 많은 논란을 빚었다. 둘째는 외환위기 후 외국인에게 넘어간 국내 자산 가격이 오르면서 한국의 국민소득에 영향을 주게 되었다는 것이다. 외환위기 이후 한국은 지속적으로 경상수지 흑자를 냈는데도 그만큼 순대외자산으로 쌓이지 않고 있는데, 그것은 한국의 국민소득에 영향을 준다. 외환위기의 결과 GDP 증가율로 측정한 경제성장률이 떨어졌을 뿐 아니라, 국제투자를 통해 추가로 국민소득이 감소했을 가능성이 있는 것이다. 이 절에서는 이 두 문제를 차례로 살펴본다.

외국인 직접투자

한국에서 처음 FDI가 시행된 것은 1962년 미국 컴덱스사의 국내 진출부터지만, 1970년대 재벌기업 중심으로 해외차입에 의존하는 산업정책을 펴면서 FDI를 제한하는 정책으로 전환했다. 그렇다고 한국이 FDI 유치를 전혀 하지 않은 것은 아니다. 정부가 판단하기에 필요하다고 생각되는 경우 FDI를 유치하기 위해 조세 감면, 현금 지원, 재정 지원 등의 투자인센티브 제도를 운영해오고 있었다. 본격적으로 FDI 유치정책을 시행한 것은 1984년 처음으로 외국인 직접투자에 대해 "네거티브 리스트" 제도를 도입하면서부터다. 1990년대 김영삼 정부하에서 OECD 가입을 추진하면서 제도 개선이 크게 이루어졌다.

개방 추세는 외환위기 이후 적극적인 투자유치정책을 취하면서 급격히 강화되었다. 1997~2000년 기간에는 OECD 가입에 따라 취했던 제반 조치와 외환위기 후의 획기적인 투자개방 조치가 시행되었을 뿐 아니라, FDI에 대한 기존의 조세 감면, 재정 지원 등이 강화되었고 FDI에 관한 정책을 관할하는 외국인투자위원회가 구성되었다. 그것이 외환위기 후 한국 자산이 대규모로 외국인에게 매각되는 것과 맞물려 FDI 유입이 급증했다.

〈그림 4-3〉은 FDI를 그린필드 투자와 인수합병 투자로 나누어 각각 GDP에 대한 비율로 나타내고 있다. 그린필드 투자는 외국 기업이 용지를 직접 매입하고 공장이나 사업장을 새로 짓는 방식의 투자다. 인수합병 투자는 외국자본이 이미 설립된 기업이나 자산을 사들이거나 현지 기업과 합작하는 방식의 투자다. 1990년대 중반까지는 둘을 합한 총FDI 유치 실적이 매우 미미했다. 그러다가 1997년부터 총FDI는 GDP의 1%를 넘어섰고, 외환위기 직후 기간인 1998~2001년에 과거에 비해 확연하게 높은 수준을 유지했다. 그 후 FDI는 위축되어서 개방이 시작되기 전 수준보다는 더 높지만 1998~2001년에 비해서는 확연히 낮은 모습을 보이고 있다.

한국의 국내투자를 늘린다는 점에서는 그린필드 투자가 중요하다. 그린필

〈그림 4-3〉 외국인 직접투자(GDP에 대한 비율) (단위: %)

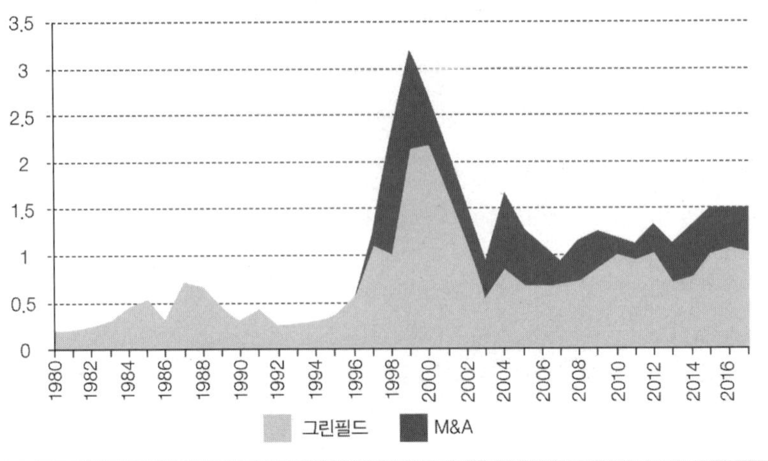

주: 산업통상자원부 신고 금액 기준임.
자료: 〈부표 5〉.

드 투자도 총FDI처럼 개방과 외환위기 직후 급증했다가 그 후 떨어져서 개방이 시작되기 전 수준보다는 더 높지만 외환위기 직후 기간에 비해서는 확연히 낮은 모습을 보이고 있다. 그린필드 투자의 GDP에 대한 비율은 1997년에 처음 1%를 넘어서서 2000년 2.21%로 피크에 달했다가 2002년에 GDP의 1.15%를 기록한 후에 한 해도 1997년 수준으로 돌아가지 못했다(이상 〈부표 5〉 참조). 따라서 그린필드 투자는 1997년부터 2002년까지의 시기에 예외적으로 증가한 것이라고 할 수 있다. 이 기간에 그린필드 투자가 예외적으로 증가한 것은 이렇게 설명할 수 있다. 그 전에 계속해서 외국인 직접투자를 제한하고 있었기 때문에 투자 유치 잠재력과 현실 투자 수치 사이에 "갭"이 커져 있었다. 그러다가 OECD 가입에 따라 제한을 푼 데다 외환위기 후 전면적 제한 철폐와 함께 투자 인센티브를 강화했기 때문에 양자 간의 갭이 줄어들면서 투자가 급격히 늘어났다. 그중에는 제한이 철폐되자 시장을 선점하려고 들어온 투자도 있었다. 그런 투자는 예외적 상황이 만들어지면서 증가한 것이기 때문에 증가세가 지속될 수 없었다. 그런 한편 그런 예외적 상황이 끝나면서 투자 유입이 감소했더라도 개방이 이루어지기 전 시기보다 더 늘어난 것은 사실이다. 2003년부터 2017년까지 그린필드 투자의 GDP에 대한 비율은 평균 0.85%로서 1980년부터 1996년까지의 평균 0.38%보다 높다. 그러나 이 정도 차이로써 총투자율을 올리는 데는 한계가 있다.

인수합병 투자를 보면 1996년까지는 사실상 없다시피 했다. 당시에는 적대적 인수·합병은 허용되지 않았고, 우호적 인수합병도 극히 예외적이었다. 1997년에는 일부 개방효과가 나타나서 GDP의 0.13% 정도가 되더니 1998년과 1999년 외환위기 시에 GDP의 1%를 상회했다가 그 후로는 1% 이하로 떨어졌다. 인수합병에 의한 투자는 기존 기업이나 자산을 매입하는 것이지만, 경영을 합리화해서 생산성을 올리거나 추가로 투자를 해서 투자율을 올리는 데 기여할 수 있다. 그러나 외환위기 후 이루어진 인수합병 투자는 그런 효과가 있었는지 의심스러운 경우가 많다. 투매를 통해 자산이 넘어간 경우가 많은 데다, 외국인 투자자는 경영을 합리화해서 장기경영을 하겠다는 목적이 아니라 가격이 떨어진 한국 자산을 사서 차익을 남기겠다는 목적으로 투자하는 경우가 많았기 때문이다. 그렇게 인수합병 투자를 한 주체는 산업자본이 아니고 금융자본인 경우가 많았다.

차익을 목적으로 인수합병 투자가 이루어진 경우에는 총투자가 늘지 않을 뿐 아니라 FDI의 증가세가 지속될 수도 없다. 그런 문제는 부동산투자에서 잘 드러난다. 외환위기 이후 IMF가 요구한 데다 한국 정부의 외국 자본 유치 드라이브가 전개되면서 1999년 토지시장을 포함한 국내 부동산시장을 외국인에게 전면 개방했다. 외국인에게 차별적으로 적용하던 토지 취득 제한을 철폐하고, 취득 절차를 신고제로 대폭 간소화했으며 부동산 매매자금의 반출·반입을 보장했다(최수·배유진, 2011). 토지 이외의 부동산에 대해서도 같은 조치가 취해졌다. 그 결과 외국인의 부동산 소유가 크게 늘었는데, 부동산투자는 FDI로 분류된다. 외환위기 후 늘어난 외국인 부동산투자 중에는 그린필드 투자를 위해 공장 부지를 매입하는 경우도 있었겠지만, 대부분 투자는 차익을 목표로 기존 부동산을 사는 거래였을 것이다. 그런 FDI는 총투자를 늘리는 효과가 없을 뿐 아니라 증가세가 지속될 수도 없다.

결국 FDI 유치는 총투자율을 올리는 데 큰 한계가 있었다. 외환위기 직후 통계로 잡히는 FDI 유입 총액은 늘었지만 그 내용에는 문제가 있었고, 문제가 없는 투자도 증가세가 지속될 수 없었다. 이런 점에서 FDI 유입도 총투자를 늘리는 효과에서 벤처기업 육성과 비슷했다. 즉, FDI도 매우 짧은 기간에만 과거 재벌기업의 투자를 대체하는 역할을 했던 것이다. 만약 한국이 1997년부터 2002년까지의 FDI 유입 추세를 그 후에도 유지했으면 외환위기 후 구조개혁에 따른 투자율 하락을 상쇄하는 데 지속적으로 도움이 되었을 것이다. 그러나 벤처기업과 마찬가지로 FDI의 역할은 단기적으로 증가한 후 곧 감소세로 반전되었다. 그 후 FDI의 역할은 외환위기 전 시기보다는 더 크지만 외환위기 후 구조 개혁에 따른 투자율 하락을 상쇄하는 데는 역부족이다.

외환위기 전 한국에서 FDI가 갖는 의미는 다른 개도국에서와 달랐다. 대다수 개도국에서는 국내 기업에 의한 투자가 잘 안 되는 상태에서 FDI를 유치하려고 한다. 외국 기업의 입장에서 보면 개도국의 기업 환경이 나쁜 상태에서 강한 유인이 없으면 투자할 이유가 없기 때문에 개도국 정부는 많은 유인을 제공할 수밖에 없다. 그렇게 하더라도 국내투자가 살아나고 일자리가 만들어지면 경제 전체로 보아 이익이다. 그에 비해 외환위기 전 한국은 FDI에 의존하지 않고 재벌기업이 스스로 다국적기업으로 성장한 구도였다. 국내에서 투자가 활발하게 일어나서 고도성장을 하고 완전고용을 달성하고 있었기 때문에 투자 촉진과 일자리 창출을 위해 FDI를 유치해야 하는 상황이 아니었다.

이렇게 볼 때 외환위기 후 국내에 투자하려는 의도가 있는 재벌기업을 급격히 구조조정 함으로써 투자율이 떨어지게 하면서 FDI를 유치하는 쪽으로 정책을 편 것이 적절했는지 의문이 안 생길 수 없다. 물론 한국이 FDI를 유치할 근거는 있었다. FDI는 선진 기술과 경영 노하우를 도입함으로써 생산성

〈그림 4-4〉 국제수지표상의 직접투자(GDP에 대한 비율) (단위: %)

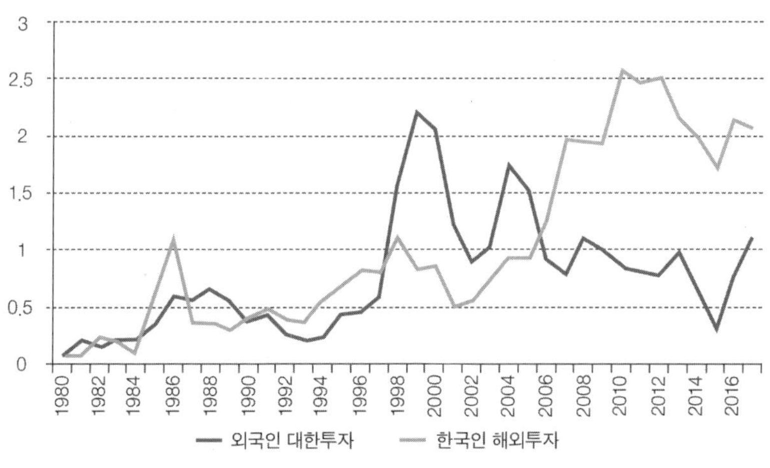

자료: 〈부표 5〉.

향상에 도움을 줄 수 있다. 외환위기 전 한국에서 재벌의 저이윤-고부채 경영에 의한 과잉투자를 줄이고 그 자리를 FDI가 메워주는 것은 바람직한 일이었다. 그러나 외환위기 후에는 투자율 자체가 떨어졌고 그에 따라 일자리 창출 능력이 떨어졌다. FDI가 선진 기술과 경영 노하우를 도입함으로써 생산성 향상에 도움을 줄 수 있다고 하더라도, 그런 이익보다는 투자와 일자리를 늘리는 데서 오는 이익이 월등히 크다는 것은 두말할 필요가 없다.

물론 그 이후의 문제도 고려해야 한다. 외환위기 후 단기적으로 그런 문제가 있었다 하더라도 그 후 20년이 흐르면서 FDI를 제대로 유치하지 못한 것은 다른 이야기다. 외환위기와 무관하게 세계화가 불가피하게 진행되는 상황에서 FDI가 제대로 유입되지 않는다는 것은 문제인 것이다. FDI는 유입되지 않는데, 한국의 해외투자는 증가한다면 국내 투자가 부진해질 수밖에 없다. 〈그림 4-4〉은 국제수지표상의 해외직접투자와 외국인 직접투자를 GDP에 대한 비율로 보여주고 있다. 〈그림 4-3〉의 자료가 산업통상자원부에 신고한 금액에 근거한 반면 〈그림 4-4〉의 자료는 한국은행이 거래가 이루어진 실적을 기준으로 편성한 것이다. 거기에다 국제수지표상의 직접투자는 인수합병 투자와 그린필드 투자를 구분하지 않는다. 그러나 〈그림 4-3〉에서 보는 것처럼 총투자와 그린필드 투자가 움직이는 추세가 비슷하기 때문에 그런 구분을 하지 않더라도 장기적 추세를 보는 데는 〈그림 4-4〉가 도움이 될 것이다.

GDP에 대한 비율로 볼 때 외환위기 직후 몇 년간 한국의 해외직접투자는 줄고 FDI는 늘었다. 그러나 그 뒤 추세가 역전되어서 한국의 해외직접투자는 늘고 FDI는 줄었다. 2010년대에 들어오면 둘 간의 격차가 과거에 비해 크게 벌어졌다. 아이컨그린 등에 의하면 한국의 해외직접투자 규모는 세계적으로 비슷한 여건에 있는 다른 나라에 비해 과다하지 않은데 비해, 한국에 대한 FDI는 그런 나라들 수준에 미달하고 있다(Eichengreen et al., 2012: Chapter 6).

다만 총투자에 대한 영향이라는 점에서 직접투자의 유출액과 유입액을 바로 비교하는 것은 큰 의미가 없다. FDI가 국내 투자를 증가시킨다는 데 대해서는 별 이론(異論)이 없지만, 한국 기업의 해외직접투자가 국내 설비투자를 얼마나 구축(驅逐, crowding out)하는가에 대해 논란이 있기 때문이다. 해외직접투자가 국내 설비투자를 구축하는 효과는 별로 크지 않거나 경우에 따라서 달라진다는 실증 연구들이 있다(김태정·이정익, 2013; 홍장표 2013). 결국 한국의 문제는 FDI를 충분히 유치하지 못하고 있는 데 있는 것이다.

한국이 외환위기 후 20년이 흐른 지금에도 FDI를 유치하는 데 있어서 비슷한 조건에 있는 나라들보다 못한 이유는 아직 잘 구명되어 있지 않다. 외환위기 후 계속 FDI에 대한 개방이 유지되었고, 투자 유인은 그 후에 특별히 줄어든 것이 없는 만큼, FDI 유치를 시행하는 능력에 문제가 있을 것이다. 이런 문제는 예컨대 FDI 유치를 목적으로 지정한 경제자유구역 같은 데서 잘 드러난다. 지방 정부와 중앙 정부 간의 권한 및 책임 규정 모호, 공무원의 빈번한 인사이동에 따르는 장기적 계획 부재, 세계화된 우수 인력 확보 실패 등이 그것이다. FDI 유치의 경쟁 상대가 그것을 오랜 경제발전 전략으로 삼아온 중국,

싱가포르, 홍콩 등이라는 것도 부담이다(송영관, 2014). 한편 일각에서는 외국인 투자 유입이 노동조합 때문이라는 주장도 있지만, 외환위기 후 일부 예외를 제외하면 노동조합의 교섭력은 약화되었기 때문에 그 설명력은 한계가 있다고 생각된다(노동조합의 교섭력 약화에 대해서는 제6장에서 다시 설명한다).

국제투자에서의 순차손

외환위기 후 국제투자가 경제성장에 영향을 미치는 것은 FDI가 총투자율을 결정하는 요인이기 때문만은 아니다. 또 하나 중요한 것은 자산 가격 변동에 따른 차익(capital gains)이 국민소득에 미치는 영향이다. 외환위기 이후 한국은 지속적으로 경상수지 흑자를 냈는데도 그만큼 순국제투자포지션, 즉 순대외자산으로 쌓이지 않았다. 1997년 4사분기부터 2018년 1사분기까지 경상수지 흑자는 합계 7466억 달러에 달하지만, 같은 기간에 한국의 순대외자산은 3549억 달러 느는 데 그쳤다. 그 차액은 3900억 달러를 넘는 어마어마한 돈이다. 그렇게 큰 차이가 나는 이유는 국제투자에서 거둔 순차익(net capital gains)이 마이너스이기 때문이다. 즉, 외국인이 보유한 한국 자산의 가격은 오른 반면 한국인이 해외에 투자한 자산의 가격은 그만큼 오르지 않았기 때문이다.

이 문제는 제3장에서 살펴본 외환위기의 성격에 비추어 그 결과를 보는 데 핵심 고려사항이다. 외환위기는 사실상 복합체가 일으킨 것이었고, 한국은 오히려 그것을 이용해서 국내 경제구조를 개혁하려 했다. 그 과정에서 한국의 자산이 외국인에게 대거 매각되었다. 그렇게 해서 구조 개혁과 자산 매각이 동전의 양면처럼 이루어졌다. 구조 개혁은 나름대로 목표를 달성해서 제1절에서 살펴본 것처럼 기업의 이윤율이 올라가고 부채비율은 떨어졌다. 금융기관도 혹독한 구조조정을 거치면서 재무구조가 건전해졌다. 그런 구조 개혁은 주가를 비롯한 한국의 자산 가격 상승으로 이어졌다. 거기에다 외환위기 직후 급상승했던 환율까지 내렸다. 이런 모든 조건 덕분에 한국 자산을 매입한 외국인 투자자들은 어마어마한 차익을 거둘 수 있었다.

한편 한국인이 해외에 투자한 자산의 가격은 오르기 어려웠다. 한국인도 해외투자를 했지만 외국인이 한국에서 가졌던 것 같은 기회를 가질 수는 없었다. 더욱이 한국의 해외투자 중 큰 부분이 외환보유액이다. 외환보유액은 달러로 표시하는데, 그 구성 통화 중 달러가 아닌 통화의 달러 대비 가치가 오르지 않으면 차익이 생기지 않는다. 거기에다 외국인 투자자와 한국인 사이에 국제투자에서 능력 차이가 있을 수도 있다(이에 대해서는 제5장 제4절에서 설명한다).

이렇게 외국인이 보유한 한국 자산의 가격은 오르는 반면 한국인이 해외에 투자한 자산의 가격은 그만큼 오르지 않으면 국제투자에서 마이너스의 순차익 – 이하에서는 "순차손(net capital losses)"으로 부름 – 이 발생한다. 제1장에서 언급한 것처럼 이런 현상에 대해 경제학자들이 내세우는 전형적 설명은 외국인 투자자가 위험을 분담해 준 결과라는 것이다. 그것이 얼마나 타당한 설명인지는 제5장에서 살펴보기로 하고, 여기서는 국제투자에서의 순차손의 규모를 계산하고 그것이 국민소득에 주는 영향에 대해 살펴보기로 한다.

경상수지 흑자를 냈는데도 그만큼 순대외자산으로 쌓이지 않는 것이 국제투자에서의 순차손 때문이라는 것은 다음과 같은 관계에서 확인할 수 있다.

$$\Delta NIIP_t = CA_t + NKG_t + E_t. \qquad (1)$$

여기서 $\Delta NIIP$는 t로 표시한 기간의 순국제투자포지션, 즉 순대외자산의 변동이고, CA_t와 NKG_t는 같은 기간의 경상수지와 국제투자에서의 순차익이다. E_t는 "오차 및 누락" 항과 부채 탕감 같은 "자본수지" 항의 합계를 나타낸다. 식 (1)은 금액이 크지 않은 E_t를 제외하고 보면, 순대외자산 증감이 경상수지와 순차익의 합계라는 것을 말해 주고 있다. 이것은 경상수지가 순자본유출, 즉 해외 자산의 순취득이라는 것을 감안하면 쉽게 이해할 수 있다. 국내에서 생산한 데서 국내에서 쓴 부분을 뺀 것이 경상수지인데, 이것은 그만큼 해외 자산을 순취득한 것을 의미한다. 어떤 기간의 순대외자산의 변동은 해외 자산의 순취득과 기존 자산에 붙는 순차익의 합계인 것이다. 따라서 경상수지가 흑자여서 CA_t가 플러스인데도 순대외자산 증가 $\Delta NIIP_t$이 그만큼 플러스가 아니라는 것은 NKG_t가 마이너스라는 것, 즉 국제투자에서 순차손이 발생하고 있다는 것을 의미한다.

식 (1)에 나타난 변수에 대한 통계 자료는 한국은행이 제공하는 국제투자대조표와 국제수지표에서 구할 수 있다. 순국제투자포지션 변동치 $\Delta NIIP$는 국제투자대조표에서 구할 수 있는데, 한국은행은 외환위기 후 재정비한 자료를 토대로 1994년 치부터 통계를 제공하고 있다. 이 통계를 쓰면 순차익이나 순차손을 계산할 수 있는 외환위기 전 연도가 1995년과 1996년 두 해에 불과하다. 그런 한편 KDI가 주축이 되어서 저술한 『한국경제발전 60년사』에는 그 전의 한국의 대외 자산 및 채무 통계를 제시하고 있다(한국경제60년사 편찬위원회, 2010: 82). 이 자료는 공식 통계가 아니기 때문에 신빙성은 떨어지지만, 대강의 추세를 파악하는 데는 문제가 없으리라 생각된다. 경상수지와 자본수지, 오차 및 누락에 대한 자료는 국제수지표에 나타나 있다.

〈그림 4-5〉는 1981년부터 2017년까지 경상수지 CA_t와 순국제투자포지션 변동 $\Delta NIIP_t$를 GDP의 비율로 보여주고 있다. GDP의 비율로 보여주는 이유는 절대액보다 경제 규모에서 차지하는 비중이 중요하다고 생각되기 때문이다. ΔIIP_t가 연도에 따라 변동이 심하기 때문에 추세를 알기 위해서 3개년 이동평균을 제시했다. CA_t와 $\Delta NIIP_t$는 외환위기 전에는 둘이 거의 같이 움직이다가 외환위기 후 괴리가 커졌다. 외환위기 전 한국은 경상수지 흑자가 나면 순대외자산이 늘고 경상수지 적자가 나면 순대외자산이 줄었지만, 외환위기 후에는 경상수지 흑자가 나도 그만큼 순대외자산이 늘지 않는 것이다. "오차 및 누락"과 자본수지의 합인 E_t는 별로 크지 않다는 것을 감안하면, 〈그림 4-5〉는 외환위기 전에는 국제투자에서의 순차익이나 순차손이 미미했지만, 외환위기 후에는 대규모의 순차손이 발생하고 있다는 것을 말해 주고 있다.[6]

〈그림 4-5〉 경상수지와 순국제투자포지션 변동(GDP에 대한 비율) (단위: %)

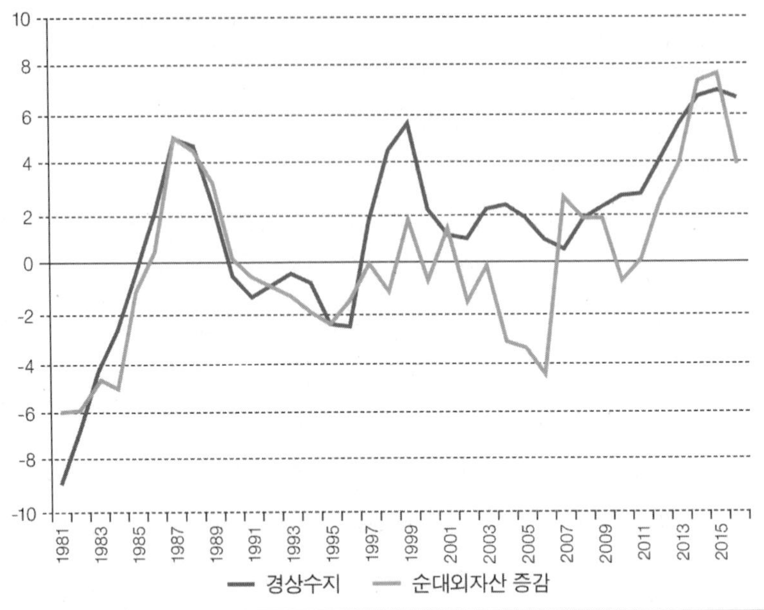

주: 3개년 이동평균임.
자료: 〈부표 1〉; 〈부표 6〉.

그러면 외환위기 후 국제투자에서 순차손은 얼마나 늘어났는가? 그것을 알기 위해서는 외환위기 전과 후를 비교해야 한다. 외환위기 전에도 규모가 작기는 해도 국제투자에서 순차손이 발생했을 가능성이 있기 때문이다. 외환위기 전과 후를 비교하기 위해서는 외환위기가 일어난 시점을 정해야 한다.

6　여기서 국제투자에서의 순차익이나 순차손이 아니라 한국인의 해외투자에서의 차익과 외국인의 대한투자에서의 차익으로 분리해서 계산할 수 있다. 다만 둘을 분리하는 것은 파생상품을 제외한 나머지 투자에 대해서만 가능하다. 파생상품 거래에서는 외국인(한국인)의 마이너스 차익이 거래 상대방으로서의 한국인(외국인)의 플러스 차익으로 잡히기 때문에 차익은 항상 플러스다. 파생상품을 제외하고 계산해 보면 외환위기 후 한국이 대외투자에서 거둔 차익보다 외국인이 대한투자에서 거둔 차익이 순차손을 가져오는 압도적 요인이다. 따라서 이하에서는 외국인이 대한투자에서 거둔 차익이 순차손을 가져왔다는 것을 전제로 해서 논의한다.

그것을 정확하게 설정할 수는 없다. 다만 국제투자대조표 통계가 가장 세분된 것이 분기별 자료인데, 외환위기는 1997년 4사분기 중에서 일어났기 때문에 1997년 3사분기까지를 외환위기 전, 1997년 4사분기부터를 외환위기 후로 간주하는 것이 현실적이다. 따라서 1981년부터 1997년 3사분기까지를 외환위기 전, 1997년 4사분기부터 자료가 이용 가능한 최종 분기인 2018년 1사분기까지를 외환위기 후로 분류하기로 한다. 각 시기에서 국제투자에서의 순차손을 계산하는 방법은 식 (1)로부터 바로 도출할 수 있다.

$$NKG_t = \Delta NIIP_t - CA_t - E_t. \qquad (2)$$

국제투자에서의 순차손은 순차익 NKG_t의 부호를 반대로 해석하면 된다. 이렇게 계산한 국제투자에서의 순차손은 외환위기 전에 GDP의 평균 0.20%였다가 외환위기 후에 GDP의 평균 2.33%가 되었다(그 계산의 바탕이 된 자료는 〈부표 6〉 참조). 따라서 외환위기 전에 비해 외환위기 후 국제투자에서 GDP의 약 2.13%만큼 순차손이 더 많이 발생하고 있는 셈이다.

그러나 〈그림 4-5〉에서도 알 수 있는 것처럼 외환위기 이후 기간에서도 차이가 있다. 국제투자에서의 순차손은 외환위기 직후부터 글로벌 금융위기가 일어나기 전까지 집중적으로 나타났다. 이것은 외환위기 후 발생한 순차손이 주로 외환위기 직후 외국인에게 넘어간 한국 자산 가격이 글로벌 금융위기 전까지 오른 것을 반영한다는 것을 말해 주고 있다. 글로벌 금융위기 후 한국의 자산 가격이 폭락했다가 다시 올라갔지만, 1997년 외환위기 이후처럼 순차손이 크게 나타나지는 않았다.

따라서 외환위기 이후 기간도 글로벌 금융위기 이전과 이후로 나누어 살펴보는 것이 도움이 된다. 1997년 외환위기와 마찬가지로 2008년 글로벌 금융위기도 어느 시점에서 일어났다고 보기는 어렵다. 여기서는 미국 서브프라임 모기지(subprime mortgage) 사태가 세계적으로 영향을 미치기 시작해서 한국도 그 영향권에 들어가기 전이라고 생각되는 2007년 말까지와 그 후의 시기로 나누어 보기로 한다. 이렇게 계산해 보면 국제투자에서의 순차손은 외환위기가 시작된 1997년 4사분기부터 2007년까지 GDP의 평균 3.75%였다가 2008년부터 2018년 1사분기까지는 GDP의 약 0.90% 정도가 되었다.

이것을 바탕으로 대략적인 추산을 해 볼 수 있다. 외환위기가 없었다면 한국의 국제투자에서의 순차손은 계속해서 연평균 GDP의 0.20% 정도였을 것이라고 가정해 볼 수 있다. 실제로는 외환위기가 일어나서 1997년 4사분기부터 2007년까지 국제투자의 순차손이 GDP의 평균 3.75%가 되었다. 이렇게 보면 그 기간에 외환위기 전에 비해 연평균 GDP의 3.55%만큼 국제투자에서의 순차손이 더 발생한 셈이다. 이 기간의 GDP의 3.55%를 합계해 보면 약 2548억달러가 된다. 한편 2008년부터 2018년 1사분기까지는 외환위기 전에 비해 연평균 GDP의 0.70(0.90-0.20)%만큼 국제투자에서의 순차손이 더 발생한 셈이다. 이 기간의 GDP의 0.70%를 합계해 보면 약 909억달러가 된다. 그렇게 해서 외환위기 후 그 전에 비해 합계 약 3457억달러의 순차손이 더 발생했다고 볼 수 있다. 이것은 명목가격으로 계산한 것이고 통화가치 하락을 감안해서 현재 가치로 계산한 금액은 더 늘어날 것이다.

외환위기 후 늘어난 국제투자에서의 순차손은 바로 한국의 국민소득 감소다. 한 나라가 거두는 국제투자에서 거두는 순차익은 그 나라 국민의 소득이고 순차손은 마이너스 소득이기 때문이다(Obstfeld, 2002: 4). 다시 말하면 국제투자에서의 순차손은 "국부 유출"이다. 한국에서 국부 유출이라는 용어는 세계화 시대에 맞지 않는 국수주의적 용어라고 생각하는 경향이 있다. 그러나 현대 경제학에서 저량(貯量, stock)을 나타내는 "국부"라는 용어와 유량(流量, flow)을 나타내는 "국민소득"이라는 용어는 서로 표리관계에 있다. 소득을 낳는 것이 부이고 부의 가치는 그것이 장래에 낳을 소득을 할인해서 합친 것이다. 따라서 국민소득이라는 개념을 포기하지 않는 한 국부라는 개념도 포기할 수 없는 것이고, 국제투자에서의 순차손을 "국부 유출"이라고 불러도 이상

할 것이 없다.

이것을 이해하기 위해서는 차익(capital gains)이라는 것이 "파악하는 관점"에 따라 소득이 되는지 아닌지가 달라진다는 것을 알 필요가 있다. 전 세계적 관점, 즉 세계 전체의 소득이라는 관점에서 보면 한 나라가 국제투자에서 거두는 차익은 소득이 아니다. 한 나라의 차익은 다른 나라의 마이너스 차익, 즉 차손(capital losses)이 되기 때문에 둘이 상쇄되어서 전 세계의 소득은 늘어나거나 줄지 않는다. 국제투자에서의 차익이나 차손은 국가 간 소득을 재분배하는 메커니즘일 뿐이다.

이것은 국내 거래에 비추어 보아도 알 수 있는 일이다. 국내에서 개인이 자산 거래에서 거둔 차익은 개인 입장에서는 소득이다. 그러나 나라 전체로 보아서는 국민소득이 아니고 소득의 재분배에 불과하다. 이것은 부동산 거래를 보면 쉽게 이해할 수 있다. 개인이 부동산 거래에서 거둔 차익은 개인의 입장에서는 소득이지만 나라 전체의 소득, 즉 국민소득이 아니다. 서울 강남의 아파트 가격이 오른다고 한국의 국민소득이 늘지는 않는다. 그것은 강남에 아파트를 갖고 있는 사람들과 그렇지 못한 사람들 간의 소득 재분배에 불과한 것이다. 자산 거래에서 발생하는 차익의 경우 이렇게 개체와 전체의 관점에서 보았을 때 서로 "비대칭적 성격"을 가지고 있다는 것을 이해하는 것이 중요하다. 물론 차익이 실현되었는지가 문제가 될 수 있다. 그러나 실현되지 않은 차익이라도 소득인 것은 마찬가지다. 미실현 차익은 장차 변동할 가능성은 있지만 소득이라는 사실은 바뀌지 않는다.

여기서 분명히 할 필요가 있는 것은 한국의 "주가"가 올라서 외국인이 거둔 차익을 어떻게 보느냐는 것이다. 외국인이 소유한 주식은 법적으로 한국인의 부채가 아니기 때문에 한국의 상환 부담이 없다. 그런 이유로 외국인의 주식 소유는 대차관계를 발생시키는 채권이나 기타 부채와 달리 그 가액이 오르더라도 한국의 부담이 느는 것은 아니라고 생각할 수 있다. 그러나 이런 생각은 법적 효과와 경제적 효과를 혼동하는 것이다. 자산의 법적 형태가 달라진다고 경제적 효과가 달라지는 것은 아니다. 외국인이 소유한 한국 주식 가액은 법적인 부채는 아니라 하더라도 경제적 채무(liability)인 것은 틀림없다.

그다음 분명히 할 점은 한국의 주가가 올라가면 한국의 주식투자에서 외국인뿐 아니라 한국인도 이익을 거둔다는 사실을 어떻게 보아야 하는가라는 문제다. 외환위기 후 한국 주식에 대한 외국인의 소유가 늘었지만 여전히 한국 주식은 한국인이 더 많이 갖고 있다. 따라서 한국의 주가 상승으로부터 외국인이 거둔 차익보다 한국인이 거둔 차익이 더 많다. 따라서 외국인이 본 이익을 고려하더라도 한국은 이익을 보았다고 생각할 수 있다. 그러나 그렇게 보는 것은 바로 한국의 주가 상승으로 한국인이 거두는 차익과 외국인이 거두는 차익이 서로 비대칭적 성격을 갖고 있다는 것을 간과(看過)하는 것이다. 한국인이 국내에서 주가 상승으로 얻은 차익은 개별 주주 입장에서는 소득이지만, 경제 전체로 보아서는 소득이 아니다. 반면 외국인이 한국 주가 상승으로 얻는 차익은 세계 전체로 보면 소득이 아니지만 한국 입장에서 보면 마이너스 국민소득이다.

이 문제는 제1장에서 이야기한 금융과 거시경제학 간에 관점에 따라 외환위기의 결과에 대한 평가가 달라지는 문제의 핵심이다. 금융경제학, 특히 기업금융 이론의 관점에서 보면 기업가치 내지 주주가치가 가장 주요한 성과 변수다. 이에 대해서는 굳이 예를 안 들어도 그런 기본 가정을 사용하는 금융 쪽 문헌은 수없이 많다. 그런 관점에서 보면 외환위기 후 주주가치가 대규모로 창출되었고, 한국인이 그 혜택을 많이 누렸기 때문에 한국인은 큰 이익을 얻은 셈이 된다. 그러나 거시경제적으로 보면 외국인이 한국 주가 상승에서 얻는 이익은 한국의 국민소득 감소인 반면, 한국인이 국내 주가 상승에서 얻는 이익은 소득의 재분배에 불과한 것이다.

물론 거시경제적으로 보아 주가 상승이 국민소득을 늘리는 효과가 있으면 이야기가 달라진다. 실제로 경제 전체로 보아 주가 상승이 투자율을 늘려서 경제를 성장시키고 그에 따라 국민소득도 늘어날 것이라고 기대할 수 있다.

주가 상승이 투자를 늘리고 따라서 경제성장률을 올릴 수 있다는 중요한 명제 중 하나로 제임스 토빈(James Tobin)이 고안한 "토빈의 Q"라는 개념이 있다. 토빈의 Q는 시장에서 평가된 기업의 가치를 기업의 총자산의 구입가격으로 나눈 값이다. 주가가 오르면 Q가 올라가고 그에 따라 기업이 투자할 유인이 커진다. 그렇게 투자가 늘어서 국민소득이 늘어나면 국제투자에서의 순차손을 상쇄할 수 있을 것이다.

그러나 Q가 올라감에 따라 투자가 느는 것은 특정한 국가의 현지 사정에 따라 다를 수밖에 없다. 한국에서는 외환위기 후 Q를 올리는 조치는 구조 개혁 패키지의 한 요소로서 도입되었는데, 그 후 투자와 성장에 미친 효과는 그 패키지를 놓고서 평가할 수밖에 없다. 이것은 결국 외환위기 이후 실제로 경제성장률이 올라갔는지의 문제로 귀착된다. 물론 경제성장률이 올라가지 않았기 때문에 국제투자에서의 순차손을 상쇄하는 이익은 없었다. 오히려 주가 상승이 경제성장률은 올리지 못하고 소득분배만 악화시키는 결과를 가져왔을 가능성이 크다. 성장률이 올라가지 않았는데 주가가 올랐다는 것은 자본의 몫이 커지고 노동의 몫이 줄었다는 것을 의미하기 때문이다(이에 대해서는 제6장에서 살펴볼 것이다).

제4절 대침체와 한국 경제

외환위기 후 떨어진 경제성장률은 2008년 글로벌 금융위기와 그 후에 이어진 대침체로 추가적 타격을 받게 되었다. 2008년 금융위기를 계기로 세계경제는 "제2의 자본주의 황금기"에서 "대침체"로 급반전했다. 제2의 자본주의 황금기는 한국이 1997년 외환위기에서 회복하는 데 도움을 주었다. 반면 2008년 글로벌 금융위기와 뒤이어 나타난 대침체는 한국의 경제성장에 당연히 불리하게 작용하고 있다.

대침체는 세계자본주의 경제의 장기적 발전에 있어서 새로운 국면이 형성되고 있는 것은 아닌가 하는 문제를 제기한다. 제2장에서 살펴본 것처럼 세계자본주의 경제는 20세기 전반에 위기를 겪었지만 20세기 후반 이후 호황을 겪었다. 1970년대 초까지의 자본주의 황금기는 물론이고 그 후로도 그 전 위기의 시대는 물론 제1차 세계대전 이전 수십 년보다 대체로 더 좋았다. 1990년대 중반부터는 제2의 자본주의 황금기라고 부를 수 있는 시대가 진행되고 있었다. 그러던 것이 2008년 글로벌 금융위기로 사정이 급변한 것이다. 글로벌 금융위기로 대침체가 시작되었고 그것은 이미 10년 가까이 진행되고 있다. 글로벌 금융위기를 일으키는 도화선이 되었던 미국의 서브프라임 모기지 대출이 미국 내에서 위기를 일으킨 2007년 봄부터 치면 10년이 넘었다. 대공황이 1929년 미국 증권시장 붕괴로부터 시작해서 1939년 제2차 세계대전이 일어날 때까지 10년 정도 계속되었다는 것을 생각하면 대침체는 대공황보다 위기의 깊이는 낮아도 길이는 더 길어질 가능성이 커졌다. 그리고 정치와 경제는 상호작용할 수밖에 없는 상황에서 위기가 대침체는 정치에 영향을 미치지 않을 수 없다. 그 결과 주요 선진국에서 1930년대를 연상시키는 우익 포퓰리즘이 등장하고 있다.

이런 모든 조건이 한국의 경제성장에 유리하게 작용할 리는 없다. 한국의 경제 기적은 제2차 세계대전 후 세계경제의 호황과 탈식민지화, 자유무역을 내용으로 했던 제2차 세계화에 힘입은 것이다. 1997년 외환위기 때 새로운 조건에 적응하지 못해서 큰 어려움을 겪었지만 그런 구도가 근본적으로 바뀌었다고 볼 수는 없다. 대침체로 인해 그런 기본 구도가 흔들린다면 한국의 경제성장이 타격을 입는 것은 불가피하다.

글로벌 금융위기와 대침체

2008년 글로벌 금융위기는 1997년 동아시아 외환위기와 밀접하게 관련되어 있다. 세계적 관점에서 보면 1997년 외환위기는 2008년 위기의 서곡이라고 볼 수 있다(Krugman, 2009: Chapter 4). 세계자본주의 경제는 1997년 동아시아에서 큰 위기를 경험하더니 2008년에는 전 세계적으로 금융위기를 겪게 되었다. 그렇게 대공황 이래 최대 위기가 11년 동안에 두 번이나 나타난 것이다. 두 위기가 불가분의 관계에 있다는 이유로 일각에서는 글로벌 금융위기에 한국이나 중국 등 동아시아 국가들의 책임이 있다는 주장이 제기되었다. 바로 글로벌 불균형(global imbalance)이 위기의 원인이라는 주장이다. 동아시아 국가들이 저축을 너무 많이 해서 경상수지 흑자를 낸 것이 미국 같은 나라에 자본을 공급하는 효과가 있었고, 그것이 저금리로 이어져서 만들어진 거품이 터지면서 2008년 위기가 일어났다는 것이다. 미국 정부도 이런 주장에 동조하는 모습을 보였다. 예컨대 2008년 위기가 일어날 당시 미국 재무장관이던 헨리 폴슨 2세(Henry M. Paulson Jr.)는 글로벌 불균형이 2008년 위기의 근본 요인이라고 하면서, 특정한 규제 도입 같은 것으로는 위기의 근원을 해결할 수 없고 글로벌 불균형이 선결되어야 한다고 주장했다(Dunaway, 2009: 3).

이것은 납득이 안 되는 논리다. 위기는 기본적으로 대규모 대차관계가 이루어진 상태에서 채권자가 채무자의 상환 능력을 의심해서 자금을 회수할 때 일어난다. 낮은 금리 때문에 대차관계가 더 대규모로 성립할 수는 있겠지만, 자금을 회수하는 과정이 없으면 위기가 일어나지 않는다. 따라서 글로벌 불균형이 글로벌 금융위기의 원인이 되려면, 동아시아 국가들이 미국으로부터 갑자기 자금을 회수했어야 한다. 예컨대 보유하고 있던 미국 재무부 증권(Treasury Bill)을 대규모로 매각하고 그것이 미국의 금리 폭등과 달러화 폭락으로 이어졌어야 하는 것이다. 그러나 실제로는 동아시아 국가들이 미국으로부터 자금을 회수한 적이 없다. 오히려 위기가 일어나자 자금이 미국 쪽으로 급격히 쏠려서 달러화 가치가 급등하는 한편 한국 같은 나라는 외환위기를 겪게 되었다.

더욱이 글로벌 불균형이 2008년 위기를 일으켰다는 주장은 1997년 동아시아 외환위기에 대한 미국의 견해와 모순된다. 1997년 당시 동아시아 외환위기는 동아시아 국가들에 자금을 빌려주었던 일본 등 선진국 은행들이 갑자기 자금을 회수함으로써 일어났다. 그러나 미국은 자금을 회수한 선진국의 채권 은행들의 책임은 거론도 안 했다. 미국은 당시 선진국 은행들은 자금을 회수했음에도 불구하고 위기에 책임이 없다고 하더니, 2008년 위기에 대해서는 동아시아 국가들이 자금을 회수한 적도 없는데 책임이 있다고 한 셈이다. 여기서 미국 정부는 또 한 번 이중 기준을 보여주었다.

2008년 위기는 미국의 서브프라임 모기지 사태로부터 시작되었다. 은행들이 상환 능력이 의심스러운 서민에 대해 대출을 하고 그에 따라 주택 가격이 올랐다. 주택 가격이 오르니 은행은 오른 가격을 기준으로 대출을 더 해 주어서 거품이 거품을 낳는 구도가 만들어졌다. 거기에다 대출을 한 은행의 채권은 증권으로 전환되어서 자본시장에서 거래되었다. 은행은 대출 채권을 증권화해서 팔았기 때문에 대출금을 회수할 수 있는지에 대해 신경을 쓰지 않아도 되는 상태가 되었고, 증권화된 대출채권은 다른 자산과 결합되어 파생상품의 일부로 팔렸다. 복잡하게 만들어진 파생상품은 구매자, 즉 금융 소비자는 내용을 알 수도 없는 상태에서 팔렸다. 이 과정에서 신용평가사는 그런 상품을 파는 금융회사에 자문을 해 주는 입장이었기 때문에 그런 상품을 제대로 살펴보지도 않고 우량 등급을 매겨주었다. 그런 조건에서 대형 금융회사와 사모펀드들은 일부 자산이 부실자산인 줄 알면서도 파생금융 상품에 섞어서 팔고는 선물시장에서 그 파생상품 가격이 떨어지는 데 돈을 거는 짓을 하기도 했다(Wray, 2011: 7~8; Shin, 2014: 21~23). 이런 행동에 대해서는 연방준비위원회나 정부가 금융감독을 통해 제재를 가해야 하지만, 그렇게 되지 못했다.

이렇게 보면 서브프라임 모기지 사태는 신자유주의 때문에 일어났다고 할 수 있다. 신자유주의 이데올로기에 잡힌 연방준비위원회와 재무부는 은행의 그런 행태를 규제하기보다는 시장의 자정 능력을 믿고 오히려 온갖 방식으로 규제를 철폐했다. 물론 그것은 이데올로기만의 문제가 아니고 월가의 이해관계와 상호작용했다. 신자유주의는 다른 방식으로도 서브프라임 모기지 사태의 원인이 되었다. 1980년대 이후 신자유주의 정책을 시행한 결과 소득분배는 악화하는데 사회보장제도는 약화되었다. 한편으로는 그렇게 분배가 악화되고 사회보장제도를 약화시키는 쪽으로 체제가 바뀌면서 미국 정부가 서민들에게 집을 사서 부를 증식하라고 서브프라임 모기지 대출을 묵인하거나 장려하기도 했다. 즉, 서민을 위한 재정정책을 약화시키면서 금융으로 서민의 문제를 해결하려 한 것이다. "빵이 없으면 케이크를 먹어라"는 식으로 "돈이 없으면 신용을 먹게 해 주라"고 한 정책이 서브프라임 모기지 대출이었다 (Rajan, 2010: Chapter 1).

서브프라임 모기지 사태가 일어나는 데 있어 글로벌 불균형으로 동아시아에서 유입된 자금이 금리를 낮게 유지해 준 것이 거품을 키운 하나의 조건이었던 것은 사실이다. 그러나 글로벌 불균형이 나타나게 된 데는 미국 자신의 책임이 컸다. 글로벌 불균형이 나타나게 된 것은 동아시아 국가들이 1997년 외환위기를 경험한 데다 그 해결 과정에서 미국과 IMF가 가혹한 조치를 취했기 때문에, 다시 외환위기가 일어나는 것은 막아야 한다는 방침이 명시적·묵시적으로 형성되었기 때문이다. 거기에다 외환위기 후 자본시장을 전면 개방했기 때문에 외환보유액을 늘려야 했다. 그런 요인 때문에 한국 같은 동아시아 국가들이 대규모 경상수지 흑자를 내는 정책을 택하게 되었던 것이다.

외환보유액은 주로 달러로 쌓았는데, 그것은 브레턴우즈체제가 끝났음에도 불구하고 여전히 미국 달러화가 기축통화 역할을 하고 있기 때문이다. 외환보유액을 주로 달러 자산으로 쌓았기 때문에 동아시아 국가가 미국에 자금을 공급하고 그것이 낮은 금리로 이어져서 거품을 일으킨 데 일조한 것이다. 그 거품이 터지면서 위기가 시작되었다. 미국에서 일어난 위기는 세계로 파급되어서 글로벌 금융위기가 되었다. 세계적 연결망으로 얽혀 있던 금융기관과 기업이 연쇄적으로 도산하거나 도산을 피하더라도 심한 유동성 위기를 맞게 되었다. 그렇게 되자 미국이나 여타 금융 선진국에서 외국으로 나갔던 자금이 일거에 흐름을 바꾸었다. 미국 등 선진국 투자자가 유동성 위기를 맞아 회수하기도 하고, 위기가 일어나자 안전자산을 선호하느라 선진국으로 자금이 회귀하기도 했던 것이다. 그렇게 자금의 흐름이 갑자기 역전된 결과 그에 대응하는 장치가 잘 안 되어 있는 신흥시장국에서 심각한 위기 상황이 조성되었다.

그렇게 시작된 글로벌 금융위기는 1930년대 대공황처럼 안 되고 더 완화된 대침체로 나아가게 되었다. 여기서 그렇게 된 이유를 자세히 논할 수는 없다. 그러나 몇 가지 중요한 요인이 있었다는 것은 쉽게 알 수 있다. 1930년대와 달리 사회보장제도와 누진세제도가 "자동안정장치" 역할을 한 것이 한 원인이었을 것이다. 나아가서 정부의 대책에서 1930년대에는 없던 두 가지 중요한 요인이 있었다. 하나는 미국의 통화정책이다. 연방준비위원회는 위기가 터지자 급속히 정책금리를 제로(0)로 내렸다. 거품이 터지고 금융시장이 불안정할 때 금리를 내려서 대응하는 것은 잘 알려진 대책이지만 그 시기가 중요한데, 미국 연방준비위원회가 시기를 놓치지 않은 것이다. 거기에다 미국 연방준비위원회는 양적 완화로 통상적인 통화정책의 틀을 깼다. 정책금리를 0으로 내리고도 지속적으로 채권을 매입해서 본원통화를 공급했던 것이다. 그렇게 미국은 위기의 진앙지이면서도 위기에 대처하는 능력도 만만치 않음을 보여주었다. 그런 능력은 위기가 터질 당시 미국 연방준비위원회의 의장이 대공황 전문가인 벤 버냉키(Ben Bernanke)였다는 우연에 기인하기도 했지만, 기본적으로 현대 경제학의 본가(本家)로서 미국이 쌓은 "내공력"의 발현이라고 볼 수 있을 것이다.

2008년 위기가 대공황처럼 안 되고 대침체로 가게 된 또 하나의 원인은 중국의 거시경제 정책이다. 중국은 위기를 맞아 과감한 확장정책을 폈다. 중국은 2007년에 이미 세계 경제성장에 대한 기여도가 미국보다 높았다. 미국보다 경제 규모 자체는 작았지만 성장률이 월등히 높았기 때문이다. 따라서 중국의 과감한 확장정책은 세계 경기를 떠받치는 중요한 기둥이 되었다. 중국은 아직 개도국이면서 사회주의로부터 자본주의 시장경제로 완전히 이행하지 않은 체제전환국이다. 그런 중국의 "국가자본주의" 체제는 위기에서 강점을 보여주었다. 보통의 시장경제에서 은행은 "비 올 때 우산을 거두어가기" 마련이다. 호황 때 앞장서서 빌려주었던 자금을 위기가 닥쳐서 막상 자금이 긴급히 필요할 때 회수하는 것이다. 2008년 글로벌 금융위기에서도 미국을 비롯한 선진자본주의국가에서 은행은 어김없이 그런 행태를 보였다. 반면 중국은 위기가 닥치자 국영 은행이 자금을 대량으로 풀게 했다. 폭우가 내리자 큰 우산을 펼쳤던 것이다. 거기에다 사회간접자본 투자 위주로 대규모로 확장적 재정정책을 폈다. 2008년 말에 결정해서 급속히 시행한 중국의 경기부양 정책 패키지는 2008년 GDP의 14%나 되었고 그것도 위기가 터지자마자 즉각 시행되었던 것이다(Wong, 2011). 그것은 아마도 사상 최대로, 그리고 가장 빨리 시행된 확장적 거시경제 정책이었을 것이다.

그러나 미국의 통화정책이나 중국의 통화 및 재정정책 같은 조치만으로는 세계적 위기에 대처하는 데 한계가 있었다. 그것은 2008년 글로벌 금융위기가 대공황처럼 진행되지 않게 만드는 정도에 그쳤을 뿐이고, 세계경제를 바로 회복시킬 수 있는 힘은 없었다. 불황은 지속되었고, 그래서 대침체라는 용어가 만들어졌다.

대침체가 쉽게 끝나지 않는 이유는 몇 가지가 있다. 우선 미국의 거시경제 정책의 문제점이다. 통화정책은 빨리 정책금리를 0으로 내리고 양적 완화를 펴서 잘 운영한 셈이지만 그 효과는 제한적일 수밖에 없었다. 불황으로 투자 심리가 죽은 상태에서 본원통화 공급을 늘리는 것이 큰 효과가 없다는 것은 경제학에서는 잘 알려진 개념이다. 1930년대 이후 케인스 경제학이 거시경제학의 주류를 차지하면서 교과서에 실려 온 "유동성 함정(liquidity trap)"이 바로 그런 경우다. 2008년 위기 전까지 수십 년 동안 미국을 비롯한 세계 경제학계에서는 현실적으로 유동성 함정의 존재 같은 것은 잊고 있었다. 그러나 2008년 이후 "불황의 경제학"이 돌아옴으로써 유동성 함정은 존재하는 것으로 인식되게 되었다(Eggertsson and Krugman, 2012; 아티프 미안·아미르 수피, 2014: 81~83). 존재할 뿐 아니라 대침체하에서 실제로 미국은 유동성 함정에 빠져들었다고 생각된다. 물론 양적 완화정책이 어느 정도 효과를 거두었기 때문에 통화정책이 쓸모없다고 말할 수는 없다. 그러나 그 효과가 제한적인 것은 사실이다.

양적 완화에는 다른 문제도 있었다. 본원통화가 풀려 나가면서 주식과 부동산의 유동성 장세를 일으켜서 자산 가격 거품을 일으킨 것이다. 자산 가격이 오름에 따라 소비가 늘고 투자도 늘 수 있지만 그것은 "거품이 터져서 일으킨 위기를 다시 거품을 일으켜서 해결한 것"이라는 비판을 면하기 어렵다. 그렇게 형성된 거품이 다시 터졌을 때 어떤 방안을 써야 할지 의문인 것도 문제다. 양적 완화는 세계경제의 안정성이라는 점에서도 문제가 있다. 양적 완화로 풀린 자금이 신흥시장국에 몰려 환율을 낮추어 경상수지를 악화시키면서 자산 가격을 올렸다. 그러다가 양적 완화를 거두어들이는 "테이퍼링 오프(tapering off)"가 시작되자 자금이 급격히 빠져나갈 위험에 처했다. 미국이 금리를 올리기 시작하면서 그런 위험은 지속될 것이다.

대침체를 빨리 극복하기 위해서는 어떤 형태로든지 정부가 직접 개입하는 재정정책이 불가피했다. 물론 재정정책에는 낭비가 따를 수 있다. 미국 같은 나라가 대공황 이후 쓴 1930년대 재정정책에도 낭비적 요소가 있었던 것이 사실이다. 그러나 21세기 미국은 재정정책을 생산적으로 쓸 수 있는 영역이 많이 있다. 미국을 여행하는 한국인이 당장 느낄 수 있는 누더기 고속도로와 느려터진 철도, 낡은 교량을 고치는 것은 미국 국민의 삶의 질을 올릴 뿐아니라 경제의 생산성을 올릴 수 있다. 한국인이 미국 가서 느끼는 초고속인터넷 등 일상생활의 낮은 정보화 수준을 올리는 투자도 생산적이다. 재정정책은 통화정책에 비해 목표를 정해 자금을 투입할 수 있고 거품을 일으킬 가능성도 낮다. 금리는 낮아서 차입을 해도 재정 부담은 별로 크지 않다.

미국이 불황 때에도 재정정책을 못 쓰는 것은 정치적 이유 때문이다. 미국의 그런 정치적 상황은 이미 1930년대 대공황 때 드러났다. 미국의 대공황은 흔히 알려진 것처럼 뉴딜정책으로 해결된 것이 아니라 1939년에 제2차 세계대전이 일어남으로써 해결되었다. 뉴딜정책하에서 정치적 이유로 재정정책을 제대로 쓰지 못해서 경제 회복이 지지부진하더니 제2차 세계대전이 일어나자 군비 지출이 급증하면서 대공황에서 벗어났던 것이다. 대침체의 경우에도 정치가 재정정책의 발목을 잡았다. 2008년 위기 직후 출범한 오바마 정부가 경기 부양을 위해 확장적 재정정책을 펴려고 했지만, 야당인 공화당의 결사반대로 무산되었던 것이다. 그 방안이 실현되었더라면 2008년 위기는 "대침체"로 나아가지 않았을 것이다

공화당이 재정정책을 결사반대하는 것은 이데올로기, 즉 신자유주의 이데올로기와 함께 그것과 표리관계에 있는 계급적 이해관계, 즉 재정정책이 결국 과세로 이어질 것이라는 우려 때문이다. 부자들의 대변 정당인 공화당은 재정 지출을 늘리면 부자들 세금이 올라갈 가능성이 크기 때문에 반대한다고 볼 수밖에 없다. 공화당은 재정정책을 쓰는 데 반대하는 데 그치지 않았다. 대침체로 세수가 줄어서 재정 상태가 악화하자 재정 균형을 회복시켜야 한다면서 사회보장제도를 약화시키려고 해 왔다. 이것은 부당하다고 볼 수밖에 없다. 2008년 위기 자체가 신자유주의 정책하에서 약화된 서민에 대한 사회보장제도를 금융 쪽에서 해결한다고 서브프라임 모기지 대출을 장려한 결과라는 측면이 있었다. 그리고 위기 때문에 수많은 서민이 직장과 집을 잃는 상황에서는 사회보장제도를 강화하는 것이 당연한 일이다. 2008년 위기는 그런 계기가 되었어야 했지만 미국은 공화당 때문에 역주행을 하게 된 셈이 되었다.

그렇다고 오바마 행정부와 민주당도 문제가 없었던 것은 아니다. 서브프라임 모기지 사태로 위기가 일어났지만, 그 과정에서 저지른 월가의 도덕적 해이에 대해 아무런 조치도 취하지 않고 조건 없이 수천억 달러를 제공함으로써 월가와 정부의 유착관계를 그대로 드러냈다. 장기적으로 재정정책을 뒷받침할 세입으로서 가장 적절한 것은 위기를 일으킨 장본인인 금융자본에 과세하는 것이다. 국내적인 금융거래뿐 아니라 국제적으로 하루에 수조 달러씩 거

래되는 외환거래에 과세하면 엄청난 세수를 확보할 수 있다. 그런데도 오바마 정부는 국내 금융거래세는 생각도 안 하고 국제적 거래세는 제안이 나와도 반대로 일관하는 과거의 미국 방침을 고수했다. 금융거래세 아이디어는 2016년 대통령 선거에서 "사회주의자" 대선후보인 버니 샌더스(Bernie Sanders) 측에서 나왔을 뿐이다. 이런 상황이니 사회정의라는 점에서 터무니없는 일이 벌어지고 있을 뿐 아니라 경제가 대침체에서 빨리 벗어나지 못하는 것이다.

한편 유럽과 일본은 미국에 비해 위기대응 능력이 취약한 모습을 드러냈다. 그것은 통화정책에서 두드러졌다. 유럽은 글로벌 금융위기가 터지고 몇 년 뒤에야 금리를 내리고 양적 완화정책을 펴기 시작했다. 그것도 벤 버냉키와 미국에서 동문수학한 마리오 드라기(Mario Draghi)가 유럽중앙은행 총재가 되면서 그렇게 하기 시작했다. 그렇게 시간이 걸려 채택한 양적 완화정책도 과감하게 시행하지 못하더니 디플레이션 위협에 직면하자 마이너스 금리를 도입했다. 일본도 미국의 영향을 받아 "아베노믹스"를 시행하게 되었다. 유럽과 일본은 2008년 글로벌 금융위기 이후 미국에 비해 "소프트 파워"가 달린다는 것을 여실히 드러냈다.

재정정책에서도 유럽은 소극적 자세로 임해 왔다. 유럽에서도 낡은 교량과 도로 개·보수 등 재정정책으로 할 일이 많다. 유럽이 재정정책을 쓰지 않는 이유는 미국처럼 정치적 조건 때문이 아니라 정책 담당자들이 과거의 통념에서 벗어나지 못하는 사고의 관성 때문이라고 생각된다. 이런 경향은 독일에서 두드러지는데, 유럽의 의사 결정에서 독일이 중요하기 때문에 그것이 유럽 전체의 기조가 되었다. 독일의 기민당은 미국 공화당처럼 "작은 정부"에 대한 신조가 강한 신자유주의 정당이 아니다. 따라서 독일이 재정정책을 쓰지 않는 것은 이데올로기나 계급적 이해관계 때문이라고 보기는 어렵다. 그것은 과거 바이마르공화국 시절의 하이퍼인플레이션 등에서 얻은 "통념"의 영향 때문일 가능성이 크다. 케인스에 따르면 영국에서는 바로 그런 통념에 따른 전통적 방식에 대한 고집이 1930년대 대공황의 극복을 어렵게 했다(버홀츠, 1994: 352).

한편 일본은 1990년대부터 불황에 대처하느라 재정 여력을 소진했기 때문에 아베노믹스를 시행하면서도 재정정책을 강력하게 쓸 사정은 못 된다.

미국과 유럽의 경제 회복이 더디거나 부진한 속에서 2008년 위기 직후 세계경제 성장을 떠받쳤던 중국 경제가 감속 성장을 하게 되었다. 중국은 원래 2008년경 늘어난 부채, 부패, 비효율 등 문제 때문에 구조조정으로 숨 고르기를 할 작정이었는데, 글로벌 금융위기가 터짐으로써 그런 조치를 미루고 확장 정책에 가속페달을 밟을 수밖에 없었다. 그것은 지속될 수 없는 정책이었다. 그 결과 중국 경제는 감속성장과 함께 과다차입에 의한 과잉투자의 후유증이 심각해졌다. 2016년에는 자본시장을 연 것이 화근이 되어 한때 외환위기까지 거론되기도 했다.

2017년부터는 미국 경제가 호황 국면으로 접어들고 유럽과 일본 경제가 살아나는 동시에 중국의 어려움이 어느 정도 진정되어서 세계경제가 전반적으로 회복세로 접어들었다. 그러나 그것이 대침체가 끝나는 것을 의미하는지는 물론 더 지켜보아야 할 일이다.

대침체와 한국 경제

한국은 2008년 글로벌 금융위기 때 또 한 번 외환위기가 일어났다. 그에 대해서는 다음 장에서 설명할 것이다. 그런 한편 한국은 글로벌 금융위기로부터 타격을 적게 받았다. 2009년 선진국들이 줄줄이 대폭으로 마이너스 성장을 하는 중에 한국은 플러스 0.7% 성장률을 기록했다.

한국이 글로벌 금융위기로부터 타격을 적게 받은 첫째 이유는 즉각 확장적 거시경제 정책을 편 것이다. 통화정책과 재정정책을 즉각 확장적으로 운영했는데, 특히 재정 지출을 적극적으로 늘린 것은 주요 선진국과 대비되는 점이었다. 한국은 재정 투입의 여유가 있어서 2008년 위기 직후 GDP의 4%에 해당하는 만큼 재정지출을 늘렸던 것이다. 그중에는 4대강 사업에 투입한 것도 있어서 생산적으로 쓰였는지는 의문이지만 당장 유효수요를 유지하는 데는 도움이 되었다.

둘째 이유는 역설적인 것이다. 2008년 가을 외환위기가 또 일어났기 때문에 환율이 급등했다가 그 후 천천히 떨어졌던 것이다. 한국의 2009년 실질실효환율은 2007년에 비해 39.8% 상승했다. 그 결과 2009년에 순수출(수출-수입)이 2008년 GDP 대비 2.9% 늘어서 GDP 증가율 0.7%보다 높았다. 순수출이 늘어난 내용은 수출이 는 것보다 수입이 준 불황형 흑자 증가였지만 성장률을 유지하는 데 도움이 되었다.

그다음 한국이 타격을 적게 받는데 도움이 된 것은 중국 경제와의 관계였다. 한국은 중국과의 지리적·문화적 근접성 때문에 글로벌 금융위기 직후 중국의 확장적 거시경제 정책의 덕을 다른 나라보다 더 많이 보았다. 1997년 외환위기 전후부터 중국의 등장이 한국에 미치는 영향은 커지고 있었다. 중국의 고도성장은 한국이 1997년 외환위기로부터 회복하고 그 뒤 성장을 지속하는 데도 도움이 되었다. 2008년 위기 때도 중국의 발 빠른 확장정책에 힘입어서 한국이 위기의 심도를 줄이고 위기에서 빨리 회복하는 데 도움을 받을 수 있었다.

물론 중국의 등장이 한국 경제에 부담이 되는 측면도 있었다. 중국의 등장은 수요 측면에서는 도움이 되었지만 공급 쪽에서는 부정적 효과가 컸다. 중국의 등장은 세계시장에서 한국의 경쟁 상대가 늘어나는 효과를 가져왔다. 한국은 중화학공업 중심의 산업구조를 가지고 있는데, 중국은 2005년 이후 적극적 산업정책으로 이들 산업에서 대규모 투자를 해 왔다. 그러나 가장 큰 문제는 세계시장에서의 원자재 가격 상승을 통한 교역조건 악화다. 중국이 고도성장으로 전 세계에서 원자재를 수입하면서 원자재 가격이 크게 올랐다. 한국의 생산 및 산업구조는 에너지 및 원자재 다소비형으로서 원자재 가격 상승의 영향을 어느 나라보다 더 많이 받을 수밖에 없다. 한국이 자동차 한 대 팔아서 원유 400배럴 수입해 오던 데서 200배럴만 사오는 쪽으로 바뀌면 한국의 교역조건이 악화한다. 이것은 한국이 원자재 생산국에 소득을 이전하는 것이나 마찬가지다. 교역조건 악화가 가져오는 영향은 국민계정 통계에서 확인할 수 있다. 국민총소득(GNI)의 성장률이 GDP 성장률보다 더 낮은 것이다. 1997년 4사분기에 외환위기가 일어난 후 2011년까지 14년 3개월 동안 GDP는 연평균 4.5% 증가했지만, GNI는 3.5%증가하는 데 그쳤다. 그 후 중국의 성장 감속은 그런 추세를 역전시켰다. 2012년 1사분기부터 2018년 1사분기까지 국내총생산은 연평균 2.9% 증가했는데 국민총소득은 3.9% 증가했다. 실제로 한국인의 호주머니에 들어오는 소득은 국민총소득인 만큼, 2012년부터 6년 3개월간은 그 전 14년 3개월 동안보다 실제 국민생활이 더 빨리 나아졌다고 할 수 있다.

그렇지만 경제성장률(GDP 증가율)이 떨어지고 있는 것이 물론 좋은 일이 아니다. 경제 성장률은 일자리 증가율을 결정하는 등 그 자체로서 중요하다. 그리고 성장률이 떨어지고 있는 이유를 보면 그것이 심각한 결과를 가져올 수 있다는 것을 알 수 있다. 대침체 이후 한국의 성장이 어려운 것은 총수요 부족 때문이다. 대침체가 시작될 때부터 그런 양상을 띠고 있었지만, 중국의 성장 감속이 시작된 후부터 총수요 부족이 본격적으로 나타나고 있다. 즉, 한국이 고도성장이 시작된 후 처음으로 총수요가 장기간 부족한 상황이 전개되고 있는 것이다. 외환위기 전 한국은 단기적 경기 부진을 겪은 적이 있고 그에 따라 경기 부양책을 쓴 적도 있지만, 기본적으로 총수요보다는 총공급 능력이 문제가 되는 경제였고, 고도성장으로 총공급 능력을 성공적으로 늘려 온 경제였다. 그러나 이제 장기간의 총수요 부족 사태가 나타나고 있는 것이다. 투자를 보면 외환위기 후 이미 투자율이 낮아진 데다 대침체도 투자에 도움이 되지 않았다. 가계는 이미 많은 부채를 지고 있는 상황에서 더 이상 빚을 내어서 소비를 늘릴 사정이 아니다.

총수요가 부족해서 경제성장률이 떨어진 결과 한국은 일찍이 경험해 보지 못한 디플레이션 위협에 직면하게 되었다. 외환위기 후 한국은행은 선진국과 마찬가지로 과거 통화량을 목표로 하던 체제에서 물가안정 목표치를 설정해서 소비자물가 상승률을 3%에서 0.5%포인트 내외로 유지하기로 했는데, 그런 목표의 하한선에서 벗어나는 사태가 나타난 것이다. 2012년 6월 이후 한 달도 전년 동월 대비 소비자물가 상승률이 한국은행의 목표치 하한인 2.5%에 미치지 못했다.

디플레이션이 일어날 경우 그 결과가 심각하다는 것은 잘 알려져 있다. 가계와 기업은 앞으로 물가가 내릴 것으로 기대하기 때문에 소비와 투자를 미룬다. 그것은 다시 물가 하락을 가속시키게 된다. 물가 하락에 따라 호황 때 진 부채의 실질가치가 올라가기 때문에 고정금리로 빚을 졌을 경우 당장 부채 부담이 늘어난다. 변동금리로 빚을 졌을 경우에도 물가 하락률이 실질금리보다 높아지면 부채 부담이 늘어난다. 명목 금리가 0 이하로 떨어지는 것은 현금의 존재 때문에 극히 일부 금융자산에 대해서만 가능하기 때문이다. 늘어나는 부채 부담 때문에 가계는 소비를, 기업은 투자를 줄인다. 채권자는 자산의 가치가 오르기 때문에 소비와 투자를 더 할 것 같지만, 실제로는 그렇지 않다. 빚을 지고 있는 기업이나 가계가 부담이 늘어남에 따라 도산할 가능성이 올라가기 때문에 자산의 위험도가 올라가서 지출을 늘릴 수 없다. 디플레이션에 빠질 경우 벗어나기 어렵다는 것은 1990년대 이후 일본의 경험이 잘 알려주고 있다.

한국의 디플레이션이 그렇게 심각한 것은 아니다. 우선 소비자물가 상승률이 목표치 하한에 미달하기 시작한 2012년 6월 이후 2018년 6월까지 전년 동월 대비 소비자물가 상승률이 마이너스였던 적은 한 번도 없었다. 그 기간에 전년 동월 대비 소비자물가 상승률은 평균 1.3%였다. 거기에다 소비자물가 상승률이 낮은 것은 주로 원자재 가격 하락 때문이고, 그것을 제외한 근원인플레이션율은 2%대를 유지했다. 2017년 이후를 보면 전년 동월 대비 소비자물가 상승률이 2017년 12개월 동안 평균 2.1%였다가 2018년 1월부터 6월까지 6개월간 평균 1.4%로 떨어졌다. 앞으로 세계적인 경기 회복 기운과 함께 디플레이션 위협이 가실지는 두고 볼 일이다.

한국이 디플레이션 위험에 대해 아무것도 안 한 것은 아니다. 2013년 이후

2014년을 제외하고 모두 추가경정예산을 편성했다. 거기에다 2014년 당시 경제부총리였던 최경환이 "초이노믹스"로 불리는 수요 확장 정책을 폈다. 그러나 그 결과 두드러진 것은 금리 인하와 각종 부동산 규제 완화, 금융기관 대출에서 부동산 담보인정비율(LTV), 총부채상환비율(DTI) 완화 등이다. 이것이 제대로 된 경기 부양책이었는지는 물론 의문이다.

경기 부양을 위해서는 본격적인 재정정책을 써야 할 것이다. 문제는 재정정책을 쓸 여유가 있냐는 것인데, 국제통화기금(IMF)은 2016년 한국을 노르웨이에 이어 두 번째로 재정정책을 쓸 수 있는 여유가 있는 나라로 꼽았다(≪서울경제신문≫, 2016.3.30). 아마 한국은 당장 재정정책을 쓸 여력이 있을 것이다. 물론 재정정책은 돈을 잘 써야 하는 문제가 있다. 과거 대공황 때의 일부 선례도 있지만, 1990년대 이후 일본의 예는 그것을 명확하게 알려주고 있다. 일본은 1990년대 초 거품 붕괴 이후 도로, 공항 등 사회간접자본 건설 위주의 재정정책을 써서 효과는 별로 못 거두고 국가 채무만 늘렸다. 이것은 일본이 "토건공화국"으로 불리는 데서 보는 것처럼 건설산업의 영향력이 큰 것과 무관하지 않을 것이다. 그런 점에서는 한국도 일본과 비슷해서 이미 4대강 사업 같은 것을 경험했다.

재정 지출을 효과적으로 하려면 사회간접자본 신규 건설이 아니라 노후한 사회간접자본을 개·보수하는 데 중점을 두어야 할 것이다. 사회간접자본 신규투자는 이미 포화 상태지만, 노후한 사회간접자본의 개·보수가 시급하다는 것은 한국도 미국이나 독일과 마찬가지다. 이미 사회간접자본 2만 1053개 시설 가운데 30년을 초과한 것이 2161개에 달해서 "고령화"한 사회간접자본이 10%를 넘고 있다(김준경, 2016: 45).

현 문재인 정부가 시도하고 있는 것처럼 정부가 직접 나서서 공공 부문 일자리를 만드는 것도 재정정책의 중요한 방법이다. 복지 지출을 늘리는 것도 총수요를 늘려서 경기 부양에 도움이 된다. 그중에서도 기초생활보장 확대는 한계소비 성향이 매우 높은 계층에게 구매력을 갖게 해줌으로써 총수요가 살아나는 데 도움을 줄 수 있다. 공공 부문 일자리와 복지 지출은 한번 늘리면 줄이기 어려워서 단기적 경기 부양책으로 적절하지 않다고 생각할 수 있다. 그러나 단기적 경기 부양 과제와 별개로 공공 부문 일자리는 늘려야 하는 부문이 있고, 복지의 경우에도 중·장기적으로 불가피하게 늘려야 할 지출이 있다. 어차피 늘려야 할 지출이라면 앞당기는 것이 경기 부양에 도움이 된다.

그런 단기적 경기 부양 과제와 별개로 중·장기적으로 한국의 재정은 바뀔 수밖에 없을 것이다. 한국은 OECD 국가 중에서 아직 저부담-저복지 국가 그룹에 속하지만 앞으로는 중부담-중복지 그룹으로 이동할 가능성이 크다. 그것이 바람직한 방향이기도 하다. 여기서 그 내용에 대해서 논할 수는 없다. 다만 한국이 단기적으로 경기를 부양하고 중·장기적으로 복지국가로 가는 데 있어서 커다란 걸림돌이 바로 1997년 외환위기의 결과로 만들어졌다는 것을 짚고 넘어가야 할 것이다. 그것은 재정 건전성 악화와 출산율 하락이다.

제2절과 제3절의 분석에서 외환위기 후 투자율 하락은 외환위기 전의 과잉 투자가 정상화된 결과로 볼 수 없다는 것을 알 수 있었다. 외환위기 후 개혁이 현지 사정에 맞지 않는 제도를 도입함으로써 과소투자가 일어났고, 그 결과 과소성장이 일어났던 것이다. 그러나 논자에 따라서는 외환위기 후 20년은 외환위기가 성장에 미친 결과를 평가하기에는 여전히 너무 짧다고 볼 수도 있을 것이다. 더 장기적으로는 외환위기 후의 구조 개혁과 자본시장 개방이 결국 경제성장률을 올릴 것이라고 주장할 수도 있을 것이다. 그러나 그렇게 보기 어려운 결정적 이유가 바로 재정 건전성 악화와 출산율 하락이다.

우선 외환위기의 결과 재정 건전성이 악화되었다. 외환위기 후 고금리 정책과 급속한 구조조정이 일으킨 불황과 대규모 기업 도산이 공적 자금 필요액수를 늘렸다. 또한 외환위기 후 사회안전망을 서둘러 마련하느라 사회보장 및 복지비용이 증가했다. 이러한 재정 지출 증가를 모두 증세로 충당할 수는 없어서 국가 채무가 증가했다. 국가 채무 총액(보증 채무 포함)은 1996년 국내총생산의 9.9%에서 2001년에는 35.4%로 수직 상승한 후 별로 떨어지지 못했다.[7] 그런 점에서 한국 재정의 불건전성은 외환위기의 원인이 아니라 결과인 것이다. 물론 1997년에 외환위기가 안 일어났더라도 국내적으로 금융위기가 불가피했을 것이기 때문에 공적 자금 투입이 불가피했을 것이고, 그것은 재정 건전성을 악화시켰을 것이다. 그러나 단순히 국내 금융위기로 끝났을 때에 비해 외환위기가 일어남으로써 급격한 환율 상승, 고금리, 구조조정과 그에 따른 대규모 도산을 가져와 공적 자금 소요액을 훨씬 늘렸다.

그러나 외환위기의 처리 과정에서 재정 건전성이 악화된 것보다 훨씬 더 큰 문제는 출산율 하락이다. 한국의 출산율은 원래 매우 높았지만 고도성장 과정에서 급격히 떨어졌다가 외환위기 전 십수 년간은 대체로 안정되는 모습을 보이고 있었다. 그러다가 외환위기 후 다시 떨어졌다. 조출산율, 즉 가임 여성 1명당 신생아 수는 1970년 4.53에서 1987년 1.53까지 떨어졌다. 그 후 반등해서 1992년에는 1.76까지 올라갔지만 다시 떨어져서 1997년에는 1.52가 되었다. 그러다가 외환위기 다음 연도인 1998년부터 출산율은 더 떨어져서 2005년에는 세계 최저에 가까운 1.08에 불과하게 되었다.

여기서 1987년부터 1997년까지의 출산율 추세를 어떻게 보는가 하는 문제가 있다. 이 기간의 출산율은 안정된 것으로 보이지만 기복이 있었다. 이 기간의 출산율 평균은 1.61로서 경제협력개발기구(OECD) 평균 수준과 비슷했다. 반면 소폭이지만 등락을 계속한 것도 사실이다. 문제는 이 기간의 등락과 외환위기 후의 하락을 구분하는 것이다. 이것은 특히 1992년에 1.76이었던 출산율이 1997년에 1.52로 떨어졌기 때문에 그렇다. 1998년 이후 출산율 하락이 외환위기의 결과가 아니라 그 추세의 연장선상에서 나타난 것은 아닌지 의심해 볼 수 있는 것이다.

이 문제를 엄밀한 분석으로 밝혀주는 연구는 없다. 다만 출산율이 1987년

7 이 통계는 보증채무를 포함한 것으로서 구(舊)재정경제부의 『재정금융통계에』서 얻은 것이다. 이제민(2007) '표 5' 참조.

1.52에서 1992년 1.76으로 반등한 사례가 있다는 점, 1987년과 1997년 사이에 별 차이가 없다는 점 등을 생각할 때 외환위기가 없었다면 1997년 이후 다시 소폭이나마 반등할 가능성이 없었다고 하기는 어렵다. 그런 가능성과 별개로, 상식적으로 보아 1998년 이후 출산율이 외환위기의 영향을 받지 않고 그 전부터 시작된 추세에 따라 자연스럽게 떨어졌다고 할 수는 없을 것이다. 외환위기 후 사회안전망이 제대로 갖추어지지 않은 상황에서 실업이 급증했는데, 그것이 출산율을 떨어뜨렸을 것이라는 것은 쉽게 짐작할 수 있다. 물론 1997년 위기가 단순히 국내 금융위기로 끝났더라도 구조조정 기간에 출산율은 어느 정도 떨어졌을 가능성이 있기 때문에 순전히 외환위기 때문이라고 할 수는 없다. 그러나 단순한 국내 금융위기가 아니라 외환위기가 됨으로써 출산율이 더 떨어졌을 것이다. 거기에다 외환위기 후 구조 개혁으로 비정규직이 급증한 것이 출산율을 떨어뜨렸으리라는 것도 쉽게 짐작할 수 있다(정성호, 2013: 34).

그 후 온갖 노력을 기울여서 출산율은 조금 회복되었지만 외환위기 전에 비해서는 아직 현저하게 낮다. 출산율을 올리는 데 들어간 비용은 이미 100조 원을 넘었고 앞으로 얼마가 더 들어갈지 모른다. 외환위기는 출산율 하락을 통해 한국 경제에 참으로 뼈아픈 타격을 주었다고 할 수 있다. 그렇다고 낮은 출산율을 내버려두는 것이 성장에 유리하게 작용할 가능성은 없다. 출산율 저하는 연금 고갈 시기를 앞당김으로써 우발채무를 증가시켜 재정의 건전성을 악화시킨다. 재정 건전성 악화는 장기적 금리 상승, 조세 인상과 인플레이션에 대한 우려 등으로 성장 잠재력을 떨어뜨린다. 그 외에도 출산율 하락은 노동가능인구를 줄이고 저축률을 감소시키는 등 성장에 유리하게 작용할 가능성은 없다.

이런 점에서 한국은 과거 일본이 당면한 것과 비슷한 딜레마를 안게 되었다. 1990년대 일본은 거대한 거품 붕괴로 경기 부양이 절실했지만 재정정책을 제대로 쓰지 못했다. 토건 위주로 구성된 재정정책의 지출 내용이 잘못되었을 뿐 아니라 총량으로 보아도 재정정책을 과감하게 쓰지 못했던 것이다. 그 이유는 당장 재정 건전성이 악화되고 있을 뿐 아니라 인구 고령화에 따라 장래에 재정 건전성이 악화될 것이라는 두려움 때문이었다. 한국은 일본보다 고령화가 더 빨리 진행될 것이기 때문에 일본보다 더 큰 딜레마에 직면할 것이다.

제5장

경제의 안정성과 국제투자

"돈이 많은 사람이 돈이 적은 사람에 대해 권력을 가지고 있을 때는
언제나 수탈의 가능성이 잠재해 있다."
_ 제니퍼 와이너(Jennifer Weiner)

이 장은 외환위기 후 경제의 안정성 문제를 그와 특히 관련이 있는 국제투자 문제와 함께 살펴본다. 안정성은 성장이나 분배와 함께 경제의 대표적 성과 지표다. 경기변동이 심하고 위기가 자주 일어나는 경제는 성과가 좋다고 할 수 없다. 제2장에서 설명한 것처럼 외환위기 전 한국 경제는 위기가 빈발하는 체제였기 때문에 그런 점에서 문제가 있었고, 1997년 외환위기도 그런 구도에서 일어났다.

그러나 1997년 위기는 그 전 위기와 달리 국내 금융위기로 끝나지 않고 외환위기가 되었는데, 그것은 제3장 제2절에서 살펴본 것처럼 미국이 동아시아 내에서 해결될 수 있는 유동성 문제에 개입했기 때문이다. 그 바탕에는 좁게는 월가를 축으로 하는 복합체의 이해관계와 넓게는 냉전 후 세계경제체제 개편이라는 국제정치적 구도가 놓여 있었다. 그렇게 한 뒤 미국은 외환위기의 원인과 무관한 국내 경제체제 개혁을 요구했고, 한국은 그것을 스스로 하려고 했던 개혁의 계기로 활용하고자 전면적으로 받아들였다. 그 결과 급격한 구조 개혁이 이루어지고 그와 함께 한국 자산이 대거 외국인 소유로 넘어갔던

것이다.

외환위기 후 구조 개혁은 처음에는 모든 면에서 긍정적 결과를 가져올 것으로 기대되었지만, 경제성장률을 올리기는 어려운 것이었다. 외환위기 전 체제는 기업이 단기적 이윤을 무시한 채 차입에 의거해서 성장 위주 경영을 하는 체제였기 때문에 경제성장에는 유리했다. 외환위기 후 그런 행태를 해소한 뒤 그 대안을 제대로 구축하지 못해서 경제성장률이 떨어진 것은 제4장에서 살펴보았다. 반면 외환위기 후 개혁은 경제의 안정성을 올렸으리라고 볼 이유가 있다. 외환위기 전 경제체제는 기업이 단기적 이윤을 무시한 채 차입으로 성장 위주 경영을 하고 금융기관은 그것을 방치하는 구도였는데, 그것이 위기가 빈발하는 원인이었다. 외환위기 후 개혁은 그런 구도를 해소하고 더 안정적인 체제를 구축했을 것이라고 기대할 수 있다.

외환위기 후 경상수지가 지속적으로 흑자를 내고 있는 것도 안정성 확보에 도움이 되었다. 외환위기 전 한국은 경상수지 적자로 외채를 진 결과 외환위기가 일어나곤 했다. 외환위기 후에는 경상수지가 지속적 흑자로 전환되었고 그 결과 외환보유액을 대거 늘렸기 때문에 외환위기의 가능성이 낮아진 것으로 보인다.

그런 추세를 반영해서인지, 1997년 외환위기 이후 20년이 더 지났지만 아직 대규모 위기는 일어나지 않았다. 제2장에서 살펴본 것처럼 한국은 1963년 고도성장을 시작하고 난 후부터 16년 뒤인 1979년에 대규모 위기를 겪었고, 그로부터 18년 뒤인 1997년에 다시 대규모 위기를 겪었다. 반면 1997년 외환위기 이후 지금까지 20년 동안 두 위기에 비견할 위기는 일어나지 않았다.

그런 점에서 한국의 경제체제는 외환위기 전 "고성장-고위험" 체제에서 "저성장-저위험" 체제로 바뀌었다고 할 수 있다. 그러나 여기에는 더 고려할 사항이 있다. 외환위기 후 국내적으로 구조 개혁이 이루어짐과 동시에 한국의 자산이 대거 외국인 소유로 넘어갔다. 제3장에서 살펴본 것처럼 외환위기의 성격에 비추어 볼 때 구조 개혁과 자산 매각은 외환위기의 두 가지 핵심적 결과라고 할 수 있다. 그 뒤 제4장 제3절에서 살펴본 것처럼 자산 매각과 자본시장 개방 효과가 겹쳐서 국제투자에서 대규모 순차손이 발생해서 국민소득이 줄었다.

그런 국제투자에서의 순차손이 발생하는 데 대해 위험을 분담한 결과라고 보는 것이 경제학자의 전형적 설명이라는 것은 제1장에서 언급했다. 이 설명이 옳다면 국제투자에서의 순차손은 경제 전체의 위험 감소와 병행해야 한다. 즉, 국민소득 감소에 해당하는 마이너스 성장 효과를 위험 감소라는 안정성 상승 효과가 상쇄해 주어야 하는 것이다. 그렇지 못하면 국제투자에서의 순차손은 그냥 국민소득 감소로 끝나고 말 것이다. 나아가서 순차손을 겪으면서도 위험이 오히려 증가했을 수도 있다.

외환위기 후 국제투자에서 순차손을 겪으면서도 위험이 오히려 증가했을 가능성이 있다는 것은 2008년 글로벌 금융위기 때 또 한 번 외환위기가 일어났다는 데서 알 수 있다. 그것은 지난 20년 동안 과거의 두 위기에 비견할 만한 위기가 일어나지 않았다는 것이 순전히 "사후적"으로 보아서만 그렇다는 것을 말해 준다.

2008년 위기를 겪고 난 후 한국은 "거시건전성 규제"를 도입해서 자본시장 전면 개방을 일부 수정했다. 그러나 그것은 외환위기를 방지하는 데 초점을 둔 조치로서 국제투자를 통한 국민소득 감소 효과까지 감안한 것은 아니다. 국제투자를 통한 국민소득 감소 효과는 "투자 능력" 문제를 제기한다. 한국의 투자자들과 월가의 금융회사를 비롯한 선진국 투자자들 간의 투자 능력 차이가 문제가 되는 것이다. 그와 관련해서 외환위기 전 체제가 얼마나 위험한 것이었는지에 대해서도 좀 더 살펴볼 필요가 있다. 결국 외환위기 후 성장률이 하락하면서 위험이 감소하는 "저성장-저위험" 체제가 아니라, 성장률이 떨어지고 소득이 감소하면서 위험은 오히려 늘어난 "저성장-고위험" 체제가 성립했을 가능성이 있는 것이다.

이 장은 다음과 같이 진행한다. 제1절에서는 외환위기 후 경제성장률이 떨어졌지만 구조 개혁과 경상수지 흑자를 통해 위기의 가능성이 줄어든 데 대해 살펴본다. 제2절에서는 국제투자에서 순차손이 발생하고 있는 데 대해 살펴보고, 그것이 외국인이 위험을 분담함으로써 한국이 안정성을 확보한 결과인지 분석한다. 제3절에서는 2008년에 외환위기가 또 일어난 데 대해 살펴본다. 제4절에서는 투자 능력 문제에 대해 분석해 보고, 외환위기 후 저성장-고위험 체제가 성립했을 가능성에 대해 살펴본다.

제1절 저성장-저위험 체제

외환위기 후 한국 경제는 성장률이 떨어진 반면 안정성이 올라간 측면이 분명히 있다. 그것은 미시경제적으로 보아 구조 개혁이 위기의 가능성을 낮추는 쪽으로 이루어졌기 때문이다. 거시경제적으로 보아도 지속적으로 경상수지 흑자를 냄으로써 외환위기의 가능성이 줄었다. 위기 전 한국 경제는 성장률이 높지만 위기의 가능성이 잠재해 있는 고성장-고위험 체제였다. 그에 비해 위기 후 한국 경제는 성장률이 떨어지면서 위기가 일어날 가능성은 줄어든 저성장-저위험 체제라고 할 수 있다.

구조 개혁과 경제의 안정성

외환위기 후 구조 개혁은 한국 경제의 안정성을 올렸다. 그것은 무엇보다 구조 개혁이 오랜 숙제였던 금융기관의 부실채권을 털고 난 후 금융시장의 규율을 확립하는 데 성공했기 때문이다. 그러한 개혁의 결과 제4장에서 살펴본 것처럼 경제성장률이 떨어졌다. 외환위기 전 재벌을 중심으로 한 기업의 저이윤-고부채 경영 행태를 청산했지만, 그 결과 줄어드는 투자를 중소·벤처기업이나 FDI가 메워주지 못했기 때문이다. 그런 한편 과거 기업의 저이윤-고부채 경영 행태가 바로 위기를 자주 일으키는 요인으로 작용했었기 때문에 그런 구도를 청산한 것은 위기가 일어나는 원인을 제거해서 경제의 안정성을 올렸던 것이다. 물론 외환위기 전 체제가 얼마나 위험한 체제였는가에 대해서는 더 깊은 검토가 필요하다. 이에 대해서는 제4절에서 살펴볼 것이다. 그러나 그런 구도를 청산한 것이 경제의 안정성을 올리는 데 기여한 것은 틀림없다.

기업의 저이윤-고부채 경영 행태가 해소되었다는 것은 〈그림 2-2〉로 돌아가서 확인해 볼 수 있다. 기업이윤율과 차입금평균이자율 간의 관계가 외환위기를 계기로 정반대가 되었다. 외환위기 전에는 기업이윤율이 차입금평균이자율보다 낮았지만, 외환위기 후에는 기업이윤율이 차입금평균이자율을 상회하게 된 것이다. 이런 현상은 지가조정을 하는지 여부와 무관하다. 기업이윤율은 떨어지는 추세다. 그러나 차입금평균이자율은 더 많이 떨어져서 기업이윤율이 차입금평균이자율보다 높은 상태가 유지되고 있다. 그런 한편 부채비율은 급속히 떨어져서 2006년에는 100% 이하가 되었다. 그 뒤 부채비율은 연도에 따라 다소 등락을 보였지만, 외환위기 전과는 비교할 수 없을 정도로 낮아졌다(〈부표 2〉 참조).

기업 거버넌스가 개선된 것도 그런 행태 변화와 상승작용을 했다. 한국의 기업 거버넌스 지표가 외환위기 후 개혁을 거치고도 중국이나 인도네시아 같은 나라보다 더 못했다는 분석도 있다(Claessens and Kang, 2007). 그러나 외환위기를 계기로 기업 거버넌스가 개선되었다는 것은 부인하기 어려울 것이다(홍기석, 2007; Joh, 2004). 기업 거버넌스가 개선됨으로써 기업은 과거보다 이윤에 더 신경을 쓰게 되고 경영의 투명성을 올려서 부실채권을 생산할 가능성을 줄였다. 그와 함께 외환위기 후 노동 개혁으로 노동조합이 이윤율을 삭감하는 효과도 크게 줄었다. 즉, 외환위기 전 재벌기업의 노동조합이 약한 금융시장 규율에 편승해서 기업의 재무 상태가 이미 부실한데도 이윤율을 낮추는 행태를 보이지 않게 된 것이다(Lee, 2012, 2014).

저이윤-고부채 경영 행태가 변하는 모습은 보통기업보다 재벌기업에서 더 두드러지게 나타났다. 그것은 외환위기 후 구조 개혁이 재벌을 집중 타깃으로 삼았기 때문에 당연한 결과라고 할 수 있다. 실제로 이루어진 통계적 연구는 외환위기 후 재벌기업일수록 더 부채비율을 줄이고 이윤율을 올렸다는 것을 보여주고 있다. 그렇게 해서 재벌기업이 보통기업보다 더 이윤 중심 경영을 하고 있는 것이다(최정표, 2009; Lee, 2014).

여기서 유의할 점은 기업 부실을 이윤율이나 부채비율의 "평균"으로만 따질 수는 없다는 것이다. 그것은 외환위기 후 기업 간 이윤율과 부채비율의 차별화가 크게 일어났기 때문이다(이제민, 2003). 외환위기 전에는 이윤율이나 부채비율이 기업 간에 차이가 크지 않았지만, 외환위기 후 둘 다 매우 확대되었다. 즉, 부채비율이나 이윤율 모두 분산이 매우 커졌기 때문에 평균으로만 보아서 부실채권 발생 여부를 판단하기 어려워진 것이다. 소수 대기업의 이윤율이 매우 높고 부채비율이 낮다면 기업 전체로 본 평균 이윤율은 올라가고 부채비율도 낮아지지만, 부실채권은 그에 비례해서 줄어들지 않는다. 낮은 이윤율과 높은 부채비율을 가진 기업이 부실채권을 일으키는 구도가 사라지지는 않는 것이다.

그러나 전체적으로 보아 재벌기업의 경영 행태가 이윤 위주로 바뀌었고 그 결과 과거처럼 재벌이 대거 도산하는 위기가 일어날 가능성은 줄어들었다. 외환위기 후에도 간헐적 재벌 도산이 일어나고 있고 지금도 해운이나 조선산업에서 재벌기업 부실이 문제가 되고 있지만, 기업이 부실채권을 생산하는 경향은 외환위기 전보다 약화된 것으로 보인다.

한편 가계대출이 크게 늘었고 그 때문에 부실채권이 발생할 가능성이 올라갔지만, 가계대출은 기업대출보다 부실채권을 만들 가능성이 상대적으로 낮다. 부동산을 담보로 잡고 소액 대출하는 것이 관행이기 때문에 미국의 서브프라임 모기지 사태 같은 것이 일어나지 않는 한 기업대출보다는 안정적이다. 물론 일부 기업부채에 대규모 가계부채까지 겹쳐서 앞으로의 전망이 만만치 않지만, 과거에 비해서는 분명히 안정성이 올라갔다고 할 수 있다.

한국 기업과 금융기관의 외국인 소유가 급격히 늘어난 것도 안정성을 올리는 데 기여했다. 외환위기 후 구조 개혁과 국내 자산의 매각이 동전의 양면처럼 이루어졌다. 그 결과 국내 기업과 금융기관의 외국인 소유가 급증했는데, 그것이 경제의 성과에 어떤 영향을 미쳤는지는 그 뒤 논란거리가 되었다. 그 논란은 주로 외국인 소유가 투자를 위축시켰는가를 중심으로 이루어졌다. 그러나 외국인 소유의 효과를 보려면 그것이 투자를 통해 성장에 미친 영향뿐 아니라 안정성에 미친 영향도 고려해야 한다.

외국인 소유가 투자를 위축시킬 가능성은 두 가지다. 하나는 기업에 대한 외국인 소유의 영향이고, 다른 하나는 외국인의 은행 소유가 갖는 영향이다. 그중 기업 소유의 영향은 외국인 소유 확대로 기업이 단기적 이윤을 추구하는 경영을 함으로써 투자가 위축되었는가 하는 문제다. 외국인 소유 확대로 "주주자본주의"가 강화됨으로써 기업이 실물자본에 대한 투자보다 주가를 유지하기 위해 자사주 매입이나 배당에 더 신경을 쓰게 되었다는 지적이 나왔다. 그에 따라 기업의 외국인 소유와 투자 간에 어떤 관계가 있는지에 대해 연구가 이루어졌다. 그런 연구는 다양한 결과를 보여주고 있다. 예컨대 박경서·이은정(2006)은 외국인 투자자가 기업의 투자의사 결정에서 국내 투자자에 비해 합리적인 영향력을 행사한다는 것을 보여주고 있다. 수익성과 성장성이 좋은 기업의 경우 외국인 지분율이 높으면 오히려 배당을 줄이고 투자를 더 하는 성향을 보이고 있어서, 외국인 투자자가 투자의 효율성을 증가시키는 역할을 하고 있음을 시사하고 있다. 그러나 다른 연구들은 다른 결과를 보여준다. 다른 연구들이 보여주는 것은 대체로 "외국인 소유 비율이 높으면 투자를 적게 하는 경향이 있지만, 그것은 경우에 따라 다르다"는 것이다(김아리·조명현, 2008; 강신애·민상기, 2009).

이들 연구는 외환위기 후 기업의 횡단면 자료를 분석한 것으로서, 외환위기 전과 후를 비교해서 외국인 소유 확대가 투자에 미친 영향을 분석하는 데 있어서 참고 사항이 될 뿐이다. 아마도 외환위기 후 외국인 소유가 늘어난 것이 투자에 유리하게 작용하지는 않았을 것이다. 그것은 바로 외국인 소유가 늘어난 것이 외환위기 전 기업의 저이윤-고부채 경영 행태, 즉 과다차입에 의한 과잉투자 경영 행태를 고치는 효과가 있었기 때문이다. 실제로 외국인 소유 확대가 기업의 이윤율을 올리는 데 기여했다. 외국인 소유 비중이 높을수록 기업이윤율이 높은 것은 외환위기 전이나 후나 마찬가지다. 그러나 외국인 소유 비중이 높은 기업의 이윤율이 높은 정도는 외환위기 전에 비해 외환위기 후에 분명하게 올라갔다(Lee, 2012: 741). 그런 점에서 외국인 소유가 늘어난 것은 부실채권이 발생할 가능성을 줄였고, 그만큼 경제의 안정에 기여했다. 그것은 위기 전의 고성장-고위험 체제가 위기 후 저성장-저위험 체제로 바뀌는 구도의 일환이었다.

은행에 대한 외국인 소유가 급격히 늘어난 것도 비슷한 효과가 있었다. 제3장 제4절에서 살펴본 것처럼 한국은 외환위기 후 구조 개혁을 하면서 은행을 외국인이 소유하고 경영하는 것이 재벌과 관료로부터 진정으로 독립된 경영 주체를 도입하는 것이라고 생각했다. 그런 목적은 일단 달성되었다. 처음 한국의 은행을 인수한 외자는 부실기업을 인수한 후 기업가치 제고를 통해 매매차익 실현을 목적으로 하는 사모펀드였다(전승철 외, 2005). 이들은 철저하게 이윤을 올리는 쪽으로 행동했다. 그러기 위해 기업대출 축소, 가계대출 확대, 수수료 수입 위주의 경영 행태를 나타냈다(강종구·김현의, 2005). 처음에 펀드가 인수했던 은행은 그 뒤에 소유주가 외국계 은행으로 바뀌었다. 그러나 외국계 펀드가 아니라 은행이 소유하게 되었다고 행태가 많이 달라졌을 것이라고 보기는 어렵다. 외국계 은행이 가계대출 등 안전자산을 선호하는 경향은 지속되고 있다(구자현, 2014: 15~16).

그런 식으로 영업 행태가 바뀐 것은 투자에 도움이 될 수 없었다. 그러나 다른 한편으로 그것은 외환위기 전 한국의 은행이 기업의 저이윤-고부채 경영 행태를 뒷받침해서 부실채권을 만들었던 체제를 개혁하고 시장경제 원리에 따라 영업하는 패턴을 만들어 나가는 데 기여했다. 그것은 성장에는 불리했지만 경제의 안정성 확보에 기여한 것은 사실이다.

이렇게 구조 개혁과 외국인 소유 확대에 따라 한국 경제는 외환위기 전의 고성장-고위험 체제에서 외환위기 후 저성장-저위험 체제로 바뀌었다. 이런 저성장-저위험 체제는 아마도 외환위기 직후 한국인 대다수가 기대한 결과는 아니었을 것이다. 한국인 대다수가 위기는 축복이 될 것이라고 한 미셸 캉드쉬의 말에 동조했을 때 그들이 기대한 것은 성장률을 올리거나 적어도 성장률을 낮추지 않으면서 안정성을 올리는 것이었을 것이다. 즉, 한국인은 구조 개혁의 결과 "고성장-저위험" 경제를 만들 수 있을 것이라고 기대했다. 그런 기대는 빗나갔다. 위기 후 성립한 체제는 고성장-저위험 체제가 아니라 저성장-저위험 체제인 것이다.

외국인 소유 확대에 대해서도 마찬가지라고 할 수 있다. 외환위기 후 외국인 소유 비중이 급격히 올라갔을 때 한국인이 기대한 것은 그것이 성장률을 낮추는 효과를 가져오리라고 생각하지는 않았을 것이다. 실제로 그린필드 FDI 같은 것이 들어와 주면 성장률을 낮추지 않을 것이었다. 그런 투자가 늘면서 재벌의 과다차입에 의한 과잉투자가 줄었다면 성장률을 낮추지 않고 안정성을 올릴 수 있었을 것이다. 그러나 현실은 그렇게 되지 않았다. 마찬가지로 외환위기 후 외국인에게 은행을 넘겼을 때 한국인이 명시적·묵시적으로 기대한 것은 "선진 금융기법 및 금융상품 도입"이었다. 외자가 들어옴으로써 유망 중소기업을 발굴해서 대출을 해 주고 그것이 투자를 촉진할 것이었다. 그랬더라면 성장률을 낮추지 않고 안정성도 올라갈 수 있었을 것이다. 그러나 실제로 외자가 인수한 은행은 주택담보대출을 선도했다.

물론 이런 문제 말고도 안정성이라는 점에서 외환위기 후 개혁은 한국인의 처음 기대에 크게 엇나간 측면이 있었다. 외환위기 후 구조 개혁으로 경제의 안정성이 올라갔다는 것은 중요한 문제를 빠뜨리고 있다. 외환위기 후 시행된 4대 개혁 중에서 기업과 금융 개혁은 위기의 가능성을 낮춤으로써 경제의 안정성을 올리는 효과가 있었다. 그러나 노동 개혁은 전혀 그렇지 못했다. 노동 개혁이 노동자들의 삶을 불안정하게 만든 문제에 대해서는 제6장에서 살펴볼 것이다. 다만 "위기가 일어날 가능성"에 초점을 맞추어 경제의 안정성을 볼 경우 기업과 금융의 개혁이 경제의 안정성을 올린 것은 사실이다. 1997년 외환위기가 일어나기 전까지 항상 위기의 잠재 요인으로 작용했던 기업의 저이윤-고부채 경영 행태와 그에 따른 만성적 부실채권 문제가 해결된 것이다. 그것은 성장률을 떨어뜨렸지만 안정성을 올리는 데는 기여했다.

경상수지 흑자

외환위기 후 한국 경제는 거시경제적 관점에서 보아도 안정성이 올라갔다. 그 첫째 성과는 물가 안정이다. 외환위기 전 한국은 1980년대 중반의 일부 연도를 제외하고는 항상 선진국이나 이웃 대만 등보다 물가 상승률이 더 높았다. 1980년부터 1997년까지 18년간 소비자물가는 연평균 7.4% 상승했다. 반면 외환위기 후 소비자물가는 1998년부터 2017년까지 20년간 연평균 2.7% 상승하여 선진국 수준의 물가 안정을 달성할 수 있었다. 2012년 하반기부터는 오히려 디플레이션을 걱정해야 하는 상황이 전개되기도 했다. 그러나 디플레이션 징후가 전혀 나타나지 않았던 1998년부터 2011년까지만 보더라도 소비자물가 상승률은 연평균 3.3%로서, 한국은행이 설정한 물가안정 목표인 3% ±0.5%포인트에서 벗어나지 않았다.

이렇게 물가가 안정될 수 있었던 것은 무엇보다 외환위기 후 한국은행법 개정으로 1962년 군사정부가 통화정책을 행정부에 종속시킨 이래 처음으로 통화정책의 독립성이 확보되었기 때문일 것이다. 외환위기 직후인 1997년 12월 한국은행법을 바꾸어 금융통화위원회 의장을 재정경제원 장관에서 한국은행 총재로 바꾸었다. 또한 한국은행의 목적을 "통화가치의 안정과 은행·신용제도의 건전화"에서 "물가 안정"으로 바꾸고, 한국은행이 수행하던 은행감독

업무를 신설된 금융감독원이 담당하도록 했다. 한국은행이 외환위기 전 논란의 대상이 되었던 은행 감독 권한을 새로 만들어진 통합금융감독기구인 금융감독원으로 넘겨주게 하면서 통화정책의 독립성을 부여했던 셈이다. 한국은행법은 2008년 글로벌 금융위기 이후 다시 바뀌어서 한국은행이 감독 권한의 일부를 얻게 되었는데, 그 과정에서 통화정책의 독립성이 약화되지는 않았다. 결국 외환위기 후 한국은행의 통화정책은 과거보다 더 독립성이 확보되었다고 볼 수 있다. 거기에다 통화정책의 목표를 통화량이 아니라 물가 상승률을 직접 표적으로 하는 "인플레이션 타기팅(inflation targeting)"으로 바꾸었는데, 그런 조치도 물가를 안정시키는 데 기여했을 것이다.

그러나 경제의 안정성이 올라간 더 중요한 이유는 경상수지 흑자 기조가 정착되었다는 것이다. 외환위기 전 한국은 1980년대 후반 몇 년을 제외하고는 만성적으로 경상수지 적자가 났다. 그것이 외채 문제를 가져와서 외환위기를 일으키곤 했다는 것은 앞에서 살펴보았다. 물론 경상수지 적자 자체가 아니라 적자를 메우는 "방법"이 외환위기가 일어나는지를 결정하는 더 중요한 요인이다. 1990년대에도 경상수지 적자를 장기차입이나 FDI로 메웠으면 1997년에 외환위기가 일어나지 않았을 것이다. 외채 문제 자체도 경우에 따라 성격이 달라서, 1980년대 초처럼 그냥 두었으면 외환위기가 되었을 것을 한국이 국제정치 상황을 이용해서 막기도 하고, 1997년처럼 단순히 유동성 문제로서 그냥 두면 동아시아 내에서 해결되었을 것이 미국이 개입함으로써 외환위기가 된 경우도 있었다. 그러나 경상수지 적자를 냄으로써 외환보유액을 충분히 쌓지 못한 것이 외환위기를 가져오는 배경이 된 것은 어느 경우에나 해당하는 사실이기 때문에 경상수지 흑자가 외환위기 가능성을 낮춘다고 볼 수 있다.

외환위기 이후 한국은 지속적으로 경상수지 흑자를 내고 있다. 그 결과 한국은 외환보유액을 늘려 왔고, 외환보유액이 단기외채를 크게 상회하게 되었다. 이것은 제3장의 〈그림 3-1〉로 돌아가서 확인할 수 있다. 이처럼 단기외채에 비해 외환보유액을 늘리는 것은 외환위기에 대한 안전판이 되고 있다. 외환위기 전 경상수지 적자가 났는데, 외환위기 후 흑자가 나고 있다는 것은 거시경제적으로 보아도 한국이 고성장-고위험 체제로부터 저성장-저위험 체제로 넘어갔다는 것을 의미한다. 외환위기 전 경상수지 적자가 난 것은 투자율이 저축률을 상회했기 때문이다. 높은 투자율은 높은 성장률을 의미했지만, 경상수지 적자가 난다는 것은 외환위기가 일어날 가능성이 높다는 것을 의미했다. 따라서 외환위기 전 한국 경제는 고성장-고위험 체제였다고 볼 수 있다. 반면 외환위기 후 경상수지 흑자가 나는 체제는 저성장-저위험 체제라 할 수 있다.

이렇게 거시적으로 본 저성장-저위험 체제는 미시적으로 본 저성장-저위험 체제와 표리관계에 있다. 제4장에서 살펴본 것처럼 미시적으로 구조 개혁을 함으로써 총투자율이 떨어졌다. 총투자율은 외환위기 전 기간인 1980년부터 1997년까지 18년 동안 평균 36.0%에서 외환위기 후 1998년부터 2017년까지 20년 동안 평균 31.2%로 떨어졌다. 한편 총저축률은 같은 기간 사이에 35.2%에서 34.4%로 떨어지는 데 그쳤다(그 이유에 대해서는 제6장에서 설명한다). 총투자율이 총저축률보다 더 많이 떨어져서 총저축률을 하회하게 되었기 때문에 경제성장률이 떨어짐과 동시에 경상수지 흑자가 나서 저성장-저위험 체제로 간 것이다.

경상수지 흑자가 나고 있는 것은 저축률이 투자율보다 더 높기 때문이기도 하지만 다른 면으로 보면 실질실효환율이 올라갔기 때문이다. 실질실효환율이 올라간 이유는 물가가 안정된 위에 명목환율이 올라갔기 때문이다. 물가가 안정된 것은 위에서 설명했다. 명목환율이 올라간 것은 1997년 외환위기가 일어났을 때 환율이 급등했다가 그 후 한국 경제가 안정되면서 환율이 떨어졌지만, 외환위기 전 수준으로 돌아가지는 않았기 때문이다. 〈그림 5-1〉은 실질실효환율(2010년 기준)을 보여주고 있다.

실질실효환율은 외환위기 후에 분명히 올라갔다. 이렇게 실질실효환율이

〈그림 5-1〉 실질실효환율

(단위: %)

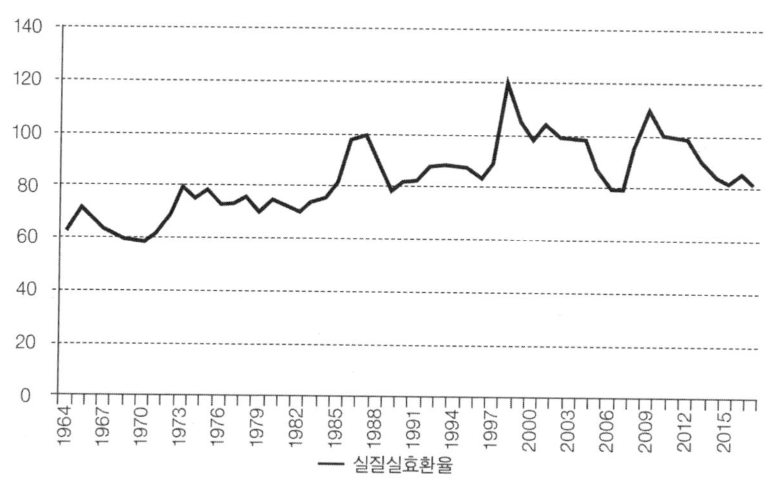

주: 2010년을 100으로 잡은 것임.
자료: 〈부표 1〉.

올라간 결과 한국의 제품이 교역 대상국의 제품에 비해 상대적으로 싸져서 경상수지 흑자가 나게 된 것이다. 실질실효환율이 상승함으로써 수출 품목이 반도체 등에 집중되어 있다는 사실과 관계없이 경상수지 흑자를 낼 수 있게 되었다. 즉, 외환위기 전 한국의 경상수지 적자는 한국의 생산 및 수출 구조 때문이 아니라, 자본 유입에 따른 환율 하락 때문이었던 것이다. 외환위기 후 실질실효환율이 올라간 결과 일본의 공작에 따라 수입선 다변화 정책을 폐지했음에도 불구하고 한국 산업이 국제경쟁력을 잃지 않을 수 있었다. 물론 한국 기업이 대규모 구조조정을 하는 한편 일본 경제가 장기 불황을 겪으면서 일본 기업의 경쟁력이 떨어진 것도 한국 제품의 국제경쟁력이 올라가는 요인이 되었을 것이다.

이러한 모습을 제2장에서 살펴본 외환위기 전 한국 경제의 모습과 결합해 보면, 한국 경제에서 정부의 역할은 성장의 국면이 거듭될수록 "수직적" 개입은 줄이고 "수평적" 개입을 늘려갔다고 할 수 있다. 1960~1970년대에는 두 자릿수 물가 상승률과 고정환율제하에서 가끔 평가절하를 통해 실질실효환율을 유지하기는 했지만 한국의 원화는 만성적으로 과대평가되어 있었다. 1964년부터 1979년까지 실질실효환율은 2010년 기준으로 평균 68.9였다. 그렇게 원화가 과대평가된 상태를 유지하면서 수출 증대 정책과 선별적 산업정책의 형태로 정부가 강력하게 개입했던 것이다.

1980년대 초 물가를 안정시키면서 환율을 조정한 결과 실질실효환율이 올라갔다. 그 후 3저호황을 거치면서 안정 기조가 흐트러지고 환율이 내려가서 실질실효환율이 떨어졌지만, 전체적으로 1980년부터 1997년까지 보면 실질실효환율이 2010년 기준으로 평균 83.6으로서 그 전 시기에 비해 올라갔다. 그러나 이 시기에는 아직 경상수지가 균형이 되는 수준까지 올라가지는 못했다. 그러면서 일부 산업을 수입선 다변화 정책 같은 것으로 보호하고 보조금을 주면서 경상수지를 관리하고 있었던 셈이다.

외환위기 후 실질실효환율은 더 올라갔다. 1998년부터 2017년까지 실질실효환율은 2010년 기준으로 평균 95.2다. 그와 함께 수입선 다변화 정책 같은 보호는 줄었다. 보조금의 경우도 제2장 〈표 2-2〉에 나타난 보조금이 주로 정책금융으로 주어진 것이었는데, 외환위기 후 금융 자유화가 더욱 진전되었다는 것을 감안하면 보조금이 더 줄어들었을 것이다.

외환위기 후 올라갔던 실질실효환율이 그 전 수준으로 떨어지지 않는 것은 물가 안정을 유지하는 속에서 정부가 명목환율을 높게 유지하고 있기 때문이다. 정부는 외환시장에 개입해서 환율을 지속적으로 높게 유지해 왔다. 그 방법은 "불태화(sterilization)"이다. 경상수지 흑자가 나면 한국은행의 외화자산이 늘어나면서 시중에 본원통화가 풀려 나간다. 그렇게 되면 물가가 올라서 다시 경상수지 흑자는 줄어들거나 적자로 돌아서게 된다. 제2장 제3절에서 본 것처럼 한국은 1980년대 3저호황 때 그런 경험을 했다. 따라서 경상수지 흑자를 지속적으로 내려면 한국은행의 순대외자산이 늘더라도 시중에 본원통화가 풀리지 않게 해야 한다. 그렇게 하는 작업이 불태화인 것이다. 그 방법은 시중은행에 대한 여신을 줄이거나, 아니면 통화안정증권을 발행해서 풀린 자금을 자본시장에서 거두어들이는 것이다. 그렇게 통화를 거두어들이면 국내총생산에 대한 지출이 국내총생산보다 적게 유지된다. 국내총생산과 국내총생산에 대한 지출 간의 차이가 경상수지이기 때문에 그렇게 해서 경상수지 흑자가 유지된다. 국내총생산과 국내총생산에 대한 지출 간의 차이는 또한 저축과 투자의 차이이기 때문에 저축률이 투자율보다 높은 상태가 유지되는 것이다.

3저호황 때 한국은 그런 불태화를 제대로 시행하지 못했었다. 경상수지가 한꺼번에 대규모로 났을 뿐 아니라, 정책금융의 비중이 너무 커서 시중은행에 대한 여신을 줄이기 어려웠고, 자본시장이 발달하지 못해서 통화안정증권을 시장원리에 따라 파는 것이 아니라 금융기관에 강제로 떠맡기는 식으로 팔았다. 결국 그것도 충분히 할 수 없어서 통화량이 늘고 물가가 오름에 따라 경상수지도 적자로 돌아섰던 것이다. 반면 2000년대에는 경상수지가 GDP에 대한 비율로 보아 상대적으로 규모가 작을 뿐 아니라, 한국은행이 순대외자산 증가의 효과를 불태화할 수 있는 능력을 더 잘 갖추게 되었다. 금융 자유화가 진행되어서 은행들이 경직적으로 대출해 주어야 하는 정책금융의 비율이 떨어졌다. 그때보다 자본시장이 깊고 넓어졌기 때문에 통화안정증권을 팔기도 쉬워졌다.

이렇게 경상수지 흑자 기조가 정착함으로써 외환위기의 가능성이 떨어졌다. 그러나 여기에는 더 고려해야 할 사항이 있다. 경상수지 흑자가 수치로 보는 것만큼 경제의 안정성을 올리는 것은 아니라는 것이다. 그 첫째 이유는 경상수지 흑자를 내어서 외환보유액을 쌓고 있는 것이 자본시장을 개방하고 난 뒤 올라간 위험에 대비하는 "자기보험" 목적이기 때문이다. 둘째 이유는 환율을 높게 유지하면서 "통화정책의 자율성"이 크게 떨어졌다는 것이다. 이 둘은 서로 표리관계에 있다.

이것은 거시경제학에서 말하는 "삼각 딜레마(trilemma)"라는 명제에 비추어 이해할 수 있다. 거시경제학의 삼각 딜레마는 통화정책의 자율성, 자본시장 개방, 고정환율을 동시에 달성할 수 없다는 것이다. 자본시장을 개방한 상태에서 통화정책을 자율적으로 운영하면 이자율이 세계시장의 이자율과 괴리된다. 그렇게 되면 단기자본이 즉각 유출되거나 유입되어서 고정환율을 유지할 수 없게 된다. 따라서 통화정책의 자율성을 유지하면서 고정환율을 유지하고 싶으면 자본시장을 개방하지 말아야 한다. 자본시장 개방을 유지하려면 통화정책의 자율성과 고정환율 중 하나를 포기해야 한다.

역사적으로 볼 때 선진국들은 19세기에 성립한 국제금본위제하에서 고정환율을 유지한 채 자본시장을 개방했기 때문에 통화정책을 자율적으로 쓸 수 없었다. 통화량은 경상수지와 자본 이동에 따른 금의 유출·입에 따라 결정되었다. 제2차 세계대전 후 성립한 브레턴우즈체제하에서는 단기자본 이동을 통제하는 것이 선진국 사이에서 규범이 되었다는 데 대해서는 제3장 제2절에서 언급했다. 그렇게 자본 통제를 하고 고정환율을 유지하면서 통화정책의 자율성을 확보하려 했던 것이다. 1970년대에 브레턴우즈체제가 붕괴되고 난 후 선진국은 자본시장을 개방하면서 변동환율제를 택함으로써 통화정책의 자율성을 확보하려 하고 있다.

한국은 1960~1970년대 브레턴우즈체제하에서 원화를 달러에 페그(peg)시키는 고정환율제를 시행하다가 1980년 복수통화바스켓 제도로 이행했다. 1990년에는 자본시장 개방에 대비해서 시장평균환율제로 이행했다. 그러다가 외환위기 후 자본시장을 전면 개방하면서 자유변동환율제를 채택함으로써 통화정책을 자율적으로 운영할 수 있게 되었다. 그렇게 해서 한국은 공식적으로는 선진국과 같은 체제가 되었다. 그러나 그런 공식적 정책 기조와 현실은 같을 수 없었다. 그것은 바로 자본시장을 개방한 상태에서 외환위기 재발을 막기 위해 경상수지 흑자를 지속적으로 내야 했기 때문이다. 자본시장을 개방한 상태에서 통화정책을 자율적으로 운영하면 자본 유출·입에 따라 환율이 변동하고 그에 따라 경상수지는 흑자와 적자를 반복하게 된다. 한국은 그렇게 되도록 버려둘 수 있는 사정이 못 된다. 환율을 높게 유지해서 경상수지 흑자를 내야 하는 것이다. 따라서 한국 정부는 환율을 높게 유지하기 위해 외환시장에 적극적으로 개입해 왔다. 이처럼 한국은 통화 당국이 외환시장에 적극 개입해서 환율을 높게 유지하고 그 결과 경상수지 흑자를 내고 있다. 따라서 한국은 공식적으로는 자유변동환율제를 채택하고 있지만, 실제로는 오히려 고정환율제에 가까운 심한 "관리변동환율제"를 시행하고 있는 것이다.

한국이 택하고 있는 정책은 사실상 대다수 신흥시장국이 취하고 있는 정책이다. 이들 국가들은 미국의 압력이나 과거 외환위기 때 IMF의 요구로 자본시장을 개방했지만, 해외에서 자국 통화로 자금을 빌릴 능력이 없고 자본 이동이 갑자기 역전되는 데 대응하는 데 있어서 여러 가지 제도적 취약성을 갖고 있기 때문에 외환보유액을 늘릴 수밖에 없다. 더욱이 이들 국가는 과거의 경험으로 보아 외환위기에 봉착했을 때 IMF에 가면 가혹한 조치를 취한다는 것을 알고 있기 때문에 그런 가능성을 피하려고 외환보유액을 늘리는 것이다. 한국 등 동아시아 국가들은 1997년 그런 경험을 뼈저리게 했기 때문에 경상수지 흑자를 내어서 계속 외환보유액을 늘렸고, 그것이 글로벌 불균형을 가져와서 2008년 글로벌 금융위기를 일으키는 조건을 일부 제공했다는 데 대해서는 제4장 제4절에서 살펴보았다.

자본시장을 개방하고 심한 관리변동환율제를 시행하고 있다는 것은 통화정책의 자율성이 크게 제약받고 있다는 것을 의미한다. 즉, 한국은행이 금리를 결정하는 재량권이 국제적 조건에 의해 엄격하게 제약받고 있는 것이다. 한국의 금리가 세계시장의 금리보다 높게 되면 자본 유입으로 환율이 내려가서 경상수지가 악화된다. 한국 금리가 낮아서 자본 유출이 일어나면 환율이 올라가서 경상수지 흑자가 늘어나지만, 환율이 급등할 경우 여러 가지 부작용이 따르기 때문에 결국 금리를 올릴 수밖에 없다. 물론 한국 자산과 해외 자산의 위험도 차이 등으로 금리가 반드시 일치하지는 않지만, 외환위기 전처럼 국내 금리는 두 자릿수인데 이웃 일본 금리는 제로에 가까운 상태 같은 일은 이제 절대로 있을 수 없는 일이 되었다.

그렇게 자본시장을 개방한 채 통화정책의 자율성을 희생해서 경상수지 흑자를 내고 외환보유액을 늘려서 외환위기 재발에 대비하고 있는 것이 지난 20년 동안의 한국 거시경제 운용의 모습이다. 통화정책의 자율성이 제한된다는 것은 경기변동이나 위기에 대처할 능력이 떨어진다는 것을 의미한다. 아직 두드러지게 나타난 예가 없지만, 그로 인해 경제의 안정성이 저해받을 가능성은 항상 있다고 보아야 할 것이다.

제2절 국제투자와 위험 분담

외환위기 후 한국은 국제투자에서 대규모의 순차손을 경험했다. 국제투자에서 순차손은 국민소득 감소다. 제1장에서 언급한 것처럼 그에 대한 경제학자들의 전형적 설명은 외국인 투자자와 위험을 분담한 결과라는 것이다. 즉, 국제투자에서 국민소득 감소를 겪고 있지만, 그것은 한국인의 입장에서 위험을 감소시킨 대가라는 것이다. 이렇게 보면 국제투자는 그 자체로서 저성장-저위험 효과가 있다. 이것이 맞는 설명인가를 따져보는 것이 이 절의 과제다.

국제투자에서 순차손이 발생하는 것은 한국에 국한된 현상이 아니다. 많은 신흥시장국이 그런 모습을 보이고 있다. 신흥시장국은 경상수지 흑자를 지속적으로 내고 있지만 그만큼 순대외자산이 늘지 않는다. 이런 현상과 동전의 양면을 이루는 것은 미국 등 일부 선진국이 경상수지 적자를 지속적으로 내고 있지만 순대외자산은 그만큼 줄지 않는다는 것이다. 즉, 신흥시장국과 미국 등 일부 선진국 사이에 경상수지로 본 글로벌 불균형과 순대외자산 변동으로 본 글로벌 불균형이 서로 괴리하고 있는데, 그 이유는 바로 국제투자에서 거두는 차익의 차이 때문이다. 신흥시장국은 순차손을, 미국 등 선진국은 순차익을 거두고 있는 것이다(Lane and Milesi-Ferretti, 2007).

국제투자에서의 순차익과 순차손은 일단 위험 분담의 결과라고 생각할 근거가 있다. 그것은 자산의 위험도 차이를 보면 알 수 있다. 선진국 투자자는 신흥시장국에서 위험도가 높은 자산을 보유하고 있는 반면, 신흥시장국 투자자는 선진국에서 위험도나 낮은 자산을 보유하고 있다. 우선 같은 자산이라도 신흥시장국 자산이 선진국 자산보다 더 위험하다. 거기에다 선진국 투자자는 신흥시장국에서 위험도가 높은 자산을 보유하고 개도국 투자자는 선진국에서 위험도가 낮은 자산을 보유한다. 그것은 무엇보다 신흥시장국 정부가 외환보유액을 선진국 자산으로 쌓고 있기 때문이다. 외환보유액은 미국의 재무부 증권(Treasury Bill) 같이 유동성 높은 선진국의 안전자산으로 구성되어 있다.

이런 전 세계적 구도에서 한국은 신흥시장국에 속하게 되어서 국제투자에서 대규모 순차손이 발생하고 있는 것이다. 이것은 국제투자의 국가별 구성에서 확인할 수 있다. 한국의 국제투자는 주로 선진국과 이루어지고 있다. 외국인의 대한투자는 주로 선진국 투자자가 해 왔다. 한국인의 해외투자에서도 선진국의 비중이 높다. 거기에다 외환보유액을 넣으면 선진국 비중은 더 올라간다. 외환보유액의 구성은 공개하지 않아서 알 수 없지만, 미국 재무부 증권 등 선진국 자산의 비중이 압도적으로 크다.[1] 거기에다 외환보유액은 자산가격이 미국 달러로 표시되기 때문에 차익이 발생하는 것은 미국 달러와 다른 통화와의 환율 변동이 있을 때뿐이다.

그러나 한국이 그런 전 세계적 구도에서 신흥시장국에 속하게 된 것은 기본적으로 외환위기 이후부터다. 외환위기 전에는 국제투자에서 순차손이 별

1 이것은 국가별 국제투자대조표에서 확인할 수 있다(http://www.ecos.bok.or.kr). 외환보유액까지 감안한 데 대해서는 이제민(2015a) 참조.

로 발생하지 않았는데 위기 후 대규모로 발생하게 된 것이다. 그렇게 해서 국민소득이 감소했는데, 그런 반면 위험 분담을 통해 경제 전체의 위험이 줄었는지가 문제의 핵심이다. 경제학자들의 전형적 설명에 따르면 그래야 한다. 그러나 한국의 경우 실제로 그렇게 되었는지는 따져 보아야 할 문제다.

국제투자에서 이루어진 위험 분담을 통해서 경제 전체의 위험을 줄였다고 볼 수 있는 근거는 세 가지다. 첫째, 외국인 투자자가 고위험-고수익 투자를 해줌으로써 외환위기를 해결하는 데 도움이 되었다는 것이다. 둘째, 선진국의 저위험 자산을 보유함으로써 외환위기를 방지할 수 있다는 것이다. 셋째, 국제투자에서의 위험 분담을 통해서 소득과 소비의 변동성을 줄일 수 있다는 것이다. 아래에서는 이들 근거에 대해 차례로 살펴보기로 한다.

자산 매각-위험 분담? 약탈?

한국은 외환위기가 일어난 후 외국인 투자자에게 자산을 대규모로 매각했다. 제3장 제4절에서 살펴본 것처럼 자산 매각은 외환위기를 극복하는 데 일부 기여했다. 물론 대규모 경상수지 흑자가 난 것이 결정적 요인이었고 자산 매각이 한 역할은 그에 비교할 수 없을 정도로 작았지만, 한국 자산을 외국인 투자자가 구입함으로써 자본 흐름을 되돌려서 외환위기를 극복하는 데 도움이 된 것은 사실이다. 한국의 자산을 산 것은 고위험-고수익을 좇는 투자은행이나 헤지펀드 같은 투기성 외자였다. 이렇게 보면 외환위기를 일으킨 것은 과거식 금융인 은행 간 차입이었는 데 반해, 신자유주의적인 금융 주체인 투기성 외자는 오히려 위기를 해결하는 데 도움을 주었다고 할 수 있다(King, 2001). 그리고 위기 후 자본시장을 즉각 전면적으로 개방했기 때문에 그런 투기성 외자가 제 역할을 할 수 있었다.

그렇게 매각한 자산이 한국 경제가 회복되고 구조조정의 효과가 나타나면서 가격이 크게 올랐다. 위기 직후 치솟았던 환율도 내려갔다. 그렇게 해서 외국인 투자자는 큰 차익을 거둔 반면 한국은 대규모의 순차손이 난 것이다. 이렇게 된 것을 위험 분담 과정이라고 볼 수 있는가? 일단 그렇게 보인다. 한국은 외환위기를 극복함으로써 위험을 결정적으로 낮추었다. 그런 반면 외국인 투자자는 대규모 차익을 거두었다. 그것은 위험과 수익을 교환한 전형적인 "윈-윈(win-win) 거래"다. 즉, 현대 주류 경제학의 기본 명제인 조화로운 "정합게임(positive sum game)" 원칙에 잘 맞는 거래인 것이다.

그러나 조금만 더 들여다보면 그렇지 않다는 것을 알 수 있다. 그것은 우선 많은 자산이 투매(fire sale)를 통해 매각되었기 때문이다. 1997년 외환위기 직후 극심한 불황하에서 한국 등 동아시아 국가들의 많은 자산이 투매를 통해 외국인 손으로 넘어갔다는 것은 제3장 제4절에서 언급했다. 현대 주류 경제학이 투매 같은 문제를 다루는 데는 분명하지 못한 점이 있다. 그것은 주류 경제학이 거래 당사자가 "대안이 없는 절박한 상황에서 한 거래"를 어떻게 다루는지가 분명하지 않기 때문이다. 거래 당사자가 절박한 상태에 몰려 극도로 불리한 조건으로라도 거래를 해야 하는 경우 그것을 통상적인 경제이론에서 말하는 거래 당사자가 서로 이익을 보는 정합게임이라고 볼 수 있는지가 문제인 것이다. 정합게임이라는 조화로운 관계는 "자발적 교환"에 적용되는 개념인데, 투매처럼 한쪽 당사자가 절박한 상황에 몰린 상태에서 이루어진 거래를 자발적 교환으로 볼 수 있는가 하는 문제가 생기는 것이다. 이것은 경제와 윤리 사이를 넘나드는 문제다.

그런 절박한 상황에서라도 거래는 안 하는 것보다 하는 것이 낫고, 그것은 윤리적으로 공정하다는 주장이 있다(Munger, 2011; Guzmán and Munger, 2014). 그런 주장은 일리가 있다. 그것은 한 가지 간단한 예를 들어보면 알 수 있다. 병에 걸려서 수술을 받아야 살 수 있는데 수술비가 없어서 고리대금업자에게서 급전을 빌릴 경우가 그런 예다. 수술을 안 받고 죽는 것보다는 고리대금을 빌려서 수술을 받고 살아서 고리대금업자에게 시달리는 것이 나은 것은 두말할 필요도 없다. 마찬가지로 외환위기 당시 한국 기업이나 금융기관은 투매라도 하는 것이 살아남는 방법이었고, 나라 전체로 보아서도 투매가 외자의 흐름을 되돌리는 데 일부 기여해서 외환위기를 극복하는 데 도움이 되었다. 그러나 그런 상황에서 이루어진 투매를 거래 당사자가 서로 이익을 보는 자발적 교환이라고 볼 수 있는지는 의문이다.

한국의 경우는 이런 개념적인 문제 외에 더 중요한 고려 사항이 있다. 투매의 조건이 되었던 "대안이 없는 절박한 상황"이 순전히 한국 스스로 만든 것이라고 볼 수 없기 때문이다. 제3장에서 살펴본 것처럼 한국의 외환위기는 단순한 유동성 위기였다. 그런 유동성 위기에 빠져든 것은 물로 한국 자신의 잘못이었지만, 자금을 빌려준 채권 은행의 잘못도 있었기 때문에 한국만 잘못했다고 볼 수는 없다. 그러나 누구의 잘못 때문이었던지 간에 그냥 버려두면 유동성 위기가 동아시아 내부에서 해결되었을 터였다. 그런데 미국이 그 문제를 IMF로 끌고 가면서 외환위기가 일어났던 것이다. 미국이 그렇게 한 것은 냉전 후 세계경제체제 재편이라는 전략적 고려 때문이기도 했지만, 그 직접적 요인은 월가와 결탁한 재무부의 이해관계였다. 이들이 IMF를 집행자로 내세워서 "복합체"라고 불린다는 것은 제3장 제2절에서 설명했다.

외환위기 후 다시 돌아와 한국이 투매하는 자산을 사들인 것은 바로 월가를 비롯한 세계금융센터에 포진하고 있는 외국인 투자자들이었다. 그중에는 한국에서 단기자본을 거두어들임으로써 외환위기를 일으킨 바로 그 은행들도 포함되어 있었다. 이들 개별 투자자 입장에서 외환위기 직후 한국이 투매하는 자산을 구입할 때 그것은 고위험-고수익 자산이었을 것이다. 한국의 경제가 회복될지도 불분명하고 회복하더라도 구입한 특정 자산 가격이 오를지도 불확실했다. 그런 위험을 무릅쓰고 투자해야 했기 때문에 그로부터 고수익을 거둔다면 그것은 위험을 분담한 결과일 것이었다. 외자가 그런 고위험-고수익 투자를 하는 과정에서 한국의 투매 자산을 사서 외환위기를 극복하는 데 일부 도움이 되었다. 그러나 처음부터 미국이 개입하지 않았으면 월가를 비롯한 외국인 투자자에게 그런 고위험-고수익 투자를 할 수 있는 기회 자체가 생기지 않았을 것이고, 한국이 자산을 투매해서 외환위기를 극복해야 하는 사태도 일어나지 않았을 것이다. 이런 점에서 외국 자본의 고위험-고수익 투자가 외환위기를 해결하는 데 도움이 되었다고 보는 것은 전체 구도를 보지 않고 지엽적인 면만 본 것이다.

이상의 분석은 외환위기의 성격과 결과의 핵심이 어디에 있는가를 보여준다. 한국을 사실상 외환위기로 몰고 간 미국 재무부와 IMF, 그리고 그로부터 이익을 본 월가는 복합체로서 같은 "내부자"라고 볼 수 있다. 이들은 한국 등 동아시아에서 투매 상황을 만들어서 엄청난 이익을 보았다. 비유하자면 이들 내부자들 중에서 한 사람은 죽을 병을 주고 또 한 사람은 그 수술비를 고리대로 빌려주어서 떼돈을 번 셈이다. 이런 과정 전체를 보았을 때 외환위기 후 외자가 거둔 이익을 한국인의 입장에서 위험과 교환한 결과라고 볼 수는 없다.

투매의 경계선을 어디까지 정해야 하는지는 불분명하다. 외국인에 대한 한국 자산의 매각은 외환위기 직후의 불황이 끝난 후에도 계속되었다. 시중은행 두 개를 외자에 팔라는 IMF의 요구를 이행해야 했을 뿐 아니라, 외환위기를 극복하기 위해서는 외자 유치와 "외국인의 신뢰" 확보가 국가적 급선무로 인식되었기 때문이다. 이런 맥락에서 정부의 요구로 상위 4대 재벌이 108억 2000만 달러에 해당하는 자산을 외국인에게 넘겼다는 것은 제3장 제4절에서 언급했다. 그렇게 외국인이 국내 자산을 인수하는 동안 국내 자본은 큰 역할을 할 수 없었다. 우선 공적 자금을 더 조성했으면 외국인이 인수하는 것을 줄일 수 있었겠지만, 적절한 액수를 적기에 조성하지 못했다. 외국 자본에 대한 또 하나의 대안은 물론 재벌이었다. 재벌은 한국 경제에서 자본이 필요한 영역에서 항상 주도적 역할을 했지만, 이번에는 예외였다. 재벌은 개혁의 주 대상으로서 부채와 자산 규모를 줄이기 위해 자산을 팔아야 하는 입장이었다.

고위험-고수익 투자를 할 수 있는 투자은행 같은 제도도 갖춰져 있지 않았고, 외환위기가 일어난 후 투자은행을 갑자기 육성할 수도 없는 일이었다. 이것은 사모펀드 같은 투자 주체도 마찬가지였다. 외환위기 전 대다수 한국인은 사모펀드가 무엇인지도 몰랐고, 외환위기 후에도 한국의 토종 사모펀드가 출현하는 데는 시간이 걸릴 수밖에 없었다. 연·기금도 있었지만, 연·기금이 고위험-고수익 투자를 한 경험이 많지 않았고, 역시 그런 능력을 갑자기 키울 수도 없는 일이었다. 그렇게 해서 국내 자본은 무능하거나 손이 묶인 상태에서 외국 자본에게 일방적인 활동 무대가 주어진 셈이다. 그 결과 외환위기 후 몇 년 사이에 한국은 자산의 외국인 소유라는 점에서 세계 최하위 수준에서 최상위 수준으로 올라갔다. 그런 급격한 매각 과정에서 투매와 비슷한 거래가 없었는지는 의문이라고 할 수밖에 없다.

물론 외국인이 그런 식으로 한국 자산을 사고 있는 사이에 한국인도 같은 방식의 해외투자를 할 수 있었으면 자산 매각의 효과를 상쇄할 수 있었을 것이다. 자본시장 개방으로 외국인이 한국 자산 매입이 모두 허용된 것처럼 한국인도 외국 자산을 매입할 수 있다. 정부도 그것을 인식하고 정책적 지원을 하려고 했다. 정부는 1999년 12월 우량 해외 유가증권에 대한 투자활성화 방안을 발표했다. 그러나 국내에서도 자산을 팔아야 하는 입장에 있는 한국의 경제주체들이 해외투자를 제대로 할 수 있는 사정은 못 되었다.

제3장에서 살펴본 외환위기의 성격과 이 장에서 지금까지 살펴본 바를 종합하면 1997년 동아시아 외환위기는 복합체는 큰 이익을 본 반면 한국을 비롯한 동아시아 국가는 큰 손실을 본 사건이다. 이것은 통계로 확인할 수 있다. 한국이 비용을 치른 것은 지금까지 살펴본 내용대로다. 그러면 동아시아 외환위기를 계기로 미국을 비롯한 선진국이 이익을 본 것은 통계로 나타나는가? 이것을 알아보기 위해서는 미국이 동아시아 외환위기 이후 국제투자에서 순차익을 더 거두었는지를 살펴볼 수 있다. 즉, 한국에서 외환위기 후 국제투자에서 순차손이 발생하고 있는 사이에 미국이 국제투자에서 거두는 순차익이 늘어났는지를 확인해 볼 수 있는 것이다. 〈그림 5-2〉는 제4장 제3절에 제시된 식 4-(2)에 의거해서 계산한 미국의 국제투자에서의 순차익을 미국의 GDP에 대한 비율로 보여주고 있다. 대비를 위해 한국의 국제투자에서의 순

〈그림 5-2〉 국제투자에서의 순차익: 미국과 한국(GDP에 대한 비율) (단위: %)

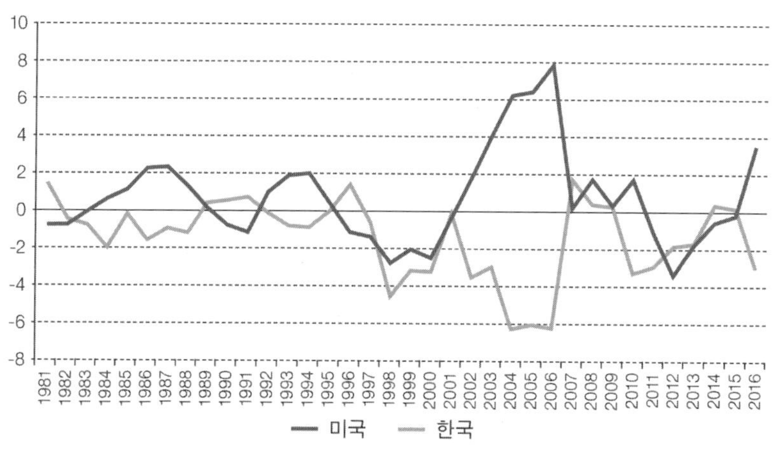

주: 3개년 이동평균임.
자료: 〈부표 6〉.

차익의 한국 GDP에 대한 비율도 같이 제시했다. 둘 다 변동이 심하다는 것을 감안해서 3개년 이동평균을 제시했다.

〈그림 5-2〉는 미국은 국제투자에서 플러스의 순차익을 거두는 나라이고 한국은 마이너스의 순차익, 즉 순차손을 거두는 나라라는 것을 보여준다. 그러한 차이가 1997년 외환위기를 계기로 확대되었다가 2008년 글로벌 금융위기 이후 축소되었다.

미국의 순차익을 보면 동아시아 외환위기를 계기로 늘어났다가 2008년 글로벌 금융위기 이후 줄어들었다. 정확한 계산은 불가능하지만, 대체로 미국의 순차익은 동아시아 외환위기가 일어나기 전 기간인 1981~1997년 사이에 평균 GDP의 0.39%였지만, 동아시아 외환위기가 일어난 후 10년간인 1998년부터 2007년까지 평균 GDP의 2.76%로 올라갔다. 그 후 2008년에 글로벌 금융위기가 일어난 뒤 2017년까지는 평균 GDP의 -0.12% 정도가 되어서 오히려 순차손을 거두었다(〈부표 6〉 참조).

2008년 이후 미국이 국제투자에서 순차손을 거두게 된 이유는 대체로 이렇게 추측된다. 2008년 글로벌 금융위기 자체에서 미국 자산보다 해외 자산의 가격 폭락이 더 심했다. 2008년 한 해에만 미국은 GDP의 13.4%에 달하는 국제투자에서의 순차손을 경험했다(〈부표 6〉 참조). 그런 현상은 2009년에 역전되었지만 그때부터 미국이 적극적으로 양적 완화 정책을 펴고 미국 경기가 상대적으로 빨리 회복됨에 따라 주식을 비롯한 미국 자산 가격이 더 빨리 올랐다. 그것은 신흥시장국보다는 유럽이나 일본 등 선진국과의 관계에서 그렇게 되었을 가능성이 크다. 미국이 지역별로 국제수지표와 국제투자대조표를 작성해서 공표하지 않기 때문에 지역별 순차익 계산을 통해 이것을 확인할 수는 없다. 그러나 장기적으로 미국이 신흥시장국과의 관계에서 순차익을 거두는 것은 당연하다. 2008년 이후 총량 통계로 보아서 국제투자에서 미국이 순차손을 거두고 있더라도 그것이 신흥시장국과의 관계에서 그렇게 되고 있을 가능성은 낮고, 그렇다 하더라도 그것이 지속될 수는 없는 것이다.

여기서 이런 문제를 길게 논할 수는 없다. 중요한 것은 동아시아 외환위기를 계기로 미국이 국제투자에서 대규모 순차익을 거두었고 그것은 한국이 대규모 순차손을 입는 것과 표리관계로 진행되었다는 것이다. 미국이 거둔 순차익 중 실제로 동아시아나 한국으로부터 거둔 부분이 얼마나 되었는지 확인할 방법은 없다. 그러나 한국과 미국 간의 순차손과 순차익이 1997년 이후 10년간 크게 늘었다는 것은 그것이 외환위기 후의 자산 매각 때문이었을 가능성이 높다는 것을 말해 준다. 자산 매각의 효과는 외환위기 후 일정 기간에 걸쳐 집중적으로 나타났을 가능성이 크기 때문이다. 물론 자산 매각 효과가 얼마나 되는지는 정확하게 알 수 없다. 그러나 가정을 해봄으로써 규모를 짐작할 수는 있다. 동아시아 외환위기 전 시기와 그 후 10년을 비교해 보면, 미국은 동아시아 외환위기 전에 비해 그 후 10년간 국제투자에서 연평균 GDP의 2.37(2.76~0.39)%에 해당하는 순차익을 더 거두었다. 그것은 금액으로 2조 7000억 달러가 넘는 어마어마한 금액이다. 물론 그런 금액 모두가 동아시아 외환위기의 결과인지는 알 수 없다. 그리고 그중에서 얼마가 자산 매각의 결과인지도 알 수 없다. 그러나 10년 동안 추가로 발생한 GDP의 2.37% 차익 중에서 GDP의 1%만 자산 매각의 결과라고 하더라도 그 금액은 명목가액으로 1조 달러가 넘는다. 그것도 명목가액으로 보아 그렇고 물가상승을 고려해서 현재의 금액으로 환산하면 규모가 더 늘어날 것이다.

1997년 동아시아 외환위기 후 자산 매각은 그렇게 엄청난 이익을 월가를 비롯한 미국의 투자자들이 거두는 계기가 된 것이다. 그것은 미국의 국민소득 증가이고 한국을 비롯한 동아시아 국가들의 국민소득 감소다.

1997년 동아시아 외환위기가 일어나고 해결되는 과정과 그 후의 결과를 종합하면 복합체가 동아시아에서 대규모 "약탈"을 했다는 결론을 피하기 어렵다. 약탈은 위험 분담이 아니다. 이렇게 보면 외환위기 몇 년 뒤 한국에서 반외자 정서가 나타난 것은 불가피한 일이었다. 오히려 외환위기 직후 국내 경제구조가 그 원인이라는 미국과 IMF의 억지 주장에 한국인 대다수가 동조한 것이 이상했다. 그것은 대다수 한국인이 외환위기의 성격을 모르는 상태에서 일어난 일이었다. 당시 외환위기의 성격을 따져서 선동하는 유력한 정치 지도자가 있었으면 폭동이 일어나도 할 말이 없는 상황이었다는 것은 제3장 제3절에서 설명했다. 이런 점에서 반외자 정서는 포퓰리스트적인 것이 아니라 경제 분석으로 뒷받침할 수 있는 것이다. 그것은 추상적 이론에만 근거해서 국제투자에서 발생한 대규모의 순차손이 위험 분담의 결과라고 보는 것보다 훨씬 더 현실적인 근거가 있다.

다만 이런 결론을 내리는 데는 좀 더 고려해야 할 논점이 남아 있다. 우선 미국이 사실상 동아시아 외환위기를 일으켰을 때 그 결과 월가를 비롯한 외국인 투자자가 대규모 이익을 거둘 것을 알았는지 여부가 논점이 될 수 있다. 그것을 알았다면 복합체가 외환위기를 일으키고 그로부터 이익을 본 과정이 "짜인 각본"이 된다. 실제로 그렇게 주장하는 학자가 있다. 예컨대 로버트 웨이드(Robert Wade)는 1997년 동아시아 외환위기 직후 그것이 일어나고 해결되는 과정을 설명한 다음 동아시아 외환위기의 결과 "지난 50년간 평화 시로서는 최대 규모의 국제적 자산 이전이 발생할 것"이라고 주장했다 (Wade, 1998: 1547).

복합체가 그런 이익을 미리 알았는지는 알 수 없다. 그러나 미리 알지는 못했더라도 자본시장 개방 자체를 목표로 삼은 것은 분명하다. 이익이 날지를 사전적으로 모르더라도 시장을 개방해서 투자 대상의 규모와 다양성을 확보하는 것은 월가를 비롯한 모든 투자자들의 관심사다. 그것은 모든 시장개방의 논리다. 복합체의 존재와 행태를 지적해온 대부분 경제학자들은 이러한 입장이라고 생각된다. 즉, 미국 재무부와 월가는 한국 등 동아시아 국가의 자본시장을 개방한 결과 이익을 거둘 수 있다는 "확신"은 없었지만, 그럴 "가능성"은 있다고 생각했다고 보아야 할 것이다. 미국은 그런 가능성을 기대하고 동아시아 국가들을 외환위기로 몰고 갔고, 그 결과 막대한 이익을 얻을 수 있었던 것이다.

또 한 가지 고려할 사항은 외자의 이익이 단선적이지 않다는 것이다. 외환위기 전부터 한국에 투자하고 있던 외국인은 외환위기로 인해 큰 손실을 보았을 것이다. 그중 일부는 손실을 본 채 한국을 떠났을 것이고, 일부는 한국 자산을 그대로 가지고 있거나 외환위기 후 추가로 매입하여 이익을 보았을 것이다. 외환위기 국면이 끝난 다음에도 개별적으로는 이익을 본 투자자와 손실을 본 투자자가 있을 것이다. 그런 점에서 복잡한 손익을 모두 묶어서 복합체의 이해관계라고 규정하는 것은 문제가 있을 수 있다. 그러나 그런 개인적 차이는 무시해도 좋을 것이다. 왜냐하면 모든 이익집단이 그런 문제가 있듯이 복합체도 그런 문제에서 자유로울 수는 없을 것이기 때문이다.

그다음 고려할 사항은 미국이 한국 자본시장 개방을 주도했지만, 그 결과 반드시 월가를 비롯한 미국 자본만 이익을 본 것은 아니라는 것이다. 영국의 시티(City)를 비롯한 유럽이나 기타 지역에 위치하고 있는 국제금융센터의 자본들도 같이 이익을 보았을 것이다. 그러나 이것 역시 별 문제가 될 수 없다.

제2차 세계대전 이후 미국은 헤게모니 국가이고 자본시장 개방 요구는 1980년대 이후 미국이 헤게모니를 행사하는 새로운 방식이었다. 헤게모니 국가는 자신의 영향력 행사로 그 동맹세력이 같이 이익을 보는 것을 막을 수 없다.

또 하나 유의할 점은 외환위기 전과 후를 나누어 비교하더라도 그것을 외환위기의 결과로만 해석할 수는 없다는 것이다. 한국은 OECD 가입 이전부터 자본시장이 일부 열려 있었고 주식시장은 외환위기 전 15%까지 외국인 소유가 허용되어 있었다. 그런 상태에서 국내 금융위기가 일어났기 때문에 일부 도산 기업이나 금융기관을 외국인에게 매각하는 것이 불가피했을 것이다. 따라서 국제투자에서의 비용은 외환위기 전부터 진행된 자본시장 개방 전반의 결과라고 파악해야 할 것이다.

마지막으로 분명히 할 점은 〈그림 5-2〉에 제시된 한국의 순차손은 외환위기의 결과이기는 하지만 그 전부가 외환위기 후 자산을 대거 매각한 결과는 아니라는 것이다. 외환위기 후의 구조조정과 자산 매각이 끝나고 난 다음에도 외국인의 대한투자는 계속되었다. 한국인도 해외투자를 재개했다. 〈그림 5-2〉에 나타난 한국의 순차손은 그런 거래의 결과도 포함하고 있을 것이다. 이에 대해서는 두 가지 설명이 있을 수 있다. 하나는 "투자 능력"의 차이다. 한국에 투자한 외국인 투자자가 해외에 투자한 한국인보다 고위험-고수익 투자를 할 수 있는 능력이 우월하다는 것이다. 이 문제에 대해서는 제4절에서 살펴볼 것이다. 또 하나 설명은 한국이 수익률이 낮은 자산을 보유함으로써 "보험"을 들고 있다는 것이다. 우선 외환위기를 방지하기 위해 외환보유액을 쌓고 있는 것이 바로 그렇게 볼 수 있다. 그다음 보험 기능은 국제투자가 경기변동을 완화해 준다는 것이다. 아래에서는 이 문제에 대해 차례로 살펴본다.

자기보험과 경기변동 완화

외환위기 후 20년간 한국은 자본시장을 개방한 채 외환보유액을 늘려서 외환위기 재발에 대비하고 있다는 데 대해서는 제1절에서 설명했다. 자본 유입이 갑자기 중단되거나 예상하지 못한 유출이 일어나면 외환위기가 재발할 수 있다. 한국은 그런 가능성에 대비한 "자기보험(self-insurance)" 목적으로 외환보유액을 늘리고 있는 것이다. 외환보유액은 미국 재무부 증권 같이 수익률이 낮고 유동성이 높은 단기자산으로 구성되어 있다. 따라서 외환보유액에서 거두는 투자수익률은 외국인이 대한투자에서 거두는 투자수익률보다 낮을 수밖에 없다. 그리고 그것이 국제투자에서 순차손이 발생하는 메커니즘이다.[2]

한국은 외환위기의 가능성을 낮추기 위해 국제투자에서의 순차손을 감수하고 있다. 그것은 위험과 수익을 교환하는 것으로 보인다. 그러나 이것은 자본시장 개방을 "주어진 조건"으로 보았을 때 성립하는 논리다. 자본시장을 주어진 조건으로 보지 않으면 순차손을 위험 감소와 교환한다는 논리가 성립하지 않는다. 자본시장을 개방하고 그에 따라 단기자본이 갑자기 빠져나갈 가능성이 올라간 데 대비한 "자기보험" 목적으로 외환보유액을 늘렸기 때문이다. 자본시장을 개방하고 자기보험 목적으로 외환보유액을 늘렸기 때문에, 자본시장을 개방하지 않았을 경우에 비하면 위험도 올라가고 순차손도 발생했을 가능성이 있다. 비유하자면 교통사고 위험이 올라갔기 때문에 그에 대비해서 더 비싼 보험을 든 것과 마찬가지로서, 교통사고 위험이 올라가지 않았을 경우와 비교하면 보험료도 더 내고 위험도 더 커졌을 가능성이 있는 것과 같은 것이다.

실제로 한국이 외환위기 후 자본시장을 개방하고 자기보험 목적으로 외환

2 여기서 순차손이 아니라 외국인의 대한투자와 한국인의 해외투자에 대해 투자수익률을 계산해 볼 수 있다. 이것은 파생상품을 제외한 투자에 대해서 가능하다(파생상품에 대한 계산이 불가능한 이유는 제4장 주 27 참조). 투자수익률은 차익과 투자소득을 합치고 그것을 투자 잔액으로 나누어서 구할 수 있다. 필자는 자료가 이용 가능한 연도인 2002년부터 2012년까지 외환보유액의 평균투자수익률과 외국인 대한투자의 평균투자수익률을 계산해 보았는데, 전자는 4.7%, 후자는 9.0%였다(이제민, 2015b).

보유액을 쌓은 것이 자본시장을 개방하지 않았을 경우에 비해 위험도 올라가고 순차손도 발생했는가? 자본시장을 개방하더라도 외환보유액을 무한정 쌓으면 자본시장을 개방하지 않았을 때보다 외환위기 가능성이 떨어진다. 무한정은 아니더라도 어느 수준 이상을 쌓으면 외환위기 가능성이 자본시장을 개방하지 않았을 때보다 떨어질 수 있다. 따라서 자본시장을 개방하고서도 자본시장을 개방하지 않았을 때와 비교해서 외환위기의 가능성이 같아지는 외환보유액의 양이 있을 것이다. 외환위기 후 한국이 쌓아온 외환보유액이 그런 규모에 미달한다면, 자본시장을 개방하지 않았을 경우에 비해 제4장 제3절에서 분석한 만큼 순차손이 발생하면서 외환위기 위험도 올라갔을 것이다. 즉, 제4절 제3절에서 분석한 순차손은 한국이 외환위기 후 자본시장을 개방하고 자기보험 목적으로 외환보유액을 쌓음으로써 치른 비용을 과소평가하는 셈이 된다. 반면 외환보유액이 그런 수준을 초과한다면, 순차손은 위험 감소로 일부 상쇄될 것이다.

한국이 외환위기 후 쌓은 외환보유액이 어느 규모였는지에 대한 엄밀한 분석은 불가능하다. 그러나 2007년까지 외환보유액을 쌓은 것이 충분하지 않았다는 것은 2008년 글로벌 금융위기 당시 외환위기가 또 일어났다는 데서 드러났다. 당시 외환위기가 1997년보다 쉽게 해결되었다는 것이 그에 대한 반증은 못 된다. 그렇게 된 데는 미국 연방준비위원회가 한국은행에게 통화스왑(currency swap)을 열어준 것이 큰 도움이 되었는데, 그것은 한국이 자기보험을 들었기 때문이 아니라, 미국의 "재량적 판단"에 힘입은 것이었다. 그 재량적 판단이 어떻게 되는지에 대해 한국이 할 수 있는 일은 없다. 그런 재량적 판단에 위기의 해결을 맡기는 것은 당연히 큰 위험이다(이에 대해서는 제3절에서 다시 살펴본다).

2008년 위기 이후 한국은 여전히 자본시장을 개방한 채 더 많은 외환보유액을 쌓고 있다. 그 결과 자본시장을 개방하지 않았을 때보다 외환위기 가능성이 떨어졌는지는 알 방법이 없다. 그것은 자본시장을 개방한 상태에서는 예상치 못하는 이유로 외환위기가 일어나곤 하기 때문이다. 자본시장을 개방한 상태에서 외환위기가 일어나는 원인은 사전에 알려지기보다 사후적으로 판명되곤 했다. 한국의 경우도 사전적 인지와 사후적 판단은 달랐다. 한국은 2008년 글로벌 금융위기 당시 외환보유액의 보유 규칙으로 간주되었던 "귀도티-그린스펀 규칙"에 비추어 충분한 외환보유액을 가지고 있었지만, 막상 위기가 터지자 그것으로는 부족했다. 그 외에도 사후적으로 인지한 원인이 여럿 있었다. 그런 위험이 2009년 이후에도 없다고 할 수는 없다.

국제투자가 해 주는 그다음 보험 기능은 자산 구성이 다름으로써 경기변동을 완화해 주는 효과다. 이것은 신흥시장국이 선진국과의 관계에서 얻을 수 있는 보험 효과다. 선진국은 신흥시장국에서 고위험-고수익 자산에 투자하고, 신흥시장국은 선진국의 저위험-저수익 자산에 투자하고 있다(그중에는 물론 외환보유액도 포함된다). 세계경제가 호황일 때는 신흥시장국에서 보유한 고위험-고수익 자산의 가격이 더 많이 올라서 선진국은 순차익을 올리는 반면, 신흥시장국은 순차손을 거두게 된다. 반면 세계경제가 불황일 때는 선진국이 신흥시장국에서 보유한 고위험-고수익 자산의 가격이 더 많이 내려서 순차손을 거두는 반면, 신흥시장국은 순차익을 거두게 된다. 미국 등 선진국에서는 GDP의 동향과 순차익이 같은 방향으로 움직이는 데 반해, 신흥시장국에서는 GDP와 순차익이 다른 방향으로 움직이는 것이다. 따라서 선진국이 신흥시장국에게 보험자 역할을 하고, 신흥시장국은 국제투자를 통해 "경기변동에 대한 보험"을 들 수 있다. 특히 신흥시장국에서는 경기변동이 심하기 때문에 그런 효과가 가져다주는 후생 증가가 클 것이다(Gourinchas et al., 2010, 2012).

이런 구도에서 한국도 물론 신흥시장국에 속한다. 한국은 외환보유액처럼 경기변동에 영향을 많이 받지 않는 선진국의 저위험-저수익 자산을 많이 들고 있다. 같은 자산이라도 한국 자산 자체가 선진국 자산보다 더 위험하다. 한국은 안보가 불안하고 사회도 선진국만큼 안정적이지 못하다. 한국은 수출의존도가 높은 나라인데, 생산과 수출은 반도체, 전자기기, 선박, 자동차 석유화학

철강 등 일부 품목에 집중되어 있다. 이 제품들은 세계 경기에 민감하다.[3] 외환위기 후 대규모 순차손이 발생했지만 그 순차손이 호황기에 집중적으로 발생해서 국내 경기와 같은 방향으로 움직인다면 순차손이 국민소득을 줄이는 효과를 상쇄해줄 수 있을 것이다.

국제투자에서의 순차익과 순차손이 경기변동을 완화해 주는 데 대한 실증적 연구는 세계적으로도 아직 시작 단계로서, 기존 연구도 엄밀한 모델을 세워서 추정한 것이 아니다(Bracke and Schmitz, 2011; Balli et al., 2012). 한국에서 국제투자에서의 순차익 변동이 국내 경기변동과 어떤 관계를 갖는가에 대한 연구는 필자의 분석(이제민, 2015a)이 유일한데, 가장 간단하게 GDP와 순차익의 상관계수(correlation coefficient)를 계산한 것이다. 여기서는 필자가 사용한 자료를 앞뒤로 연장해서 GDP와 순차익의 상관계수를 계산해 보기로 한다. 그 상관계수가 유의한 마이너스라면 국제투자에서의 순차익과 손차손이 경기변동을 완화하는 효과가 있다고 볼 수 있다.

국제투자의 순차익 자료는 1994년 이전에 대해서는 연도별 자료만 구할 수 있고, 1995년 이후에 대해서는 연도별 자료와 분기별 자료를 모두 구할 수 있다. 분석 대상 기간을 정하는 데 있어 외환위기 전 시기는 표본 수 때문에 연도별 자료에서만 가능한데 1981년부터 1996년까지로 잡는다. 외환위기 후 시기는 연도별 자료와 분기별 자료가 모두 이용 가능하다. 연도별 자료에서 외환위기 후 시기는 1998년부터 2017년까지로 잡는다. 분기별 자료에서 외환위기 이후 시기는 1997년 4사분기부터 2018년 1사분기까지다. 다만 외환위기

3 교과서식으로 볼 때 한국 자산이 위험한데 외국인 투자가 이루어지면 위험 분담을 통해 자원 배분을 더 잘 할 수 있게 된다. 그 결과는 GDP로 표시한 경제성장률 상승이나 경제의 안정성 제고로 나타날 것이다. 그런데 외환위기 경제성장률은 분명히 떨어졌지만, 자본시장 개방이 국내 개혁과 패키지로 이루어져서 자본시장 개방의 효과만을 분리하기가 불가능하다. 따라서 여기서는 국제투자에서의 소득 감소와 안정성 효과만을 비교하기로 한다. 그러나 현 시점에서 정책을 논할 때는 계산이 달라야 할 것이다. 이에 대해서는 제7장에서 언급한다.

〈표 5-1〉 국제투자에서의 순차익과 국내총생산의 상관계수

연간 자료		
기간	표본 수	상관계수
1981~1996	16	0.0221
1998~2017	20	-0.0674
1999~2017	19	-0.0719
2000~2017	18	-0.1328
2003~2017	15	-0.0234
분기별 자료		
기간	표본 수	상관계수
1997.4~2018.1	82	-0.0241
1999.1~2018.1	77	-0.0095
2000.1~2018.1	73	-0.0395
2001.4~2018.1	66	0.0357
2003.1~2018.1	61	0.0209

후 시기의 분석에서는 투매가 이루어졌다고 생각되는 시기를 제외한 분석도 해 보기로 한다. 투매가 이루어졌다고 생각되는 시기를 제외하는 이유는 투매는 위험과 수익을 교환하는 정상적 거래가 아니기 때문이다. 투매가 언제 끝났는지는 불분명하기 때문에 여러 시점을 사용해본다. 극도의 불황을 겪었던 1998년 말, 정부가 재벌기업들에게 외자에 자산 매각을 요구해서 재벌기업들이 그 결과를 보고한 1999년 말, IMF 구제금융을 졸업한 2001년 8월, 정부가 외국인의 신뢰 회복을 지상 과제로 내세우던 기간이 끝난 2002년 말 등이 그런 시점이다. 그에 맞추어 연도별 자료와 분기별 자료의 시기를 설정해서 분석한 결과는 〈표 5-1〉에 제시되어 있다. 어떤 표본을 사용해도 GDP와 국제투자에서의 순차익 간에 유의한 마이너스 상관관계는 나타나지 않는다. 국제투자에서의 순차익이나 순차손이 국내 경기변동을 완화해 주는 효과는 없는 것이다. 따라서 외환위기 후 대규모로 발생한 순차손이 경기변동을 완화하는 효과로 상쇄된다고 볼 수는 없다.

지금까지 이 절에서 살펴본 바를 요약하면 이렇게 된다. 한국은 외환위기 후 국제투자에서 대규모의 순차손을 경험했다. 그것은 국민소득 감소다. 그에 대한 경제학자들의 전형적인 설명은 외국인 투자자와 위험을 분담한 결과라는 것이다. 그러나 그 실제 내용을 들여다보면 위험을 분담한 결과라고 보

기 어렵다. 외환위기 후의 대규모 자산 매각은 사실상 "약탈"을 당한 것이었다. 외환위기 재발을 막기 위해 자기보험으로서 외환보유액을 쌓고 있지만, 그것은 자본시장 전면 개방을 기정사실로 보았을 때 성립하는 이야기다. 외환보유액을 포함한 한국의 해외투자와 외국인의 대한 투자의 자산 내용이 다름으로써 경기변동을 완화시켜 주는 효과도 확인되지 않는다. 결국 한국은 외환위기 후 국제투자에서 국민소득 감소를 겪으면서 그를 통해 위험을 별로 줄이지 못하거나 오히려 늘리고 있는 것이다. 그것을 무엇보다 잘 나타내주는 것은 2008년에 외환위기가 재발했다는 사실이다.

제3절 2008년 위기

한국은 2008년 글로벌 금융위기 때 또 한 번 외환위기가 일어났다. 지난 20년간 한국에서는 1997년 위기만 외환위기로 취급하고 2008년 위기는 외환위기로 취급하지 않는 경향이 있다. 그러나 외환시장의 동향을 보면 2008년에도 외환위기가 일어났다고 할 수 있다. 외환시장의 동향으로 보아 외환위기가 일어났는지 여부를 판단하는 데는 예컨대 제프리 프랑켈(Jeffrey Frankel)과 앤드류 로즈(Andrew Rose)가 제시한 기준이 있다. 프랑켈과 로즈는 신흥시장국에 대한 연구를 통해 통화가치가 25% 이상 하락하고 해당 연도의 통화가치 절하율(환율 상승률)이 전년의 절하율을 10%포인트 상회하는 경우 외환위기가 발생한 것으로 봐야 한다고 주장한 바 있다(Frankel and Rose, 1996). 이 기준에 비추어 보면 한국은 2008년 10월부터 2009년 4월까지 외환위기를 경험했다. 위기를 한국 자신의 힘으로 해결하지 못하고 미국 등 외국의 도움을 받아 해결한 것도 외환위기라고 부를 수 있는 이유다.

2008년 한국이 외환위기를 맞은 것은 글로벌 금융위기가 터지자 한국에 들어와 있던 외국인 투자 자금이 일거에 빠져나갔기 때문이다. 국제자본 이동의 역설은 위기의 진원지가 미국이었는데도 불구하고 막상 위기가 일어나자 자금이 미국을 비롯한 선진국으로 급속히 되돌아갔던 것이다. 미국 등 선진국 투자자가 자국 내에서 유동성 위기를 맞아 회수하기도 하고, 직접 그런 상황에 처하지 않은 투자자도 위기가 일어나자 안전자산을 선호하느라 신흥시장국으로부터 자금을 회수했다. 그렇게 자금의 흐름이 갑자기 역전된 결과 그에 대응하는 장치가 잘 안 되어 있는 일부 신흥시장국들은 외환위기를 맞게 되었다. 한국도 바로 그런 경우다.

한국으로부터 단기자금이 대거 빠져나가게 된 이유는 외환위기 후 자본시장을 전면 개방해서 외국인 투자자금이 들어와 있었기 때문이다. 한국은 1997년 외환위기 이후 자본시장을 전면 개방한 결과 외국인 투자자에게 "현금 인출기" 같은 위치가 되었다. 외국인 투자자는 글로벌 금융위기가 일어나자 한국에 투자했던 주식, 채권 등 유동성 자산을 대거 팔았다. 그렇게 해서 환율이 급등하자 국내 기업과 은행의 대차대조표가 악화되고 키코(KIKO)의 예에서 보는 것처럼 복잡하게 얽힌 파생상품 시장에서 문제가 생겨서 많은 기업의 재무 상태가 악화되었다. 기업의 재무 상태가 악화되면 자금을 빼가려는 유인이 더 커져서 자본 유출은 가속된다.

이렇게 보면 1990년대 이후 2008년까지의 미국은 국내 금융시스템을 잘못 관리하면서 그로 인한 파급효과가 다른 나라에 미치는 체제를 만든 셈이다. 국내에서 금융 안정을 위한 규제를 철폐해서 위기에 취약한 시스템을 만드는 한편으로 다른 나라들에게 자본시장 개방을 줄기차게 요구해서 자국 자본시장과 얽히게 만들었던 것이다. 한국 등 동아시아 국가들의 경우에는 자본시장 개방 요구를 잘 안 들어주자 1997년 사실상 외환위기를 일으키기도 했다. 그런 상태에서 미국이 자국의 금융시스템을 잘못 운영한 결과 국내에서 대규모 위기가 일어났고, 그것이 아무런 차단장치 없이 다른 나라에 파급되었다. 그 결과 한국 같은 신흥시장국이 외환위기에 당면하게 되었던 것이다.

그러나 모든 신흥시장국에서 외환위기가 일어난 것은 아니다. 세계금융시장이 불안하더라도 국내 경제구조가 취약한 나라가 더 외환위기가 잘 일어난다는 것은 1997년에 이어 2008년에도 타당한 이야기다. 한국은 또다시 그런 나라에 속했다. 거기에다 놀랍게도 2008년 위기가 일어나는 과정이 1997년 위기를 답습했다. 은행이 단기외채를 갚지 못하는 사태가 또 일어났던 것이다. 2008년 외환위기가 일어난 결정적 요인은 주식이나 채권 투자 자금이 빠져나간 것이 아니고 은행이 단기외채를 갚지 못한 것이었다. 한국은 외환위기를 겪고 10년 이상 경과하면서도 같은 문제를 고치지 못했다. 그렇게 "비싼 수업료를 내고도 배운 것이 없었기" 때문에 외환위기가 재발한 것이다.

그러나 이것은 뒤집어서 볼 수도 있다. 이 문제는 제3장 제4절에서 살펴본 외환위기 후 개혁과 자본시장 개방 간의 관계라는 문제로 되돌아가는 것이다. 1997년 당시 이미 그런 사태가 일어날 것을 예상할 수 있었는데도 미국과 IMF는 자본시장을 즉각 전면적으로 개방하라고 요구했던 것이다. 1997년 외환위기 이전에 "개혁"과 "개방"의 순서가 잘못되어서 1997년 외환위기가 일어났는데, 그것을 해결하면서 그 순서가 잘못된 것을 제도화했기 때문에 2008년에 위기가 재발한 것이다.

자본시장을 개방하면서 외환위기를 방지하려면 은행을 비롯한 민간 경제주체의 위험관리 능력과 금융 당국의 감독 능력이 전제되어야 한다. 그것이 선진국에서도 어렵다는 것은 2008년 글로벌 금융위기에서 극명하게 드러났다. 한국 같은 나라에서 그것이 어렵다는 것은 두말할 필요도 없다. 한국은 경제발전 과정에서 산업을 위해 금융을 희생시켜온 결과 금융이 매우 후진 부문이기 때문이다. 조건이 미비한 상태에서 자본시장을 개방하면 예상치 못한 이유로 외환위기가 일어난다. 외환위기가 일어나는 원인은 사전에 알려지기보다 사후적으로 판명되곤 해 왔다(Rodrik and Subramanian, 2009). 2008년 한국의 외환위기도 그런 경우였다.

위기의 원인

2008년 위기가 일어나는 데는 우선 은행의 "외형 경쟁"이 중요 요인으로 작용했다. 외형 경쟁을 하면서 위험관리가 뒷전으로 밀린 것이다. 외환위기 후 구조 개혁의 일환으로 은행의 위험관리 능력을 키우려고 했다는 것은 제3장 제4절에서 언급했다. 그에 따라 은행이 위험관리 노력을 한 것은 사실이다. 그러나 위험관리는 시간이 가면서 외형 경쟁에 눌려서 우선순위를 잃어버리게 되었다.

외형 경쟁은 자산 규모를 키워서 다른 은행을 앞서려는 경쟁이다. 은행은 영업을 잘하면 수신과 여신이 늘어서 외형이 커진다. 그러나 외환위기 후 한국의 은행이 외형 경쟁을 하게 된 데는 그런 교과서적인 얘기와는 다른 사정이 있었다. 그것은 구조 개혁과 밀접한 관련이 있다. 외환위기 직후 금융 구조조정 과정에서 정부 주도로 인수합병이 대규모로 이루어졌다. 그 뒤에 금융기관을 대형화·겸업화·국제화한다는 방침이 정해졌다. 그런 구도에서 은행 주도로 상대적으로 건전한 금융기관이 취약한 금융기관을 인수합병하는 게임이 벌어졌다. 한 은행이 인수합병에 성공하면 그 은행의 총자산이 늘어나면서 은행 순위가 바뀌고, 그러면 규모에서 순위가 밀린 은행은 그 위치를 만회하기 위해 다른 금융기관을 인수했다. 외환위기 후 은행을 시장경제 원리에 따라 경영한다는 목표로 민간 증권회사나 외국은행 국내 지점에 근무하던 사람들을 은행의 최고경영자로 임명했는데, 이들은 전통적 은행 경영자에 비해 인수합병 게임에서 더 공격적이었다.

외형 경쟁은 인수합병뿐 아니라 대출에서도 이루어졌다. 대출에서 외형 경쟁이 심화되면서 은행의 수익성의 바탕인 예대금리차, 즉 예금과 대출의 금리 차이가 축소되었다. 은행의 평균예대금리차(신규취급액 기준)는 2003년 12월 2.08%에서 2007년 12월 1.24%로 떨어졌다.[4] 이런 점에서 외환위기 후 금융 구조 개혁은 모순된 모습을 드러냈다. 은행들이 과거에 이윤보다 성장 위주 경영을 하는 재벌기업을 지원하다 부실채권을 안게 되어서 대규모 구조조정을 했다. 구조조정 후 은행은 그런 행태를 그 중단하고 수익 위주의 경영을 할 것으로 기대되었다. 처음에는 그런 모습이 나타나기도 했지만 뒤이어 외형 확대가 중요 경영 목표가 되었다. 은행 자신이 외환위기 전 재벌기업의 경영 행태를 닮아간 것이다. 그 과정에서 가계대출이 급증했다. 가계대출은 기업대출에 비해 수익을 올리는 경영 목표에 맞았지만, 외형 확대에도 불리한 것은 아니었다. 당연히 가계대출에서 치열한 외형 경쟁이 벌어졌다.

그런 한편 은행의 예대율, 즉 총예수금에 대한 총대출금의 비율이 급격히 올라갔다. 은행의 예대율은 2004년에 평균 100%를 넘어섰고, 2007년 말에는 135.5%에 달했다(김학렬, 2014: 125). 예대율이 100%보다 높다는 것은 은행이 예금 이외의 다른 방법으로 대출 재원을 조달했다는 것을 의미한다. 은행은 양도성예금증서(CD)를 판매하거나 은행채권을 발행했다. 은행의 입장에서 CD와 채권 같은 "시장성 수신"은 더 위험도가 높다. 시장의 상황이 나빠질 경우 예금보험제도에 의해 보호되는 예금과 달리 CD나 은행채는 현금으로 인출될 확률이 높기 때문이다. 은행이 그렇게 시장성 수신 비율을 올릴 수 있었던 것은 1998년 11월 예대율 규제가 철폐되었기 때문이다.

예대금리차가 축소되고 예대율이 올라감에 따라 은행 경영의 건전성이 위협받게 되었다. 여기서 주목할 점은 외국인이 은행을 소유한 데 따른 결과다. 외국인이 직접 경영권을 장악한 은행은 외형 경쟁에 끼지 않았다. 한편 외국인의 포트폴리오 투자만으로는 은행 경영진의 그런 행태를 제어하지 못했다. 외환위기 후 개혁에도 불구하고 주주가 목소리를 낼 수 있는 장치는 아직 턱없이 부족했다. 거기에다 아마도 대형화가 시장지배력을 올려서 주가에 불리하게 작용하지만은 않는 것도 작용했을 것이다.

2000년대 은행들의 외형 경쟁은 외환위기 전 기업의 성장 위주 경영처럼

---

4 한국은행『연차보고서』각 호.

채무의 상환 능력이 의심스러운 상태까지 이르지는 않았다. 그러나 유동성 문제는 달랐다. 그리고 유동성 문제가 외화 유동성 쪽에서 만들어진다면 바로 외환위기를 일으키게 된다. 실제로 은행들이 외형 경쟁을 하는 과정에서 단기외채를 대규모로 지게 된 것이 2008년에 외환위기를 일으켰다. 은행이 단기외채를 지게 된 경로는 두 가지였다. 하나는 외화선물환 매입이었고 또 하나는 외화대출이었다.[5]

은행이 외화선물환을 매입하게 된 것은 기업이나 가계 쪽에서 오는 수요에 부응한 것이었다. 그중 기업 수요는 한국의 수출 구조와 관련이 있다. 한국의 수출은 중화학공업이 주종을 이루는데, 이 산업은 계약을 수주하는 시점과 생산물을 인도하고 대금을 수령하는 시점 간에 차이가 있는 경우가 많다. 그중에서도 조선산업이 두드러진다. 조선업체가 선박 건조 주문을 받아 계약을 한 후 선박을 만들어 인도하기까지 3년 정도가 걸린다. 따라서 이 기간에 환율이 변동한다면 조선업체는 그에 따른 위험을 안아야 한다. 수주 계약은 달러 등 외화로 이루어지는데, 원화의 달러환율이 3년 뒤에 달라진다면 원화로 계산한 수주대금이 달라져 이익이나 손실을 입을 것이었다. 따라서 국내 조선업체들은 선박 수주를 받는 즉시 수주 금액만큼 선물환을 매도함으로써 환위험을 헤지하려고 했다. 선물환 거래는 매매계약 체결일로부터 미래의 특정 시점에 계약 당시 체결한 환율로 외환을 인도하고 원화를 받을 것을 약정하는 거래다.

조선업체가 그런 목적으로 사용하고자 하는 선물환 시장이 있고 조선업체가 그 시장에 쉽게 접근할 수 있었으면 선물환 거래가 은행의 외채 증가로 이어지는 일은 없었을 것이다. 그러나 현실은 그렇지 못했다. 선물환을 팔려는 공급자는 많은데 선물환을 사려는 수요자가 부족하거나 아예 없는 실정이었

5 외화선물환 매입과 외화대출 증가에 대한 설명은 김학렬(2014)에서 주로 발췌하고 Chung and Kim(2012), Koh(2010) 등의 내용으로 보완한 뒤 필자 나름대로 정리한 것이다.

다. 여기에 외형 경쟁을 하고 있던 은행이 끼어들게 되었다. 은행은 조선업체의 선물환을 매입해 주었다. 그런 다음 은행이 선물환을 사려는 수요자를 찾아냈으면 문제가 없었을 것이다. 그러나 은행도 수요자를 찾아낼 수 없는 것은 마찬가지였다. 그 결과 은행은 선물환을 매입한 만큼 단기외채를 지게 되었다.

은행이 그렇게 할 수 있었던 것은 1997년 외환위기 후 은행의 선물환 매입과 관련된 외환포지션 관리에 대한 규제가 완화되었기 때문이다. 외환포지션 관리에 대한 규제는 개별 은행의 건전 경영을 유도하기 위해 외화자산과 외화부채를 대체로 일치시키도록 하는 규제다. 외화자산을 너무 많이 갖거나 적게 가지고 있으면 환율이 급변할 때 큰 손실을 입을 수 있기 때문이다. 외환포지션 관리에 선물환 거래 결과도 포함하도록 하고 있다. 당장은 아니지만 미래의 어느 시점에 외환자산 또는 부채 증가를 가져올 수 있기 때문이다.

1997년 외환위기 이전에는 은행이 선물환을 매입할 경우 외환포지션 조정을 위해 동일한 금액의 선물환을 매도하도록 규정했다. 그러나 1998년 7월 외환포지션을 총액으로만 맞추면 되는 식으로 바뀌었다. 그 결과 은행이 선물환을 매입할 경우 선물환을 매도하지 않고 외화부채를 늘림으로써 외환포지션 조정을 할 수 있게 되었다. 따라서 은행들은 선물환을 매입하면서 해외차입을 하게 된 것이다. 은행이 그렇게 차입한 외화자금으로 국내에서 외화대출을 할 경우 외화자산이 증가해서 다시 외환포지션을 조정해야 하므로 은행은 차입한 외화자금을 외환시장에서 원화로 바꿈으로써 포지션 조정을 마쳤다. 원화로 대출해서 이자를 받아 외화대출금의 이자를 갚을 수 있었다.

은행들이 선물환 매입을 확대하려고 한 이유는 선물환 매입이 외형 확대에 도움이 되었기 때문이다. 선물환 매입에 상응한 외환포지션 조정을 위해 해외에서 자금을 차입했고, 그 자금을 외환시장에서 원화로 바꾸어 원화자금을 확보할 수 있었다. 결과적으로 은행들은 자산인 원화자금과 부채인 외화차입금을 동시에 늘림으로써 총자산을 늘릴 수 있었다. 은행들은 외형을 늘리기 위해 조선업체의 선물환을 적극적으로 매입했다. 조선업체 이외의 수출업체로부터도 선물환 매입을 위해 노력했다.

이렇게 은행이 선물환을 매입하면서 외채가 급격히 늘었다. 문제는 외채 중에서도 단기외채가 주로 늘었다는 것이다. 은행들은 장기 선물환 매입에 따른 외환포지션 조정을 위한 것임에도 불구하고 주로 단기차입을 했다. 단기차입의 경우 조달 비용이 상대적으로 저렴하기 때문이다. 한국의 은행은 해외에 나가 장기저리로 빌릴 만큼 신용도가 없었다. 그렇게 해서 은행은 외화 수급에서 만기 불일치 위험에 노출되었다.

은행의 선물환 매입으로 단기외채가 늘어나는 데는 해외투자도 한몫했다. 해외투자는 외환위기 이후 한국 경제의 중요한 관심사가 되었다. 자본시장 개방으로 민간에서 해외투자를 하는 것이 자유로워졌다. 거기에다 외국인이 한국 자산을 대거 매입하고 많은 수익을 거두었다는 것이 의식적·무의식적으로 인지되었고, 그에 따라 한국인도 해외투자에서 수익을 올리는 방안을 모색하게 되었다. 더 현실적으로는 경상수지 흑자가 지속되는 데 따르는 통화관리 부담이 있었다. 경상수지 흑자에 따라 늘어나는 한국은행의 순외화자산의 효과를 불태화하는 능력이 올라갔다지만, 통화안정증권의 발행이나 외국환평형기금 형성이 주는 부담이 크다. 그런 경우 해외투자가 증가해 주면 통화관리 부담이 줄어든다. 거기에다 해외에서 자본 유입이 늘어날 경우에는 통화관리 부담은 더 늘어나고, 그에 따라 자본 유출을 촉진할 필요가 가중된다.

1997년 외환위기 직후에는 한국의 경제주체들이 해외투자를 제대로 할 수 있는 사정은 못 되었지만, 경제가 회복됨에 따라 해외투자가 활발해졌다. 2003년 2월 정부는 공식적으로 외화 유출을 촉진하겠다는 방침을 천명했다. 2000년대 후반 들어 세계 증시의 호조로 국내 투자자의 관심이 올라간 데다, 정부가 자본 유입 증가에 대응하기 위해 해외투자 활성화 조치를 취했기 때문에 해외증권(포트폴리오)투자가 크게 늘었다. 해외증권투자 잔고는 2005년 말 521억 달러에서 2006년 말 978억 달러로 늘고, 2007년 말에는 1586억 달러에 달했다.

해외증권투자에서는 자산운용사들이 큰 역할을 했다. 개인이 해외증권투자를 하는 데는 한계가 있었기 때문이다. 자산운용사들은 국내 투자자들이 환손실을 입지 않도록 환헤지가 포함된 상품을 판매했다. 그 결과 공급된 선물환 역시 은행이 매입했다. 그렇게 선물환을 매입하면서 외환포지션 관리를 위해 단기외채를 지게 되었다. 자산운용사들의 선물환의 만기는 조선회사의 선물환에 비해 짧았지만 만기 불일치를 일으키는 점에서는 마찬가지였다.

은행이 외형 경쟁을 통해 단기외채를 지게 된 또 하나의 경로는 외화대출이었다. 은행들은 외화대출을 늘림으로써 자산 규모를 늘리려고 했다. 국내 은행들은 외화대출을 위한 자금을 주로 해외에서의 차입에 의존했다. 국내에서 외화예금으로 조달하는 데는 한계가 있었기 때문이다. 그 결과 외화대출이 증가할수록 그에 비례해서 외화차입이 늘어났다. 외화차입으로 외화대출을 하게 된 것은 외환위기 후 자본시장 개방 과정에서 외화대출과 차입에 대한 규제가 사라졌기 때문이다.

외환위기 전에는 외화차입이 규제되고 있었다. 그것은 외화차입이 환율을 낮추어 경상수지를 위협하고 통화관리를 어렵게 하기 때문이었다. 외화차입이 제한되어 있었던 만큼 외화대출도 제한되었다. 외화대출의 융자 대상은 원자재 및 시설재의 수입이나 해외직접투자, 기존 외화차입금 상환 등으로 엄격하게 제한되어 있었다. 물론 제3장에서 살펴본 것처럼 외화차입과 외화대출에 대한 그런 원칙이 지켜지지 않았기 때문에 1997년에 외환위기가 일어났다. 공식적으로는 그런 규제가 남아 있는 상태에서 은행이 은행 간 차입이나 무역신용을 통해 차입을 할 수 있게 "뒷문"이 열렸던 것이다.

그렇게 은행의 외화차입과 대출이 외환위기를 일으켰지만 그 후 외화차입과 대출을 모두 자유화했다. 외환위기 직후 자본시장 개방으로 외화차입을 자유화한 위에 외화대출에 대한 규제가 2001년 10월 폐지되었다. 외형 경쟁을 하고 있던 은행들은 외화대출을 늘리는 데에도 힘을 썼다. 은행이 해외에서 자금을 차입하면 외화부채가 늘어나지만 국내에서 외화대출을 하게 되면 같은 금액만큼 외화자산이 늘어나면서 바로 총자산이 늘어난다. 거기에다 은행들이 외화자금을 차입하여 외화대출을 하게 되면 외화부채와 외화자산이 같이 늘어나므로 외환포지션 규제를 자연스럽게 준수하는 셈이 된다. 은행은 외화대출에 소요되는 재원도 주로 단기 외화자금 차입을 통해 조달했다. 그것은 물론 외화 채권과 채무의 만기 불일치를 일으켰다.

그렇게 은행이 만기 불일치를 일으키는 것을 막아야 할 주체는 정부 — 중앙은행이나 금융감독기구를 포함한 넓은 의미의 정부 — 였다. 개별 은행 입장에서는 다들 외형을 키우려는데 혼자만 빠지는 것은 경쟁에서 패배를 자초하는 일이다. 그런 "구성의 오류"를 고쳐주어야 하는 것은 정부다. 구체적으로는 금융감독의 문제였다.

금융감독은 외환위기 후 구조 개혁의 핵심 주제였다. 제3장에서 살펴본 것처럼 금융감독은 외환위기 후 한국이 미국과 IMF의 신자유주의적 요구를 이용해서 자유주의적인 개혁을 하려 한 데 있어서 중요한 위치를 차지하고 있었다. IMF-플러스 개혁은 신자유주의적 배경에서 나왔지만 그 내용에는 신자유주의와 다른 점도 있었는데, 그중 하나가 금융감독체제 정비였다. 즉, 한편으로 신중상주의식 금융 억압의 유산을 청산하고 시장경제를 확립하면서 시장경제의 작동에 필요한 규제로서 금융감독을 강화하고자 했던 것이었다. 그런 목적으로 금융감독원과 금융감독위원회를 만들어서 감독 기능을 통합하고 강화했다.

그러나 금융감독 기능은 제대로 작동하지 않았다. 그 이유는 그리 잘 밝혀져 있지 않다. 금융감독은 선진국에서도 어려운 것이기 때문에 한국에서 어려운 것은 당연했다. 그러나 한국에는 특수한 사정이 있었다고 생각된다. 한국이 금융감독 능력을 올리기 어려운 것은 우선 구체적 정책에 들어가면 금융 억압의 유산으로서의 정부 개입과 자유화를 하면서 필요한 감독을 구분하기가 쉽지 않았기 때문일 것이다. 거기에다 외환위기 후 구조 개혁은 전반적인 규제 철폐 드라이브를 포함하고 있었다. 규제 철폐는 오랜 관료사회와 신중상주의 정책의 유산을 청산하려는 자유주의적 움직임으로서 그 자체는 타당성이 있었다. 그런 전반적인 규제 철폐 드라이브하에서 은행의 경영 건전성을 유지하기 위한 규제도 새로 도입하기 어렵거나 있는 규제도 폐지되었다. 이것은 예컨대 신용카드의 "길거리 모집"에 대해 금융감독위원회는 조치를 취하고 싶어 했지만 규제개혁위원회의 제동으로 그것이 상당 기간 방치된 데서 드러났다.

거기에다 신자유주의적 요구를 이용해서 자유주의적 개혁을 하려고 했다고 하더라도 실제로는 당시의 세계적 추세이고 IMF-플러스 개혁의 배경인 신자유주의 자체의 영향을 피하기 어려웠다. 은행의 대형화·겸업화 같은 신자유주의적 추세를 따라가는 상황에서 규제에 있어서도 그 영향을 안 받을 수 없었다. 그리고 물론 자본시장을 개방한 뒤 그 개방을 유지하고 확대해야 한다는 원칙이 있었다.

그에 더하여 외환위기 후 성장률이 떨어지자 "새로운 성장동력"을 찾는 것이 국가적 과제가 되었다. 새로운 성장동력을 찾는 방법으로서 금융을 그 자체 산업으로 육성하려는 움직임이 유력한 방안으로 나왔다. 그중에는 "동북아 금융허브 건설" 같이 구체적 정책으로 시행된 것도 있었다. 그런 목적으로 금융산업에서 전방위적인 규제 완화 노력이 이루어지고 있는 속에서 금융감독을 위한 규제를 하기가 쉽지 않았을 것이다.

그다음 문제는 금융감독 조직을 정비했지만 그 인적 구성을 개선하기는 어려웠다는 점이다. 한국의 정치적·경제적 상황에서는 금융감독원과 금융감독위원회를 만들 때부터 그 중요 직책을 구(舊)재정경제원, 더 올라가서는 구(舊)재무부 출신들이 장악할 수밖에 없었다. 그것은 외환위기를 일으킨 장본인들이 다시 돌아와서 외환위기 재발을 막는 역할을 맡게 된다는 것을 의미했다. 금융감독을 놓고 구(舊)재무부와 한국은행 간에 벌인 "밥그릇 싸움"은 사실상 구(舊)재무부의 완승으로 끝났다. 결국 구(舊)재무부 공무원들은 자신들 책임인 외환위기를 계기로 밥그릇 싸움에서 완승을 거둔 셈이다. 인사가 그렇게 진행되어서는 금융감독 능력이 올라가기 어려웠다.

그런 구도에서 1998년 11월 예대율 규제가 철폐되고, 1998년 7월 외환포지션 운영 규제가 완화되고, 2001년 10월 외화대출이 전면 자유화되었다. 그 후 금융감독 당국은 은행들의 대출 경쟁과 외화영업 경쟁을 보면서도 그런 규제를 다시 도입하거나 새로운 규제를 해야 한다고 생각하지 않았다. 외화대출의 경우 일부 다시 규제가 도입되었지만 외형 경쟁을 막을 수는 없었다. 정부의 금융감독에 문제가 있었다는 것은 외환위기가 일어난 뒤 사후적으로 알게 되었을 뿐이다.

위기의 해결

은행의 외화자산과 부채 사이에 대규모로 만기 불일치 상태가 만들어진 속에서 글로벌 금융위기로 외국의 채권 은행들이 갑자기 자금을 회수하자 은행들은 유동성 위기에 몰리게 되었다. 그런 점에서 2008년 외환위기는 1997년 외환위기와 같았다. 물론 둘이 서로 다른 점도 있었다. 1997년과 달리 2008년 한국의 은행들은 부채의 상환 능력이라는 점에서는 아직 문제가 없었고 단지 외화 유동성 문제에 직면했던 것이다. 그것도 1997년처럼 차입 통화와 대출 통화가 다른 "통화 불일치(currency mismatch)"가 나타난 것은 아니고 "만기 불일치"가 나타났을 뿐이다. 그러나 만기 불일치만으로도 유동성 위기가 일어날 수 있다. 그리고 은행의 그런 유동성 위기를 해결하지 않으면 나라 전체의 외환위기도 해결되지 않는다.

은행이 유동성 위기에 몰리게 되자 정부가 그것을 해결하려 한 과정도 1997년과 같았다. 은행에 외화를 대출하는 한편 10월 19일 은행의 외채에 대해 지불보증을 했다. 이제 정부가 은행의 외채를 떠맡은 셈이 되었기 때문에 1997년과 마찬가지로 정부가 은행의 외채를 대신 갚아줄 능력이 있는지에 따라 외환위기의 해결 여부가 결정될 것이었다. 정부가 대신 갚아줄 능력은 역시 상환 능력과 유동성에 달려 있었다.

2008년 10월 19일 현재 한국은 1997년 8월 25일보다 국가 채무가 훨씬 늘어난 상태였다. 외환위기 후 사회보장제도가 강화되고 출산율이 떨어졌기 때문에 장기적 우발채무도 크게 늘어났다. 그러나 한국 정부의 재정 상태가 상환 능력이 의심스러운 상태였다고 볼 수는 없다. 2008년에도 한국 정부의 문제는 유동성 부족이었다. 정부가 은행의 유동성 문제를 떠안았는데 정부의 유동성이 부족한 것이 외환위기를 해결하는 데 장애였던 것이다.

한국 정부는 어떻게 해서 2008년에 다시 유동성 부족에 직면하게 되었는가? 당시 한국은 1997년과 비교도 안 될 정도로 많은 외환보유액을 가지고 있었다. 2008년 9월 말 현재 외환보유액은 2397억 달러로서 단기외채 1901억 달러보다 많았다. 앞에서 언급한 귀도티-그린스펀 규칙에 비추어 볼 때 외환위기를 막을 수 있는 수준이었던 것이다. 그러나 그렇게 귀도티-그린스펀 규칙에 따라 외환을 보유한 것이 위기 시에는 채권자들을 설득할 수 없었다. 무엇보다 단기외채와 외환보유액의 지표를 그냥 보지 않고 그 추세를 보면 멀지 않은 장래에 단기외채가 외환보유액보다 커질 가능성이 있었다. 단기외채는 증가하는데 외환보유액은 감소하는 추세였던 것이다. 9월 말 단기외채 1901억 달러는 1년 전에 비해 400여억 달러 늘어난 것이었다. 그런 한편 외환보유액은 2008년 3월 말 2643달러로서 사상 최고치를 기록한 뒤 9월 15일 리먼 브러더스(Lehman Brothers)가 도산하기 보름 전인 2008 8월 말까지 2432억 달러로 줄었고, 9월 말에는 2397억 달러로 줄어 있었다.

단기외채가 늘어난 이유에 대해서는 위에서 설명했다. 그러면 외환보유액은 어떻게 해서 줄게 되었는가? 그것은 정부가 물가를 관리하기 위해 환율을 낮추려고 보유외환을 썼기 때문이다. 2008년 들어선 이명박 정부의 경제수장인 기획재정부 장관 강만수는 처음에 환율을 높게 유지해서 경상수지 흑자를 내야 한다고 강력하게 주장했다. 1997년 외환위기 당시 재정경제원 차관이었던 강만수는 과거 경상수지 적자 때문에 외환위기가 일어났다는 기억이 있는 데다 대선에서 공약했던 7% 경제성장 목표를 달성하기 위해서는 환율을 높게 유지할 필요가 있다고 생각했다. 그러나 그렇게 하는 데는 물가가 걸림돌이 되었다. 국제 원유가 등 수입물가가 가파르게 오름에 따라 소비자물가 상승률이 4월에 한국은행이 정한 목표의 상한인 3.5%를 넘은 4.1%를 기록했고 5월과 6월에도 4.9%와 5.5%를 기록했다. 이에 따라 정부는 보유외환을 물가 안정을 위해 사용한다는 방침으로 선회했다. 유가를 비롯해서 달러화 표시로 오르는 수입물가를 낮춤으로써 소비자물가 상승을 억제하려 한 것이다. 7월 7일 기획재정부와 한국은행이 물가 안정을 위해 외환시장 안정이 긴요하다고 공동 발표한 이후 거의 무차별적인 외환시장 개입이 이루어졌다. 그렇게 보유외환을 쓴 것도 1997년 외환위기 때와 닮은 점이었다.

당시 정부는 물가 안정을 위해 보유외환을 쓸 여유가 있다고 생각했다. 1998년 이후 지속적으로 경상수지 흑자를 내어서 외환보유액을 충분히 쌓았다. 그렇게 늘린 외환보유액을 일시적으로 수입물가가 급격히 오르는 상황에서 물가를 안정시키는 데 쓰는 것이 외환보유액을 쌓은 목적과 부합한다고 보았을 것이다. 물론 단기외채가 늘고 있는 상황에서 그렇게 한 것이 적절했다고 볼 수는 없다. 거기에다 2007년 서브프라임 모기지 사태로 세계금융시장이 이미 불안한 상태였다. 2008년 들어 국제유가가 급상승하면서 경상수지가 적자로 전환되었고 그 규모도 점차 늘고 있었다. 그러나 이런 문제들도 결국 사후적으로 알려진 것이고, 당시에는 주목을 받지 못했다.

정부의 유동성 부족 사태는 외부에서 유동성을 빌려서 외환보유액을 늘리지 않으면 해결할 수 없었다. 결국 한국은행이 10월 30일 미국 연방준비위원회와 300억 달러 통화스왑 협정을 맺음으로써 같은 날 국회를 통과한 지불보증안과 함께 외환위기를 해결할 수 있었다. 12월 들어 중국 및 일본과 통화스왑 협정을 추가한 것도 도움이 되었다.

한국이 2008년 10월 외환위기를 해결한 과정을 보면 아이러니컬하다. 당시 한국은 IMF로부터 자금을 빌릴 수 있었다. IMF는 경상수지 적자와 부채

규모 등에서 별 문제가 없으면서 유동성 위기를 겪고 있는 신흥시장국들에 대해 자금 지원 계획을 세웠다. 그 대상에 한국을 비롯해 멕시코, 브라질, 그리고 일부 동유럽 국가들이 포함되었다. IMF는 이번에는 구제금융에 별 조건을 붙이지 않기로 했다. 그러나 그런 소식이 전해지자 한국 정부는 "그런 프로그램에 신청한 적도, 신청할 의사도 없다"고 발표했다(≪매일경제신문≫, 2008.10.24). 그러다가 정부가 IMF가 새로 지원하기로 한 자금을 이용할 것인지 검토하고 있다는 얘기가 나오자 금융시장이 급격히 무너졌다. 정부는 황급히 "IMF 자금을 쓰는 것을 검토한 바가 전혀 없다"는 성명을 발표했다(≪한국경제신문≫, 2008.10.30).

한국은 1997년 IMF와의 쓰라린 경험 때문에 가능하면 IMF에는 안 가려고 했다. 금융시장도 "IMF"라는 단어에 과민반응을 보였다. 결국 한국은 IMF에 가지 않고 미국과의 통화스왑으로 위기를 넘겼다. 그러나 이것은 1997년 외환위기의 성격에 비추어 아이러니컬하다고 볼 수밖에 없다. 1997년 외환위기가 일어나고 해결되는 과정에서 동아시아에 가혹한 조치를 취하고 그로부터 큰 이익을 본 것은 복합체였다는 것은 앞에서 여러 번 설명했다. 그 복합체의 구성원을 보면 동등한 파트너들이 아니었다. IMF는 "하수인"에 불과했고 "몸통"은 미국이었던 것이다. 그러나 대다수 한국인들은 복합체의 존재 자체를 몰랐고 그 내부 사정은 더욱 몰랐다. 그들이 기억하는 것은 하수인뿐이었다. 그래서 하수인 이름만 나와도 두드러기 반응을 보였던 것이다. 결국 하수인을 따돌리고 몸통과 교섭해서 외환위기를 해결했다.

2008년 미국이 한국에 1997년과 달리 조건을 붙이지 않고 통화스왑을 해준 것은 세계경제가 대규모 공황으로 진입할 가능성이 있는 상황에서 한국이 외환위기로 끌려 들어가는 것을 막는 것이 자국의 국익에 부합한다고 판단했기 때문일 것이다. 그리고 IMF가 별 조건을 붙이지 않고 자금을 제공할 계획을 세운 데서 보는 것처럼 2008년에는 전 세계적으로 유동성 위기를 겪고 있는 나라에 조건을 붙이지 않고 자금을 제공하는 쪽으로 분위기가 바뀌었다고 볼 수 있다.

2008년 외환위기는 결국 정부가 나서서 해결했다. 그러나 그 과정에서 정부는 또다시 문제를 드러냈다. 당시 한국의 외채 문제를 지적한 외신에 대해 "한국의 외채는 외화선물환 매수 등 미래 수익에 기반을 둔 일시 차입으로서 외화자산과 '상쇄'되기 때문에 상환 부담이 없다"는 식으로 해명했던 것이다(≪파이낸셜뉴스≫, 2008.10.5). 이런 정부의 입장 표명은 정부가 외환위기의 원인을 사전적으로 알지 못했을 뿐 아니라 눈앞에서 당장 외환위기가 일어나고 있는데도 그 원인을 파악하지 못하고 있다는 것을 보여주었다. 정부가 그런 인식 수준을 보인 것은 물론 정부 자신의 잘못이다. 그러나 정부의 수준이 어차피 그것밖에 안 되는데 자본시장을 전면 개방한 것이 잘못이라고 볼 수도 있다.

2008년 외환위기가 1997년 외환위기와 다른 것은 그 해결 과정이 달랐기 때문이다. 1997년에는 미국과 IMF가 고금리와 구조 개혁을 요구했지만, 2008년 통화스왑에서는 별다른 조건을 붙이지 않았다. 그것은 IMF에 갔더라도 마찬가지였을 것이다. 별 조건을 붙이지 않고 통화스왑을 할 수 있었기 때문에 한국은 즉각 통화정책과 재정정책을 확장적으로 운영해서 경기를 살리는 데 나설 수 있었다. 그 결과 2009년 세계경제 조건이 나빴음에도 불구하고 플러스 성장률을 기록할 수 있었다. 이것은 1998년에 세계경제 조건이 비교가 안 되게 좋았음에도 불구하고 -5.5% 성장률을 기록한 것과 대비된다. 그리고 바로 그랬기 때문에 2008년 위기는 1997년 위기와 달리 "외환위기"로 기억되지 않는 경향이 있는 것이다.

2008년 위기를 감안하면 1997년 이후 20년 동안 그 전 시기에 비해 한국경제가 안정된 것은 사후적으로 그렇게 관찰된 것뿐이라고 할 수 있다. 2008년에도 미국과의 스왑협정이나 IMF 자금에 1997년과 같은 조건이 붙었더라면 2009년에 1998년보다 더 심한 불황을 겪었을 것이다. 2008년 통화스왑은 제도적으로 보장된 것이 아니라 미국의 "재량적 판단"에 힘입은 것이다. 그 재량적 판단이 어떻게 되는가 하는 것 자체가 큰 위험이다. 그런 것들을 고려하면 2008년 외환위기가 심한 불황으로 이어지지 않았다고 해서 외환위기 후 경제의 안정성이 올라갔다고 볼 수는 없는 것이다.

2008년 글로벌 금융위기를 겪은 후 한국은 미시적으로 외화 유동성 규제를 강화하는 한편, 2010년에 "거시건전성 3종 세트"를 도입해서 자본시장 개방 조치를 일부 수정했다. 은행의 단기외채에 과세하고 파생상품 거래에 대한 규제를 도입함과 동시에 외국인의 채권 거래에 대해 과세하기로 한 것이다. 그리고 은행의 대형화·겸업화 정책도 수정했다. 이들 조치는 효과가 있었던 것으로 보인다. 그 후 단기외채는 줄고 파생상품 거래도 줄었다. 그러한 정책 전환은 1997년 외환위기 후 시행한 개혁이 잘못되었기 때문에 바로잡은 대표적 사례라고 할 수 있다. 한국이 그렇게 한 것은 전 세계적 추세와도 무관하지 않다. 2008년 글로벌 금융위기 이후 자본시장 개방에 대해 제한을 가하는 것이 바람직할 수 있다는 주장이 제기되었고, IMF조차도 신흥시장국의 경우 일부 자본통제가 필요하다는 것을 인정했다(Ostroy et al., 2011).

그렇게 규제를 일부 강화하고 자본시장 개방 조치를 되돌린 데다 경상수지 흑자를 더 내어서 외환보유액을 늘렸다. 그러나 그런 조치로 충분한지는 여전히 알 수 없는 일이다. 자본시장을 개방한 상태에서는 외환위기가 일어난 뒤 사후적으로 그 원인이 알려지곤 하기 때문이다. 한국의 2008년 외환위기는 바로 그렇다는 것을 보여주고 있다. 한국은 그렇게 사후적으로 밝혀진 원인에 대해 조치를 취했던 것이다. 따라서 앞으로도 여전히 사전적으로는 알 수 없는 이유로 외환위기가 일어나지 말라는 법이 없다.

제4절 저성장-고위험 체제?

자본시장 개방에 일부 제한을 가해야 한다는 주장의 근거는 자본시장 개방이 외환위기를 일으킬 가능성이 있다는 것이다. 그리고 그 제한은 외채 문제를 일으키는 자본거래에 초점이 맞추어졌다. 외환위기가 일어나는 것은 외채, 특히 단기외채 때문이라고 생각되기 때문이다. 이 문제를 이해하기 위해서는 국제투자를 형태별로 나누어볼 필요가 있다. 국제투자를 대차관계를 일으키는 투자, 즉 "채권부(債權附)투자"와 소유권 이전을 수반하는 "지분투자"로 나누어볼 필요가 있는 것이다. 채권부투자는 채권(bond)투자나 은행 간 차입 같은 기타투자로 구성되어 있다. 지분투자는 직접투자와 주식투자다.

둘 중에서 외환위기를 일으키는 것은 주로 채권부투자다. 지난 20여 년간 한국의 두 번에 걸친 외환위기도 은행의 단기외채 때문에 일어났다. 반면 직접투자나 주식투자는 상대적으로 외환위기의 원인이 되는 경우가 드물다. 직접투자 자금이 갑자기 빠져나가기 어려운 것은 잘 알려진 사실이다. 주식투자 자금도 생각처럼 빨리 이동하는 것은 아니다. 한국도 외환위기나 글로벌 금융위기 때 같이 주가가 반 토막 난 상황에서도 80% 이상의 외국인 주식투자 자금이 빠져나가지 않고 머물러 있었다.

따라서 외환위기 가능성을 낮추려면 채권부투자를 우선적으로 규제하는 것이 맞다. 한국이 2010년 이후 취한 조치도 채권부투자를 규제하는 쪽으로 방향이 정해졌다. 그러나 자본시장 개방을 보는 데 있어서 외환위기 방지에 맞추어 채권부투자에 초점을 맞추는 것으로 충분한가? 이것은 1997년으로 되돌아가서 생각해 볼 수 있다. 1997년 IMF가 자본시장을 개방하라고 했을 때 채권부투자를 제외하고 지분투자를 모두 개방하라고 했으면 괜찮았던 것인가?

그렇게 볼 수는 없다는 데 대해서는 앞에서 설명했다. 자본시장 개방은 외환위기의 가능성을 올릴 뿐 아니라 국제투자에서의 순차익을 통해 국민소득에 영향을 준다. 만약 채권부투자가 국민소득에 영향을 주는 주원인이라면 채권부투자를 규제하는 조치는 외환위기 가능성을 낮춤과 함께 국민소득에 대한 영향도 줄여줄 것이다. 그러나 채권부투자가 아니라 지분투자가 국민소득 감소의 주원인이라면 이야기가 달라진다. 실제로 한국은 1997년 외환위기를 계기로 자산의 외국인 소유 정도가 매우 낮은 나라에서 매우 높은 나라로 바뀌었는데, 그것이 국민소득 감소를 가져왔다. 물론 외환위기의 가능성 때문에 더 많은 외환보유액을 쌓아야 하고 그것이 국민소득 감소를 가져오는 한 원인이기 때문에, 채권부투자를 줄이면 외환보유액을 줄여도 되어서 그만큼 국민소득 감소 효과를 줄일 수 있다. 그러나 그것은 국제투자가 국민소득을 줄이는 효과의 일부만 상쇄할 뿐이다.

지분투자에서 국민소득 감소 효과가 있을 가능성은 제2절에서 언급한 "투자 능력" 문제를 제기한다. 그리고 투자 능력이 국민소득 감소 효과를 가져오는 것은 투자의 위험과 분리해서 생각할 수 없다. 나아가서 그런 위험과 수익을 고려한 투자 능력의 문제는 결국 외환위기 후 구조 개혁과 자본시장 개방의 결과에 대한 재평가로 이어진다. 구조 개혁과 자본시장 개방이 제1절에서 살펴본 것 같은 "저성장-저위험" 체제가 아니라 "저성장-고위험" 체제로 귀착했을 가능성이 있는 것이다. 여기서는 이 문제에 대해 살펴보기로 한다.

투자 능력 문제

채권부투자가 아니라 지분투자가 외환위기 후 국민소득을 감소시키는 주원인인지 확인하기 위해서는 국제투자를 지분투자와 채권부투자로 나누어서 각각에서 순차익을 계산해 보면 된다. 이렇게 투자 형태에 따라 순차익을 계산하는 것은 1995년 이후에 대해서만 가능하다. 한국은행의 국제투자대조표 자료가 1994년 말부터 작성되었기 때문이다. 그 전 시기에 대해 국제투자 자료를 제공하고 있는 『한국경제60년사』에는 한국인의 해외투자가 형태별로 나누어져 있지 않다. 〈그림 5-3〉은 1995년부터 2017년까지 지분투자와 채권부투자에 있어 국제투자에서의 순차익(마이너스일 경우 순차손)을 보여준다. 단 순차익의 변동이 심하다는 것을 감안해서 3개년 이동평균을 제시했다. 외환

〈그림 5-3〉 국제투자에서의 순차익: 투자 형태별(GDP에 대한 비율) (단위: %)

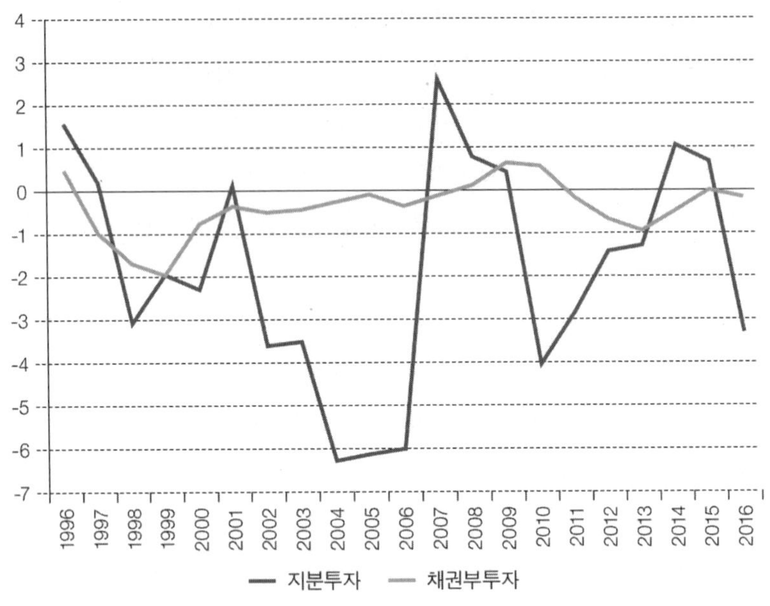

주: 3개년 이동 평균임.
자료: 〈부표 6〉.

위기 이후 순차손은 채권부투자가 아니라 지분투자에서 주로 발생했다. 국제투자에서의 국민소득 감소 효과는 그 대부분이 지분투자에서 발생하고 있는 것이다.

지분투자에서 순차손이 나타나는 것은 일단 한국에 대한 외국인의 지분투자가 한국인의 해외 지분투자보다 더 위험하기 때문이라고 생각할 수 있다. 한국은 아직 신흥시장국인데다 안보가 불안하고 생산과 수출 품목의 집중이 심하다. 한국 자산이 더 위험한 것은 한국에 투자하는 나라와 한국이 투자하는 나라 구성에서 선진국의 비중이 크기 때문이기도 하다. 그러나 순차손은 자본시장을 개방하지 않으면 발생하지 않는다. 실제로 외환위기 전에는 순차손이 별로 발생하지 않았다. 따라서 순차손은 자본시장 개방의 이익과 비교해야 한다. 자본시장 개방의 이익은 경제성장률이나 경제의 안정성이 올라가는 것으로 나타나야 하지만, 실제로는 그렇게 되지 않았다. 외환위기 후 지분투자에서 발생한 국민소득 감소 효과는 상쇄하는 이익이 없는 "국부 유출"이다.

그렇게 된 이유 중 하나는 외환위기 후 이루어진 자산 매각이다. 그에 대해 외자가 위험 분담을 통해 위기 극복을 도왔다고 해석하는 것은 잘못이고 사실상 복합체가 "약탈"을 한 결과라는 것은 앞에서 설명했다. 복합체가 그렇게 할 수 있었던 이유는 두 가지다. 하나는 외환위기를 사실상 일으켜서 한국이 자산을 투매할 수밖에 없는 상황을 만들 수 있는 능력이 있었다는 것이다. 또 하나는 복합체의 구성원인 월가를 비롯한 외자의 투자 능력이다. 한국 자산이 투매되더라도 외자가 고위험-고수익 투자를 할 수 있는 능력이 없으면 살 수 없다.

투자 능력 문제는 외환위기 후 투매 상황이 끝나고 난 후에도 순차손이 발생하는 원인이 되고 있다. 외자의 고위험-고수익 투자 능력이 한국인의 그것보다 낫다면, 한국 자산의 위험도가 더 높은 것과 별개로 한국의 순차손이 발생할 수밖에 없다. 실제로 외자는 한국인 투자자보다 고위험-고수익 투자 능력이 더 있다. 투자 대상을 쪼개는 데는 한계가 있기 때문에 개인이 고위험-고수익 투자를 할 수 있는 능력은 한정되어 있다. 따라서 고위험-고수익 투자에서는 투자은행이나 사모펀드 같은 집단 투자자의 역할이 중요하다. 연금 같은 기금이나 보험회사 등도 고위험-고수익 투자에 중요한 역할을 할 수 있다. 미국 같은 금융 선진국은 그런 구도가 정착되어 있는 반면 한국은 그렇지 못하다.

한국도 외환위기 후 고위험-고수익 투자를 할 수 있는 금융 주체를 만들어야 한다는 논의가 이어졌다. 고위험-고수익 투자를 해서 많은 수익을 올리는 선진국, 특히 미국의 투자은행 같은 것을 육성해야 한다는 주장이 나온 것이다. 그래서 "한국의 골드만삭스"를 만드는 것이 국가적 과제가 되었다. 그런 논의는 결실을 맺지 못했고 한국은 여전히 그런 투자은행이 없다. 현재 한국의 투자은행은 대부분 은행 중심 금융지주회사의 자회사로서 진정한 의미의 고위험-고수익 투자보다는 부동산 개발에서 담보를 제공받고 투자하는 경우가 많다. 그렇지 않을 경우에도 최소 수익률을 보장받는 옵션을 요구하거나 제3자의 지불보증을 요구하는 변형된 형태의 채권 투자가 대부분이다. 한국의 투자은행은 고위험-고수익 투자가 아니라 변형된 대출업을 하고 있다. 그런 한편 국민연금 등 기금이 주식투자 비중을 늘려 왔다. 민간에서도 고위험-고수익 투자를 하는 사모펀드가 생겨났다. 그러나 그 진도는 느리거나 부진했다. 국민연금 등 기금이 고위험-고수익 투자를 할 수 있는 능력이 올라갔지만, 그것이 선진국 기금만큼 되었는지는 물론 의심스럽다. 사모펀드가 만들어지기 시작한 것은 2005년인데, 현재도 사모펀드가 많지 않고 그 규모도 작다.

그러나 그런 점에서만 한국인과 외국인 사이에 투자 능력 차이가 나는 것은 아니다. 외국인 투자자는 같은 위험을 겪으면서 더 높은 수익률을 올리는 능력이 있다. 즉, 외국인 투자자가 한국인에 비해 "저위험-고수익" 투자를 할 수 있는 능력이 있는 것이다. 저위험-고수익 투자는 초과수익을 올리는 투자다. 그런 투자를 할 수 있는 능력이야말로 진정한 투자 능력이다. 그런 능력은 있을 수 없다는 것이 표준적 금융이론으로서의 "효율적 시장(efficient market)" 이론이다. 그럼에도 불구하고 외국인 투자자는 그런 능력이 있다. 그 이유는 무엇인가?

금융시장이 완전할 때에는 투자 능력의 차이가 있을 수 없다. 물론 현실적으로 금융시장은 정보가 불완전하기 때문에 완전할 수 없다. 그러나 정보가 불완전하더라도 그 누구도 초과수익을 올릴 수는 없다는 것이 효율적 시장 이론의 요체다. 어떤 투자자가 남보다 나은 정보로 초과수익을 거두면 그 순간 그 정보는 다른 시장 참가자에게 알려져서 초과수익이 모두 사라지거나, 처음부터 내부자가 아니라면 기업의 성과에 대해 남보다 나은 정보를 얻는 것이 원천적으로 불가능하기 때문에 그 누구도 초과수익을 얻을 수 없다는 것이다.

효율적 시장 이론은 2008년 글로벌 금융위기 이후 많은 공격을 받았다. 정보를 생산해도 모두에게 곧 알려진다면 아무도 정보를 생산할 이유가 없기 때문에 정보는 아예 생산되지 않는다. 효율적 시장은 바로 "비효율적 시장"이 되는 것이다. 그러나 아직 효율적 시장 이론의 대안이 확립되었는지는 의문이다. 한국인 투자자에 비해 외국인 투자자가 같은 위험을 부담하고 더 높은 수익을 올릴 가능성은 시장 자체의 작동에 근거해서 설명하기는 어렵다.

그러나 효율적 시장을 가정하더라도 한국인 투자자와 외국인 투자자 사이에 투자 능력의 차이가 있을 수 있다. 예컨대 월가의 대규모 금융회사나 사모펀드는 시장 자체에서 다른 경쟁자를 이겨서 초과수익을 거둘 수 있는 능력은 없지만 다른 곳에서 그런 능력을 얻을 수 있다. 정부가 금융회사의 위험을 떠안음으로써 "사적 위험을 사회화"해 주는 것이 그것이다. 금융회사나 사모펀드가 고위험-고수익 투자를 했다가 고위험이 현실화되어서 도산 위험에 처할 때 정부가 구제해 준다면 이들은 초과수익을 누릴 수 있다. 그렇게 정부가 구제해줄 가능성은 물론 규모가 클수록 높다. 대규모 금융회사나 사모펀드가 도산하면 경제 전체에 미칠 파장이 엄청나기 때문에 정부가 구제해줄 가능성이 높은 것이다. "대마불사"는 바로 월가의 대형 금융회사나 사모펀드 같은 투자자들에게 해당하는 용어다. 위기에 처할 때 정부가 도와준다는 것이 알려지면 더 싼 금리로 자금을 빌릴 수 있어서 초과수익을 올릴 수 있다(Admati and Hellwig, 2014: Part I). 그 초과수익은 경제이론적으로 보면 시장에서 얻는 이윤이 아니라 정부가 제공하는 지대(rent)다.

대규모 금융회사나 사모펀드가 위기에 처했을 때 미국 정부가 지원한다는 것은 동아시아 외환위기가 일어날 당시에 분명하게 드러났다. 동아시아 외환위기와 비슷한 시기에 헤지펀드 엘티시엠(LTCM: Long-Term Capital Management)이 도산 위험에 처했을 때 미국 정부가 개입했다. LTCM의 도산을 막기 위해 미국이 취한 조치는 기본적으로 한국의 외환위기 해결에 썼던 "채권의 만기 연장"이었다. 연방준비위원회가 개입해서 채권자들을 설득해서 만기를 연장했던 것이다. 그러나 미국은 한국에 가혹한 조건을 부과한 것과 달리 LTCM에게는 별 조건을 붙이지 않았다. 그리고 물론 2008년 가을 리먼 브러더스 도산 사태 이후 미국 정부는 월가에 조건을 붙이지 않고 천문학적인 자금을 제공했다는 것은 제3장 제2절에서 언급했다.

월가의 대규모 금융회사나 사모펀드의 입장에서는 고위험-고수익 자산에 투자해도 위험을 일부 정부가 부담해 주기 때문에 실제로는 저위험-고수익 투자가 된다. 그렇게 해서 대규모 금융회사나 사모펀드는 초과 수익을 올리는 것이고 그것이 그들이 가진 "진정한 투자 능력"의 내용이다. 그러한 능력에 바탕을 둔 투자는 미국 내에서도 이루어지지만 해외에서도 이루어진다. 그 결과 높은 투자수익을 올리면 미국 전체로 보아 위험을 부담했지만 소득 증가로 귀착한다. 반면 한국은 월가의 금융회사나 대규모 사모펀드처럼 해외에서 고위험-고수익 투자를 하고 정부가 그 위험을 분담해서 사회화하는 메커니즘이 없기 때문에 해외투자에서 미국 금융회사나 사모펀드만큼 높은 수익을 올릴 수 없다.

이렇게 보면 한국이 투자은행, 사모펀드, 연·기금 등 고위험-고수익 투자를 할 수 있는 경제주체를 만드는 것만으로는 미국의 대형 금융회사나 사모펀드처럼 국제투자에서 초과수익을 거둘 수는 없다. 선진국의 대규모 금융회사나 사모펀드가 거두는 초과수익의 원천이 "사적 위험의 사회화"에 있다면 한국도 그런 지원을 해 주지 않으면 같은 수익률을 거둘 수 없는 것이다. 한국은 고위험-고수익 투자를 할 수 있는 주체가 잘 형성되어 있지 않은 데다 국제투자에서 사적 위험을 사회화하는 체제도 갖추지 못하고 있다.

외환위기 후 이 두 가지 문제를 해결하는 것이 중요 과제가 되었다. 민간에서 문제가 해결될 기미가 안 보이자 결국 정부가 그 두 가지 문제를 스스로 해결하겠다고 나섰다. 한국투자공사(KIC)를 만든 것이 그것이다. 경상수지 흑자를 내어서 저위험-저수익 자산으로 외환보유액을 쌓고만 있을 것이 아니라, 정부가 나서서 좀 더 고위험-고수익 투자를 하는 금융기관을 만들려고 한 것이다. 정부가 직접 나서서 고위험-고수익 투자를 하는 금융기관을 만들면 자동적으로 정부가 위험을 분담해 주는 셈이 된다. 노르웨이나 싱가포르의 국부펀드가 그런 성격을 가지고 있는데, 한국도 비슷한 투자 주체를 만든 것이다.

KIC는 만들 때부터 논란이 많았다. 논란의 핵심은 과거 경험으로 보아 정부 주도로 금융기관을 설립했을 때 경영의 독자성이 보장되겠느냐는 것이었다. 예컨대 KIC 안이 국회에 상정되었을 때 재정경제위원 이혜훈은 한국투자신탁과 대한투자신탁의 사례를 들어 반대했다. 이들 두 기관이 KIC보다 훨씬 엄격한 지배구조와 견제장치를 갖추고 있었음에도 불구하고 공공기관인 데 따른 비효율과 임직원의 도덕적 해이, 정치권의 영향 때문에 구조조정 대상이 되는 부실기관으로 전락했다고 지적했다(김학렬, 2014: 210).

그러나 KIC의 정상적 경영이 가능하다 하더라도 KIC가 해외시장에 나가 미국의 대형 금융회사나 사모펀드 같은 초과수익을 거두기는 어렵다. 그것은 반드시 국제투자에서의 투자 능력 자체가 모자라서 그런 것이 아니다. 효율적 시장을 가정한다면 한국의 KIC나 월가의 대형 금융회사나 국제투자 자체에서 초과수익을 올릴 방법이 없는 것은 마찬가지다. 그러나 위험을 분담해서 이들에게 초과수익을 얻도록 해 주는 정부의 능력에는 현격한 차이가 있다.

미국의 대규모 금융회사나 사모펀드가 국제투자에서 고위험-고수익 자산에 투자했다가 실패해서 어려움에 당면하고 그 때문에 경제 전체가 위기에 빠질 가능성이 있을 때 미국은 국내 금융위기와 같은 방식으로 해결할 수 있다. 그것은 달러가 국제통화이기 때문이다. 연방준비위원회가 달러를 찍어서 지원하거나 행정부가 공적 자금을 조성해서 지원하면 된다. 그러한 결정은 위기가 일어난 뒤 사후적으로 할 수 있다. 반면 한국은 원화가 국제통화가 아니기 때문에 사전적으로 정해진 외환보유액 내에서 지원할 수 있을 뿐이다. 따라서 나라 전체의 입장에서 볼 때 한국은 미국에 비해 같은 수익을 얻기 위해 더 큰 위험을 안아야 한다. 그 위험을 줄이려면 외환보유액을 늘려야 한다. 그러나 외환보유액을 늘리면 경제 전체로 볼 때 해외투자의 수익률이 떨어질 수밖에 없다.

이렇게 보면 "한국의 골드만 삭스"는 만들 수 있을지도 의문이지만, 만들었다 하더라도 실익이 없다. 이들이 고수험-고수익 투자를 하는 것을 지원해 주려면 외환보유액을 그만큼 늘려야 하고, 그 결과 경제 전체로 보아 해외투자의 수익률이 떨어지기 때문이다. 그러한 투자 능력의 차이는 한국과 미국을 비교했을 때 두드러지지만, 한국과 자국 통화가 국제화된 다른 선진국과 비교해도 마찬가지다. 결국 미국 등 선진국의 대규모 금융회사나 사모펀드 같은 투자자들이 한국에서 거두는 초과 수익을 한국이 상쇄할 방법은 없다. 〈그림 5-3〉에 나타난 소득 감소 효과는 그런 사실을 일부 반영하고 있다. 그런 소득 감소는 위험 감소로 상쇄되지 않는다.

한국이 해외에서 고위험-고수익 투자를 할 수 있는 능력이 빈약하다는 것은 2008년 글로벌 금융위기 때 드러났다. 한국은 2008년 글로벌 금융위기 때 미국 등 선진국이 투매하는 자산을 구입할 기회를 맞았다. 한국은 복합체처럼 다른 나라의 외환위기를 사실상 일으켜서 그 나라가 투매하는 자산을 사는 상황을 만들 능력은 없었지만, 선진국이 스스로 일으킨 위기 때 그 투매 자산을 살 수는 있었던 것이다. 2008년 글로벌 금융위기는 한국이 1997년 외환위기 때 자산을 투매를 함으로써 겪었던 국민소득 감소, 즉 "국부 유출"을 만회할 수 있는 기회였다. 명시적으로 그런 목적이었는지는 모르지만, 한국은 이때 선진국의 투매 자산 구입을 시도했다. KIC의 메릴 린치(Merrill Lynch) 투자가 그 한 사례다. KIC는 서브프라임 모기지 사태로 어려움을 겪고 있던 미국 금융시장에서 고위험-고수익 투자를 해 보자는 목적으로 2008년 1월 15일 투자은행 메릴 린치에 20억 달러를 지분투자했다. 그 후 메릴린치는 살아남지 못하고 뱅크 오브 어메리카(Bnak of America)에 인수되면서 주가가 폭락했고, KIC는 대규모 손실을 입었다. 또 하나 사례는 2008년 산업은행의 리먼 브러더스 인수 시도였다. 산업은행은 리먼 브러더스를 투매 가격으로 산 뒤 나중에 가격이 오르면 차익을 거둘 수 있을 뿐 아니라 세계적 투자은행을 소유하게 될 것으로 기대했다. 산업은행의 리먼 브러더스 인수는 불발로 끝났다. 만약 인수했더라면 수십억 달러 혹은 그 이상을 투입해서 살리거나 투자한 금액을 그대로 날리는 것 중에서 선택해야 하는 결과가 되었을 것이다.

감사원의 감사 결과에 따르면 KIC가 졸속으로 일을 추진한 결과 업무처리 과정에서 내부 규정을 준수하지 않았다. 산업은행은 과거 산업정책이나 사회간접자본 투자를 지원하던 국책은행으로서 산업은행법 자체가 리먼 브러더스 인수처럼 고위험-고수익 투자를 하는 데 부적합하게 되어 있었다. KIC나 산업은행이나 고위험-고수익 투자를 할 수 있는 능력을 제대로 갖추고 있지 못했던 것이다. 그러나 더 큰 문제는 둘 다 당시 한국의 거시경제적 상황을 고려하지 않았다는 점이다. 고위험-고수익 투자에 대한 정부의 지원 능력은 거시경제적 상황에 의해 결정된다. 2008년 당시 메릴 린치나 리먼 브러더스뿐 아니라 투매 상태에 있는 다른 금융회사나 사모펀드를 대규모로 샀더라면 그 뒤 높은 수익을 거둘 가능성이 있었다. 그러나 당시 한국은 외환보유액이 충분하지 않아서 나라 전체가 외환위기로 가고 있는 사정이었다. 고위험-고수익 투자에서 수익을 거두기 전에 국가 부도로 갔을 가능성이 컸던 것이다.

저성장-고위험 체제?

그러나 여기에서 의문이 생긴다. 외환위기 전 한국도 바로 정부가 재벌 투자의 위험을 사회화해 주는 체제 아니었는가? 과거 신중상주의 경제체제에서 그랬다는 것은 의심의 여지가 없고, 자유화가 많이 진행된 1990년대에도 정부가 재벌의 투자 위험을 사회화해 준 것이 사실이다. 앞에서 설명한 것처럼 재벌이 "과다차입에 의한 과잉투자"를 하고 정부가 그것을 용인한 것은 바로 투자 위험을 사회화해 준 것이다. 물론 재벌 도산이 잦았다는 데서 알 수 있는 것처럼 정부가 모든 위험을 사회화해 주지는 않았지만, 재벌 도산은 보통 기업의 도산보다 더 어려운 것은 사실이었다. 그만큼 정부가 위험을 줄여준 셈이다.

그런 점에서 1997년 이전 한국의 경제체제와 1980년대 이후 미국의 경제체제는 비슷한 점이 있었다. 당시 한국 경제의 주역이 재벌이었다면 미국 경제의 주역은 대규모 금융회사였다. 한국의 재벌과 미국의 금융회사는 둘 다 정부가 사적 위험을 사회화해 주었기 때문에 고위험 투자를 할 수 있었다. 그런 점에서 한국과 미국 둘 다 "패거리 자본주의"였다. 1997년 한국을 패거리 자본주의라고 비난했던 미국이 2008년 위기 때 스스로의 체제가 패거리 자본주의라는 것을 만천하에 공표한 셈이 되었다는 데 대해서는 제3장 제2절에서 언급했다.

미국도 한국과 같은 패거리 자본주의라면 한국의 외환위기 전 체제를 재평가해 볼 필요가 있다. 시장경제의 모범이라고 자처하는 미국 경제가 패거리 자본주의라면 위기 전 한국의 경제체제도 그리 나쁘지 않은 체제라고 생각해 볼 수 있는 것이다. 경제체제를 평가하는 데는 경제성장과 안정성이 무엇보다 중요한 잣대다. 외환위기 전 한국 경제체제는 고도성장을 가능하게 했다는 점에서 무엇보다 긍정적인 체제였다. 그러면서 위험한 정도는 〈그림 2-2〉에 나타난 기업이윤율과 차입금평균이자율 간의 관계가 시사하는 것만큼 크지 않았을 가능성이 있다. 그것은 미국 정부가 금융회사의 고위험 투자에 대해 사후적으로 나서서 처리해 주는 것처럼, 한국 정부도 재벌이 고위험 투자를 한 결과를 사후적으로 처리해줄 능력이 있었기 때문이다.

재벌이 부실채권 때문에 간헐적으로 도산하는 것은 경제 전체에는 큰 위험이 아니었다. 도산한 재벌을 법정관리 등을 통해 구조조정하고 다른 기업이 인수하게 하면 되었다. 부실채권이 누적되어서 재벌이 대규모로 도산하는 사태가 일어나더라도 그것은 정부의 사후적 개입으로 해결할 수 있었다. 역시 도산한 재벌들을 구조조정하고 다른 기업이 인수하게 하면 되는 일이었다.

그 과정에서 기업 자체가 퇴출되는 것은 아니고 소유자와 경영진이 바뀔 뿐이다. 일반 근로자는 고용 승계가 당연시되어서 대규모 해고가 이루어지는 경우는 드물었다(이덕로, 2004: 256). 그렇게 위기가 일어나고 구조조정이 이루어지는 과정에서 성장률이 떨어지지만, 확장적 통화정책과 재정정책으로 성장률이 크게 떨어지는 것을 막을 수 있었다. 여기서 물론 제약조건은 외환시장의 사정이다. 즉, 단기외채에 비해 외환보유액이 얼마나 되는지가 확장적 거시경제 정책을 쓸 수 있는지를 결정할 것이었다. 단기외채 문제는 한국 정부가 사후적으로 개입해서 해결할 수 있는 문제가 아니다. 1997년에도 물론 그랬다. 그러나 자본시장 개방 과정에서 "뒷문"이 열리는 실수를 하지 않았으면 단기외채 문제는 없었을 것이다. 그것도 미국이 개입하지 않고 그냥 두었으면 동아시아 내에서 해결될 것이었다. 2008년처럼 IMF가 유동성 위기에 대해서는 별 조건을 붙이지 않고 구제금융을 주는 상황이었어도 단기외채 문제는 간단히 해결할 수 있었을 것이다.

1997년 당시 단기외채 문제가 없었다면 대규모 재벌 도산에 따른 국내 금융위기는 경제성장률이 조금 떨어지는 선에서 해결할 수 있었을 것이다. 그것은 1997년 외환위기 당시 강경식에 이어 재정경제원 장관이 된 임창렬과 IMF 부총재 스탠리 피셔(Stanley Fisher)의 대담에서 드러난다. 임창렬은 한국이 IMF에 구제금융을 신청하기로 한 전날인 11월 20일에 방한한 피셔와 만났을 때 "IMF가 한국에 어느 정도 성장률을 허용할 생각이냐"고 물었다. 그에 대해 피셔는 "IMF는 그런 문제에 대한 통제력이 없다"고 답했다. 그러자 임창렬은 "한국민은 5%보나 낮은 성장률을 받아들이지 못할 것"이라고 말했다(Blustein, 2001: 131~132). 임창렬이 피셔에게 한 질문은 물론 IMF가 한국에 어느 정도 심한 긴축 정책과 급격한 구조조정을 요구할 것이냐는 것이었고, 피셔는 IMF가 그런 문제에 대한 통제력이 없다고 답했지만, 그것은 잘못된 답이었다. 한국 경제 성장률은 IMF가 얼마만큼 심한 긴축 정책과 급격한 구조조정을 요구하는가에 따라 결정적으로 영향을 받을 것이었다.

이것은 뒤집어서 말하면 IMF가 긴축 정책이나 구조조정을 요구하지 않았으면 한국이 스스로의 정책으로 성장률을 조정할 수 있었다는 이야기다. 그렇게 해서 1998년에 5% 성장 정도는 충분히 달성할 수 있었을 것이다. 물론 그 과정에서 많은 우여곡절이 있었을 것이다. 1997년 당시 외환위기가 일어나지 않았더라도 재벌이 대규모로 도산하고 있었기 때문에 구조조정을 위해 공적 자금 조성이 불가피했다. 그 과정에 정치적 논란이 일어나고 구조조정이 지연되면 성장률이 떨어졌을 것이다. 거기에다 공적 자금 조성으로 재정 부담이 늘었을 것이다. 그러나 정치적 논란은 아무리 길어도 일시적 현상이 될 가능성이 컸다. 당시 한국은 재정이 건전했기 때문에 구조조정을 위한 공적 자금 조성은 그리 큰 부담이 아니었다. 그리고 물론 그럴 경우 필요한 공적 자금은 외환위기가 일어났던 경우에 비해 훨씬 적었을 것이다.

이런 한국 경제체제의 모습과 앞에서 살펴본 미국 경제체제의 모습을 비교해 보면, 미국의 패거리 자본주의가 한국의 패거리 자본주의보다 더 나쁘다고 할 수 있다. 한국의 재벌은 기본적으로 산업자본으로서 실물투자를 통해 성장과 일자리 창출에 기여했다. 미국의 대형 금융회사는 "머니 게임"을 위주로 하는 금융자본이다. 거품을 일으키고 그것이 붕괴하면 미국 경제는 물론 전 세계에 대규모 위기를 가져온다. 사적 위험의 사회화 정도도 미국의 대형 금융회사가 한국의 재벌보다 심했다. 한국의 재벌은 자주 도산하고 도산하면 소유권과 경영권을 내놓지만, 미국의 대형 금융회사는 그렇게 되는 경우가 더 드물다.

미국의 패거리 자본주의가 한국의 그것보다 더 나쁜 또 한 가지 측면은 재벌이나 금융회사가 위기를 일으켰을 때 그에 대응하는 거시경제정책의 운영 구도다. 한국이 위기에 직면했을 때 정부는 통화정책과 재정정책을 모두 확장적으로 운영해서 신속하게 대응했다. 1997년 위기 때도 외환위기가 진정되자 즉각 확장적 통화 및 재정정책을 썼다. 2008년에도 외환위기의 위험이 사라지자 즉각 확장적 통화정책과 재정정책을 썼다. 반면 미국은 2008년 위기 때 통화정책은 빨리 대응했지만, 재정정책을 제대로 쓰지 못했다. 그 이유는 미국의 정치적 여건인데, 미국의 정치와 경제를 아우르는 체제의 일부다. 재정정책을 제대로 쓰지 못하고 통화정책에 과도하게 의존하다 보니 2009년에 마이너스 성장을 하고 그 후의 침체를 면할 수 없었다. 제4장 제4절에서 살펴본 것처럼 2008년 위기 이후 세계경제가 "대침체"로 가게 된 데는 미국이 재정정책을 제대로 쓰지 못한 것이 한 중요한 요인이었다.

이렇게 보면 1997년 외환위기는 "더 나쁜 패거리 자본주의"가 "덜 나쁜 패거리 자본주의"를 공격한 사건이라고 할 수 있다. 그렇게 할 수 있었던 것은 물론 더 나쁜 미국 패거리 자본주의의 힘이 월등히 셌기 때문이다. 미국의 패거리 자본주의가 국제적으로 연장된 것이 복합체다. 복합체는 한국의 유동성 부족을 기회로 잡아 공격했다. 한국의 패거리 자본주의의 핵인 재벌과 그와 결탁한 관료나 정치인 집단은 세계를 지배하는 복합체의 적수가 될 수 없었다. 한국인 대다수는 어차피 대항해야 소용이 없으니 더 나쁜 패거리 자본주의를 이용해서 자신의 덜 나쁜 패거리 자본주의를 개혁하려 했다. 그 결과 한국은 과거 자신의 산업자본이 정부의 지원을 업고 고위험 투자를 하던 구도를 청산하고 미국을 비롯한 선진국의 금융자본이 자국의 정부를 업고 초과수익을 거두는 투자 대상이 되었다.

그렇게 해서 구조 개혁을 한 결과 성장률이 떨어지면서 위기의 가능성도 줄어든 저성장-저위험 체제가 성립했다. 그러나 과거의 체제가 그리 위험한 체제가 아니었다는 점에서 위험이 그리 많이 줄어든 것은 아니다. 경상수지 흑자가 나는 것도 경상수지 적자를 단기외채로 메우지만 않으면 외환위기가 일어나지 않는다는 점에서 위기의 가능성을 그리 크게 줄인 것이 아니다. 그런 한편 경제성장률은 반 토막 나고 통화정책의 자율성도 크게 줄었다. 거기에다 국제투자에서 대규모 순차손이 생겨서 국민소득이 감소했는데, 그것을 상쇄하는 위험 감소가 있었는지는 의심스럽다. 외환위기 후 체제는 그 전 체제에 비해 성장과 안정이라는 점에서 결코 수지맞는 체제라고 볼 수 없는 것이다.

외환위기 후 경제성장은 확실하게 떨어졌지만 위험은 감소했다고 보기 어렵거나 오히려 증가했을 가능성이 있다. 거기에다 일반 국민이 느끼는 위험을 고려해야 한다. 일반 국민이 느끼는 위험은 위기가 일어나는 데서만 오는 것이 아니다. 위기와 무관하게 삶의 불안정성이 올라가서 대다수 국민이 불안하게 느낄 수 있다. 외환위기 후 실제로 그런 일이 일어났다. 그것은 노동시장에서 겪는 불안이 커졌기 때문이다. 외환위기 전에는 완전고용이 달성되어 있는 데다 기업이 도산해도 일반 근로자가 해고되는 일은 드물었다. 그런 사정은 외환위기 후에 완전히 바뀌었다. 외환위기 직후 구조조정 과정에서 근로자 수십만 명이 해고되고 그 후에도 해고가 과거보다 훨씬 빈번하게 이루어졌다. 거기에다 일자리가 귀해지고 비정규직 근로자가 급격하게 늘었다. 그렇게 노동시장에서 늘어난 위험을 더한다면 외환위기 후에 국민 대다수가 겪는 위험은 크게 늘어났을 것이다.

이런 것들을 모두 고려하면 외환위기 후 성립한 체제는 과거 체제에 비해 성장률이 떨어지고 위험이 줄어든 "저성장-저위험" 체제가 아니라, 성장률이 떨어지고 위험은 오히려 증가한 "저성장-고위험" 체제일 가능성이 크다. 고성장-고위험 체제와 저성장-저위험 체제에 대해서는 관점에 따라 평가가 달라질 수 있다. 그러나 저성장-고위험 체제가 고성장-고위험 체제보다 못하다는 것은 논란의 여지가 없다.

2010년 자본시장 개방 조치를 일부 수정한 후 외환위기의 위험은 상대적으로 줄었다. 외환보유액을 늘린 것도 외환위기의 가능성을 낮추었다. 그러나 이런 조치들이 저성장-고위험 체제를 충분히 수정했는지는 의문이다. 그것은 무엇보다 대다수 국민이 노동시장에서 느끼는 위험이 해결되지 않았기 때문이다. 이 문제는 다음 장에서 살펴볼 것이다.

제6장

소득분배의 악화와 노동문제

"노동은 자본에 선행하며 자본으로부터 독립적이다.
자본은 노동의 과실에 불과하며, 노동이 없었으면 자본도 없었을 것이다.
노동은 자본의 상급자이며 더 높은 배려를 받을 자격이 있다."
_ 에이브러햄 링컨(Abraham Lincoln)

이 장은 외환위기 후 소득분배와 노동문제를 살펴본다. 외환위기 후 소득분배가 악화되어서 그것이 큰 문제가 되고 있다. 외환위기 전 한국은 "형평을 수반한 성장(growth with equity)"을 한 것으로 간주되었지만, 외환위기 후 그런 모습이 일변했다고 할 수 있다. 경제성장률이 떨어진 위에 소득분배도 악화된 것이다.

지난 20여 년간 소득분배의 악화는 전 세계적 현상이다. 그것이 기술 변화나 세계화에 따라 일어나는 자연스러운 현상인지 인위적인 제도나 정책 내지 관행의 결과인가는 논란의 대상이다. 그것은 한국에서도 마찬가지다. 지난 20여 년간 소득분배가 악화된 데는 기술 변화나 세계화 같은 요인이 작용했을 것이다. 그런 한편 외환위기가 소득분배를 악화시킨 결정적 계기가 되었다는 것은 제도나 정책, 관행이 변한 결과 소득분배가 악화되었을 가능성이 크다는 것을 의미한다.

소득분배 문제와 무관하지 않은 것이 일자리 문제다. 외환위기 전 한국은 고도성장으로 일자리를 대거 만들었고, 그것이 소득분배가 평등하게 유지된 중요한 조건이었다. 그러나 외환위기 후 한국은 일자리 부족 사태를 겪고 있다. 실업률은 외환위기 전보다 높고, 과거 지속적으로 상승하던 고용률은 오랜 동안 멈추어 서다시피 했다. 거기에다 비정규직 노동자의 비중이 대거 늘어나고 대기업 종업원의 비중이 줄어서 노동시장의 이중구조가 심화되었다.

소득분배나 노동의 관점에서 보면 외환위기 후 한국 경제의 성과가 나빠졌다는 데 대해 별 이견(異見)이 없다. 그래서 제1장에서 언급한 것처럼 노동의 관점에서 보면 1997년 외환위기는 "끝나도 끝나지 않은 사건"이라고 할 수 있는 것이다. 당연히 그런 결과가 외환위기의 성격과 어떻게 관련되어 있는지에 대한 물음이 나오게 된다. 지금까지 그 문제가 충분히 밝혀졌다고 볼 수는 없다. 이 절에서는 그 문제를 좀 더 구명해 보기로 한다.

우선 외환위기 직후 구조조정 과정에서 중산층 근로자가 대거 정리해고 됨에 따라 소득분배가 악화되었을 것이라고 생각할 수 있다. 따라서 그렇게 대규모 정리해고를 하는 것이 적절했는지에 대한 평가 문제가 나오지 않을 수 없다. 구조조정이 끝난 후에도 일자리가 잘 만들어지지 않고 노동시장의 이중구조가 심화됨에 따라 대다수 한국인의 삶이 불안정해졌을 뿐 아니라 당연히 소득분배가 악화되었다. 일자리가 잘 만들어지지 않는 것은 주로 경제성장률 하락 때문이지만, 노동시장 이중구조가 심화되는 데 대해서는 학자들 간에 설명이 다르기 때문에 그 문제를 좀 더 살펴볼 필요가 있다. 거기에다 외환위기 후 노동소득분배율이 떨어졌다. 노동소득분배율 하락은 소득분배를 악화시킬 가능성이 큰데, 어떤 식으로 소득분배를 악화시키는지는 좀 더 구명할 여지가 있다. 노동소득분배율 하락은 노동시장에서 이루어진 변화와 서로 표리관계를 이루면서 진행되었을 가능성이 있다. 그것은 국제투자에서의 국민소득 감소와 관련이 있을 가능성도 있다.

이 장은 다음과 같이 진행한다. 제1절에서는 외환위기 후 소득분배가 악화된 데 대해 살펴보고 그 원인에 대해 논한다. 제2절에서는 소득분배가 악화된 일차적 원인으로서 외환위기 후의 구조조정에 대해 살펴본다. 제3절에서는 외환위기 후 일자리 창출 능력 감소로 고용률이 떨어지고 노동시장의 이중구조가 심화되는 데 대해 살펴본다. 제4절에서는 소득분배가 악화되는 양상으로서 노동소득분배율이 하락한 데 대해 살펴본다.

제1절 소득분배의 악화와 그 원인

한국의 소득분배는 통계가 부실하다. 소득분배 통계가 수출입 통계나 국민계정 통계보다 부실한 것은 어느 나라나 마찬가지지만, 한국은 그 정도가 특히 심하다. 외환위기 후 정부는 경제 및 사회 전체의 투명성을 올리는 조치의 일환으로서 소득분배 통계를 대폭 정비하고 개선했다. 통계청은 5년 주기의 사회통계조사와 가구소비실태조사를 통해 소득분배 상황을 공표하던 종전의 방침에서 벗어나 매월 실시하는 가계동향조사를 확대·개편하여 매년 소득분배 통계를 발표하게 되었다. 통계청은 확대·개편된 가계동향조사에 의거해서 도시 2인 이상 가구의 소득분배 통계를 1990년까지 소급 정비했다. 가계동향조사는 2003년부터 2인 이상 전국 가구(농가 제외)로 포괄범위가 확대되고 2006년부터 1인 가구까지 포괄범위가 확대되었다. 거기에 농가경제조사의 자료를 바탕으로 농가의 소득분포까지 별도로 추계하여 가계동향조사의 추계와 합침으로써 2006년부터 전체 가구의 소득분배 지표를 작성하기 시작했다. 이에 따라 통계청의 소득분배 관련 통계로서 가장 긴 시계열은 1990년부터 있는 2인 이상 도시가구 통계이고, 다른 나라들과 소득분배를 비교할 수 있는 전체 가구의 소득분배 시계열은 2006년부터 갖추어졌다.

소득분배의 악화

〈표 6-1〉은 그렇게 작성한 통계청의 자료에 나타난 지니(Gini)계수의 추세

〈표 6-1〉 지니계수

구분	시장소득			가처분소득		
	2인 이상 도시가구	2인 이상 비농가가구	전체 가구	2인 이상 도시가구	2인 이상 비농가가구	전체 가구
1990	0.266			0.256		
1991	0.259			0.250		
1992	0.254			0.245		
1993	0.256			0.250		
1994	0.255			0.248		
1995	0.259			0.251		
1996	0.266			0.257		
1997	0.264			0.257		
1998	0.293			0.285		
1999	0.298			0.288		
2000	0.279			0.266		
2001	0.290			0.277		
2002	0.293			0.279		
2003	0.283	0.292		0.270	0.277	
2004	0.293	0.301		0.277	0.283	
2005	0.298	0.306		0.281	0.287	
2006	0.305	0.312	0.330	0.285	0.291	0.306
2007	0.316	0.321	0.340	0.292	0.295	0.312
2008	0.319	0.323	0.344	0.294	0.296	0.314
2009	0.320	0.320	0.345	0.295	0.294	0.314
2010	0.315	0.314	0.341	0.289	0.288	0.310
2011	0.313	0.313	0.342	0.289	0.288	0.311
2012	0.310	0.311	0.338	0.285	0.285	0.307
2013	0.307	0.308	0.336	0.280	0.280	0.302
2014	0.308	0.309	0.341	0.277	0.278	0.302
2015	0.305	0.307	0.341	0.269	0.270	0.295
2016	0.317	0.318	0.353	0.278	0.279	0.304

자료: 국가통계포털(kosis.kr).

를 시장소득과 가처분소득으로 나누어 보여주고 있다. 이들 통계 중 외환위기 전과 후를 일관되게 비교할 수 있는 것은 1990년부터 소급 계산해서 공표하고 있는 2인 이상 도시가구 대상 통계다. 이 통계에 따르면 외환위기를 계기로 소득분배가 악화되었다. 시장소득으로 보면 1997년의 지니계수가 0.264였던 것이 1998년에 0.293, 1999년에는 0.298으로 치솟았다. 그렇게 외환위기 직후 크게 악화된 소득분배는 그 후 개선과 악화를 겪었지만 외환위기 전 수준으로 돌아가지 못했다.

한편 외환위기 이후 통계 작성이 시작된 표본을 보면, 1인 가구와 읍면 지역, 농(어)가 가구를 포함하는 전체 가구로 조사 대상을 확장할수록 불평등 수준은 높게 나타난다. 이는 1인 가구, 비도시 지역, 농가 가구의 소득이 상대적으로 낮다는 것을 뜻한다. 그러나 국제 비교로 보면 2010년대(2010~2016 평균) 한국의 지니계수는 전체 가구 시장소득 기준으로 0.342로서 OECD 국가 중에 가장 낮은 수준이다.

시장소득 불평등과 전체 가구 가처분소득 불평등 간의 차이는 2000년대 중반부터 확대된다. 이는 외환위기 후 사회보장제도가 확대되면서 재분배 정책이 불평등을 완화하는 효과가 커졌기 때문이다. 그러나 외환위기 전과 후를 비교하면 시장소득 불평등 확대를 재분배 효과의 증가가 완전히 상쇄하지 못해서 가처분소득 불평등은 아직 외환위기 전 수준으로 돌아가지 못했다. 국제 비교로 보면 가처분소득 지니계수는 2010~2016년간 평균 0.304로서 OECD 평균과 비슷한 수준이다.

가계동향조사에 의거한 통계청의 소득분배 통계는 고소득층이 과소 대표되고 재산소득이 과소 보고되는 문제가 있다고 생각된다. 그런 문제는 통계청이 작성하는 다른 통계인 가구소비실태조사, 통계청이 금융감독원 및 한국은행과 같이 작성하는 가계금융복지조사 등을 이용한 연구 결과에서 나타난다. 이들 연구 중 외환위기 전과 후를 비교할 수 있는 것으로 이병희(2015)의 연구가 있다. 이병희는 가구소비실태조사와 가계금융복지조사 자료를 사용해서 가처분소득으로 본 가구소득의 지니계수를 계산한 결과 1996년 0.307에서 2000년 0.374로 크게 증가했다고 보고하고 있다. 2000년대에도 불평등 수준은 감소하지 않아서 2011년 0.388로 더 증가하다가 2013년에 소폭 감소한 0.371을 기록하고 있다.

최근 국세청 과세 자료가 연구자들에게 이용 가능해졌다. 그에 따라 국세청 과세 통계를 가계동향조사와 대조하고 그것을 국민계정과 연계시켜 소득분배 불평등을 추계하는 연구가 나왔다. 김낙년·김종일(2013)은 1996, 2000, 2006, 2010년에 대해 통계청의 가계동향조사와 국세청 소득세 과세 자료를 대조한 결과 가계동향조사에 의거한 소득분배 통계가 상위 소득자의 누락과 금융소득의 과소보고가 심각하다고 주장한다. 이를 보정할 경우 시장소득 지니계수는 1996년부터 2006년까지 10년간에 걸쳐 급속하고 일관되게 상승하다가 2000년대 후반에 상승폭이 다소 둔화되었다. 소득재분배 효과를 나타내는 시장소득과 가처분소득 지니계수 간의 차이는 통계청 지표에서와 마찬가지로 확대되고 있지만, 통계청 지표는 그 정도를 다소 과소평가하고 있다. 2000년대 후반에는 시장소득 지니계수 상승이 둔화되고 재분배효과가 늘어서 가처분소득 지니계수가 감소로 돌아섰다.

국세청 과세 자료를 이용해서 보정한 연구 결과는 외환위기 후 한국 소득분배의 불평등이 국제적 비교로 보아 어느 수준인가에 대해서 통계청의 가계동향조사와 다른 의미를 가지고 있다. 통계청 가계동향조사에 의하면 한국의 시장소득 불평등은 OECD 국가 중에 가장 낮은 수준이고 가처분소득 기준으로는 OECD 평균 수준이다. 반면 국세청 자료를 같이 감안한 김낙년·김종일의 분석에서는 시장소득의 지니계수가 OECD 국가 중에서 중간 정도의 순위에 속하고 가처분소득 기준으로 보면 분배가 가장 불평등한 나라에 속한다. 구체적으로 시장소득 기준 지니계수는 2010년에 0.415인데, 이것은 OECD 국가들 중 평균수준이고, 가처분소득 지니계수는 0.371로서 OECD국가 중 가장 높은 편에 속한다.

이렇게 사용하는 자료에 따라 소득분배의 불평등 정도는 다르게 나온다. 그러나 외환위기를 계기로 시장소득 불평등이 크게 확대되었고, 그것을 정부의 재분배 정책이 교정하는 데는 한계가 있어서 가처분소득분배도 외환위기 전보다 더 불평등해졌다는 데 대해서는 모든 분석 결과가 일치한다. 그리고 연구 결과에 따라서는 그 불평등 정도가 세계적으로 보아도 매우 높은 수준으로 나온다.

한편 외환위기 후 소득분배가 불평등해지는 것을 넘어서 “양극화”가 일어나고 있다는 주장도 제기되었다. 양극화는 일부 선진국들에서 중산층이 사라져서 사회가 이분화되는 현상을 파악하기 위해 새로운 개념 및 지수를 개발하면서 문제가 되기 시작했다(Wolfson, 1994; Esteban and Ray, 1994). 일부 경제학자들은 한국도 외환위기 후 그런 현상이 나타나고 있다고 주장한다(최희갑, 2002: 신동균, 2007). 양극화는 사회가 고소득 집단과 저소득 집단으로 갈리는 현상으로서 단순한 불평등 확대와는 다르다. 예컨대 어떤 사회의 모든 부를 한 사람이 독차지하고 있을 경우 지니계수는 1이 되어서 불평등 정도는 더 높을 수 없는 수준이지만 그 사회가 양극화된 것은 아니다. 양극화는 단순히 분배가 불평등해지는 것보다 사회적 갈등을 일으킬 가능성이 더 크다. 한편 실제로 측정된 지니계수 같은 불평등 지수와 양극화 지수의 변동 추이가 비슷하게 나타나서 둘 간의 차이가 실제로는 큰 의미를 갖지 못한다는 주장도 있다(유경준, 2012).

신자유주의와 소득분배

이상의 연구 결과를 정리하면 세부적으로 논란의 여지가 있지만 외환위기 후 소득분배가 악화되었다는 것은 의심의 여지가 없다. 소득분배가 악화되고 있는 원인은 무엇인가? 이 문제를 살펴보기 위해서는 소득분배의 세계적 추세와 그에 대한 설명을 살펴볼 필요가 있다. 한국 같은 개방경제가 세계적 추세의 영향을 안 받을 수 없다. 거기에다 한국의 소득분배가 악화된 데는 국제적 요인인 외환위기가 결정적 계기가 되었다는 것을 감안해야 한다.

소득분배가 악화되는 것은 세계적 현상이다. 그 추세는 미국을 비롯한 선진국에서 두드러진다. 나라에 따라 다소 차이는 있지만 선진국에서는 지난 40여 년간 소득분배가 일관되게 악화되어 왔다. 개도국은 소득분배가 불평등한 정도는 선진국보다 더 심하지만, 지난 40년간의 추세는 나라에 따라 다르다(Dabla-Norris et al., 2015). 한국은 세계적으로 보아 선진국으로 분류되고 있는데, 소득분배가 지난 20여 년간 악화되었다는 점도 다른 선진국과 같다.[1]

지난 40여 년에 걸쳐 선진국에서 소득분배가 악화된 것은 소득분배의 추세에 대한 기존 관념을 바꾸어 놓았다. 사이먼 쿠즈네츠(Simon Kuznets)의 "역-U자 가설"대로 산업화 초기에 소득분배가 악화되다가 산업화가 진행됨에 따라 분배가 개선될 것이라고 기대했던 것은 틀렸다는 것이 밝혀졌다. 최근 토마 피케티(Thomas Piketty)와 그의 동료들이 300여 년에 걸쳐 주요 선진국의 분배를 실증 분석에서 보여주는 것처럼 자본주의 경제에서 쿠즈네츠의 가설이 성립한다는 보장이 없다. 지난 100여 년을 본다면 오히려 그 반대 양상이 나타났다. 처음에 분배가 개선되었다가 다시 악화되어서 "역-U자"가 아니라 오히려 "U자 패턴"이 나타난 것이다(Piketty, 2014).

선진국에서 소득분배가 악화되는 데 대한 설명은 크게 보아 두 가지로 나뉜다. 하나는 경제적 조건 변화로 설명하는 것이고, 다른 하나는 제도나 정책의 변화, 그리고 그것을 궁극적으로 결정하는 정치적 변화로 설명하는 것이다.

경제적 조건 변화로는 우선 기술 변화를 들 수 있다. 경제학에서 말하는 "숙련 편의적 기술 진보(skill-biased technical change)"가 그것이다. 1990년대부터 본격적으로 정보통신기술이 발달한 결과 그에 적응할 수 있었던 고급 기술직에 대한 수요를 증가시키고 비숙련노동의 수요를 감소시켰다. 또 하나의

1 제5장에서 한국은 선진국이 아니라 신흥시장국으로 분류된다고 했는데, 이것은 금융에 있어서 그렇고, 다른 영역에서는 선진국으로 분류되고 있다. 이제민(2015c) 참조.

경제적 조건 변화는 세계화의 심화다. 1980년대 이후 중국이 세계자본주의 경제에 편입된 데 이어 1990년대에는 소련이 붕괴하고 인도의 개방·개혁이 시작되었다. 이들 국가의 따라잡기 성장이 제2의 "자본주의 황금기"라고 불릴 수 있는 호황을 가져왔다는 것은 제2장에서 설명했다. 그 과정에서 이들 나라의 저숙련노동자들이 글로벌 시장체제에 대거 편입되었다. 이로 인해 글로벌 시장의 노동력은 대략 14억 6000만 명에서 29억 3000만 명으로 배가(倍加)되었다(Freeman, 2008). 그것은 선진국에서 소득분배를 악화시켰다. 노동시장이 국제적으로 통합되어서 그런 저숙련노동자들이 선진국으로 유입될 경우 선진국의 기존 저숙련노동자들은 바로 임금의 하향 압력을 받는다. 노동시장이 통합되지 않더라도 무역을 통해 단순노동 집약적 제품이 수입되어서 그런 제품의 국내 시장가격을 낮추면 비숙련노동자의 임금은 하향 압력을 받는다. 반면 고부가가치 상품과 서비스를 생산해내는 능력을 갖춘 숙련노동자나 전문직 종사자는 더 많은 기회를 누릴 수 있어서 소득이 늘어나게 된다.

기술 진보와 세계화는 노동소득의 분배를 불평등하게 할 뿐 아니라 노동 대 자본의 관계에서 노동에 불리하게 작용한다. 그 결과 지난 30~40년간 선진국에서 노동소득분배율이 현저하게 떨어졌다(Karabarbounis and Neiman, 2014). 노동소득분배율이 떨어지면 대체로 소득분배가 악화된다. 한편 노동소득분배율이 떨어진 데 대해 피케티 같은 학자는 1970년대 중반 이후 경제성장률이 떨어진 것이 자본소득분배율을 올리고 노동소득분배율을 떨어뜨려서 소득분배를 악화시켰다고 한다. 구미 선진국에서 자본주의 황금기였던 1970년대 초반까지는 경제성장률이 자본의 수익률을 앞질러서 그것이 평등화 요인으로 작용했지만, 1970년대 중반 이후 자본주의 황금기가 끝나면서 성장률은 떨어졌는데 자본의 수익률은 그만큼 떨어지지 않아서 소득분배가 노동에 불리하게 되었다는 것이다.

그러나 기술 진보나 세계화, 성장률 하락 등으로 소득분배 악화를 설명하는 데는 한계가 있다. 피케티 같은 사람도 너무 잘 알고 있듯이 지난 40여 년간 선진국에서 두드러지는 현상은 경제성장의 과실이 상위 1% 또는 0.1%에 집중되고 있는 것이다. 같이 교육을 받았고 숙련을 갖추었더라도 1%나 0.1%에 끼지 못하는 사람은 소득이 별로 증가하지 않는다. 이런 "승자 독식" 현상은 기술 진보나 세계화만으로는 설명할 수 없다. 그런 현상은 미국이 특히 심한데, 미국이 세계 최선진국이면서 헤게모니 국가라는 위상, 그리고 미국이 현대 경제학의 본산으로서 미국 경제학자들이 세계 경제학자들의 사고방식을 선도한다는 사실 때문에 미국의 그런 모습은 많은 주목을 받았다.

미국에서 소득이 상위 1%에 집중되는 구도에 대해 분석한 연구들은 그것이 기술 진보나 세계화가 아니라 정책 및 제도와 관행의 변화, 그리고 그것을 궁극적으로 뒷받침하는 정치의 변화 때문이라고 주장한다. 그런 주장을 펴는 대표적 학자로서는 조지프 스티글리츠와 폴 크루그먼이 있다(Stiglitz, 2012; Krugman, 2009).

스티글리츠는 미국의 불평등 확대에 대해 이렇게 설명한다. 현실적으로 시장은 정보의 불완전성, 진입장벽, 자연독점 등으로 완전한 경우는 거의 없다. 시장의 불완전성은 우선 대기업의 시장 지배력과 초과이윤으로 나타난다. 대기업의 초과이윤은 혁신(innovation)의 결과인 측면도 있지만 공공재 성격을 가진 기술 개발의 성과를 대기업이 독차지한 결과인 경우가 많다. 일단 시장 지배력을 확보한 대기업은 특허권을 이용하거나 불공정거래를 해서 초과이윤을 유지한다. 그렇게 얻은 초과이윤 중 많은 부분이 주주들의 견제를 별로 받지 않고 스스로 보수를 결정하는 최고경영자(CEO)들에게 돌아간다.

시장의 실패가 특히 두드러지는 분야는 금융이다. 금융은 정보의 비대칭성 때문에 처음부터 시장이 실패하기 마련이다. 금융기관은 정보의 불완전성을 이용해서 소비자에게서 많은 이득을 취한다. 금융 소비자 중에는 가난한 사람도 많다. 부유층인 금융 종사자들이 가난한 사람들의 등을 치는 것이다. 금융기관의 그런 행태는 금융위기를 일으켜서 경제의 불안정성을 가져올 뿐 아니라 소득분배를 악화시킨다.

이러한 시장의 실패를 시정하는 조치는 정부의 몫이다. 그러나 정부는 필요한 개입을 하지 않거나 오히려 불평등을 악화시키는 방향으로 개입해 왔다. 대기업의 초과이윤을 제어하는 데는 공정거래를 위시한 정부 규제가 필수적이다. 그러나 공정거래를 위한 규제는 1980년대 이후 규제 철폐 움직임 속에 약화되었다. 금융 규제도 1980년대 이후 풀리기 시작했다. 그러면서 정부가 대규모 금융회사와 결탁하는 구도가 만들어졌다. "대마불사"는 바로 미국의 대규모 금융회사들에 해당하는 이야기다. 그런 한편 에너지와 자연자원 등에서는 정부가 싼 가격으로 대기업들에게 국유자산의 이용권을 제공하고 있다. 건강보험에서는 정부가 제약회사들이 초과이윤을 버는 것을 방조하고 있다.

이렇게 시장의 실패와 정부의 실패가 겹쳐서 대규모 지대(rent)가 발생하고, 그 지대를 대기업과 정부를 움직이는 소수의 엘리트층이 갈라 먹는 시스템이 만들어짐으로써 상위 1%가 경제성장의 과실의 대부분을 가져가게 되었다. 스티글리츠는 그런 구도가 만들어진 것은 결국 1980년대 이후 정치가 우경화한 때문이라고 말한다.

크루그먼도 스티글리츠와 비슷한 설명을 하고 있다. 크루그먼은 불평등의 확대를 가져온 제도, 관행 및 정책의 변화와 그것을 가져온 정치 상황의 변화를 좀 더 역사적으로 설명하고 있다. 19세기 후반 미국은 "강도남작(robber barons)"이 지배하던 "도금한 시대(Gilded Age)"였다. 20세기 들면서 "진보의 시대"가 도래해서 공정거래를 위시한 각종 규제로 강도남작의 힘을 누르는 조치들이 취해졌고, 대공황 이후 뉴딜정책하에서 본격적으로 개혁이 이루어졌다. 금융에 대한 규제가 도입되고, 사회보장제도가 도입되었으며 노동조합의 발언권이 확보되었다. 그런 조치와 함께 제2차 세계대전 중 전시경제하에서 임금을 통제한 결과 "대압축(The Great Compression)"이라고 할 만큼 소득분배가 평등하게 바뀌었다.

제2차 세계대전 직후 뉴딜정책 이전으로 돌아가려는 보수파의 시도가 있었지만 성공하지 못하고, 1960년대 새로운 진보의 시대에 규제가 강화되고 노동자를 비롯한 사회적 약자의 발언권이 강화되고 복지가 확대되었다. 그런 한편 1960년대부터 뉴딜정책을 되돌려서 19세기적인 자본주의로 복귀시키려는 움직임이 일부 소수파로 시작되어서 점차 확대되었다. 그 과정은 미국 공화당이 중도우파가 지배하는 정당에서 극우파가 좌우하는 정당으로 변신해가는 과정과 일치했다. 그것이 결정적으로 힘을 받게 된 것은 1980년대 레이건(Reagan) 행정부의 등장 이후였다. 미국의 부유층은 세금을 적게 내기 위해 복지, 교육, 사회간접자본 건설에 대한 지출을 줄이는 한편, 공정거래나 금융안정을 위한 규제를 약화시키고, 환경규제를 철폐하는 등 수단과 방법을 가리지 않는 모습을 보이고 있다. 그것은 분배를 악화시키는 것은 물론이고 경제의 성장과 안정성을 위협하고 있다.

크루그먼은 주요 선진국 중 과거식 복지국가의 유산이 가장 많이 남아 있는 프랑스와 미국을 비교했을 때 통계상 일인당 GDP는 미국이 프랑스보다 많지만, 노동시간을 고려한 일인당 GDP는 미국보다 프랑스가 더 많다는 것을 지적하고 있다. 미국인의 노동시간이 긴 것은 상위 1%가 소득을 독점해서 대다수 미국인이 긴 시간을 노동해야 생계를 유지할 수 있고, 사회보장제도가 미비해서 노후가 불안하기 때문이다. 거기에다 미국이 민영화된 의료체제에서 많은 국민이 의료보호 대상에서 제외되면서도 의료서비스 비용의 GDP에 대한 비율은 높다는 것을 감안하면 국민 개인이 느끼는 일인당 후생은 미국이 프랑스보다 못하다는 것이다.

그렇게 형성된 경제적 불평등은 다시 소득과 부를 독점한 엘리트들이 정치나 관료조직, 언론에 영향을 미침으로써 민주정치를 위협하고 있다. 그런 구도에 대해 길항력(拮抗力)을 제공해줄 수 있는 것은 무엇보다 노동조합이지만, 1980년대 이후 미국의 엘리트들은 합법적·불법적 방법으로 노동조합을 약화시켰다. 크루그먼은 그 결과 미국이 사회적 갈등 관리에 실패해서 남미 국가처럼 될 가능성이 있다고 한다.

크루그먼의 설명은 소득분배가 악화된 이유가 사실상 신자유주의라고 주장하고 있는 것이다. 크루그먼은 자신을 "자유주의자(liberal)"라 부르고 있다. 그리고 신자유주의(neoliberalism)라는 용어 대신 보수주의(conservatism)라는 용어를 쓰고 있다. 이것은 물론 제2장 말미에서 살펴본 것처럼 자유주의를 수정자본주의를 옹호하는 사상으로 정의하고 그것을 보수주의 내지 신보수주의로서의 신자유주의와 대비시키고 있는 것이다. 한국식으로 말해서 크루그먼은 문자 그대로 "리버럴"인 것이다.

스티글리츠와 크루그먼이 강조하는 정부와 정치의 행태는 신자유주의 경제학자들이 강조하는 "정부의 실패" 이론과 별로 다르지 않다. 신자유주의 경제학자들인 제임스 뷰캐넌(James Buchanan)이나 조지 스티글러(George Stigler) 같은 학자들은 수정자본주의체제하에서 정부 역할이 커지는 데 대한 비판으로서 정부가 제공하는 이권을 따먹으려는 "지대추구(rent-seeking)"나 이익집단에 의한 정부의 "포획(capture)" 같은 개념을 제시했다. 신자유주의 경제학자들은 정부 개입을 줄여서 로비 없는 세상을 만든다는 목적으로 그런 주장을 했다. 그러나 스티글리츠나 크루그먼이 주장하듯이 현실적으로 포획이나 지대추구를 할 수 있는 힘을 가진 쪽은 돈이 많은 대기업이나 금융회사다. 이들과 이들에게 포획되고 그 지대추구를 도와주는 위치에 있는 권력자가 유착하는 것이 상위 1% 엘리트가 성장의 과실을 독식하는 메커니즘이다. 그러면서 엘리트들은 복지를 삭감하고, 규제를 철폐하고, 그러기 위해 신자유주의 이데올로기를 조직적으로 퍼뜨리고 있는 것이 현실이다.

소득분배 악화의 원인

한국에서 소득분배가 악화되는 데도 기술 변화나 세계화가 영향을 미쳤을 것이다. 기술 변화의 경우 한국은 후발자로서 정보통신산업에 급속히 뛰어들었기 때문에 그 영향은 더 컸을 수 있다. 한편 한국은 정보통신기술의 보급이 더 보편적이고 적응하는 국민의 수도 많았기 때문에 그것이 분배를 악화시키는 효과는 상대적으로 작았을 것이라고 볼 수도 있다. 세계화도 지난 20여 년간 소득분배에 불리하게 작용했다. 1960년대부터 1980년대까지 한국은 세계화가 소득분배에 유리하게 작용했다. 단순노동 집약적 공산품 수출이 증가함으로써 단순노동에 대한 수요가 상대적으로 더 늘어서 그 상대가격이 올라감으로써 소득분배를 평등하게 만들었던 것이다. 그러나 1990년대부터는 그런 구도가 바뀌었다. 중국 등 신흥개도국의 등장으로 여느 선진국처럼 비숙련노동자의 임금은 하향 압력을 받고 숙련노동자와 전문직 종사자의 소득은 상향 동력을 얻었던 것이다.

그러나 한국의 경우도 기술 진보나 세계화보다 제도나 정책, 관행의 변화가 소득분배를 악화시키는 중요한 요인이 되었다. 그것은 외환위기가 소득분배를 악화시킨 결정적 계기가 되었기 때문이다. 외환위기 직후 구조조정과 그 후 이어진 구조 개혁으로 제도, 정책 및 관행이 바뀌어 소득분배가 악화된 것이다. 한국에서의 그런 과정을 설명하는 데 있어서도 신자유주의를 고려해야 한다. 외환위기 후 한국은 미국과 IMF의 신자유주의적 요구를 이용해서 자유주의적 개혁을 하고자 했다. 그렇게 했던 것은 과거 신중상주의 체제의 유산이었던 정격유착, 관치금융, 재벌체제의 폐해가 컸다고 생각했기 때문이다. 신중상주의는 특권과 독점 지대를 창출하고 그것을 나누어주는 체제다. 그것은 미국 같은 나라의 신자유주의체제하에서 엘리트층이 지대를 갈라 먹는 것과 닮았다. 그렇다고 한국에서의 그런 행태를 신자유주의라고 볼 수는 없다. 자유주의체제가 제대로 성립한 적이 없는 한국에서 산업화 초기에 고도성장을 할 때의 체제가 신중상주의였다. 그것은 엘리트층이 갈라 먹지만 고도성장을 이룬 체제였다. 그런 한편 그 체제가 지속될 수 없어서 변화가 불가피했다는 것, 즉 자유주의체제로의 이행이 필연적이었다는 것은 제2장에서 설명했다. 그런 이행 과정은 1980~1990년대 일부 진행되고 있었지만 여전히 미완이었다.

자유주의적 개혁은 독점과 특권을 해체하는 것이기 때문에 분배에도 유리하게 작용할 수 있다. 그러나 IMF-플러스 개혁처럼 현지 사정을 고려하지 않고 급격하게 시행한 개혁이 소기의 성과를 달성할 수 있었을지는 처음부터 의문이었다. 그렇게 시행된 구조 개혁은 제4장에서 살펴본 것처럼 경제성장률이 떨어지는 결과를 가져왔다. 제5장에서는 그런 개혁이 국내적으로 안정성을 확보하는 데 일부 도움이 되었지만, 전체적으로 볼 때는 오히려 불안정한 체제가 되었을 가능성이 크다는 것을 살펴보았다. 구조 개혁이 분배에 미친 영향도 통계에서 드러난 것으로 보아 부정적으로 평가할 수밖에 없다.

문제의 근원은 IMF-플러스 개혁 같은 것으로 한국의 오랜 관행을 "일격"에 해결하려고 했던 것이었다. 한국의 오랜 관료사회의 역사, 일제의 식민지배의 성격, 그 후 신중상주의체제하에서 재벌·관료·정치인이 얽힌 구조를 생각하면 자유주의적 개혁이 일거에 이루어지리라고 기대하기는 어려운 일이었다. 그렇게 해서 자유주의적 개혁은 큰 진전이 없는 반면, 신자유주의적 이해관계는 철저하게 관철되었다. 무엇보다 외환위기 후 외국 자본이 한국 자산 소유를 크게 늘려서 중요 경제주체로 등장했다. 그 결과 외자의 이익이 관철되는 과정이 국내적으로 소득분배가 악화되는 과정과 표리관계로 진행되었을 가능성이 큰 것이다.

외환위기 직후 IMF-플러스 개혁하에서 급격한 구조조정을 하면서 대규모 정리해고가 시행되었는데, 그것은 소득분배를 악화시켰을 것이다. 거기에다 비정규직 노동자의 고용이 쉬워지고 그 결과 노동시장의 이중구조가 심화된 것이 소득분배를 악화시켰을 가능성이 크다. 한국의 경우 외환위기 후에도 미국처럼 최상위 1%의 소득 비중 변화가 소득분배 악화를 주도하는 것은 아니다. 그것보다는 중간 소득층의 비율이 감소하고 저소득층의 소득이 감소하는 바람에 상위 소득자의 상대적 소득이 증가했고 그것이 소득분배를 악화시켰다. 그렇게 된 데는 노동시장의 이중구조 심화가 중요한 요인으로 자리 잡고 있다(홍민기, 2015: 25). 그렇게 정리해고가 이루어지고 비정규직 근로자가 늘어나는 과정은 노동 대 자본의 관계에서 노동에 불리하게 작용했을 가능성이 크다. 실제로 외환위기를 계기로 노동소득분배율이 떨어졌다. 노동소득분배율 하락은 소득분배를 악화시키는 원인으로 지적되고 있다(이병희 외, 2014).

이렇게 보면 외환위기 후 한국은 노동자의 이익이 희생된 위에서 지배층 간에 지대를 갈라 먹는 행태가 청산된 것이 아니라 변형되거나 복잡하게 되었을 가능성이 크다. 지배층 간에 지대를 갈라 먹는 행태가 변형되거나 복잡하게 된 가장 큰 이유는 외자가 중요한 경제주체로 등장한 것이다. 한국이 외환위기 후 신자유주의적 요구를 이용해서 자유주의적 개혁을 하려고 한 것은 그런 식의 소득분배로 귀착했을 가능성이 크다.

물론 여기서 외환위기 후 구조 개혁이 신자유주의와 다른 점도 있었다는 것을 다시 한 번 짚고 넘어갈 필요가 있다. 거기에는 우선 노동조합을 무력화하는 내용이 없었다. IMF가 요구한 노동 개혁, 즉 "노동시장 유연화" 요구는 노동에 불리한 조치였기 때문에 신자유주의적이었지만, 그런 조치는 당시 민주화 이후에도 노동조합의 활동을 제약하고 있던 제한을 푸는 것과 바꾸는 형식으로 이루어졌다.

사회보장제도를 확대한 것도 신자유주의와 달랐다. 외환위기는 복지제도가 한 단계 발전하는 계기가 되었다. 우선 위기 전부터 얼개가 짜여 있던 사회보험의 커버 범위를 넓혔다. 1998년 10월 고용보험의 적용범위를 1인 이상 전 사업장까지 확대했다. 1998년 의료보험이 직장가입자와 지역가입자의 조직과 기금이 통합되어 단일화된 통합의료보험제도가 도입되었다. 미국에서 큰 문제가 되는 의료보험 커버리지 문제 같은 것은 한국에서는 정반대로 진행되었던 것이다. 1999년에는 국민연금법을 확대해서 전 국민 개보험화가 이루어졌다. 사회보험제도의 확장과 더불어 공공부조(public assistance)도 확대되었다. 국민기초생활보장법이 제정되어서 종래의 공공부조가 근로무능력자 구호 중심에서 근로계층까지 포괄하는 빈곤 대책으로 바뀌었다. 그 후에도 기초생활보장 사각지대 해소를 위한 부양의무자 기준 완화, 재산의 소득 환산제 도입, 최저생계비의 법정화 등이 이루어졌고, 근로빈곤 문제 해결을 위해 근로장려세제(EITC)가 도입되었다. 나아가서 노인과 장애인의 기초생활보장을 강화하고 연금의 사각지대를 개선하기 위해 기초노령연금(2007)과 장애인연금(2009)이 도입되었다.

보건 및 사회보호로 측정한 정부의 복지 지출은 1997년 GDP의 4.2%에서 1999년 5.9%로 급등한 뒤 계속 상승해서 2016년 10.9%까지 올라갔다. 복지 지출이 늘어난 데는 외환위기 전부터 있던 사회보험제도가 점차 성숙되어서 수급자 수가 늘어났기 때문이기도 하지만, 외환위기 후 사회보장제도 자체를 확대했기 때문이기도 할 것이다. 그렇게 복지 지출을 통해 재분배를 늘린 결과 2000년대 들어 시장소득과 가처분소득 간의 간격이 늘어나게 되었다.

이 절에서는 가처분소득보다 시장소득분배가 악화된 데 대해 중점적으로 살펴보고자 한다. 복지 확대로 재분배가 되었다고 하더라도 그것이 시장소득의 분배 악화를 완전히 상쇄해 주는 힘은 없어서 외환위기 전에 비해 가처분소득분배는 악화되었다. 시장소득분배를 악화시키는 요인을 그냥 두고 복지 강화로 그것을 상쇄하는 것은 복지에 비용이 들어간다는 점에서 좋은 일이 못 된다. 세계적으로도 소득분배 악화를 막기 위해서는 재분배에 치중하기보다 시장소득분배 자체가 악화되는 것을 막는 것이 더 좋은 방법으로 간주되고 있다.

이하에서는 외환위기 후 시장소득의 분배가 악화된 이유로서 외환위기 직후 구조조정 과정에서 시행된 정리해고, 구조 개혁에 따른 노동시장의 이중구조 심화, 그리고 노동소득분배율 하락에 대해 차례로 살펴본다.

제2절 구조조정과 소득분배 악화

외환위기 직후 수많은 기업과 금융기관이 도산하고 살아남은 곳에서도 급격한 구조조정을 실시하는 과정에서 실업이 급증했다. 실업률은 외환위기 전

2%대에서 1998년과 1999년에 6%대로 뛰었다. 그것은 1960년대 한국 경제가 고도성장을 시작하고 난 후 초유의 대량실업 사태였다. 그 뒤 경기가 회복된 뒤에도 구조조정이 계속되어서 정리해고가 이어졌다. 그렇게 대규모 정리해고가 이루어진 것이 외환위기 이후 소득분배가 악화된 일차적 요인이다.

정리해고 문제

정리해고가 소득분배를 악화시킨 이유는 그것이 중산층을 붕괴시켰기 때문이다. 외환위기 후 구조 개혁은 기업, 금융, 공공 부문, 노동 4대 부문에 걸쳐 이루어졌는데, 노동은 다른 부문과 같은 범주가 아니라 기업, 금융, 공공 부문에 종사하는 근로자를 대상으로 하는 것이었고, 그 주된 내용은 바로 그들을 대규모로 해고하는 것이었다. 당시 구조조정의 타깃이 되어서 해고된 사람들은 주로 재벌기업, 금융기관, 공공 부문에 근무하던 40~50대 중·장년층 상용직 근로자들이었다. 이들은 한국 사회의 중산층이었다고 할 수 있다. 그것은 외환위기 전부터 있었던 한국 노동시장의 구조를 보면 이해할 수 있다.

한국의 노동시장은 고도성장을 시작할 때부터 이중구조였다. 이중구조는 일차적으로 재벌기업과 여타 기업 간의 차이에서 유래했다. 제2장 제2절에서 언급한 것처럼 재벌기업은 근로자에게 직업 훈련과 지식 습득의 기회를 제공하고 그 결과가 외부효과로서 기업 바깥으로 나가는 것을 막기 위해 종신고용제를 택했다. 재벌은 규모 확대와 다각화에 따라 성장 가능성이 높고 경영의 안정성을 누릴 수 있었기 때문에 종업원에게 종신고용을 보장할 능력이 있었다. 반면 중소기업은 그런 필요와 능력이 없었고, 따라서 중소기업의 노동시장은 매우 "유연"했다. 중소기업 종업원들은 일자리를 매우 자주 옮겼다(Lindauer, 1997).

당시 근로기준법은 해고를 어렵게 규정하고 있었다. 판례상으로 해고가 가능했지만 해고는 불가피한 경우로 한정되었다. 이런 구도에서 재벌기업에서 정리해고를 하는 일은 예외적이었다. 한 기업이 다른 기업에 인수합병될 때에도 고용 승계는 당연시되었다. 따라서 1980년대 대규모 기업 구조조정이 이루어질 때도 경영진을 제외하고 직원들은 대다수가 고용이 승계되었다.

금융기관도 재벌기업과 사정이 비슷했다. 은행은 규모가 크고 경영 상태와 무관하게 퇴출되는 법이 없었기 때문에 종신고용제를 택할 수 있었다. 비은행금융기관 역시 잘 망하지 않는 데다가 재벌 계열사가 많았기 때문에 종신고용제를 택하고 있었다. 공공 부문도 비슷한 사정이었다. 공무원은 법으로 신분을 보장받고 있었고, 공기업도 그에 준해서 종신고용 관행을 택하고 있었다.

그런 구도에서 재벌기업, 금융기관, 공공 부문에 종사하는 근로자들이 사회 전체로 보아 중산층의 중요 구성원이었다고 볼 수 있다. 물론 해고된 이들 중에는 상층에 속하는 사람도 있었을 것이다. 이들 중 어느 정도가 상층이고 어느 정도가 중산층이었는지를 알려주는 통계는 없다. 그러나 외환위기 후 금융기관 종사자 셋 중 하나가 해고된 사실에서 알 수 있는 것처럼 해고된 사람들 다수가 중산층이었을 것이다. 그렇게 중산층 근로자를 대거 해고한 것은 당사자뿐 아니라 한국인 전체가 느끼는 불안감을 올리는 동시에 소득분배를 악화시켰다.

중산층이 급격히 줄어들면 소득분배가 악화될 뿐 아니라, 상층과 하층만 남아서 "양극화"가 나타날 수도 있다. 물론 해고된 근로자들이 곧 그 전에 근무하던 것과 같은 직장으로 옮겨 갔으면 불안감도 통제가 되고 소득분배가 악화되지는 않았을 것이다. 그러나 현실은 그렇지 못했다. 그 결과 중산층에 속하던 사람들이 아래쪽으로 떨어지고, 그 때문에 원래 그 아래쪽에 있던 사람들은 어려움이 가중되는 구도가 만들어졌다.

외환위기 후 구조조정 과정에서 대규모 정리해고가 일어나게 된 것은 우선 정리해고가 가능한 쪽으로 법이 개정되었기 때문이다. 그렇게 된 데는 제2장에서 살펴본 것 같은 배경이 있었다. 한국은 1987년 민주화 이전까지 권위주의 정부하에서 노동자들을 집단적으로 대변하는 노동조합의 활동은 심한 제약을 받는 반면, 근로기준법을 통한 개인적 고용보호는 상대적으로 강했다. 개인적 고용보호의 핵심 내용이 바로 해고를 쉽게 할 수 없다는 것이었다.

민주화 이후 노동조합 활동은 대폭 자유화되었지만, 노동조합의 권리는 아직도 세계 표준에 미달해서 전국 단위 복수노동조합 불인정, 교원과 공무원의 노동조합 설립 제한, 노동조합의 정치 활동 금지, 파업에서 전국 단위 노동조합을 포함한 제3자 개입 금지 등 제한이 남아 있었다. 당연히 노동계에서는 그런 제한을 철폐하라고 요구하고 있었고, 정부도 1996년 OECD 가입으로 그렇게 할 수밖에 없는 사정이었다. 그런 한편 민주화 이후 해고가 더 어려운 쪽으로 근로기준법이 바뀌어서 노동자의 개별적 보호는 강화되었다. 거기에다 근로기준법이 과거 권위주의 시대에는 사문화되는 수가 많았지만, 민주화 이후 유효하게 바뀌는 경우가 늘어났다. 사용자 측에서는 이런 개인적 보호를 약화시켜서 정리해고와 비정규직 고용을 가능하게 해달라고 요구하게 되었다.

1996년 김영삼 정부는 노동조합의 기본권을 보장하는 한편, 정리해고와 비정규직 고용을 허용하는 쪽으로 노동관계법을 개정하려고 했다. 그런 취지로 설립한 노사관계개혁위원회에서 공익위원들이 작성한 안이 국회에 계류되어 있는 상태에서 정부와 여당은 1996년 12월 26일 공익위원들이 작성한 안보다 노동조합에 불리한 법안을 날치기로 통과시켰다. 그것은 노동자 300만이 참가한 총파업을 불러일으켰다. 여론도 비판적으로 흐르자, 정부는 날치기 통과에 대해 사과하고 1997년에 여야 합의로 노동관계법을 다시 개정했다. 그러나 정리해고 시행을 2년 연기하고 기업단위의 복수노동조합 허용을 5년 연기함으로써 갈등을 봉합하는 데 그쳤다.

외환위기 후 IMF-플러스 개혁하에서 노동관계법 개정은 급물살을 타게 되었다. 김대중 정부는 이해관계 주체들 간의 대화와 타협 및 합의를 존중하는

"사회적 합의주의(social corporatism)" 방식을 택하여 외환위기를 극복하고자 했고, 이에 따라 노사정위원회를 출범시켰다. 노사정위원회에는 아직 법외노조였지만 노사관계개혁위원회 이후 사회적 합의 도출 과정에 참여했던 민주노총이 주요 당사자로 참여했다. 사회적 합의주의 방식을 선택한 것 자체가 민주노총이 1997년 12월 초부터 사회협약(social compact)의 필요성을 적극적으로 제기했기 때문이었다(임상훈 외, 2002).

노사정위원회는 "2·6 사회협약"을 도출했다. 2·6 사회협약은 노동계는 노동기본권인 전국 단위 복수 노동조합 인정, 공무원직장협의회의 결성, 교원노동조합 허용, 실업자의 초기업 단위 노동조합 가입, 노동조합의 정치활동 보장, 파업에서 전국 단위 노동조합을 포함한 제3자 개입 허용, 노동조합의 재정자립 방안 등을 얻어내는 한편, 사용자들은 노동시장 유연화 조치로서 정리해고제와 파견근로제의 도입을 얻어내는 형태로 성립되었다.

2·6 사회협약은 그 전의 노동관계법 개정 움직임에 비추어서 합리적 절충안이었다고 볼 수 있다. 그러나 2·6 사회협약 안은 시행될 수 없었다. 민주노총 소속 단위노동조합들이 정리해고에 대해 격렬하게 반발했기 때문이다. 그 결과 민주노총은 내분을 겪고 지도부가 교체되었다. 그 후 노동관계법 개정안은 대체로 노사정위원회에서 합의안 대로 국회에서 통과되었다.

민주노총 소속 단위노동조합들의 반발에서 보는 것처럼 정리해고는 당시 구조조정의 최대 걸림돌이었다. 외환위기 전에도 1990년대에 들면 이미 상용직 근로자를 해고하는 경우가 나타나고 있었다(정이환, 2013: 290~294). 그러나 급격한 구조조정이 일어나고 있는 상태에서 공식적으로 법을 개정하면 대량해고가 이루어질 것이기 때문에 노동자들이 반대하고 노동조합이 저항할 수밖에 없는 일이었다. 그랬기 때문에 근로기준법 개정 과정에서 무분별한 해고를 최대한 억제하려는 취지의 조항들이 포함되었다. 정리해고 사유를 "긴박한 경영상의 필요"로 한정하고, 정리해고의 범위 등에 대해 노사 간에 "성실한 협의"가 필요하며, 사용주는 정리해고를 회피하기 위해 "모든 수단을 소진해야 한다"는 조항이 들어갔다. 그러나 당장 구조조정을 하는 데 있어서 정리해고를 할 수 있는 길은 확실히 열어주기 위해 "경영 악화를 방지하기 위한 사업의 양도·인수·합병의 경우도 긴박한 경영상의 필요로 본다"고 명문화했다.

구조조정이 노사정 합의에 근거해서 시행되지 못한 것은 일단 민주노총의 책임이라고 볼 수 있다. 노동계의 요구가 대다수 받아들여지는 대가로 정리해고를 허용한 사회협약을 민주노총이 내부 사정으로 깼기 때문이다. 당시 기업 구조조정은 주로 재벌기업의 문제였고, 재벌기업 노동조합은 민주노총 소속인 경우가 많았기 때문에 민주노총이 합의를 깬 뒤로는 사회협약이 제대로 시행될 수 없었다. 정부는 점차 구조조정 문제를 노사정위원회로 가져와서 논의하고 싶어 하지 않게 되었다(임상훈 외, 2002: 43). 2000년에 이르면 금융 구조조정과 관련해서 노정 합의나 노사정 합의를 정부가 일방적으로 깨는 경우도 나타났다(이종선, 2002: 31).

민주노총이 합의를 깬 것은 일단 기업단위 노동조합이 경제 전체의 구도를 보지 못하고 지도부가 합의해 준 결정에 대해 근시안적으로 반대했기 때문이라고 볼 수 있다. 그러나 그에 대해서는 이론(異論)이 있을 수 있다. 이 문제는 제3장에서 살펴본 외환위기의 성격과 그에 대한 한국의 대응 문제로 돌아가서 생각해 보아야 한다. 한국의 외환위기는 그냥 넘어갈 수 있었던 것을 미국이 개입해서 사실상 일으켰고, 그 바탕에는 복합체의 이해관계를 비롯한 미국의 국익이 깔려 있었다. 그런 사실을 지적하면서 국민을 선동하는 정치적 리더가 나오고 그 결과 총파업이나 폭동이 일어나도 미국이나 IMF가 할 말이 없는 사정이었다. 그런 움직임이 기성 정치권에서 나오지 않는 상태에서 가장 직접적 이해 당사자였던 민주노총 지도부가 그런 역할을 했더라도 이상한 일은 아니었을 것이다. 그러나 민주노총 지도부에 그런 역할을 기대하는 것은 무리였다. 정보가 공무원들과 전문가에게 독점되어 있었고, 그 사람들과 민주노총 지도부가 밀접한 관계를 가지고 있었던 것도 물론 아니었다. 여론을 주도하는 언론이나 시민단체가 적극적으로 IMF-플러스 개혁을 지지하고 있고, 그 영향을 받아서인지 일반 국민들도 강력한 지지를 보내고 있는 사정이었다.

수량 유연성 대 가격 유연성

그러나 IMF-플러스를 받아들인다 하더라도 정리해고를 법제화하는 것이 적절했는지는 의문이다. 2·6 사회협약은 1987년 민주화 이후 진행되어온 노동관계법의 개정 과정에 비추어 볼 때 합리적인 절충 방안이었다고 평가할 수 있다. 그러나 노사관계를 세계적 표준에 맞추어 선진화한다는 관점에서 그렇게 볼 수 있는 것이었는지는 의심스럽다. 당시 한국은 OECD에 가입한 상태에서 노동기본권을 보장하는 쪽으로 제도 개혁을 하는 것은 의심의 여지가 없이 당연할 일이었다. 반면 해고를 쉽게 하는 것은 미국을 제외하면 선진국에서 확립된 세계적 규범이라고 할 수 없었다.

그런 원칙적인 문제뿐 아니라 정리해고제 도입이 당시 경제 상황에 비추어 적절했는가라는 문제가 있다. 정리해고제는 1997년 시행을 2년 유예해 놓았기 때문에 1999년에는 시행될 것이었다. 그러나 당시 같은 위기 상황에서 정리해고를 당겨서 시행하는 것이 적절했는지가 문제다. 오히려 1997년에 2년 유예했던 것보다 더 연장하는 것이 맞는 정책이었다고 볼 수 있다. 물론 구조조정이 불가피한 상황에서 정리해고를 하지 않으려면 다른 구조조정 방안이 있어야 한다. 그 방법은 무엇인가? 정리해고를 허용하는 취지는 노동시장의 "유연성"이었다. 유연성은 "수량 유연성"과 "가격 유연성"으로 나누어볼 수 있다. 수량 유연성이 정리해고라면 가격 유연성은 임금을 삭감하거나 동결하는 것이다.

당시의 상황에서 가격 유연성이 더 합리적이었다고 생각할 근거가 있다. 우선 극심한 불황하에서 기업이 대규모로 도산하고 있는데 사회보장제도, 즉 사회안전망이 제대로 갖추어지지 않은 상태였다. 정리해고 당한 근로자는 사회적 보호를 받지 못하고 길거리로 내몰릴 것이었다. 정부도 그런 문제를 인식하고 가격 유연성을 살려서 실업 발생을 줄이려고 노력했다. 근로시간 단축을 통한 일자리 나누기, 일시 휴업, 휴직, 사외 파견, 인력 재배치, 훈련 등 해고 회피 노력을 기울이는 사업주에 대한 지원을 강화했다. 그 결과 1만 5000개 기업, 78만 1000명에 대해 1125억 원을 지원했다(이규용, 2009: 11). 그러나 그런 노력이 노사정 합의에 따라 정리해고를 최소화하는 것과 효과 면에서 비교할 수 없는 것이었다.

당시 경제 전체로 보아 가격 유연성이 아니라 수량 유연성을 추구하는 것이 불가피했는가? 이 문제는 다시 외환위기의 성격과 그에 대한 한국의 대응 문제로 돌아가서 살펴보아야 한다. 당시에는 국내 경제구조가 외환위기의 원인이었고, 국내 경제구조를 근본적으로 고치지 않으면 외환위기 자체의 극복이 불가능하다는 인식이 지배했다. 정부도 바로 그런 논리로 정리해고를 추진했다. "외국인의 신뢰 회복"이 정리해고의 근거가 되었던 것이다. 실제로 노동관계법 개정이 추진되고 있던 당시 대통령 당선자였던 김대중은 외국인 투자 유치를 외환위기 극복의 수단으로 간주해서 외국인 투자 유치를 위한 단호한 상징적 조치로 정리해고제 도입을 옹호했다. 그는 1998년 1월 18일 TV 연설에서 "정리해고는 이미 한국을 떠난 외국인 투자자들을 다시 유치하는 데 필요합니다. 정리해고는 특히 920억 달러에 이르는 단기외채의 만기 연장에도 매우 중요한 영향을 미칠 것입니다"라고 호소했다(지주형, 2011: 247). 당시 노동부장관이었던 이기호는 2월 10일 국회에서 새 근로기준법에 사업의 양도·인수·합병의 경우도 긴박한 경영상의 필요로 본다는 단서를 넣은 데 대해 "이것을 투명하게 해 주어야 한다는 것이 IMF의 요구요, 미국상공회의소(AMCHAM)의 요구요, 모든 외국 사람들의 요구입니다"라고 말했다(지주형, 2011: 237~238).

그러면 당시 한국이 노사정 합의로 정리해고보다 임금을 삭감하는 방식으로 구조조정을 하겠다고 했을 때 미국이나 IMF가 반대했을까? 제3장에서 살펴본 것처럼 미국은 한국의 국내 경제구조가 기본적으로 잘못되었기 때문에 외환위기가 일어났으므로 그것을 개혁해야 한다는 억지 논리를 내세워서 한국을 IMF로 끌고 간 뒤 구조 개혁을 주문했다. 그렇게 보면 한국이 정리해고가 아니라 임금 삭감으로 대처한다고 했을 때 미국이 반대했을 가능성이 있어 보인다. 그러나 노동시장 유연성 제고가 미국과 IMF의 요구 사항에 들어 있기는 했지만, 구체적으로 정리해고가 미국과 IMF의 요구였는지는 논란의 여지가 있다.

캉드쉬 IMF 총재는 구조조정 과정에서 해고가 많이 이루어지면 정치적 저항세력이 생겨서 개혁에 장애가 되고, 놀면서 수당을 받는 실업자가 늘어나면 사회적 비용이 커지기 때문에 정리해고는 최소화해야 한다고 주장했다(강만수, 2005: 486). 그는 1998년 1월 13일 IMF 프로그램에 대한 노동조합의 이해와 협조를 구하기 위해 한국노총과 민주노총의 대표들과 만난 자리에서 정리해고가 외국인의 신뢰 회복에 도움이 된다는 것을 강조했지만, 정리해고는 한국 정부의 결정 사항이고 IMF의 요구는 노사정 3자가 지속적 합의를 도출해서 국가 신인도를 올리는 것이라고 말했다(≪한겨레신문≫, 1998.1.14). 이처럼 정리해고에 대한 외국인의 태도는 엇갈리지만, 한국이 정리해고가 아니라 임금을 삭감하는 쪽으로 구조조정을 하겠다고 했으면 미국과 IMF가 그에 제동을 걸었을 가능성이 높지는 않았을 것으로 보인다.

정리해고가 아니라 임금 삭감을 하는 것은 외자의 흐름을 되돌리는 데 유효한 방법이 될 수 있었는가? 외환위기 후 외국인이 값이 폭락한 한국 자산을 사들인 것이 자본 유출을 되돌려서 외환위기 극복에 일부 도움이 된 것은 사실이다. 그리고 당시 월가의 투자자들이 "근로자를 해고할 수 없으면 한국의 은행을 살 이유가 없다"(Cumings, 1999: 62)고 한 데서 드러나는 것처럼 외국 자본이 정리해고를 선호했을 가능성이 있다. 그러나 임금을 삭감했어도 기업 이윤율은 올라갔을 것이고 그에 따라 주가를 비롯한 자산 가격도 오를 것이라고 기대할 수 있었기 때문에 외국인이 한국 자산을 사들일 유인은 있었을 것이다.

구조조정 방식으로 정리해고와 임금 삭감 중에서 선택하는 문제를 살펴보는 데는 제2장 4절에서 논한 외환위기 전 한국 경제를 평가하는 문제도 고려할 필요가 있다. 정리해고가 불가피한 것은 투자한 산업이 국제경쟁력이 없는 경우다. 한국 같이 개방된 경제에서 국제경쟁력을 잃은 산업을 오래 끌고 갈 수는 없기 때문에 다운사이징과 정리해고가 불가피하다. 단기적으로 임금 삭감으로 해결해도 장기적으로 정리해고를 해야 하기 때문에 시간을 끄느니 당장 시행할 필요가 있었다고 볼 수 있다. 그러나 당시 한국의 문제는 투자해 놓은 산업의 국제경쟁력이 없는 것이 아니었다. 이 문제는 외환위기 전 한국의 투자가 거시경제적으로 보면 과잉투자가 아니고 미시경제적으로 보면 과잉투자라는 것과 표리관계에 있는 것이다. 당시의 과잉투자는 투자해 놓은 산업이 국제경쟁력이 없었기 때문이 아니라, 그 투자를 한 기업이 이윤율을 생각하지 않고 많은 부채를 져서 부실채권을 생산했기 때문에 나타난 것이었다. 오히려 재벌기업들이 국제경쟁력이 있는 산업에 집중 투자하면서 부실채권을 양산했던 것이다.

외환위기 후 개혁이 필요한 쪽은 미시경제적으로 보아 과잉투자를 일으킨 구도, 즉 부실채권을 생산하는 구도였다. 정리해고와 임금 삭감은 둘 다 그런 구도를 극복하는 방안이기는 했지만 개혁의 방향이라는 점에서 다른 의미를 갖고 있었다. 부채비율을 급격히 줄이려면 자산 매각이나 종업원 해고가 불가피하다. 그것이 실제로 한국이 택한 정책이었다. 정부는 재벌기업들에게 부채비율을 1999년 말까지 200% 이하로 줄이라고 요구했고, 그것은 자산 매각과 종업원 정리해고로 이어졌다. 반면 임금 삭감은 부채비율은 그냥 두고 이윤율만 회복함으로써 부실채권 문제를 해결하는 것을 의미했다. 그럴 경우 기업이 부채비율을 낮출지는 알 수 없는 일이고, 부채비율을 낮추더라도 이윤을 내어서 부채를 갚게 될 것이기 때문에 부채비율은 천천히 떨어질 것이었다.

부채비율을 급격히 떨어뜨린 것은 투자율 하락을 통해 경제성장률을 떨어뜨렸다. 그런 반면 경제의 안정성을 올리는 데는 일부 기여했다. 그러나 대규모 정리해고를 통해 근로자들이 느끼는 불안정성은 크게 올라갔다. 그런 효과들에 더하여 대규모 정리해고로 분배를 악화시키는 효과도 있었던 것이다. 반면 임금 삭감을 선택했으면 성장률이 덜 하락하고 불안정성이 덜 올라가면서 소득분배를 악화시키는 효과도 작았을 것이다. 이런 것들을 종합적으로 고려할 때 부채비율을 급격히 낮추면서 대규모 정리해고를 한 것이 잘한 일이었는지 매우 의심스럽다.

그러면 가격 유연성이라는 관점에서 사회협약이 이루어졌으면 그것이 시행될 수 있었을까? 무엇보다 민주노총 내부의 단위노동조합들이 임금 삭감에 찬성하지 않으면 그런 협약은 성립할 수 없다. 이 물음에 대해서는 전 세계적으로 나타나는 노동조합의 행태에서 답을 찾을 수 있다. 기업이 어려움에 처했을 때 노동조합이 나서서 도와주는 것은 흔히 볼 수 있는 일이다. 노동조합은 기업의 이윤을 삭감하지만 기업을 도산으로 몰고 가는 일은 드물다. 오히려 도산을 막기 위해 협조적으로 나올 수 있다(Freeman and Kleiner, 1999; Kuhn, 1998). 노동조합은 종업원의 일자리를 보전하는 것이 임금을 올리는 것만큼이나 중요한 목표인데, 그것은 기업이 도산하면 노동조합원도 직장을 잃게 되기 때문이다. 기업이 도산 위험에 처했을 때 노동조합이 협조적으로 행동할 유인은 노동자들이 시장 지배력이 있는 기업의 초과이윤을 공유하고 있을 경우에 더 크다. 다른 기업으로 직장을 옮겨서 비슷한 보수를 받을 가능성이 낮기 때문이다. 그런 기업의 종업원들은 초과이윤을 공유해 왔기 때문에 기업이 도산 위기에 처했을 때 임금을 삭감해줄 능력도 더 있다.

외환위기 전 한국의 재벌기업은 시장지배력을 통한 초과이윤을 누리고 있었고 노동조합은 그것을 공유하고 있었다. 다만 회계장부상에서 기업은 초과이윤을 내지 못했는데 그것은 금융시장의 규율이 제대로 작동하지 않았기 때문이다. 그런 구도에서 노동조합은 기업이 이미 부실 징후를 보이고 있는데도 불구하고 이윤율을 낮추었을 가능성이 있다. 이 문제에 대한 실증연구는 여러 가지 결과를 보여주고 있는데, 그랬을 가능성이 전혀 없지는 않다는 데 대해 제2장 제4절에서 언급했다.

그런 사정은 1997년 외환위기가 일어나면서 급변했다. 재벌의 연쇄 도산으로 살아남은 재벌도 퇴출 위협을 느끼게 되었고, 외환위기가 일어나 그 위협이 더해진데다 1998년에는 고금리 정책으로 대규모 불황이 덮쳤다. 그 결과 금융시장의 규율은 급격히 강화되었다. 이제 부채비율이 높으면 도산 위험이 커져서 부채의 규율 기능이 갑자기 발휘되고 있는 상황이 되었다. 그런 상황에서 노동조합이 종업원의 일자리를 지키기 위해 임금 삭감을 감수하더라도 이상한 일은 아닐 것이었다.

이런 노동조합의 행태는 현대자동차 사례에서 드러났다. 현대자동차는 1998년 대규모 정리해고를 시행했는데, 그것은 정리해고가 법제화된 이후 최초의 사례였기 때문에 각계의 비상한 관심을 불러일으켰다. 현대자동차는 시장 지배력이 있는 재벌기업이면서 이윤보다 성장 위주의 경영을 해온 기업이었다. 그리고 현대자동차 노동조합은 민주노총의 주축 멤버였다. 현대자동차 노동조합은 주당 56시간의 근로시간을 35시간으로 단축함과 동시에 인력 순환 등으로 "일자리 나누기"를 하는 대신 1년간 2500억원 상당의 임금 삭감을 제안했다(이병훈, 2004). 1997년 현대자동차의 당기순이익이 465억이었고 사후적으로 실현된 1998년 당기순손실이 332억이었다는 것을 감안하면 2500억 임금 삭감은 큰 금액이었다. 물론 노동시간 단축 등으로 생산비가 올라가는 효과가 있을 것이기 때문에 임금 삭감으로 이윤율을 충분히 올릴 수 있었을지는 알 수 없는 일이다. 그러나 분명한 것은 노동조합이 정리해고를 막기 위해 임금 삭감을 스스로 제안했다는 사실이다. 현대자동차 노동조합과 비슷한 행태는 다른 기업의 노동조합에서도 나타났다. 예컨대 기아자동차 노동조합은 임금 동결을 제안하고 노동자 일인당 1000만 원 모금 운동을 전개했다(김기원, 2002: 12).

그러면 사용자 입장은 어땠는가? 노동조합이 양보하더라도 사용자 측이 정리해고를 고집하지는 않았을까? 사용자들이 정리해고를 선호한 것은 사실이었다고 생각된다. 한국 기업은 이미 외환위기 전인 1990년 중반에 정리해고를 시행하고 있었다(정이환, 2013: 10장). 따라서 사용자 측이 외환위기 후 구조 개혁을 정리해고를 시행할 기회로 삼고자 했다고 하더라도 이상한 일이 아니었다. 그것은 현대자동차 사례에서도 드러났다. 회사 측은 노동조합의 제안대로 인력 순환을 실시할 경우 생산성과 품질을 유지하기 어렵다는 점과 향후 사업 구조조정을 지속적으로 추진하기 위해서는 사용자 주도의 고용조정 선례가 마련될 필요가 있다는 점을 들어 노동조합의 일자리 나누기 주장을 받아들일 수 없다고 밝혔다. 또한 회사는 경영위기를 빌미로 그동안 다수 노동조합 활동가를 인력 조정 대상에 포함시켜 노동조합의 조직 기반을 와해시키려 했다. 그러나 현대자동차 경영진의 의도는 노동조합이 정리해고에 반대해서 장기간 파업하고 정치권과 정부가 적극적으로 중재에 나서면서 좌절되었다(이병훈, 2004). 사용자 측은 결국 277명의 강제 정리해고를 포함해 1만여 명의 고용조정을 관철시켰지만, 노동조합의 조직 기반을 와해시키는 등의 목표는 달성하지 못했다.

당시 노사정 합의가 가격 유연성으로 모아졌을 때 사용자들이 그에 거슬러서 임금 삭감이 아니라 정리해고를 고집했을 가능성은 높아 보이지 않는다. 재벌은 외환위기의 주범으로 몰리는 상황이었고, 근로기준법에 정리해고의 제한을 두는 것도 막을 수 없었다. 만약 사용자의 반발이 문제였다면 차라리 노동기본권이 제약되어 있는 구도를 더 연기하고 정리해고제를 도입하지 않으면서 임금 삭감이나 동결을 유도하는 것이 더 적절한 방법이었다고 볼 수 있다. 그리고 당시 정부와 여당이 현대자동차 경우에서처럼 개별 기업의 노사분규에 개입하는 것보다 가격 유연성을 중심으로 사회협약을 추구했으면 사회갈등 비용과 행정비용을 줄일 수 있었을 것이다.

정리해고의 합리성?

외환위기 후 구조조정이 가격 유연성을 추구하지 않고 수량 유연성을 추구한 이유는 무엇인가? 이에 대해서 명확한 설명을 한 문헌은 없다. 그러나 그 바탕에는 아마도 IMF의 요구를 이용해서 경제체제를 전면적으로 개혁하겠다는 생각이 자리 잡고 있었을 것이다. 1996년 노동관계법을 바꾸려 했지만 실패하고 1997년에는 갈등을 봉합하는 식으로 법 개정이 유예되었다. 노사관계 개혁을 추진했던 공무원이나 정치인 입장에서 개혁이 지지부진하다고 인식하고, IMF의 요구를 개혁의 동력으로 이용하자는 생각이 들었을 것이다. 물론 당시 개혁을 추진한 사람들이 그것이 외환위기의 성격에 비추어 적절했는지 숙고한 것은 아니다.

외환위기의 성격과 무관하게 개혁을 했다는 것은 공공 부문 정리해고에서 잘 드러났다. 외환위기의 원인은 자본시장 개방 과정에서 뒷문이 열린 것이었다. 그에 대한 적절한 처리는 뒷문이 열리게 한 책임자를 징계하고 필요하면 해고하는 것이었다. 그것은 외환위기가 국내 경제구조 때문에 일어났다고 보고 그에 대한 책임을 묻는다고 하더라도 마찬가지다. 국내 경제구조의 문제의 핵심에는 부실채권이 있었고, 그 바탕에는 기업에 대한 금융시장 규율이 작동하지 않는 시스템이 놓여 있었다. 그것은 일차적으로 1980년대부터 자유화를 추진하면서 1970년대 후반에 만들어진 부실채권을 청산하지 않은 데서 유래한 것이었다. 그런 문제는 정부가 나서서 해결해야 할 일이었고, 따라서 문제를 해결하지 않고 끌고 간 정치 지도자의 책임이 가장 컸다. 그다음 책임이 있는 사람들은 금융 관련 공무원들이었다. 금융 관련 공무원들은 부실채권 문제 해결에는 별로 적극성을 보이지 않으면서 은행 경영의 자율성을 허용하지 않고 낙하산 인사 등을 투입하면서 이익을 보고 있었다. 거기에다 이들은 1990년대 중반 재벌기업들이 단기차입금으로 장기투자를 하는 것을 방치한 책임도 있었다. 따라서 공공 부문 개혁은 그런 문제들에 대해 책임이 있는 금융 담당 공무원들을 징계하고 필요하면 해고하면 될 것이었다.

그러나 공공 부문 개혁과 그에 따른 해고는 외환위기나 국내 경제구조 어느 쪽과도 무관한 분야까지 포괄적으로 이루어졌다. 그에 대한 정부의 입장은 공공 부문 조직 및 인력의 경영 혁신과 공기업 민영화로 생산성을 제고하고 예산을 절감한다는 것이었다. 그렇게 함으로써 여타 부문의 개혁을 선도하고 압박하려고 했다. 공공 부문 구조 개혁은 정부의 예산 편성권에 의해 강제하는 식으로 시행했다(이종선, 2002: 33~34). 그렇게 외환위기에 책임이 없는 공공 부문을 포괄적으로 개혁한다는 것은 경제뿐 아니라 사회 전체가 잘못되었다고 보고, 외환위기를 기회로 그것을 고쳐야 한다는 생각에서 나온 것이었다.

그 결과 정부의 다운사이징이 이루어지고 그 과정에서 행정부 근무 공무원 수가 1997년 말부터 2001년 말 사이에 8.5% 감소했다(Yang, 2004: 124). 일부 공무원에 대해 성과급을 도입하거나, 공무원 업무를 하청 주기도 했다. 그와 함께 공기업 민영화가 대규모로 이루어지고, 민영화되지 않은 공기업은 다운사이징 등 강력한 경영 혁신 드라이브가 전개되었다. 민영화와 다운사이징의 결과 공기업 종사자는 1998년 5월부터 2002년 11월까지 61.8%나 줄었다.

그것은 앞에서 누차 언급한 것처럼 신자유주의적 요구를 이용해서 자유주의적 개혁을 하려 한 것이었다. 그것은 일리가 있었다. 그러나 그것은 구체적인 분석보다는 포괄적이고 추상적인 관념 내지 이데올로기에 의거한 개혁이었다. 따라서 구체적 사정에 대한 고려가 부족했고, 장기적 목표와 단기적 과제에 대한 구분이 없었다. 민간 부문에서 급격한 구조조정으로 대규모 정리해고가 진행되는 상황에서 장기적 목표가 될 수밖에 없는 공공 부문 경영 혁신을 위해 대규모 해고를 하는 것이 맞는 일이었다고 보기는 어렵다.

구체적 사정을 고려하지 않았기 때문에 정리해고에는 모순이 많았다. 정부가 내세운 원리는 시장경제 건설이었지만 실제 구조조정은 한국의 현실에 근거해서 이루어졌다. 정리해고는 시장 원리보다 힘 있는 자가 힘없는 자를 밀어내는 권력 게임이 되었다. 이것은 단적으로 정리해고가 정부 부처의 공무원보다는 산하기관인 공기업에서 더 많이 이루어졌다는 데서 드러난다. 관치경제, 나아가서 관치사회 개혁이 목적이라면 정부 자체가 더 큰 구조조정의 대상이 되어야 할 것이었다. 정부에서 해고된 사람들이 공기업으로 옮아간 경우도 많았을 것을 생각하면 공식적 정리해고 수치는 그런 모순을 과소평가하고 있을 것이다.

모순은 또 있었다. 40~50대 종신고용 노동자를 대거 해고한 것이 그것이다. 구조조정의 방법으로 정리해고가 선택되고 나면 기업의 이윤율 회복과 공공 부분의 비용 절감을 위해서는 젊은 노동자보다 고임금을 받는 40~50대 근로자를 해고하는 것이 지름길이었다. 그것은 아직 퇴직 기한이 많이 남은 20~30대 노동자를 해고하는 것보다는 합리적 조치였다고 할 수 있다. 상대적으로 적게 남아 있는 퇴직 기한을 앞당기는 것이기 때문에 저항이 적은 방법이기도 했다. 그러나 40~50대의 노동자를 해고하는 것은 당시 개혁의 논리와 모순되었다. 노동시장 유연화는 기본적으로 미국식 제도를 도입하자는 것이었는데, 개별 근로자의 생산성 차이를 고려하지 않고 연령을 기준으로 높은 임금을 받는 40~50대 근로자들을 일괄적으로 해고한 것은 그런 취지와 맞지 않았다. 미국식 개혁을 한다면서 해고는 한국식으로 한 셈이다. 이런 모순은 외자가 경영권을 인수한 기업이나 외국계 펀드가 인수한 은행 같은 데서 두드러지게 나타났다.

더 중요한 문제는 그것이 불공정한 처사였다는 것이다. 당시 대기업, 금융기관, 공공 부문에 종신고용된 근로자들은 "연공서열 임금제"가 관행이었다. 연공서열 임금제하에서는 젊었을 때 생산성 이하로 임금을 받고 나이 들었을 때 생산성 이상으로 받는다. 그렇게 해서 평생 일한 만큼 평생에 걸쳐 임금을 받는 것이다. 그런 구도에서 40~50대 근로자를 정년 전에 해고하는 것은 과거 젊을 때 임금 이상으로 노동한 데 대한 대가를 지불하지 않는 것이었다.

이런 점에서 근로기준법 개정에서 해고의 요건을 제한한 것이 일정한 보호장치가 되었다. 사용자가 대규모 정리해고를 시도할 경우 근로기준법의 해고 요건을 제한한 데 근거해서 법정투쟁과 노동조합의 파업이 일어났고, 그 결과 정리해고는 주로 "명예퇴직"이라는 방식에 의존하게 되었다. 그것은 해고당한 근로자들의 평생소득을 일부 보상해 주는 효과가 있었다. 그러나 그것으로 보상이 충분할 수는 없었다. 명예퇴직을 한 근로자들은 원래 받아야 할 평생소득보다 적게 받고 퇴직했다. 그럴 수밖에 없는 것이 정리해고의 목표 자체가 비용 절감이었던 것이다.

정리해고를 통해 평생소득을 보상하지 않고 퇴직시키는 것은 일종의 "재산권 침해"다. 과거 한국이 고도성장을 할 때에도 정부가 일부 국민의 재산권을 침해하거나 자의적(恣意的)으로 다루는 경우가 있었다. 정부가 사채를 동결했던 1972년의 8·3 조치 같은 것이 대표적이다. 그 후 1980년대의 구조조정에서는 정부가 마음대로 기업의 재산권을 다루었다. 이때 정부의 명분은 명시적이건 묵시적이건 성장을 함으로써 결국 다 같이 이익을 볼 수 있다는 것이었다. 국민 일부가 일시적으로 재산권을 침해당하더라도 장기적으로 성장과 일자리 창출을 통해 모두가 이익을 볼 수 있다는 것이었다. 그런 명분은 실제로 경제가 고도성장을 하고 일자리를 지속적으로 만듦으로써 어느 정도 실현되었다. 그렇게 고도성장을 하고 일자리를 만드는 것이 소득분배도 평등하게 만드는 힘이었다.

1997년 외환위기 때도 구조 개혁이 일부 근로자들의 재산권을 침해하더라도 결국 성장률을 올리고 일자리를 더 만듦으로써 모두에게 이익이 될 것이라는 묵시적 기대가 있었다고 보아야 할 것이다. 그러나 이번에는 그런 기대가 빗나갔다. 외환위기 후 경제성장률은 떨어졌다. 그것은 장기적 추세로부터의 추가 하락으로서 외환위기의 결과로 나타난 과소성장으로 해석할 여지가 크다. 일자리 창출 능력도 약화되었다. 근로자의 재산권을 침해해서 기업의 이윤율을 올린 결과 주가가 상승했는데, 그중 많은 부분이 외자가 한국에 투자해서 얻은 차익의 형태로 국외로 유출되었다.

물론 정리해고의 영향은 해고된 근로자가 그 뒤 어떻게 되었느냐에 달려 있다. 해고된 근로자가 비슷한 직장으로 빨리 재취업이 되었으면 해고의 효과는 최소화되었을 것이다. 오히려 해고된 근로자가 생산성을 제대로 발휘하지 못하고 있던 직장에서 더 높은 생산성을 발휘할 수 있는 직장으로 옮김으로써 자원 배분의 효율성이 올라갔을 것이다. 해고된 근로자가 겪는 불안정성도 크지 않았을 것이다. 그러나 물론 현실은 그렇지 않았다. 정부도 그것을 인식하고 해직자의 재취업을 위해 직업훈련을 하고 직장을 알선했다. 그러나 그런 조치들이 해고된 근로자들에게 그 전 직장과 비슷한 곳으로 재취업할 수 있게 해 주지는 못 했다. 해고 뒤 바로 재취업이 안 되면 실업 기간 중에 숙련을 쌓을 수 있는 기회를 상실할 뿐만 아니라, 지니고 있는 숙련도 쇠퇴하기 때문에 그 전과 같은 직장으로 옮겨갈 수 없다. 거기에다 물론 종신고용제의 경직성 문제가 있었다. 20대에 입사해서 50대, 늦으면 60대에 퇴직하는 관행인 고용체제가 하루아침에 유연하게 바뀌지 않는 한 40~50대 퇴직자가 경력직으로 중간에 들어갈 가능성은 매우 낮았다. 더욱이 종신고용을 해줄 수 있는 재벌기업, 금융기관, 공공 부문을 망라해서 구조조정이 동시에 진행되는 속에서 과거와 비슷한 직장으로 옮기는 것은 불가능에 가까웠다.

외환위기 직후 정리해고 당한 근로자의 실태에 대해서는 류정순(2008)의 연구가 있다. 류정순은 1998년 퇴출된 충청은행 퇴직자 945명에 대해 2007년 10월 현재 상황을 보고하고 있다. 이들 중 5명(5.3%)이 자살했다. 이 비율은 1998년부터 2007년까지 한국 전체 인구 10만 명당 평균 자살자 수인 19.7명으로 환산한 수치보다 27배가량 많다. 전직 동료들과 연락을 끊고 잠적한 사람이 약 200여 명이었고, 응답을 한 465명 중에서는 무직자가 111명(응답자의 23.9%)이었다. 응답자 중에서 금융 관련 정규직으로 재취업한 사람은 22명으로서 4.7%(전체 퇴직자의 2.3%)에 불과했다. 나머지 해고자들은 10년 정도 사이에 절반 이상이 세 번 이상 직장을 옮기는 등 지속적인 고용 불안에 시달렸으며, 소득도 은행 재직 당시에는 도시 근로자 가구 평균소득의 1.5배를 벌었지만 2007년에는 평균소득의 절반 수준을 버는 데 불과했다. 그 과정에서 해고자들 중 사회보장제도로부터 도움을 받은 사람은 없다시피 했다. 당연히 해고자와 그 가족들은 엄청난 스트레스를 겪어서 대다수가 부부 갈등을 경험한 것은 물론이고 이혼, 별거, 낙태가 다반사로 일어났다.

충청은행 직원들의 사례는 비록 한정된 소수에 불과하지만 다른 직장에서 해고된 근로자들의 경험 역시 그와 크게 다르지 않았을 것이다. 외환위기 후 실직자들이 재취업을 하더라도 임금 손실이 크게 발생한다는 것은 공식적 통계를 이용한 연구에서도 밝혀졌다(조준모·금재호, 2002). 그리고 한번 실업한 사람은 장기간에 걸쳐서 임금의 대규모 손실이 나타나고 반복적으로 실직하는 경향이 있는 것도 실증적으로 확인되었다(박용현, 2010). 이들은 과거 중산층의 위치를 잃어버리고 저소득층으로 밀려났다. 그렇게 과거 중산층에 속하던 근로자가 대거 해고되어서 저소득층으로 밀려 내려감에 따라 소득분배가 악화될 수밖에 없었다.

제3절 일자리 문제와 노동시장의 이중구조

외환위기 후 구조조정 과정에서 대규모 해고가 이루어짐으로써 일자리 사정이 악화되었다. 그러나 일자리 사정은 단기적 문제로 그치지 않고 장기적 문제가 되었다. 외환위기 직후 급등했던 실업률은 다시 내려갔지만 외환위기 전의 2%대로 돌아가지는 못하고 최근에 이르기까지 3%대가 유지되었다. 김대일(2015)에 의하면 한국은 실질적으로 실업자임에도 불구하고 본인이 실업자임을 인정하지 않는 근로자들이 많고, 이런 근로자들은 노동시장에 참여할 때 실업을 거치지 않고 비경제활동과 취업을 반복한다. 이런 행태는 외환위기 이후 다소 바뀌어서 실직자 가운데 실업으로 진입하는 비율이 올라갔는데, 그 때문에 실업률이 올라갔을 가능성이 있다. 그것이 사실이라면 외환위기 후 실업률이 다소 올라간 것 자체는 큰 문제가 안 된다고 볼 수 있다. 거기에

〈그림 6-1〉 고용률 (단위: %)

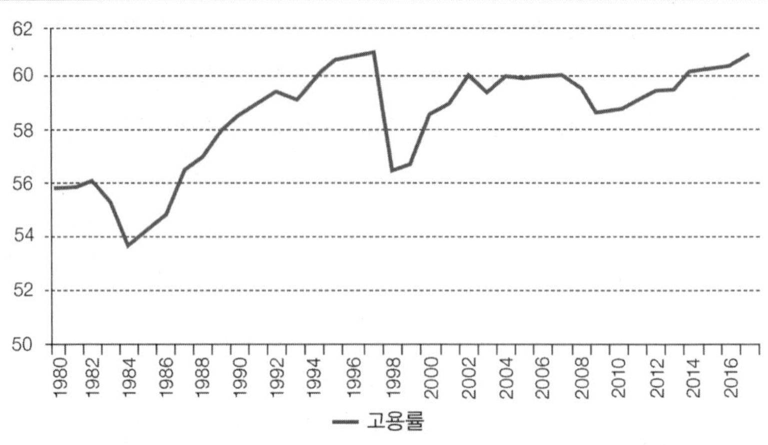

자료: www.index.go.kr

다 실업률이 3%대는 국제 비교로 보아 매우 낮은 수준이다.

그러나 실업률은 경제활동 참가자 중에 적극적으로 일자리를 찾고 있는 사람 가운데 취업에 성공하지 못한 사람의 비율로 계산한다. 실업률은 취업 가능성이 없다고 보고 일자리를 찾지 않아서 경제활동 참가자 자체에서 빠지는 실망 실업자를 고려할 수 없다. 따라서 실업률과 함께 일자리 사정을 나타내는 주요 지표로 등장한 것이 고용률이다. 고용률이란 생산가능인구 연령(한국 15세 이상) 인구 중 취업자가 차지하는 비율을 말한다. 〈그림 6-1〉은 고용률 추세를 보여주고 있다. 고용률은 외환위기 전 꾸준히 올라가서 1997년 60.9%%로 피크에 달했다가 1998년 56.4%로 급락한 후 다시 올라갔지만, 과거의 상승세를 회복하지 못하고 2017년 60.8에 달했다.

한국의 고용률이 여전히 선진국의 고용률보다 낮다는 것을 생각하면, 외환위기 후 고용률이 떨어진 것은 경제성장에 따라 여가를 더 선호하게 되었기 때문이라기보다 일자리 부족에 따른 실망실업 때문이라고 보아야 할 것이다. 고용률이 떨어져서 외환위기 전 수준으로 회복되지 못한 것은 노동 측면에서 볼 때는 "외환위기는 끝나도 끝난 것이 아니다"라는 것을 단적으로 보여주고 있다.

일자리 문제는 시간이 흐름에 따라 다른 양상을 띠게 되었다. 외환위기 직후 수년 동안은 정리해고 당한 중장년층 근로자들의 재취업이 중요한 일자리 문제였다. 2만 개 이상 기업이 도산한 데 따른 기업가들의 일자리도 문제였다. 그러다가 점차 청년실업 문제가 대두했다. 청년실업률과 고용률의 괴리를 설명하는 청년층 비경제활동인구의 비율이 높다. 재학자 중 구직이 어려워서 재학 기간을 연장하는 사람, 취업 포기자, 고시생, 취업준비학원 등록생 등을 포함한 실질적 실업률을 계산하면 공식 수치보다 월등하게 올라간다.

청년실업률이 올라간 것은 외환위기 후 새로운 일자리를 만드는 데 실패했기 때문이다. 그 원인으로는 우선 성장률 하락을 꼽아야 할 것이다. 비록 성장이 일자리를 낳는 힘이 갈수록 떨어진다고 하더라도 일단은 성장률 하락이 일자리 창출 능력을 떨어뜨리는 첫째 요인이다. 성장률 하락은 결국 제4장의 논의로 돌아가게 된다. 물론 일자리가 부족하게 된 것은 외환위기와 그 후의 대책 미비 때문만은 아니고, 그 전부터 잠재해 있던 원인이 나타났기 때문이기도 하다. 대표적인 것은 한국 경제의 서비스화다. 한국의 경제성장은 제조업이 이끌었고 부가가치 기준으로 보면 아직 제조업의 비중이 30% 가까이 되어서 세계에서 가장 높은 수준이다. 그러나 제조업은 생산공정의 자동화 속도가 빠르기 때문에 일자리 창출 능력에는 한계가 있다. 전체 취업자 수에서 제조업이 차지하는 비중은 1988년 28.5%로 정점에 이른 후 지속적으로 떨어져서 2016년에는 17.2%에 달했다. 그 자리는 서비스가 메워줄 수밖에 없다. 같은 기간 사회간접자본 및 서비스 부문의 고용 비중은 50.9%에서 77.9%로 대폭 상승했다(이상 index.go.kr). 그러나 서비스업에서는 세부 업종별로 규제와 진입장벽, 낮은 생산성, 과당경쟁 등 다양한 이유로 양질의 일자리가 창출되지 않고 있다. 제조업에서 양질의 일자리가 사라지고, 서비스업에서 그와 대등한 일자리가 만들어지지 못하면서 일자리 문제가 악화되었다(유경준, 2012).

외환위기 전 일자리를 지속적으로 창출한 것이 소득분배도 평등하게 만드는 요인이었다는 것을 생각하면, 외환위기 후 그런 구도가 사라진 것이 소득분배가 악화된 요인이라고 생각할 수 있다. 물론 일자리 부족이 분배만 악화시킨 것은 아니다. 일자리를 제대로 구하지 못하는 사람이 안정감을 가질 수는 없다. 한 나라 경제의 안정성은 결국 국민이 자기 삶을 안정적이라고 느끼느냐 하는 문제인데, 생계가 걸린 노동시장에서 느끼는 안정감은 중요하다. 일자리 부족은 분배를 악화시킴과 동시에 불안정성을 가져오는 요인인 것이다. 그러나 일자리의 구성을 들여다보면 더 분명하게 분배를 악화시키고 불안정성을 가져오는 모습이 드러난다. 그것은 외환위기 후 정리해고가 빈번해지고 비정규직 고용이 대거 늘어났기 때문이다. 즉, 일자리의 양뿐 아니라 질이 크게 나빠진 것이다. 그것은 노동시장의 이중구조 심화로 요약할 수 있다.

노동시장의 이중구조

외환위기 전인 1990년대 중반에 이미 정리해고가 일부 이루어지고 비정규직이 늘고 있었지만, 외환위기 이후 정리해고가 더 빈번해지는 한편 비정규직이 대폭 늘어났다는 데 대해서는 별 이론(異論)이 없다(Cho, 2012). 그렇게 되는 데는 물론 노동관계법 개정이 중요한 역할을 했다. 외환위기 직후 구조조정 과정에서 법 개정에 근거해서 정규직 근로자가 대규모로 해고되었고, 그 사람들이 노동시장에 복귀할 때는 대다수가 비정규직으로 복귀했다. 그러나 그 후로도 정리해고가 지속되고 신규 노동력이 비정규직으로 채용되는 비중이 늘었다.

비정규직이 늘어난 것은 외환위기 후 정부가 비정규직이 급증했다는 것을 인식하고 2001년부터 통계를 내기 시작한 데서도 알 수 있다. 한시적 근로자, 시간제 근로자 및 비전형 근로자를 포함하는 비정규직의 고용 규모는 2000년대 초반 급등했고 2004년 이후 증가세가 다소 둔화되었지만 꾸준한 증가세를 보이고 있다. 통계청 통계에 의하면 2001년에는 비정규직 근로자가 363만 5000명으로 전체 임금 근로자의 26.8%에 불과했으나, 2004년에는 그 규모가 539만 4000명으로 전체 임금 근로자의 37.0%로까지 증가했다. 이후 전체 근로자에서 차지하는 비중은 다소 감소 추세를 보였으나, 2013년부터 감소 추세가 멈추어서 2017년 하반기에 32.9%에 달했다(www.index.go.kr). 통계청 통계는 사내 하청 노동자를 정규직으로, 특수고용 노동자는 자영업으로 분류하고 있어서 실제 비정규직 비중을 과소 보고하고 있다.

한편 외환위기 전부터 일자리의 질을 악화시키는 요인이 있어왔다. 대기업 종사자가 줄고 중소기업, 그것도 영세기업 종사자가 늘어나는 것이 그것이다. 통계청의 전국사업체조사에 따르면 종업원 1000명 이상 기업에 근무하는 근로자는 1993년 12.4%에서 2014년 6.4%로 떨어졌다. 종업원 300명 이상 기업에 근무하는 근로자는 1993년 21.0%에서 2014년 13.6%로 떨어졌다. 반면 종업원 20인 미만 기업에 근무하는 근로자는 1993년 47.8%에서 2014년 52.1%로 늘었다. 10인 미만 영세기업체에 근무하는 근로자는 1993년 39.0%에서 2014년 41.4%로 늘었다(『2017 KLI 노동통계』). 대기업 근로자와 중소기업 근로자 간의 생산성 격차도 크다. 한국은 대기업 근로자와 중소기업 근로자 간의 일인당 부가가치로 측정한 생산성 격차가 세계적으로 가장 큰 편에 속하고, 그런 격차는 계속 확대되고 있다(김주훈, 2013; 이수일·이호준, 2012: 제1장). 그에 따라 임금 격차도 크고 확대될 수밖에 없다.

이런 구도는 소득분배를 악화시킨다. 대기업 종사 근로자 중 일부는 상층에 속하지만 대다수가 중산층에 속할 터인데, 대기업 종사자 비중이 줄고 중소기업, 그것도 영세기업 종사자 비중이 늘어나는 것은 중산층이 엷어지고 저소득층이 늘고 있다는 이야기다. 그리고 물론 대기업 일자리는 안정성도 있기 때문에 대기업 종사자가 줄어드는 것은 사회 전반의 불안정성을 올린다.

이렇게 해서 정규직과 비정규직, 대기업 종사자와 중소기업 종사자 간에 이중구조가 심화되었다. 두 요인은 상호작용한다. 비정규직은 대기업보다 중소기업, 특히 영세기업에 밀집해 있기 때문이다. 통계청 조사에 의하면 2016년 8월 현재 300인 이상 대기업에서 일하는 근로자 중 비정규직 비율은 13.6%에 불과하다. 반면 종업원 5인 미만의 영세기업은 49.7%가 비정규직이고, 종업원 5~9인 기업은 39.5%가 비정규직이다(『2016 KLI 비정규직 노동통계』). 임금 수준에서도 정규직-비정규직 간의 격차와 기업 규모에 따른 격차가 상호작용한다. 그 내용을 보면 대기업 정규직, 대기업 비정규직, 중소기업 정규직, 중소기업 비정규직 순서로 임금이 정해져왔다. 2015년의 경우, 대기업 정규직을 100으로 했을 때 대기업 비정규직은 65.0, 중소기업 정규직은 49.7, 중소기업 비정규직은 35.0이다(≪중앙일보≫, 2016.6.21).

비정규직 증가와 대기업 종사자의 비중 하락이 상호작용한다고 하더라도, 그중에서 더 지배적인 요인은 대기업 종사자의 비중 하락으로 보인다. 300인 이상 대기업에서 일하는 근로자 중 비정규직 비율은 13.6%에 불과하고, 대기업 비정규직이 중소기업 정규직보다 임금이 더 많은데, 이것은 기업 규모에 따른 격차 효과가 정규직-비정규직 구분 효과보다 더 크다는 것을 의미한다. 즉, 외환위기 후 법이 바뀌어 비정규직 고용을 쉽게 한 것보다 외환위기 전부터 있어 오던 대기업의 고용 비율이 줄어드는 추세가 더 일자리의 질을 악화시키는 요인이라고 생각되는 것이다.

그러나 내용을 좀 더 자세히 들여다보면 그렇지 않다는 것을 알 수 있다. 기업 규모별 비정규직 통계가 2003년부터 작성되었기 때문에 그 전 추세를 알 수 없지만, 2003년 이후의 추세를 보면 기업 규모에 관계없이 비정규직 비율이 일단 올라갔다가 떨어졌다. 종업원 300인 이상 대기업은 비정규직 비율이 2003년 14.7%에서 2006년 20.0%까지 올라갔다가 떨어져서 2016년 13.6%가 되었다. 종업원 5인 미만의 영세기업은 비정규직 비율이 2003년 46.6%에서 2005년 50.4%까지 올라갔다가 2016년 49.7%가 되었다. 종업원 5~9인 기업은 2003년 비정규직 비율이 38.5%였는데, 2004년 42.6%로 올라갔다가 2016년 39.5%로 떨어졌다(이상 『2016 KLI 비정규직 노동통계』).

이처럼 기업 규모에 관계없이 비정규직 비율이 2003년 이후 1~3년 동안 올라갔다가 떨어진 것은 경제 전체로 보아 외환위기 이후 비정규직 비중이 올라갔다가 2004년 이후 떨어지는 것과 일관성이 있다. 이것은 외환위기 이후 법 개정과 구조조정으로 비정규직 비중이 모든 규모의 기업에서 증가했다가 그 후 비정규직 증가 억제책 등이 나오면서 떨어졌다는 것을 시사하고 있다. 거기에다 외환위기 직후의 구조조정이 대기업에 집중되었다는 것을 감안하면, 2003년에 300인 이상 대기업의 비정규직 비율 14.7%도 외환위기 이전에 비해서 중소기업의 경우보다 더 큰 폭으로 올라간 수치일 가능성이 크다. 즉, 외환위기 이후 비정규직 증가는 오히려 대기업에서 많이 이루어졌고 거기에는 법 개정이 영향을 미쳤다고 볼 수 있는 것이다.

그러나 그것보다 더 중요한 고려 사항은 통계청의 통계가 비정규직 숫자를 제대로 잡아주지 못한다는 것이다. 대기업의 비정규직 통계로서 통계청의 통계보다 더 정확한 것은 고용노동부가 2014년부터 종업원 300인 이상 기업에 대해 작성한 "고용형태 공시 정보" 자료다. 2016년 고용형태 공시 정보 자료를 분석해 보면 대기업에서 일하는 노동자는 474만 명으로 통계청 조사 247만 명보다 두 배 가까이 되고, 비정규직 비율은 40.1%로 통계청 조사 13.6%보다 세 배 높다. 그리고 기업 규모가 클수록 비정규직 비율이 높고, 재벌기업이 비정규직을 대규모로 고용하고 있다(김유선·박관성, 2016). 종업원 300인 이상 대기업에서 일하는 근로자 수가 통계청 통계와 노동부 통계 간에 그렇게 큰 차이가 나는 이유는 알 수 없다. 그러나 두 통계 간에 비정규직 비율이 세 배씩 차이가 나는 주요인은 알 수 있다. 그것은 통계청의 통계가 사내 하청 노동자를 정규직으로 분류하고 있기 때문이다.

대기업은 사내 하청 노동자 비중이 높다. 그리고 그 비중은 외환위기 이후 급증했을 가능성이 있다. 그것은 사내 하청 노동자 비중이 늘어나는 전형적 메커니즘을 보면 알 수 있다. 사내 하청 노동자 비중이 느는 전형적 메커니즘은 이렇다. 대기업들은 1990년대부터 고용구조를 핵심 인력 위주로 슬림화하고 나머지 생산과정은 하청 주는 전략을 추진해 왔다(황수경, 2010; 김주훈, 2013). 대기업이 경영을 슬림화하기 위해서는 일차적으로 기존 노동자를 정리해고 해야 하는데, 외환위기 후 법 개정으로 그렇게 하기가 쉬워졌다. 외환위기 직후 대규모 정리해고가 이루어진 뒤에도 정리해고는 많은 대기업에서 정기적으로 시행되었다. 실제로 2000년대 들어 정리해고를 시행하지 않은 대기업이 예외적이라 할 정도로 정리해고는 광범위하게 시행되었다(은수미, 2012). 정리해고 당한 기존 노동자가 하던 작업은 하청을 주게 되는데, 그 작업을 하청업체인 중소기업에서 하면 사외 하청이 되고, 고용계약은 하청업체와 맺은 노동자가 대기업 자체 내에서 하게 되면 사내 하청이 된다. 사내 하청 노동자를 늘리는 데는 외환위기 후 비정규직 고용이 쉽게 법을 고친 것이 유리한 조건으로 작용했다.

사내 하청은 대기업 내에서 기업 내부 조직에 포함되어 있던 기능 중에서 저부가가치에 해당하는 기능을 떼어내는 경우와, 같은 노동인데 비용을 절약하고 고용 유연성을 확보하기 위한 경우로 나누어볼 수 있다. 전자의 경우 하청에 따른 임금 격차는 생산성 차이를 반영하는 면이 있지만, 사내 하청 노동자가 노동기본권을 누리기 어렵게 되는 등 교섭력이 약화된 결과일 수도 있다. 반면 후자의 경우 같은 작업장에서 이루어지는 같은 노동에 대해 다른 임금을 주는 것이기 때문에 명백하게 노동시장의 이중구조 문제가 발생한다. 임금뿐 아니라 일자리의 안정성도 물론 다르다. 이것은 매우 불공정한 구조다.

사외 하청도 노동시장의 이중구조 문제를 일으킨다는 점에서 사내 하청과 마찬가지다. 사외 하청은 바로 통계청 자료에서 대기업 종사자 수가 줄고 중소기업 종사자 수가 늘어나는 요인이 되고 있다. 사외 하청은 대기업과 제1차 하청업체 간에 시작되지만, 제1차 하청업체와 제2차 하청업체, 제2차 하청업체와 제3차 하청업체 간의 거래로 진행되어서 아래쪽으로 내려갈수록 규모가 작은 기업이 맡게 된다. 따라서 하청구조가 진전될수록 중소기업과 영세기업 종사자 비중이 늘어나게 된다.

사외 하청에는 기업 간 교섭력 문제가 따르게 된다. 하청기업은 거래선이 원청기업에 집중되기 때문에 다른 거래선을 찾기가 매우 어렵다. 하청 기업이 원청기업의 "스펙"에 맞추어서 투자를 하고 나면 그 생산능력은 다른 용도로는 쓸 수가 없다. 즉, 하청기업의 투자에서는 "자산의 특정성(asset specificity)" 문제가 발생하는 것이다(Riordan and Williamson, 1985). 따라서 하청기업은 일단 투자를 하고 나면 원청기업에 대해 교섭력이 거의 없는 상태에 놓이게 된다. 원청기업은 이런 구도를 이용해서 구매계약을 안 지키거나 구매가격을 사후적으로 인하할 수 있다. 기술을 탈취하거나 인력을 빼 갈 수도 있는데, 이 문제는 외환위기 후 중소기업이 연구개발을 하는 경우가 늘어남으로써 더 심해졌다. 이런 행태들이 원청 대기업과 하청 중소기업 사이에 임금 격차가 생기는 원인이 된다.

사외 하청이 여러 단계에 걸쳐 있고 원청기업과 하청기업 간의 교섭력이 비대칭적인 상황에서는 대기업이 가하는 압력이 제1차 하청업체에 가해지고 그 압력이 다시 제2차, 3차 하청업체에 가해진다. 그리고 하청기업은 원청기업이 가하는 압력을 정규직보다는 비정규직에게 부담시키는 구도가 만들어지고 있다. 중소기업 노동자, 그중에서도 비정규직 노동자는 국민연금 등 사회보장제도와 근로기준법 등 노동보호의 적용을 받지 못하는 경우가 많다. 하청을 늘리면 사회보장 기여금을 부담하지 않아도 되고 노동 관련 규제도 덜 받으면서 고용할 수 있는 인력이 늘기 때문에 원가 절감 효과가 있다. 그러나 그렇게 해서 기업은 비용 부담을 덜지만 분배가 악화되고 근로 빈곤이 늘어난다. 당연히 대다수 국민이 느끼는 불안감도 올라간다. 이런 구도는 외환위기 전부터 있던 것이지만, 외환위기 후 노동관계법을 개정함과 동시에 재벌기업이 이윤 위주 경영을 하게 되면서 더 심해졌을 것이다.

비정규직 문제와 비슷한 차원에서 이해해야 하는 것이 자영업자 문제다. 한국의 자영업자 비중은 OECD 국가 중에 매우 높은 편에 속한다. 특히 한국의 자영업자는 기술을 가지고 출발하는 벤처 등 스타트업 기업은 적고, 다른 대안이 없어서 창업하는 생계형 자영업자가 다수인 만큼 소득은 적고 불안감이 클 수밖에 없다(류덕현 외, 2015). 자영업은 대기업, 중기업, 소기업, 영세기업 식으로 아래로 내려가는 압력 구도하에서 가장 아래쪽에 있을 가능성이 크다. 한국의 자영업자 비중이 줄지 않는 데는 외환위기가 중요한 요인으로 작용했다. 자영업자가 총고용에서 차지하는 비중은 외환위기 전에 지속적으로 떨어졌지만, 외환위기 후 그런 추세가 일시 중단되었다. 자영업자 비중은 1997년 27.8%에서 1998년 28.2%로 올라간 뒤 2005년까지 27% 아래로 떨어지지 않았다. 그 후로 떨어져서 2017년에는 21.3%가 되었는데, 외환위기가 자영업자 비중이 떨어지는 추세를 잡아 놓고 있었던 셈이다.

이중구조 해결책?

비정규직 문제에 대한 해결책은 무엇인가? 이에 대해서는 기본적으로 두 가지 주장이 있다. 하나는 정규직 해고를 더 쉽게 하자는 것이고 다른 하나는 비정규직 고용을 어렵게 하자는 것이다.

비정규직 문제 해결을 위해 정규직 해고를 더 쉽게 하자는 주장은 "정규직 과보호론"이다. 이 견해는 2014년 박근혜 정부의 경제부총리였던 최경환이 언급한 이후 박근혜 정부의 노동시장 구조 개혁 방침으로 정해져서 야당이나 노동계의 반발을 불러일으켰다.[2] 그러나 이런 견해는 정부만이 아니라 학계에서도 일찍부터 제기되어 왔다(김대일, 2015; 문외솔 2015). 이 주장에 의하면 외환위기 후 비정규직 고용을 쉽게 하면서 정규직 해고에 여전히 까다로운 조건을 두었기 때문에 노동시장 이중구조가 심화되고 있다. 즉, 외환위기 후 법

2 최경환의 언급에 대해서는 ≪동아일보≫, 2014년 11월 26일 자(www.news.donga.com) 참조.

개정은 옳은 방향이었는데, 그 정도가 철저하지 못해서 노동시장 이중구조가 심화되고 있으니 더 철저하게 바꾸어야 한다는 것이다.

이 주장에 따르면 해고를 어렵게 하는 데는 노동조합이 큰 역할을 한다. 노동조합은 해고를 어렵게 만든 근로기준법에 근거해서 해고에 대해 강력하게 저항해 왔다. 그 결과 해고가 어려워진 사용자들이 비정규직을 고용하고 있다는 것이다. 노동조합은 대기업에 집중되어 있다. 노동조합이 있는 대기업 정규직 노동자들은 같은 대기업의 비정규직 노동자들뿐 아니라 중소기업 노동자들에 비해 높은 임금을 받고 있고 고용안정성도 누리고 있다. 반면 비정규직 노동자들과 중소기업 노동자들은 저임금과 고용 불안정성에 시달린다. 이 주장에 따르면 결국 노동조합이 노동시장 이중구조를 불러오는 주범이다.

정규직 과보호론에 의하면 노동시장 이중구조를 해소하기 위해서는 근로기준법을 바꾸어서 해고를 자유롭게 하고 남아 있는 비정규직 고용 제한도 철폐해야 한다. 이 주장에는 문제가 있다. 당장 외환위기 후 구조조정 때와 같은 문제가 발생한다. 외환위기 후 고용 관행이 일각에서 성과급 위주로 바뀌었지만 여전히 연공서열제 임금이 주류를 이루고 있다(정승국 외, 2014; 유규창, 2014). 그런 상태에서 해고를 자유롭게 하게 되면, 외환위기 후 구조조정 때처럼 주로 40~50대 근로자를 해고해서 그 재산권을 침해할 가능성이 있는 것이다. 대기업이나 금융기관, 공공 부문의 정규직이 커리어 중간에서 해고되었을 때 비슷한 직장으로 옮겨갈 수 있을 만큼 외환위기 후 노동시장이 유연하게 바뀐 것도 물론 아니다. 대기업에서 해고된 대다수 근로자들은 중소기업에, 그것도 비정규직으로 재취업하거나 생계형 자영업자가 될 수밖에 없을 것이다.

더 근본적으로는 항상 해고할 수 있는 인력은 비정규직이나 마찬가지라는 것이다. 해고를 쉽게 하면 사실상 모든 근로자가 비정규직으로 바뀌게 된다. 그럴 경우 노동 대 자본 간의 관계에서 교섭력이 노동 측에 불리해질 가능성이 크다. 지금도 사내 하청 노동자들이 노동기본권을 행사하기 어려운 데서 보는 것처럼 비정규직 근로자들은 교섭력이 약하다. 고용과 해고를 쉽게 하는 대신 직접 고용을 의무화하면 노동기본권은 보장이 되겠지만 여전히 교섭력이 어떻게 될지는 알 수 없다. 노동 측의 교섭력 약화는 제4절에서 살펴볼 것처럼 외환위기 후 노동소득분배율이 크게 떨어진 데서 이미 나타나고 있고, 그것이 소득분배를 악화시키는 한 요인이다. 해고를 쉽게 하면 그런 현상이 심해질 가능성이 큰 것이다.

그리고 당연히 해고를 쉽게 하면 근로자들이 느끼는 불안감은 더 올라갈 것이다. 근로기준법에 해고 요건을 엄격하게 규정하고 있는데도 외환위기 전에 비해 해고가 더 쉬워지는 바람에 많은 정규직 근로자가 해고되었다. 그것이 비정규직 증가와 함께 근로자들의 불안감을 올리는 요인이 되고 있다. 그런 조건 위에 정규직 해고를 더 쉽게 하면 근로자들의 불안감이 더욱 올라갈 것이다. 불안감이 올라가는 것은 경제에 좋은 영향을 가져오지 못한다. 그것은 무엇보다 출산율을 떨어뜨릴 것이다. 물론 해고가 쉬워짐으로써 고용이 늘어나는 효과가 매우 크다면 불안감을 상쇄할 수 있겠지만 실제로 그렇게 될지는 알 수 없는 일이다.

비정규직 문제에 대한 해결책으로서 좀 더 현실적인 방안은 해고를 쉽게 하면서 사회안전망을 강화하는 것이다. 그러한 아이디어는 1980년대 이후 유럽 대륙에서 미국의 신자유주의적 노동 정책에 대한 대안으로 나온 것으로서, 유연성(flexibility)과 안전성(security)을 결합했다고 해서 "유연안전성(flexicurity)" 정책이라고 불린다. 유연안전성 정책은 네덜란드에서 처음 아이디어가 나와서 덴마크 같은 나라가 적극적으로 시행해 왔는데, 다른 유럽 국가에서도 비슷한 정책을 시행하다가 2007년 유럽연합(EU)이 공식적 방침으로 수용했다(Auer 2010; European Commission, 2013). 그러나 실제 시행 과정은 각국의 경제사회적 조건뿐만 아니라 역사적·제도적·정치적 조건 등 다양한 요인의 영향을 받는다.

유연안전성 정책은 문제가 있다는 지적을 받아왔다. 현실에서는 원칙과 달리 유연성이 우선이고 안전성은 부차적으로 파악하는 경향이 있어 노동자들의 일방적 손해로 끝날 가능성이 있다는 것이다. 유럽의 노동조합은 유연안전성 정책에 대해 총론에서는 찬성하면서도 그런 가능성에 대해 문제를 제기해 왔다(Burroni and Keune, 2011). 또한 기업과 그 소유자에게 유효하게 과세를 하지 못하면 유연성 전략에 따른 혜택은 기업이 가져가고 안전성을 확보하는 부담은 다른 납세자가 져야 하는 문제도 있다. 거기에다 사회안전망을 위한 재정 지출은 경기변동이나 정치적 변화에 취약할 수 있다. 그러한 문제점은 대침체에서 현실화했다. 유럽 각국이 경기 침체로 세수가 줄자 재정 적자를 줄인다고 긴축 정책을 택했기 때문이다(Heyes, 2011, 2013). 대체로 유연안전성을 주장해 오던 측에서도 대침체로 실업자 수가 느는데 재정은 긴축을 하는 상황에서 그 한계를 인정하게 되었다.

통계적으로 보면 유럽의 유연안전성 정책이 대침체 과정에서 반드시 약화되었다고 보기는 어렵다. 유연안전성 대책 중 "안전"에 해당하는 조치로서 중요한 것은 고용보험과 실업자 재훈련, 재취업 알선, 창업 지원 등으로 구성되어 있는 "노동시장 프로그램(labor market program)"이다. 유럽 국가들의 노동시장 프로그램에 대한 공공지출이 GDP에서 차지하는 비중을 보면 대침체 과정에서 떨어지지 않았다. 유럽 대륙 국가 중 OECD 가입국으로서 체제전환국을 빼고 원래 서구 국가였던 나라로서 노동시장 프로그램에 대한 공공지출 통계가 있는 나라는 14개국(프랑스, 독일, 이탈리아, 벨기에, 네덜란드, 룩셈부르크, 스페인, 포르투갈, 오스트리아, 덴마크, 스웨덴, 핀란드, 노르웨이, 스위스)이다. 이들 나라의 평균을 보면, 노동시장 프로그램에 대한 공공지출이 2007년 GDP의 1.78%에서 2015년 2.12%로 올라갔다. 물론 그 내용을 보면 문제가 있다. 실업급여 등 소극적 지출이 GDP의 1.04%에서 1.29%로 올라간 반면, 새로운 일자리를 찾는 것을 돕는 재훈련 같은 적극적 정책은 GDP의 0.74%에서 0.83%로 올라가는 데 그쳤다.[3] 전체적으로 보아 유연안전성 정책은 대침체를 계기로 한계를 드러냈지만, 여전히 유럽의 정책 기조라고 할 수 있다.

유연안전성 정책은 한국에 낯선 이야기가 아니다. 1997년 외환위기 때 대규모 정리해고를 하면서 사회안전망을 강화한 것이 바로 그런 정책이었다. 그러나 그런 접근이 유효하지 않았다는 것은 제2절에서 살펴보았다. 일찍이 경험하지 못한 대규모 위기하에서 아직 허술하기 짝이 없는 사회안전망을 황급히 보강하면서 정리해고를 실시한 결과 많은 근로자들이 사회보호를 못 받고 길거리로 내몰렸던 것이다. 바로 유연성이 우선이고 안전성은 없다시피 한 결과를 가져왔던 것이다.

2015~2016년 박근혜 정부의 노동 개혁은 다시 유연안전성 개념을 원용한 것이라 볼 수 있다(전병유, 2016). 그러나 그것도 유연성이 우선이고 안전성은 별로 달성되지 않는 쪽으로 귀착할 가능성이 컸다. 무엇보다 한국은 안전성을 보장할 사회보호의 수준이 매우 낮은 상태에 머물러 있다. 노동시장 프로그램에 대한 공공지출의 GDP에 대한 비율을 보면 2014년부터 2016년간 평균 0.71% 정도여서 OECD 국가 중에서 하위권이다. 박근혜 정부는 해고를 쉽게 하면서 그 비율을 획기적으로 올릴 생각 같은 것은 물론 하지 않았다. 거기에다 여러 가지 역사적·제도적·문화적 요인들을 감안할 때 정규직의 노동시장을 당장 유연하게 만드는 것은 불가능하다. 그런 조건 위에 낮은 수준의 사회안전망을 한계적으로 조정하면서 해고를 쉽게 하는 정책이 작동할 가능성은 낮다.

한편 비정규직 고용을 어렵게 하자는 견해는 상시적이고 지속적인 일자리는 정규직으로 직접 뽑도록 제도를 바꾸어야 한다는 것이다(김유선, 2015). 이 견해는 문재인 정부의 공식 입장이 되었다. 이 견해는 결국 외환위기 후 법 개정이 잘못되었으니 그것을 고치자는 것이다. 법을 고치기 이전이라도 사내하청의 경우 법원에 의해 불법 판결을 받은 경우도 많은데, 현실에서는 그것

3 이 수치는 stats.oecd.org에서 제공하는 통계에서 계산한 것이다.

조차 시정이 안 되고 있으니 그것부터라도 고쳐야 한다는 것이다. 불법 판결을 받고도 시정되지 않은 것은 "법치의 원칙"과 모순되는 일로서 경제논리나 시장의 논리로서 적당히 방어할 수 없는 것이다. 경제논리로 보더라도 장기적으로 법치가 경제발전의 가장 중요한 조건 중 하나라는 점에서 그런 행태를 지속하는 것은 정당화할 수 없다.

물론 이 방안에 대한 반대도 있다. 그 이유는 비정규직 고용을 제한하면 일자리가 줄어들 가능성이 있다는 것이다. 기업이 이미 정규직을 고용하는 데 따른 비용 때문에 비정규직을 채용하고 있는데, 비정규직 채용을 제한하면 고용 자체를 줄일 수밖에 없다는 것이다. 그리고 비정규직 채용이 어려우면 기업은 종업원 수를 불황기에 필요한 산출량에 맞추어 놓고 호경기 때에 신규 채용을 하는 것이 아니라 초과근로 시간을 늘려서 경기에 따른 산출량을 조정하게 된다. 따라서 비정규직 채용을 어렵게 하는 것은 일자리의 질을 올리려 하다가 일자리의 양 문제를 악화시킬 가능성이 있는 것이다. 경제 전체로 보아서 비정규직이라도 일자리가 있는 것이 없는 것보다는 낫다.

따라서 비정규직 고용을 제한하는 정책이 효과가 있으려면 일자리를 늘리는 방안과 병행해야 한다. 일자리를 늘리는 최상의 방안은 일자리를 만드는 것이지만 그것은 성장률을 올리는 과제와 얽힌 문제다. 일자리 만들기가 현실적으로 여의치 않다면 "일자리 나누기"가 대안이 될 수 있다. 기존의 일자리를 나누어서 정규직으로 뽑는 것이다. 그것은 한국의 노동시간이 유난히 길고 긴 노동시간이 많은 폐해를 낳고 있기 때문에 타당성이 있다고 할 수 있다. 긴 노동시간은 노동자의 건강, 가정생활, 여가생활, 교육과 훈련 등에 부정적 영향을 미친다. 노동자의 업무 집중도도 떨어지고 사용자 입장에서 노동시간을 효율적으로 관리할 필요성을 덜 느끼게 됨으로써 낙후된 업무 관리 및 조직문화를 유지하게 하는 요인이 된다. 그것은 당연히 생산성을 떨어뜨린다. 장시간 노동은 평생소득의 구조로 보아도 문제를 일으킨다. 한국의 근로자는 재직 시에 너무 장시간 일하고 높은 소득을 누리지만 너무 빨리 퇴직

한다. 평균 수명은 늘어나는데 일찍 퇴직하는 것은 소득분배를 악화시키고 불안감을 확대하는 요인이 된다.

노동시간을 줄이는 방법은 우선 장시간 노동의 유인을 줄이는 것이다. 한국은 근로기준법에 정한 초과근로에 따른 임금 할증률이 50%로서 대부분 유럽 국가에서 시행하고 있고 ILO 권고치이기도 한 25%의 두 배다. 한국은 미사용 휴가에 대해 금전적으로 보상하고 있는데, 이것은 OECD 국가 중 유일하다(김강식, 2014: 48). 그 외에도 노동시간이 긴 이유로는 노동시간 특례제도 같은 조치에다 노동시간에 대한 느슨한 기타 법제와 규정 등이 있다. 이런 것들을 고치면 노동시간을 줄일 수 있다.

그런 한편 법제나 규정을 고쳐서 노동시간을 줄이기 어려운 곳도 있다. 화이트칼라 근로자의 포괄임금제 같은 것이 그런 것이다. 화이트칼라의 업무는 육체노동자들의 업무처럼 표준화하기 어렵고 노동시간과 휴게시간이 명확하게 분리되지 않는다. 근로자들의 재량권이 커서 관리자들이 감독하기도 어렵다. 따라서 두리뭉실하게 생산성을 산정하고 그에 따라 보상하는 것이 포괄임금제라고 할 수 있다. 그런 구도에서 화이트칼라 근로자들은 승진 경쟁 때문에 자발적으로 장시간 근로를 하는 경향이 있다. 이런 행태는 법제나 규정을 고쳐서 해결하기 어렵다.

그러나 블루칼라 노동자의 경우도 일자리 나누기는 어려운 일이다. 그 이유는 노사 모두 노동시간 감축을 원하지 않는다는 것이다. 노동시간 감축으로 생산성이 올라가는 효과가 충분히 크지 않다면, 임금 삭감이나 동결 없이 노동시간을 단축할 수 없다. 그러나 저임금 노동자는 물론이고 고임금 노동자도 주거비, 교육비, 노후 대책 등으로 노동시간 단축과 임금 삭감을 바꾸고 싶어 하지 않는다. 이것은 노동조합이 있는 사업체가 없는 사업체보다 오히려 평일 연장근로시간이나 휴일근로시간이 더 길다는 사실에서 알 수 있다(배규식, 2013: 12). 사용자 측에서 보면 일자리 나누기는 인건비 상승을 가져올 가능성이 크다. 채용에 따른 비용, 교육훈련비, 복리비용, 퇴직금 등 간접노동비용은 고용을 늘리는 데 따라 상승한다. 노동시간을 줄이는 데 따르는 설비 변경, 근무제도 변경 등에도 비용이 든다.

블루칼라 노동자들과 그들을 대변하는 노동조합이 일자리 나누기에 항상 반대하는 것은 아니다. 제2절에서 살펴본 것처럼 외환위기 직후 기업이 도산위기에 몰렸을 때에는 노동조합이 일자리 보존을 위해 임금 삭감을 제안하기도 했다. 정부는 그 제안을 받아들이지 않고 대규모 정리해고를 단행했다. 정리해고가 남긴 후유증이 심각하다는 것을 깨달은 정부는 2008년 외환위기 때는 일자리 나누기를 시도했다. 사용자들도 과거 외환위기에서 대규모 정리해고를 단행한 뒤 경제가 회복되었을 때 인력을 새로 뽑는 비용과 종업원의 충성심 약화 등을 경험했다. 그런 배경에서 정부와 한국노총이 중심이 되어 노사정위원회를 통해 2009년 2월 23일 사회 협약을 맺고 일자리 나누기를 통한 외환위기 극복 방안을 제시했다. 물론 현실에 들어가면 사정은 더 복잡해서 쌍용자동차에서 77일간의 파업이 발생하는 등 정리해고를 둘러싼 갈등이 일어나기도 했지만, 전체적으로 보아 사용자가 임금을 동결하거나 삭감하는 대신 일자리를 유지하는 정책을 추진하고 노조는 마지못해 양보하는 모습을 보이는 식으로 해결했다(이장원, 2009; 조성재, 2010).

그러나 외환위기 같이 예외적 상황이 아닌 평상시에 노동자들이 일자리 나누기를 위해 임금 삭감이나 동결을 받아들일지는 알 수 없는 일이다. 이것은 임금을 아무리 많이 받아도 모자라는 사교육비나 주거비 사정 등 경제 전체의 문제와 같이 얽히는 문제다. 사용자 측에서 보면 인건비 상승 가능성을 무릅쓰고 일자리 나누기를 시행할 유인이 없다. 따라서 그냥 노동시간을 줄이는 것은 일자리 나누기보다 고용이 늘어나는 효과가 적을 가능성이 크다. 이 문제는 노사정 간에 새로운 사회협약을 맺고 그를 통해 해결하는 것이 바람직하다. 현재 정부는 새로운 사회협약을 맺지 않은 상태에서 노동시간을 줄이고 있는데, 그 결과가 어떻게 나올지는 두고 볼 일이다.

제4절 노동소득과 자본소득

외환위기 이후 소득분배가 악화된 또 하나의 원인은 노동소득분배율 하락이다. 제3절에서 노동소득분배가 불평등해진 데 대해 살펴보았지만, 그에 더하여 노동소득 총액이 자본소득 총액에 비해 상대적으로 떨어져서 소득분배가 악화된 것이다.

소득은 노동소득과 자본소득으로 나눌 수 있다. 노동소득은 노동을 통해 생산에 기여한 결과로 얻는 소득으로서 노동자의 임금이나 경영자의 보수가 그에 포함된다. 자본소득은 노동 이외의 생산요소를 제공하고 받는 소득으로 이자, 이윤, 지대 등이다. 여기서 용어상의 혼선을 정리하고 넘어갈 필요가 있다. 한국에서는 노동소득분배율, 자본소득분배율 같은 데서는 "노동소득", "자본소득"으로 구분하는 반면, 세법 같은 데서는 "근로소득"과 "재산소득"으로 구분해서 쓰고 있다. 이것은 마치 "근로자"와 "노동자"를 명확한 개념 구분 없이 써온 것과 같다. 이 장에서도 지금까지 근로자와 노동자를 구분 없이 써왔다. 여기에서도 근로소득과 노동소득, 재산소득과 자본소득은 서로 구분 없이 쓰기로 한다.

근로소득과 재산소득의 문제는 경제학에서 매우 오랜 관심사다. 역사적으로 보면 근로소득에 대해서는 그 정당성을 의심하지 않았지만, 재산소득이 정당한지는 논란이 되었다. 아직 경제학이 철학으로부터 분리되지 않았던 고대와 중세에서 이자는 윤리적으로 정당하지 않은 소득이었다. 경제학이 처음 만들어질 때의 고전파 경제학에서는 지대가 정당한 소득이 아니었다. 현대 경제학에서는 재산소득은 근로소득과 마찬가지로 자기가 소유하고 있는 생산요소를 시장에 팔아서 생산에 기여한 결과 받은 소득으로 정당성을 확보했다.

현실적으로 보아도 제2차 세계대전 이후 대중자본주의 시대, 즉 자본주의 황금기를 거치면서 근로소득과 재산소득을 받는 주체 구분이 모호해졌다. 교육의 보급에 따라 노동에 대한 "인적 자본" 투자의 기여도가 높아졌고, 자가주택 소유의 확대, 종업원 지주제, 연금 등으로 많은 사람이 근로소득 이외의 소득을 가지게 되면서 둘 간의 구분이 모호해진 것이다. 그런 이유로 근로소득과 재산소득 간의 상대적 분배를 결정하는 노동소득분배율도 관심사에서 멀어지게 되었다. 그러나 최근 노동소득분배율이 새로이 관심사가 되고 있다. 그것은 무엇보다 현실적 변화 때문이다. 장기적으로 일정하다고 간주되었던 노동소득분배율이 1990년대 이후 대다수 국가들에서 하락하는 경향이 나타나고, 그것이 소득분배가 악화되는 요인이 되고 있기 때문이다. 예컨대 국제노동기구(ILO), IMF, OECD, 세계은행은 개인 간 소득불평등이 악화된 바탕에는 노동소득분배율의 하락이 자리 잡고 있다는 것을 강조한다(ILO, IMF, OECD and World Bank, 2015).

노동소득분배율 하락과 그 원인

한국도 외환위기를 계기로 노동소득분배율이 떨어졌다. 이것을 확인하기 위해서는 일단 한국은행 국민계정에서 제공하는 노동소득분배율 통계를 살펴볼 필요가 있다. 국민계정의 노동소득분배율은 외환위기 전 지속적으로 올라서 1996년에 62.4%에 달했다가 외환위기가 시작되면서 떨어져서 2000년에 57.8%까지 내려갔다. 그 뒤 점차 올라갔지만 여전히 1996년 수준에 미달하다가 2014년에 와서야 1996년 수준을 넘어섰다. 국민계정에서의 노동소득분배율은 문제가 있다. 자영업자의 소득을 제대로 취급하지 못하고 있기 때문이다. 국민계정에서의 노동소득분배율은 "피용자보수"를 "요소가격순국민소득"으로 나눈 것이다. 요소가격순국민소득은 국민총소득(GNI)에서 감가상각과 정부 개입의 효과(생산 및 수입세에서 보조금을 뺀 것)를 제외한 것이다. 피용자보수를 분자로 잡는 것은 자영업자의 소득을 모두 자본소득으로 간주하는 것인데, 자영업자의 소득은 자본소득과 노동소득이 혼합된 것이기 때문에 국민계정의 노동소득분배율은 실제 노동소득분배율을 과소평가하게 된다.

〈그림 6-2〉 노동소득분배율 (단위: %)

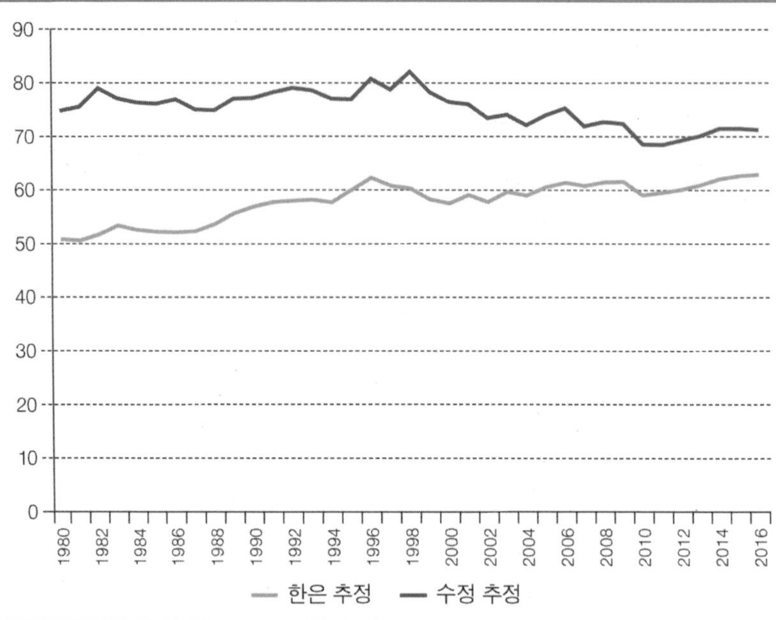

자료: 〈부표 7〉.

이 문제는 전 세계 국민계정의 공통 문제로서 그에 대한 해결책은 세 가지가 제시되었다. 첫째 자영업자의 소득을 모두 노동소득으로 간주하는 방법, 둘째 자영업자의 평균소득과 임금근로자의 평균임금이 동일하다고 가정하는 방법, 셋째 자영업자의 노동소득과 자본소득의 구성 비중이 다른 경제 부문의 그것과 동일하다고 가정하는 방법이다. 그중 상대적으로 합리적이고 한국의 실정에 맞는다고 생각되는 것은 세 번째 방법이다(주상영·전수민, 2014; 이병희, 2015). 물론 이 방법도 자영업자가 상대적으로 노동 집약적인 생산활동을 한다는 점을 감안하면 노동소득분배율이 다소 과소 측정되는 문제가 있다.

〈그림 6-2〉는 국민계정에서의 노동소득분배율과, 자영업에서 노동소득과 자본소득의 구성 비중이 다른 경제 부문과 동일하다고 가정하는 방법을 써서 계산한 "수정노동소득분배율"을 보여주고 있다. 국민계정의 노동소득분배율

과 달리 수정노동소득분배율은 외환위기 전 10여 년간 조금씩 오르던 추세에서 외환위기 후 하락으로 반전했다가 다시 약간 반등했지만 외환위기 직전에 비하면 분명히 떨어졌다. 수정노동소득분배율은 외환위기 직전 해인 1996년에81.1%였다가 1998년 82.4%로 피크에 달했으나. 그 후에 떨어지기 시작해서 2010년 68.8까지 떨어졌다가 다시 올라가서 2017년에 71.2%가 되었다. 1998년부터 2017년까지 수정노동소득분배율은 평균 73.4%로서, 외환위기 전 피크였던 1996년에 비해 7~8%포인트 정도 떨어졌다(〈부표 7〉 참조).

노동소득분배율이 떨어진 이유는 무엇인가? 노동소득분배율 하락은 선진국에 공통된 현상으로서, 그 원인으로는 제1절에서 언급한 기술 진보와 세계화 같은 요인이 꼽힌다. 그러나 한국에서는 외환위기를 계기로 노동소득분배율이 급격히 떨어졌기 때문에 그런 요인만으로 설명할 수 없다. 그것과 다른 요인 중에는 피케티가 주장한 것처럼 경제성장률이 자본의 수익률 아래로 떨어졌다는 사실이 있을 수 있다. 한국의 경우에도 2000년대에 자본의 수익률이 소득 증가율을 초과하는 것으로 나온다(주상영, 2015). 외환위기 전에는 경제성장률이 자본의 수익률보다 높았던 것이 의심의 여지가 없기 때문에 외환위기 후 경제성장률이 떨어진 것이 노동소득분배율을 낮춘 요인이라고 할 수 있다. 제4장에서 살펴본 것처럼 외환위기 후 구조 개혁 때문에 경제성장률이 떨어졌다는 것을 감안하면 결국 구조 개혁이 노동소득분배율이 떨어진 원인이라고 할 수 있다.

그러나 구조 개혁은 성장률 하락을 통하지 않고 직접적으로 노동소득분배율을 떨어뜨렸을 가능성이 있다. 그것은 구조 개혁이 기업이윤율을 올리려고 했기 때문이다. 노동소득분배율이 기업이윤율의 영향을 받으리라는 것은 쉽게 짐작할 수 있다. 이것은 실증 연구로 확인된다. 김배근(2013)은 외환위기 전후 기간을 포함한 시계열 자료를 이용한 계량 분석에서 "마크업(mark-up) 비율", 즉 한계비용에 대한 가격의 비율이 노동소득분배율을 결정하는 주요인이라는 것을 밝혔다. 마크업 비율은 기업이윤율과 별로 다르지 않기 때문에, 이 결과는 기업이윤율이 높으면 노동소득분배율이 낮다는 것을 의미한다.

김배근은 마크업 비율을 대기업의 시장지배력 정도를 나타내는 변수로 사용하고 있다. 그러나 그렇게 보는 것은 외환위기 후 노동소득분배율 하락을 설명하는 데는 적절하지 못하다. 외환위기 후 대기업의 시장 지배력이 갑자기 올라갔다는 증거가 없기 때문이다. 그러나 김배근의 연구 결과는 기업이윤율이 노동소득분배율과 역의 상관관계에 있다는 것을 밝힘으로써 외환위기 후 다른 이유로 기업이윤율이 올라갔으면 그로 인해 노동소득분배율이 떨어졌을 것이라는 것을 시사하고 있다.

외환위기 전 한국에서 시장지배력이 있는 기업의 이윤율이 "높았다"고 볼 수는 없다. 당시 대기업이 생산물 시장에서 시장 지배력을 통해 시장지배력이 없는 기업보다 높은 기업이윤율을 거둔 것은 사실이다. 그러나 현실적으로 시장지배력이 있는 대기업의 기업이윤율은 차입금평균이자율에도 못 미쳤다. 그것은 물론 "저이윤-고부채" 경영 행태 때문이었다. 즉, 대기업이 시장지배력으로 생산물 시장에서 초과이윤을 거두는 효과보다 금융시장의 규율 기능이 약한 효과가 더 컸던 것이다.

외환위기 후 구조 개혁은 생산물 시장에서 시장 지배력을 낮추어 기업이윤율을 낮추는 것보다 금융시장 규율을 강화해서 기업이윤율을 올리는 쪽에 맞추어졌다. 그 결과 기업이윤율은 올라갔다. 이것은 〈그림 2-2〉로 돌아가서 확인할 수 있다. 기업이윤율은 1980년대 이후 떨어지는 추세를 보이다가 1997년 외환위기 직후 크게 떨어졌지만, 구조조정의 성과가 나타난 2002년부터 급격히 올라갔다. 2002년부터 글로벌 금융위기 전인 2007년까지 6년 동안 기업이윤율은 평균 8.7%로서 1991년부터 1996년까지 6년 동안 평균 7.6%보다 더 높았다. 기업이윤율이 1980년대부터 떨어지는 추세라는 것을 감안하면 외환위기 후 구조조정이 기업이윤율을 올리는 효과가 있었다고 할 수 있다. 그 후 기업이윤율은 다시 떨어졌지만, 구조조정으로 올라간 베이스 위에서 떨어진 것이기 때문에 구조조정의 효과는 지속되었다고 볼 수 있다.

그렇게 기업이윤율이 올라간 것은 기업이윤율이 노동소득분배율과 역의 상관관계에 있는 한에서 노동소득분배율을 떨어뜨린다. 여기서 주목할 것은 외환위기 후 구조조정을 통해 기업이윤율을 올리는 과정이 바로 제2절에서 살펴본 정리해고가 이루어지는 과정이었다는 것이다. 기업이 이윤율을 올리기 위해서는 정리해고를 하거나 임금을 깎아야 했다. 어느 쪽이라도 노동소득분배율은 떨어졌을 것이다. 한국이 실제로 선택한 것은 정리해고였기 때문에 정리해고 당한 근로자들의 희생을 통해서 기업이윤율이 회복되었다고 할 수 있다. 구체적으로 40~50대 근로자들의 재산권을 침해해서 기업이윤율을 올린 것이 노동소득분배율을 떨어뜨린 셈이다.

외환위기 직후의 구조조정이 끝난 후에도 기업이윤율을 올리거나 유지하려는 노력이 제3절에서 살펴본 노동시장의 이중구조를 심화시키는 요인으로 작용했다. 대기업이 이윤율을 올리기 위해 비정규직 고용이나 하청을 늘린 것이다. 그것은 노동소득분배율을 떨어뜨린다. 이와 관련해 홍장표(2013)는 1990년대와 2000년대 제조업 18개 산업에 대한 분석에서 외환위기 이후 시기인 2000년대에 기업의 노동비용 중에서 외주가공비가 차지하는 비율이 높을수록 노동소득분배율이 낮아진다는 것을 밝혀냈다.

이렇게 해서 노동소득분배율 하락은 노동시장에서 이루어진 변화와 서로 표리관계를 이루면서 진행되었다. 그런 구도에서 노동소득분배율 하락을 막으려면 길항력(拮抗力)이 있어야 한다. 길항력을 제공해줄 수 있는 일차적 주체는 노동조합이다. 그러나 노동조합의 기업이윤율에 대한 영향은 외환위기를 계기로 현저하게 떨어졌다. 실증연구에서도 외환위기 전에는 노동조합이 기업이윤율을 떨어뜨리는 효과가 유의하게 나타나지만, 외환위기 후에는 그런 효과가 유의하게 나타나지 않는다. 그런 효과가 있더라도 예외적으로 일부 규모가 아주 큰 기업에서 나타날 뿐이다(Lee, 2012; 이제민·조준모, 2011). 노동조합이 노동소득분배율에 미치는 영향도 1990년대에는 유의한 플러스 효과가 있었지만 2000년대에는 유의한 영향력이 없다(홍장표, 2013).

이것은 외환위기 후 노동조합의 교섭력이 약해졌다는 것을 시사한다. 실제로 노동조합의 교섭력은 약화되었을 것이다. 외환위기 후 노동관계법 개정으로 노동조합의 활동을 제약하고 있던 조치들이 철폐되었지만, 다른 한편으로 노동조합의 교섭력을 떨어뜨리는 요인이 강력하게 작용했기 때문이다. 외환위기 직후 대규모 기업 도산과 실업 사태를 겪은 데다, 그 뒤에도 정리해고가 쉬워지고 일자리가 부족한 상태가 지속됨으로써 노동조합의 교섭력이 약화되었을 것이다. 금융시장 규율이 강화됨에 따라 노동조합이 기업 이윤율 삭감할 경우 기업이 도산할 가능성이 커졌다. 대기업이 해외직접투자를 통해 생산기지를 옮긴 것도 노동조합의 교섭력을 약화시키는 요인이다. 그 결과 노동조합은 임금을 올리기보다는 일자리를 보전하는 쪽으로 관심사를 옮기게 되었다. 파업 사유도 외환위기 전에는 임금 인상이 주였지만, 외환위기 후에는 일자리 보전이 주가 되는 쪽으로 바뀌었다(Choi and Kim, 2004). 사용자가 기업이윤율을 올리기 위해 정리해고를 시도하고 노동조합은 방어하는 관계로 바뀐 것이다. 노동조합 조직률이 지속적으로 떨어진 것도 경제 전체로 보아 노동조합의 교섭력에 유리한 것은 아니다. 노동조합 조직률은 1996년 13.3%에서 2016년 10.3%로 떨어졌다. 노동조합 조직률이 떨어진 데는 비정규직 노동자 수가 늘어난 것과 하청 확대에 따라 대기업 종업원 수가 줄어든 것이 중요한 역할을 했을 것이다. 결국 외환위기 후 노동시장 유연화 조치와 노동조합 활동에 대한 제약의 철폐를 맞바꾼 결과는 전자의 효과가 압도하는 모습으로 나타났다.

대기업 노동조합의 "이중적 행태"도 노동자 전체의 길항력을 올리는 데 도움이 되지 않았다. 노동조합은 외환위기 후 구조조정 과정에서 정리해고 당한 40~50대 근로자의 재산권을 확보하는 데 중요한 역할을 했다. 노동조합이 그렇게 할 수 있었던 것은 근로기준법 개정에서 정리해고 요건에 제한을 두었기 때문이다. 노동조합은 그것을 근거로 정리해고에 강력하게 저항함으로써 대부분의 정리해고가 명예퇴직 형태로 이루어지게 하는 데 기여했던 것이다.

그 후에도 대기업이 정리해고로 노동력을 슬림화하는 과정에서도 연공서열 임금제가 여전히 일반적인 상황에서 노동조합이 해고 근로자의 재산권을 보호하는 역할을 했을 것이다. 그러나 다른 쪽에서 노동조합은 노동자 전체의 이익과 배치되게 행동하기도 했다.

노동조합은 압도적으로 대기업에서 조직률이 높다. 노동조합은 소속 기업이 조직을 슬림화하는 과정에서 정리해고가 일어나는 데 대해서는 강하게 저항했다. 그런 한편 일부 대기업 노동조합이 그 조합원들의 근로조건을 개선하려는 노력이 하청기업에 압력으로 작용하는 측면이 있다. 대기업 노동조합은 사용자들이 비정규직을 비용 절감의 수단으로 쓰는 것을 방조함으로써 정규직 고용을 안정시키려고 하는 모습도 보였다. 1998년 정리해고에 격렬하게 저항했던 현대자동차 노동조합은 2000년 6월 사내 하청 근로자 비중을 16.9%까지 용인하기로 사용자 측과 합의했다. 같은 2000년에 한국통신(현 KT)에서는 계약 해지된 비정규직 노동자들이 500일 넘게 복직투쟁을 벌였지만 노동조합은 이들의 노동조합 가입을 거부하고 어떤 지원도 하지 않았다(최영기, 2017). 2017년에는 전국금속노조 기아자동차 지부가 "1사 1노조 원칙"에 대해 찬반을 묻는 조합원 총투표를 실시해서 사내 하청 비정규직 노동자들을 사실상 노동조합 밖으로 내몰려는 시도를 했다(≪한겨레신문≫, 2017.4.12).

그렇게 해서 대기업 노동조합은 노동자 전체를 대변하는 데 한계를 가지면서 노동시장 이중구조가 고착화하는 데 일정한 역할을 하고 있다. 같은 노동이 비정규직과 정규직으로 분리되고, 비정규직이 정규직으로 가는 사다리가 아니라 위치가 고착되는 데 노동조합이 일부 역할을 하고 있는 것이다. 그렇게 된 데는 기업노조 중심의 노동조합 조직과 교섭체제, 외환위기 후 정부가 사회협약을 일자리 나누기 등으로 일관되게 추진하지 못했다는 사실 등 여러 가지 요인이 있을 것이다.

노동조합 이외에도 길항력을 제공할 수 있는 주체는 하청업체 단체가 있다. 그러나 하청업체 단체는 제대로 형성되지도 못했고, 있어도 교섭력이 미미하다. 단체교섭을 위한 법적 근거도 없다. 정부가 개입해서 공정거래를 유도하는 것도 하청업체의 교섭력을 키우는 것이지만 최근까지 그런 노력은 미미했다. 이 문제는 문재인 정부하에서 중요 과제가 되고 있는데, 결과는 더 두고 볼 일이다.

노동소득분배율과 소득분배

외환위기 후 구조 개혁과 그 후 이윤율을 올리려는 기업의 노력이 노동시장의 조건과 상호작용하면서 노동소득분배율이 떨어졌다. 그러나 노동소득분배율 하락이 곧바로 개인이나 가구 간의 불평등 증가로 이어지는 것은 아니다. 노동소득분배율 하락이 개인이나 가구 간의 불평등 증가로 나타날지 여부는 우선 노동소득과 자본소득 중 어느 쪽이 더 불평등하게 분포되어 있는가에 따라 달라진다. 자본소득이 노동소득보다 더 불평등하게 분포되어 있다면, 노동소득분배율 하락은 개인이나 가구 간의 불평등을 증가시킬 것이고, 그 반대면 개인이나 가구 간의 불평등을 감소시킬 것이다. 노동소득과 자본소득이 각각 총소득과 얼마나 상관관계가 높은지도 중요한 결정 요인이다. 노동소득이 자본소득보다 총소득과의 상관관계가 낮다면 노동소득분배율 하락은 개인이나 가구 간의 불평등을 증가시킬 것이고, 그 반대라면 개인이나 가구 간의 불평등을 감소시킬 것이다. 이 문제는 실증적인 분석을 통해 규명할 과제다.

지금까지 노동소득분배율 하락이 개인이나 가구 간의 소득분배 불평등에 미치는 영향을 실증적으로 분석한 연구는 문제가 있다. 〈그림 6-2〉에 제시된 노동소득분배율은 국민계정 "국내 부문"에서 도출한 것으로서. 경제 전체로 보아 순요소가격국민소득에서 노동소득이 차지하는 비중이다. 그러나 이 자료에 맞추어 노동소득분배율 하락이 개인이나 가구 간 소득분배에 미친 영향을 분석한 연구는 없다. 지금까지의 연구는 국민계정 "가계 부문" 자료를 사용해서 노동소득분배율이 가구소득분배에 미친 영향을 분석했다. 예컨대 이병희(2015)는 국민계정 가계 부문에서의 노동소득분배율과 가구소비실태조사, 가계금융복지조사를 사용해서 외환위기 이후 노동소득분배율 하락이 가구소득의 불평등에 미치는 영향을 분석하고 있다. 분석 대상 연도는 1996년과 2013년이다. 이 연구에 의하면 자본소득의 지니계수는 1996년 0.804, 2013년 0.851로서 노동소득의 지니계수 0.308, 0.370에 비해 매우 높다. 노동소득에 비해 자본소득의 분배가 훨씬 더 불평등한 것이다. 반면 가구총소득과의 상관계수는 노동소득이 자본소득보다 높다. 자본소득과 가구총소득 간의 상관계수가 상대적으로 낮은 이유는 가구소득이 매우 높은 가구에서 자본소득 비중이 높지만 가구소득이 매우 낮은 가구 중에도 자본소득의 비중이 높은 가구가 많기 때문이다. 즉, 매우 부자는 노동소득에 비해 자본소득이 당연히 많지만, 매우 가난한 가구 중에도 노동소득은 적으면서 재산소득에 의거해서 사는 가구가 적잖은 것이다.

그러나 이병희의 연구는 외환위기 전후를 비교해서 노동소득분배율이 떨어짐에 따라 가구소득분배가 어떻게 변동했는지 분석하지 못했다. 그 이유는 국민계정 가계 부문, 가구소비실태조사, 가계금융복지조사 자료로 보면 1996년과 2013년 사이에 노동소득분배율이 떨어지지 않았기 때문이다. 실제로 국민계정 가계 부문에 대해 "수정노동소득분배율"을 계산해 보면 외환위기 전과 후가 별 차이 없이 85%부터 88% 사이에서 오르내리고 있다.[4] 즉, 국민계정 가계 부문 자료에서는 외환위기 후 노동소득분배율이 별로 떨어지지 않은 것으로 나오는 것이다.

국민계정 국내 부분에서는 노동소득분배율이 떨어졌는데 국민계정 가계 부문에서는 노동소득분배율이 떨어지지 않은 이유는 무엇인가? 자본소득 중

4 국민계정 가계 부문에 대한 수정노동소득분배율은 다음과 같이 계산할 수 있다. (피용자보수 + 수정된 자영업자노동소득) / [피용자보수 + 순가계재산소득 + 가계혼합소득(영업잉여)]. 여기서 수정된 자영업자노동소득은 자영업에서 노동소득과 자본소득의 구성 비중이 다른 경제 부문과 동일하다고 가정하는 방법을 써서 계산한 것이다.

에서 가계로 환류되지 않는 부분이 있기 때문이다. 그것은 기업이 사내유보한 이윤이다. 기업은 당기순이익 중에서 소유주에게 배당을 하고 나머지를 사내유보한다. 국민계정 국내 부문에서는 배당금과 사내유보한 당기순이익이 모두 자본소득으로 잡히지만 가계 부문에서는 배당금만 자본소득으로 잡히기 때문에 두 부문에서의 자본소득이 그만큼 차이가 난다. 기업이 사내유보한 당기순이익이 외환위기 후 크게 늘었다. 외환위기 후 기업이 성장보다 이윤 위주 경영을 하고 금리도 내려 많은 순이익을 내게 되었는데, 그것을 배당하기보다 사내유보하고 있고 있기 때문이다. 그렇게 해서 사내유보금이 늘어나는 현상은 미국을 비롯하여 많은 국가들에서 나타나고 있지만, 외환위기 후 한국은 일본과 더불어 그런 현상이 가장 심한 나라라는 것은 제4장 제2절에서 언급했다.

사내유보한 당기순이익이 증가한 것을 보기 위해서는 국민계정의 "기업저축" 동향을 보면 된다. 사내유보한 당기순이익의 변동이 기업저축 변동의 주요인이기 때문이다. 외환위기 후 기업저축이 크게 늘었다. 제5장 제1절에서 언급한 것처럼 외환위기 후 총투자율과 달리 총저축률은 별로 떨어지지 않았다. 총저축률은 1980년부터 1997년까지 평균 35.2%였던 데서 1998년부터 2017년까지 평균 34.4%로 떨어지는 데 그쳤다. 총저축률이 별로 떨어지지 않은 것은 제4장 제2절에서 살펴본 것처럼 가계저축률이 급격히 떨어졌지만 기업저축률이 올라가서 그것을 상쇄해 주었기 때문이다. 〈그림 6-3〉은 총저축률을 가계저축, 기업저축, 정부저축으로 분해한 것을 보여주고 있다. 이 그림은 외환위기 후 상대적으로 가계저축이 줄었지만 기업저축이 늘어서 그것을 상쇄해 준 것을 잘 보여준다. 기업저축은 1980년부터 1997년까지 평균 GDP의 13.1%에서 1998년부터 2017년까지 평균 GDP의 18.0%로 4.9%포인트 올라갔다. 두 기간의 끝을 비교해 보면 기업저축은 1995년부터 1997년까지 3년 동안 평균 GDP의 13.7%였는데 2015년부터 2017년까지 3년 동안 평균 GDP의 20.1%로서, 20년 동안 6.4%포인트 올라갔다.

〈그림 6-3〉 총저축률의 구성 (단위: %)

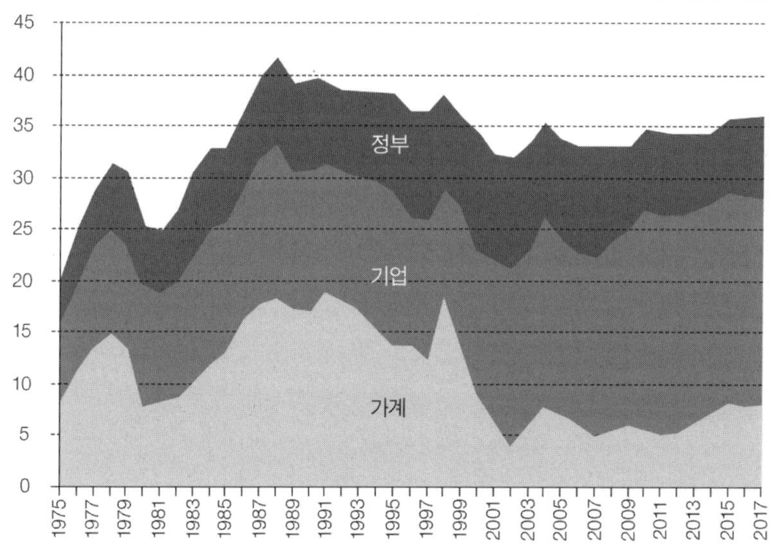

자료: 〈부표 3〉.

여기서 기업저축이라는 용어에는 문제가 있다. 기업이 사내유보한 당기순이익은 엄밀하게 보면 기업 자체가 아니라 그 소유주의 돈이다. 주식회사의 경우 주주의 돈이다. 따라서 사내유보한 당기순이익은 기업저축이지만 주주의 가계저축이라고 볼 수 있다. 이런 이유로 미국, 일본 등에서는 가계의 소득과 저축 개념을 다시 정의하려는 움직임이 있어왔다(조용길, 2004).

기업저축을 그 소유주의 돈이라고 본다면 그것이 개인이나 가구 소득의 불평등을 확대할 가능성이 크다. 기업저축에 대한 소유권은 매우 불평등하게 분포되어 있기 때문이다. 그것은 배당금의 불평등 정도에서 유추할 수 있다. 배당금은 자본소득 중에서도 불평등 정도가 가장 높다. 홍민기(2015)는 국세청 종합소득세 신고 자료를 이용하여 2012년 가계의 자본소득인 이자, 배당, 임대소득의 분포를 계산했다. 임대소득은 집중도가 낮다. 총소득이 적은 사람들 중에서 건물 및 주택의 임대소득에 의존하는 사람이 꽤 많기 때문이다.

이자는 임대소득보다 집중도가 훨씬 높다. 소득 최상위 1% 계층인 소득 1억 원 이상 집단이 이자의 79.2%를 가져갔다. 그러나 배당은 이자보다 집중도가 더 높다. 2012년 소득 1억 원 이상인 사람이 전체 배당소득의 95.3%를 차지했다. 소득 1억 원 이상인 사람은 20세 이상 인구의 1%를 약간 초과한다. 배당소득의 약 95%가 최상위 소득 1% 사람들에게 분배된 것이다.

그렇게 불평등하게 분배된 기업저축에 대한 소유권이 외환위기 후 약 20년간 GDP의 6.4%포인트 정도 상승했다. 거기에다 2015년부터 2017년까지 3년간 평균 GDP의 20.1%에 해당하는 기업저축에 대한 소유권 자체가 외환위기 전보다 더 불평등하게 분포되어 있을 가능성이 크다. 현재 기업저축을 많이 할 수 있는 기업은 대부분 외환위기 후 살아남은 재벌기업이다. 외환위기 전과 달리 이들 재벌기업이 여타 기업에 비해 이윤율이 더 높다(Lee, 2014). 재벌 중에서도 4대 재벌 ― 삼성, 현대자동차, LG, SK ― 과 나머지 재벌 간에 큰 차이가 난다. 그 결과 소수 우량 재벌기업이 기업저축의 대부분을 차지하게 되었다. 당연히 기업저축에 대한 소유권도 외환위기 전에 비해 소수 우량 재벌기업 주주에게 집중되었을 것이다.

기업저축에 대한 소유권은 총소득과의 상관관계 역시 높을 가능성이 크다. 이것은 건물과 주택의 경우와 대비된다. 건물과 주택의 경우 총소득이 매우 많은 사람이 당연히 더 많이 소유하지만, 총소득이 매우 적은 사람도 소유하고 있는 경우가 많다. 반면 우량 재벌기업 주식의 경우 총소득이 매우 많은 사람들이 많이 가지고 있으면서 동시에 총소득이 매우 적은 사람들도 많이 가지고 있을 것이라고 생각하기 어렵다.

사내유보한 당기순이익은 배당금과 달리 바로 기업 소유주의 가처분소득이 되는 것은 아니다. 그러나 그 결과는 기업가치 상승으로 나타난다. 당기순이익을 사내유보하는 기업 대다수가 주식회사이기 때문에 기업가치 상승은 주가 상승으로 나타난다. 따라서 주주는 "주가 차익"의 형태로 소득을 실현할 수 있다. 다만 배당과 차익의 적정비율이 어떻게 되는가 하는 문제는 있다.

당기순이익을 모두 배당하면 바로 소득이 된다. 그러나 그렇게 하면 기업이 투자를 소홀히 하게 되어서 장기적으로 주가는 올라가지 못할 것이다. 반면 배당을 너무 적게 해도 주가가 제대로 오르지 못한다. 거기에다 기업 거버넌스 문제, 즉 주주가 사내유보금에 대해 소유권을 충분히 행사할 수 있느냐 하는 문제도 있다. 경영자가 사내유보금을 사익 추구용으로 쓰거나 경영 판단을 잘못해서 수지가 맞지 않는 투자를 할 경우 주주의 소유권은 충분히 실현되지 않는다. 한국은 특히 이런 문제가 심각한 나라다. 그러나 이런 문제들에도 불구하고 사내유보금을 쌓으면 주가가 오를 수밖에 없다. 그런 주가 상승이 개인이나 가구 간의 소득분배를 악화시키고 있는 것이다. 물론 여기서 소득은 차익을 포함한 광의의 소득이다. 그러나 그 차익의 바탕에는 기업저축에 대한 소유권이라는 확실한 근거가 자리 잡고 있다.

외환위기 후 주가가 오른 데는 구조 개혁으로 투명성을 올리고, 주주의 재산권 보호를 강화하고, 전반적으로 법치를 확대한 것이 영향을 미쳤을 것이다. 그러나 노동소득분배율이 떨어지고 그 결과 기업저축이 늘어난 것이 주가가 올라간 중요한 요인임은 틀림없다. 물론 주가가 오르면서 경제성장률이 올라갔으면 소득분배 악화를 상쇄할 수 있었을 것이다. 그러나 외환위기 후 경제성장률은 떨어졌다. 경제성장률이 떨어지면서 주가가 올랐다는 것은 결국 소득분배가 악화되었다는 것을 의미한다.

문제는 여기서 그치는 것이 아니다. 노동소득분배율이 떨어짐에 따라 기업저축이 늘고 그 결과 주가가 올라간 것은 한국인들 사이에서 소득분배를 악화시키는 데서 그치지 않는다. 그것은 외환위기 후 한국 기업저축의 큰 부분이 외국인 소유이기 때문이다. 외국인이 소유한 기업저축이 증가하고 그 결과 외국인이 주가 차익을 거둔다면 그것은 한국의 국민소득 감소를 가져온다.

결국 외환위기 후 한국의 사정은 이렇게 요약할 수 있다. GDP로 측정한 경제성장률이 떨어져서 파이의 크기가 늘어나는 속도가 줄었다. 그렇게 늘어나는 속도가 준 파이 중 일부를 외국인이 주로 주가 차익의 형태로 거두어간다. 그렇게 하고 남는 부분을 한국인들끼리 외환위기 전보다 훨씬 더 불평등하게 갈라 먹고 있는 것이다. 이런 구도를 좀 더 자세히 알아보기 위해서는 외환위기 후 한국의 중요 경제주체인 재벌, 외자 및 노동 간의 관계를 살펴볼 필요가 있다.

재벌, 외자, 노동

주주는 가계만 있는 것이 아니다. 정부도 있고 외국인도 있다. 그런데 기업저축을 대규모로 할 수 있는 우량한 재벌기업은 외국인의 소유 비중이 높다. 기업저축을 많이 할 수 있는 기업은 대부분 외환위기 후 살아남은 재벌기업, 그중에서도 4대 재벌기업이다. 외국인 투자자들은 외환위기를 계기로 이들 기업에 대한 소유 비중을 크게 늘렸다. 예컨대 삼성전자의 외국인 소유 비중은 1997년 말 19.5%에서 1998년 말 49.3%로 1년 사이에 30%포인트 가까이 올라갔다. 다른 우량 재벌기업들도 외환위기 직후 외국인 소유 비중이 크게 올라가서 가장 높았을 때는 50%를 넘는 경우가 많았다. 외자는 한국 경제가 치유 불가능한 "패거리 자본주의" 체제인 것처럼 이야기하면서 그 패거리 자본주의의 핵인 재벌기업의 주식을 사 모은 것이다. 그 뒤 우량 재벌기업에 대한 외국인 소유비율은 일부 떨어지기도 했지만 여전히 거의 반을 차지할 정도로 높다. 이처럼 기업저축을 할 수 있는 우량 재벌기업의 외국인 소유 비중이 높다는 것은 그 비율만큼 사내유보한 이윤의 주인이 외국인이라는 것을 의미한다. 기업저축의 상당 부분이 엄밀하게 따지면 한국인의 저축이 아니고 외국인의 저축인 것이다.

기업저축의 상당 부분이 한국인의 저축이 아니고 외국인의 저축이라는 것은 경상수지 통계가 실상을 반영하지 못한다는 것을 의미한다. 만약 외국인 소유 비중이 높은 우량 재벌기업이 이윤을 사내유보하지 않고 모두 배당한다면 어떻게 되는가? 배당금은 국제수지표에 투자소득 지급으로 잡히기 때문에 그만큼 경상수지 흑자는 줄어들거나 오히려 적자가 될 수 있다. 이것은 통계적으로 확인해 볼 수 있다. 예컨대 KOSPI 상장기업이 당기순이익을 사내유보한 금액 합계를 경상수지 흑자 규모와 비교해 보면 그런 모습이 드러난다. 2000년대 들어 상장기업의 사내유보 당기순이익 중에서 외국인이 차지하는 몫이 경상수지 흑자 규모보다 더 많은 해가 여럿 있었다(2001, 2002, 2005, 2006, 2007, 2008년이 그런 해임). 만약 상장기업이 당기순이익을 모두 배당했다면 한국은 해당 연도에 경상수지 흑자가 아니라 적자가 났을 것이다. 그런 문제는 물론 국제수지 통계에만 한정되지 않는다. 외국인에게 배당금을 지급해서 경상수지 흑자가 줄어든다면 국민계정에서 국민소득이 줄어들게 된다. 이런 사실을 고려하면 국민계정상의 국민총소득(GNI) 통계도 문제가 있다. GNI 통계는 실제 한국인이 누리는 소득을 과대평가하고 있는 것이다.

물론 국제수지나 국민계정 통계에 잡히지 않는다고 외국인이 기업저축으로부터 이익을 보지 않는 것은 아니다. 이들은 주가 차익으로 이익을 확보할 수 있다. 그리고 그것은 한국에 국제투자에서의 차손으로 나타난다. 이렇게 보면 제4장 제3절에서 살펴본 국제투자에서의 순차손은 주로 기업저축에 대한 외자의 소유권 때문에 나타나는 것이다. 기업저축의 소유자를 따져서 소득과 저축을 다시 정의하는 문제는 내국인뿐 아니라 외국인에게도 해당하는 것이다. 제4장 제3절에서 살펴본 것처럼 외환위기 후 국제투자의 순차손이 외환위기 전에 비해 평균 GDP의 2.13%포인트 늘었는데, 그것은 기업저축이 GDP의 평균 4.9%포인트 정도 늘어난 중에서 외자의 몫을 반영한 것이라고 할 수 있다.

물론 외자는 "우연히" 그런 구도에 끼어든 것이 아니다. 외환위기의 성격에 비추어 보면 그런 구도는 오히려 외자 주도로 만들어졌다고 할 수 있다. 1997년 외환위기는 요약하면 월가를 핵으로 하는 미국의 패거리 자본주의가 재벌을 핵으로 하는 한국의 패거리 자본주의를 공격한 사건이다. 그에 대한 한국의 대응은 외자를 불러들여서 재벌을 개혁하려고 한 것이었다. 그렇게 해서 급격한 구조 개혁과 전면적 자본시장 개방이 이루어졌다. 그 결과 외자가 큰 이익을 거두면서 국내적으로 소득분배가 악화된 것이다. 이 과정을 다시 정리해 보면 다음과 같이 된다.

외환위기 후 구조 개혁은 기업이윤율을 올리는 데 초점이 모아졌다. 그런 목적을 달성하기 위해 구조조정을 하는 과정에서 대규모 정리해고가 이루어졌다. 그 결과 기업이윤율은 올라갔고 노동소득분배율은 떨어졌다. 기업 중에서도 재벌기업의 이윤율이 더 많이 올라갔다. 외자는 재벌기업 중에서 우량기업을 집중적으로 사들였다가 이들 기업이 구조조정을 통해 이윤율을 올리는 데서 큰 이익을 보았다. 그것은 외자가 경영권을 직접 인수한 경우에는 더 분명했다. 펀드가 인수한 은행 같은 경우 정리해고를 한 후 주가가 오르면 되팔고 나갔다. 그렇게 해서 외자가 한국에서 이익을 보는 과정은 바로 한국의 노동자의 이익이 희생되는 과정이었던 것이다. 구체적으로 보아 당시 정리해고 당한 40~50대 근로자의 재산권을 침해해서 얻은 이익 중 많은 부분이 외자에 돌아갔다.

외환위기 직후의 구조조정이 끝난 후에도 재벌기업은 이윤율을 올리기 위해 비정규직 고용과 하청을 늘렸다. 그 결과 노동소득분배율이 계속 떨어졌다. 비정규직 고용과 하청을 늘려서 기업이윤율을 올렸기 때문에 노동소득분배율 하락은 노동소득 자체의 불평등 확대와 표리관계를 이루면서 진행되었다. 그런 움직임에 대해 길항력을 제공할 수 있는 노동조합은 힘은 약화되고 제 역할을 못했다. 중소기업 단체나 정부도 별 역할을 하지 못했다

노동소득분배율이 떨어진 결과 늘어난 자본소득 중 많은 부분이 가계로 환류되지 않고 기업저축이 되었기 때문에 자본소득은 주가 상승에 따른 차익으로 실현되었다. 그 차익은 매우 불평등하게 분포되어 있기 때문에 개인과 가구 간의 소득분배를 불평등하게 만들었다. 그런 구도에서 외자는 재벌기업, 특히 우량한 재벌기업에 대한 소유 비중이 크기 때문에 많은 이익을 얻을 수 있었다. 다만 그것이 기업저축에 대한 소유권을 통해 주가 차익으로 나타나

기 때문에 한국의 입장에서 국제수지나 국민계정 통계에 잡히지 않는 대신 국제투자에서의 순차손으로 나타난다. 그 결과 한국은 경상수지 흑자를 내고 있지만 그만큼 순대외자산이 늘지 않는다.

외환위기는 외자가 재벌을 공격한 사건이고 그에 대해 한국은 외자를 불러들여서 재벌을 개혁하려고 했다. 그 결과 외자는 큰 이익을 얻었고 한국 경제의 새로운 중요 경제주체로 등장했다. 그런 한편 그 부담은 노동자들이 지는 쪽으로 귀착했다. 물론 노동자들 중에서도 정리해고 당한 노동자들, 고용률 정체로 일자리를 못 구한 노동자들, 비정규직이나 하청기업 노동자로밖에 일자리를 구하지 못한 노동자들에게 부담이 집중되었다.

재벌은 어떻게 되었나? 재벌 중 일부는 외환위기로 도산했다. 1997년 많은 재벌이 스스로 만든 국내 금융위기로 도산했지만, 외환위기 후 도산한 재벌 일부는 외환위기가 아니었으면 도산하지 않고 버틸 수 있었을 것이다. 도산한 재벌은 외환위기 후 해고된 노동자들만큼이나 손해를 보았다. 도산해서 소유권과 경영권을 잃었기 때문이다. 그런 재벌기업의 경영진과 주주들도 손해를 보았다.

한편 살아남은 재벌들은 물론 달랐다. 이들 재벌은 구조조정을 통해 기업 이윤율을 올릴 수 있었다. 부채비율도 낮추었다. 그런 다음 다시 확장을 시작했다. 경제력 집중은 외환위기 후 구조조정기를 거치면서 떨어졌지만, 구조조정이 끝나자 다시 올라갔다. 4대 재벌 — 삼성, 현대자동차, LG, SK — 의 부가가치가 GDP에서 차지하는 비중은 2001년 3.9%에서 2012년 7.5%로 거의 두 배 올라갔다(황인학 외, 2014: 29).[5] 30대 재벌로 늘릴 경우 6.3%에서 11.8%로

5 제2장 제3절에서 언급한 최승노의 연구에 의하면 1995년 4대 재벌(현대, 삼성, LG, 대우)의 부가가치는 국민총생산(GNP)의 9.3%였지만, 황인학의 연구에 의하면 2001년 4대 재벌(삼성, 현대자동차, LG, SK)의 부가가치가 GDP에서 차지하는 비중은 3.9%로 떨어졌다. 두 연구 간에 얼마나 일관성이 있는지는 알 수 없지만, 외환위기 후 대우그룹 해체와 현대그룹 분할 등이 영향을 미쳤을 것이다. 그 후 새로운 4대 재벌이 확장을 시작했다.

올라갔다.

결국 외환위기 후 노동자의 희생으로 얻은 이익이 주로 외자와 살아남은 재벌에게 돌아간 셈이다. 물론 살아남은 재벌이라고 해서 뭉뚱그려 보아서는 안 되고 그 내용을 따져보아야 하다. 살아남은 재벌기업의 주주들은 이익을 보았다. 원래 주주들도 이익을 보았지만, 가장 큰 이익을 본 것은 외환위기 후 새로 주식을 산 투자자들이다. 외자가 물론 거기에 속했다. 외자는 은행주 등 다른 자산을 사서도 이익을 보았지만 재벌기업 주를 삼으로써 가장 많은 이익을 거두었다.

살아남은 재벌의 총수와 그 가족은 어떻게 되었나? 이들도 주가 상승으로 이익을 보았다. 거기에다 "근로소득" 증가도 그들이 이익을 보는 새로운 방법이다. 외환위기 후 스톡옵션 등을 포함한 경영자 보수가 그 전에는 상상도 못할 정도로 올라갔다. 재벌기업의 총수와 그 가족들은 자신들을 경영자로 임명해서 그렇게 올라간 보수를 받을 수 있게 되었다. 재벌기업의 전문경영인들도 외환위기 전과 비교가 안 되게 많은 보수를 받을 수 있게 되었다.

그런 한편 살아남은 재벌의 총수와 그 가족 입장에서 더 나빠진 점도 있다. 개혁이 재산권을 보호하고 법치를 강화하는 쪽으로 이루어졌기 때문이다. 그런 개혁은 소액주주의 권리를 강화했다. 그것이 아직 초보단계여서 큰 실효는 없지만, 재벌이 소수지분으로 대규모 기업군에 대한 지배권을 행사하는 체제라는 데 대한 인식이 광범위하게 형성된 것은 불리한 일이다. 과거보다 낮은 소유지분으로 거대한 기업그룹을 계열사 간 복잡한 소유관계로 얽어서 지배하기가 상대적으로 어렵게 되었다. 법치가 강화됨으로써 그런 구조를 이용해서 사적인 이익을 취하기도 더 어려워졌다. 과다차입에 의한 과잉투자로써 규모를 키우면 사적인 이익을 얻을 수 있는 여지가 커지는데, 그런 행태에도 제동이 걸렸다.

특히 재벌기업에 대한 외자의 소유 비중이 높다는 것은 재벌의 총수와 그 가족에게 불편한 일이다. 주주로서의 권리 개념이 한국인 투자자보다 더 강한 외자의 소유 비율이 높은 것은 불편한 일일 수밖에 없다. 그러한 구도에서 재벌총수 및 그 가족(이하 "재벌"로 약칭)과 외자의 이해관계는 복잡하게 상호작용했다. 재벌은 처음부터 IMF와 미국이 자신을 개혁의 주 대상으로 삼은 데 대해 심기가 편할 수 없었다. 재벌은 기업의 저이윤-고부채 구도를 해소하고 소액주주의 권리를 확대한 조치가 마음에 들 리 없었다. 거기에다 외자에 자산을 매각해야 했고 그 과정에서 투매도 해야 했다. 그런 한편 IMF-플러스의 중요 내용인 노동시장 유연화에 있어서는 재벌은 외자와 이해관계가 일치했다. 물론 노동시장 유연화 조치를 노동조합 활동에 대한 제약의 철폐와 교환했을 때 노동시장 유연화의 효과가 압도하리라는 것을 알았는지는 분명하지 않지만, 재벌 입장에서 보면 결국 숙원을 이룬 셈이다.

재벌과 외자가 한편으로 이해가 충돌하면서 다른 한편으로 이해가 일치하는 관계는 외환위기 직후의 구조 개혁이 끝난 후에도 지속되고 있다. 재벌과 외자는 기업 거버넌스 문제에서는 이해가 충돌한다. 한국의 기업 거버넌스는 여전히 국제적 기준에 한창 미달하고 있고, 외자는 재벌이 주주 돈을 대규모로 훔치는 데 대해 불만을 가지고 있다. 반면 재벌은 물론 외자라는 감시 세력이 있는 것이 불편하다. 거기에다 재벌은 외자의 적대적 인수합병 위협을 받기도 했다. 한국은 외환위기 전까지 적대적 인수합병이 불가능했지만, 그 후에는 적대적 인수합병이 전혀 불가능하지는 않게 되었다. 적대적 인수합병을 시도하는 외자와 소수지분으로 경영권을 장악하고 있는 재벌의 이해는 심하게 충돌한다.

한편 재벌과 외자는 이해관계가 일치하는 측면도 있다. 우선 둘 다 자본이라는 점에서 자본 대 노동의 관계에 있어 같은 편일 수밖에 없다. 외자가 재벌기업 주식을 대량 소유하고 있기 때문에 둘이 이해를 공유하는 관계는 매우 직접적이다. 노동소득분배율을 낮추고 자본소득분배율을 올리는 것은 둘 다에게 유리하다. 하청 중소기업과의 관계에서도 둘은 이해가 일치한다. 이렇게 해서 하청 확대와 비정규직 고용을 통해 기업이윤율을 올리는 것은 재벌뿐 아니라 외자에게도 이익이 되는 것이다.

외자는 재벌이 시장 지배력을 통해서 초과이윤을 누리거나 정경유착을 통해서 지대를 획득하고 규제 완화 등을 얻어내는 데 있어서도 이해를 공유한다. 법인세, 주식 양도소득 과세 등에서도 재벌과 외자는 이해를 같이 한다. 외자가 한국에서 "철수"할 가능성은 한국이 기업이윤율을 올려야 한다는 압력으로 작용하는데, 그것은 기업 거버넌스를 향상시키는 효과도 있지만 노동자나 하청기업의 목소리를 누르는 효과도 있다.

이렇게 해서 외환위기 후 한국 경제는 노동자의 이익이 희생된 위에 위기에서 살아남은 재벌과 새롭게 중요한 경제주체로 등장한 외자의 이해관계가 복잡하게 상호작용하는 체제가 되었다.

제7장

결론

이 책의 목적은 1997년에 일어난 한국 외환위기의 성격과 그 후의 한국 경제의 성과를 살펴보는 것이었다. 외환위기의 성격과 그 후의 한국 경제에 대해 많은 연구가 이루어졌지만, 기존 연구에 더 밝혀야 할 문제가 남아 있다. 거기에다 경제학의 영역에 따라, 그리고 주류 경제학자들과 여타 사회과학자들 간에 해석이 달라지는 문제도 있다. 이 책은 그런 문제를 해결해 보려고 했다. 이 목적은 달성되었는가? 이 장에서는 그런 관점에서 제2장부터 제6장까지 살펴본 내용에 대해 요약하고, 그 정책적 함의와 세계 속에서의 한국의 진로에 대해 간단하게 언급하고자 한다.

아직도 미진한 설명?

한국은 수출 지향적 공업화를 통해 제2차 세계대전 이후 새로 형성된 세계 자본주의체제와 빨리 통합한 데다 효과적인 정부 개입에 힘입어 고도성장을 시작했다. 고도성장은 지속되었지만 위기가 자주 일어났다. 1997년 외환위기 전에도 크고 작은 위기가 여러 번 있었다. 그중에서도 1979년에 일어나 1980년대 초반까지 진행된 위기는 그 규모가 컸을 뿐 아니라 그를 계기로 정책 기조가 바뀌어서 안정화 정책과 자유화 정책을 시행하게 되었다. 1987년에는 민주화가 되어서 경제에 영향을 미치게 되었다. 안정화, 자유화는 한국 경제의 모습을 바람직하게 변형시켰고 민주화도 성장에 부정적 영향을 끼치지 않았다. 그러나 그런 변모들이 일어나는 과정에서 한국 경제에는 1997년 위기가 일어날 조건이 잠재해 있었다.

그렇게 잠재해 있던 요인들이 현실화하면서 1997년에 대규모 금융위기가 일어났다. 그러나 1997년 한국이 외환위기 가능성에 직면하게 된 것은 국내 경제구조가 잘못되어서가 아니라 자본시장 개방 과정에서의 실책으로 유동성 부족 사태가 빚어졌기 때문이었다. 그 유동성 부족도 일본의 유동성 제공으로 해결할 수 있었지만, 미국이 한국의 유동성 부족을 자신의 국익을 관철하기 위한 기회로 잡는 바람에 본격적인 외환위기가 일어났다. 미국은 한국을 IMF로 가게 해서 전면적 구조 개혁과 자본시장 개방을 요구했고, 한국의 조야(朝野)는 그것을 국내적 개혁의 기회로 활용하고자 했다. 그 결과 한국은 기업의 부실채권으로 대표되는 오랜 구조적 문제를 해결할 수 있었고 여러 가지 제도적 승격을 이루었다. 그러나 그것은 한편으로 현실에 맞지 않은 제도를 급격하게 도입하는 것을 의미했다.

외환위기 후 경제성장률이 떨어졌는데, 그것은 그 전의 과잉투자가 조정된 자연스러운 하락이 아니라 새롭게 과소투자가 일어난 결과다. 과소투자가 일어나고 있는 이유는 재벌기업의 과잉투자 행태가 해소된 상태에서 그것을 대체할 투자 메커니즘이 나타나지 못했기 때문이다. 벤처기업 육성이 기대했던 성과를 거두지 못하고, 중소기업 대출보다 가계대출이 늘어났다. 연구개발비는 크게 늘었음에도 불구하고 기업의 투자를 뒷받침하지 못했다. 외국인 직접투자 유치도 그런 빈자리를 채워주지 못했다. 한편 외환위기 후 외국인 자산 소유가 늘어난 결과 국제투자에서 대규모 순차손이 발생해서 국민소득이 줄었다. 2008년 이후에는 대침체의 영향으로 경제성장률이 더 떨어지고, 재정건전성 악화와 출산율 하락으로 성장잠재력도 떨어졌다.

그렇게 성장률이 떨어진 한편 부실채권을 생산하는 구조가 청산되고 경상수지 흑자 기조가 정착한 데다, 기업과 은행의 외국인 소유가 확대됨으로써 경제의 안정성은 올라갔다. 그러나 외국인 소유 확대에 따른 소득 감소가 위험 감소로 상쇄되지는 못했다. 1997년 외환위기 후 한국경제체제가 더 위험해졌을 가능성은 2008년에 또 외환위기가 일어난 데서 드러났다. 그 뒤 자본시장 개방을 제한하는 조치가 취해졌지만, 그것이 투자 능력 차이에 의한 소득감소 효과까지 상쇄하지는 못한다. 거기에다 외환위기 전 체제는 정부의 대응 능력까지 감안하면 부실채권 통계로 보는 것 같이 불안정한 체제는 아니었다. 외환위기 후 노동시장에서의 불안감은 크게 늘었다는 것까지 감안하면 경제의 안정성이 올라갔다고 보기는 어렵다.

외환위기 전 한국 경제는 형평을 수반하는 성장으로 특징지어졌지만, 위기 후 소득분배는 급격하게 악화되었다가 그 후 변동이 있었지만 위기 전 수준으로 돌아가지 못했다. 외환위기 직후 구조조정 과정에서 대규모 정리해고가 소득분배를 악화시켰다. 그 후에도 일자리가 지속적으로 만들어지는 구도가 사라진 데다, 비정규직 노동자가 늘고 대기업과 중소기업 간의 하청구조가 확대됨으로써 소득분배가 악화되었다. 그런 노동시장의 사정은 노동소득분배율 하락과 표리관계를 이루면서 진행되었다. 노동소득분배율 하락은 주로 기업저축 증가로 나타나는데 그 소유권은 매우 불평등하게 분포되어 있다. 외자는 위기에서 살아남은 재벌과 함께 기업저축에 대한 중요한 소유자다. 외환위기 후 한국 경제는 노동자의 이익이 희생된 위에 살아남은 재벌과 외자의 이해가 복잡하게 상호작용하는 체제가 되었다.

종합적으로 볼 때 외환위기의 결과는 부정적 평가가 불가피하다. 한국은 외환위기 전 십수 년간 과거 신중상주의 정책의 유산을 정리하려는 자유주의적 개혁을 하고 있었다. 그러나 외부 환경은 신자유주의적으로 바뀌어 있었고, 그런 환경에서 개방 과정이 잘못되어 1997년 외환위기가 일어났던 것이다. 외환위기가 일어난 후에는 외부의 신자유주의적 요구를 이용해서 자유주의적 개혁을 하려고 했지만, 그런 시도는 실패했다고 볼 수밖에 없다.

외환위기의 성격과 결과를 더 잘 파악하는 데는 몇 가지 "반사실적 가정"을 해 보는 것이 도움이 된다. 우선 미국이 동아시아 문제에 개입하지 않고 넘어갔을 경우다. 그래도 국내 금융위기는 불가피했을 것이다. 아마도 외환위기 전에 도산한 8개 재벌 외에 추가적으로 몇 개 재벌이 도산했을 것이기 때문에 초유의 대규모 재벌 도산 사태가 났을 것이다. 그러나 한국은 구조조정으로 부실채권 문제를 해결하면서 확장적 통화 및 재정정책으로 경제성장률 하락을 최소화할 수 있었을 것이다.

재벌이 도산하면 대주주의 소유권은 소각되고 경영권을 잃어버린다. 따라서 대규모 재벌 도산으로 살아남은 재벌이 거기에서 "교훈"을 배우고 경영 행태를 바꾸었을지 모른다. 그 결과 일부 유럽 국가들처럼 여전히 부채비율을 높게 유지한 상태에서 기업이윤율을 올려서 부실채권이 생성되지 않는 체제를 만들어갈 수 있었을지도 모른다. 물론 이러한 생각은 너무 안이한 것이라고 볼 수도 있다. 외환위기 후 구조조정을 하기보다 오히려 몸집을 불리거나 정부와의 유착관계를 믿고 사업을 확장한 대우나 현대의 예로 보아 재벌의 행태를 바꾸기 어려웠을 것이라고 추측할 수도 있다. 따라서 외환위기 전후 성과를 비교하려면 재벌의 과다차입-과잉투자 행태를 바꾸는 데 실패했을 경우와 비교하는 것이 적절하다고 할 수 있다.

그러나 재벌이 과다차입-과잉투자 행태를 바꾸지 않았더라도 외환위기 후의 실제 성과와 비교할 경우 그 상대적 성과가 나았을 가능성이 크다. 외환위기가 없었다면 대규모 재벌 도산 사태를 해결한 후 다시 간헐적 재벌 도산을 겪으면서 고도성장 — 적어도 외환위기 후 실제로 이루어진 것보다는 더 빠른 성장 — 을 하는 체제로 돌아갔을 것이다. 그랬다면 성장률이 더 높았을 것이고 출산율도 그렇게 급격히 떨어지지 않았을 것이다. 국제투자에서 순차손도 대규모로 발생하지 않았을 것이다. 일자리 문제와 분배의 급격한 악화도 없었을 것이다.

이렇게 외환위기 전과 후를 비교했을 때 "차선책"으로서 위기 전 체제가 더 나았을 것이라고 볼 근거가 있다. 그러나 당시 이미 OECD에 가입해 놓은 상태에서 1997년이 아니더라도 조만간 외환위기가 일어나지 않았으리라고 장담할 수는 없다. 그렇게 되었을 때 그 결과가 어떻게 되었을지는 알 수 없는 일이다. 따라서 반사실적 가정을 한다면 OECD에 가입하지 않고 그냥 갔을 때와 외환위기 후의 성과를 비교하는 것이 맞을 것이다. 한국이 OECD에 가입하지 않고 점진적으로 자본시장을 개방했으면, 차선책끼리 비교했을 때 위기 전이 나았다고 볼 여지가 있는 것이다.

한편 1997년 한국이 미국과 IMF의 요구를 거절했을 수도 있었을 것이다. 그랬을 경우 미국이 쉽게 물러나주면 좋았겠지만, 아마도 미국은 쉽게 물러나지 않았을 것이다. 그렇게 되었다면 한국이 미국과 벼랑 끝 전술을 펼치면서 버틸 수 있는 정치적·경제적 역량이 있었을지가 문제다. 이 문제는 제3장에서 이미 논한 바 있지만, 한국이 다른 선택을 했을 경우 실제로 어떻게 사태가 전개되었을지는 알 수 없는 일이다.

더 현실적으로 한국이 IMF와 미국의 요구를 받아들이더라도 좀 다르게 대처했을 수 있었을 것이다. 외환위기가 국내 경제구조 때문에 일어났다는 주장은 미국이 내세운 억지 논리였고, 그 바탕에는 힘의 논리가 깔려 있었다. 한국은 힘의 논리 앞에서 그것을 받아들이는 것 외에 대안이 없다고 인식했더라도, 그것이 억지 논리라는 것을 알고 그에 맞추어 대처할 수 있었을 것이다. 그것은 미국과 IMF의 요구를 한국이 받아들여야 할 최소한의 조건으로 설정하고 그에 맞추어 개혁하는 것이었다. IMF-플러스를 약속했더라도 플러스를 최소한으로 해석할 수 있었을 것이다. 즉, 힘의 논리에서 나온 미국과 IMF의 요구를 전폭적으로 받아들이고 그것을 이용해서 국내 경제체제를 전면적으로 바꾸겠다고 몇 년이나 구조 개혁 드라이브를 거는 일은 하지 않았을 수 있었을 것이다. 특히 부채비율 감축과 정리해고를 대규모로 급격하게 실시하지 않고 임금 삭감 같은 가격 유연성을 추구했으면 성장률과 출산율 하락 폭을 줄일 수 있었을 것이다. 그런 한편 구조 개혁은 투명성과 공정성을 올리는 데 집중했더라면 더 나은 성과를 거둘 수 있었을 것이다.

미국과 IMF의 요구를 받아들이는 데 있어서 자본시장 개방이 불가피했을 것이기 때문에 외국 자본에 국내 자산을 투매하는 것은 불가피했다. 그러나 외환위기의 성격을 파악하고 요구를 불가피한 정도만 들어준다는 식으로 대응했으면 외자의 자산 매입과 그에 따른 국민소득 감소 폭도 줄일 수 있었을 것이다. 공적 자금을 더 마련해 외자의 역할을 줄이고, 정부가 소유하게 된 기업과 금융기관의 구조조정도 좀 더 점진적으로 추진할 수 있었을 것이다. 〈그림 3-1〉에서 보는 것처럼 1998년 말이 되면 이미 단기외채보다 외환보유액이 더 많아 사실상 외환위기가 끝난 상태였다. 그런 상태에서 민간에 외자 유치를 강요하고 국영기업을 외국 사모펀드 같은 곳에 우선적으로 매각하여 차익을 얻게 하는 일을 하지 않았으면 비용을 줄일 수 있었을 것이다.

물론 여기서 다시 강조해야 할 사항은 1997년 외환위기 후 한국 경제의 성과가 외환위기의 결과만은 아니라는 것이다. 그 전부터 존재하던 문제와 그 후에 나타난 조건 변화, 그리고 거기에 대해 기업과 가계, 정부가 얼마나 잘 대처했느냐가 한국 경제의 성과를 결정하는 요인이 되었다. 무엇보다 시간이 지남에 따라 일부 재벌 대기업이 현금을 들고도 투자를 하지 않고 있는 것은 이들 기업의 투자에 관한 한 외환위기 전의 저이윤-고부채 구도가 청산된 것이 투자를 제약하는 요인이 아니라는 것을 말해 주고 있다. 그리고 재벌을 대체할 벤처기업이나 중소기업을 제대로 육성하지 못한 것, FDI를 제대로 유치하지 못한 것 등이 모두 외환위기 전부터 존재했거나 그 후 나타난 조건 변화에 제대로 대처하지 못했기 때문에 나타난 현상이다. 서비스경제로의 전환이 늦어지는 것도 마찬가지다. 외환위기 전부터 이미 제조업 고용이 줄어드는 상황이었고, 한국은 서비스산업 육성으로 고용을 늘려야 하는 사정이었다. 그런 사정은 외환위기 후 더 심각해졌다. 그런데도 이런저런 이유로 서비스산업 발전은 여의치 않았다.

이것은 안정과 분배에 대해서도 똑같이 말할 수 있다. 외환위기 후 경제가 더 안정된 측면도 있지만 여전히 불안정한 측면도 있는데, 그것은 외환위기의 결과만이 아니고 그 뒤에 대책을 마련하지 못했기 때문인 경우도 많다. 2008년에 또 외환위기가 일어난 것은 1997년 외환위기 이후 자본시장 전면 개방을 강요당했기 때문만은 아니다. 그것은 소득분배 문제도 마찬가지다. 소득분배 문제가 해결 안 되는 것은 외환위기가 일어나고 20년 동안 비정규직 문제 등에 대해 제대로 대책을 못 세운 것이 큰 원인이다.

그런 한편 소득분배 문제 중에서 매우 중요한 문제가 외환위기와 불가분의 관계를 갖고 있다. 제6장에서 다루지 못한 부동산 투기 문제가 그것이다. 외환위기 전 한국은 형평을 수반한 성장을 한 것으로 평가되었지만, 분배문제에서 아킬레스건이라 할 수 있는 부동산 투기 문제가 있었다. 부동산 투기는 1980년대 말 기승을 부리다가 1990년대 중반까지는 어느 정도 수습된 모습을 보였다는 것은 제2장에서 언급했다. 외환위기는 부동산 투기를 다시 불러오는 계기가 되었다. 김대중 정부는 외환위기 직후 경기부양을 위해 부동산 관련 규제를 대거 철폐했다. 1980년대 말 이후 부동산 투기를 잠재우기 위해 도입한 각종 규제를 한꺼번에 푼 것이다. 거기에다 금융 자유화에 따라 부동산에 대한 금융기관의 여신 제한이 폐지되었다.

1997년 위기가 국내 금융위기로 끝나고 IMF-플러스 같은 처방이 없었다면 부동산 규제를 대거 철폐하는 일은 없었을 가능성이 크다. 물론 부동산 투기 문제도 위기의 결과만은 아니다. 노무현 정부는 부동산 투기를 잡느라 온갖 노력을 해서 부동산 투기를 잠재우는 데 성공했지만, 2014년 박근혜 정부에서 "초이노믹스"로 부동산에 대한 규제를 대거 푸는 바람에 다시 부동산 투기가 일어나게 되었다. 다만 위기 후 경제성장률, 인구 증가율, 도시화 속도가 떨어져 부동산 투기에 따른 차익은 주로 서울 도심의 아파트를 중심으로 나타나고 있다는 차이가 있을 뿐이다.

관점에 따라 달라지는 해석?

외환위기의 성격과 결과에 대해 관점에 따라 해석이 달라지는 문제는 어떻게 되는가? 제2장부터 제6장까지의 분석은 이 문제에 대해 어느 정도 답을 줄 수 있다. 금융과 노동의 관점에 따라 해석이 갈리는 데 대해서는 이렇게 말할 수 있다. 우선 둘 다 문제의 본질을 놓치고 있다는 것이다. 둘 다 외환위기의 성격을 구명하고 그에 근거해서 결과를 논하고 있지 않기 때문이다. 그러나 둘을 비교하면 노동의 관점이 더 정확하다.

한국의 외환위기는 사실상 복합체가 자신의 이익을 관철시키기 위해 일으킨 것이다. 한국은 그 요구를 이용해서 국내 경제체제를 개혁하려고 했다. 개혁은 기본적으로 금융의 관점에서 이루어졌다. 재벌의 불투명 경영과 저이윤-고부채 경영을 허용하는 금융체제를 고치려 한 것이다. 그것은 물론 외환위기의 원인에 맞춘 개혁이 아니었다. 그러나 금융의 관점이 문제가 있는 더 근본적 이유는 기업의 성과를 판단하는 기준과 경제 전체의 성과를 판단하는 기준을 혼동한다는 것이다. 금융경제학의 관점에서 볼 때 기업과 금융기관의 성과를 판단하는 데 있어서 으뜸 기준은 "기업가치"다. 대다수 중요기업이 주식회사이기 때문에 기업가치는 "주주가치"다. 그러나 경제 전체의 성과는 기업가치나 주주가치가 결정하는 것이 아니라 성장, 안정성, 분배, 일자리 등이 결정한다.

외환위기 전 한국 경제는 기업가치나 주주가치를 올리는 데는 매우 나쁜 체제였다. 그러나 성장, 분배, 일자리 등으로 보면 그리 나쁜 체제가 아니었다. 고도성장과 완전고용을 달성해서 "형평을 수반한 성장"을 하는 체제였던 것이다. 다만 부실채권이 만성적으로 생산되어서 위기를 일으킬 가능성이 있었기 때문에 안정성에는 문제가 있었지만, 정부의 사후적 해결 능력까지 고려하면 그리 불안정한 체제는 아니었다.

금융의 관점에서 보면 외환위기 후 구조 개혁으로 기업가치가 올라갔기 때문에 한국 경제의 성과는 향상되었다. 그러나 경제 전체의 성과 지표인 성장, 분배, 일자리는 모두 나빠졌다. 부실채권을 생성하는 구도가 해결되었기 때문에 안정성은 올라갔지만, 위기 전 체제가 그리 불안한 체제는 아니었기 때문에 그 효과는 별로 크지 않았다. 거기에다 외환위기가 재발할 가능성이 낮아졌는지는 불분명하고, 근로자들이 노동시장에서 겪는 불안정은 크게 올라갔다.

노동의 관점도 위기의 성격을 구명하고 그에 근거해서 결과를 논하지 않는다는 점에서 한계가 있다. "위기는 금융이 일으키고 부담은 노동이 져야 한다"는 것은 외환위기의 성격에 비추어 정확한 표현이 아니다. "위기는 '미국의 금융'이 일으키고 부담은 '한국의 노동'이 져야 한다"가 맞는 표현이다. 그러나 노동의 관점은 일자리와 분배 문제에 초점을 맞추기 때문에 경제 전체의 성과를 직접 분석한 것이다. 그런 점에서 금융의 관점보다 더 정확하다. 그런데 노동의 관점에서 보아 경제 전체의 성과가 악화된 바탕에는 바로 금융의 관점에서 보아 성과가 향상된 사실이 자리 잡고 있다. 외환위기 직후 구조조정 과정에서 근로자를 대규모로 정리해고하고 뒤이어 비정규직 증가와 하청을 통해 기업이윤율을 올린 사정이 자리 잡고 있는 것이다. 그렇게 해서 노동소득분배율이 하락하고 그만큼 기업 이윤이 늘었는데, 그 이윤의 많은 부분을 사내유보했기 때문에 주가가 올라갔다.

금융의 관점과 거시경제학적 관점 간의 차이 문제는 어떻게 되나? 이 문제 역시 금융의 관점이 심각한 한계를 가지고 있다. 외환위기 후 구조 개혁과 자본시장 개방으로 기업가치가 올라갔다. 그러나 기업가치는 경제 전체로 보아 성과 변수가 아니다. 반면 국제투자에서 대규모 순차손이 발생한 것은 "국부 유출"로서 국민소득이 준 것이다. 그리고 그 순차손은 경제학자들의 전형적 설명처럼 외국인 투자자가 위험 분담을 한 결과가 아니다. 그것은 외환위기 후 한국이 자산을 대량 매각한 데다, 자본시장 개방에 따른 위험에 대해 자기 보험을 들고, 외국인 투자자가 자국 정부의 지원을 받아서 초과수익을 거둔 결과다. 국제투자에서의 순차손은 결국 국민계정에서 소득과 저축을 어떻게 정의하는가의 문제다. 그런 반면 한국 주주들이 국내 기업가치 상승으로 얻는 이익은 국내에서의 소득 재분배에 불과하다. 그것은 기업저축에 대한 소유권이 매우 불평등하게 분포되어 있기 때문에 소득분배를 악화시키는 효과가 있다.

이것은 "재벌 대 외자"의 문제와 직결된다. 외환위기의 성격은 요약하면 "외자가 재벌을 공격한" 사건이다. 한국은 역설적으로 외자를 불러들여 재벌을 개혁하려고 했다. 그 결과 재벌 개혁 자체에서는 어느 정도 성과를 거두었지만, 경제 전체로 보아서는 부정적 결과가 압도했다. 그에 따라 당연히 수년 뒤 반외자 정서가 나오게 되었다. 그런 한편 재벌 개혁은 시작에 불과했기 때문에 한국 재벌의 기업 거버넌스 상태는 여전히 국제적 기준에 턱없이 미달하고 있다. 재벌에 의한 경제력 집중은 외환위기 후에도 그대로 진행되는데, 기업 거버넌스는 형편없는 것이다.

그런 구도에서 외자는 재벌의 기업 거버넌스 문제를 개선하는 데 중요한 역할을 할 수 있다. 그러나 그렇게 하는 데는 국민의 반외자 정서가 걸림돌이다. 재벌은 반외자 정서를 이용해 왔다. "외국 투기자본의 공격"을 기업 거버넌스 개혁에 대한 방패막이로 삼아온 것이다. 재벌의 그런 움직임은 과장되거나 근거가 없는 경우가 많다. 그러나 이 문제는 바로 관점에 따라 평가가 달라지는 대표적 주제다. 그것은 외자에 의한 재벌기업의 인수합병 시도에 가장 잘 드러난다.

한국은 1997년 이전까지 적대적 인수합병이 현실적으로 불가능했다. 그러나 외환위기 후 자본시장이 전면 개방되고 급격한 구조조정이 진행되면서 일부 재벌의 출자구조에 틈이 발생하게 되었다. 그것을 기회로 잡아 2003년 사모펀드 소버린 자산운용(Sovereign Asset Management)이 (주)SK에 대해 적대적 인수합병을 시도했다. 2006년에는 총수가 있는 재벌기업이 아닌 KT&G에 대해 사모펀드 아이칸 엔터프라이즈(Icahn Enterprise)가 적대적 인수합병을 시도했다. 이들 펀드의 인수합병 시도는 성공하지 못했지만, 그런 시도를 한 결과 각 건마다 수천억 원의 시세 차익을 얻고 철수했다.

금융, 특히 기업금융의 관점에서 보면 이들 적대적 인수합병 시도의 효과는 긍정적이다. 적대적 인수합병은 경영자가 주주의 이익을 저해하고 사익을 추구하는 데 대한 강력한 견제 장치다. 한국의 재벌이야말로 주주의 이익을 무시하고 경영권을 장악한 재벌 일가의 이익을 위해 경영하는 관행이 체질화된 기업들이다. 적대적 인수합병을 시도한 사모펀드는 소액주주의 가장 강력한 동맹자라고 볼 수 있다. 실제로 적대적 인수합병의 대상이 된 기업들은 그 때문에 주가가 올라갔다. 그만큼 "주주가치"가 창출된 것이다. 금융의 관점에서 보면 창출된 주주가치 중에서 한국인 몫만큼 한국 경제에 이익이다. 창출된 주주가치 중에는 적대적 인수합병을 시도한 외자 몫도 있지만 그에 따른 한국의 비용은 없다. 금융의 관점에서 보면 외자에 의한 적대적 인수합병은 한국인에게 "남는 장사"다(예컨대 장하성, 2014: 306~308).

그러나 이런 설명은 거시경제적으로 보면 맞지 않는다. 한국인이 국내에서 주가 상승으로 얻은 차익은 개별주주 입장에서는 소득이지만, 경제 전체로 보아서 국민소득은 아니다. 반면 외자가 인수합병 시도를 한 결과 각 건마다 수천억 원의 차익을 얻은 것은 그대로 한국의 국민소득 감소다. 물론 적대적 인수합병이 기업 경영의 효율성 향상으로 이어질 수 있을 것이다. 그러나 그 경우에도 인수합병 대상이 된 기업의 경영 효율성 향상이 경제 전체에 가져다줄 이익을 평가하고 그 이익을 외자가 차익을 거두는 데 따라 국민소득이 감소하는 효과와 비교해야 한다. 거기에다 추가적 문제도 있다. 적대적 인수합병은 그것이 가장 일반화되어 있는 미국에서도 그 효과가 기업 경영의 효율성을 올리는 것이 아니라 소득의 재분배에 불과하다는 주장이 있다. 적대적 인수합병이 성공할 경우 새 주인은 노동자에게 임금 삭감을 요구하거나 노동자들을 대거 해고한다. 그렇게 해서 주가를 올리는 것이다. 결국 적대적 인수합병의 주된 효과는 노동자로부터 주주로의 소득 재분배일 가능성이 크다는 것이다(Becker, 1995). 이것이 얼마나 보편적인지는 모르지만, 그런 효과가 있다면 노동소득분배율을 낮추면서 주가 차익이나 배당을 늘리는 결과를 가져온다. 그 결과 경제 전체로 보아 소득분배가 악화될 가능성이 크다. 한국의 경우 바로 그렇다는 것은 위에서 살펴보았다.

한국의 경우 적대적 인수합병을 추진한 주체가 동종산업에 종사하는 기업이 아니라 사모펀드였다는 것도 문제다. 앞으로도 적대적 인수합병을 추진하는 주체는 사모펀드 같은 투기성 금융자본일 가능성이 크다. 장기적 경영보다 단기적 차익을 목표로 하는 사모펀드가 인수하면 임금 삭감보다 종업원의 대규모 해고로 이어질 가능성이 더 크다. 그렇게 되면 소득분배가 악화되는데 그치지 않고 해고된 노동자들의 불안과 생산능력 손실이 따르게 된다. 거기에다 사모펀드는 한국이 외환위기를 계기로 추구한 투명성과 법치의 가치와 배치되는 모습을 갖고 있을 가능성이 크다. 그것은 우호적 인수합병을 한 론스타(Lone Star)의 모습에서 짐작할 수 있다. 론스타는 외환은행 인수 후 과거 외환은행이 미국에 구축해 놓았던 현지법인을 폐쇄했는데, 그것은 미국 내 현지법인을 유지할 경우 미국 국내법에 따라 본사 소유주의 실명을 공개해야 하는 의무를 피하기 위해서였다. 불법으로 주가 조작을 해서 지배권을 유지하려 했고, 비금융 부문의 자산을 소유하고 있는 자본은 은행을 소유할 수 없다는 규정도 어겼다.

이렇게 적대적 인수합병의 효과는 금융의 관점에서 보면 긍정적이지만, 거시경제나 노동, 소득분배의 관점에서 보면 부정적이다. 물론 둘 중에서 금융의 관점이 잘못된 것이다. 금융의 관점은 그냥 부정확한 것이 아니라 경제 전체로 보아 부정적인 결과를 긍정적인 결과로 착각하고 있다. 그런 논리로써

는 반외자 정서를 막을 수 없다.

한편 재벌과 외자는 기업 거버넌스라는 점에서는 서로 이해가 충돌하지만, 이해를 공유하는 영역이 있다는 것도 중요한 사실이다. 재벌과 외자는 노동자나 하청 중소기업에 대해서는 이해가 일치한다. 법인세나 각종 규제 등에 대해서도 재벌과 같은 이해를 갖고 있다. 재벌 대 외자의 문제를 볼 때는 이런 사실들을 모두 고려해야 하는 것이다.

외환위기를 둘러싸고 주류 경제학자들과 여타 사회과학자들 간에 차이가 나는 문제는 어떤가? 제2장부터 제6장까지의 분석은 이 문제에 대해서도 어느 정도 답을 주고 있다. 외환위기의 성격을 파악하는 데 있어서는 역시 주류 경제학이 한계가 있다고 볼 수밖에 없다. 외환위기의 성격은 주류 경제학만으로 설명할 수 없고 여타 사회과학의 관점을 빌려야 총체적으로 이해할 수 있다. 그러나 구체적 분석을 하는 데는 주류 경제학의 방법에 의존할 수밖에 없다. 제2장부터 제6장까지의 분석도 주류 경제학의 방법에서 벗어나지 않았다. 외환위기의 원인을 부채의 상환 능력과 유동성 문제로 구분하는 것이라든지, 외환위기 후 대규모로 나타난 국제투자에서의 순차손의 성격을 구명하는 것은 주류 경제학의 분석을 이용한 것이다. 주류 경제학자들과 여타 사회과학자들 간의 차이는 얼마든지 절충할 수 있다.

한편 여타 사회과학자들이 "밥 먹듯이 쓰는" 신자유주의라는 개념은 좀 더 엄밀하게 규정할 필요가 있다. 신자유주의는 역사적 개념인데, 세계사의 추세와 한국의 역사적 발전 과정을 감안해서 더 구체적으로 규정해야 하는 것이다. 신자유주의를 그렇게 규정하면 1980년부터 진행된 한국의 자유화는 신자유주의라기보다는 자유주의적 개혁이다. 그러나 한국이 자유주의적 개혁을 할 때 외부 환경은 신자유주의로 바뀌어갔다. 외환위기는 신자유주의적 외부 환경하에서 자유주의적 개혁을 하다 일어난 사건이다. 그리고 외환위기 후 한국은 미국과 IMF의 신자유주의적 요구를 이용해서 자유주의적 개혁을 하려 했다.

이렇게 역사적 관점에서 외환위기의 성격과 결과를 이해하는 것은 "진보와 보수"의 문제를 푸는 데도 도움이 된다. 한국에서 진보는 무엇이고 보수는 무엇인가? 진보와 보수라는 것 자체가 복잡하고 어려운 개념이지만, 그것이 역사적으로 정의해야 한다는 데 대해서는 이론(異論)이 없을 것이다. 역사적으로 보아 1980년 이후 한국의 자유화는 서구에서 18~19세기에 전개된 자유화와 비슷했다. 당시 그것을 뒷받침한 서구의 자유주의는 진보사상이었다. 중세 봉건제의 유산과 중상주의 경제체제를 극복하고 자유로운 시민사회를 건설하려 했던 것이다. 그 주 내용은 정치적 자유를 달성함과 동시에 시장경제체제를 구축하는 것이었다.

마찬가지로 1980년 이후 한국에서 수백 년 동안 뿌리박힌 관료사회의 전통과 1960~1970년대 신중상주의 정책의 유산을 극복하고 제대로 작동하는 시장경제를 건설하고자 한 것은 진보적 움직임이었다. 그런 노력이 정치적 자유를 달성하는 움직임과 병행했다는 것도 진보적 성격을 더했다. 외환위기 후 미국과 IMF는 그런 움직임에 박차를 가하라고 주문했던 것이다. 이렇게 보면 IMF-플러스 개혁은 진보적인 것이라고 볼 수 있었다. 아마 IMF-플러스 개혁을 시행하고 지지했던 사람들 중에서 많은 사람들이 스스로 진보파라고 생각했을 것이다. 대통령 김대중을 포함해서 정책을 직접 추진했던 그의 동료 정치인, 그리고 그에 맞추어 민간에서 개혁 목소리를 냈던 시민단체나 다수의 학자들, 특히 금융경제학자들이 스스로 진보파라고 생각했더라도 이상한 일은 아니다.

이들이 간과(看過)한 것은 IMF-플러스 개혁이 가진 이중성이다. 그것은 한국 자체의 자유주의적 개혁이라는 점에서 진보적 성격을 갖고 있었지만, 다른 한편으로 미국의 신자유주의적 이해를 관철시키기 위한 것이라는 점에서 전혀 진보적이지 않았다. 결국 IMF-플러스 개혁을 추진했던 많은 사람들은 스스로 진보파라고 생각하면서도 현대의 "새로운 보수파"인 신자유주의에 이용당한 셈이 되었다. 그 결과 한국이 필요로 하는 자유주의적 개혁도 일부 이루어졌지만, 신자유주의의 이해관계가 관철되는 측면이 그것을 압도했던 것이다.

정책적 함의

이 책의 분석에서 얻을 수 있는 정책적 함의는 무엇인가? 여기에서 각 장에서 제기된 구체적 정책 문제를 논할 수는 없다. 다만 지금까지의 논의로부터 불가피하게 나올 수밖에 없는 근본적 물음에 대해 언급하고 넘어갈 필요는 있다. 외환위기 전 한국 경제는 최선의 체제는 못 되어도 차선의 체제는 되었다. 외환위기 후 개혁을 한 결과 그 전보다 경제의 성과가 오히려 악화되었다. 그렇다면 차라리 위기 전 체제로 돌아가는 것이 낫지 않은가? 어차피 최선의 체제는 달성하기 어려운 일이라면 차선으로라도 돌아가는 것이 낫다고 볼 여지가 있는 것이다.

이 문제는 외환위기 후 이루어진 양대 변화인 국내 구조 개혁과 자본시장 개방으로 나누어서 살펴볼 수 있다. 그중에서 국내 구조 개혁을 과거로 되돌리기는 어렵다. 외환위기 후 개혁이 가진 문제의 핵심은 현실에 맞지 않는 제도를 급격하게 도입함으로써 오히려 그 전보다 못한 체제가 성립했다는 것이다. 20년도 더 지난 지금 과거로 돌아가는 것은 또다시 현실에 맞지 않는 제도를 도입하는 셈이 될 가능성이 크다. 그것은 무엇보다 투자를 둘러싸고 기업, 그중에서도 재벌기업의 행태가 바뀌었기 때문이다. 재벌기업들은 부채를 줄이고 이윤율을 올린 후 사내유보금을 쌓고 있다. 이들 기업에게는 투자재원 조달이 아니라 투자 기회가 보이지 않는 것이 문제다. 투자 기회가 보이지 않아서 투자를 안 하고 있는 기업에게 과거식 차입경영으로 돌아가라고 하는 것은 난센스다. 물론 사정은 재벌에 따라 다르다. 이윤을 내어서 사내유보금을 대규모로 쌓고 있는 것은 4대 재벌인 삼성, 현대자동차, LG, SK 정도에만 해당하는 이야기이고 나머지 재벌은 이윤을 제대로 내지 못하는 사정이다. 그러나 이들 나머지 재벌에게 과거처럼 이윤을 무시하면서 성장을 추구하는 경영 행태로 돌아가라고 할 수는 더욱 없는 일이다.

재벌은 과거 시장의 실패가 만연했을 때 범용 능력과 내부 시장을 활용함으로써 경제성장에 긍정적으로 작용하는 측면이 있었지만, 아직 그런 구도가 성립하는지는 의문이다. 그것을 단적으로 보여주는 것이 지난 20여 년간 재벌이 스스로를 분할하고 있다는 것이다. 그런 한편 재벌이 산업 경쟁력에 미치는 부정적 효과는 갈수록 강화되고 있다. 주종 산업은 "늙어가고" 있고, 3, 4세 경영자가 경쟁국의 1세대 기업가와 경쟁해야 하는 상황이 만들어지고 있는 것이다. 그러면서 재벌은 불공정거래로 새로운 기업의 등장을 막고 있다. 재벌에 의한 경제력 집중은 다시 진행되고 있는데 기업 거버넌스는 여전히 형편없다.

앞으로는 중소·벤처기업이 성장의 주역을 맡아주어야 할 것이다. 이런 역할 교체는 외환위기가 일어나기 전부터 필요한 것으로 인식되었었다. 경제성장과 일자리 창출 주역을 계속 재벌 대기업이 맡을 수 없다는 인식하에 외환위기 전인 1997년 8월에 벤처기업 육성을 위한 특별조치법이 나왔던 것이다. 벤처기업 육성은 외환위기 직후 김대중 정부하에서 급격히 추진하다가 동력을 잃어버린 뒤 상대적으로 잠자고 있다가 박근혜 정부하에서 다시 나왔지만 추진이 제대로 되었는지는 아직 제대로 평가할 단계가 아니다. 현 정부의 정책도 마찬가지다. 벤처기업 육성 문제는 스타트업 기업 육성만의 문제가 아니고 중견기업으로 자라는 문제 등 기업 생태계 전체를 어떻게 재구성하느냐 하는 문제다. 나아가서 이 문제는 금융, 교육, 과학·기술 등 경제·사회 전체의 성격과 관련이 있다.

과거로 돌아갈 수 없는 것은 노동 쪽도 마찬가지다. 무엇보다 과거식으로 노동조합의 권리가 세계 표준에 미달하는 체제로 돌아갈 수는 없는 일이다. 그런 시도가 이명박·박근혜 정부하에서 일부 있었는데, 빨리 원상 복귀해야 할 것이다. 대기업 노동조합이 금융시장 규율이 불완전한 데 편승해서 부실채권을 만드는 데 공조하는 구도를 복원하는 것도 있을 수 없는 일이다. 앞으로의 과제는 강화된 금융시장 규율을 전제로 하면서 협조적 노사관계를 구축하는 것이다. 그것은 사회적 합의를 통해 비정규직이나 노동시간 문제 등 일자리 문제를 해결하는 데 도움을 주는 쪽으로 노사관계를 고치는 것이다.

자본시장 개방은 국내 개혁만큼 과거로 돌아가는 것이 불합리하다고 하기 어렵다. 한국 정부도 외환위기 후 전면적 자본시장 개방이 잘못이었다는 것을 인식하고 자본시장 개방 조치를 일부 되돌렸다. IMF조차도 그것을 인정했다. 그러나 자본시장 개방의 경우도 외환위기 전으로 돌아가는 것이 바람직할지 의심스러운 측면이 많이 있다. 무엇보다 외환위기 후 20여 년이 지난 후 외자 문제를 외환위기의 결과로서만 볼 수는 없다. 외환위기 직후 이루어진 자산 매각은 사실상 복합체가 "약탈"을 한 것이었지만, 지금은 그에 따른 비용은 많은 부분이 침몰비용(sunk cost)이 되었다. 외환위기의 결과를 볼 때는 자본시장 개방이 구조 개혁과 패키지로 이루어졌기 때문에 그 결과도 패키지로 분석할 수밖에 없었다. 그러나 지금 자본시장 개방의 효과를 논할 때는 그 자체를 분석해야 한다. 현 시점에서 보면 외자는 경제성장에 긍정적 역할을 할 수 있다. 그린필드 FDI는 말할 것도 없지만, 다른 투자도 위험 분담으로 투자를 도울 수 있고 기업경영의 효율성을 올려 총요소생산성 증가를 가져올 수 있다. 외환위기 후 투자율이 크게 떨어졌지만 국제적으로 보아 여전히 높은 투자율을 유지할 수 있는 것도 일부 외자의 역할이 도움을 준 결과일지 모른다. 은행을 외자가 소유하는 것은 투자에 별 도움이 안 되고 가계대출만 늘렸지만, 가계대출에 대한 제한이 풀린 상태에서 한국인이 소유한 은행과 그리 큰 차이가 나는 것은 아니다. 그러면서 외자 소유는 은행 경영의 안정성을 올리는 데는 도움이 된다.

그런 한편 여전히 외자의 효과 중에 긍정적이지 못한 면도 있다. 외자가 급격히 유출됨으로써 외환위기를 일으킬 소지는 줄어들었다지만 사라진 것은 아니다. 외자가 거두는 이익이 국민소득을 줄이고 소득분배를 악화시키는 것은 여전하다. 자본시장을 열어 놓고 자기보험을 위해 외환보유액을 늘리고 있는 것은 위험을 낮춰주는 것이 아니다. 한국은 외자가 자국 정부의 지원을 업고 초과수익을 거두는 투자 대상이 되고 있다.

이렇게 자본시장 개방은 외환위기 후의 결과를 떠나서 논할 경우 장단점이 있을 수 있다. 그러나 더 중요한 것은 현실적 제약이다. 과거로 돌아가는 것은 국제적 환경이 바뀌지 않으면 불가능한 일이다. 국제적 환경이 바뀌지 않았는데 과거로 돌아가려면 무엇보다 OECD에서 탈퇴해야 할 것이다. 가입 당시 결정이 잘못되었다고 20년 이상 회원이었던 기구에서 탈퇴하는 것은 간단한 일이 아니다.

외환위기 전 체제로 돌아가는지의 문제는 결국 1980년대 이래의 자유화를 어떻게 보는가 하는 문제가 된다. 그것은 신자유주의적인 것이 아니라 자유주의적인 것이다. 물론 자유화만이 모든 개혁과제는 아니다. 한국은 자유화와 함께 수정자본주의적 개혁 과제를 안고 있다. 여기서 분명히 할 것은 신중상주의와 수정자본주의는 다르다는 것이다. 다 같이 정부가 적극적 역할을 하더라도 신중상주의와 수정자본주의는 다르다. 신중상주의와 그 유산은 자유주의적 개혁의 대상이다. 반면 자본주의의 수정은 자유주의적 개혁과 동시에 진행될 수밖에 없는 것이 한국의 현실이다.

외환위기 당시 한국의 문제점은 신자유주의적 요구를 이용해서 자유주의적 개혁을 하려고 한 것이었다. 그 결과는 부정적으로 나올 수밖에 없었다. 그러나 그렇다고 하더라도 20년도 더 지난 후 자유주의적 개혁을 되돌려서 과거로 돌아갈 수는 없는 것이다. 거기에다 한국은 아직 자유주의적 개혁이 갈 길이 먼 상태다. 기본적으로 정경유착, 관치금융, 재벌체제 등 신중상주의의 유산이 그대로 남아 있다. 더 근본적으로는 수백 년에 걸친 관료사회의 유산이 한국 사회 전반을 지배하고 있다고 해도 과언이 아니다.

그러면 신자유주의의 힘을 이용해서 자유주의적 개혁을 하는 구도는 아직 유효한가? 외환위기 때처럼 한국이 재량권을 잃은 상태에서 그런 개혁을 하는 것은 물론 있을 수 없는 일이다. 그런 가능성을 배제하고 볼 때 여전히 신자유주의를 이용해서 자유주의적 개혁을 할 여지는 있는가? 이 문제가 두드러지는 곳은 무엇보다 기업 거버넌스 개선에 있어서 외자의 역할이다. 구체적으로 재벌의 경영 행태에 대한 외자의 감시 역할이다. 그것이 가장 첨예하게 나타나는 것은 적대적 인수합병이지만, 그 외에도 외자가 주주로서의 권리를 행사하기 위해 여러 가지 방법으로 경영에 개입할 수 있다. 그런 가능성에 대해 재벌은 "투기자본의 공격"으로 규정하고 상법 개정이나 출자총액 규제 등에 반대하는 논리로 써왔다. 그 과정에서 재벌은 국민의 반외자 정서를 이용해 왔다.

이 문제는 관점에 따라 해석이 달라지는 문제로 되돌아가는 것이다. 따라서 경제 전체를 보지 않는 금융의 관점은 여전히 문제가 있다. 그러나 현실을 보면 경제 전체의 관점에서 보더라도 금융의 관점이 타당할 수 있다. 그것은 재벌이 사실상 국내의 모든 세력을 장악해서 개혁을 위해서는 외자밖에 믿을 것이 없는 사정이라고 할 수 있기 때문이다. 그것은 최근 "최순실 게이트"에서 드러났다. 최순실 게이트에서 드러난 한국 사회의 구도를 보면 삼성의 영향력은 상상을 초월한다. 삼성을 비롯한 재벌이 그야말로 한국 사회 전체를 지배하고 있다고 해도 과언이 아니다. 그런 양상은 외환위기 후 더 강해지고 정교해졌다고 볼 수 있다. 그런 구도에서 엘리엇 매니지먼트(Elliot Management)라는 외국 투기자본이 없었으면 최순실 게이트의 추이가 달라졌을 가능성이 크다. 엘리엇 매니지먼트가 있었기 때문에 삼성이 3세 경영권 확보를 위해 정치권력과 관료에게 무리하게 로비를 할 수밖에 없었고, 결국 그것이 드러나 당사자들에게 책임을 물을 수 있게 된 측면이 크다. 그 결과 재벌 개혁이 큰 동력을 얻게 되었을 뿐 아니라, 한국 사회 전체를 한 단계 격상할 수 있는 계기가 마련되었다.

현실이 그렇다면 비용을 치르더라도 외자의 역할에 기댈 수 있을 것이다.

그러나 그것이 비용을 수반한다는 사실이 변하지는 않는다. 외자의 역할이 가져다주는 이익이 비용을 초과하더라도, 그 비용을 아예 고려 대상에서 제외하거나 비용을 오히려 이익으로 계산하는 것은 잘못이다. 그렇게 계산을 정확하게 하지 않으면 재벌이 국민의 반외자 정서를 이용하는 것을 막을 수 없다.

한편 재벌과 외자는 이해를 공유하는 측면도 있는데, 그에 대한 정책은 어떻게 되나? 그에 대한 정책은 자명하다. 노동자와 하청업체의 길항력을 올려야 하는 것이다. 이것은 노동조합이 제자리를 찾는 문제와 대기업과 하청 중소기업 간의 공정거래 질서를 확립하는 문제다. 이윤을 많이 올리는 재벌기업에 대해 법인세를 더 올리거나 주가 차익에 대해 과세하는 것도 필요하다. 이것은 분배만이 아니라 성장이라는 관점에서 보아도 불가피하다. 지금 한국은 경제 전체로 보아 총수요가 부족하기 때문에 경기부양을 위한 재정정책을 써야 하는 상황이다. 일자리를 만들고 복지 지출을 늘리고 노후사회간접자본을 수리하는 등 재정지출 확대가 불가피한 상황인 것이다. 그런 한편 재벌기업은 사내유보금을 쌓아 놓고 투자를 하지 않고 있기 때문에 그 재원을 일차적으로 재벌기업의 이윤에서 찾는 것은 당연한 일이라고 할 수 있다.

문재인 정부는 그런 정책을 추진할 것으로 기대를 모으면서 출범했지만, 현실적으로 그렇게 하고 있는지는 의문이다. 거기에다 실행 전략상의 문제도 있다. 문재인 정부는 "소득주도성장" 같은 구호를 내세우고 있는데, 그것은 주류 경제학이 아니라 소수파 비주류 경제학에 근거한 견해인 것 같은 느낌을 준다. 이 책의 중요 주장 중의 하나는 현실 경제의 분석을 위해서는 주류 경제학에 의거할 수밖에 없다는 것이다. 문재인 정부가 추진하는 노동조합 제자리 찾기, 대기업과 하청 중소기업 간의 공정거래 질서 확립, 확장적 재정정책과 그것을 지원하기 위한 재벌기업 과세 등은 주류 경제학으로 보아서도 얼마든지 근거가 있는 정책이다. 그런데도 수사(修辭) 때문에 소수파 비주류 경제학에 근거한 것처럼 비치는 것은 불필요한 논란을 불러와서 정책을 추진하는 데 어려움을 겪게 만들 가능성이 있다.

자유무역 제국주의?

이 책의 분석에서 얻을 수 있는 또 하나의 함의는 세계질서를 이해하는 문제다. 한국은 제2차 세계대전 이후 형성된 새로운 세계질서에 잘 적응한 결과 경제 기적을 이룰 수 있었지만, 1990년대 들어 그것이 바뀐 데 잘 적응하지 못해서 외환위기를 맞았다. 외환위기가 일어나고 난 다음에는 오히려 미국과 IMF의 요구를 이용하여 국내적 개혁을 하려 했는데, 그 결과는 부정적이다.

이런 과정을 이해하는 데는 역사적 관점이 필수적이다. 이 문제를 역사적으로 보는 데는 제3장 제3절에서 언급한 것처럼 1997년 당시 한국의 조야 일각에서 제2차 세계대전 이후의 독일과 일본의 경험을 염두에 두었다는 데서 출발하는 것이 좋을 것이다. 그런 생각은 착각이었다. 1997년 당시 동아시아에서 제2차 세계대전 후 독일과 일본 같은 나라의 사례가 반복될 가능성은 없었다. 역사적으로 보아 제2차 세계대전 후 독일이나 일본은 예외적인 경우다. 패전하거나 점령을 당한 국가는 가혹한 조치를 당하는 것이 일반적인 것이다. 멀리 갈 것 없이 제1차 세계대전 이후에는 승전한 연합국이 패전국 독일에 대해 가혹한 조치를 취했고, 그에 대해 케인스 같은 사람이 신랄하게 비판한 것은 잘 알려진 사실이다. 그런 가혹한 조치는 결국 제2차 세계대전을 일으키는 한 요인이 되었다. 제2차 세계대전 후 독일과 일본이 역사적 예외가 되는 데는 냉전이 결정적 요인으로 작용했다. 당시 미국의 체제가 수정자본주의체제였다는 것도 한 조건으로 작용했을 것이다. 반면 1997년에는 냉전이 끝나 있었고 미국의 체제는 신자유주의로 바뀌어 있었다.

나아가서 외환위기의 성격은 좀 더 근본적인 역사적 관점에서 볼 수 있다. 한국의 외환위기는 미국 헤게모니의 성격이 변한 데서 유래한 것이라는 것은

제3장에서 살펴보았다. 그런데 헤게모니 이론의 원형은 "자유무역 제국주의(imperialism of free trade)"다. 찰스 킨들버거(Charles Kindleberger) 같은 학자가 헤게모니 이론을 제시한 것은 그 전 존 갤로거(Kohn Gallougher)와 로널드 로빈슨(Ronald Robinson)이 제시한 자유무역 제국주의 모델을 원용한 것이었다(Kindleberger, 1973; Gallougher and Robinson, 1953). 19세기 자유무역 제국주의는 영국이 최초의 산업혁명국가로서 제조업에서의 압도적 우위를 바탕으로 자유무역을 통해 자신의 국익을 추구한 체제라는 것이 자유무역 제국주의 가설이다. 자유무역 제국주의는 "가능하면 비공식적으로, 필요하면 공식적으로" 지배한다는 것이다. 라틴아메리카 국가들은 경제적 관계를 통해 지배하고 인도는 군사력을 써서 식민지로 만들었다. 자유무역 제국주의 가설의 요체는 17~18세기 중상주의 시대와 1870년대 이후 본격적인 제국주의 시대 사이에 경제적 이익을 추구하는 전략으로서 공식적 식민지배의 비중이 낮은 시대가 있었다는 것이다.

제2차 세계대전 이후 미국의 헤게모니도 그 바탕은 자유무역 제국주의와 같은 것이었지만, 냉전이라는 결정적 조건이 있는 데다, 미국과 여타 국가 간의 대규모 경제력 격차와 수정자본주의 경제정책 등으로 "시혜적" 성격을 띠고 있었다. 한국 등 동아시아 국가들은 그런 시혜적 헤게모니의 덕을 많이 본 지역이다. 그러나 미국 헤게모니의 시혜적 성격을 규정했던 조건들이 사라지자 미국은 원래의 자유무역 제국주의와 유사한 행태를 드러냈다. 그것이 1997년 동아시아에서 미국이 사실상 외환위기를 일으키는 것으로 나타났던 것이다.

이런 점에서 동아시아 외환위기를 또 하나의 "아편전쟁"과 같은 것이라고 보는 견해도 있다(Wade, 1998: 12). 아편전쟁은 영국이 아직 자유무역 제국주의 정책을 택하고 있던 시기에 일어났다. 그것은 포함외교(gunboat diplomacy)로써 개항을 강제하는 것이었지만 공식적 식민지배를 목표로 한 것은 아니었다(영국을 비롯한 열강이 동아시아에서 공식적 제국주의 정책을 취한 것은 한참 뒤인

19세기 말이었다). 물론 아편전쟁이 일어난 1839년 영국과 동아시아 외환위기가 일어난 1997년 미국이 다른 점도 많았다. 그중 하나가 1839년 영국은 제조업에 압도적인 국제경쟁력이 있었는데, 1997년 미국은 그렇지 못했다는 것이다. 1997년에 이르면 미국은 제조업에서는 일부 산업을 제외하면 이미 국제경쟁력에 별 우위가 없었다. 반면 금융이 국제경쟁력에서 가장 우위에 있는 산업이었다. 그렇게 해서 미국의 자유무역 제국주의는 금융산업이 그 핵이 되는 모습을 띠게 되었다고 볼 수 있다.

물론 현대 세계에서 19세기 자유무역 제국주의 시대의 포함외교와 같은 방식으로 개방을 강요할 수는 없다. 그러나 일단 외환위기가 일어나면 강요할 수 있는 조건이 만들어진다. 세계적으로 한 나라의 외환위기를 해결하는 과정은 그때그때 통제탑을 장악한 미국과 IMF의 자의적(恣意的) 결정이 가능하게 되어 있다. 실제로 앞에서 여러 번 언급한 적이 있는 한국의 외환위기 당시 미국 재무차관이었던 로렌스 서머스(Lawrence Summers, 나중에 장관이 됨)는 "한 나라의 외환위기 때 외부의 영향력이 가장 강하고 구조조정을 받아들이게 하기 쉽다"고 말한 적이 있다(Crotty and Lee, 2001: 189). 그리고 미국은 동아시아 외환위기 이후 국제적으로 외채 문제 해결 방안을 객관적 제도로 만들자는 목소리가 나왔을 때 반대로 일관했다(Stiglitz, 2006: Chapter 8). 그 결과 지난 20년간 그런 목소리는 흐지부지되어서 아직도 국제적으로 외채위기를 객관적으로 해결하는 제도는 없는 상태다. 외채위기의 해결책은 여전히 미국이나 IMF 등에 의해 자의적으로 결정되어서 경우에 따라 달라지게 되어 있다.

이렇게 동아시아 외환위기가 일어난 지 20년이 더 지났지만 여전히 복합체가 세계자본주의체제의 성격을 규정하고 있다. 이들은 1997년 동아시아에서 외환위기를 사실상 일으켜서 아무리 적게 잡아도 1조 달러를 벌었다. 2008년에는 월가와 미국 재무부뿐 아니라 연방준비위원회, 기타 국가기관이 모두 얽힌 구도에서 대공황 이후 최대 위기가 일어났다. 그 처리 과정에서 미국은 1997년 동아시아에 적응한 것과는 전혀 다른 원칙을 적용했는데, 그렇게 이

중 기준을 적용한 근거를 아직 제시한 적이 없다.

2008년 글로벌 금융위기 이후의 모습을 보면 미국이 자신의 금융시스템을 개혁해서 또다시 대형위기가 터지는 것을 막을 수 있을지 의심스럽다. 바로 미국이야말로 위기의 해결 과정에서 도덕적 해이를 척결하지 않아서 위기가 재발할 가능성이 큰 나라가 된 것이다. 위기를 일으킨 책임자들에 대한 처벌은 안 한 반면, 위기로 재정 상태가 악화하자 위기 때문에 더욱 필요해진 사회보장제도를 약화시키려는 세력이 득세했다. 또한 2008년 위기가 1920년대 이후 최악의 상태로 떨어진 분배문제를 해결할 기회가 되리라는 기대가 일각에서 있었지만, 그런 기대도 전혀 실현되지 않았다. 그런 점에서 미국은 여전히 신자유주의가 지배하고 있다. 최근 트럼프 같은 사람이 등장해서 기존 질서를 뒤흔들고 있지만, 그것이 신자유주의의 기반을 약화시킬지 오히려 그 반대일지는 알 수 없는 일이다.

미국을 비롯한 선진국은 위기에 대한 대응책으로 재정정책을 쓰지 못하고 양적 완화로 대처했다. 그런 식의 대응책은 글로벌 금융위기의 영향을 조기에 극복하지 못함으로써 대침체를 불러오는 요인이 되었다. 대침체가 진행됨으로써 제2차 세계대전 이후 60여 년 이상 계속된 번영의 시대가 지속될 수 있을지 의심스러워졌다. 거기에다 재정정책을 쓰지 못하고 양적 완화로 위기를 극복하려고 한 것은 "거품이 터져서 생긴 문제를 거품을 일으켜 해결하는" 것으로서 경제를 불안정하게 만들었다. 불안정성은 미국 국내뿐 아니라 세계적로 파급되었다. 그중에서도 가장 불안을 많이 겪는 나라는 신흥시장국이다. 이들 중 많은 나라가 과거 미국의 압력을 받거나 외환위기를 겪으면서 IMF의 요구로 자본시장을 개방했던 나라다. 이들 나라는 미국의 양적 완화로 풀린 자금이 대규모로 유입되어서 거품을 일으킨 다음, 미국이 양적 완화를 거두어들이고 금리를 올리기 시작하자 대규모 자금 이탈을 맞게 되었다. 그 과정에서 신흥시장국 일부는 외환위기가 일어날 뻔하기도 했다.

그렇게 해서 세계 수십억 민초들의 삶이 금융위기를 일으킨 월가의 투기꾼들과 그 위기를 수습하는 소수의 전문가들 손에서 결정되는 상황이 벌어지고 있는 것이다. 그런 한편 부분적인 흐름의 변화도 있었다. 1997년 동아시아 외환위기 후 세계금융질서를 개혁해야 한다는 목소리가 많이 나왔지만 흐지부지된 반면, 2008년 글로벌 금융위기 이후에는 미국과 IMF는 신흥시장국에 대해 무조건 자본시장을 개방하라는 입장에서 한 발 물러선 것이다.

한국은 2008년 글로벌 금융위기 때 외환위기가 또 일어났지만, 1997년과 달리 미국이 별 조건을 안 붙이고 통화스왑을 해 주었기 때문에 외환위기를 비교적 쉽게 해결할 수 있었다. 그 후 2010년에 자본시장 개방 요구가 완화된 상황에서 자본시장 개방을 일부 수정했다. 거기에다 경상수지 흑자를 더 내어서 외환보유액을 계속 늘려 왔다. 그 결과 한국은 미국이 양적 완화를 중단하고 금리를 올리는 상황에서 신흥시장국 중에서 상대적으로 불안을 적게 겪고 있다. 그러나 이에 대해 미국이 계속 환율 조작을 한다고 주장해 왔고, 트럼프 행정부가 들어서서는 그런 조치에 대해 보복을 하겠다고 공언하고 있다.

한국이 경상수지 흑자를 내고 외환보유액을 늘리는 것은 외환위기 후 미국과 IMF의 요구로 자본시장을 전면 개방하고 그에 따라 외환위기가 일어날 가능성이 올라간 데 대해 자기보험을 들고 있기 때문이다. 한국이 경상수지 흑자로 외환보유액을 늘리는 구도는 바로 국제투자에서의 순차손으로 국민소득이 줄어드는 구도다. 2008년 글로벌 금융위기 이후 그런 구도는 약화되었지만 사라진 것은 아니다. 더 본질적으로 본다면 한국은 외환보유액을 대부분 달러 표시 금융자산으로 쌓고 있는데, 지금의 달러는 금 태환으로 보증된 본위화폐도 아니고 세계 정부가 정한 법화도 아니다. 따라서 미국이 비용 없이 발행한 금융자산을 받고 한국이 생산요소를 투입해서 생산한 실물을 주고 있는 것이다.

외환보유액을 주로 달러로 쌓고 있는 이유는 달러가 세계통화이기 때문이다. 달러가 세계통화인 이유는 브레턴우즈체제의 유산에다 미국 금융시장이 외환보유액에 적절한 유동자산을 제공하기 때문이다. 그러나 그런 경제적 이유만 있는 것은 아니다. 외환보유액을 달러 표시 자산으로 쌓지 않으면 미국이 어떤 식으로 보복할지 모르는 것이 현실이기 때문이다. 많은 나라가 "보이지 않는 손"이 아니라 "보이지 않는 주먹" 때문에 달러자산을 보유하는 것이다. 한국은 정치적·경제적 이유로 그런 보복에 특히 취약한 나라다. 미국이 외국 소유의 재무부 채권(Treasury Bill) 같은 자산에 대해 일방적으로 채무 불이행을 선언해서 종이쪽지로 만들 가능성도 전혀 배제할 수 없다. 미국은 이미 1971년 브레턴우즈체제하에서 약속했던 금 태환을 일방적으로 중단한 전력이 있다.

이렇게 해서 1997년 외환위기부터 시작된 경험은 한국 같은 나라가 미국 헤게모니하에서 살아가기가 점점 힘들어지고 있다는 것을 말해 주고 있다. 그렇다고 다른 대안이 있는 것은 아니다. 한국이 세계자본주의체제 바깥으로 나갈 수는 없기 때문이다. 현 체제를 전제한 후 그 안에서 자신의 이익을 도모하는 것이 유일하게 가능한 전략이다. 외환위기 재발을 막기 위해 다른 나라와의 통화 협력에 노력하고 가능하면 추가적으로 자본시장 개방을 제한할 수도 있을 것이다. 외자가 국내에서 거두는 이익에 대해 과세를 제대로 하는 것도 중요하다. 그런 한편 기회가 되는 대로 국제사회에서 글로벌 거버넌스를 더 공정하게 개편해야 한다고 목소리를 내야 할 것이다.

기본적으로 미국 헤게모니하에서 살아가기가 힘들어지고 있다고 하더라도 너무 비관적으로 생각할 필요는 없다. 미국의 행태가 19세기 자유무역 제국주의를 닮았다고 하더라도 현재의 세계자본주의의 모습이 19세기와 모두 같은 것은 물론 아니다. 자유무역 제국주의가 지배하고 있던 19세기 당시에도 일본 같은 나라는 영리하게 대처함으로써 열강 대열에 낄 수 있었다는 것도 역사적 참고 사항이다.

세계질서의 변동과 한국

1997년 외환위기 이후 한국은 미국 헤게모니의 성격이 한국에 불리하게 바뀌는 것을 실감했다. 그러나 한국에 더 위험한 것은 미국 헤게모니의 성격이 불리하게 바뀌는 것보다 그것이 약화되는 것이다. 미국의 헤게모니가 약화되면 세계가 20세기 전반에 경험했던 것 같은 리더십 부재 상태로 갈 가능성이 있다. 1997년 동아시아 외환위기와 2008년 글로벌 금융위기를 겪으면서 미국의 헤게모니는 큰 손상을 입었다. 헤게모니는 안토니오 그람시(Antonio Gramsci)가 말한 것처럼 지배계급이 경제력이나 억압 능력만이 아니라 스스로 새로운 가치를 창출하고 다른 주체들이 그것을 받아들이게 하는 능력에서 온다. 그것은 국가 간에도 마찬가지다. 근래 쓰이고 있는 "소프트 파워(soft power)" 같은 것은 그람시의 아이디어와 비슷한 면이 있다. 제2차 세계대전 이후 미국의 헤게모니는 민주화, 자유무역, 공정성 같은 가치를 선도하고 그것을 세계에 전파하는 데 크게 의존해 왔다.

동아시아 외환위기와 글로벌 금융위기는 미국의 소프트 파워에 큰 타격을 가했다. 미국은 1997년 동아시아 외환위기와 2008년 자국의 금융위기에 대해 적나라한 이중 기준을 적용했다. 위기 후 도덕적 해이에 대해 책임을 안 묻고 개혁을 제대로 하지 않아서 새로운 위기가 재발하지 않도록 조치를 취할 수 있는 능력이 있는지 의심스럽다. 위기 주범에 대한 책임은 제대로 안 물은 반면, 서민을 보호하는 사회보장제도는 약화시켜서 미국 체제의 공정성을 의심하게 되었다. 대규모 위기의 충격에도 불구하고 1920년대 이후 최대로 벌어진 소득분배의 불평등을 해결하는 실마리도 잡지 못하고 있다.

나아가서 미국 새 대통령 트럼프는 아예 미국 헤게모니하에서 70여 년간 작동해 왔던 세계질서를 부정하는 태도를 보이고 있다. 그런 행동이 어떤 결과로 귀착할지는 현재로서는 아무도 모른다. 그러나 미국인의 정신 상태가 트럼프 같은 사람을 대통령으로 뽑는 쪽으로까지 흘러갔다는 것 자체가 미국의 소프트 파워를 크게 손상시켰다.

그렇다고 미국을 대체할 헤게모니 국가의 출현도 요원한 일이다. 미국 헤게모니의 약화와 그것을 대체할 국가의 등장에 대해서는 지난 40여 년간 지속적으로 논의되어 왔다. 미국 헤게모니에 도전하는 나라로 구소련, 일본, 유럽연합 등이 있었지만 그들은 모두 실패했다. 구소련은 붕괴했고, 일본은 경제력이 전 세계적 주목을 받을 시점에 침체하기 시작했다. 유럽연합은 글로벌 금융위기 이후 그에 대한 대응 능력에 한계를 드러내면서 대침체를 불러오는 데 중요한 역할을 했을 뿐 아니라, 유럽 통합이라는 그 목표 자체가 흔들리고 있는 실정이다.

결국 남은 것은 중국이다. 중국의 경제 규모는 조만간 미국을 추월할 것이고 군사력도 그에 맞추어 상승할 것이다. 그러나 중국은 민주화되지 않은 개도국으로서 세계를 리드할 소프트 파워 창출 능력은 없다시피 하다. 그렇게 불균형된 중국의 모습이 세계적으로 어떤 결과를 초래할지는 모든 사회과학자의 관심사다. 이런 문제에 답하는 것은 극히 어렵다. 그러나 이에 대해서도 역사를 되돌아봄으로써 약간의 시사점을 얻을 수는 있다.

중국이 미국 헤게모니에 도전하는 과정은 과거 영국과 독일 간의 관계를 닮을 가능성이 크다. 그것은 무엇보다 중국인의 정신세계 때문이다. 지난 200년 가까이 굴욕을 당했다고 생각하는 중국인의 정신세계는 19세기 독일인의 그것과 닮은 점이 있다. 한 국민이 굴욕을 당했다가 다시 부강해질 경우 "당한 굴욕을 갚아주겠다"는 심리를 갖게 된다. 그것이 19세기 독일을 지배하다시피 했던 "헤겔(Hegel) 철학"의 요체다(Fukuyama, 1992). 독일인의 그런 심리는 결국 제1차 세계대전을 일으키는 바탕이 되었다.

그렇게 미국의 헤게모니에 도전할 가능성이 있는 중국에 대응하기 위해 미국은 동아시아에서 일본, 한국 등을 자신과 엮어서 동맹체제를 만들어가고 있다. 최근 트럼프 때문에 이 동맹체제의 장래에 대한 불확실성이 커졌지만 그것이 해체된 것은 물론 아니다. 그에 대해 중국도 그냥 혼자만의 힘으로 대응하지는 않을 것이다. 제1차 세계대전은 그런 식의 동맹구도하에서 일어났다. 발칸반도에서 일어난 "애 싸움"이 "어른 싸움"으로 번졌던 것이다.

물론 이런 구도가 전쟁이나 대규모 분쟁으로 나타나는 것은 가능성에 불과하고 그 시기가 언제가 될지는 아무도 모른다. 그러나 앞으로 제1차 세계대전이나 그 비슷한 대규모 분쟁이 일어나는 곳은 동아시아가 될 가능성이 크다. 장기적으로 보아 미국, 중국, 일본, 러시아 등 중요국가들이 직접 대결하는 동아시아는 작은 나라들이 종교문제로 다투는 중동 같은 지역보다 훨씬 위험하다. 이런 정치 문제는 물론 경제 문제와 불가분의 관련이 있다. 동아시아는 지난 70여 년간 미국 헤게모니하에서 진행된 제2차 세계화의 최대 수혜자다. 처음에는 일본이, 다음에는 한국과 대만이, 그다음 중국이 제2차 세계화의 구도를 이용해서 "기적"적 성장을 했다. 그러나 바로 그 기적적 성장이 동아시아를 세계에서 가장 위험한 지역으로 만든 것이다. 동아시아에서 제1차 세계대전과 같은 대규모 분쟁이 발발하면 동아시아의 기적을 일거에 날리는 것은 물론이고, 세계적으로 제2차 세계화를 붕괴시키고 제1차 세계대전 이후와 같은 위기 상황을 초래할 가능성이 크다.

그러나 역사적 경험으로 볼 때 그런 사태가 일어나기 전에도 중요한 변화가 일어날 수 있다. 영국의 헤게모니하에서 형성된 19세기의 선진국 간의 제1차 세계화 질서는 기본적으로 제1차 세계대전이 일어날 때까지 유지되었다. 그러나 개도국과 관련된 질서는 그 전에 변했다. 19세기 자유무역 제국주의는 영국이 압도적으로 강한 힘을 바탕으로 추구한 것이었지만, 1870년대부터 영국의 상대적 국력이 약화되면서 열강 간의 경쟁 구도가 만들어졌고, 그것을 계기로 공식적 제국주의가 등장했다. 공식적 제국주의는 포함외교로 개항을 강요하는 것이 아니라 영토를 분할하는 식민주의다.

동아시아에서도 그런 구도가 전개되었다. 미국은 19세기 말에 제국주의의 후발자로 끼어들어서 필리핀을 식민지로 만들었다. 일본은 자유무역 제국주의 시대에 메이지유신에 성공한 후 20세기 초 공식적 제국주의체제하에서 영국과 동맹을 맺고 러일전쟁에서 이김으로써 한국을 식민지로 만들었다. 중국은 19세기에 문화적 우월성과 유교 교리를 중심으로 지배하던 동아시아의 전통적 질서가 허물어지자, 스스로 열강에 시달리면서 한국에 대해 폭력적이고 자의(恣意)적 방법으로 지배력을 유지하고자 했다.

물론 21세기는 19세기와 다르다. 미국 헤게모니의 성격이 바뀌어서 자유무역 제국주의와 비슷한 행태가 일부 나타나고 있지만 그때와 사정이 다른 점이 많은 것처럼, 미국의 헤게모니가 약화되었다고 해서 반드시 19세기 말 공식적 제국주의로 돌아가는 것과 같은 일이 일어나지는 않을 것이다. 그러나 미국 헤게모니의 약화가 강대국 간의 경쟁을 부를 경우 공식적 제국주의와 닮은 행태가 일부 나타날 가능성을 배제할 수는 없다.

중국은 이웃국가를 동등하게 취급하는 전통이 없는 나라이면서 소프트 파워는 약한 개도국이다. 19세기와 다른 점은 당시는 왕조 말기의 쇠락한 모습이었는 데 반해 앞으로는 상승하는 세력이라는 점이다. 거기에다 대다수 중국인은 "그동안 당한 굴욕은 갚아주겠다"는 생각을 가지고 있다. 일본은 그 일차적 대상이 자신이라는 것을 잘 안다. 따라서 일본은 미국과의 동맹을 통해 중국을 견제하는 것 외에 대안이 없을 것이다. 그러면서 20세기 초에 영국과의 동맹관계를 이용한 것처럼 이번에도 미국과의 동맹관계를 이용해서 주변국에 대한 영향력을 확대하려 할 것이다. 그 첫째 대상은 물론 "일본 열도를 향한 단검"이라고 불리었던 한반도다.

그렇게 될 경우 동북아시아에서 상대적으로 "약소국" 지위를 벗어나지 못하는 한국이 어떤 어려움에 처할지는 아무도 모를 일이다. 통일로 가는 여정도 물론 어려움을 가중시킬 것이다. 이 문제는 한국이 세계질서의 지각변동(地殼變動)에 대응하는 문제다. 역사적으로 한국은 세계질서가 지각변동을 할 때 잘 대응하지 못했다. 19세기 서세동점 구도에 대응하지 못한 결과 식민지가 되었고, 광복 후 분단과 전쟁을 겪은 것도 새로운 질서에 잘 적응하지 못한 때문이었다. 1950년대 이후 수출 지향적 공업화 개시부터 1990년대 중반까지는 비교적 잘했지만, 1997년 외환위기 전후로는 잘하지 못했다. 그런 상태는 외환위기 이후에도 이어졌다고 볼 수밖에 없다. 한국은 "IMF 신탁통치" 기간이 끝나고 난 후에도 자본시장을 전면 개방한 것이 잘못되었다는 인식이 없다가 2008년 글로벌 금융위기 이후 세계적 흐름이 바뀐 다음에야 거시건전성 부담금 등 조치를 취했던 것이다.

앞으로 한국은 세계질서의 변동에 대해 어떻게 대응할 것인가? 여기서 이 문제를 본격적으로 논할 수는 없다. 그러나 이 책에서 다룬 내용에 비추어 언급하고 넘어갈 필요가 있는 것은 그런 문제가 정부의 능력 문제만은 아니라는 것이다. 그것은 사회 전반의 지적 판단 능력 문제다. 사회 전반의 지적 판단 능력을 뒷받침하는 것은 결국 학계의 몫이다. 한국의 학계는 한국의 현실에 천착해서 제때에 제대로 된 연구를 하고 그에 맞추어 목소리를 내어왔는가? 지난 20여 년을 되돌아보면 그렇게 보기는 어렵다고 할 수밖에 없다. 따지고 보면 학계의 문제는 정부의 문제보다 더 심각하다. 정부는 온갖 현실적 제약과 정치적 조건을 고려해서 "할 말도 못하는" 경우가 많지만, 그런 제약이 없는 학자들까지 정부처럼 생각하고 행동할 이유는 없기 때문이다.

이 문제는 외환위기의 성격이 아직까지도 제대로 구명되지 못했던 것과 불가분의 관계에 있다. 한국 외환위기의 성격은 당사자인 한국의 학자들이 더 철저하게 구명해야 할 과제였다. 그런 점에서 처음부터 외환위기의 성격이 해외에서는 심한 논란의 대상이 되는데 국내에서는 그렇지 못했다는 것은 큰 문제가 아닐 수 없다. 그 후로도 국내에서 그에 대한 활발한 토론과 그 과정에서 필연적으로 나올 수 있는 의견 대립, 그리고 그것을 해소하려는 노력이 제대로 이루어졌다고 볼 수 없다. 그런 상태는 지금도 변한 것이 없다.

주류 경제학자와 여타 사회과학자 간의 관계도 문제다. 세계질서의 변동에 대응하는 문제는 경제적 분석과 여타 사회과학 간의 학제적 접근이 필요한 분야다. 여타 사회과학자는 경제적 문제의 분석에서는 당연히 주류 경제학들을 따르지 못한다. 한편 주류 경제학자들은 학제적 연구보다 수리적·계량적 연구에 너무 치중한다고 볼 수밖에 없다. 이것은 대다수 주류 경제학자가 역사에 대한 감각이 약한 것과 무관하지 않다. 경제학자들이 역사적 감각이 약한 것은 바람직한 일이 못 된다. 따지고 보면 이 책에서 거론된 신자유주의, 신중상주의, 헤게모니, 자유무역 제국주의 같은 것들은 원래 경제사나 정치경제학 같은 광의의 경제학에서 나온 개념들이다. 연구 대상을 좁히는 것은 경제학 자체의 발전을 위해서도 도움이 되지 않는다.

한국은 1950~1960년대에 유리한 세계질서에 빨리 편승해서 경제 기적을 이루었지만 그것이 바뀌는 과정에 잘 대응하지 못해서 1997년 외환위기를 겪었다. 앞으로는 아마도 더 큰 변화가 기다리고 있을 것이다. 한국이 거기에 제대로 대응하지 못한다면 1997년 외환위기와는 비교가 안 되는 재난을 당할 수 있다.

부표

부표 1 경상수지, 외채, 외환보유액, 실질실효환율

부표 2 기업경상이익률, 차입금평균이자율, 부채비율(제조업)

부표 3 투자율과 저축률

부표 4 일반은행 원화대출 비중

부표 5 외국인 직접투자와 한국기업 해외직접투자(GDP에 대한 비율)

부표 6 순국제투자포지션 변동, 국제투자에서의 순차익(GDP에 대한 비율)

부표 7 노동소득분배율

〈부표 1〉 경상수지, 외채, 외환보유액, 실질실효환율 (단위: %)

연도	경상수지 / GDP	순외채 / GDP	총외채 / GDP	외환보유액 / 단기외채	외환보유액 / 경상지급	실질실효 환율
1970	-7.6	19.1	27.4	163.5	44.3	58.1
1971	-8.9		30.8	118.6	33.9	61.3
1972	-3.4		33.2	115.6	39.8	69.5
1973	-2.2	20.0	30.8	156.1	23.4	80.1
1974	-10.4		30.4	85.2	13.8	74.5
1975	-8.7	31.1	38.9	64.3	19.2	79.3
1976	-1.1		35.3	97.2	29.3	72.7
1977	0.0	19.8	33.0	115.9	32.4	73.2
1978	-2.0	17.8	27.6	156.7	26.4	76.0
1979	-6.5	21.8	31.6	104.6	23.7	69.6
1980	-10.5	30.2	41.9	70.1	23.4	75.0
1981	-8.9	33.8	44.8	67.4	21.5	72.2
1982	-7.1	36.4	47.7	56.2	22.5	70.7
1983	-4.0	35.5	46.4	57.0	22.3	74.1
1984	-1.8	34.1	44.6	67.0	23.3	76.1
1985	-2.1	35.5	46.7	72.2	25.2	81.8
1986	2.4	28.1	38.5	85.9	21.3	97.7
1987	6.0	15.3	24.3	98.9	19.8	99.6
1988	6.6	3.7	15.8	126.6	22.0	89.8
1989	1.7	1.2	12.1	139.3	22.5	78.1
1990	-0.9	1.7	11.3	103.4	19.0	81.8
1991	-2.3	3.7	12.0	79.7	15.0	82.4
1992	-0.7	3.2	12.2	92.7	18.5	87.5
1993	0.5	2.0	11.4	105.7	20.8	88.9
1994	-1.0	3.7	17.7	70.9	21.5	88.4
1995	-1.8	4.1	19.6	63.7	20.4	86.7
1996	-4.0	6.9	24.2	47.3	18.4	83.2
1997	-1.8	11.4	29.0	35.0	11.4	90.2
1998	10.7	8.1	40.4	144.7	41.9	120.3
1999	4.5	0.3	28.8	192.5	48.9	105.5
2000	1.9	-4.4	24.1	219.6	47.3	98.1

연도	경상수지 / GDP	순외채 / GDP	총외채 / GDP	외환보유액 / 단기외채	외환보유액 / 경상지급	실질실효 환율
2001	0.5	-7.6	21.8	291.2	55.2	103.9
2002	0.8	-8.4	21.1	273.1	60.7	99.2
2003	1.7	-13.0	20.3	324.8	66.8	99.4
2004	3.9	-18.1	19.4	365.9	68.9	98.7
2005	1.4	-17.2	18.0	314.4	61.6	87.3
2006	0.4	-14.7	22.7	202.2	59.1	80.1
2007	1.1	-6.7	30.2	158.0	55.8	79.5
2008	0.3	-2.5	31.5	135.1	36.5	97.9
2009	3.7	-7.8	38.2	181.6	63.3	109.9
2010	2.6	-8.7	32.5	213.7	53.2	100.0
2011	1.6	-8.2	33.3	219.2	44.1	99.5
2012	4.2	-10.6	33.5	255.5	47.1	98.4
2013	6.2	-14.2	32.4	310.0	51.0	90.9
2014	6.0	-18.0	30.1	312.3	53.8	85.4
2015	7.7	-23.5	28.7	352.7	64.9	82.2
2016	7.0	-28.0	27.2	354.3	68.5	85.4
2017	5.1	-29.8	27.4	335.8	62.8	82.7

주: 1) 대외채무와 대외채권은 1994년 이후는 1998년 재조정된 수치로서 그 전 수치와 일관성에 다소 문제가 있을 수 있음.
2) 실질실효환율은 소비자물가를 기준으로 2010년을 100으로 하여 계산한 것임.

자료: 1) 1993년까지의 외채는 이헌창(2016: 713), 나머지는 한국은행경제통계시스템.
2) 실질실효환율은 Bank for International Settlements(stats.bis.org).

〈부표 2〉 기업경상이익률, 차입금평균이자율, 부채비율(제조업)

(단위: %)

연도	기업경상이윤율	지가조정기업경상이익률	차입금평균이자율	부채비율
1965	11.9	13.1	14.9	93.7
1966	13.5	14.4	19.3	117.7
1967	12.0	13.4	18.1	151.2
1968	10.6	11.7	14.8	201.3
1969	10.3	12.5	13.4	270.0
1970	9.5	10.5	14.7	328.4
1971	8.4	9.4	13.3	394.2
1972	9.6	10.1	12.0	313.4
1973	12.8	13.2	8.5	272.7
1974	10.9	11.6	10.5	316.0
1975	9.5	10.5	11.3	339.5
1976	10.4	11.2	11.9	364.6
1977	10.8	11.8	13.1	350.7
1978	11.0	12.4	12.4	366.8
1979	10.7	11.2	14.4	377.1
1980	9.1	9.5	18.7	487.9
1981	10.0	10.3	18.4	451.5
1982	8.8	9.1	16.0	385.8
1983	9.6	10.6	13.6	360.3
1984	9.7	10.5	14.4	342.7
1985	9.4	9.8	13.4	348.4
1986	10.5	10.9	12.5	350.9
1987	10.1	10.8	12.5	340.1
1988	10.5	11.9	13.0	296.0
1989	8.3	10.0	13.6	254.3
1990	7.8	8.3	12.3	285.5
1991	7.5	8.2	13.0	306.7
1992	7.4	7.4	12.3	318.7
1993	7.1	6.6	11.2	294.9
1994	8.1	8.1	11.4	302.5
1995	9.2	9.2	11.7	286.8
1996	6.5	6.5	11.2	317.1

연도	기업경상이윤율	지가조정기업경상이익률	차입금평균이자율	부채비율
1997	5.4	5.5	10.6	396.3
1998	5.9	4.8	13.5	303.0
1999	7.0	7.3	11.5	214.7
2000	5.8	5.8	10.5	210.6
2001	4.4	4.6	9.4	182.2
2002	7.9	8.9	7.7	135.4
2003	7.2	7.6	6.9	123.4
2004	11.0	11.4	5.9	104.2
2005	9.2	9.7	6.0	100.9
2006	8.1	8.6	6.3	98.9
2007	8.7	9.1	6.4	97.8
2008	5.5	5.4	6.5	123.2
2009	7.3	7.4	5.9	116.8
2010	9.3	9.4	5.5	108.3
2011	7.3	7.5	5.3	109.2
2012	7.2	7.3	5.0	101.0
2013	6.1	6.2	4.4	92.9
2014	5.3	5.5	4.1	89.2
2015	5.7	5.9	3.6	85.5
2016	6.4	6.6	3.5	79.8

주: 기업경상이익률은 연도에 따라 기업이익률, 기업경상이익률, 기업세전순이익률 등으로 명칭이 다름.
자료: 1) 한국은행『기업경영분석』, 각 연도.
2) 지가조정기업경상이익률은 기업경영분석 자료와 지가 상승률 자료를 써서 구한 것임. 지가상승률 자료 출처는 1974년 이전은 Pyo(1992), 1975년 이후는 한국감정원임.

〈부표 3〉 투자율과 저축률

(단위: %)

연도	총투자율	저축률				가계순저축률
		총저축률	가계	기업	정부	
1975	29.1	19.5	7.9	8.4	3.2	7.2
1976	27.5	25.1	11.2	8.6	5.3	12.0
1977	30.6	28.6	13.5	10.1	5.1	15.1
1978	34.2	31.3	15.0	10.0	6.2	17.6
1979	38.0	30.6	13.5	10.1	7.0	15.8
1980	34.6	25.4	7.8	11.8	5.9	8.2
1981	32.7	24.9	8.3	10.5	6.1	8.6
1982	32.3	26.8	8.7	11.2	6.9	9.8
1983	32.9	30.5	9.9	12.7	7.9	11.2
1984	32.5	32.6	12.1	13.2	7.4	14.0
1985	33.0	32.8	13.0	12.7	7.1	14.9
1986	32.8	36.2	15.8	13.3	7.0	19.7
1987	33.1	39.6	17.8	14.4	7.4	22.7
1988	34.6	41.7	18.2	15.1	8.4	24.3
1989	37.1	39.1	17.3	13.5	8.2	22.6
1990	39.5	39.3	17.0	13.8	8.5	21.7
1991	41.4	39.3	18.8	12.6	7.8	23.8
1992	38.5	38.4	18.1	12.6	7.7	22.5
1993	37.5	38.4	17.2	13.1	8.1	21.2
1994	38.6	38.1	15.5	14.2	8.5	19.6
1995	39.2	38.1	13.8	14.8	9.4	17.1
1996	39.9	36.4	13.7	12.5	10.2	16.3
1997	37.6	36.4	12.2	13.8	10.4	14.5
1998	27.9	38.0	18.5	10.5	9.0	21.2
1999	31.2	35.9	12.9	14.2	8.8	14.6
2000	33.2	34.4	8.8	14.2	11.5	8.4
2001	31.9	32.4	6.6	15.6	10.2	5.0
2002	31.2	31.8	3.9	17.4	10.5	1.0
2003	32.3	33.3	6.1	16.8	10.4	4.3
2004	32.3	35.5	7.9	18.5	9.0	7.4
2005	32.5	33.8	7.1	16.9	9.8	6.0

연도	총투자율	저축률				가계순저축률
		총저축률	가계	기업	정부	
2006	33.0	32.9	6.4	16.3	10.2	4.9
2007	32.8	33.2	5.1	17.2	10.8	3.2
2008	33.0	32.9	5.5	18.4	9.0	3.3
2009	28.6	32.9	6.1	19.2	7.6	4.2
2010	32.1	35.0	5.7	21.4	7.8	4.1
2011	32.9	34.6	5.3	21.2	8.0	3.4
2012	30.8	34.2	5.4	21.2	7.6	3.4
2013	29.0	34.3	6.3	20.7	7.3	4.9
2014	29.3	34.5	7.3	20.3	6.9	6.3
2015	28.9	35.6	8.4	20.2	7.0	8.1
2016	29.3	35.8	8.0	20.2	7.9	7.6
2017	31.2	36.3	7.9	20.0	8.4	7.6

주: 투자율과 저축률은 GDP에 대한 비율이고, 가계순저축률은 가계가처분소득에 대한 비율임.
자료: 한국은행 경제통계시스템.

〈부표 4〉 일반은행 원화대출 비중

(단위: %)

연도	대기업	중소기업	가계
1989	47.3	40.2	8.5
1990	37.1	49.8	8.3
1991	36.5	52.0	7.7
1992	37.1	52.4	7.0
1993	33.3	54.8	8.7
1994	27.5	54.9	14.7
1995	21.1	55.9	17.5
1996	20.7	54.3	19.5
1997	19.9	43.9	20.0
1998	18.8	40.6	18.2
1999	18.6	42.7	26.2
2000	16.4	39.7	28.0
2001	10.8	37.9	38.4
2002	7.6	38.0	52.9
2003	5.9	39.7	53.0
2004	5.4	38.2	55.0
2005	5.7	36.4	56.3
2006	4.4	38.1	55.8
2007	5.4	41.9	50.9
2008	8.1	41.8	47.9
2009	7.2	41.9	48.8
2010	8.6	39.9	49.4
2011	10.5	38.2	48.9
2012	11.8	37.4	48.8
2013	11.3	38.1	48.3
2014	10.8	38.0	49.1
2015	9.7	38.8	49.8
2016	8.1	38.8	51.6

주: 말잔 기준.

자료: 1) 1998년 이전은 한국은행 은행감독원 『은행경영통계』.

2) 1999년 이후는 금융감독원 『은행경영통계』.

〈부표 5〉 외국인 직접투자와 한국기업 해외직접투자(GDP에 대한 비율) (단위: %)

연도	통상산업자원부 직접투자 신고 금액			국제수지표상 직접투자	
	총액	그린필드	인수합병	한국인 해외투자	외국인 대한투자
1980	0.22	0.22	0.00	0.07	0.07
1981	0.21	0.21	0.00	0.08	0.21
1982	0.24	0.24	0.00	0.24	0.16
1983	0.31	0.31	0.00	0.19	0.21
1984	0.44	0.44	0.00	0.09	0.23
1985	0.53	0.53	0.00	0.61	0.35
1986	0.31	0.31	0.00	1.10	0.59
1987	0.73	0.73	0.00	0.37	0.57
1988	0.65	0.65	0.00	0.37	0.66
1989	0.45	0.45	0.00	0.30	0.57
1990	0.29	0.29	0.00	0.41	0.37
1991	0.43	0.43	0.00	0.49	0.45
1992	0.26	0.26	0.00	0.39	0.29
1993	0.27	0.27	0.00	0.37	0.22
1994	0.29	0.29	0.00	0.57	0.25
1995	0.35	0.35	0.00	0.70	0.45
1996	0.54	0.54	0.00	0.83	0.47
1997	1.25	1.12	0.13	0.79	0.59
1998	2.36	1.01	1.35	1.13	1.60
1999	3.21	2.14	1.06	0.82	2.21
2000	2.72	2.21	0.51	0.86	2.05
2001	2.12	1.62	0.50	0.51	1.22
2002	1.49	1.15	0.34	0.56	0.90
2003	0.95	0.52	0.43	0.74	1.03
2004	1.67	0.87	0.81	0.94	1.74
2005	1.29	0.70	0.59	0.93	1.52
2006	1.11	0.69	0.43	1.26	0.91
2007	0.94	0.72	0.22	1.97	0.79
2008	1.17	0.73	0.44	1.96	1.12
2009	1.27	0.90	0.37	1.93	1.00
2010	1.19	1.01	0.18	2.58	0.87

연도	통상산업자원부 직접투자 신고 금액			국제수지표상 직접투자	
	총액	그린필드	인수합병	한국인 해외투자	외국인 대한투자
2011	1.14	0.97	0.16	2.47	0.81
2012	1.33	1.03	0.31	2.51	0.78
2013	1.11	0.73	0.38	2.17	0.98
2014	1.35	0.78	0.57	1.99	0.66
2015	1.51	1.02	0.49	1.72	0.30
2016	1.51	1.06	0.44	2.12	0.86
2017	1.50	1.03	0.47	2.07	1.11

자료: 통상산업자원부, 한국은행 경제통계시스템.

〈부표 6〉 순국제투자포지션 변동, 국제투자에서의 순차익(GDP에 대한 비율) (단위: %)

연도	순국제투자 포지션 변동	국제투자에서의 순차익			미국 순차익
		총액	지분투자	채권부투자	
1980	-8.8	0.9			1.4
1981	-4.8	2.0			-3.1
1982	-4.4	1.4			-0.5
1983	-8.6	-4.4			1.3
1984	-0.9	0.8			-0.1
1985	-5.6	-1.7			1.6
1986	3.3	0.6			2.6
1987	4.2	-3.6			2.4
1988	7.4	0.5			1.9
1989	2.3	0.0			-0.1
1990	-0.2	1.1			-1.0
1991	-1.5	0.7			-0.8
1992	0.2	0.7			-1.5
1993	-1.3	-1.4			5.7
1994	-2.8	-1.4			1.9
1995	-1.6	0.5	0.0	0.4	-1.1
1996	-2.9	1.0	0.7	0.5	1.0
1997	-0.2	3.0	4.1	0.5	-2.8
1998	3.3	-5.8	-4.1	-3.7	-2.0
1999	-6.9	-10.7	-9.2	-1.9	-3.3
2000	8.8	7.0	7.5	-0.1	-0.5
2001	-4.0	-5.6	-5.0	-0.4	-3.4
2002	-0.6	-1.6	-2.1	-0.7	3.5
2003	-0.3	-2.7	-3.6	-0.4	5.7
2004	0.4	-4.1	-4.8	-0.3	3.8
2005	-9.3	-11.4	-10.4	-0.1	9.3
2006	-1.1	-2.4	-3.1	0.1	6.3
2007	-2.9	-4.4	-4.5	-1.0	8.0
2008	11.8	12.5	15.4	0.6	-13.4
2009	-3.4	-6.4	-8.6	0.8	11.1
2010	-2.9	-5.0	-5.4	0.5	3.8

연도	순국제투자 포지션 변동	국제투자에서의 순차익			미국 순차익
		총액	지분투자	채권부투자	
2011	4.2	2.1	1.9	0.4	-9.1
2012	-1.1	-5.3	-5.2	-1.2	2.4
2013	4.4	-1.8	-0.9	-1.1	-2.7
2014	8.6	2.3	2.4	-0.2	-4.3
2015	8.7	1.0	1.8	0.1	6.0
2016	5.2	-2.1	-2.1	0.2	-1.7
2017	-1.9	-7.6	-9.3	-0.6	-6.7

주: 미국의 순차익은 미국의 국제투자에서의 순차익을 미국 GDP로 나눈 것임.
자료: 한국은행 경제통계시스템 자료 이용하여 계산; 미국 자료는 IMF(data.img.org) 자료 이용해서 계산.

〈부표 7〉 노동소득분배율

(단위: %)

연도	노동소득분배율	수정 노동소득분배율
1975	39.7	80.3
1976	40.9	80.4
1977	43.1	78.2
1978	45.3	77.9
1979	47.8	77.4
1980	50.6	74.8
1981	50.5	75.4
1982	51.5	79.0
1983	53.1	77.2
1984	52.6	76.2
1985	52.5	76.0
1986	52.3	76.8
1987	52.4	74.8
1988	53.5	75.1
1989	55.5	77.0
1990	56.8	77.4
1991	57.9	78.4
1992	58.2	79.2
1993	58.4	78.4
1994	57.9	77.0
1995	60.2	77.0
1996	62.4	81.1
1997	60.8	79.0
1998	60.2	82.4
1999	58.3	78.5
2000	57.8	76.7
2001	58.9	76.1
2002	58.2	73.6
2003	59.6	74.2
2004	59.1	72.5
2005	61.2	74.7
2006	61.8	75.5

연도	노동소득분배율	수정 노동소득분배율
2007	61.2	72.5
2008	61.9	73.1
2009	61.9	72.7
2010	59.4	68.8
2011	59.9	69.0
2012	60.9	70.0
2013	61.7	70.8
2014	62.8	71.9
2015	63.2	72.1
2016	63.3	71.9
2017	63.0	71.2

자료: 노동소득분배율은 한국은행 경제통계시스템; 수정노동소득분배율은 필자 계산.

참고문헌

강경식. 1999.『환란일기』. 문예당.

강만수. 2005.『현장에서 본 한국경제 30년』. 삼성경제연구소.

강신애·민상기. 2009.「외국인 투자자와 기업의 투자의사 결정」. 2009년 한국국제경영관리학회 추계학술대회 발표 논문.

강종구·김현의. 2005.6「외국 금융기관의 진입이 국내 은행산업에 미친 영향」. 한국은행 금융경제연구원. ≪금융경제연구≫, 제219호.

구자현. 2014.「은행의 보수적 금융행태가 기업성과에 미치는 영향」. ≪KDI Policy Study≫, 2014-06, 1~82쪽.

김강식. 2014.「근로시간 단축의 쟁점과 과제」. ≪질서경제저널≫, 17(1), 41~66쪽.

김경수. 2015.「한국의 금융: 70년과 그 넘어서」. 이제민 외『한국의 경제발전 70년』, 한국학중앙연구원 출판부.

김기완. 2011.「벤처기업의 성장요인에 관한 연구: 벤처확인유형을 중심으로」. ≪KDI Policy Study≫, 2011-14, 1~64쪽.

김기원. 2002.「한국 자동차산업의 구조조정을 둘러싼 쟁점」. ≪산업노동연구≫, 8(1), 1~38쪽.

김낙년·김종일. 2013.「한국 소득분배 지표의 재검토」. ≪한국경제의 분석≫, 19(2), 한국금융연구원.

김대일. 2015.「우리나라의 경제성장과 노동시장의 변화」. 이제민 외『한국의 경제발전 70년』. 한국학중앙연구원 출판부.

김대중. 1971.『대중경제론』. 범문사.

김동석·김민수·김영준·김승주. 2012.『한국경제의 성장요인 분석: 1970~2010』. KDI.

김배근. 2013.「노동소득분배율 측정 및 결정요인에 관한 연구」. ≪경제분석≫, 19(3), 1~48쪽.

김아리·조명현. 2008.「외국인투자자 유형과 기업의 배당 및 투자의 관계에 관한 연구」. ≪전략경영연구≫, 11(1), 25~42쪽.

김원규·김진웅. 2014. 「기업의 규모별 성장요인의 분석과 시사점」. ≪제도와 경제≫, 8(2), 175~190쪽.

김유선. 2015. 「한국의 노동시장 진단과 과제」. ≪KLSI Issue Paper≫, 제6호.

김유선·박관성. 2016. 「대기업 비정규직 규모: 고용형태 공시제 결과(2016년 3월 현재)」. ≪KLSI Issue Paper≫, 제5호.

김인영. 1998. 「한국경제성장과 삼성의 자본축적」. ≪한국정치학회보≫, 32(1), 111~131쪽.

김인준. 2013. 『위기극복 경제학』. 율곡출판사.

김인준·이창용(편). 2008. 『외환위기 10년, 한국 금융의 변화와 전망』. 서울대학교 출판부.

김종일·강동근. 2012. 「양극화 지표를 통해 본 대중소기업의 생산성 격차 추이」. ≪사회과학연구≫, 19(2), 127~149쪽.

김종현. 1984. 『근대경제사』, 경문사.

김주훈. 2013. 「제조업부문 중소기업의 일자리 창출 제고와 기업 간 분업관계의 개선」. ≪KDI FOCUS≫, 제29호.

김준경. 2016. 「최근의 경제 현황과 지속 가능한 성장을 위한 과제」. 2016 경제학 공동학술대회 제2전체회의 발표문(2016.2.18).

김태정·이정익. 2013. 「우리나라 고정투자에 대한 평가 및 시사점」. ≪BOK 경제리뷰≫, 2013.3.

김학렬. 2014. 『금융강국신기루』. 학민사.

김홍기(편). 1999. 『영욕의 한국경제: 비사경제기획원 33년』. 매일경제신문사.

류덕현·고선·백승훈. 2015. 「국제비교를 통한 우리나라 자영업 규모에 대한 연구」. 국회예산정책처.

류정순. 2008. 「외환위기 시 무너진 중산층의 10년 후 빈곤실태조사: 충청은행 퇴출자를 중심으로」. ≪월간 복지동향≫, 제118호, 20~27쪽.

문외솔. 2015. 「이중노동시장과 해고비용」. ≪규제연구≫, 제24권 제2호, 3~28쪽.

미안, 아티프(Atif Mian)·아미르 수피(Amir Sufi). 2014. 박기영 옮김. 『빚으로 지은 집』. 열린책들.

박경서·이은정. 2006. 「외국인투자자가 한국기업의 경영 및 지배구조에 미치는 영향」. ≪금융연구≫, 20(2), 73~113쪽.

박용현. 2010. 「실직으로 인한 임금 손실과 지속 원인에 대한 연구」. ≪노동경제논집≫, 33(1), 53~84쪽.

박원암. 2005. 「체제전환모형을 이용한 외환위기 충격의 영속성 분석」. ≪국제경제연구≫, 11(2), 33~52쪽.

박철희. 2015. 「정치네트워크의 부침으로 본 한일 협력과 갈등」. ≪일본비평≫, 12호,

196~365쪽.

배규식. 2013.「한국의 장시간 노동과 근로시간 단축」. ≪월간노동리뷰≫, 10월호, 7~18쪽.

버홀츠, 토드(Todd G. Buchholz). 1994.『죽은 경제학자의 살아있는 아이디어』. 이승환 옮김. 김영사.

사공일. 1980.「경제성장과 경제력 집중」. ≪한국개발연구≫, 2(1), 2~13쪽.

서근우. 2011.「은행의 가계대출 급증: 행태론적 원인 분석」. ≪금융연구≫, 25(1), 99~128쪽.

성소미. 2001.『한국의 벤처: 평가와 전망』. 비봉출판사.

손동원·허원창·송상호·유홍성. 2006.『벤처정책의 성과평가 및 향후 방향』. 중소기업청 연구보고서.

손상호·윤재영·백인수. 1994.『주요국의 산업지원제도와 국내제도의 개편방향』. 산업연구원.

송영관. 2014.「경제특구정책 평가와 경제자유구역 활성화를 위한 정책제언」. ≪KDI Focus≫, 제47호.

송치웅·홍성범·장용석·김기주·서정화. 2013.『창의적인 연구개발을 위한 K-ARPA 시스템 구축방안』. 과학기술정책연구원.

송현호. 1992.『경제학방법론』. 비봉출판사

신동균. 2007.「외환위기 이후 소득분배 양극화의 추이, 원인 및 정책적 시사점」. ≪경제학연구≫, 55(4).

신장섭. 2014.『김우중과의 대화』. 북스코프.

신장섭·장하준. 2004.『주식회사 한국의 구조조정』. 창비.

유경준. 2012.「소득양극화 해소를 위하여」. ≪KDI FOCUS≫, 15호.

유규창. 2014.「한국기업의 임금체계: 직무급이 대안인가?」. ≪월간노동리뷰≫, 2월호, 37~54쪽.

유범상 외. 2012.「노사정위원회 활동평가 및 발전 방안에 관한 연구」. 노사정위원회.

은수미. 2012.「한국의 사내하도급: 현황과 대안」. ≪월간노동리뷰≫, 1월호, 85~94쪽.

이규성. 2006.『한국의 외환위기』. 박영사.

이규용. 2009.「외환위기와 현재의 일자리 정책 비교」. ≪노동리뷰≫, 4월호, 3~16쪽.

이근식. 1999.『자유주의 사회경제사상』. 한길사.

이덕로. 2004.「노동 유연성과 고용 안정」. ≪연세경영연구≫, 41(1), 255~283쪽.

이병훈. 2004.「구조조정기 노사분쟁의 사례비교연구: 현대자동차와 발전회사의 분규를 중심으로」. ≪勞動經濟論集≫, 27(1), 27~53쪽.

이병희. 2015.「노동소득분배율과 소득 불평등」. 이병희·강병구·성재민·홍민기.『경제적 불평등 실태와 정책대응』. 한국노동연구원.

이병희·황덕순·홍민기·오상봉·전병유·이상헌. 2014.「노동소득분배율과 경제적 불평등」.『한국노동연구원 연구보고서』, 2014-04.

이수일·이호준. 2012.「하도급거래의 공정성 제고를 위한 제도개선과제」.『KDI 정책연구시리즈』, 2012-09.
이장원. 2009.「일자리 나누기의 사례와 정책추진 방향」. ≪노동리뷰≫, 2월호, 50~58쪽.
이정우. 2007.「한국 부동산 문제의 진단 - 토지공개념 접근방법」. ≪응용경제≫, 9(2), 5~40쪽.
이정우. 2002.「한국의 경제발전 50년」. ≪경제학연구≫, 한국경제학회 창립 50주년 기념호, 351~409쪽.
이제민. 1983.「韓國의 經濟發展과 市場成果」. ≪經濟學硏究≫, 31, 39~56쪽.
이제민. 1999.「후발산업화의 역사적 유형과 한국의 경제발전」. ≪경제사학≫, 6월호, 71~94쪽.
이제민. 2003.「경제위기 전후의 기업 이윤과 부채」. ≪국제경제연구≫, 9(1), 21~54쪽.
이제민. 2006.「재벌체제, 노동조합과 기업부실」. ≪경제발전연구≫, 12(2), 53~70쪽.
이제민. 2007.「한국의 외환위기: 원인, 해결과정과 결과」. ≪경제발전연구≫, 13(2), 1~43쪽.
이제민. 2010.「기업 이윤율에 나타난 위기 후 구조조정의 성과: 재벌과 노동조합을 중심으로」. ≪국제경제연구≫, 16(1), 79~105쪽.
이제민. 2015a.「외환위기 전후 국제투자에 있어서의 순차손: 그 규모와 의미」. ≪경제학연구≫, 63(2), 66~110쪽.
이제민. 2015b.「준비자산의 투자수익률: 기타 국제투자수익률과의 비교 및 그 함의」. ≪한국경제학보≫, 22(1), 249~262쪽.
이제민. 2015c.「한국의 경제성장: 그 성공과 굴곡의 과정」.『한국의 경제발전 70년』한국학중앙연구원 출판부.
이제민·조준모. 2011.「노동조합이 기업 이윤율에 미치는 장기적 추세」. ≪한국경제학보≫, 18(1), 47~77쪽.
이종선. 2002.「한국 신자유주의적 구조개혁과 노동시장 변화: 유연화의 패러독스」. ≪한국사회학≫, 36(3), 25~45쪽.
이주호·김기완·홍성창. 2013.「국가연구개발체제의 진단」. 김기완·이주호(편).『국가연구개발체제 혁신방안 연구: 창조경제 구현을 위한 제언』. KDI.
이주호·김기완·홍성창. 2014.「고위험·고가치 연구 활성화를 위한 연구개발부문의 개혁의제」. ≪KDI FOCUS≫, 제49호.
이철수·유범상. 2000.「1987년의 노동법 개정과 노사관계 질서의 새로운 모색」.『한국의 노동법 개정과 노사관계: 87년 이후 노동법 개정사를 중심으로』. 한국노동연구원.
이헌창. 2016.『韓國經濟通史』, 제7판. 法文社.
임상훈·조성재·유범상·장홍근. 2002.『노사정위원회 활동평가 및 발전방안에 관한 연구』. 노사정위원회.
임진. 2012.「가계저축률 하락 추이와 정책과제」. ≪주간금융브리프≫, 21(50).

장지호. 2005. 「김대중 정부의 벤처기업 지원정책에 관한 고찰: 산업정책의 부활인가 혹은 '촉매적' 정부의 새로운 역할인가?」. 『한국행정학보』, 39(3), 21~41쪽.

장하성. 2014. 『한국 자본주의: 경제민주화를 넘어 정의로운 경제로』. 헤이북스.

재무부·한국산업은행. 1993. 『외자도입30년사』.

전병유. 2010. 「1997~98년 외환위기 시의 고용·실업 정책 평가」. 『경제위기와 고용』. 한국노동연구원.

전병유. 2016. 「유연안전성 담론과 전략에 대한 비판적 고찰」. ≪산업노동연구≫, 22(1), 1~35쪽.

전승철·윤성훈·이병창·이대기·이현영. 2005. 「투기성 외국자본의 문제점과 정책과제」. ≪금융경제연구≫, 213, 1~213쪽.

정균화. 2004. 「과다차입과 과잉투자가 우리나라 경제위기의 주범인가?」. ≪재무관리논총≫, 10(1), 73~105쪽.

정덕구. 2008. 『외환위기 징비록: 역사는 반복되는가』. 삼성경제연구소.

정성호. 2013. 「동아시아의 초저출산 추이와 전망」. ≪한국인구학≫, 36(2), 27~44쪽.

정승국·노광표·김혜진. 2014. 『직무급과 한국의 노동』. 한국노동연구원.

정연승. 2004. 「국내 문헌에 나타난 외환위기 원인에 대한 비판적 고찰」. ≪경제학연구≫, 52(3), 33~64쪽.

정이환. 2013. 『한국 고용체제론』. 후마니타스.

정진하. 2005. 「국내벤처기업의 성장요인 분석」. ≪한국개발연구≫, 27(1), 124~156쪽.

조성재. 2010. 「일자리 나누기인가, 고용 조정인가?: 유연성 인식에 대한 사용자의 인식과 선택을 중심으로」. ≪산업노동연구≫, 16(1), 1~30쪽.

조용길. 2004. 「국민계정에서의 소득 개념」. ≪국민계정≫, 제3호(No.18). 39~64쪽.

조준모·금재호. 2002. 「실업자의 재취업과 직장상실비용」. ≪경제학연구≫, 50권 1호, 20~241쪽.

조태형·김정훈·Paul Schreyer. 2012. 「1980~2010년중 우리나라 실질소득의 증가요인 분석」. ≪금융경제연구≫, 제480호, 1~37호.

조현대·정성철. 2001. 「산업·기업 구조조정과 연구개발 변화: 외환위기 이후를 중심으로」. ≪STEPI 정책연구≫, 12, 1~260쪽.

주상영. 2015. 「피케티 이론으로 본 한국의 분배 문제」. ≪경제발전연구≫, 2(1), 21~76쪽.

주상영·전수민. 2014. 「노동소득분배율의 측정: 한국에 적합한 대안의 모색」. ≪사회경제평론≫, 43, 31~65쪽.

주학중. 1979. 『한국의 소득분배와 결정요인 상권』. 한국개발연구원.

주학중. 1982. 『한국의 소득분배와 결정요인 하권』. 한국개발연구원.

지종화. 2004. 「벤처기업의 지대추구과정에 대한 연구: 김대중정부 시절의 5대벤처게이트 사건을 중심으로」. ≪한국행정학보≫, 38(3), 239~263쪽.
지주형. 2011.『한국 신자유주의의 기원과 형성』. 책세상.
차기벽. 2013.『민주주의의 이념과 역사』. 아로파.
최두열. 2006.「외환위기와 대기업군 연쇄부도의 원인: 기업금융 규제를 중심으로」. ≪한국경제연구≫, 16, 5~49쪽.
최상오. 2003.「이승만 정부의 경제정책과 공업화 전략」. ≪경제사학≫, 35호, 135~166쪽.
최수·배유진. 2011.「외국인의 토지소유 실태와 정책적 시사점」. ≪국토정책 Brief≫, 제320호, 1~8쪽.
최승노. 1996.『1996년 30대기업집단』. 한국경제연구원.
최영기. 2017.「비정규직의 현황과 노동시장 개혁과제」. 서울사회경제연구소 제24차 심포지엄 발표문(2.24).
최정표. 2009.「외환위기 직후의 재벌 개혁과 그 성과에 관한 연구」. ≪산업조직연구≫, 17(1), 45~66쪽.
최희갑. 2002.「외환위기와 소득분배의 양극화」. ≪국제경제연구≫, 8(2), 1~19쪽.
한국경제60년사 편찬위원회. 2010.『한국경제 60년사 I 경제일반』.
한국은행. 1997.『연차보고서 1996』.
한진희·신석하. 2007.「경제위기 이후 한국경제의 성장둔화에 대한 실증적 평가」. 한진희(편)『경제위기 이후 한국의 경제성장: 평가 및 시사점』. KDI 연구보고서 2007-05, 23~76쪽.
함준호. 2007.「외환위기 이후 10년: 금융시스템의 변화와 평가」. ≪경제학연구≫, 55(4). 401~445쪽.
홍민기. 2015.「자산과 재산소득의 현황」. 이병희 외.『경제적 불평등 실태와 정책대응』. 한국노동연구원.
홍기석. 2006.「우리나라와 여타 외환위기 경험국가들의 고정투자」. 신인석·한진희(편)『경제위기 이후 한국경제 구조변화의 분석과 정책방향』. KDI.
홍기석. 2007.「외환위기 이후 기업부문의 변화」. 외환위기 이후 10년: 전개과정과 전개에 대한 한국경제학회 학술세미나(6.11).
홍장표. 2013.「해외직접투자가 국내 기업투자에 미치는 효과 분석」. ≪경제발전연구≫, 19(1), 81~119쪽.
황수경. 2010.「글로벌 금융위기의 전개와 노동시장의 대응」. 황수경 외『경제위기와 고용』, 한국노동연구원.
황인학·최원락·김창배. 2014.『경제력집중 통계의 허와 실』. 한국경제연구원.

小宮隆太郎·奥野正寛·鈴村興太郎(編). 1984.『日本の 産業政策』. 東京大學出版會.

榊原英資. 2000.『日本と世界が震えた日ーサイバー資本主義の成立』. 東京: 中央公論新社.

Abdelal, Rawi. 2006. "Writing the Rules of Global Finance: France, Europe, and Capital Liberalization." *Review of International Political Economy*, 13(1), pp.1~27.

Acemoglu, Daron, and James A Robinson. 2005. *Economic Origins of Dictatorship and Democracy*. New York: Cambridge University Press.

Adelman, Irma. 1997. "Social Development in Korea, 1953-1993" in Dong-se Cha, Kwang Suk Kim and Dwight H. Perkins. *The Korean Economy 1945-1995: Performance and Vision for the 21st Century*. Seoul: Korea Development Institute.

Admati, Anat and Martin Hellwig. 2014. *The Bankers' New Clothes: What's Wrong with Banking and What to Do about It*. Princeton: Princeton University Press.

Aguiar, Mark and Gita Gopinath. 2005. "Fire-Sale Foreign Direct Investment and Liquidity Crisis." *Review of Economics and Statistics*, 87(3), August, pp.439~452.

Aiyar, Shekhar, Romain Duval, Damien Puy, Yiqun Wu, and Longmei Zhang. 2013. "Growth Slowdowns and the Middle-Income Trap." IMF Working Paper No.13~71.

Amsden, Alice H. 1989. *Asia's Next Giant: South Korea and Late Industrialization*. New York: Oxford University Press.

Amsden, Alice H. and Takashi Hikino. 1994. "Project Execution Capability, Organizational Know-How and Conglomerate Growth in Late Industrialization." *Industrial and Corporate Change*, vol.3, pp.111~148.

Amsden, Alice H. and Ajit Singh. 1994. "The Optimal Degree of Competition and Dynamic Efficiency in Japan and Korea." *European Economic Review*, 38, pp.941~951.

Auer, Peter. 2010. "What's in a Name? The Rise (and Fall?) of Flexicurity." *Journal of Industrial Relations*, 52(3), pp.371~386.

Balli, Faruk, Sebnem Kalemli-Ozca and Bent E. Sorensen. 2012. "Risk Sharing through Capital Gains." *Canadian Journal of Economics*, 45(2), pp.472~492.

Barro, Robert J. 1991. "Economic Growth in a Cross Section of Countries." *Quarterly Journal of Economics*, 106(2), pp.407~443.

Becker, Brian. 1995. "Union Rents as a Source of Takeover Gains among Target Shareholders." *Industrial and Labor Relations Review*, 49(1), October, pp.3~19.

Bekaert, Geert, Campbell R. Harvey and Christian Rundblad. 2011. "Financial Openness and Productivity." *World Development*, 39(1), pp.1~19.

Bell, Clive. 1989. "Development Economics." *The New Palgrave: A Dictionary of*

Economics I. London: Macmillan, pp.819~826.

Benhabib, Jess and Aldo Rustichini. 1996. "Social Conflict and Growth." *Journal of Economic Growth*, 1(1), pp.125~142.

Berg, Andrew, Jonathan D. Ostry and Jeromin Zettelmeyer. 2012. "What Makes Growth Sustained?" *Journal of Development Economics*, 98(2), pp.149~166.

Bhagwati, Jagdish N. 1998. "The Capital Myth: The Difference between Trade in Widgets and Dollars." *Foreign Affairs*, May/June, 77(3), pp.7~12.

Bhagwati, Jagdish N. 2004. *In defense of Globalization*. New York: Oxford University Press.

Bhagwati, Jagdish N. and Douglas A. Irwin. 1987. "The Return of the Reciprocitarians-US Trade Policy Today." *The World Economy*, 10(2), pp.109~130.

Bhagwati, Jagdish N. and Arbind Panarariya. 2013. *Why Growth Matters*. New York: Public Affairs.

Blaug, Mark. 1996. *Economic Theory in Retrospect*. Cambridge: Cambridge University Press.

Blustein, Paul. 2001. *The Chastening*. New York: Public Affairs.

Bracke, Thierry and Martin Schmitz. 2011. "Channels of International Risk-Sharing: Capital Gains versus Income Flows." *International Economics and Economic Policy*, 8, pp.45~78.

Brock, William A. and Steven N. Durlauf. 2001. "What Have We Learned from a Decade of Empirical Research on Growth? Growth Empirics and Reality" *World Bank Economic Review*, 15 (2), pp.229~272.

Burnside, Craig, Martin Eichenbaum and Sergio Rebelo. 2001. "Prospective Deficits and the Asian Currency Crisis." *Journal of Political Economy*, 109, pp.1155~1197.

Burroni, Luigi and Maarten Keune. 2011. "Flexicurity: A Conceptual Critique." *European Journal of Industrial Relations*, 17(1), pp.75~91.

Cameron, Rondo and Larry Neal. 2003. *A Concise Economic History of the World*, Fourth Edition. Oxford: Oxford University Press.

Chenery, Hollis, Moises Syrquin and Hazel Elkington. 1975. *Patterns of Development, 1950-1970(A World Bank Research Publication)*. Oxford: Oxford University Press.

Cho, Dongchul. 2004. "The Monetary Policy Response to the Crisis." in Duck-Koo Chung and Barry Eichengreen(eds.). *The Korean Economy Beyond the Crisis*, Cheltenham. UK: Edward Elgar, pp.89~112.

Cho, Joonmo. 2012. "Institutional Insecurity and Dissipation of Economic Efficiency from the Labor Market Flexibility in the Korean Labor Market." in Joonmo Cho, Richard B. Freeman, Jaeho Keum, Sunwoong Kim(eds.). *The Korean Labor Market after the 1997 Economic Crisis*. London: Routledge.

Cho, Yoon Je. 2003. "The Political Economy of Financial Liberalization and the Crisis in South Korea." in Chung H. Lee(ed.). *Financial Liberalization and the Economic Crisis in Asia*. London: Routledge.

Cho, Yoon Je and Joon Kyung Kim. 1997. "Credit Policies and the Industrialization of Korea." Mimeographed, Korea Development Institute.

Cho, Yoon Je and Changyong Rhee. 1999. "Macroeconomic Adjustments of the East Asian Economies after the Crisis: A Comparative Study." *Seoul Journal of Economics*, 12(4), pp.349~389.

Choi, Young-Ki and Dae Il Kim. 2004. "Changes in the Labor Markets and Industrial Relations" in Duck-Koo Chung and Barry J. Eichengreen(eds.). *The Korean Economy beyond the Crisis*. Cheltenham, UK: Edward Elgar.

Chung, Duck-Koo and Barry J. Eichengreen(eds.). 2004. *The Korean Economy beyond the Crisis*. Cheltenham, UK: Edward Elgar.

Chung, Kyuil and Seungwon Kim. 2012. "Capital Inflows and Policy Responses: Lessons from Korea's Experience" In Jacob Braude, Zvi Eckstein, Stanley Fisher, Karnit Flug(eds.), *The Great Recession: Lessons for Central Bankers*. MIT Press, Chapter 5.

Chung, Un-Chan. 2000. "The East Asian Economic Crisis: What Is and What Ought To Be Done." ≪금융학회지≫, 5(2) 별호, 101~15쪽.

Chung, Un-Chan. 2004. "The Korean Economy before and after the Crisis." in Duck-Koo Chung, and Barry J. Eichengreen(eds.). *The Korean Economy Beyond the Crisis*. Cheltenham, UK: Edward Elgar, pp.25~47.

Claessens, Stijn and Dongsoo Kang. 2007. "Corporate Sector Restructuring in Korea: Status and Challenges." a paper for IMF-KIEP Conference on Ten Years after the Korean Crisis, September 20-21, Seoul.

Corden, W. Max. 1974. *Trade Policy and Economic Welfare*. Oxford: Oxford University Press.

Corsetti, Giancarlo and Bartosz Mackowiak. 2005. "Fiscal Imbalances and the Dynamics of Currency Crisis." *European Economic Review*, 50(5), pp.1317~1338.

Crotty, James and Kang-Kook Lee. 2001. "Economic Performance in Post-Crisis South

Korea, A Critical Perspective on Neoliberal Restructuring." *Seoul Journal of Economics*, 14(2), pp.183~242.

Crotty, James and Kang-Kook Lee. 2005. "From East Asian 'Miracle' to Neoliberal 'Mediocrity': The Effects of Liberalization and Financial Opening on the Post-crisis Korean Economy." *Global Economic Review: Perspectives on East Asian Economies and Industries*, 34(4), pp.415~434.

Cumings, Bruce. 1987. "The Origins and Development of the Northeast Asian Political Economy: Industrial Sectors, Product Cycles, and Political Consequences." in Frederic C. Deyo(ed.). *The Political Economy of the New Asian Industrialism*. Ithaca: Cornell University Press.

Cumings, Bruce. 1999. "The Asian Crisis, Democracy, and the End of 'Late' Development." in T. J. Pempel(ed.). *The Politics of Asian Economic Crisis*. Ithaca: Cornell University Press.

Dabla-Norris, Era, Kalpana Kochhar, Nujin Suphaphiphat, Frantisek Ricka, Evridiki Tsounta. 2015. "Causes and Consequences of Income Inequality: A Global Perspective." IMF Staff Discussion Note.

Michael P., Dooley, David Folkerts-Landau and Peter Garber. 2003. "An Essay on the Revived Bretton Woods System." NBER Working Paper No.9971.

Dooley, Michaeel and Inseok Shin. 2000. "Private Inflows When Crisis Are Anticipated: A Case Study of Korea." in Inseok Shin(ed.). *The Korean Crisis: Before and After*. Seoul: Korea Development Institute.

Dore, Ronald. 2008. "The Financialization of the Global Economy." *Industrial and Corporate Change*, 17(6), pp.1097~1112.

Dornbusch, Rudiger and Sebastian Edwards. 1990. "Macroeconomic Populism." *Journal of Development* Economics, 32(2), pp.247~277.

Dunaway, Steven. 2009. "Global Imbalances and the Financial Crisis." Council Special Report, 44. Council on Foreign Relations Press.

Easterly, William. 2006. *The White Man's Burden: Why the West's Efforts to Aid the Rest Have Done So Much Ill and So Little Good*. New York: The Penguin Press.

Easterly, William and Ross Levine. 2001. "It's Not Factor Accumulation: Stylized Facts and Growth Models." *World Bank Economic Review*, 15(2), pp.177~219.

Eatwell, John and Lance Taylor. 2000. *Global Finance at Risk: the Case for International Regulation*. New York: The New Press.

Eckert, Carter j., Ki-Baik Lee, Young Ick Lew, Michael Robinson, Edward W. Wagner. 1990. *Korea Old and New A History*. Cambridge: Harvard University Press.

Eggertsson, Gauti B. and Paul Krugman. 2012. "Debt, Deleveraging, and the Liquidity Trap: a Fisher-Minsky-Koo Approach." *The Quarterly Journal of Economics*. pp.1469~1513.

Eichengreen Barry. 1999. *Towards a New International Financial Architecture: A Practical Post-Asia Agenda*. Washington, D.C.: Institute for International Economics.

Eichengreen, Barry, Donghyun Park and Kwanho Shin. 2012. "When Fast-Growing Economies Slow Down: International Evidence and Implications for China." *Asian Economic Papers*, 11(1), pp.42~87.

Eichengreen, Barry, Donghyun Park and Kwanho Shin. 2013. "Growth Slowdowns Redux: New Evidence on the Middle-income Trap." NBER Working Paper No.18673.

Eichengreen, Barry, Dwight H. Perkins and Kwanho Shin. 2012. *From Miracle to Maturity: The Growth of the Korean Economy*. Cambridge: Harvard University Press.

European Commission. 2013. *Flexicurity in Europe*, Administrative Agreement. Final Report.

Esteban, Joan-Maria and Debraj Ray. 1994. "On the Measurement of Polarization." *Econometrica*, 62(4), pp.819~851.

Fei, john C. H. and Gustav Ranis. 1961. "A Theory of Economic Development." *American Economic Review*, 51(4), pp.533~565.

Feldstein, Martin. 1981. *American Economy in Transition*. Chicago: University of Chicago Press.

Feldstein, Martin. 1998. "Refocusing the IMF." Foreign Affairs, Mar/Apr, 7, pp.20~33.

Felipe, Jesus. 2012. "Tracking the Middle-Income Trap: What Is It, Who Is in It, and Why? Part 2." ADB Economics Working Paper Series No.307.

Fields, Gary S. 1994. "Changing Labor Market Conditions and Economic Development in Hong Kong, the Republic of Korea, Singapore, and Taiwan, China." *World Bank Economic Review*, 8(3), pp.395~414.

Fields, Gary S. and Gyeongjoon Yoo. 2000. "Falling Labor Income Inequlaity in Korea's Economic Growth: Patterns and Underlying Causes." *Review of Income and Wealth*, 46(2), June, pp.139~159.

Fisher, Stanley. 1998. "In Defence of the IMF." *Foreign Affairs*, July/Aug, 7, pp.103~106.

Frankel, Jeffrey A. and Andrew K. Rose. 1996. "Currency Crashes in Emerging Markets: An

Empirical Treatment." *Journal of International Economics*, 41(3,4), pp.351~366.

Freeman, Richard B. 2008. "The New Global Labor Market." *Focus*, 26(1). University of Wisconsin-Madison Institute for Research on Poverty.

Freeman, Richard B. and James Medoff, J. 1984. *What Do Unions Do?* New York: Basic Books.

Freeman, Richard B. and Morris M. Kleiner. 1999. "Do Unions Make Enterprises Insolvent?" *Industrial and Labor Relations Review*, 52(4), pp.510~527.

Freeman, Richard B. and Sunwoong Kim. 2012. "Introduction." in Joonmo Cho, Richard B. Freeman, Jaeho Keum, Sunwoong Kim(eds.). *The Korean Labor Market after the 1997 Economic Crisis*. London: Routledge.

Fukuyama, Francis. 1992. *The End of History and the Last Man*. New York: Penguin.

Gallagher, John and Ronald Robinson. 1953. "The Imperialism of Free Trade." *The Economic History Review*, 6(1), pp.1~15.

Gerschenkron, Alexander. 1962. *Economic Backwardness in Historical Perspective*. Cambridge: Harvard University Press.

Gourinchas, Pierre-Olivier and Hélène Rey. 2013. "External Adjustment, Global Imbalances and Valuation Effects." NBER Working Paper.

Guzmán, Ricardo A. and Michael C. Munger. 2014. "Euvoluntariness and Just Market Exchange: Moral Dilemmas from Locke's Venditio." *Public Choice*, 158, pp.39~49.

Hadley, Eleanor. 1970. *Antitrust in Japan*. Princeton: Princeton University Press.

Hahm, Joon-Ho and Frederic S. Mishkin. 2000. "Causes of the Korean Financial Crisis: Lessons for Policy." in Inseok Shin(ed.) *The Korean Crisis: Before and After*. Seoul: Korea Development Institute.

Harvey, David. 2005. *A Brief History of Neoliberalism*. Oxford: Oxford University Press.

Hausmann, Ricardo, Lant Pritchett and Dani Rodrik. 2005. "Growth Accelerations." *Journal of Economic Growth*, 10(4), pp.303~329.

Hayo, Bernd and Doh Chull Shin. 2002. "Popular Reaction to the Intervention by the IMF in the Korean Economic Crisis." *Policy Reform*, 5(2), pp.89~100.

Helleiner, Eric. 1994. *States and the Reemergence of Global Finance*. Ithaca: Cornell University Press.

Helleiner, Eric. 2010. "A Bretton Woods Moment? The 2007-2008 Crisis and the Future of Global Finance" *International Affairs*, 86(3), pp.619~636.

Heyes, Jason. 2013. "Flexicurity, Employment Protection and the Jobs Crisis." *Work, employment and society*, 25(4), pp.642~657.

Heyes, Jason. 2013. "Flexicurity in Crisis: European Labour Market Policies in a Time of Austerity." *European Journal of Industrial Relations*, 19(1), pp.71~86.

Higgott, Richard. 1998. "The Asian Economic Crisis: A Study in the Politics of Resentment." *New Political Economy*, 3(3), pp.333~356.

Hirchman, Albert O. 1991. *The Rhetoric of Reaction: Perversity, Futility, Jeopardy*. Belknap Press.

Hodgson, Geoffrey M. 2001. *How Economics Forgot History. The Problem of Historical Specificity in Social Science*. London: Routledge.

Hong, Wontack. 1976. *Factor Supply and Factor Intensity of Trade in Korea*. Seoul: Korea Development Institute.

Horioka, Charles Yuji. 1990. "Why Is Japan's Household Saving Rate So High? A Literature Survey" *Journal of the Japanese and International Economies*, 4, pp.49~92.

Hudec, Robert E. 1987. *Developing Countries in the GATT Legal System*. Brookfield: Gower Publishing Company.

ILO, IMF, OECD and World Bank. 2015. *Income Inequality and Labour Income Share in G20 Countries: Trends, Impacts and Causes*. Prepared for the G20 Labour and Employment Ministers Meeting and Joint Meeting with the G20 Finance Ministers, Ankara, Turkey, 3-4 September.

Im, Fernando Gabriel and David Rosenblatt. 2013. "Middle-income Traps: a Conceptual and Empirical survey." The World Bank Policy Research Working Paper No.6594.

Ito, Takatoshi. 1992. *The Japanese Economy*. Cambridge: The MIT Press.

Jankowska, Anna, Arne J. Nagengast and José Ramón Perea. 2012. "The Product Space and the Middle-Income Trap: Comparing Asian and Latin American Experiences." OECD Development Centre Working Papers No.311.

Joh, Sung Wook. 2003. "Corporate Governance and Firm Profitability: Evidence from Korea before the Economic Crisis." *Journal of Financial Economics*, 68(2), pp.287~322.

Joh, Sung Wook. 2004. "Corporate Restructuring." in Duck-Koo Chung and Barry J. Eichengreen(eds.). *The Korean Economy beyond the Crisis*. Cheltenham, UK: Edward Elgar.

Jones, Eric L. 1987. *The European Miracle: Environments, Economies and Geopolitics in the History of Europe and Asia*. Cambridge: Cambridge University Press.

Jones, Leroy P. and Sakong, Il. 1980. *Government, Business, and Entrepreneurship in*

Economic Development: The Korean case. Cambridge: Harvard University Press.

Johnson, Chalmers. 2005. *The Sorrows of Empire: Militarism, Secrecy, and the End of the Republic*. New York: Metropolitan Books.

Johnson, Simon. 2009. "The Quiet Coup." The Atlantic Online, May (http://www.theatlantic.com/doc/print/200905/imf-advice).

Kaminsky, Graciela L and Carmen M. Reinhart. 2001. "Bank Lending and Contagion: Evidence from the Asian Crisis." in Takatoshi Ito and Anne O. Krueger(eds.). *Regional and Global Capital Flows: Macroeconomic Causes*. Chicago: University of Chicago Press, pp.73~99.

Kapur, Devesh. 1998. "The IMF: A Cure or a Curse?" *Foreign Policy*, 111, pp.114~129.

Karabarbounis, Loucas and Brent Neiman. 2014. "The Global Decline of the Labor Share." *The Quarterly Journal of Economics*, 279(1), pp.61~103.

Kawai, Masahiro. 2005. "East Asian Economic Regionalism: Progress and Challenges." *Journal of Asian Economics*, 16, pp.29~55.

Keesing, Donald B. 1967. "Outward-looking Policies and Economic Development." *Economic Journal*, 77(306), pp.303~320.

Keum, Jae-Ho. 2012. "Historical Background before and after the Financial Crisis." Joonmo Cho, Richard B. Freeman, Jaeho Keum, Sunwoong Kim(eds.). *The Korean Labor Market after the 1997 Economic Crisis*. London: Routledge.

Kim, Dae-Jung. 1985. *Mass Participatory Economy: A Democratic Alternative for South Korea*. Cambridge: Center for International Affairs, Harvard University.

Kim, Hicheon et al. 2004. "The Evolution and Restructuring of Diversified Business Groups in Emerging Markets: The Lessons from Chaebols in Korea." *Asia Pacific Journal of Management*, 21, pp.25~48.

Kim, Kwang Suk and Joon-Kyung Kim. 1997. "Korean Economic Development: An Overview." in Dong-se Cha, Kwang Suk Kim, and Dwight H. Perkins(eds.). *The Korean Economy 1945-1995: Performance and Vision for the 21st Century*. Seoul: Korea Development Institute.

Kim, Kwang Suk and Michael Romer. 1979. *Growth and Structural Transformation*. Cambridge: Harvard University Press.

Kim, Linsu. 1997. *Imitation to Innovation: The Dynamics of Korea's Technological Learning*. Boston: Harvard Business School Press.

Kim, Linsu and So-Mi Seong. 1997. "Science and Technology: Public Policy and Private

Strategy." in Dong-se Cha, Kwang Suk Kim and Dwight H. Perkins(eds.). *The Korean Economy 1945-1995: Performance and Vision for the 21st Century*. Seoul: Korea Development Institute.

Kindleberger, Charles. 1973. *The World in Depression 1929-1939*. University of California Press.

King, Michael R. 2001. "Who Triggered the Asian Financial Crisis?" *Review of International Political Economy*, 8(3), pp.438~466.

Klasing, Mariko, Petros Milionis and Robert Zymek. 2014. "Trade Theory and Trade Growth Since 1870." Mimeographed, University of Groningen.

Koh, Youngsun. 2010. "The Growth of Korean Economy and the Role of Government." in Il Sakong and Youngsun Koh(eds.). *The Korean Economy: Six Decades of Growth and Development*. Seoul: The Committee for the Sixty-Year History of the Korean Economy.

Konings, Martijn. 2008. "The Institutional Foundations of US Structural Power in International Finance: From the Re-emergence of Global Finance to the Monetarist Turn." *Review of International Political Economy*, 15(1), pp.35~61.

Kose, M Ayhan, Eswar Prasad, Kenneth Rogoff and Shang-Jin Wei. "Financial Globalization: A Reappraisal." *IMF Staff Papers*, 56(1), pp.8~62.

Krueger, Anne O. 1997. "Korean Industry and Trade in Fifty Years." in Dong-se Cha, Kwang Suk Kim and Dwight H. Perkins(eds.). *The Korean Economy 1945-1995: Performance and Vision for the 21st Century*. Seoul: Korea Development Institute.

Krueger, Anne O. 1997. "Trade Policy and Economic Development." *American Economic Review*, 87(1), pp.1~22.

Krueger, Anne O. and Jungho Yoo. 2001. "Falling Profitability, Higher Borrowing Costs, and Cahebol Finance." a paper presented in the Conference on the Korean Crisis and Recovery, May 17-19, Seoul.

Krugman, Paul. 1994. "The Myth of Asia's Miracle." *Foreign Affairs*, 73, November-December, pp.62~78.

Krugman, Paul. 2008. *The Return of Depression Economics and the Crisis of 2008*, New York: W. W. Norton.

Krugman, Paul. 2009. *The Conscience of a Liberal*. New York: W. W. Norton.

Kuhn, Peter. 1998. "Unions and the Economy: What We Know; What We Should Know." *The Canadian Journal of Economics*, 31(5), pp.1033~1056.

Landes, David S. 1998. T*he Wealth and Poverty of Nations*. New York: W. W. Norton.

Lane, Philip R. and Gian Maria Milesi-Ferretti. 2007. "The External Wealth of Nations Mark II: Revised and Extended Estimates of Foreign Assets and Liabilities, 1970-2004." *Journal of International Economics*, 73, pp.223~250.

Lee, Jaymin. 1997. "The Maturation and Growth of Infant Industries: the Case of Korea." *World Development*, 25(8), pp.1271~1281.

Lee, Jaymin. 2011. "The Performance of Industrial Policy: Evidence from Korea." *International Economic Journal*, 25(1), pp.1~28.

Lee, Jaymin. 2012. "Labor Unions and Firm Profitability under Different Political and Economic Environments: Evidence from Korea." *International Economic Journal*, 26(4), pp.727~747.

Lee, Jaymin. 2014. "Chaebol, Unions and Profitability of Korean Firms before and after the Crisis." *Managerial and Decision Economics*, 35(3), April, pp.199~215.

Lee, Yongwook. 2006. "Japan and the Asian Monetary Fund: An Identity-Intention Approach." *International Studies Quarterly*, 50, pp.339~366.

Lee, Young, Changyong Rhee and Taeyoon Sung. 2006. "Fiscal Policy in Korea: Before and after the Financial Crisis." *International Tax and Public Finance*, 13, pp.509~531.

Lerner, Josh. 1999. "The Government as Venture Capitalist: The Long-Run Impact of the SBIR Program." *The Journal of Business*, July.

Lewis, W. Arthur. 1954. "Economic Development with Unlimited Supplies of Labour." *The Manchester School*, 22(2), pp.139~191.

Lim, Wonhyuk and Joon-Ho Hahm. 2006. "Turning a Crisis into an Opportunity: the Political Economy of Korea's Financial Sector Reform." Mimeographed, Shorenstein Asia-Pacific Research Center.

Lindauer, David L. 1997. "Labor Market Outcomes: An Overview." in David L. Lindauer, Jong-Gie Kim, Joung-Woo Lee, Hy-Sop Lim, Jaeyoung Son, Ezra F. Vogel . *The Strains of Economic Growth: Labor Unrest and Social Dissatisfaction in Korea*. Cambridge: Harvard University Press.

Lipscy, Phillip Y. 2003. "Japan's Asian Monetary Fund Proposal." *Stanford Journal of East Asian Affairs*, 3(1), Spring, pp.93~104.

Lipset, Seymour Martin. 1959. "Some Social Requisite of Democracy: Economic Development and Political Legitimacy." *American Political Science Review*, 53, pp.69~105.

Maddison, Angus. 1982. *Phases of Capitalist Development*. Oxford: Oxford University

Press.

Magnusson, Lars. 1994. *Mercantilism: The Shaping of an Economic Language*. New York: Routledge.

Mansfield, Edwin, John Rapoport, Anthony Romeo, Samuel Wagner and George Beardsley. 1977. "Social and Private Rates of Return from Industrial Innovation." *Quarterly Journal of Economics*, 91(2), pp.221~240.

Marglin, Stephen and Juliet B. Schor. 1992. *Golden Age of Capitalism: Reinterpreting the Postwar Experience*. Oxford: Clarendon Press.

Mason, Edward S. 1980. *The Economic and Social modernization of the Republic of Korea*. Cambridge: Harvard University Press.

Mishkin, Frederic. 2009. "Why We Shouldn't Turn Our Backs on Financial Globalization." *IMF Staff Papers*, 56(1), pp.139~170.

Mo, Jongrin and Barry R. Weingast. 2013. *Korean Political and Economic Development: Crisis, Security, and Institutional Rebalancing*. Cambridge: Harvard University Press.

Morris, Ian. 2011. *Why the West Rules - for Now: The Patterns of History, and What They Reveal about the Future*. New York: Straus and Giroux.

Munger, Michael C. 2011. "Euvoluntary or Not, Exchange Is Just." *Social Philosophy and Policy* 28(2), pp.192~211.

Murphy, Kevin M., Andrei Shleifer and Robert W. Vishny. 1989. "Industrialization and the Big Push." *Journal of Political Economy*, 97, pp.1003~1026.

Murray, Gordon. 2007. "Venture Capital and Government policy." in Hans Landström(ed.). *Handbook of Research on Venture Capital*. Northampton, MA: Edward Elgar.

Myers, Stewart, and Nicholas S. Majluf. 1984. "Corporate Financing and Investment Decisions When Firms Have Information That Investors Do Not Have." *Journal of Financial Economics*, 13(2), pp.187~221.

Nam, Sang-Woo. 1984. "Korea's Stabilization Efforts since the Late 1970s." KDI Working Paper 8405.

Obstfeld, Maurice. 2009. "International Finance and Growth in Developing Countries: What Have We Learned?" *IMF Staff Papers*, 56(1), pp.63~111.

Obstfeld, Maurice. 2012. "Does the Current Account Still Matter? *American Economic Review*, 102(3), pp.1~23.

Obstfeld, Maurice and Kenneth Rogoff. 2009. "Global Imbalances and the Financial Crisis: Products of Common Causes." Discussion Paper No.7606, Centre for Economic Policy

Research.

Ocampo, José Antonio, Shari Spiegel and Joseph E. Stiglitz. 2008. "Capital Market Liberalization and Development." in José Antonio Ocampo, Shari Spiegel and Joseph E. Stiglitz(eds.). *Capital Market Liberalization and Development*. New York: Oxford University Press.

OECD. 2004. *Promoting Entrepreneurship and Innovative SMEs in a Global Economy*. 2nd OECD Ministerial Conference on SMEs, June.

Olson, Mancur. 1982. *The Rise and Decline of Nations: Economic Growth, Stagflation, and Social Rigidities*. New Haven, Yale University Press.

Ostry, Jonathan D., Atish R Ghosh, Marcos Chamon and Mahvash S Qureshi. 2011. "Capital Controls: When and Why?" *IMF Economic Review*, 59(3), pp.562~580.

Paus, Eva. 2012. "Confronting the Middle Income Trap: Insights From Small Latecomers." *Studies in comparative international development*, 47, pp.115~138.

Peacock, Alan T. and Hans Willgerodt. 1989. *German Neo-Liberals and the Social Market Economy*. Macmillan for the Trade Policy Research Centre.

Perkins, Dwight H., Steven Radelet, David L. Lindauer and Steven A. Block. 2012. *Economics of Development, Seventh Edition*. New York: W. W. Norton and Company.

Perkins, John. 2005. *Confessions of an Economic Hit Man*. Oakland: Berrett-Koehler Publishers.

Piketty, Thomas. 2014. *Capital in the Twenty-First Century*. translated by Arthur Goldhammer. London: Belknap Press.

Prichett, Lant and Lawrence H. Summers. 2014. "Asiaphoria Meets Regression to the Mean." NBER Working Paper No.20573.

Pyo, Hak K. 1992. "A Synthetic Estimate of National Wealth of Korea, 1953-1990." KDI Working Paper No.9212.

Radelet, Stephen and Jeffrey Sachs. 1998. "The East Asian Financial Crisis: Diagonosis, Remedies, Prospects." *Brookings Papers on Economic Activity*, 1, pp.1~90.

Rajan, Raghuram G. 2010. *Fault Lines: How Hidden Fractures Still Threaten the World Economy*. Princeton University Press.

Rajan, Raghuram G. and Luigi Zingales. 2003. *Saving Capitalism from the Capitalists*. New York: Crown Business.

Riordan, Michael H. and Oliver E. Williamson. 1985. "Asset Specificity and Economic

Organization." *International Journal of Industrial Organization*, 3, pp.365~378.

Robertson, Justin. 2007. "Reconsidering American Interests in Emerging Market Crises: An Unanticipated Outcome to the Asian Financial Crisis." *Review of International Political Economy*, 14(2), pp.276~305.

Rodrik, Dani. 1995. "Getting Interventions Right: How South Korea and Taiwan Grew Rich." *Economic Policy*, 10(20), pp.53~107.

Rodrik, Dani. 1999. "Where Did All the Growth Go? External Shocks, Social Conflict, and Growth Collapses." *Journal of Economic Growth*, 4(4), pp.385~412.

Rodrik, Dani. 2006. "The Social Cost of Foreign Exchange Reserves." *International Economic Journal*, 20(3), September, pp.253~266.

Rodrik, Dani. 2007. *One Economics, Many Recipes: Globalization, Institutions, and Economic Growth*. Princeton: Princeton University Press.

Rodrik, Dani. 2012. "Why We Learn Nothing from Regressing Economic Growth on Policies." *Seoul Journal of Economics*, 25(2), pp.137~151.

Rodrik, Dani and Arvind Subramanian. 2009. "Why Did Financial Globalization Disappoint?" *IMF Staff Papers*, 56(1), pp.112~138.

Roubini, Nouriel and Brad Setser. 2004. *Bailouts or Bail-Ins?* Washington, D.C.: Institute for International Economics.

Sakong, Il. 1993. *Korea in the World Economy*. Washington, D.C.: Institute for International Economics.

Sakong, Il and Youngsun Koh(eds.). 2010. *The Korean Economy: Six Decades of Growth and Development*. Seoul: The Committee for the Sixty-Year History of the Korean Economy.

Schmoller, Gustav von. 1910. *The Mercantile System and Its Historical Significance*. New York: Macmillan

Schwartzt, Ivo E. 1957. "Antitrust Legislation and Policy in Germany-A Comparative Study." *University of Pennsylvania Law Review*, 105(5), pp.618~690.

Seim, Anna Larsson and Stephen L. Parente. 2013. "Democracy as a Middle Ground: A Unified Theory of Development and Political Regimes." *European Economic Review*, 64, pp.35~56.

Sen, Amartya. 2001. *Development as Freedom*, Oxford: Oxford Paperback.

Shin, Jang-Sup and Ha-Joon Chang. 2003. *Restructuring Korea Incorporated*. London: Routlege Curzon.

Shin, Jang-Sup. 2014. *The Global Financial Crisis and the Korean Economy*. Milton Park: Routledge.

Smith, Thomas C. 1955. *Political Change and Industrial Development in Japan: Government Enterprise, 1868-1880*. Stanford: Stanford University Press.

Solow, Robert M. 1956. "A Contribution to the Theory of Economic Growth." *Quarterly Journal of Economics*, 70(1), pp.65~94.

Steil, Benn and Robert Lithan. 2006. *Financial Statecraft*. New Haven: Yale University Press.

Stiglitz, Joseph E. 1996. "Some Lessons from the East Asian Miracle." *World Bank Research Observer*, 11(2), pp.151~177.

Stiglitz, Joseph E. 2001. "From Miracle to Crisis to Recovery: Lessons from Four Decades of East Asian Experience." in Joseph Stiglitz and Shahid Yusuf(eds.). *Rethinking East Asia Miracle*. Oxford: Oxford University Press.

Stiglitz, Joseph E. 2002. *Globalization and Its Discontents*. New York: W. W. Norton and Company.

Stiglitz, Joseph E. 2006. *Making Globalization Work*. New York: W. W. Norton and Company.

Stiglitz, Joseph. 2010. *Freefall: America, Free Markets, and the Sinking of the World Economy*. New York: W. W. Norton and Company.

Stiglitz, Joseph E. 2012. *The Price of Inequality: How Today's Divided Society Endangers Our Future*. New York: W. W. Norton & Company.

Stiglitz, J. E. and Andrew Weiss. 1981. "Credit Rationing in Markets with Incomplete Information." *American Economic Review*, 71(3), pp.393~410.

Studwell, Joe. 2013. *How Asia Works*. New York: Grove Press.

Sylla, Richard and Gianni Toniolo(eds.). 1992. *Patterns of European Industrialisation: The Nineteenth Century*. London: Routledge.

Tsuru, Shigeto. 1996. *Japan's Capitalism: Creative Defeat and Beyond*. Cambridge: Cambridge University Press.

Wade, Robert. 1990. *Governing the Market: Economic Theory and the Role of Government in East Asian Industrialization*. Princeton: Princeton University Press.

Wade, Robert. 1998. "The Asian Debt-and-Development Crisis of 1997-? Causes and Consequences." *World Development*, 26(9), pp.1535~1553.

Wade, Robert and Frank Veneroso. 1998. "The Asian Crisis: The High Debt Model Versus the Wall Street-Treasury-IMF Complex." *New Left Review*, March-April.

Wang, Yunjong. 2001. "Does the Sequencing Really Matter?: The Korean Experience in Capital Market Liberalization." *The Journal of Korean Economy*, 2(1), Spring, pp.35~67.

Weisbrot, Mark. 2016. "The IMF's Lost Influence in the 21st Century and Its Implications." *Challenge*, 59(4), pp.345~360.

Westphal, Larry E. 1990. "Industrial Policy in an Export Propelled Economy: Lessons from South Korea's Experience." *The Journal of Economic Perspectives*, Vol.4, No.3(Summer), pp.pp.41~59.

Willet, Thomas, et al. 2004. "The Falsification of Four Popular Hypotheses about the Asian Crisis." *The World Economy*, 17(1), pp.25~44.

Wolf, Martin C. 2004. *Why Globalization Works*. Yale University Press.

Wolfson, Martin C. 1994. "When Inequalities Diverge." *American Economic Review*, 84(2), pp.353~358.

Wong, Christine. 2011. "The Fiscal Stimulus Programme and Public Governance Issues in China." *OECD Journal on Budgeting*, 3, pp.1~21.

Woo, Jung-en. 1991. *Race to the swift: State and Finance in Korean industrialization*. New York: Columbia University Press.

World Bank. 1993. *The East Asian Miracle: Economic Growth and Public Policy*. Oxford: Oxford University Press.

Wray, L. Randall. 2009. "The Rise and Fall of Money Manager Capitalism: a Minskian Approach." *Cambridge Journal of Economics*, 33, pp.807~828.

Wray, L. Randall. 2011. "Minsky's Money Manager Capitalism and the Global Financial Crisis." Working paper, Levy Economics Institute, No.661.

Yang, Junsok. 2004. "Public Sector Reforms." in Charles Harvie, Hyun-Hoon Lee and Junggun Oh(eds.). *The Korean Economy: Post Crisis Policies, Issues and Prospects*. Cheltenham: Edward Elgar.

Young, Alwyn. 1995. "The Tyranny of Numbers: Confronting the Statistical Realities of the East Asian Growth Experience." *Quarterly Journal of Economics*, August, 110(3), pp.641~680.

찾아보기

✤인명

[ㄱ]
간디, 인디라 33
강경식 105, 125, 127, 313
강만수 146, 297
갤로거, 존 410
거셴크론, 알렉산더 40
그람시, 안토니오 414
김기환 132, 153
김낙년 322
김대중 153, 155, 195, 197, 340, 395
김동석 185~186
김배근 371
김영삼 84, 104, 108, 142, 147, 152~153, 197
김우중 143
김종일 322
김중수 121
김태정 190

[ㄴ]
나웅배 108
나이스 154
네루, 자와할랄 33
노무현 200, 208, 395
노태우 79, 84

[ㄷ, ㄹ]
드라기, 마리오 240
레이건 65, 141, 328
로드릭, 대니 39
로빈슨, 로널드 410
로즈, 앤드류 285
류정순 350
류조, 세지마 141
린다우어, 데이비드 60
립셋, 시모어 76
립턴, 데이비드 154
링컨, 에이브러햄 317

[ㅁ]
마셜, 앨프리드 19
모종린 79
무사, 마이컬 132~133
문재인 245, 364, 408

[ㅂ]
바그와티, 자그디쉬 83, 136
바웬사, 레흐 154
박경서 257
박근혜 364, 395
박정희 39, 42, 53, 58, 198
배로, 로버트 155

버냉키, 벤　236, 240
뷰캐넌, 제임스　329
빌게로트, 한스　100

[ㅅ]
샌더스, 버니　240
서머스, 로렌스　76, 112, 117, 126, 153, 411
센, 아마르티아　97
솔로, 로버트　81
슈몰러, 구스타프　160
스미스, 애덤　70
스탠리 피셔　135
스튜어트 밀, 존　96
스티글러, 조지　329
스티글리츠, 조지프　39, 83, 98, 130, 136, 150, 157, 177, 326, 329
시케토, 쯔루　159
신인석　121

[ㅇ]
아이컨그린, 배리　26, 118, 120, 177, 182~183, 189~190, 222
안국신　156
매디슨, 앵거스　33~34, 36 183
야스히로, 나카소네　141
엄낙용　125, 127
에이스케, 사카키바라　127
영, 알윈　81
오바마　131, 239
올슨, 맨슈어　159
와인거스트, 배리　79
웨이드, 로버트　136, 277
이규성　155
이기호　340
이명박　200
이병희　321, 376~377
이승윤　127
이은정　257
이정익　190
이주호　210
이혜훈　309
임창렬　127, 132, 312

[ㅈ]
장봉군　158
전두환　64~65, 78~79, 93, 89, 141
정덕구　118~120
정운찬　108
젠코, 스즈키　141
조태형　185
존스, 르로이　39
존슨, 사이먼　130
주학중　60
지주형　101

[ㅊ, ㅋ]
최경환　245
최승노　77
캉드쉬, 미셸　103, 155, 181, 259, 341
캔터, 미키　143
케인스　95, 240
쿠즈네츠, 사이먼　25, 324
크루그먼, 폴　81~82, 98, 326, 328~329
킨들버거, 찰스　410

[ㅌ, ㅍ]
토빈, 제임스　231
트럼프, 도널드　411, 415
펠드스타인, 마틴　96, 157
프랑켈, 제프리　285

프리쳇, 랜트 76
피셔, 스탠리 134, 312
피케티, 토마 324~325, 371
피콕, 앨런 100

[ㅎ]
하비, 데이비드 100
해밀턴, 알렉산더 40
허쉬만, 앨버트 98
헨리 폴슨 2세 233
홍장표 373
히로시, 미쓰츠카 125

✤항목

[ㄱ]
가격 유연성 339~340, 345
가계대출 23, 42, 177~178, 189, 195, 201, 203~205, 207, 256, 258
가계동향조사 322
가계저축률 205~206, 243
가처분소득 323~333, 380
갈등 58
감독 123, 168
감독 능력 287
감사위원회 167
강도남작 327
개도국 44
개방 14, 16, 153
개방 예시제 72
개방 요구 101
개방의 순서 120
개항기 98
개혁 16, 20, 104
개혁의 순서 172
거버넌스 17, 155~156, 165, 167~168, 172, 174, 203, 255, 380, 387, 398
거시건전성 3종 세트 299
거시건전성 규제 253
거시건전성 부담금 418
거시경제 77, 81, 84, 104, 108, 117, 119, 129, 151, 177, 191, 194, 254, 399
거시경제 정책 51
거시경제학 16, 230
거시적 262
건강 및 사회보호 80
건설투자 85
건전성 규제 168
게임이론 76
경기 부양책 243
경기변동 21, 95, 268, 279, 282, 363
경상수지 14, 17, 51~52, 63, 67, 69, 84, 108~109, 112, 119, 121, 252, 264
경상수지 적자 125, 129, 145, 151, 268
경상수지 흑자 124, 184, 223, 235, 261, 268
경상지급 113~115
경영 주체 121, 165, 167, 174, 203, 258
경영권 385, 392
경제 기적 27, 28
경제 민주화 77
경제 정의 57
경제구조 12, 81
경제기획원 159
경제논리 365
경제력 집중 57, 77, 104, 156, 403
경제발전 25
경제발전론 30
경제성장 13, 75
경제성장률 하락 177, 189

경제시스템 159
경제자유구역 222
경제체제 14, 26, 95, 99, 165
경제학자 157
경제협력개발기구 86
계열사 56, 88
고금리 정책 133, 162~163, 174
고도성장 15, 25, 47, 63, 98, 180, 190
고령화 249
고리대 273
고리대금 271
고성장-고위험 252, 254, 258, 262
고성장-저위험 259
고수험-고수익 투자 310
고용 22
고용노동부 357
고용률 15, 187, 318, 352
고용형태 공시 정보 357
고위험-고수익 175
고위험-고수익 연구 210~211
고위험-고수익 자산 272, 282, 308
고위험-고수익 투자 273, 279, 305, 308
고전파 경제학 368
고정환율 36
고정환율제 266
고투자-고성장 체제 189
고환율 정책 51
골드만삭스 305, 310
공공 부문 164, 168, 170~171, 346~347
공공 부문 연구개발 210
공공 부문 일자리 245
공공부조 332
공공재 41
공기업 348
공기업화 95
공무원 347
공산체제 85
공산품 45
공식적 제국주의 417
공업발전법 71
공적 자금 106, 174, 247, 273
공정거래 161, 327, 376
공정성 128~129, 151, 311
공화당 239
과다차입 94, 130, 241
과다차입-과잉투자 392
과다차입에 의한 과잉소비 207
과다차입에 의한 과잉투자 178, 192, 205, 207, 258~259, 311
과당경쟁 179
과보호론 360
과소성장 13, 178, 181~182
과소투자 189, 193~194
과잉성장 13, 84, 94, 177~178, 181~185
과잉투자 13, 23, 84, 86~87, 94, 124, 178, 189~192, 194, 241
관계 지향적 204
관료사회 28, 98, 102, 201, 331, 402
관료주의 32
관리변동환율제 267
관세 및 무역에 관한 일반협정 36
관점 16
관치 168
관치금융 44, 102, 154, 156, 160, 162, 330, 406
관치사회 348
광주 사태 152
교섭력 359, 362, 373
교역조건 242
교육 41, 44

교육 환경　214
구매력평가　34
구성의 오류　294
구소련　26, 45, 82, 85, 141
구소련식　83
구제금융　128, 148
구조 개혁　14, 16, 133, 163, 166, 171~172, 178, 183, 216, 223, 231, 252
구조조정　23, 35, 89, 93, 106, 166, 169, 171, 174, 193, 201, 215, 220, 223, 246~248, 263, 270, 279, 288, 309, 313, 318, 330, 333~335, 337~342, 345~348, 350~351, 357, 361, 372~373, 383~384, 391, 394, 398
구축　222
국가 부도　146, 149~150
국가 채무　112, 246
국가로부터의 자유　102
국가에 의한 자유　102
국가자본주의　236
국내 경제구조　21, 106, 118, 120, 149, 163, 164, 171, 390
국내 경제체제　148
국내여신　265
국내정치　150
국내총생산　13
국무부　142, 144, 152
국민계정　14, 243, 369, 376, 383
국민소득　14, 216, 229, 253
국민소득 1만 달러　116
국민소득 감소　228, 268
국민연금　305
국민총소득　243, 383
국방부　142, 144, 152
국부 유출　14, 17, 178, 228
국익　147
국제 무역　36
국제결제은행　111
국제경쟁력　54, 74, 85, 121, 191, 263, 342, 411
국제경제기구　144
국제금본위제　266
국제금융센터　278
국제노동기구　369
국제분업　29
국제수지　48, 67, 84
국제수지표　222, 225
국제자본 이동　285
국제정치　144, 150
국제통화기금　14, 18, 245
국제투자　14, 23, 178, 216, 224, 227~228, 231, 268, 274, 385, 413
국제투자대조표　225~227, 269
국제투자에서의 순차손　383~384, 412
국제학술지　212~213
군사독재　89
군사독재 정권　141
굴욕　415
권위주의　76, 79
귀도티-그런스펀 규칙　113, 115, 281, 297
규모의 경제　56~57, 132
규율체계　165
규제　96, 105, 132, 179
규제 철폐　169, 294
규제개혁위원회　295
그리스　128, 151, 191
그린필드 FDI　259
그린필드 투자　107, 120, 217, 219, 222
근로3권　90
근로기준법　78, 334, 337
근로빈곤　332

근로소득 368, 386
근로자 350
근원인플레이션율 244
글로벌 거버넌스 414
글로벌 금융위기 22, 85, 113, 171, 179~180, 186, 227, 231~232, 237, 241, 275, 285
글로벌 불균형 233, 235, 267
금 태환 139
금리 64, 88, 118
금융 개혁 167
금융 규율 156, 159
금융 규제 138
금융 억압 43, 62, 294
금융 자유화 265
금융감독 88, 161, 168, 170, 234, 295
금융감독원 168, 261
금융감독위원회 168
금융개혁법 149, 154
금융거래세 239
금융경제학 16, 230
금융경제학자 402
금융기관 16, 56, 116, 165~166, 171
금융시스템 89, 147, 286
금융시장 41
금융실명제 156
금융위기 105
금융자본 138, 219, 313
금융자산 139
금융통화위원회 260
금융화 139
금융회사 234
기능공 44
기득권층 158
기민당 240
기술 22, 46~47
기술 변화 317
기술 진보 81~83, 326
기업 116, 164, 170
기업 부실 164
기업가 41
기업가치 16, 230, 380, 396~398
기업경상이익률 91
기업경영분석 119
기업금융 16
기업세전순이익률 91
기업이윤율 92~93, 118~119, 164, 193, 255, 258, 371~373
기업저축 378~379, 381~384, 391, 398
기적 19, 27
기채 106
기초생활보장 245, 333
기획재정부 297
긴축 정책 64, 68, 151, 313
길항력 328, 373, 375, 408

[ㄴ]

나이지리아 150
내부 거래 57
내부 금융 55
내부자 273
내전 102
냉전 38, 140~142, 144
네거티브 리스트 217
네덜란드 362
노동 15, 77, 164
노동 개혁 169, 171, 260
노동가능인구 248
노동개혁법 154
노동경제학 90
노동계 338

노동관계법 78, 336, 339~340, 346, 374
노동기본권 339, 345, 362
노동력 47
노동문제 154, 169
노동보호 359
노동부 340
노동소득 368, 376
노동소득분배율 23, 318, 325, 332, 362, 368, 369, 371~372, 376, 381, 384, 387
노동소득분배율 하락 373
노동시간 187, 365~367
노동시간 단축 344
노동시장 315, 351
노동시장 유연성 169, 341
노동시장 유연화 161, 332, 348, 387
노동시장 이중구조 331, 354, 358, 360, 375
노동시장 프로그램 363~364
노동운동 65, 95
노동조합 61, 68, 78, 89, 91, 95~96, 102, 139, 161, 169, 328, 332, 337, 343~345, 361, 366~367, 373~375, 404, 408
노동조합 조직률 374
노동조합의 기본권 336
노동조합의 정치 활동 78, 336
노령화 22, 80
노르웨이 214, 245, 308
노사관계 62, 78, 346
노사관계개혁위원회 336
노사정 합의 338, 340
노사정위원회 337
노정 합의 338
노후사회간접자본 408
농지 개혁 30, 58, 62
뉴딜정책 95, 239, 327~328
뉴욕타임스 155

[ㄷ]

다운사이징 168, 342, 347
단기외채 52, 65, 86, 106~108, 110, 113~115, 117, 119, 122, 125, 130, 142, 146, 170, 261~262, 287, 292, 297, 299~301, 313~315, 340, 394
단기자금 149
단기자본 81, 118
단기자본 이동 12, 21, 170, 266
단기자본시장 118
단기차입 118, 121~122
담보 92, 94, 204
대공황 29, 139, 232, 236
대규모 314
대기업 90, 202, 360
대마불사 57, 88, 307, 327
대만 27, 38, 50, 62, 124
대압축 327
대장성 125~126
대중 참여 경제 154
대중경제 154
대중자본주의 368
대차관계 146, 233
대처 정부 96
대출 43
대출금리 43
대침체 22, 23, 179~180, 231, 237, 239~241, 363
더 타임스 143
도금한 시대 327
도덕적 해이 127~129, 151
도산 88, 106, 111, 130
도시화 62, 78
독일 28, 50, 124, 128, 159~160, 415
동구 85

동남아시아 110
동북아 금융허브 건설 295
동아시아 외환위기 276~277
동아시아의 기적 27
두뇌 유출 74, 208, 213~214
디플레이션 240, 243~244, 260
따라잡기 36, 85
따라잡기 성장 182

[ㄹ]
라틴아메리카 30~31, 117
러시아 30
레이건 정부 96
로비 105, 122~123, 329, 407
리더십 29, 414
리먼 브러더스 310
리버럴 329
리버럴리즘 97~98, 102

[ㅁ]
마크업 371
만기 123
만기 불일치 105, 294
만기 연장 132, 147, 162
만평 158
말레이시아 27
매출액 48
머니 게임 313
메릴 린치 310
메이지유신 161, 417
멕시코 외환위기 127
명목환율 51, 264
명예퇴직 349, 374
무상원조 49
무역 28
무역 자유화 137
무역대표부 142
무역수지 67
무역신용 107, 140, 293
물가 48, 67, 73, 84, 119, 121
물가 상승률 49, 51, 98
물가 안정 260
뮤추얼펀드 110, 140
미·일동맹 144
미국 28, 35, 37, 40, 64, 70~71, 96, 100~101, 131, 133~134, 145, 150, 152, 157, 181, 214, 235
미국 무역대표부 143
미국 의회 128
미국 재무부 126, 132, 140, 152
미국 재무부 증권 176
미국 정부 132
미국의 금융 397
미시경제 81, 104, 117, 178, 192, 254
미시적 262
민영화 88, 96, 121, 167~168, 347
민족주의 141
민주노총 337~338, 341, 343
민주당 239
민주정치 76
민주화 26~27, 63, 68, 71, 75~76, 79~80, 103, 156, 169

[ㅂ]
바젤II 203
바젤III 203
박탈감 59, 62
반(反)외자 정서 14, 277, 398, 400, 407~408
반미 감정 152
반미의식 142

반실업 47
발칸반도 416
배당 378
배당금 378, 380, 382
백악관 143~144
범용 능력 55~56
법인세 401, 408
법정관리 311
법치 165, 172, 365, 386
베이비 붐 206
벤처 스캔들 199
벤처기업 109, 178, 195, 197, 199~200, 220
벤처기업 육성 23
벼랑 끝 버티기 149~150
벼랑 끝 전술 393
변동환율제 266
보너스 130
보수 402
보수정권 141
보수주의 15, 97, 87~89, 1007, 111, 129, 164, 256, 319
보수파 157, 327
보완성 172
보유외환 116~117, 297
보이지 않는 손 414
보이지 않는 주먹 414
보조금 43
보증 50, 204
보험 279
보호 32
보호무역 29
보호무역주의 183
복수노동조합 78, 336
복지 59, 79~80
복지국가 95
복지제도 78
복합체 147, 152, 173, 223, 272, 274, 277~278, 315
본원통화 52, 67~68, 184, 236, 265
볼리비아 150
봉건제 28, 95
부국강병 161
부도유예협약 105
부동산 42
부동산 담보인정비율 245
부동산 투기 62, 79, 395
부동산 투기대책 156
부동산경기 204
부동산시장 219
부실 87
부실기업 89, 258
부실채권 89, 91~92, 94, 104, 116, 130, 165~167, 169, 171, 192, 203, 254~256, 258, 260, 289, 311, 342, 346, 390~392, 397
부채 51, 58, 88, 92, 106, 117, 127, 166, 175, 192, 224, 229, 241~244, 291, 298, 342, 401, 403
부채 상환 능력 105
부채비율 43, 91~92, 162~163, 166, 192~193, 255~256, 342
북한 45, 76, 142
분권적 70
분배 21~22, 59, 62, 235, 251, 324, 328, 369, 393, 395~397, 411
불공정 62, 129, 326, 348, 358
불일치 123
불태화 67, 121~122, 184, 264
불평등 18, 61, 98, 214, 321~324, 326~328, 368, 376~381, 398, 415
불평등도 15

불확실성 41, 91, 209
불황의 경제학 237
불황형 경상수지 흑자 163
브라질 150
브레턴우즈체제 36, 50~51, 70, 114, 139, 183, 235, 266, 414
블록경제 29
블루칼라 61, 366
비관련 다각화 109
비관세장벽 72
비대칭성 138
비대칭적 관계 137~138
비대칭적 성격 229~230
비은행금융기관 88, 123, 168
비정규직 15, 17, 169, 248, 316, 318, 331, 336, 354~356

[ㅅ]
사공일 56
사교육비 367
사내 하청 358, 362
사내유보 378~380, 383
사내유보금 209~210, 377~381
사모펀드 175, 234, 258, 273, 306, 394
사외 하청 358~359
사외이사 167
사용자 169
사전적 171
사채시장 43
사회 통합 63
사회간접자본 59, 62, 237, 245
사회과학자 18, 95, 389, 401, 419
사회당 139
사회민주주의 97
사회보장 162, 171, 206, 235, 239, 296, 321, 327~328, 332~333, 339, 351, 359
사회보장제도 63, 78, 95~96, 102, 161, 169, 415
사회보험 80, 332
사회보호 364
사회안전망 246, 248, 363
사회적 갈등 47, 58, 62, 80
사회적 시장경제 100
사회적 할인율 41
사회적 합의주의 336
사회정의 240
사회정책 62
사회주의 30
사회협약 337~338, 345, 367
사회화 307, 310, 313
사후적 규제 168
산업구조 47, 53~54
산업은행 310
산업정책 47, 53~54, 56, 74, 99, 108~109, 160, 208
산업통상자원부 221
산업혁명 28, 40
삼각 딜레마 266
삼성 56
상관관계 376, 380
상무부 142
상법 개정 407
상업어음 105, 116
상장기업 175, 382
상호주의 138
상호지불보증 104, 166
상환 능력 50, 116, 128, 151, 167, 233
생계형 자영업자 360
생산가능인구 187, 206
생산성 72, 83, 168, 179, 348

생산성 주도국 182, 191
서민층 76
서브프라임 모기지 227, 232, 234~235, 298
서비스 22, 179
서비스경제 394
서비스산업 179
서비스업 41
서비스화 353
서세동점 29, 98, 418
서유럽 34~35, 95, 100~102
선동 150~152, 277, 238
선물환 290, 293
선순환 체계 48
선진 경영기법 174
설비투자 85~86, 191
성과 지표 172
성과급 169
성벽 파쇄기 143
성장 172
성장동력 295
성장률 13, 70
세계 표준 404
세계경제 29
세계경제체제 139
세계은행 27, 60, 150, 369
세계자본주의 29, 85, 137, 173, 233, 325
세계자본주의체제 140, 145
세계질서 409, 418~419
세계통화 413
세계화 29~30, 36, 120, 158, 317
소기업 360
소득 정책 64, 68
소득분배 15, 60, 95, 98, 231, 317
소득주도성장 408
소련 325
소비 50
소비자물가 49, 51, 67~68, 84, 260, 298
소비자물가 상승률 244
소수지분 386
소액주주 386, 399
소유권 135, 385, 392
소프트 파워 240, 414~415, 417
수량 유연성 339~340
수입 관세 51
수입 의존도 163
수입대체공업화 30~31, 40, 45, 61, 99
수입선 다변화 263
수입선 다변화 정책 72, 145
수입제한 42
수정노동소득분배율 370, 377
수정자본주의 95, 97, 99, 137, 139, 409
수정자본주의체제 96
수직적 개입 51
수출 구조 108~109, 289
수출 보조금 51
수출 유인 45
수출 의존도 190
수출 지향적 공업화 31, 42, 44~45, 54, 61, 99, 137, 158, 190
수출 할당제 51
수출시장 158
수출진흥 확대 회의 51
수탈 251
수평적 개입 51
숙련 편의적 기술 진보 324
순가계저축률 205
순국제투자포지션 14, 224~226
순대외자산 14, 67, 178, 223, 225, 265, 268, 384
순서 287

순외채 65, 86, 112
순자본유출 224
순차손 224~225, 227~228, 231, 253, 268~270, 275~276, 278, 280, 282~284, 307
순차익 223, 225, 227, 269, 274~275, 282~284
슈퍼301조 143
스위스 214
스위스 국제경영개발연구원 213
스타트업 기업 360
스페인 191
슬럼화 358
시민단체 156~157, 338
시장 규율 72, 90, 174
시장 원리 347
시장 지배력 90, 326
시장경제 28, 105
시장경제체제 402
시장균형금리 43
시장기구 41, 70
시장소득 322~333
시장의 실패 41, 54~55, 196
시장의 원칙 146
시장지배력 18, 343
시중은행 174, 273
시티 278
시혜적 헤게모니 410
식민주의 417
식민지 29, 37, 40, 98
신고전파 19
신용카드 295
신용평가사 234
신인도 153
신자유주의 18~19, 21, 27, 94~96, 98, 100~102, 137~140, 160~162, 234~235, 239~240, 270, 294, 323, 328~332, 347, 392, 401~402, 406, 409, 411
신중상주의 19, 20, 99~101, 160~162, 201, 208, 311, 330~331, 391, 402, 406, 412, 419
신중상주의체제 102
신탁계정 105, 123
신탁통치 156, 159, 174
신흥공업국 22, 84~85
신흥시장국 171, 268~269, 282, 412
실리콘 밸리 196
실업급여 363
실업률 15, 59~60, 318, 333, 351~352
실질금리 70
실질실효환율 45, 50, 66, 68, 73, 242, 262~264
실질임금 60, 78
실행 능력 44
싱가포르 27, 38, 62, 222, 308
쌍둥이 위기 106, 142

[ㅇ]

아르헨티나 26, 150
아베노믹스 240
아시아-태평양 지역 144
아시아통화기금 126
아편전쟁 410
아프리카 59
안보 무임승차론 141
안보 분담금 141
안전성 362
안정 63
안정 기조 184
안정성 15, 98, 172, 251, 261
안정정책 53
안정화 27, 71, 80, 103
약탈 277, 285

양극화 335
양도성예금증서 289
양적 완화 236, 238, 412
언론인 157
에콰도르 150
엘리엇 매니지먼트 407
엘리트 76, 77, 98, 329~330
엘리트층 327
여론 주도층 157~158
여신 통제 121~122
역-U자 가설 324
역사 19
역사적 21, 24~28, 32, 70, 95, 101, 201, 266, 327, 401, 416, 419
연·기금 175, 274, 308
연공서열 348
연공서열제 임금 361
연구개발 71, 73~74, 178, 195, 208~210, 213
연구개발체제 23, 195, 208~209
연금 80, 113
연금제도 63
연방준비위원회 234, 236, 298, 309
연쇄도산 105
연식 82~83
연장근로 366
연착륙 77
영국 28, 71, 95~96, 100, 415
영세기업 356, 360
예금 대지급 166
예대금리차 288
예대율 289
예산 편성권 347
옥양목법 39
완전고용 139, 396
완화정책 240
외국 자본 175
외국인 소유 14, 257~259
외국인 직접투자 23, 49, 120, 178, 192, 194, 216, 218
외국인 투자자 14, 162
외국인의 신뢰 174, 273, 340
외국환평형기금 292
외무차관보 137
외부효과 42, 44, 54~56, 196
외자 17
외자 도입 43, 49, 122
외채 50, 52, 64~65
외채위기 128
외형 경쟁 287, 296
외화 유동성 124
외화대출 123, 293
외화선물환 289
외화자산 264
외화차입 293
외환보유액 65, 107, 113~115, 117~118, 124~126, 131, 145~146, 149, 162, 170, 175, 224, 228, 235, 261~262, 265~267, 269, 279, 280~281, 285, 298, 303, 309, 313, 405, 413
외환시장 285, 291
외환위기 11, 52, 65, 69, 81, 86, 103, 106, 112
외환포지션 293, 295
요소가격순국민소득 369
요소투입 81~82, 118, 185~187
우경화 327
우골탑 59
우발채무 80, 112~113, 296
우익 포퓰리즘 232
우파 18
우호적 인수합병 400
원화 절상 184

월가 130, 136, 138, 140, 174, 234, 239, 251, 272, 277
월가-미국 재무부-IMF 복합체 136
위장된 축복 103, 155, 182
위험 분담 15, 155, 268~271, 276~277, 282, 303, 398, 405
위험관리 88, 167, 287
윈-윈 거래 271
유동성 52, 104, 113, 116~117, 124, 126, 128, 133, 147, 151
유동성 위기 104~105, 235
유동성 장세 238
유동성 제약 206~207
유동성 함정 237
유럽 28, 50, 71, 91, 182
유럽연합 362
유럽의 기적 28
유로 128
유신체제 53
유연성 362
유연안전성 362~364
유치산업 41, 54, 74
유효경쟁 73
은행 41, 56, 105, 123, 128, 201~202
은행 간 차입 107, 140, 146
은행 부실 111
은행감독원 123, 168
은행채권 289
음모 134
의료보험 63, 332
의료보호 328
이공계 213, 215
이공계 대학원 215
이데올로기 234
이론 19
이민 28
이사회 167
이윤 위주 경영 359
이익률 47
이익집단 159, 278
이자 상한법 138
이중 기준 129, 131, 136, 234, 411, 414
이중구조 23, 334, 360
이탈리아 191
이해관계 239
인구 22
인근 궁핍화 정책 29
인도 33, 39, 85, 325
인도네시아 82, 255
인수합병 288, 335
인수합병 투자 217, 219, 222
인적 자본 368
인터넷 197
인플레이션 66, 79, 96, 138~139
인플레이션 타기팅 261
일반은행 201
일방주의 135, 138, 158
일본 27, 35, 50, 71, 91, 107, 111, 124~125, 127, 144, 159, 161, 182, 191, 241
일본 검찰 126
일자리 15, 59, 61, 154, 172, 177, 187, 220, 243, 315, 349
일자리 나누기 340, 344, 365, 367
일자리 보전 374
임금 격차 61
임금 삭감 341, 343~345

[ㅈ]
자기 충족적 기대 48, 189
자기보험 265, 280

자기자본 비율 124
자발적 교환 271~272
자본 유출 110, 139
자본 이동 28
자본 자유화 135
자본 통제 139
자본거래 134~135
자본금 확충 166
자본소득 368, 376, 379
자본소득분배율 387
자본수지 163
자본시장 14, 68, 86, 110, 133, 216
자본시장 개방 101, 107, 117~118, 135, 137, 139, 144~145, 155, 173, 390
자본시장 개방 요구 138
자본의 수익률 118, 371
자본재 47
자본주의 28
자본주의 황금기 33, 35, 85~86, 95, 139, 180, 182, 184, 191, 231~232, 325
자본축적 48
자산 가격 163, 206
자산 매각 174, 223
자산 이전 278
자산건전성 분류 기준 167, 203
자산운용사 293
자산의 특정성 359
자영업자 206, 360, 369
자원 배분 118, 120
자유무역 36
자유무역 제국주의 410, 414, 417
자유방임 96
자유변동환율제 266
자유주의 28, 95~96, 99, 101~102, 140, 160~161, 165, 201, 392
자유화 27, 63, 70, 72, 80, 88, 101, 103, 120, 138, 154, 159, 165, 169
자이바쓰 161
잠비아 150
잠재실업 59~60
장기부채 123
장기외채 122
장기차입 122
재량권 173
재무 건전성 166
재무 상태 128
재무부 136, 142, 159, 272
재무부 증권 233, 269
재벌 17, 18, 55, 77, 105, 108, 123~124, 130, 143
재벌 개혁 156, 160, 172
재벌 계열사 121, 168
재벌 도산 57, 111, 147, 149, 256
재벌 총수 167
재벌기업 17, 57~58, 75, 77~78, 87~90, 94, 104~105, 118~119, 156, 166, 178, 192~195, 199, 201, 205, 209, 220, 255~256, 283, 288, 334, 342~343, 357, 380, 382, 384~386, 398, 403
재벌체제 47, 53, 55~58, 62, 75, 93, 102, 154, 156, 160, 162, 330, 406
재분배 62, 76, 229~230
재분배 정책 323
재산권 77, 349, 384, 386
재산소득 368
재정 42, 80, 112
재정 건전성 80, 246, 248~249
재정 적자 79, 98, 112~113, 129, 151, 183
재정경제부 155
재정경제원 88, 105, 108, 123, 125, 153, 297

재정정책 164, 235, 238, 239~240, 241, 245, 248, 313, 314
재취업 350
재협상 153
재훈련 363
저금리 233
저금리 정책 204
저부담-저복지 246
저성장-고위험 253~254
저성장-고위험 체제 315
저성장-저위험 252, 254, 258, 259, 262, 268
저소득층 351
저위험-고수익 투자 305, 308
저위험-저수익 자산 282
저이윤-고부채 43, 57, 90~91, 94, 104, 119, 120, 166, 178, 192~194, 221, 254, 256, 258, 260
저축 108
저축률 66, 262, 265
저투자-저성장 체제 189
적대적 인수합병 17, 387, 398~399
전국 단위 복수노동조합 336
전두환-나카소네 정상회담 141
전문경영인 386
전염성 127, 152
절충 방안 339
정경유착 44, 57, 102, 154, 156, 160, 162, 168, 406
정규직 360
정규직 과보호론 361
정리해고 169, 171, 318, 331, 334~337, 339~349, 354, 358, 364, 367, 373~375, 383~385, 391, 394, 397
정보 41
정보의 불완전성 54, 203
정보의 비대칭성 41, 55
정보통신산업 22, 197
정부의 실패 44, 199, 329
정부출연 연구소 211
정상이윤 90
정책금리 87
정책금융 71, 88, 122, 265
정치경제학 117, 153
정치경제학자 18, 98, 136, 159
정치활동 169
정합게임 271
제1차 석유파동 52, 183
제1차 세계대전 29, 232, 409, 416
제1차 세계화 36, 37
제2금융권 104~105, 116, 123, 202
제2차 석유파동 53, 64, 66
제2차 세계대전 30, 159, 232
제2차 세계화 36~37, 416
제3세계 85
제3자 개입 78
제3자 개입 금지 169, 336
제국 37
제조업 41
조선일보 155~157
조세 감면 122
조세감면제 42
조출산율 247
종신고용 334, 348
종합금융회사 120~123
좌파 18
주가 16, 229
주가 차익 380~381, 383, 408
주거비 367
주류 경제학 271, 401
주류 경제학자 18, 95, 98, 99, 136, 177, 389,

401, 419
주사파 77
주식투자 230, 302~303
주주의 권리 167
주주가치 16, 230, 396
주주자본주의 257
주택 가격 205, 214
주택 투자 80
주택담보대출 205, 259
중·장년층 334
중국 22, 27, 33, 51, 84~85, 100, 107, 124, 126, 144, 222, 236, 255
중국 경제 241~242
중기업 360
중동 59
중복투자 109
중부담-중복지 246
중산층 23, 77, 139, 318, 334~335, 355
중상주의 28, 40, 70, 95, 101, 161
중소기업 17, 71, 177, 192, 194, 201, 203~204, 208
중소기업 대출 204~205
중앙은행 43, 49, 52, 64, 106
중장년층 353
중점육성산업 195
중진국 함정 26, 58
중화학공업 54, 72, 74, 85, 242
중화학공업화 51~52, 73, 89, 198
중화학공업화 정책 54, 56, 58
증권화 234
지가조정기업이윤율 92, 94
지각변동 418
지니계수 321~322
지대 327
지대추구 44, 122, 329
지대추구 행위 32
지배층 332
지불보증 56, 88, 111~113, 117, 119, 130, 146~147, 149, 171, 306
지속 14, 26, 47, 53, 57~58, 63, 81, 184
지속 가능 83
지속 불가능 84, 113
지속 성장 26
지식 탐구 212
직접금융 202
직접투자 107, 142, 163, 222, 302~303
진보 97, 402
진보사상 402
진보의 시대 327
진보파 157, 402
진입 56
진입장벽 179, 197
집단행동 132

[ㅊ]

차선의 제도 172~173
차선의 체제 403
차선책 393
차손 229
차입 43, 56, 104
차입금평균이자율 91~94, 118~119, 164, 192~193, 255
차입비용 91, 193
창업기업 192, 194
창의적 패전 159
채권부투자 302~303
채권은행 162, 234
채권자 128~129, 151, 244
채무 230
채무자 128, 147, 151

첨단기술 중소기업 196, 198
청년실업률 353
체제 충격 183, 193
체제전환국 236
초과근로 365
초과수익 306, 309, 405
초과이윤 18, 90, 326, 343
총FDI 218
총부채상환비율 245
총수요 243, 408
총외채 65, 86
총요소생산성 81, 83, 118, 185~187
총자본 형성 187
총저축률 66, 262, 378
총체적 난국 184
총통화 68
총투자 219
총투자율 46, 66, 178, 188, 262
총파업 336, 338
최고경영자 288, 326
최선의 체제 403
최순실 게이트 407
최종 개발 209~210
최종 대부자 106, 128
추가경정예산 245
출산율 246~248, 362, 393
출자총액 규제 407
출자총액 제한 104
충격요법 172, 193
취업 351
침몰비용 404

[ㅋ]
카르텔 161
카지노화 139
코디네이션 실패 42, 44, 54
코스닥 109
코스닥시장 199
코스타리카 150
콜롬비아 150
키코 286

[ㅌ]
태국 13, 27
태평양전쟁 159
테이퍼링 오프 238
토빈의 Q 231
토지 92
토지 공개념 79
통계청 15, 319, 322, 356
통상 142
통합 32
통합재정수지 113
통화 불일치 296
통화스왑 145, 298~299, 413
통화안정증권 67, 121~122, 265, 292
통화정책 62, 96, 236~237, 240~241, 266, 312, 314
통화정책의 독립성 260
통화정책의 자율성 265~268
퇴출 57, 89~90, 166
투기성 외자 270
투기자본 110
투기자본의 공격 407
투매 174, 271, 284, 386, 394
투명성 167, 170, 172, 311
투명화 155, 165, 172
투자 43, 45~46, 108, 178
투자 기회 210, 403
투자 능력 228, 253, 279, 302, 304

투자 메커니즘　23
투자 부진　187, 189
투자금융회사　120, 121
투자율　46, 66, 84, 188~190, 243, 262, 265
투자은행　175, 270, 273, 305, 311

[ㅍ]
파견근로제　337
파생상품　234
파시즘　30, 95
파이낸셜 타임스　18
패거리 자본주의　130, 156, 158, 168, 311, 313~314, 382~383
평생소득　349, 365
포괄임금제　366
포지티브 리스트　87, 107
포트폴리오 투자　163
포퓰리스트　14, 153
포퓰리즘　79
포함외교　29, 40, 410
포획　329
폭동　338
폴란드　154
프랑스　28, 128, 139, 328
플라자 회담　68
플라자 회의　66
피용자보수　369
핀란드　214
필리핀　417

[ㅎ]
하청　17, 169, 358, 374
하청 중소기업　401
하청기업　359, 375, 385, 388
하청업체　375
한겨레신문　156~158, 341
한국노총　341, 367
한국은행　67, 88, 116, 123, 168, 264
한국은행법　260
한국투자공사　308
항해조례　39
해고　23, 78, 169, 171, 350
해외 자금원　119
해외직접투자　222
해외차입　110, 118~119, 122~123
해외투자　269, 274, 292
행정지도　125, 133, 154, 162
헤게모니　36, 101, 139, 144~145, 278
헤겔 철학　416
헤지펀드　110, 140, 307
혁명　76, 102
협조적 노사관계　404
형평　15, 61, 317, 391, 396
홍콩　27, 38, 62, 223
화이트칼라　366
화폐개혁　49
확장적 거시경제 정책　237, 241~242
확장적 재정정책　239
환율　38, 52, 65~66, 68, 73, 108~109, 164, 184
환율 상승　215
회계 기준　167
회춘　159
효율적 시장　306~307
휴일근로　366

[숫자]
10·26 사변　63
2·6 사회협약　337, 339
3저호황　66~67, 69, 93, 115, 184

4·19 59
4대 개혁 260
4대 부문 164
4대 재벌 273, 380, 385
4대 재벌기업 382
4대강 사업 241, 245
4대보험 78
5·16 59
8·3 조치 51, 58, 89, 93, 166, 349

[영문]

AMF 126, 140, 144
BIS 126
FDI 217, 219~223
FLC 167
G7-IMF 연차회의 126
GATT 38~39, 41
GATT체제 137
IMF 51, 103, 127~128, 130,~135, 143, 146~147, 149~152, 154~159, 161, 163~164, 173, 181, 235, 299
IMF 구제금융 137, 154~155, 163, 283
IMF 신탁통치 170
IMF 폭동 150~151
IMF-플러스 132~133, 144, 148~150, 153, 155, 159, 162, 168, 172~173, 331
KIC 310
KOSPI 383
MIT 134
OECD 86~87, 109~110, 135, 140, 145, 196, 217, 246, 278, 321~322, 336, 339, 364, 366, 369
WTO 135, 143
WTO체제 208

지은이

이 제 민

서울대학교 상과대학 경제학과와 서울대학교 대학원 경제학과를 졸업하고 하버드대학교 대학원에서 경제학 박사학위를 받았다. 연세대학교 상경대학 경제학부에서 30년 이상 교수로 재직하였으며, 지금은 명예교수이다. 예일대학교와 캠브리지대학교 객원교수, 키일세계경제연구소 객원연구원을 지냈으며, 한국경제발전학회장, 경제사학회장을 역임하였다. 2002년부터 2015년까지 *International Economic Journal* 편집인을 역임하였다. 대통령자문 정책기획위원회, 국민경제자문회의 위원을 지냈다.

한울아카데미 2005
외환위기와 그 후의 한국 경제

지은이 | 이제민
펴낸이 | 김종수
펴낸곳 | 한울엠플러스(주)
편　집 | 조인순

초판 1쇄 발행 | 2017년 11월 20일
초판 3쇄 발행 | 2019년 8월 20일

주소 | 10881 경기도 파주시 광인사길 153 한울시소빌딩 3층
전화 | 031-955-0655
팩스 | 031-955-0656
홈페이지 | www.hanulmplus.kr
등록번호 | 제406-2015-000143호

Printed in Korea.
ISBN 978-89-460-6545-1 93320

※ 책값은 겉표지에 표시되어 있습니다.

생존의 경제학

한국 경제가 저성장의 바다를 건너기 위하여

고성장의 순풍이 멈춘 한국 경제

저성장의 소용돌이를 견뎌낼 새로운 배가 필요하다

문재인 정부 첫 주미 대사로 임명된 조윤제 교수가 오랜 기간 경제학자로서 한국 경제를 마주하며 문제의 원인과 해법을 찾고자 분투해온 결과물이다.

이 책에서 지은이는 한국 경제를 둘러싼 현실을 분석하면서 한국 경제가 더는 과거와 같은 고성장을 누리지는 못할 것이라고 선언한다. 책의 제목이 '성장의 경제학'이 아니라 '생존의 경제학'인 이유는 그가 진단한 한국 경제의 병세가 그만큼 위중하기 때문이다.

이 책은 본격적인 저성장 시대를 맞아 고성장에 길들여진 한국 경제의 체질을 개선해 저성장 속에서도 국가가 안정적으로 운영되며 국민이 행복하게 살아갈 수 있는 방법은 무엇인지 이야기한다. 특히 경제 정책·제도 등 경제적 기반과 함께, 그것이 실현되는 바탕인 정치, 사회문화, 시민의식 등 경제 외적 기반에서도 문제의 원인을 찾아 개선 방안을 제시한다.

> 정치제도를 바꾸는 것보다 정치문화를 바꾸는 것은 더 어려운 일이다. 정치가 바뀌려면 언론과 국민의 의식도 달라져야 한다. 나쁜 정치를 언론과 국민이 부추기는 한 나쁜 정치는 없어지지 않는다. 지역정서에 의존한 정치, 선동정치를 국민이 선거를 통해 징벌하고 언론이 외면할 수 있어야 문제를 개선해나갈 수 있다. _ 139쪽

지은이
조윤제

2017년 10월 16일 발행
국판 변형
336면